VERÖFFENTLICHUNGEN DER KOMMISSION FÜR ZEITGESCHICHTE

VERÖFFENTLICHUNGEN
DER KOMMISSION FÜR ZEITGESCHICHTE
In Verbindung mit Dieter Albrecht · Heinz Hürten · Rudolf Morsey
Herausgegeben von Konrad Repgen

Reihe B: Forschungen · Band 46

KATHOLISCHE KIRCHE UND NATIONALSOZIALISMUS

MATTHIAS-GRÜNEWALD-VERLAG · MAINZ

KATHOLISCHE KIRCHE UND NATIONALSOZIALISMUS

AUSGEWÄHLTE AUFSÄTZE

VON

LUDWIG VOLK

Herausgegeben von
Dieter Albrecht

MATTHIAS-GRÜNEWALD-VERLAG · MAINZ

CIP-Kurztitelaufnahme der Deutschen Bibliothek

Volk, Ludwig:

Katholische Kirche und Nationalsozialismus :
ausgew. Aufsätze / von Ludwig Volk.
Hrsg. von Dieter Albrecht. – Mainz :
Matthias-Grünewald-Verlag, 1987.
(Veröffentlichungen der Kommission für Zeitgeschichte :
Reihe B, Forschungen ; Bd. 46)
ISBN 3-7867-1297-2

NE: Kommission für Zeitgeschichte: Veröffentlichungen
der Kommission für Zeitgeschichte / B

Umschlag: Harun Kloppe, Mainz
Gesamtherstellung: Ernst Knoth GmbH, Melle

ISBN 3–7867–1297–2

INHALT

VORWORT

Wenn die Geschichte der katholischen Kirche in Deutschland unter der Herrschaft des Nationalsozialismus 1933–1945 heute in Grundlinien wie Einzelheiten besonders gut erforscht ist, so wird dies zu einem beträchtlichen Teil den Arbeiten von Pater Ludwig Volk SJ. verdankt, der am 4. Dezember 1984 in München verstorben ist. Kein anderer Vertreter der kirchlichen Zeitgeschichtsforschung hat in den vergangenen Jahren unsere Kenntnisse in diesem spannungs- und leidvollen Bereich in ähnlichem Umfang vermehrt und vertieft – aus souveräner Kenntnis der unmittelbaren Quellen, orientiert an festen Maßstäben, mit ungewöhnlicher Einfühlung in strukturelle Zusammenhänge und persönliche Bedingungen, mit besonderem Sinn für Nuancen und mit der Fähigkeit, die Ergebnisse seiner Forschungen differenziert und zugleich farbig zu vermitteln. Der vorliegende Band soll beitragen, die Erinnerung an diesen verantwortungsbewußten, unbestechlichen und liebenswürdigen Gelehrten und Ordensmann zu bewahren. Er bietet zugleich einen Überblick über Hauptstationen, Hauptprobleme und Hauptakteure des Kirchenkampfes und fixiert den Stand wie die Desiderate der Forschung.

Ludwig Volk wurde am 14. September 1926 in Mömbris in Unterfranken als ältestes von mehreren Kindern einer Eisenbahnerfamilie geboren. Aus dem kleinen Mömbris stammte auch P. Ivo Zeiger SJ. (1898–1952), dessen Vorbild wohl die Standeswahl Volks beeinflußt hat. Nach dem Besuch der Volksschule in Mömbris und des Gymnasiums in Aschaffenburg war Volk von 1943–1945 Luftwaffenhelfer und Soldat der Luftnachrichtentruppe. Im Sommer 1946 legte er das Abitur ab, am 1. Oktober 1946 trat er in München-Pullach in das Noviziat des Jesuitenordens ein. In den folgenden neunzehn Jahren hat Volk eine sorgfältige und breit angelegte Ausbildung als Ordenspriester und Wissenschaftler erfahren, zunächst mit dem Noviziat in Rottmannshöhe und dem Studium der Philosophie in Pullach, unterbrochen durch eine Präfektur am Jesuitenkolleg St. Blasien, dann mit dem Studium der Theologie an der Universität Innsbruck, gefolgt von dem Terziat in Murcia (Spanien). Am 31. Juli 1956 wurde Volk in München von Kardinal Wendel zum Priester geweiht. Der philosophisch-theologischen Ausbildung folgte seit 1958 das Studium der Geschichte und Anglistik an der Universität München, das 1962 mit dem Staatsexamen für das Lehramt an Gymnasien und 1964 mit der Promotion in Geschichte abgeschlossen wurde. Von 1965–1968 wirkte Volk als Studienrat für Englisch und Geschichte am Jesuitenkolleg St. Blasien. Seit 1968 war er von seinem Orden für ausschließliche zeitgeschichtliche Forschung freigestellt, als hauptamtlicher Mitarbeiter der Kommission für Zeitgeschichte lebte er in der Kommunität der Herausgeber der „Stimmen der Zeit“ im Alfred-Delp-Haus in München-Nymphenburg. Dort ist er am 4. Dezember 1984 nach schwerer Krankheit verstorben.

Volks Lebenswerk war die Erforschung der kirchlichen Zeitgeschichte zwischen 1918 und 1945, mit dem Schwergewicht auf den Jahren des Nationalsozialismus.

In diesem Bereich wiederum galt sein besonderes Interesse den Führungskräften, also dem deutschen Episkopat, einem Thema, das er erstmals mit seiner Dissertation über „Der bayerische Episkopat und der Nationalsozialismus 1930–1934" (Nr. 7)[1] angeschlagen hat. Jedoch war für die Arbeiten Volks charakteristisch, daß die Erforschung und Darstellung der Führungs- und Entscheidungsebene in voller Kenntnis und in steter Berücksichtigung ihres Untergrundes erfolgt ist, der Probleme des Klerus und des Kirchenvolkes, und ebenso des weltanschaulichen Hintergrundes der Gegenseite, eines rassistisch bestimmten Neuheidentums, das mit terroristischen Mitteln auf Gleichschaltung zielte. Die Vielfalt der Perspektiven ermöglichte Volk jene Differenzierungen, die seine Arbeiten weit über Apologie wie Polemik erhoben und ihre Ergebnisse zum verlässigen und akzeptierten Bestand zeitgeschichtlicher Forschung werden ließen.

Ordnet man die reiche wissenschaftliche Produktion Volks nach Themenbereichen, so treten zunächst die Arbeiten zum Verhältnis des Papsttums zum Deutschen Reich hervor, die Edition der kirchlichen Akten über die Reichskonkordatsverhandlungen 1933 (Nr. 27), die Monographie über das Reichskonkordat (Nr. 41), der Aufsatz über den Hl. Stuhl und Deutschland 1945–1949 (Nr. 60), der durch einen Bericht P. Zeigers über seine deutsche Informationsreise 1945 (Nr. 54) ergänzt wird. In der Edition zum Reichskonkordat ist es Volk gelungen, auch die einschlägigen vatikanischen Akten der Forschung zugänglich zu machen. Die darauf folgende minutiöse Geschichte der Entstehung des Reichskonkordats und der Motive der daran Beteiligten ist in allen Lagern als eine ebenso gehaltvolle wie abgewogene Leistung von hohem Rang gewürdigt worden, durch welche die Diskussion über das Reichskonkordat entschieden versachlicht werden konnte. Im Zentrum der Volkschen Arbeiten stand jedoch der deutsche Episkopat, und zwar in seinem Zusammenwirken im Korpus der Fuldaer Bischofskonferenz wie in seinen bedeutenderen Einzelgestalten. Den Ausgangspunkt bildete dabei die Beschäftigung mit der Persönlichkeit des Münchener Erzbischofs Kardinal Michael von Faulhaber, der schon im Mittelpunkt der Volkschen Dissertation gestanden hatte. Volk hat aus dem Nachlaß Faulhabers in einer wahrhaft monumentalen Edition die Briefe und Akten des Kardinals für den Zeitraum 1917–1945 herausgegeben (Nr. 52 und 71); der beabsichtigte dritte Band bis zum Tode Faulhabers 1952 liegt nur in einer unvollständigen Materialsammlung vor. Angesichts der weitgespannten Tätigkeit Faulhabers dokumentieren die beiden Bände sowohl dessen Persönlichkeit als auch weite Bereiche der kirchlichen und kirchenpolitischen Entwicklungen in Deutschland in den zwei so unterschiedlichen Perioden der Weimarer Republik und des Dritten Reiches. Volk hat die Edition mit einem Lebensbild des Kardinals eingeleitet, das in seiner Abgewogenheit und der Abschattierung der Valeurs zu einem Kabinettstück biographischer Darstellung geworden ist; es wurde daher auch separat veröffentlicht (Nr. 72; vgl. auch Nr. 13, 29, 57, 92 und 96) und auch in die vorliegende Sammlung eingereiht.

[1] Die Numerierung bezieht sich auf das Schriftenverzeichnis L. Volk, unten S. XIIff.

Volk hat es dann auf sich genommen, die von Bernhard Stasiewski begonnene, in drei Bänden von 1933 bis 1936 reichende Edition der „Akten deutscher Bischöfe" in weiteren drei umfangreichen Bänden für die Jahre 1936 bis 1945 fortzusetzen und zu vollenden (Nr. 84, 89 und 94). Es ist Volks editorisches Hauptwerk, dem er die letzten Jahre seines Lebens gewidmet hat, das Ergebnis umfassender Sammlungen in zahlreichen kirchlichen und staatlichen Archiven, insbesondere dem Diözesanarchiv Breslau, sorgsamer Kommentierung sowie der Erschließung durch umfangreiche Register. Den Kern bilden die Protokolle und Beiakten der jährlichen deutschen Bischofskonferenzen in Fulda und der Schriftwechsel des Konferenzvorsitzenden Kardinal Bertram mit seinen Mitbischöfen sowie den staatlichen Stellen. Diese Edition, die über das Ende von Krieg und NS-Regime hinaus bis zum Ende des Jahres 1945 reicht, bildet seither in der Fülle des Materials und der Präzision der Darbietung die Grundlage für jede wissenschaftliche Beschäftigung mit dem Thema Kirche und Nationalsozialismus in Deutschland. Zu diesem Thema hat Volk weitere wichtige Beiträge geliefert in den zahlreichen Aufsätzen, mit denen er seine Editionen begleitet hat und die zumeist in den „Stimmen der Zeit" publiziert worden sind. Sie galten sowohl dem deutschen Episkopat in seiner Gesamtheit (Nr. 6, 16, 23, 28, 65, 78, 79, 83, 93), ebenso auch dem österreichischen Episkopat (Nr. 88 und 91), als auch einzelnen Bischöfen (Nr. 42, 47, 55, 59, 72a, 95). Wenn Volk dabei sorgfältig bemüht war, der komplizierten Persönlichkeit Kardinal Bertrams und dessen umstrittener „Eingabenpolitik" Verständnis abzugewinnen und Gerechtigkeit widerfahren zu lassen, so ist doch deutlich, daß sein Herz eher bei dem aktivistischen Berliner Bischof Konrad von Preysing schlug. Unter den biographischen Arbeiten Volks sind schließlich auch die Lebensbilder zweier Ordensgenossen zu nennen, der Patres Rupert Mayer (Nr. 58) und Ivo Zeiger (Nr. 70), die ihm – jeder in seiner Weise – eine Ordenstradition verkörperten, die er in der Gegenwart nicht ungefährdet glaubte.

Volk ist nicht mehr dazu gekommen, eine umfassende Gesamtgeschichte der katholischen Kirche in Deutschland zwischen 1918 und 1945 zu schreiben, für die er aufgrund seiner Kenntnisse und Gestaltungskraft wie kein anderer prädestiniert gewesen wäre. Jedoch hat er mehrfach zusammenfassende Darstellungen in kleinerem Umfange verfaßt. Im Handbuch der Kirchengeschichte hat Volk „Die Kirche in den deutschsprachigen Ländern" vom Ersten Weltkrieg bis nach dem Konzil behandelt (Nr. 74); im Handbuch der bayerischen Geschichte stammt der Abschnitt über „Bayern im NS-Staat" aus seiner Feder (Nr. 51); und schließlich hat er in den von A. Rauscher herausgegebenen Bänden über die Entwicklung des sozialen und politischen Katholizismus in Deutschland seit 1803 dessen Schicksale unter dem Nationalsozialismus zusammenfassend beschrieben (Nr. 86).

Von den insgesamt etwa vierzig Rezensionen Volks in den „Stimmen der Zeit" sind diejenigen in die gegenwärtige Sammlung aufgenommen, die sich mit seinerzeit viel diskutierten Werken befaßten, mit Hochhuths „Stellvertreter" (Nr. 3), Lewys „Katholische Kirche und das Dritte Reich" (Nr. 8), Conways „NS-Kirchenpolitik“ (Nr. 43) sowie mit dem ersten Band Klaus Scholders über „Die Kirchen und das Dritte Reich“ (Nr. 69). Vielleicht treten Volks Qualitäten am unmittelbarsten in diesen Besprechungen zutage, in denen sichere Kategorien und ausgebreitete Kenntnisse sich verbinden mit scharfem methodischen Zugriff und nüchternem Blick für den begrenzten Spielraum menschlichen Handelns in schwieriger Zeit. Volk sucht zu erklären, ohne zu rechtfertigen, zu verstehen, ohne zu entschuldigen.

So wird dem Leser dieses Bandes nicht nur reiche und präzise Sachinformation in geistvoller Darstellung geboten. Argumentation und Diktion bezeugen ihm auch ein wissenschaftliches Ethos nicht alltäglicher Art. Hier wird besonders deutlich, welche Lücke der frühe Tod Ludwig Volks gerissen hat.

D. A.

ERSTDRUCKE DER IN DIESEM BAND ENTHALTENEN AUFSÄTZE

1. Die Einbahnstraße zum Reichskonkordat: L. Volk, Das Reichskonkordat vom 20. Juli 1933, Mainz 1972, S. 212–218 (Schlußkapitel).
2. Die Fuldaer Bischofskonferenz von Hitlers Machtergreifung bis zur Enzyklika „Mit brennender Sorge“: Stimmen der Zeit 183 (1969), S. 10–31.
3. Die Enzyklika „Mit brennender Sorge“. Zum hundertsten Geburtstag Kardinal Michael v. Faulhabers am 5. März 1969: Stimmen der Zeit 183 (1969), S. 174–194.
4. Die Fuldaer Bischofskonferenz von der Enzyklika „Mit brennender Sorge“ bis zum Ende der NS-Herrschaft: Stimmen der Zeit 178 (1966), S. 241–267.
5. Episkopat und Kirchenkampf im Zweiten Weltkrieg. I. Lebensvernichtung und Klostersturm 1939–1941: Stimmen der Zeit 198 (1980), S. 597–611.
6. Episkopat und Kirchenkampf im Zweiten Weltkrieg. II. Judenverfolgung und Zusammenbruch des NS-Staats: Stimmen der Zeit 198 (1980), S. 687–702.
7. Nationalsozialismus: Anton Rauscher (Hrsg.), Der soziale und politische Katholizismus. Entwicklungslinien in Deutschland 1803–1963, Bd. 1, München 1981, S. 165–208.
8. Der Heilige Stuhl und Deutschland 1945–1949: Stimmen der Zeit 194 (1976), S. 795–823.
9. Flucht aus der Isolation. Zur „Anschluß“-Kundgebung des österreichischen Episkopats vom 18. März 1938: Stimmen der Zeit 200 (1982), S. 651–661 und 769–783.
10. Kardinal Michael von Faulhaber (1869–1952): Ludwig Volk, Akten Kardinal Michael v. Faulhabers 1917–1945, Bd. 1: 1917–1934, Mainz 1975, S. XXXV–LXXXI.
11. Adolf Kardinal Bertram (1859–1945): Rudolf Morsey (Hrsg.), Zeitgeschichte in Lebensbildern. Aus dem deutschen Katholizismus des 20. Jahrhunderts, Mainz 1973, S. 274–286 und 312.
12. Konrad Kardinal von Preysing (1880–1950): Stimmen der Zeit 193 (1975), S. 651–663.
13. Die Hetzjagd auf den Nichtwähler. Die Vertreibung des Bischofs von Rottenburg durch die Nationalsozialisten: Rheinischer Merkur vom 14. April 1972.
14. Pater Rupert Mayer vor der NS-Justiz. Zum 100. Geburtstag des Münchener Männerseelsorgers am 23. Januar 1976: Stimmen der Zeit 194 (1976), S. 3–23.
15. Zwischen Ursprung und Ferne: Markt- und Pfarrgemeinde Mömbris (Hrsg.), P. Ivo Zeiger SJ. 1898–1952. Zur 25. Wiederkehr seines Todestages am 24. Dezember 1977, Kahl/Main o.J., ohne Paginierung.
16. Brüning contra Pacelli. Ein Dokument korrigiert die Memoiren: Rheinischer Merkur vom 27. November 1970.
17. Die unverzeihlichen Sünden des Prälaten Kaas. Was Heinrich Brüning nicht verwinden konnte: Rheinischer Merkur vom 11. Dezember 1970.
18. Pius XII. und die „größeren Übel“: Echo der Zeit vom 2. Juni 1963.
19. Zwischen Geschichtsschreibung und Hochhuthprosa. Kritisches und Grundsätzliches zu einer Neuerscheinung über Kirche und Nationalsozialismus: Stimmen der Zeit 176 (1965), S. 29–41.
20. Hitlers Kirchenminister. Zum Versuch einer Gesamtdarstellung des Kirchenkampfes im NS-Staat: Stimmen der Zeit 190 (1972), S. 277–281.
21. Ökumene des Versagens? Die Auseinandersetzung um das Reichskonkordat – Klaus Scholders eigenwillige Deutung: Rheinischer Merkur vom 9. Dezember 1977.

BIBLIOGRAPHIE LUDWIG VOLK

1962

1. Der Spanische Bürgerkrieg – nach 25 Jahren, in: Stimmen der Zeit 171 (1962/63), S. 386–392 (Rezension von Hugh Thomas, Der Spanische Bürgerkrieg, Berlin 1962; Hellmuth Günther Dahms, Der Spanische Bürgerkrieg 1936–1939, Tübingen 1962).
2. Rezension von Karl Aloys Altmeyer, Katholische Presse unter NS-Diktatur, Berlin 1962, in: Stimmen der Zeit 172 (1962/63), S. 158f.

1963

3. Pius XII. und die „größeren Übel", in: Echo der Zeit vom 2. Juni 1963.
4. Geschichte in Gestalten, in: Stimmen der Zeit 173 (1963/64), S. 146–149 (Rezension von Hans Herzfeld [Hrsg.], Geschichte in Gestalten, Frankfurt 1963, Bd. 37–40 des Fischerlexikons).
5. Päpstliche Laudatio auf Hitler?, in: Stimmen der Zeit 173 (1963/64), S. 221–229.

1964

6. Zur Kundgebung des deutschen Episkopats vom 28. März 1933, in: Stimmen der Zeit 173 (1963/64), S. 431–456.

1965

7. Der bayerische Episkopat und der Nationalsozialismus 1930–1934, Mainz 1965, 2. Aufl. 1966, XXII und 216 S.
8. Zwischen Geschichtsschreibung und Hochhuthprosa. Kritisches und Grundsätzliches zu einer Neuerscheinung über Kirche und Nationalsozialismus, in: Stimmen der Zeit 176 (1965), S. 29–41.
9. Rezension von Wilhelm Spael, Das katholische Deutschland im 20. Jahrhundert. Seine Pionier- und Krisenzeiten 1890–1945, Würzburg 1964, in: Stimmen der Zeit 175 (1965), S. 399f.
10. Ein unhistorischer Historiker. Guenter Lewys Einseitigkeit, in: Die Zeit vom 4. Juni 1965.
11. Rezension von Hans Bernd Gisevius, Adolf Hitler. Versuch einer Deutung, München 1963, in: Stimmen der Zeit 175 (1965), S. 400.
12. Rezension von Wolfgang Seiferth, Synagoge und Kirche im Mittelalter, München 1964, in: Stimmen der Zeit 176 (1965), S. 313ff.

1966

13. Kardinal Faulhabers Stellung zur Weimarer Republik und zum NS-Staat, in: Stimmen der Zeit 177 (1966), S. 173 – 195.
14. Rezension von Walter Adolph, Hirtenamt und Hitlerdiktatur, Berlin 1965, in: Stimmen der Zeit 177 (1966), S. 309.
15. Rezension von Georg Franz-Willing, Die bayerische Vatikangesandtschaft 1803–1934, München 1965, in: Stimmen der Zeit 177 (1966), S. 309f.
16. Die Fuldaer Bischofskonferenz von der Enzyklika „Mit brennender Sorge" bis zum Ende der NS-Herrschaft, in: Stimmen der Zeit 178 (1966), S. 241–267.
17. Rezension von Benedicta Maria Kempner, Priester vor Hitlers Tribunalen, München 1966, in: Stimmen der Zeit 178 (1966), S. 313.
18. Rezension von Reimund Schnabel, Die Frommen in der Hölle. Geistliche in Dachau, Frankfurt 1966, in: Stimmen der Zeit 178 (1966), S. 313f.

1967

19. Rezension von Dieter Roß, Hitler und Dollfuß. Die deutsche Österreich-Politik 1933–1934, Hamburg 1966, in: Stimmen der Zeit 179 (1967), S. 473.
20. Rezension von Viktor Reimann, Innitzer – Kardinal zwischen Hitler und Rom, Wien–München 1967, in: Stimmen der Zeit 179 (1967), S. 473 f.
21. Rezension von Gordon C. Zahn, Er folgte seinem Gewissen. Das einsame Zeugnis des Franz Jägerstätter, Graz–Köln 1967, in: Stimmen der Zeit 179 (1967), S. 474.
22. Opposition gegen Hitler, in: Stimmen der Zeit 180 (1967), S. 55–59 (Rezension von Ger van Roon, Neuordnung im Widerstand. Der Kreisauer Kreis innerhalb der deutschen Widerstandsbewegung, München 1967; Eberhard Bethge, Dietrich Bonhoeffer. Theologe, Christ, Zeitgenosse, München 1967; Joachim Kramarz, Claus Graf Stauffenberg. Das Leben eines Offiziers, Frankfurt 1965).

1968

23. Mit festem Schritt ins neue Reich? Die deutschen Bischöfe zwischen Machtergreifung und Röhmputsch, in: Publik vom 27. September 1968.
24. Rezension von Pinchas E. Lapide, Rom und die Juden, Freiburg 1967, in: Stimmen der Zeit 181 (1968), S. 425 f.
25. Rezension von Gerhart Binder, Irrtum und Widerstand. Die deutschen Katholiken in der Auseinandersetzung mit dem Nationalsozialismus, München 1968, in: Stimmen der Zeit 182 (1968), S. 283 f.
26. Rezension von E. Rosenfeld und Gertrud Luckner (Hrsg.), Lebenszeichen aus Piaski. Briefe Deportierter aus dem Distrikt Lublin 1940–1943. Nachwort von A. Goes, München 1968, in: Stimmen der Zeit 182 (1968), S. 284 f.

1969

27. Kirchliche Akten über die Reichskonkordatsverhandlungen 1933, Mainz 1969, XXXIII und 386 S.
28. Die Fuldaer Bischofskonferenz von Hitlers Machtergreifung bis zur Enzyklika „Mit brennender Sorge“, in: Stimmen der Zeit 183 (1969), S. 10–31.
29. Kirchenfürst zwischen Braunau und Wittelsbach [Kardinal Faulhaber], in: Publik vom 28. Februar 1969.
30. Die Enzyklika „Mit brennender Sorge“. Zum hundertsten Geburtstag Kardinal Michael v. Faulhabers am 5. März 1969, in: Stimmen der Zeit 183 (1969), S. 174–194.
31. Rezension von Dieter Wagner und Gerhard Tomkowitz, „Ein Volk, ein Reich, ein Führer!“ Der Anschluß Österreichs 1938, München 1968, in: Stimmen der Zeit 183 (1969), S. 359.
32. Rezension von Burkhart Schneider, Pius XII., Göttingen 1968, in: Stimmen der Zeit 183 (1969), S. 359 f.
33. Eindämmungspolitik oder Dolchstoß?, in: Frankfurter Allgemeine Zeitung vom 25. November 1969.
34. Der Traum vom Reich, in: Stimmen der Zeit 185 (1970), S. 208–212 (Rezension von Klaus Breuning, Die Vision des Reiches. Deutscher Katholizismus zwischen Demokratie und Diktatur [1929–1934], München 1969).

1970

35. Rezension von Rudolf Morsey, Die Protokolle der Reichstagsfraktion und des Fraktionsvorstands der Deutschen Zentrumspartei 1926–1933, Mainz 1969, in: Stimmen der Zeit 185 (1970), S. 213.

36. Rezension von Detlef Junker, Die deutsche Zentrumspartei und Hitler 1932/33. Ein Beitrag zur Problematik des politischen Katholizismus in Deutschland, Stuttgart 1969, in: Stimmen der Zeit 185 (1970), S. 213f.
37. Rezension von Günther Grünthal, Reichsschulgesetz und Zentrumspartei in der Weimarer Republik, Düsseldorf 1968, in: Stimmen der Zeit 185 (1970), S. 214f.
38. Brüning contra Pacelli. Ein Dokument korrigiert die Memoiren, in: Rheinischer Merkur vom 27. November 1970.
39. Die unverzeihlichen Sünden des Prälaten Kaas. Was Heinrich Brüning nicht verwinden konnte, in: Rheinischer Merkur vom 12. Dezember 1970.

1971

40. Brüning in eigener Sache. Zu den Memoiren des letzten Zentrumskanzlers, in: Stimmen der Zeit 187 (1971), S. 123–127 (Rezension von Heinrich Brüning, Memoiren 1918–1934, Stuttgart 1970).

1972

41. Das Reichskonkordat vom 20. Juli 1933, Mainz 1972, XXVII und 266 S.
42. Die Hetzjagd auf den Nichtwähler. Die Vertreibung des Bischofs von Rottenburg durch die Nationalsozialisten, in: Rheinischer Merkur vom 14. April 1972.
43. Hitlers Kirchenminister. Zum Versuch einer Gesamtdarstellung des Kirchenkampfes im NS-Staat, in: Stimmen der Zeit 190 (1972), S. 277–281 (Rezension von John S. Conway, Die nationalsozialistische Kirchenpolitik. Ihre Ziele, Widersprüche und Fehlschläge. Aus dem Englischen von Carsten Nicolaisen, München 1969).
44. Rezension von Walter Adolph, Kardinal Preysing und zwei Diktaturen. Sein Widerstand gegen die totalitäre Macht, Berlin 1971, in: Stimmen der Zeit 189 (1972), S. 355f.
45. Rezension von Lutz-Eugen Reutter, Katholische Kirche als Fluchthelfer im Dritten Reich. Die Betreuung von Auswanderern durch den St. Raphaels-Verein, Hamburg 1971, in: Stimmen der Zeit 189 (1972), S. 356f.
46. Rezension von Josef Spieker SJ, Mein Kampf gegen Unrecht in Staat und Gesellschaft. Erinnerungen eines Kölner Jesuiten, Köln 1971, in: Stimmen der Zeit 189 (1972), S. 357.

46a. Sein Mißverständnis hieß Adolf Hitler. Die politische Rolle des Prälaten Kaas zwischen Machtübernahme und Konkordat, in: Die Welt vom 13. Januar 1973, S. III.

1973

47. Adolf Kardinal Bertram (1859–1945), in: Rudolf Morsey (Hrsg.), Zeitgeschichte in Lebensbildern. Aus dem deutschen Katholizismus des 20. Jahrhunderts, Mainz 1973, S. 274–286 und 312.
48. Rezension von Hermann Engfer (Hrsg.), Das Bistum Hildesheim 1933–1945. Eine Dokumentation, Hildesheim 1971, in: Stimmen der Zeit 191 (1973), S. 431.
49. Rezension von Gottfried Maron, Die römisch-katholische Kirche von 1870–1970, Göttingen 1972, in: Stimmen der Zeit 191 (1973), S. 430.

1974

50. Kardinal Mercier, der deutsche Episkopat und die Neutralitätspolitik Benedikts XV. 1914–1916, in: Stimmen der Zeit 192 (1974), S. 611–630.
51. Bayern im NS-Staat 1933 bis 1945, in: Max Spindler (Hrsg.), Handbuch der bayerischen Geschichte, Bd. 4/1, München 1974, S. 518–537.

1975

52. Akten Kardinal Michael von Faulhabers 1917–1945, Bd. 1: 1917–1934, Mainz 1975, XCVI und 952 S.
53. Brüning in seinen Briefen, in: Stimmen der Zeit 193 (1975), S. 139f. (Rezension von Claire Nix [Hrsg.]), Heinrich Brüning, Briefe und Gespräche 1934–1945, Stuttgart 1974).
54. Ivo Zeiger, Kirchliche Zwischenbilanz 1945. Bericht über die Informationsreise durch Deutschland und Österreich im Herbst 1945. Eingeleitet und kommentiert von Ludwig Volk SJ, in: Stimmen der Zeit 193 (1975), S. 293–312.
55. Konrad Kardinal von Preysing (1880–1950), in: Stimmen der Zeit 193 (1975), S. 651–663.
56. Konrad Kardinal von Preysing (1880–1950), in: Rudolf Morsey (Hrsg.), Zeitgeschichte in Lebensbildern. Aus dem deutschen Katholizismus des 20. Jahrhunderts, Bd. 2, Mainz 1975, S. 88–100 und 218f. (Wiederabdruck von Nr. 55).
57. Michael Kardinal von Faulhaber (1869–1952), in: Rudolf Morsey (Hrsg.), Zeitgeschichte in Lebensbildern. Aus dem deutschen Katholizismus des 20. Jahrhunderts, Bd. 2, Mainz 1975, S. 101–113 und 219f.

1976

58. Pater Rupert Mayer vor der NS-Justiz. Zum 100. Geburtstag des Münchener Männerseelsorgers am 23. Januar 1976, in: Stimmen der Zeit 194 (1976), S. 3–23.
59. Clemens August Graf von Galen, Schweigen oder Bekennen? Zum Gewissensentscheid des Bischofs von Münster im Sommer 1941. Eingeleitet und kommentiert von Ludwig Volk SJ, in: Stimmen der Zeit 194 (1976), S. 219–224.
60. Der Heilige Stuhl und Deutschland 1945–1949, in: Stimmen der Zeit 194 (1976), S. 795–823.
61. Die Fuldaer Bischofskonferenz von Hitlers Machtergreifung bis zur Enzyklika „Mit brennender Sorge“, in: Dieter Albrecht (Hrsg.), Katholische Kirche im Dritten Reich, Mainz 1976, S. 35–65 (Wiederabdruck von Nr. 28).
62. Die Fuldaer Bischofskonferenz von der Enzyklika „Mit brennender Sorge“ bis zum Ende der NS-Herrschaft, in: Dieter Albrecht (Hrsg.), Katholische Kirche im Dritten Reich, Mainz 1976, S. 66–102 (Wiederabdruck von Nr. 16).
63. Zwischen Geschichtsschreibung und Hochhuthprosa. Kritisches und Grundsätzliches zu einer Neuerscheinung über Kirche und Nationalsozialismus, in: Dieter Albrecht (Hrsg.), Katholische Kirche im Dritten Reich, Mainz 1976, S. 194–210 (Wiederabdruck von Nr. 8).
64. Hitlers Kirchenminister. Zum Versuch einer Gesamtdarstellung des Kirchenkampfes im NS-Staat, in: Dieter Albrecht (Hrsg.), Katholische Kirche im Dritten Reich, Mainz 1976, S. 211–218 (Wiederabdruck von Nr. 43).
65. Mit Hitler in den Krieg? Zur Haltung deutscher Bischöfe im Zweiten Weltkrieg, in: Zdl-Informationen 1976 (Zentralstelle der katholischen Seelsorge für Zivildienstleistende), Nr. 1, S. 15–19.

1977

66. Rezension von Frederic Spotts, Kirchen und Politik in Deutschland. Mit einem Nachwort zur deutschen Ausgabe von Friedrich Weigend-Abendroth, Stuttgart 1976, in: Stimmen der Zeit 195 (1977), S. 788f.
67. Rezension von Alois C. Hudal, Römische Tagebücher. Lebensbeichte eines alten Bischofs, Graz 1975, in: Stimmen der Zeit 195 (1977), S. 789f.

68. Der Heilige Stuhl und Deutschland 1945–1949, in: Anton Rauscher (Hrsg.), Kirche und Katholizismus 1945–1949, Paderborn 1977, S. 53–87 (Wiederabdruck von Nr. 60).
69. Ökumene des Versagens? Die Auseinandersetzung um das Reichskonkordat – Klaus Scholders eigenwillige Deutung, in: Rheinischer Merkur vom 9. Dezember 1977.
70. Zwischen Ursprung und Ferne, in: P. Ivo Zeiger SJ. 1898–1952. Zur 25. Wiederkehr seines Todestages am 24. Dezember 1977, hrsg. von der Markt- und Pfarrgemeinde Mömbris, Kahl/Main o. J., ohne Paginierung.

1978

71. Akten Kardinal Michael von Faulhabers 1917–1945, Bd. 2: 1935–1945, Mainz 1978, XXXVI und 1176 S.
72. Kardinal Michael von Faulhaber (1869–1952), in: Oberbayerisches Archiv 103 (1978), S. 198–236 (Wiederabdruck der Einleitung von Nr. 52).

72a. Kompaß im Kirchenkampf. Ein Kölner Strategiepapier aus dem Jahre 1937, in: Rheinischer Merkur vom 13. Oktober 1978, S. 31.

1979

73. La Resistenza della chiesa cattolica contro il nazismo, in: Civiltà Cattolica 130 (1979), S. 232–244.
74. Die Kirche in den deutschsprachigen Ländern (Deutschland, Österreich, Schweiz), in: Hubert Jedin – Konrad Repgen (Hrsg.), Handbuch der Kirchengeschichte, Bd. 7, Freiburg–Basel–Wien 1979, S. 537–561.
75. Rezension von Walter Brandmüller, Ignaz v. Döllinger am Vorabend des I. Vatikanums. Herausforderung und Antwort, St. Ottilien 1977, in: Stimmen der Zeit 197 (1979), S. 211f.
76. Päpstliche Kritik an der Appeasement-Politik von 1938. Ein unveröffentlichter Bericht des britischen Vatikangesandten. Eingeleitet und kommentiert von Ludwig Volk SJ, in: Stimmen der Zeit 197 (1979), S. 532–538.
77. Vatikan und Warthegau, in: Stimmen der Zeit 198 (1980), S. 128ff. (Rezension von Manfred Clauß, Die Beziehungen des Vatikans zu Polen während des II. Weltkrieges, Köln 1979).

1980

78. Episkopat und Kirchenkampf im Zweiten Weltkrieg. I. Lebensvernichtung und Klostersturm 1939–1941, in: Stimmen der Zeit 198 (1980), S. 597–611.
79. Episkopat und Kirchenkampf im Zweiten Weltkrieg. II. Judenverfolgung und Zusammenbruch des NS-Staats, in: Stimmen der Zeit 198 (1980), S. 687–702.
80. Kirche und Kirchenkampf im Dritten Reich 1939–1945, in: Christi Liebe ist stärker. 86. Deutscher Katholikentag vom 4. Juni bis 8. Juni 1980 in Berlin, Paderborn 1980, S. 507–520.
81. Die Kirche in der Weimarer Republik und im NS-Staat, in: Bernhard Kötting (Hrsg.), Kleine deutsche Kirchengeschichte, Freiburg 1980, S. 110–127 (Überarbeiteter Teilnachdruck von Nr. 74).
82. Der Widerstand der katholischen Kirche, in: Christoph Kleßmann – Falk Pingel (Hrsg.), Gegner des Nationalsozialismus. Wissenschaftler und Widerstandskämpfer auf der Suche nach historischer Wirklichkeit, Frankfurt 1980, S. 126–139.
83. Der deutsche Episkopat, in: Klaus Gotto – Konrad Repgen (Hrsg.), Kirche, Katholiken und Nationalsozialismus, Mainz 1980, S. 49–62.

1981

84. Akten deutscher Bischöfe über die Lage der Kirche 1933–1945, Bd. 4: 1936–1939, Mainz 1981, XXXII und 864 S.
85. Erste Jahreswende unter Hitler. Ein unbekannter Briefwechsel zwischen Ludwig Kaas und dem Abt von Grüssau. Zum 100. Geburtstag des Zentrumspolitikers am 23. Mai 1981. Eingeleitet und kommentiert von Ludwig Volk SJ, in: Stimmen der Zeit 199 (1981), S. 314–326.
86. Nationalsozialismus, in: Anton Rauscher (Hrsg.), Der soziale und politische Katholizismus. Entwicklungslinien in Deutschland 1803–1963, Bd. 1, München 1981, S. 165–208.

1982

87. Ausblick auf Trümmern. US-Protokoll über eine Befragung des Bischofs J. J. v. d. Velden nach der Einnahme Aachens im Oktober 1944. Übersetzt, eingeleitet und kommentiert von Ludwig Volk SJ, in: Zeitschrift des Aachener Geschichtsvereins 88/89 (1982), S. 205–214.
88. Flucht aus der Isolation. Zur „Anschluß"-Kundgebung des österreichischen Episkopats vom 28. März 1938, in: Stimmen der Zeit 200 (1982), S. 651–661, 769–783.

1983

89. Akten deutscher Bischöfe über die Lage der Kirche 1933–1945, Bd. 5: 1940–1942, Mainz 1983, XXVIII und 1018 S.
90. Der deutsche Episkopat und das Dritte Reich, in: Klaus Gotto – Konrad Repgen (Hrsg.), Die Katholiken und das Dritte Reich, 2. Aufl., Mainz 1983, S. 51–64 (Verbesserter Nachdruck von Nr. 83).
91. Der österreichische Weihnachtshirtenbrief 1933. Zur Vorgeschichte und Resonanz, in: Politik und Konfession. Festschrift für Konrad Repgen zum 60. Geburtstag, Berlin 1983, S. 393–414.
92. Michael von Faulhaber, in: Erwin Gatz (Hrsg.), Die Bischöfe der deutschsprachigen Länder 1785/1803 bis 1945. Ein biographisches Lexikon, Berlin 1983, S. 177–181.
93. Verunsicherte Bischöfe. Der deutsche Episkopat nach der Machtergreifung, in: Kirchenzeitung für das Erzbistum Köln vom 21. Januar 1983, S. 6.

1985

94. Akten deutscher Bischöfe über die Lage der Kirche 1933–1945, Bd. 6: 1943–1945, Mainz 1985, XXXVIII und 961 S.
95. Artikel „Bertram", in: Staatslexikon. Recht, Wirtschaft, Gesellschaft in 5 Bänden, hrsg. von der Görresgesellschaft, 7. Aufl., Band 1, Freiburg i. Br. 1985, Sp. 656f.

1986

96. Artikel „Faulhaber", in: Staatslexikon. Recht, Wirtschaft, Gesellschaft in 5 Bänden, hrsg. von der Görresgesellschaft, 7. Aufl., Band 2, Freiburg i. Br., 1986, Sp. 558f.

ABKÜRZUNGEN

A.a.O.	=	am angegebenen Ort
AAS	=	Acta Apostolicae Sedis
AB	=	Amtsblatt
ADAP	=	Akten zur deutschen auswärtigen Politik aus dem Archiv des Auswärtigen Amts
ADSS	=	Actes et Documents du Saint Siège relatifs à la Seconde Guerre Mondiale
BA	=	Bundesarchiv
D.	=	Diözese
DA	=	Diözesanarchiv
DAF	=	Deutsche Arbeitsfront
DDF	=	Documents Diplomatiques Françaises
Dok.	=	Dokument
E.	=	Erzdiözese
EA	=	Erzbischöfliches Archiv
GStA	=	Geheimes Staatsarchiv
HStA	=	Hauptstaatsarchiv
KIPA	=	Katholische Internationale Presse-Agentur
MdL	=	Mitglied des Landtags
MdR	=	Mitglied des Reichstags
RGBl.	=	Reichsgesetzblatt
SD	=	Sicherheitsdienst der SS
SVD	=	Societas Verbi Divini

1

DIE EINBAHNSTRASSE ZUM REICHSKONKORDAT

Nichts hätte zum Jahresbeginn 1933 auf das nahe Zustandekommen eines Reichskonkordats hingedeutet, die abfallende Entwicklungskurve eher dagegen gesprochen. Denn seit Mitte der zwanziger Jahre hatten sich die Aussichten für einen Vertrag des Reiches mit der Kurie eigentlich ständig verschlechtert. Das Reichsschulgesetz, Vorstufe, Testfall und Generalprobe für ein Reichskonkordat, war im Frühjahr 1928 nach dreimaligem verfehltem Anlauf ad acta gelegt worden. Während in relativ kurzer Folge drei Länderkonkordate entstanden, stagnierten die Verhandlungen mit dem Reich. Und auch dem intensiven Drängen Kardinalstaatssekretär Pacellis war es nicht gelungen, die Regierungsvorstöße zugunsten einer exemten Militärseelsorge zur Vertragsbesprechung auszuweiten.

Es war die revolutionäre Wende von Hitlers Machtantritt, die den Stein des Reichskonkordats erneut ins Rollen brachte. Die Regierungsofferte bildete eine Grundvoraussetzung für den Abschluß des Vertrags, die Zustimmung des Hl. Stuhls die andere. So sehr die Kurie seit Jahren nach einem Reichskonkordat verlangt hatte, ein Reichskanzler Hitler konfrontierte auch die Kirche mit einer radikal veränderten Ausgangssituation. Welche Gründe gaben also für den Hl. Stuhl den Ausschlag, sich auf einen völkerrechtlichen Vertrag mit dem Kabinett Hitler einzulassen?

Zwei Meilensteine markierten den Weg des NS-Kanzlers zur Alleinherrschaft, die Reichstagsbrandverordnung vom 28. Februar und das Ermächtigungsgesetz vom 24. März 1933. Sie versahen Hitler mit allen Befugnissen, die Machtergreifung systematisch weiterzutreiben. Kirchenpolitisch lag zudem in der Generalermächtigung die Möglichkeit beschlossen, daß ein Reichskonkordat „in der vereinfachten Form des Dritten Reiches Gesetz werden konnte", so daß Hitler in sechs Monaten zu verwirklichen imstande war, „was die alten Parlamente und Parteien in 60 Jahren nicht fertigbrachten"[1]. Solche, von Erleichterung oder Hochstimmung eingegebenen Urteile erfaßten allerdings nur die halbe Wahrheit, da sie verkannten, welche unheimlichen Konsequenzen in der Entbindung einer Regierung von der Verfassung tatsächlich schlummerten. Denn nicht genug damit, daß die Legislative der Exekutive überantwortet wurde, sollte diese in Gestalt des Kabinetts Hitler auch in jedem, von der Regierung selbst festzustellenden Bedarfsfall von der Reichsverfassung abweichen dürfen.

Daß mit den beiden Grundgesetzen des werdenden NS-Staates Hitler über eine Handhabe verfügte, die Fundamente des deutschen Staatsgebäudes umzustürzen, drang höchstens schemenhaft ins öffentliche Bewußtsein. Bedroht war damit auch die verfassungsrechtliche Stellung der katholischen Kirche in Deutschland. Noch bevor die unerhörten Ausnahmebefugnisse des Kabinetts Hitler praktiziert und

[1] Faulhaber an Hitler, 24. Juli 1933. Druck: A. KUPPER, Akten Nr. 117 [Vgl. unten S. 9f.].

für den Mann auf der Straße in ihrer Tragweite deutlich wurden, signalisierten sie dem Kenner den „Zustand einer fundamentalen Rechtsunsicherheit“[2]. Das wirft ein Licht auf die paradoxe Doppelkausalität, die das Ermächtigungsgesetz auf das Zustandekommen des Reichskonkordats entfaltete. Macht doch das gleiche Ermächtigungsgesetz, das auf der einen Seite die parlamentarisch-parteipolitischen Hindernisse vor einem Konkordatsabschluß wegräumte, die Kirche andererseits in einem bisher ungekannten Ausmaß erst eigentlich konkordatsbedürftig. Weil die Sicherungen der Reichsverfassung versagten, war sie gezwungen, sich nach einem anderen Rechtsschutz umzusehen. Der Papst und seine Berater hätten geradezu unverantwortlich gehandelt, hätten sie es unterlassen, das Angebot einer zweiseitigen vertraglichen Bindung seitens einer ebenso ungebundenen wie unberechenbaren Regierung nicht aufzugreifen und nicht zumindest ernsthaft zu prüfen.

Fast schon instinktiv wurde die Vertrauenswürdigkeit der neuen Machthaber an ihrer Einstellung zur Bekenntnisschule gemessen. Ob die deutschen Katholiken sachgerecht verfuhren, wenn sie, der Überlieferung getreu, die Konfessionsschule als summum bonum aller Kulturpolitik betrachteten, kann hier unerörtert bleiben[3]. Die Neigung, das Programm einer Regierung primär oder ausschließlich nach ihrer Haltung in der Schulfrage zu bewerten, barg zweifellos die Gefahr einer bedenklichen Blickverengung in sich. Ungeachtet seiner inneren Problematik hatte dieses Kriterium jedenfalls den Vorzug, in der konkreten Entscheidungssituation vor und nach dem Ermächtigungsgesetz eindeutige Schlußfolgerungen zu liefern. Sie waren in der Tat alarmierend.

Nach dem Scheitern des Reichsschulgesetzes hatte die Schulpolitik der katholischen Parteien einen ausgeprägt defensiven Charakter angenommen. Je weiter eine akzeptable Gesetzesregelung in die Ferne rückte, desto beherrschender war die Funktion des Art. 174 der Reichsverfassung hervorgetreten, der bis zum Vorliegen einer Neuordnung den für die Bekenntnisschule günstigen status quo der vorrepublikanischen Ära garantierte. Seitdem es nun aber das Ermächtigungsgesetz gab, hatte auch das Reduit des vielberufenen Sperrartikels aufgehört, uneinnehmbar zu sein, für die Anhänger der Konfessionsschule ein katastrophaler Rückschlag. Denn er warf sie auf eine Verteidigungslinie zurück, die ihnen noch weniger Operationsmöglichkeiten ließ als die Revolution von 1918. Auch damals war die Existenz der katholischen Schule gefährdet, aber da gab es immerhin noch die katholischen Parteien und den Reichstag, beides Institutionen, die nach ihrer Selbstentmachtung jetzt völlig ausfielen.

Die radikale Verschlechterung der Verfassungsgrundlagen, auf denen die Bekenntnisschule ruhte, haben auf katholischer Seite wenige Beobachter so nüchtern und weitblickend registriert und keiner sich so aktiv um Abhilfe bemüht wie der Kirchenrechtler Ludwig Kaas. Weil er den Druck auf die potentielle Einbruchs-

[2] W. CONRAD S. 34.
[3] Vgl. die beiden Artikel von E.-W. BÖCKENFÖRDE.

stelle nicht unterschätzte, wollte er es bei Hitlers öffentlichen Zusagen in der Regierungserklärung nicht bewenden lassen, sondern strebte nach zusätzlichen Garantien. Das Thema Schule hatte er, wie der Nuntius wußte, für die Unterredung mit Hitler am 7. April 1933 vorgemerkt, es brach sogleich wieder durch, als er mit dem Vizekanzler tags darauf im D-Zug nach Rom zusammentraf.

Die Sorge um die Zukunft der katholischen Bildungseinrichtungen beschäftigte die Bischöfe wie den Nuntius[4]. Sie klang auf im Hirtenwort der bayerischen Bischöfe vom 5. Mai[5] und veranlaßte außerdem eine eigene Eingabe ihres Sprechers in Schulangelegenheiten, des Erzbischofs von Bamberg[6]. Die Bekenntnisschule figurierte zusammen mit den Länderkonkordaten, dem Vereinsschutz und der Entpolitisierung des Klerus unter den Grundelementen eines Konkordatsentwurfs, die Erzbischof Gröber als erste Vorinformation aus dem Vatikan zugingen[7]. Dementsprechend nahm die Schuldiskussion auch auf der Tagung der Metropolitenvertreter in Berlin Ende April 1933 einen breiten Raum ein[8].

Über den schulpolitischen Neuerungsdrang der Nationalsozialisten wollten sich kirchliche Beobachter jedenfalls keiner Illusion hingeben, zumal die Regierungsstellen gar so verschwenderisch billige Beschwichtigungen ausstreuten. Daß sich die NS-Bewegung in ihrem Siegesrausch ausgerechnet auf dem Erziehungssektor Zwang antun würde, wo es galt das ganze Volk „nationalsozialistisch" zu machen, war um so unwahrscheinlicher, als Hitler eben erst in der Schaffung eines Reichsministeriums für Volksaufklärung und Propaganda den Indoktrinationsanspruch seines Regimes institutionalisiert hatte. Angesichts eines so eminent bildungspolitischen Ehrgeizes hätte es seltsam zugehen müssen, wenn sich die NS-Führung des nächstliegenden Instruments, nämlich der Schule, weniger konsequent bedient hätte als der Massenbeeinflussungsmittel von Presse und Rundfunk. Es gab nach dem 23. März 1933 tatsächlich nichts, was den NS-Kanzler hätte daran hindern können, ein Reichsschulgesetz nationalsozialistischer Machart zu verabschieden. Denn weder Weimarer Verfassungsvorschriften noch katholische Mindestforderungen konnten ihm dabei irgendwelche Hemmungen bereiten. Andererseits scheint es allerdings, als ob Hitler persönlich zumindest im Anfangsstadium der Verhandlungen die Zusage der Bekenntnisschule nicht ganz und gar für unerfüllbar gehalten habe, so sehr die wehrpsychologische Motivation seiner Hochachtung vor der religiösen Erziehung befremden mußte[9].

Auf einem zweifachen Hintergrund war also die Konkordatsofferte Papens mit dem Kernstück der völkerrechtlich verbrieften Konfessionsschule zu sehen. Ein-

[4] Vgl. Orsenigo an Pacelli, 2. April 1933. Druck: L. Volk, Akten Nr. 3.

[5] Druck: B. Stasiewski Nr. 35.

[6] Vgl. Hauck an Schemm, 24./27. April 1933 (EA München. Nachlaß Faulhaber).

[7] Vgl. Leiber an Gröber, 20. April 1933. Druck: L. Volk, Akten Nr. 11.

[8] Vgl. B. Stasiewski S. 90f., 98 und 118f.

[9] Vgl. Hitlers Ausführungen beim Empfang Bischof Bernings am 25. April 1933 (B. Stasiewski S. 102): „Es droht eine Wolke mit Polen. Wir haben Soldaten notwendig, gläubige Soldaten. Gläubige Soldaten sind die wertvollsten. Die setzen alles ein. Darum werden wir die konfessionelle Schule erhalten, um gläubige Menschen durch die Schule zu erziehen".

mal bot das Kabinett Hitler an, was keine der Regierungen von Weimar hatte gewähren können, zum anderen tat sich damit die Möglichkeit auf, den Sperrartikel zu ersetzen, den das Ermächtigungsgesetz entwertet hatte, und damit die Bekenntnisschule vor der zu erwartenden nationalsozialistischen Bildungsrevolution zu retten. Nicht ob die Kirche sich mit der fraglich gewordenen bestehenden Situation begnügen wolle, war die Frage, sondern ob sie angesichts des aufziehenden Sturms auf den erreichbaren Katastrophenschutz verzichten dürfe.

Da die Sicherung der Konfessionsschule ein uraltes, ja geradezu zeitloses und darum immer gültiges Postulat katholischer Kulturpolitik darstellte, ist dessen Zuspitzung durch die Revolutionsereignisse nur deduktiv nachweisbar. Um so unverhüllter erweist sich der Vereinsschutzartikel als Reflex höchst zeitbedingter Gegenwartsnöte. Ohne Vorbild in den früheren Konkordatsentwürfen, verwiesen die Bestimmungen des Art. 31 direkt und unzweideutig auf die Revolutionskräfte, die das Existenzrecht der katholischen Verbände zu negieren suchten. Infolge der Bedeutung und akuten Bedrohung dieses kirchlichen Wirkungsbereichs stand das Problem der Vereinssicherung dem der Schule an Dringlichkeit nicht nach, was durch die Verknüpfung der beiden Hauptanliegen von Kaas in der D-Zug-Besprechung mit Papen deutlich wird. Die Beschwerden der Verbandsleitungen nahmen in der Folgezeit keineswegs ab, sondern schilderten einen in zahllosen Variationen um sich greifenden Gleichschaltungsterror. Waren ihm zunächst vornehmlich Einzelmitglieder und Ortsvereine ausgesetzt, so bedrohte er, immer selbstbewußter praktiziert, schließlich auch die Verbandszentralen.

Wie Rhythmus und Stoßrichtung der Revolution auf den Abschlußwillen des Vatikans zurückwirkten, wurde augenfällig, als Ende Juni ein Wettlauf mit der Zeit anhob, in dem massiver Gleichschaltungsdruck auf die Arbeiter- und Gesellenvereine dem Konkordatsschutz in letzter Minute zuvorzukommen suchte. Ob das den kirchlichen Unterhändlern gefiel oder nicht, die akute Pression, die sich bis an den Verhandlungstisch fortpflanzte, zwang dazu, die Rettung des Verbandswesens zum Angelpunkt der Abschlußüberlegungen zu machen. Nichts Geringeres stand auf dem Spiel als die Betätigungsfreiheit einer über den ummauerten Kirchenraum hinausgreifenden Seelsorge, wie sie seit der Mitte des 19. Jahrhunderts in den großen Berufs-, Standes- und Jugendorganisationen des katholischen Deutschlands Gestalt gewonnen hatte. Kardinal Bertram durchschaute richtig, daß die Verdrängung der Religion aus der Öffentlichkeit letztlich auf ein bloßes Sakristeichristentum abziele. Kommt das Konkordat nicht zustande, so argumentierte Erzbischof Gröber, dann „wird uns in der nächsten Zeit alles zerschlagen, und ich frage mich, ob es überhaupt wieder aufgebaut werden kann".

Noch fehlten die Kategorien des Totalitären, um die Natur der Kräfte zu erfassen, die mit erschreckender Gewalttätigkeit auch in den Bezirk des Kirchlichen einbrachen, noch deutete man als Kulturkampf, was doch ideologisch ganz andere Wurzeln hatte, nicht zu bezweifeln war jedenfalls die Realität des Phänomens und die Notwendigkeit der Abhilfe. Ausschlaggebendes Motiv zugunsten eine Konkordats mit dem Reich konnte darum auch nicht mehr der allgemeine Wunsch sein, die Staat-Kirche-Beziehung nach den Grundsätzen des kanonischen Rechts zu regeln. Den Primat hatte dafür jetzt die Einsicht inne, anders als durch die Paraphierung des Konkordats eine Katastrophe für den deutschen Katholizismus nicht vermeiden zu können. Das Warnsignal der zweiten Revolutionswelle konnten und wollten die römischen Unterhändler nicht übersehen. Daß sie parallel zu den Schlußberatungen abrollte, tauchte diese in eine Atmosphäre psychischen Zwanges, von Pacelli im Bild von der Pistole veranschaulicht, die Berlin auf seine Stirn gerichtet habe, ihn zur Unterschrift zu bewegen. Sich auf die Einbahnstraße des Abschlusses verwiesen zu sehen, da sowohl ein Aufschub wie der Abbruch der Verhandlungen untragbare Risiken heraufbeschworen hätte, dürfte den Kardinalstaatssekretär besonders verdrossen haben. Denn diese Entwicklung war seiner Absicht, dem Vatikan ein Höchstmaß an Entschlußfreiheit zu wahren, stracks zuwidergelaufen. So sehr er von Anfang an die Unverbindlichkeit der kirchlichen Gegenäußerungen betont hatte, so wenig hatte er damit verhindern können, daß eine Kettenreaktion von Zwangsläufigkeiten den Gang der Verhandlungen bestimmte und den Schlußentscheid der Kurie praktisch vorwegnahm. So wie die Dinge lagen, gab es bei der Aufnahme der offiziellen Beratungen Ende Juni 1933 für den Hl. Stuhl kein Zurück mehr.

Die Alternative, den Konkordatsentwurf abzulehnen, bestand nur theoretisch und kam ernsthaft nicht in Betracht. Wies man Hitlers Verständigungsangebot zurück, so lieferte man ihm, ob man wollte oder nicht, eine Handhabe, unter den deutschen Katholiken eine schwere Vertrauenskrise auszulösen. Um den Vatikan ins Unrecht zu setzen, hätte er nur den Konkordatsentwurf zu veröffentlichen brauchen, dessen verbal vorteilhafte Bestimmungen für sich selbst gesprochen hätten. Diese Konsequenz ist nicht etwa eine Nachkriegsentdeckung, sondern auf dem toten Punkt der Schlußverhandlungen von einem der unmittelbar Beteiligten, dem eben aus Deutschland eingetroffenen Freiburger Erzbischof, am 1. Juli 1933 in aller Klarheit formuliert worden: „Die Katholiken würden sagen: Der Hl. Stuhl hätte uns helfen können, hat aber nicht geholfen. Die Regierung würde den Konkordatsentwurf veröffentlichen und die Schuld am Nichtzustandekommen eines so guten Werkes dem Hl. Stuhl zuschreiben". Das von den Warnern vorgebrachte Argument der Vertragsunwürdigkeit Hitlers war zunächst einmal auf Verdacht gegründet, nicht zu beweisen und noch weniger publizistisch zu verwerten, es sei denn, man wollte Hitlers scheinbar ehrlichen Entspannungsversuch mit einer direkten Kampfansage beantworten[10].

Wenn aber die entgegengesetzte Deutung zutraf, für die es ebenfalls gewichtige Indizien gab, daß nämlich Hitler selbst im letzten Augenblick von der Konkor-

[10] Nach R. Leiber, RK S. 219 „hätte eine einseitige Kampfansage verheerend gewirkt". Die praktisch bestehende Alternativlosigkeit wird auch von K. O. v. Aretin II S. 276 anerkannt: „Jede Ablehnung hätte ... den Kirchenkampf in entscheidender Weise verschärft, zumal als Begründung kaum etwas anderes hätte angeführt werden können, als daß man den Zusicherungen Hitlers keinen Glauben schenkte".

datsinitiative abspringen wollte, weil ihm der Preis nach seinem Totalsieg über den deutschen Parlamentarismus zu hoch erschien, dann mußte sich die Kurie einem Paraphierungsaufschub um so mehr widersetzen. Hätte sie sich doch nach dem Ausfall des Zentrums in einer unvergleichlich schlechteren Eröffnungsposition befunden, falls Hitler dann überhaupt noch an einem Konkordat gelegen war. Nichts war jedenfalls nach den voraufgegangenen Erfahrungen mit dem Revolutionsregime mehr zu fürchten als ein vertragloser Zustand, der einem zur Alleinherrschaft durchgebrochenen Hitler kirchenpolitisch freie Bahn gelassen hätte.

Den damit verbundenen Erwartungen entsprechen konnte das Reichskonkordat nur in dem Maße, wie es von den beiden Vertragspartnern eingehalten wurde. Über physische Machtmittel, die Ausführung des Konkordats zu erzwingen, verfügte die Kirche überhaupt nicht, über moralische Sanktionen nur in beschränktem Umfang. Selbstverständlich wäre ihr ein Vertrag, der funktionierte, indem er sich selbst Geltung verschaffte, lieber gewesen als einer, der allen Anmahnungen und Protesten zum Trotz in wesentlichen Teilen Stückwerk blieb. Aber auch mißachtet hörten die Bestimmungen des Konkordats nicht auf, eine Rechtsgrenze zu bezeichnen, an deren Einhaltung erinnert zu werden, sich auch der Staat Hitlers gefallen lassen mußte. Der Sekundäreffekt des Reichskonkordats als einer Verteidigungslinie ist darum keineswegs „eine nachträgliche katholische Interpretation“[11], sondern wurde vom Kardinalstaatssekretär keine vier Wochen nach der Unterzeichnung als unerwünschter, aber nicht auszuschließender Eventualfall realistisch ins Auge gefaßt. Entziehe sich die Reichsregierung ihren Verpflichtungen, so erklärte er am 17. August 1933 einem englischen Diplomaten, so besitze der Vatikan doch immerhin einen internationalen Vertrag, auf Grund dessen er Protest erheben könne. Halb scherzhaft und halb grimmig klang die Erwartung, daß die Deutschen wahrscheinlich nicht alle Artikel des Konkordats auf einmal verletzen würden.

Unter solchen Auspizien wollte eine Erfolgsstimmung im Vatikan nicht recht aufkommen. Nur von kurzer Dauer und in sich selbst hypothetisch war die Genugtuung, der sich Pacelli während des Atemholens nach dem Unterzeichnungstag darüber hingab, „daß hier in den schwierigsten Umständen und in einer Zeit weitverbreiteter Ratlosigkeit und bedenklicher Entmutigung durch entschlossenes Ausnützen der Gesamtlage unter Gottes gütigem Gnadenbeistand etwas geschaffen wurde, was bei sinngemäßer und loyaler Durchführung sowohl der Kirche wie dem Staat zum Segen gereichen wird und von den unsterblichen Seelen unendlich viele Gefahren fernhalten kann, die wir alle gestern noch bangenden Herzens befürchtet haben“[12].

Immer schärfer hatte sich abgezeichnet, daß das Schicksal des Konkordats von Hitler entschieden würde. Schon deswegen hatte man das Auftreten und Agieren

[11] So K. D. BRACHER, Gutachten S. 1013.

[12] Pacelli an Bornewasser, 22. Juli 1933. Druck: L. VOLK, Akten Nr. 98.

des nationalsozialistischen Reichskanzlers mit kritischer Aufmerksamkeit verfolgt. War er im ersten Akt dem Papst noch vorübergehend als Ordnungsfaktor gegenüber dem militanten Kommunismus erschienen, so hatte der Revolutionsverlauf bald ganz andere Züge als charakteristisch enthüllt. Das schloß nicht aus, daß zwischendurch wieder – wie etwa Mitte Juli nach dem Besuch Papens und Buttmanns – die Entlastungsthese Resonanz fand, derzufolge ein im Grunde maßvoller Hitler über die radikalen Elemente in seiner Bewegung noch nicht völlig Herr geworden sei.

Insgesamt aber nahm Pius XI. der von Hitler praktizierten Politik gegenüber eine immer ablehnender werdende Haltung ein. Insbesondere empörten den Papst die erpresserischen Aktionen, mit denen sich Hitler die österreichische Regierung gefügig zu machen suchte. Als Ergebnis dieses mit brutalen Machtmitteln arbeitenden Revisionismus sah der Papst auf der europäischen Landkarte besorgniserregende Kräfteverschiebungen voraus. Verfalle Österreich dem Nationalsozialismus, so werde es nicht dabei bleiben, da wahrscheinlich auch die Sudetengebiete diesem Beispiel folgen würden. Ebensowenig verhehlte der Papst vor dem gleichen Besucher seine Abscheu über die Art und Weise, wie Hitler die Juden behandelte[13]. Noch bevor das Konkordat ratifiziert war, schaute also auch Pius XI. skeptisch auf die Weiterentwicklung der deutsch-vatikanischen Beziehungen.

Die Auseinandersetzungen zu schildern, die sich um die Ausführung des Reichskonkordats entspannen, überschreitet den Rahmen einer Untersuchung über die Entstehungsgeschichte dieses Vertrages. Festzuhalten ist aber, wie der Vertragsabschluß an sich das Verhältnis der Reichsregierung zum Hl. Stuhl auf eine andere Ebene rückte. Dadurch daß Hitler den Vatikan als Vertragspartner akzeptiert hatte, war ein Faktum gesetzt worden, das auch durch die Mißachtung einzelner Vertragsbestimmungen nicht rückgängig zu machen war. Wichtiger als alle Details war die Tatsache des Konkordatsabschlusses in sich, weil damit die Reichsregierung das Interesse des Hl. Stuhls an der Lage der Katholischen Kirche in Deutschland in einer völkerrechtlichen Vereinbarung als legitim anerkannt hatte. Damit verbaute sich Hitler den Rückzug auf die naheliegende Ausflucht, die

[13] Vgl. Kirkpatrick an Simon, 28. August 1933 (Foreign Office. C 7873/7873/22): „During the course of the conversation the Pope severely criticised the behaviour of the German Government. Their treatment of Austria was, he said, a disgrace, and he was glad to learn that there was a prospect of material support for Austria from Great Britain, France and Italy. Never was assistance more richly deserved. The position was highly critical, because if Austria went Nazi, that would be bad enough, but it would not stop there. The western part of Czechoslovakia, which he knew well, was German and would not improbably follow suit. His Holiness paused at this point to illustrate his argument by drawing me a little map of Czechoslovakia on his programme of audiences. – The Pope continued that, as regards the German persecution of the Jews, he could only say that it was an offence not only against morality but against civilisation. It was a mistake which might cost Germany dear. He was not surprised that it had brought about a strong revulsion of feeling in England, for the Germans had violated principles which the English had always held dear." – In seinen Erinnerungen gedenkt I. KIRKPATRICK S. 47 dieser Begegnung mit Pius XI., „when he told me in pungent terms what he thought of Hitler's persecution of the Jews", als einer jener beiden Papstaudienzen, bei denen die Zeichen auf Sturm gestanden hätten.

Behandlung der Religionsgemeinschaften sei eine innerdeutsche Angelegenheit, um die sich eine auswärtige Instanz wie der Vatikan nicht zu kümmern habe. Darüber darf die Bremswirkung gerade der umkämpften Konkordatsbestimmungen nicht verkannt werden. Was selbst der formal fragmentarische und schon deswegen nicht voll funktionstüchtige Vereinsschutzartikel trotzdem leistete, wird an einem interkonfessionellen Vergleich sichtbar. Während nämlich die evangelischen Jugendorganisationen schon im Dezember 1933 dem Sog der Vereinheitlichung und damit der Vereinnahmung durch die Hitler-Jugend erlagen, konnten sich die katholischen Organisationen, wenn auch unter massiven Beschränkungen und Schikanen, zum Teil bis ins Jahr 1938 hinein am Leben halten. Das Konkordat war eben von Anfang an ein Fremdkörper im totalitären System und wo immer es mit den Ausbreitungstendenzen des Regimes kollidierte, unterstrich es diesen seinen Grundcharakter. Aus der Parteiperspektive konnte darum ein NS-Organ ganz zu Recht unterstellen, das Konkordat habe dafür sorgen sollen, „daß jede nationalsozialistische Kulturpolitik unmöglich gemacht" werde[14]. Zwar verfügte Hitler über die Macht, sich über das geschriebene Recht hinwegzusetzen, konnte aber nicht verhindern, daß das Konkordat jede Grenzüberschreitung als solche denunzierte. Mit jeder flagranten Konkordatsverletzung setzte er seine moralische Glaubwürdigkeit aufs Spiel, ein Risiko, gegen das er bei aller Skrupellosigkeit nicht unempfindlich war und das ihm eine „Politik der freien Hand" verwehrte. Schon dieser Hemmungen wegen war also ein mit Einschränkung respektiertes Konkordat dem vertragslosen Zustand unbedingt vorzuziehen. Auch dort, wo es verächtlich als Paragraphengespinst abgetan wurde, entfaltete das Reichskonkordat tatsächlich eine beachtliche Wirkung.

Im Gesamtrahmen der nationalsozialistischen Außenpolitik eröffnete das Reichskonkordat die Kette der zweiseitigen Abmachungen, die Hitler dazu benützte, Friedenswillen und Kompromißbereitschaft zu demonstrieren, während seine Partner danach trachteten, die von ihm ausgehende Aggressionsgefahr vertraglich einzudämmen. Nach dem Reichskonkordat gehörten zu diesem Komplex der Eindämmungsversuche der Nichtangriffspakt mit Polen 1934, das Flottenabkommen mit Großbritannien 1935 und der Vertrag mit Österreich 1936. Die gerade noch friedliche Beilegung der Sudetenkrise im Herbst 1938 markierte dagegen zugleich Höhepunkt wie Grenze der bis dahin von führenden Staatsmännern des Westens befürworteten Appeasement-Politik. Der Konferenzort München wurde zum Inbegriff einer von Hitler mißbrauchten Entspannungs- und Revisionsbereitschaft.

Wenn Hitler sich im Sommer 1933 in dem Erfolg sonnte, als Konkordatspartner des Hl. Stuhles nun den Status internationaler Vertragswürdigkeit erklommen zu haben, so hatte er diesen für ihn erfreulichen Effekt – und niemand wußte das besser als er – eingehandelt gegen eine langfristige Hypothek. Denn vom Tage

[14] Vgl. Gedenkartikel zum 4. Jahrestag des Konkordatsabschlusses in: Der Angriff Nr. 168 vom 21. Juli 1937.

der deutschen Unterschrift an lief unter den Augen einer nicht unkritischen Weltöffentlichkeit das Experiment der Erprobung von Hitlers Vertragstreue, einer druckempfindlichen unterirdischen Bombe vergleichbar, die, durch ein Zuviel an wachsendem Konkordatsschutt eines Tages zur Detonation gebracht, die Fassade von Hitlers Vertragswürdigkeit demolieren konnte.

Insofern führt vom Reichskonkordat über Dutzende interner vatikanischer Proteste eine gerade Linie zur öffentlichen Abrechnung mit Hitlers Illoyalität und Unaufrichtigkeit in der Enzyklika „Mit brennender Sorge"[15] vom März 1937, einer weltweit vernehmbaren Anklage der nationalsozialistischen Religionspolitik, wie sie keine andere auswärtige Macht in Friedenszeiten gewagt hat und wie sie auch für den Vatikan ohne das legitimierende Instrument des Reichskonkordats, mit dessen Bestimmungen der kirchliche Vertragspartner Hitler beim Wort nehmen konnte, ganz undenkbar gewesen wäre[16]. Unter dem Eindruck dieses Zusammenhangs konnte ein so kritischer Zeitbetrachter wie F. Muckermann mit Recht konstatieren, daß die Enzyklika von 1937 zum Reichskonkordat von 1933 in gewisser Hinsicht den „letzten und abschließenden Paragraphen bildet"[17]. Um wieviel anders hätte die Geschichte Europas und der Welt nach 1937 verlaufen können, wären Reichskonkordat und Enzyklika als Paradigmata von überkirchlichem Bedeutungsgehalt, nämlich als Demaskierung von Hitlers Wortbrüchigkeit, allseits begriffen worden.

[Die in diesem Aufsatz zitierten Kurztitel beziehen sich auf folgende Werke:

ALBRECHT, Dieter, Der Notenwechsel zwischen dem Hl. Stuhl und der Deutschen Reichsregierung. Bd. I: Von der Ratifizierung des Reichskonkordats bis zur Enzyklika „Mit brennender Sorge", Mainz 1965.

ARETIN, Karl Otmar Freiherr von, Das Ende der Zentrumspartei und der Abschluß des Reichskonkordats am 20. Juli 1933, in: Frankfurter Hefte 17 (1962), S. 237–243.

BÖCKENFÖRDE, Ernst-Wolfgang, Der deutsche Katholizismus im Jahre 1933, in: Hochland 53 (1960/61), S. 215–239.

BÖCKENFÖRDE, Ernst-Wolfgang, Der deutsche Katholizismus im Jahre 1933. Stellungnahme zu einer Diskussion, in: Hochland 54 (1961/62), S. 217–245.

BRACHER, Karl Dietrich, Nationalsozialistische Machtergreifung und Reichskonkordat. Ein Gutachten zur Frage des geschichtlichen Zusammenhangs und der politischen Verknüpfung von Reichskonkordat und Revolution, in: Der Konkordatsprozeß. In Zusammenarbeit mit Hans Müller hrsg. von Friedrich Giese und Friedrich August Freiherr von der Heydte, 4 Teilbände, München 1957–1959, S. 947–1021.

BUSSMANN, Walter, Der deutsche Katholizismus im Jahre 1933, in: Festschrift für Hermann Heimpel, hrsg. von den Mitarbeitern des Max-Planck-Instituts für Geschichte, Bd. I, Göttingen 1971, S. 180–204.

[15] Druck: D. ALBRECHT, Anhang Nr. 7.

[16] Zu neueren Bewertungen des Reichskonkordats vgl. K. GOTTO Sp. 489f.; W. BUSSMANN S. 203; dazu antithetisch und in der Quellenrezeption wählerisch K. SCHOLDER, Kirchen S. 19.

[17] F. MUCKERMANN, Im Kampf zwischen zwei Epochen. Lebenserinnerungen S. 870. Archiv der Niederdeutschen Provinz SJ. [Druck: Mainz 1974[2]].

CONRAD, Walter, Der Kampf um die Kanzeln. Erinnerungen und Dokumente aus der Hitlerzeit, Berlin 1957.

GOTTO, Klaus, Katholische Kirche und Nationalsozialismus, in: Staatslexikon. Recht, Wirtschaft, Gesellschaft, hrsg. von der Görres-Gesellschaft, 6. Aufl., Bd. X (= Zweiter Ergänzungsband), Freiburg 1970, Sp. 487–492.

KIRKPATRICK, Ivone, The Inner Circle. Memoirs, London 1959.

KUPPER, Alfons, Staatliche Akten über die Reichskonkordatsverhandlungen 1933, Mainz 1969.

LEIBER, Robert, Reichskonkordat und Ende der Zentrumspartei, in: Stimmen der Zeit 167 (1961/62), S. 213–223.

SCHOLDER, Klaus, Die Kirchen im Dritten Reich, in: Aus Politik und Zeitgeschichte. Beilage zur Wochenzeitung Das Parlament Nr. 15 vom 10. April 1971.

STASIEWSKI, Bernhard, Akten deutscher Bischöfe über die Lage der Kirche 1933–1945. Bd. I: 1933–1934, Mainz 1968.

VOLK, Ludwig, Kirchliche Akten über die Reichskonkordatsverhandlungen 1933, Mainz 1969.]

DIE FULDAER BISCHOFSKONFERENZ VON HITLERS MACHTERGREIFUNG BIS ZUR ENZYKLIKA „MIT BRENNENDER SORGE“

Die Berufung des Führers der NSDAP zum Reichskanzler mußte jeden erschrekken, der wie die deutschen Bischöfe öffentlich vor der Bewegung Hitlers und Teilen ihres Programms gewarnt hatte. Gegen christentumsfeindliche Tendenzen im Nationalsozialismus, gegen Rassenverherrlichung und Nationalismus waren die Metropoliten um die Jahreswende 1930/31 nacheinander hervorgetreten, um mit Bischofsautorität die Frage zu verneinen, ob ein Katholik Nationalsozialist sein könne[1]. Soweit Hitler aus katholischen Reihen Zulauf erhielt, deutete allerdings wenig darauf hin, daß die oberhirtlichen Mahnungen die Wählerbewegung sehr beeinflußt hätten. Welche Haltung würde der Episkopat einnehmen, nachdem der Führer einer weltanschaulich untragbaren Partei Regierungschef geworden war?

Die Frage stellte sich am 30. Januar 1933 noch nicht in voller Schärfe. Hitlers Regierung war ein Präsidialkabinett und damit abhängig vom Vertrauen des Reichspräsidenten. Die nationalsozialistischen Minister waren in der Minderheit. Seine Machtbasis durch Neuwahlen zu verbreitern, war Hitlers erstes Ziel. Der Wahlhirtenbrief[2] der Fuldaer Bischofskonferenz verwandte ein Schema aus dem Vorjahr, gemessen an der Bedrohung, war er verhalten, ohne Zuspitzung auf die Gefahr einer Dauerherrschaft der NSDAP. Nach den gemachten Erfahrungen war es begreiflich, wenn der Konferenzvorsitzende Kardinal Bertram an der

[1] Druck: B. STASIEWSKI (Hrsg.), Akten deutscher Bischöfe über die Lage der Kirche 1933–1945. Band I: 1933–1934. Reihe A: Quellen. Band 5 der Veröffentlichungen der Kommission für Zeitgeschichte bei der Katholischen Akademie in Bayern, hrsg. von K. Repgen (Mainz: Grünewald 1968) LII u. 969 S. Lw. 98,–. (Zitiert: B. STASIEWSKI) Anhang Nr. 5, 6, 11, 12 und 13. Die vorliegende Untersuchung kann sich auf weite Strecken dieser soeben erschienenen Quellensammlung bedienen und damit zugleich einen Begriff von der Fülle und Ergiebigkeit der darin enthaltenen Materialien vermitteln. Der fast tausend Seiten starke Band umfaßt knapp zwanzig Monate der zwölfjährigen Hitlerherrschaft, ein Beweis für das Bemühen, die von der nationalsozialistischen Machtergreifung ausgelösten Umwälzungen im Staat-Kirche-Verhältnis in aller Breite und Vielschichtigkeit gewissenhaft zu dokumentieren. Formal gesehen sind fast alle Genera schriftlicher Meinungsmitteilung vertreten: Rundbriefe und Denkschriften, Tagesordnungen und Protokolle der Bischofskonferenzen, Weisungen und Lageberichte der Verbandsführer, Wahlaufrufe und Hirtenbriefe, Regierungseingaben und Grußbotschaften. Der erste von insgesamt vier geplanten Bänden zur Dokumentation des Kirchenkampfes ist nicht nur eine Fundgrube für zeitgeschichtliche Studien verschiedenster Art, sondern versieht den Rückblickenden mit den notwendigen Detailkenntnissen, ohne die eine so komplexe Situation wie die der Kirche im NS-Staat sachlich nicht gewürdigt werden kann. Unabhängig in der Auswahl und nüchtern im Kommentar führt dieses Sammelwerk die Diskussion umstrittener Thesen dorthin zurück, wo sie allein sinnvoll ausgetragen werden kann, zu den Quellen. [Die folgenden Bände der „Akten deutscher Bischöfe“ sind 1976–1985 erschienen: Band II–III (1934–1936), bearb. von Bernhard Stasiewski, Mainz 1976–1979, Band IV–VI (1936–1945), bearb. von Ludwig Volk, Mainz 1981–1985].

[2] Vgl. Kundgebung der Fuldaer Bischofskonferenz, 20. Februar 1933. Druck: B. STASIEWSKI Nr. 3.

Belehrbarkeit von der Wirtschaftsnot zermürbter Wähler zweifelte. Obwohl die katholischen Parteien am 5. März 1933 ihre Mandate behaupteten, war das Gesamtergebnis für Zentrum und Bayerische Volkspartei (BVP) dennoch entmutigend, da die Regierungskoalition dank ihrer knappen absoluten Mehrheit auf die Heranziehung anderer Partner verzichten konnte.

Vorfriede auf Zusicherungen Hitlers

Das Gefühl des Ausgeschaltetseins machte bis dahin standfeste Zentrumsanhänger vielfach anfällig für eine Propaganda, die ungemein zugkräftig an den nationalen Gemeinsinn appellierte, im Tag von Potsdam parteipolitische Enge zu sprengen schien und zunehmend anfangs abwartende Volksschichten umzustimmen vermochte. Zu dem Drängen der nationalsozialistischen Parteiführung von außen, die Schranken zwischen Kirche und Nationalsozialismus niederzulegen, gesellte sich eine steigende Unruhe von innen, getragen von öffnungsbereiten Gläubigen, denen die bischöflichen Verbote den Weg zu verantwortlicher Mitarbeit am Staatsneubau versperrten. Beide Strömungen konnten Kardinal Bertram noch nicht dazu bewegen, die frühere Absage an die weltanschaulichen Irrtümer der NSDAP zu mildern. „Wer revidieren muß", erklärte Bertram Hitlers Vizekanzler v. Papen, „ist der Führer der Nationalsozialisten selbst"[3]. Unvermutet rasch sah sich der Konferenzvorsitzende beim Wort genommen, als die Regierungserklärung vom 23. März einen Passus mit Zusicherungen[4] enthielt, die wesentliche Besorgnisse des Episkopats zu entkräften schienen. Was der Kanzler Hitler in seinem Regierungsprogramm versprach, war zwar nicht ganz das, was man vom Parteichef Hitler hatte wissen wollen, konnte jedoch als Ansatz einer Verständigung nicht einfach übergangen werden. Ohne die Verurteilung religiös-sittlicher Irrtümer aufzuheben, glaubte daher in diesem Augenblick der Episkopat das Vertrauen hegen zu dürfen, daß die allgemeinen Verbote und Warnungen vor der NSDAP nicht mehr als notwendig betrachtet zu werden bräuchten[5]. Mit dem Abbau der Gegensätze zwischen kirchlicher Autorität und führender Regierungspartei suchte Bertram einem Gewissenskonflikt zuvorzukommen, der zahllose Katholiken in das Dilemma von Glaubenstreue und Staatsgehorsam gestürzt hätte. Immerhin mißfiel einem Teil der Bischöfe das forcierte Tempo, mit dem der Breslauer Kardinal die Herausgabe der Kundgebung betrieben hatte.

Bei den Ausgleichsversuchen zwischen Kabinett und Episkopat hatte erstmals und für die Öffentlichkeit unsichtbar ein Regierungsmann in die Kirchenpolitik eingegriffen, dessen anhaltende Aktivität ihn zu einer Schlüsselfigur für das Staat-

[3] Bertram an die Mitglieder der Fuldaer Bischofskonferenz, 19. März 1933. Druck: B. Stasiewski Nr. 6.

[4] Vgl. B. Stasiewski 15 Anm. 1.

[5] Vgl. Kundgebung der deutschen Bischöfe, 28. März 1933. Druck: B. Stasiewski Nr. 14 a rechte Spalte.

Kirche-Verhältnis im Machtergreifungsjahr machen sollte. Für Vizekanzler v. Papen war die Tolerierung der NSDAP durch die Bischöfe nur die Vorstufe zur Verfolgung eines weit ehrgeizigeren Plans, den Abschluß eines Reichskonkordats. Mit ungleich mehr Anspruch als Auftrag verstand sich Papen als Sprecher des katholischen Volksteils, doch umriß für ihn das Mißverhältnis zugleich die persönliche Aufgabe, die deutschen Katholiken von parteipolitischer Bindung an Zentrum und BVP zu lösen und an den neuen Staat heranzuführen. Es war dies ein Kernstück seines Programms, die Regierungsarbeit auf christlicher Grundlage zu verankern. In einem Konkordat mit dem Hl. Stuhl sollte diese Bemühung ihren vertraglichen Ausdruck finden. Hitler dagegen fesselte an dem Projekt vornehmlich die Aussicht, mit Hilfe eines dem italienischen Konkordat nachgebildeten Entpolitisierungsartikels Geistlichen „die Mitgliedschaft in politischen Parteien und die Tätigkeit für solche Parteien"[6] unmöglich zu machen. Ein kirchenamtlich befohlenes Ausscheiden aller Kleriker, zumal aus den Führungspositionen der katholischen Parteien, mußte, so kalkulierten Hitler und sein Vizekanzler, optisch wie ein Vertrauensentzug wirken, Zentrum und BVP des tragenden Rückhalts berauben und damit tödlich schwächen.
Soweit sich bis heute ersehen läßt, hatte Papen, als er sein Konkordatsangebot Mitte April 1933 im Vatikan unterbreitete, vorher kein Mitglied des deutschen Episkopats befragt oder von seinem Schritt unterrichtet. Immerhin war die Annahme erlaubt, daß sich die Bischöfe nicht widersetzen würden, wenn jetzt plötzlich nach vergeblichen Anläufen in den zwanziger Jahren ein zentrales Desiderat des deutschen Katholizismus in greifbare Nähe rückte. Dem entsprach dann auch Erzbischof Gröbers Eindruck vom Echo der Bischöfe, als er sie in Fulda mit dem aus Rom überbrachten Konkordatsentwurf bekanntmachte. Das Erscheinen der bayerischen Oberhirten hatte die Versammlung, die Ende Mai vorzeitig tagte, in eine Plenarkonferenz verwandelt, der ersten seit 1905. Es war dem Berichterstatter „eine Freude, feststellen zu können, daß sie mit den meisten Paragraphen nicht nur einverstanden sind, sondern sie dankbar begrüßen"[7]. Dennoch weckte die Aussicht auf eine Vereinbarung mit diesem staatlichen Partner nicht ungeteilten Beifall. Kardinal Schulte (Köln) bezweifelte, ob eine Revolutionsregierung, die Recht und Gesetz nicht achte, überhaupt vertragsfähig sei[8]. Ähnliche Bedenken glaubte auch Kardinal Bertram nicht verschweigen zu sollen, als er die Änderungswünsche des Episkopats nach Rom übersandte. Der Vizekanzler, so bemerkte er in seinem Begleitschreiben,[9] sei „zweifellos von den besten Absichten in kirchlicher und patriotischer Hinsicht belebt", jedoch sei „seine Ansicht von der zukünftigen Lage der Kirche in Deutschland zu optimistisch", weshalb „man-

[6] Reichskonkordat Artikel 32.
[7] Gröber an Kaas, 3. Juni 1933. Abschrift. EA (= Erzbischöfliches Archiv) Freiburg. Nachlaß Gröber.
[8] Vgl. Aufzeichnungen Sebastians von der Plenarkonferenz des deutschen Episkopats, 30. Mai 1933. Druck: B. Stasiewski Nr. 43/III.
[9] Bertram an Pacelli, 23. Juni 1933. Abschrift. EA Freiburg. Nachlaß Gröber.

ches in der Diagnose und Prognose der Anschauungen des Herrn v. Papen mit einiger Vorsicht beurteilt werden" müsse.
Für die offiziellen Schlußverhandlungen, zu denen der Vizekanzler Ende Juni in Rom eintraf, war von vatikanischer Seite auch die Teilnahme eines Episkopatsvertreters vorgesehen. Prälat Kaas, sei Ostern als römischer Verbindungsmann Papens wie als Berater des Kardinalstaatssekretärs mit dem Konkordatstext befaßt, hätte gerne Kardinal Bertram an den Verhandlungstisch gebracht. Dieser ließ sich in Fulda zunächst zu einem Ja überreden, sah dann aber in der Erkrankung seines Weihbischofs einen ihm nicht unwillkommenen Hinderungsgrund. Von der offenen Personalfrage angezogen, half schließlich der Vizekanzler bei der Kandidatensuche mit dem Ergebnis, daß ziemlich überstürzt Erzbischof Gröber als Vertreter der deutschen Oberhirten in den Vatikan gerufen wurde.

Betätigungsfreiheit laut Reichskonkordat

Gegenüber dem zugrunde gelegten Entwurf aus dem Jahr 1924 wies der Konkordatstext, der mit der Reichsregierung von 1933 zu vereinbaren war, in Artikel 31 und 32 zwei bemerkenswerte Ergänzungen auf. Vor dem schon genannten Entpolitisierungsartikel waren das in Artikel 31 Festlegungen, die den Fortbestand des katholischen Verbandswesens sichern wollten. Indem sie zueinander im Verhältnis von Konzession und Gegenkonzession standen, waren sie beide Ausfluß der gewandelten innenpolitischen Situation. Zählte doch die Erhaltung der kirchlichen Vereine, die dem Gleichschaltungsfanatismus und Absorptionsdrang der NS-Organisation im Wege waren, seit den Märzwahlen zu den großen Sorgen der Bischöfe. Die Verständigungsbereitschaft des Episkopats, ausgedrückt in der Kundgebung vom 28. März 1933, hatte in der Partei kein Echo gefunden.
Es lag auf der Hand, daß die beiden Postulate Vereinsschutz und Rückzug des Klerus aus der Parteipolitik vom Auf und Ab der weiterschreitenden revolutionären Entwicklung nicht unberührt bleiben konnten. Während aber die Notwendigkeit einer staatlichen Garantie für den Verbandskatholizismus um so zwingender wurde, je gewalttätiger die Gleichschaltungswelle an seinen Fundamenten rüttelte, bis Ende Juni der Einsturz nur noch eine Frage von Tagen schien, wurde für Hitler das Zugeständnis der Entklerikalisierung durch die Selbstauflösung der katholischen Parteien noch vor der Paraphierung des Konkordats überholt. Diese waren dabei nicht einem Dolchstoß des Vatikans erlegen, sondern in den Untergang des Weimarer Parlamentarismus hineingerissen worden. So unversehens am Ziel seiner Pläne, und zwar ohne Konkordat, begann Hitler anscheinend nachzurechnen, ob der Vertrag mit der Kurie überhaupt noch wünschenswert sei oder ihm nicht unbequeme Bindungen auferlege. Von Rom her hatte Papen telefonisch seine ganze Beredsamkeit aufzubieten, um Hitlers plötzlich absinkenden Unterzeichnungswillen wiederzubeleben. Nachdem die Zentrumskarte nicht mehr stach, setzte der Vizekanzler vor allem auf die Verlockung außenpolitischen

Prestigegewinns, den der Regierung Hitler die „Anerkennung des jungen Reiches durch die zweitausendjährige übernationale Macht der Kirche“[10] einbringe. Der Abschlußbereitschaft der Kurie lieferte die Existenzbedrohung der katholischen Vereine Argumente, die ebenso situationsbedingt wie unabweisbar waren. Nur von außen konnte nach maßgeblichem Urteil die bereits ultimativ geforderte Zwangsüberführung in NS-Organisationen noch abgewendet werden. „Wenn nicht durch Rom via Concordat all diesen Bestrebungen ein Strich durch die Rechnung gemacht wird“, stand in einem Hilferuf aus Verbandsführerkreisen an den Vatikan, „sind wir verloren“[11]. Paraphierung und Unterzeichnung des Reichskonkordats am 8. und 20. Juli durchkreuzten zunächst tatsächlich die akuten Gleichschaltungspläne, brachten andererseits aber den Vereinen keineswegs die Freiheiten, die der Vertragstext verbürgen sollte.
In Schreiben an Hitler bekundeten die Vorsitzenden der Bischofskonferenzen von Fulda und Freising den Dank des Episkopats, gemessen der Breslauer[12], freudig bewegt, aber auch an die Inhaftierten erinnernd, der Münchener Kardinal[13]. Lauten Jubel hielt Kardinal Bertram zumindest für verfrüht. „In das allgemeine Kling-Klang-Gloria einzustimmen, ist heute noch nicht die rechte Zeit. Das ist weder Undank von mir noch Miesmacherei, sondern nur ernste Sorge“, kommentierte er Bischof Bernings Vorschlag eines Dankgottesdienstes[14].
Für die Kurie erhob sich in den Wochen nach der Unterzeichnung die Frage, ob das Vertragswerk trotz handgreiflicher Rückstände beim Abbau revolutionärer Zwangsmaßnahmen ratifiziert oder als Vorbedingung die Abstellung der Mängel gefordert werden solle. Indem der Hl. Stuhl vor dieser Alternative die Stellungnahme des deutschen Episkopats einholte, machte er die Bischöfe zu Mitträgern der daraus erwachsenden Verantwortung. Zugleich hatte er sie damit umfassender und ausdrücklicher in die Entscheidung eingeschaltet, als es in der Phase der Vorverhandlungen erforderlich erschienen war. Die zweite Plenarkonferenz sprach sich Ende August in Fulda für das baldige Inkrafttreten des Konkordats aus unter gleichzeitigem Vortrag der kirchlichen Beschwerden[15]. Das Votum der Bischöfe gab für Pius XI. den Ausschlag, den Vertrag ohne weiteren Aufschub am 10. September zu ratifizieren[16]. Die Erwartung trog. Auch mit voller Rechtsverbindlichkeit ausgestattet, setzte sich das Konkordat im nationalsozialistischen Einparteistaat nur zögernd, in wichtigen Punkten höchst mangelhaft durch. Die für ein friedliches Nebeneinander vereinbarte Scheidung der Zuständigkeitsbereiche wurde dadurch illusorisch, daß totalitäre Tendenzen die Grenze kirchlichen Einflusses systematisch zurückzudrängen suchten. Ob der Episkopat die Konkor-

[10] So Papen am 13. Juli 1933 auf einer Stahlhelmkundgebung in Dresden.
[11] Siebers an Leiber, 30. Juni 1933. Abschrift. EA Freiburg. Nachlaß Gröber.
[12] Vgl. Bertram an Hitler, 22. Juli 1933. Druck: B. Stasiewski Nr. 57.
[13] Vgl. Faulhaber an Hitler, 24. Juli 1933. Druck: B. Stasiewski Nr. 60.
[14] Bertram an Faulhaber, 10. August 1933. EA München. Nachlaß Faulhaber.
[15] Bertram an Pacelli, 2. September 1933. Druck: B. Stasiewski Nr. 69.
[16] Vgl. Pacelli an die deutschen Bischöfe, 15. August 1935. DA (= Diözesanarchiv) Regensburg.

datspositionen würde behaupten können, hing wesentlich davon ab, ob in dem Führungsdualismus von Partei und Staat die Regierungsinstanzen sich zu den Vertragspflichten bekennen würden oder nicht.
Wie keine andere Konkordatsbestimmung war der Artikel 31 ein Prüfstein für die Ehrlichkeit des staatlichen Vollzugswillens. Das Ringen um den Vereinsschutz gab der Auseinandersetzung zwischen Episkopat und NS-Regime in den Anfangsstadien so sehr das Gepräge, daß es berechtigt erscheint, statt einer Aufzählung aller Reibungspunkte nur diesen zentralen thematisch weiterzuverfolgen. Wenn ausgerechnet die katholischen Verbände zum Zankapfel der Vertragsausführung wurden, so hatte das zwei Gründe. Einmal hatte Artikel 31 infolge der Umwälzungen auf dem Vereinsgebiet bei den Schlußverhandlungen nur als Rahmenvereinbarung gefaßt werden können. Ergänzende Abmachungen waren zwar anschließend von den Bischofsvertretern Gröber und Berning mit Ministerialdirektor Buttmann festgelegt, ihre Verbindlichkeit jedoch bald vom Reichsinnenministerium bestritten worden. Zum anderen – und das war die Ursache für den Rückzieher des Ministeriums – kollidierte die Existenz konfessioneller Verbände mit dem nationalsozialistischen Leitbild der Volksgemeinschaft oder, ohne Verbrämung ausgedrückt, dem unteilbaren Verfügungsanspruch einer totalitären Weltanschauungspartei.

Papens Vermittlungsversuche

In das Spannungsfeld zwischen den Konkordatspartnern schob sich im Herbst 1933 ein neuer Faktor, die Arbeitsgemeinschaft katholischer Deutscher (AKD), mit dem Ziel, die Verständigung zwischen den deutschen Katholiken einerseits und der NS-Bewegung und dem neuen Staat andererseits zu fördern. Daß der Vizekanzler das Unternehmen aus der Taufe gehoben und seine Führung übernommen hatte, kündigte seine Absicht an, kirchenpolitisch weiter aktiv zu bleiben. Hitler war die Zustimmung nicht schwergefallen, da das unscharfe Programm politische Bildungsarbeit unter Katholiken vorsah, die ihm nur nützen konnte, während die Anknüpfungsversuche der Arbeitsgemeinschaft zur Partei nicht schaden würden. Um das Plazet der Bischöfe bemühte sich Papen erst später, so daß ihm der Breslauer Kardinal distanziert zu bedenken gab, ob es richtig war, erst nachträglich den Episkopat zu „voller und rückhaltloser Unterstützung“ aufzufordern[17]. Die AKD war das Produkt eines verspäteten Optimismus. Wer es an Verträglichkeit fehlen ließ, war nach den ersten Monaten nationalsozialistischen Machtgebrauchs zur Genüge bekannt, selbst und gerade den von Papen für bildungsbedürftig angesehenen katholischen Staatsbürgern. Vom Kirchenvolk und den Bischöfen bestenfalls abwartend betrachtet, von den Parteigewaltigen belächelt, vermochte die Neugründung den Geburtsfehler der Isolie-

[17] Bertram an Papen, 7. Oktober 1933. Druck: B. Stasiewski Nr. 82.

rung nie abzustreifen. Was als Versuch eines Brückenschlags begonnen hatte, endete in schlecht getarnter Kollaboration.
Um so schockierender war es für viele Katholiken, daß im Gegensatz zum übrigen Episkopat ein Erzbischof in diesem Spätstadium der Ernüchterung Papens Arbeitsgemeinschaft noch eine schriftliche Empfehlung mitgab. Wochen nach Bertrams höflicher Distanzierung meldete sich Erzbischof Gröber im ersten Mitteilungsblatt der AKD zu Wort, um sie als eine Elite zu feiern, „die die Brauchbarkeit auch des überzeugt katholischen Menschen für das neue Reich beweist", und ihr „weiteste Verbreitung" zu wünschen[18]. Intern entfesselte der Freiburger Erzbischof einen noch heftigeren Sturm, als er Mitte November 1933 Miene machte, sich von Papen zu einer Fortsetzung der Politik der Vorleistungen einspannen zu lassen. Nachdem die Obstruktion der NS-Verbände das Wirksamwerden des Vereinsschutzes mit Erfolg vereitelt hatte, trat der Vizekanzler an Gröber mit einem Kompromißvorschlag heran[19]. Könne doch die Kirche, so argumentierte er, auf eigene Jugendorganisationen verzichten, sobald sie dafür die seelsorgliche Betreuung der katholischen Jugendlichen in der Hitler-Jugend eintausche. Um diese Lösung zu erreichen, müsse allerdings „von seiten der Kirche ein freiwilliger Akt des Vertrauens gerade in diesen Fragen dem Führer gegenüber" erfolgen. Dieser hätte darin zu bestehen, daß die Kirche ihre Jugendverbände auflösen und in die entsprechenden Parteigliederungen überführen würde. Das offene und ehrliche Vertrauen des Episkopats werde nach Papens fester Überzeugung Hitler nie enttäuschen.
Als der Vizekanzler im Frühjahr und Sommer 1933 das Zustandekommen eines Reichskonkordats betrieben hatte, war in dem mehrschichtigen Motivkomplex zweifellos auch die Überzeugung eingeschlossen, der Kirche damit einen Dienst zu erweisen. Wenn er dagegen jetzt auf Mittel und Wege sann, Bestimmungen eben dieses Konkordats zum Gegenstand eines dubiosen Tauschhandels zu machen, so wurde das ehrenwerte Motiv von gestern durch eine mehr als eigenwillige Auffassung von dem der Kirche Nützlichen in Frage gestellt. Immerhin war Erzbischof Gröber von der Anregung aus Berlin so beeindruckt, daß er ohne Rücksprache mit Rom oder Breslau die Generalvorstände der Vereine sogleich zu einer Besprechung nach Freiburg einlud. Gröber selbst war nicht ohne Bedenken; doch entging den Versammelten nicht, wie er mit der Befürchtung kämpfte, durch Ablehnung des Papen-Vorschlags eine letzte rettende Möglichkeit zu verpassen[20]. Auf den Alarmruf der bestürzten Verbandsleiter wurde dem Erzbischof aus Rom abrupt und energisch Halt geboten. Pius XI. war nur schwer von der

[18] Gröber über AKD, 19. November 1933. Druck: B. STASIEWSKI Nr. 105 a.
[19] Vgl. Papen an Gröber, 12. November 1933. Druck: B. STASIEWSKI Nr. 99.
[20] Gegenüber dem Protokoll der Sitzung vom 15. November 1933 (Druck: B. STASIEWSKI Nr. 109 a), das in Überschrift und Schlußabsatz den privaten Charakter der Besprechung auffallend betont, ist kritische Vorsicht am Platze. Da es erst am 24. November abgegeben wurde, ist nicht auszuschließen, daß die vatikanische Intervention vom 19. November die Abfassung gefärbt, wenn nicht gar erst veranlaßt hat.

Auffassung abzubringen, Gröber hätte dem Absender den Brief zurückschicken müssen[21].

Wenn der Freiburger Erzbischof, ohne es recht zu gewahren, über seine Befugnisse hinausglitt, so leiteten ihn dabei ein Führungscharisma und Zuständigkeitsbewußtsein, wie sie die ehrenvollen Sonderaufträge des Konkordatsjahrs in ihm herausgebildet haben mochten. Es war dem Freiburger Oberhirten zugefallen, im Auftrag von Kaas den Konkordatsentwurf der Fuldaer Konferenz Ende Mai zu erläutern, den deutschen Episkopat bei den vatikanischen Verhandlungen im Juli und Oktober, sowie im Reichsinnenministerium im Juli, September und November zu vertreten. Gröber war ferner der Verfasser des gemeinsamen Pfingsthirtenbriefs, der bei aller Betonung der staatsbürgerlichen Loyalität doch auch Einwände gegen manche Vorkommnisse der Umbruchszeit nicht verschwiegen hatte. Im Spätjahr jedoch verführten ihn seine Kontakte zum Vizekanzler und zum Abgeordneten Hackelsberger, der vorher für das Zentrum, jetzt parteilos dem Reichstag angehörte, zu der Illusion, nicht nur die politische Entwicklung von ungleich höherer Warte aus zu verfolgen als seine Amtsbrüder, sondern auch über seine titeltragenden Vertrauten realen Einfluß auszuüben. So kam es, daß er optimistisch die Fehleinschätzungen seiner Berater übernahm und ihren Glauben an die Lenkbarkeit von Hitlers Machtstreben noch teilte, als nüchterne Beobachter schon längst eines Besseren belehrt waren. Ein übriges tat Gröbers spontane Entschlußbereitschaft, deren Ruf bereits dem scheidenden Bischof von Meißen in seine Heimatdiözese vorausgeeilt war und ihn den Freiburgern als „Conrad den Plötzlichen“ angekündigt hatte.

Das Erschrecken im Episkopat über das eigenmächtige Vorprellen eines Konferenzmitglieds war tief und anhaltend. Es signalisierte die Gefahr eines Auseinanderfallens der Kirchenführer in einem Augenblick, wo engster Zusammenschluß geboten war, so daß Erzbischof Klein (Paderborn) zu überlegen anregte, ob nicht künftig notfalls Mehrheitsbeschlüsse zu einheitlichen Vorgehen verpflichten sollten[22]. Der Vorschlag vertrug sich nun allerdings gar nicht mit Bertrams Leitvorstellung, als Konferenzvorsitzender nicht primus, sondern par inter pares zu sein. Aus Aversion gegen ein Machtwort hatte er davon abgesehen, eine von drei verschieden getönten Verlautbarungen zur Reichstagswahl am 12. November 1933 verbindlich vorzuschreiben. Die vom Papen-Kreis in die Bischofsgemeinschaft getragene Unruhe, die Verschleppung des Konkordatsvollzugs sowie der Vertrauensschwund bei den Gläubigen bedrückten ihn sehr, konnten ihn aber nicht veranlassen, die Zügel zu straffen. Generalpräses Wolker prophezeite Unheil, „wenn die Dinge so weiterschlittern, wie sie zur Zeit im Gange sind“[23]. Ein Besucher Bertrams war „sehr deprimiert zu erleben, daß der Kardinal zwar an sich sehr klar und grundsätzlich ist, aber keinerlei Führerkraft in sich fühlt und

[21] Vgl. Kaas an Gröber, 19. November 1933. EA Freiburg. Nachlaß Gröber.

[22] Vgl. Klein an Bertram, 28. November 1933. Druck: B. Stasiewski Anhang Nr. 23.

[23] Wolker an Bertram, 7. Dezember 1933. Abschrift. EA München. Nachlaß Faulhaber.

in erschütternder Resignation, bezogen auf das katholische Volk den Ausspruch prägte: von den Feinden nicht besiegt, von den Hirten verlassen“[24].

Was dem Gesprächspartner allerdings entgehen mußte, war die angespannte Aktivität, mit der Bertram in zahllosen Eingaben den kirchlichen Standpunkt bei Partei- und Regierungsinstanzen zur Geltung zu bringen suchte und die Mitbischöfe über seine Schritte informierte. Wenn es ihm nicht gegeben war, das Schweigen öffentlich zu brechen, so glich das Kardinal Faulhaber mit seinen Adventspredigten in etwa wieder aus. Denn es war dieses Beispiel mutiger Nichtanpassung, das den deutschen Katholiken über das Stimmungstief am Ende des Machtergreifungsjahres hinweghalf.

Durch Ablehnung und Mißerfolg zunächst nicht zu beirren, setzte der Vizekanzler seine Ausgleichsbemühungen auf höchster Ebene fort, indem er am 7. Februar 1934 einen Empfang Kardinal Schultes bei Hitler vermittelte. Eine besondere Aktualität erwuchs der Begegnung daraus, daß der Führer der NSDAP erst wenige Tage zuvor Alfred Rosenberg zum Beauftragten für die gesamte geistige und weltanschauliche Schulung und Erziehung der Partei ernannt hatte. Der Besucher ersparte Hitler nicht die naheliegende Frage, wie er es denn nun eigentlich mit dem Verfasser des „Mythus“ halte, bekam aber nur den grotesken Vorwurf zur Antwort, allein die Gegnerschaft der Bischöfe habe die Auflage des umstrittenen Buches in die Höhe getrieben und den Autor berühmt gemacht[25]. „Einer klaren Stellungnahme, ob die gedankliche Grundlinie in Rosenbergs Buch nunmehr parteiprogrammatisch zu bewerten sei“, war der Kanzler „nach Ansicht des Kardinals ausgewichen“[26].

Dem Vizekanzler gegenüber wiederholte Hitler tags darauf noch pointierter die These von der Alleinschuld der Bischöfe an Rosenbergs Publizität[27]. Er selbst habe von Anfang an den „Mythus“ für „ein Werk ohne jegliches Niveau“ gehalten. Dem Klerus warf Hitler politisches Machtstreben vor. Bestätigt sah er das in der Kontroverse um Artikel 31, wo man eine viel zu lange Liste ungeeigneter Vereine eingereicht habe.

Je nach der vermeintlichen oder wirklichen Aufgeschlossenheit verteilte Hitler an die Bischöfe Zensuren, gute an die Oberhirten von Köln (Schulte), Freiburg (Gröber), Bamberg (Hauck) und Regensburg (Buchberger), schlechte an die von Mainz (Hugo), Breslau (Bertram) und München (Faulhaber). Nach Schultes Vorsprache in der Reichskanzlei gewann Papen nun auch die mehrfach verweigerte Zusage Kardinal Bertrams. Es klang allerdings nicht eben enthusiastisch, wenn dieser nach Köln berichtete: „Nun soll ich in der nächsten Zeit ... denselben Weg gehen. Ich bin froh, daß Sie der erste waren.“[28]

[24] Kiene an Noppel, 15. Dezember 1933. Archiv der Oberdeutschen Provinz SJ München. Nachlaß Noppel. Die Mitteilung aus dem Werthmannhaus in Freiburg ging auf den bayerischen Landescaritasdirektor G. Fritz zurück, der den Breslauer Kardinal am 13. Dezember aufgesucht hatte.

[25] Vgl. Aufzeichnung Schultes, 7. Februar 1934. Druck: B. STASIEWSKI Nr. 130/I.

[26] Aufzeichnung Conrads, 8. Februar 1934. Pol. Archiv Bonn. II Vat. Pol. 2 Bd. 13.

[27] Vgl. Papen an Schulte, 9. (Richtig: 8.) Februar 1934. B. STASIEWSKI Anhang Nr. 28.

[28] Bertram an Schulte, 10. Februar 1934. EA Köln.

Schulte war noch nicht zehn Tage von Berlin zurück, als der Vizekanzler bereits mit der nächsten Einladung vor ihm stand. Mit der ihm eigenen Unbefangenheit suchte Papen den Kardinal als Zuhörer für einen Vortrag im Reichsinnenministerium zu gewinnen, wo Ministerialdirektor Buttmann am 23. Februar über das Reichskonkordat referieren werde. Wohl zu spät begriff der Werber, daß ihn sein Parforceritt über die Grenze des Zumutbaren um den letzten Kredit in Bischofskreisen bringen werde. Stärker als die Gewißheit, durch eindeutige Zubringerdienste die Vermittlerrolle zu kompromittieren, war die Versuchung, alles auf eine Karte zu setzen. Für die restlichen Monate seiner Kabinettszugehörigkeit wurde es kirchenpolitisch still um den Vizekanzler. Es klang wie ein Abgesang, als er vorwurfsvoll feststellte, daß sein Bemühen, „den deutschen Katholizismus zu aktivieren, um ihn als aktives und positives Element in den Werdegang des neuen Reiches einzubauen, ... kaum Unterstützung von seiten des deutschen Episkopats gefunden“ habe[29].

Wenn Hitler auf der einen Seite über Rosenbergs „Mythus“ ablehnend oder gar verächtlich urteilte, andererseits aber dessen Autor das oberste weltanschauliche Lehramt mitsamt dem einzigartigen Beeinflussungsinstrumentarium der Parteiorganisation übertrug, so überwand er den Widerspruch mit Hilfe eines realistisch-utilitaristischen Wahrheitsbegriffs. Wahr und falsch fielen für Hitler zumindest auf dem Gebiet der Massenbeherrschung unter die Kategorie des Nützlichen, nicht des Seins. Was er an Rosenbergs Auslassungen schätzte, war nicht deren Wahrheitsgehalt, sondern ihre Unverträglichkeit mit der christlichen Lehre. Für die Zwecke des Totalitarismus mußten sie nicht wahr, wohl aber manipulierbar sein. Wenn es nämlich gelang, definierte Dogmen durch einen verquollenen Mythus, starre Katechismuswahrheiten durch formbare Philosopheme zu ersetzen, dann würde damit auch das Hindernis ethischer Normen beiseitegeschoben, die der totalen Verfügbarkeit des einzelnen noch im Wege standen.

Es war klar, daß Rosenbergs umfassender Lehrauftrag die Gegensätze in der Verbandsfrage vertiefen mußte. Wenn sein Antichristentum in den NS-Gliederungen auf dem Wege der Zwangsindoktrination in die Breite wirken sollte, so war das für die Bischöfe ein Grund mehr, ihren Seelsorgseinfluß auf die Gläubigen im vorkirchlichen Raum entschieden zu verteidigen. Es dauerte nur Monate, bis Hitlers Reichsjugendführer programmatisch verkündete, der Weg Rosenbergs sei auch der Weg der deutschen Jugend[30]. Die Aussichten für eine halbwegs tragbare Regelung des Vereinsschutzes wurden jedoch immer ungünstiger. In der Kapitulation der evangelischen Jugendverbände sah Erzbischof Gröber „nicht bloß eine Niederlage für die Protestanten, sondern auch für die katholischen Jugendorganisationen“[31]. Von Buttmann wurde ihm anvertraut, „daß es der ausgesprochene Wille Hitlers sei, die konfessionellen Vereine zu beseitigen“[32].

[29] Papen an Bergen, 7. April 1934. Abschrift. Nachlaß Buttmann.
[30] Schirach am 5. November 1934 auf einer HJ-Kundgebung in Berlin.
[31] Gröber an Kaas, 18. Februar 1934. Abschrift. EA Freiburg. Nachlaß Gröber.
[32] Ebd.

Leerlauf der Ausführungsverhandlungen

Eine Erleichterung hatte das Reichskonkordat immerhin dadurch gebracht, daß die Tendenz, die kirchlichen Verbände in den Untergang der katholischen Parteien hineinzureißen, zunächst gebrochen worden war. Statt dessen wurde jetzt der Kampf als Kleinkrieg gegen die Vereinsmitglieder fortgesetzt, denen die Zugehörigkeit zu katholischen Organisationen verleidet und der Übertritt in Parteigliederungen aufgenötigt werden sollte. Im sogenannten Verbot der Doppelmitgliedschaft hatten sich zwei nationalsozialistische Massenorganisationen ein ebenso einfaches wie wirkungsvolles Druckmittel geschaffen. Es legte fest, daß die Mitgliedschaft in einem konfessionellen Verband die gleichzeitige Zugehörigkeit zur entsprechenden Parteigliederung ausschloß. Das war meistens und in steigendem Maße gleichbedeutend mit schweren beruflichen oder wirtschaftlichen Nachteilen. Als erste hatte die Führung der HJ knapp neun Tage nach Unterzeichnung des Konkordats den neuen Aushöhlungskurs eingeschlagen[33], die Deutsche Arbeitsfront, Nachfolgeorganisation der Gewerkschaften, war ihr am 27. April 1934 darin gefolgt[34].
Offenbar sollten mit dieser Kampfmaßnahme gegen die katholischen Arbeitervereine noch schnell Tatsachen geschaffen werden, falls die bevorstehenden Verhandlungen im Reichsinnenministerium den für die Partei vorteilhaften Schwebezustand in der Ausführung von Artikel 31 beendet hätten. Für die Berliner Besprechungen stellte die schon im Juni zusammentretende Plenarkonferenz die Bischofsdelegation neu zusammen. Die bisherigen Vertreter Gröber und Berning wurden in ihrer Funktion bestätigt und durch den Berliner Oberhirten Nikolaus Bares verstärkt. Bemerkenswert, aber nicht unerklärlich war am Ergebnis der Wahl, die auf Antrag geheim vorgenommen wurde, daß Erzbischof Gröber die Delegationsleitung an den rangniederen Bischof Berning von Osnabrück abtreten mußte[35].
Noch vor Beginn der Ministerialverhandlungen sollten zwei bedeutsame Entschließungen der Gesamtkonferenz in die Tat umgesetzt werden: einmal ein Hirtenwort[36], das über die Entwicklung der religiösen Situation seit dem Konkordatsabschluß orientieren wollte und in den Gemeinden brennend erwartet wurde, zum andern eine briefliche Eingabe[37] an Hitler, die dem Letztverantwortlichen die Beschwerden des katholischen Volksteils unmittelbar nahebringen sollte.
Noch waren die beiden Initiativen der Konferenz nicht ausgeführt, als die Bischofsdelegation für den 25. Juni 1934 nach Berlin eingeladen wurde[38]. Daß die zeitliche Überschneidung der Aktionsreihen Komplikationen hervorrufen könne,

[33] Vgl. Erlaß Schirachs, 29. Juli 1933. Druck: B. Stasiewski Nr. 65 a.
[34] Vgl. Anordnung Leys, 27. April 1934. Druck: B. Stasiewski 665 Anm. 1.
[35] Vgl. B. Stasiewski 699 Anm. 11.
[36] Vgl. Hirtenbrief des deutschen Episkopats, 7. Juni 1934. Druck: B. Stasiewski Nr. 156.
[37] Vgl. Entwurf Faulhabers an Hitler, 22. Juni 1934. Druck: B. Stasiewski Nr. 158.
[38] Vgl. Frick an Gröber, Berning und Bares, 19. Juni 1934. Druck: B. Stasiewski Nr. 160 a.

war, dem weiteren Ablauf nach zu schließen, anscheinend nicht bedacht worden. So kam es, daß Hirtenwort und Kanzlerbrief in das Gravitationsfeld der Berliner Verhandlungen gerieten, aus der Bahn getragen wurden und schließlich ihr Ziel verfehlten.

Da sich mit einem Empfang in der Reichskanzlei die Möglichkeit mündlicher Vorstellungen auftat, stoppten die Episkopatsvertreter zunächst die Absendung des Hitlerbriefs[39], den Kardinal Faulhaber soeben fertiggestellt hatte. Am nächsten Morgen eröffnete ihnen Buttmann, „auf seinem Pult liege der Hirtenbrief der deutschen Bischöfe, der geeignet sei, die Verhandlungen in bedauerlicher Weise zu beeinflussen“[40]. Daraufhin regte Bischof Berning an, auch die Verlesung des Hirtenbriefs zurückzustellen[41].

Der Ertrag des Zusammentreffens mit Hitler[42] stand in keinem Verhältnis zu dem theatralischen Rahmen, in dem er sich den Bischöfen präsentierte, wobei nichts verriet, daß er eben zur Mordaktion des 30. Juni ausholte. Auf Bernings Darlegungen hin versprach er, in einem Erlaß die Herabsetzung von Christentum und Kirche zu verbieten. Ein Entwurf[43] wurde ausgearbeitet, an die Veröffentlichung aber neue Gegenforderungen geknüpft, so daß sie schließlich unterblieb.

Das Ergebnis der Verhandlungen[44] im Reichsinnenministerium enttäuschte selbst bescheidene Erwartungen. Um nicht mit leeren Händen abziehen zu müssen, sahen sich die Bischöfe zu Zugeständnissen genötigt, die erheblich unter den Zusicherungen von Artikel 31 lagen. Die Brüchigkeit des Vertragsbodens bekamen sie zu spüren, als die beigezogenen Spitzenfunktionäre der NS-Organisationen sich zu der Behauptung verstiegen, die Partei sei durch das Konkordat überhaupt nicht gebunden, ohne damit den Einspruch des Reichsinnenministers herauszufordern[45]. Daß die oberste Reichsbehörde, die für den Konkordatsvollzug haftete, es nicht wagte, den Autonomieanspruch der NS-Gliederungen autoritativ zurückzuweisen, kam einer Abdankung der ordentlichen Staatsgewalt vor dem Parteiregime gleich. Die Organisationsleiter ließen keinen Zweifel an ihrer Entschlossenheit, die katholischen Jugend- und Standesverbände zu unattraktiven Gebetsvereinen herabzudrücken. Gezwungen, sich ständig extremster Forderungen zu erwehren, verkürzten die bischöflichen Unterhändler unmerklich ihre Maßstäbe und verkannten wahrscheinlich den Umfang der von ihnen noch als vertretbar angesehenen Konzessionen.

So wenigstens konnte es den Mitbischöfen scheinen, die an dem Verhandlungsergebnis zum Teil scharfe Kritik übten[46]. „Die neuen Formulierungen und Zugeständnisse der drei Bischöfe sind ganz unglücklich“, klagte Bischof Ehrenfried

[39] Vgl. Bertram an Galen, 27. Juni 1934. Abschrift. EA München. Nachlaß Faulhaber.
[40] Vgl. Gröber an Berning, 2. August 1934. Druck: B. STASIEWSKI 777 Anm. 5.
[41] Vgl. Bertram an den deutschen Episkopat, 27. Juni 1934. Druck: B. STASIEWSKI Nr. 161.
[42] Vgl. B. STASIEWSKI 731 Nr. IV.
[43] Vgl. B. STASIEWSKI 747 Anm. 3.
[44] Druck: B. STASIEWSKI Nr. 160 g.
[45] Vgl. B. STASIEWSKI 732 Nr. V.
[46] Vgl. dazu auch Sproll an Bertram, 6. August 1934. Druck: B. STASIEWSKI Nr. 169.

(Würzburg)[47]. Den Punkt, die kirchlichen Standesorganisationen nach Jahresfrist aufzulösen, kommentierte er: „Für mich muß ich den Absatz über die Preisgabe unserer alten bewährten Vereine ablehnen."[48] Während Bischof v. Galen (Münster) ein Ergänzungsabkommen überhaupt für problematisch hielt, solange die Reichsregierung grobe Konkordatsverletzungen ignoriere[49], neigte Kardinal Faulhaber dazu, die Einbußen auf dem Vereinssektor hinzunehmen, um damit, wie er meinte, das Konkordat als Ganzes zu retten. An der Haltung der Verbände bemängelte er, sie hätten „keinen Blick für das Ganze und müßten vielmehr dazu erzogen werden, daß z. B. die katholische Schule für das Konkordat noch viel wichtiger ist als die katholischen Vereine"[50]. Wie sehr er damit Unversöhnlichkeit und Dynamik der konkordatsfeindlichen Kräfte verkannte, sollte schon im Frühjahr 1935 der in München mit besonderer Schärfe entbrennende Schulkampf erweisen.

Nicht verstanden wurde es von manchen Bischöfen, daß sich die Episkopatsvertreter mit den Parteifunktionären überhaupt an einen Tisch gesetzt hatten, anstatt auf der Alleinzuständigkeit des Reichsinnenministeriums zu bestehen. Der Würzburger Bischof beanstandete, „daß so ein Faktor eingeschaltet wurde, der mit dem Konkordat als Staatsvertrag nichts zu tun hat"[51]. Verteidigern des Prinzipienstandpunkts gab Gröber pragmatisch zu bedenken, daß die Kirche „bei Umgehung der Partei eine andauernde Sabotage der Regierungsentscheidungen durch die Parteiinstanzen zu gewärtigen" gehabt hätte[52]. „Es ist in Deutschland nun einmal so", fuhr er fort, „daß zwei Faktoren die Macht beanspruchen, die Regierung und die Partei, wobei die Regierung die schwächere ist. In der Praxis können mit der Regierung die schönsten Abmachungen getroffen werden, die aber solange als wirkungslos zu bezeichnen sind, als die Partei ihre Zustimmung versagt."

Von der allzusehr am faktisch Möglichen orientierten Konzessionsbereitschaft der Bischofsdelegation lenkte der Hl. Stuhl in seiner Stellungnahme wieder auf den vertraglichen Ausgangspunkt zurück[53]. Weder nach seinem Urteil noch nach den Auffassungen des Episkopats vermöge das bisher Zugestandene „als sinngemäße Ausführung des Konkordats betrachtet zu werden, geschweige denn der Zusicherungen, die bei den Konkordatsverhandlungen und dem Konkordatsabschluß dem Hl. Stuhl gemacht wurden"[54].

[47] Ehrenfried an Galen, 18. August 1934. Entwurf. DA Würzburg.
[48] Ehrenfried an Bertram, 6. August 1934. Abschrift. DA Würzburg.
[49] Vgl. Galen an Bertram, 6. August 1934. Abschrift. EA München. Nachlaß Faulhaber.
[50] Faulhaber an Bertram, 6. August 1934. Abschrift. EA München. Nachlaß Faulhaber.
[51] Vgl. Anm. 48.
[52] Bemerkungen Gröbers zur Antwort des Hl. Stuhles auf das Protokoll und die Entwürfe aus den Verhandlungen der drei deutschen Bischöfe. Undatierte Abschrift. EA Freiburg. Nachlaß Gröber.
[53] Vgl. Pacelli an Bertram, 23. Juli 1934. Druck: B. STASIEWSKI Nr. 167 a.
[54] Pacelli an Klee, 2. September 1934. Druck: D. ALBRECHT, Der Notenwechsel zwischen dem Hl. Stuhl und der deutschen Reichsregierung (Mainz 1965) Nr. 41.

Im September 1934 wieder in Berlin, stießen die Episkopatsvertreter mit den Gegenvorschlägen des Vatikans bereits im Reichsinnenministerium auf entschiedenen Widerstand. Anders als im Juni blieben diesmal die Parteifunktionäre im Hintergrund, wie überhaupt das Bestreben des Ministeriums erkennbar wurde, die Entscheidung auf Hitler persönlich zu verlagern. Diese war geprägt vom Widerspruch der Doppelherrschaft von Partei und Staat. Einerseits bestätigte Hitler die Bindung der Partei an das Konkordat, andererseits identifizierte er sich ganz mit deren konkordatswidrigen Zielen. „Die katholischen Jugendverbände und der Sportbetrieb in ihnen seien für ihn unannehmbar, auch wenn es darüber zum Bruch komme."[55] Buttmanns Vorschlag, wenigstens den Befriedungserlaß zu veröffentlichen, wies er schroff zurück. Man „solle Rom dilatorisch behandeln". Als die Bischöfe im November den Faden wieder aufzunehmen suchten, wurden sie im Ministerium „unerhört kalt" empfangen[56]. Der tote Punkt war erreicht und nicht zu überwinden.

Unruhe im Kirchenvolk

Während der Monate fruchtlosen Wartens auf ein Verhandlungsresultat hatten die deutschen Bischöfe die prekäre Lage auszuhalten, in die sie durch den Rückruf des Fuldaer Hirtenbriefs geraten waren. Das Telegramm Bertrams an die Ordinariate hatte nämlich Ende Juni zwar die Verlesung, nicht aber das Erscheinen in den Amtsblättern verhindern können. Das hatte zur Folge, daß die Öffentlichkeit Zeuge einer plötzlichen Sinnesänderung der Konferenzleitung wurde, für deren Verständnis ihr die Gründe fehlten. Gedruckt, aber nicht verlesen, führte die Kundgebung ein Schattendasein und verursachte ein aufgeregtes Rätselraten nach den Motiven der Bischöfe. „Da und dort werden bereits Stimmen laut", warnte Kardinal Faulhaber in Breslau, „die das Zurückhalten des Hirtenbriefs zum großen Nachteil des Ansehens der deutschen Bischöfe als schwächliche Nachgiebigkeit deuten."[57] Ihm schien deswegen ein neuer Verkündigungstermin wünschenswert. Denn würde der Befriedungserlaß Hitlers ausbleiben, so „wäre es für das Ansehen der Bischöfe ein furchtbarer Schlag, den von sämtlichen Bischöfen beschlossenen Hirtenbrief noch länger zurückzuhalten"[58].

Mit der Verschiebung noch nicht zufrieden, war Reichsinnenminister Frick vorsichtshalber dazu übergegangen, die Druckexemplare des Hirtenbriefs durch die Gestapo beschlagnahmen zu lassen, um, wie er treuherzig erklärte, eine mißbräuchliche Verwendung auszuschließen. Neben der Rücksicht auf die unabgeschlossenen Verhandlungen war es wohl das polizeiliche Eingreifen, das Bertram

[55] R. Buttmann, Aus L. Tagebüchern, Eintrag: 20. September 1934. Nachlaß Buttmann.

[56] Stenographische Aufzeichnung Faulhabers über ein Gespräch mit Bares, 13. Dezember 1934. EA München. Nachlaß Faulhaber.

[57] Faulhaber an Bertram, 1. August 1934. Abschrift. EA München. Nachlaß Faulhaber.

[58] Faulhaber an Pacelli, 1. September 1934. Abschrift. EA München. Nachlaß Faulhaber.

trotz Drängens einiger Konferenzmitglieder davon abhielt, die Verlesung nochmals anzusetzen. Erzbischof Klein war mit seinen Anstrengungen, den Breslauer Kardinal doch noch zur Absendung des Kanzlerbriefs zu bewegen, nicht erfolgreicher[59]. Mit diesem Verzicht war auch die zweite der wichtigen Initiativen des Gesamtepiskopats abzuschreiben.

Während das Fallenlassen des Hirtenbriefs dem Gerücht von der Uneinigkeit der Bischöfe neuen Auftrieb gab, gelang es Hitler immer wieder, seinen Anteil an der Unterdrückungspolitik zu vernebeln, wobei ihm allerdings das Wunschdenken kirchlicher Beobachter bisweilen entgegenkam. Symptomatisch für die Neigung, einen angeblich uninformierten Reichskanzler von der Letztverantwortung freizusprechen, konnte die Schilderung einer fragwürdigen Episode sein, die Kardinal Faulhaber in einem Brief an den Kardinalstaatssekretär für mitteilenswert erachtete[60]. Über einen Besuch, den der mit der NSDAP sympathisierende Abt Schachleiter am 10. August 1934 abgestattet hatte, wußte der Münchener Erzbischof zu berichten: „Als der Abt bemerkte, der Hirtenbrief der deutschen Bischöfe sei von der deutschen Polizei verboten, schlug der Reichskanzler beide Hände buchstäblich über den Kopf zusammen und sprach: ‚Ich habe gemeint, der Hirtenbrief sei von allen Kanzeln verlesen worden. Jetzt weiß ich, warum ich von Rom keine Antwort bekomme.'"

Die innerkirchliche Kritik an den Improvisationen und Versäumnissen des Jahres 1934, an der mangelhaften Koordination und dem Fehlen einer Leitlinie schlug sich vor der nächsten Plenarkonferenz kompetent und für jeden Oberhirten greifbar namentlich in zwei Dokumenten nieder.

In einer ausführlichen Denkschrift[61], verfaßt wahrscheinlich von Wolker, setzten sich die Leiter der kirchlichen Verbände mit den Erfordernissen des verschärften Weltanschauungskampfes auseinander. Sie konstatierten eine allgemeine Unsicherheit infolge der Undurchsichtigkeit der kirchlichen Aktion und ihrer Leitung. Sowohl die Führerschaft wie die Mitglieder seien bereit, große und entscheidende Opfer zu bringen. Was ihnen aber nicht möglich wäre, sei das Martyrium ohne Auftrag. Das Schweigen in den großen Fragen und das Fehlen einer einheitlich geführten Aktion habe weithin lähmend und bitter gewirkt, auch im getreuen Kirchenvolk und seiner Jugend. Als dringendste Gegenwartsaufgabe des Episkopats betrachteten die Unterzeichner ein Hirtenwort zur geistigen Lage in Deutschland.

Das Verlangen der katholischen Führungskräfte wiederholte mit autoritativem Nachdruck eine Botschaft des Kardinalstaatssekretärs Pacelli[62]. Welche unaufschiebbaren Entschlüsse der Vatikan vom Gesamtepiskopat erwartete, erfuhren die Konferenzmitglieder nicht aus dem Munde des Vorsitzenden, sondern aus

[59] Vgl. Klein an Schulte, 26. Juli 1934. Abschrift. EA Paderborn.
[60] Vgl. Anm. 58.
[61] Vgl. Denkschrift der katholischen kirchlichen Verbände an den hochwürdigsten Episkopat. August 1935. DA Regensburg.
[62] Vgl. Pacelli an die deutschen Bischöfe, 15. August 1935. DA Regensburg.

dem jedem einzelnen zugestellten römischen Schreiben. Ungewöhnlich weit bis zu den Anfängen der Konkordatsgespräche ausholend, skizzierte Pacelli das Zustandekommen des Vertragswerks, wobei er die Mitsprachemöglichkeiten hervorhob, die der Hl. Stuhl dem deutschen Episkopat während der verschiedenen Phasen eingeräumt hatte. Gegen die über das Konkordatsrecht hinwegschreitende physische Gewalt könne sich zwar die Kirche nicht mit gleichen Mitteln wehren. Doch müsse mit der Bereitschaft zum Opfer „der Wille verbunden sein, rechtlich den Kampf für die Freiheit der kirchlichen Heilsmission und für eine einwandfreie Konkordatsausführung fortzusetzen". Unter Berufung auf die „einzigartige Schwere des Augenblicks" umschrieb der Kardinalstaatssekretär als Hauptaufgabe der Tagung: „Ein klärendes, richtunggebendes, von apostolischem Freimut getragenes Wort des Episkopats, welches für die bekämpfte und gefährdete Wahrheit mutig Zeugnis ablegt und den vielfältigen Formen des Irrtums die Maske abreißt, wird gerade in diesem Augenblick von entscheidender Bedeutung sein." Wie der Beratungsverlauf zeigte, wollte die Bischofsversammlung einer kritischen Selbstprüfung nicht ausweichen. Dem Erzbischof von Paderborn fiel es zu, die Unzufriedenheit und Mißstimmung zu analysieren, die sich nach der lautlosen Beisetzung des Hirtenbriefs und dem Fehlschlagen der Verhandlungen im Kirchenvolk ausgebreitet hatten[63]. Wenn den Bischöfen so häufig Planlosigkeit und Nachgiebigkeit vorgeworfen werde, so spiele dabei mit, bemerkte er treffend, daß von den Protesten und der festen Haltung des Episkopats wenig nach außen gedrungen sei.

Es war demnach folgerichtig, daß sich die Bischofsversammlung darauf konzentrierte, den Rückstand an Weisungen und Orientierung aufzuholen, den verhandlungstaktische Rücksichten im Vorjahr verursacht hatten. Den Leitern und Mitgliedern der kirchlichen Verbände versicherten die Bischöfe, alles zu tun, „um den ihnen im Reichskonkordat verbürgten ruhigen Fortbestand und weiteres gesegnetes Wirken zu sichern"[64]. Ein allgemeines Hirtenwort[65] durchzog die Mahnung: „Stehet fest im Glauben!" Ziel der Darlegungen war, die Gemeinden „gegen die Propaganda des neuen Heidentums zu stärken, ihre Einheit und ihre Treue zum Hl. Vater in Rom neu zu festigen". Dazu kam als kirchenpolitisch wichtigster Schritt eine Neufassung des Kanzlerbriefs, befürwortet vor allem von der Westdeutschen Bischofskonferenz, „um unser gedrücktes gläubiges Volk nicht ganz irre werden zu lassen, besonders aber, um nichts von dem wenigen, was uns Bischöfen in gegenwärtiger Lage zu tun noch möglich ist, unversucht gelassen zu haben"[66]. Den Vorentwurf des Bischofs von Münster baute Kardinal Faulhaber zur umfangreichsten Denkschrift[67] des Episkopats in der NS-Zeit aus.

[63] Vgl. Aufzeichnungen Sebastians von der Plenarkonferenz des deutschen Episkopats, 20. August 1935. DA Speyer.

[64] Druck: W. CORSTEN, Kölner Aktenstücke zur Lage der katholischen Kirche in Deutschland 1933–1945 (Köln 1949) (Zitiert: W. CORSTEN) Nr. 82.

[65] Druck: W. CORSTEN Nr. 80.

[66] Schulte an Bertram, 7. Juni 1935. Druck: W. CORSTEN Nr. 69.

[67] Druck: K. HOFMANN, Zeugnis und Kampf des deutschen Episkopats (Freiburg 1946) 25–51.

Wie sehr sich die Gesamtsituation seit Mitte 1934 verschlimmert hatte, war an dem angeschwollenen Katalog kirchlicher Beschwerden abzulesen.

Neuansatz und Fehlschlag des Kirchenministers

Inzwischen war im Regierungslager ein Ereignis eingetreten, das eine Revision der bisherigen Religionspolitik zumindest nicht ausschloß. Den Anstoß für Hitlers Entscheid, mit Kirchenfragen befaßte Abteilungen aus dem Reichsinnen- und Reichserziehungsministerium auszugliedern und in einem neuzuschaffenden Reichskirchenministerium zusammenzufassen, war die Entwicklung im evangelischen Kirchenkampf, genauer das Scheitern des Versuchs, eine evangelische Reichskirche zu schaffen. Es verstand sich von selbst, daß die Einsetzung eines Reichsministers für die kirchlichen Angelegenheiten auch auf die Stellung der katholischen Kirche im NS-Staat zurückwirken mußte. Der verfahrenen kirchenpolitischen Situation näherte sich Hanns Kerrl mit dem Freimut des homo novus, der für die Vergangenheit keine Verantwortung trug. Die Ursache der schon fast chronischen Konflikte des NS-Regimes mit den großen Konfessionen suchte der Kirchenminister in der widerspruchsvollen Haltung der Partei gegenüber dem Christentum. Im Rahmen einer internen Bestandsaufnahme mit den preußischen Oberpräsidenten und Vertretern der Länder[68] kritisierte er den vor 1933 nicht zu beobachtenden Zwiespalt zwischen Theorie und Praxis, mit der Schlußfolgerung, „es sei unhaltbar, daß es innerhalb der Bewegung einen offiziellen Standpunkt (Artikel 24 des Parteiprogramms) und einen inoffiziellen Standpunkt (Rosenbergsche Richtung) zum Christentum gebe. Erforderlich sei seines Erachtens die Ausmerzung des inoffiziellen Standpunkts". Die Absage eines so prominenten Parteigenossen an den Verfasser des „Mythus" war überraschend und ließ an Deutlichkeit nichts zu wünschen übrig. Ob der Kirchenminister es wagen könnte, sich mit dem Beauftragten des Führers in Weltanschauungsfragen auf eine Kraftprobe einzulassen, mußte jedem Kenner der innerparteilichen Machtverhältnisse allerdings von vornherein zweifelhaft erscheinen.

Für die Behandlung der katholischen Kirche, die sich offenbar stark genug fühle, zum Angriff überzugehen, gab Kerrl die Parole aus, ihr nicht durch unkluge Vorstöße Trümpfe in die Hand zu spielen[69]. Der Entspannungswille des Ministers äußerte sich konkreter, als er im August 1935, wenige Wochen nach seiner Ernennung, einen katholischen Beamten seiner Behörde, Ministerialrat Schlüter, nach Fulda entsandte, um den dort tagenden Bischöfen versichern zu lassen, er „habe den ernsten Willen, im Geiste des Rechts und des Friedens zwischen Staat

[68] Vgl. Protokoll über die Besprechung der Oberpräsidenten und Vertreter der Länder bei Reichsminister Kerrl am 8. August 1935 über die kirchliche Lage. Druck: H. Michaelis – E. Schraepler – G. Scheel, Ursachen und Folgen. Vom deutschen Zusammenbruch 1918 und 1945 bis zur staatlichen Neuordnung Deutschlands in der Gegenwart (Berlin) Bd. 11, Nr. 2521.

[69] Ebd.

und Kirche alle entstehenden Schwierigkeiten zu behandeln"[70]. Mangel an Augenmaß verriet der Auftraggeber allerdings mit dem Anerbieten, die Kardinäle zum bevorstehenden NS-Parteitag in Nürnberg einzuladen, wo sie Zeugen einer bedeutsamen kirchenpolitischen Erklärung Hitlers werden sollten. Sie ließen deshalb dem Minister überbringen, daß dies beim gegenwärtigen Stand der Dinge ganz undenkbar sei. Darauf ersuchte Kerrl um eine persönliche Aussprache mit allen oder wenigstens einem der Kardinäle. Der Verstimmung wegen, die sonst zu befürchten war, überwand Kardinal Bertram seine Aversion gegen Direktbegegnungen mit hohen Funktionären und erklärte sich bereit, die Rückfahrt nach Breslau in Erfurt zu unterbrechen. Dort trafen sich am 23. August 1935 im Palais des Regierungspräsidenten der Vorsitzende der Fuldaer Bischofskonferenzen und der Reichskirchenminister zu einem einstündigen Meinungsaustausch. Es ist dies das erste genauer faßbare[71] und wahrscheinlich einzige tête-à-tête überhaupt, das Kardinal Bertram mit einem nationalsozialistischen Unterhändler im Ministerrang hatte. In dem Gespräch, das der Kardinal als „nicht unfreundlich" charakterisierte, konnte zwar „eine prinzipielle Ausräumung der Gegensätze nicht eintreten", doch hoffte Bertram, in der Dosierung von Zuversicht und Skepsis ganz er selbst: „Vielleicht ist eine allmählich sich anbahnende partielle Wendung in der Kirchenpolitik der Reichsregierung im Anzuge, ohne optimistisch zu sein."[72]

Aus dem Komplex unerledigter Probleme, die das Reichsinnenministerium erleichtert abgestoßen hatte, griff der neue Ressortchef als erstes den Vereinsschutz wieder auf. Dem schwungvollen Anlauf gegenüber hatte die Kurie Hemmungen. Nur „um auch den leisesten Schatten kirchlicher Mitverantwortung an einem gegebenenfalls entstehenden offenen Konflikt auszuschließen", wollte der Hl. Stuhl „nicht dagegen sein, den Versuch einer friedlichen Lösung nochmals zu wiederholen"[73]. Die Reserve war nur allzu berechtigt. Zeigte es sich doch von Monat zu Monat deutlicher, wie sehr der Optimismus des Anfängers die sachlichen Widerstände unterschätzt hatte. Kerrls wohlgemeinte Entspannungsansätze liefen sich bald an der massiven Kirchenfeindlichkeit fest, die seine Rivalen, auf dem Gebiet des Weltanschauungskampfes unbeschwerter und routinierter als er, inzwischen fest untermauert hatten. Sollte das Reichskirchenministerium die Religionspolitik des Regimes eigenverantwortlich leiten, mußte es zunächst die ideologische Intransigenz Rosenbergs wie den exekutiven Radikalismus Himmlers unter seine Kontrolle bringen. Daß beides mißlang, hatte seinen Grund in der

[70] Bornewasser an Kerrl, 26. August 1935. Abschrift. EA München. Nachlaß Faulhaber.

[71] Bisher war ein Hinweis von Kerrl bekannt, der voll Erbitterung über das Erscheinen der Enzyklika „Mit brennender Sorge" den Breslauer Kardinal an die Unterredung vom Sommer 1935 erinnert hatte, „in der Sie die Überzeugung gewinnen mußten und gewonnen haben, daß keinerlei Vernichtungskampf von Seiten des Staates geführt werden solle, sondern daß meine Absicht meinem Auftrage gemäß durchaus auf die Befriedung aller Streitigkeiten mit der katholischen Kirche gerichtet war". Kerrl an Bertram, 7. April 1937. Druck: S. Hirt, Mit brennender Sorge (Freiburg 1946) 33.

[72] Bertram an Pacelli, 24. August 1935. Auszug. EA München. Nachlaß Faulhaber.

[73] Pacelli an Bertram, 20. September 1935. Abschrift. EA München. Nachlaß Faulhaber.

schwachen Position Kerrls innerhalb der Parteihierarchie und in den Strukturmängeln des Kirchenministeriums.
Die neue Behörde war eine traditionslose ad-hoc-Konstruktion ohne das Ansehen der klassischen Ressorts, ein synthetisches Gebilde, kein gewachsenes Verwaltungsinstrument. Die Autorität des Kirchenministeriums ruhte auf abgezweigten Kompetenzen, so daß eine unverhältnismäßig starke Abhängigkeit bestehenblieb. Da ihm der pyramidale Unterbau eines Vollzugsapparats fehlte, verfügte es nur über geringes Eigengewicht. Dem konstituierenden Gesetz zufolge hätte zwar die Gestapo gewisse Exekutivfunktionen übernehmen sollen, tatsächlich aber wurde die dem Kirchenminister zugesprochene Weisungsbefugnis für Kerrl zu einer Quelle von Mißhelligkeiten, da Himmler und Heydrich, selbstbewußte Experten der „Gegnerbekämpfung", nicht daran dachten, ihren religionspolitischen Kurs den Vorstellungen anderer Instanzen anzupassen. Infolgedessen ist es Kerrl zu keinem Zeitpunkt gelungen, die disparate Kirchenpolitik der Gestapo der Zuständigkeit seines Ministeriums einzuordnen.
Ebensowenig kam er dem Ziel näher, dem verblaßten Begriff des „positiven Christentums" neue Verbindlichkeit zu verschaffen, da sein Gegenspieler Rosenberg ungehindert fortfuhr, in parteiamtlichen Publikationen mit Millionenauflage antichristliche Propaganda zu treiben. Nicht der Reichskirchenminister, sondern seine intrigierenden Widersacher in der Parteispitze hatten das Ohr Hitlers, der das Ministerium für die kirchlichen Angelegenheiten offensichtlich deswegen errichtet hatte, um selbst nicht länger mit diesen befaßt zu werden. Es kam also nicht von ungefähr, wenn dieses sich bald in der passiven Funktion einer Klagemauer erschöpfte, die lästige Bittsteller von der Reichskanzlei abhalten sollte.
Sobald sich Kerrl eingestehen mußte, daß ihm der nötige Rückhalt beim „Führer" fehle, seine Konzeption des Staat-Kirche-Verhältnisses durchzusetzen, begann er seine Taktik zu ändern. Um nicht zwischen die Fronten zu geraten und um den Verdacht des Laxismus abzuweisen, rückt er schon nach wenigen Monaten vom Angebot loyaler Partnerschaft wieder ab, um in die Geleise der Unterwerfungspolitik zurückzulenken, die er hatte verlassen wollen. Einmal mit der Gestapo in der Verfolgung staatsfeindlicher Regungen konkurrierend, übertraf das Kirchenministerium mit seinen Verbotspraktiken und Maßregelungen bald das, was die Bischöfe bis dahin von anderen Instanzen gewohnt waren[74]. Nichts konnte die

[74] Dies ist der für Teilaspekte vielleicht zutreffenden Auffassung gegenüber zu beachten, die annimmt, daß primär die Mehrgleisigkeit der nationalsozialistischen Religionspolitik, gestaltet von differierenden und vergeblich um die alleinige Führergunst ringenden Konzeptionen, eine Radikallösung aufgeschoben und im evangelischen Bereich der Bekennenden Kirche das Überleben erst ermöglicht hätte (vgl. K. SCHOLDER, Die evangelische Kirche in der Sicht der nationalsozialistischen Führung bis zum Kriegsausbruch, in: Vierteljahrshefte für Zeitgeschichte 16 [1968] 15–35, bes. 22). Abgesehen davon, daß die Hinnahmebereitschaft des Kirchenvolkes begrenzt war und damit ein Moment darstellte, das Hitler nicht in jedem Herrschaftsstadium eine beliebige Behandlung der Kirchenfrage erlaubte, führt zumindest der Ablauf des katholischen Kirchenkampfes zu einem entgegengesetzten Befund. Rivalisierende Tendenzen in der Führungsspitze mußten sich nämlich keineswegs notwendig hemmen, sondern konnten den Rhythmus der Gewaltmaßnahmen genausogut beschleunigen und das eben war die Erfahrung, die sich für die katholischen Bischöfe aus dem Rangstreit von Kirchenministerium, Gestapo und Parteikanzlei ergab.

Verschärfung des Kurses besser beleuchten als die Klage Kardinal Faulhabers: „Die Staatspolizei hat uns mit Geißeln geschlagen, das Kirchenministerium will mit Skorpionen schlagen."[75]

Je mehr die ordentlichen Mittel und Wege der Beschwerde versagten, desto mehr beschäftigte den Episkopat der Gedanke eines direkten Appells an Hitlers politische Einsicht. Das positive Führerwort zur Kirchenfrage, das Kerrl für den Nürnberger Parteitag 1935 in Aussicht gestellt hatte, wurde nicht gesprochen. Wenn der Kanzler einmal einen Bischof empfing, ließ er ihn nicht zu Wort kommen. So erging es dem neuen Bischof von Berlin Konrad v. Preysing bei seinem Antrittsbesuch am 23. Oktober 1935, obwohl ihm Hitlers legendäre Ausstrahlung keineswegs die Zunge gelähmt hätte[76]. Nach demselben Schema verlief eine Vorsprache des Bischofs von Osnabrück am gleichen Tag[77]. Bis auf eine kurze Richtigstellung war Berning zur Rolle des stummen Zuhörers verurteilt, während Hitler pausenlos monologisierte, um die nicht mehr ganz neue These von der Alleinschuld der Bischöfe am Aufstieg Rosenbergs abzuhandeln. Ins Gegenteil drohte der Sinn solcher Begegnungen schließlich umzuschlagen, wenn die Aussprache den Besucher nachhaltiger beeindruckte als den Gastgeber, wie nach der Fahrt Kardinal Faulhabers auf den Obersalzberg im November 1936 zu befürchten war[78]. Die Sommerkonferenz dieses Jahres war ohnehin schon zu der Überzeugung gelangt: „Die bisherigen Versuche beim Führer waren vollständig nutzlos. Es würde auch ein neuer Versuch nichts nützen." Es war konsequent und nach der ausgedehnten Phase geduldigen Verhandelns nahezu geboten, dem Regime gegenüber einen außerordentlichen Schritt ins Auge zu fassen. Tatsächlich begannen Mitte 1936 in Rom wie in Fulda Vorüberlegungen zu einem öffentlichen Hervortreten des Hl. Stuhles, die sich Anfang 1937 zur Enzyklika „Mit brennender Sorge" verdichten sollten.

Mängel der innerkirchlichen Kommunikation

Die Nachzeichnung der Geschehnisse hatte auf dem Zeitabschnitt bis Ende 1935 länger zu verweilen, weil bis dahin die Schwingungsbreite der Bewegungen ungleich größer ist als später, sowohl was die Festlegung der nationalsozialistischen Religionspolitik wie das Verfahren einzelner Bischöfe und des Gesamtepiskopats dem NS-Regime gegenüber betrifft. In diesem Stadium zwischen Reichskonkordat und Kirchenministerium, zwischen Papen und Kerrl, wurde nach anfänglichem Hoffen und Experimentieren die in der Folgezeit gültige Stellung der Bischofsgemeinschaft bezogen. Der aggressive Herrschaftsanspruch des zunächst

[75] Referat Faulhabers auf der Fuldaer Plenarkonferenz am 12. Januar 1937: Die kirchen-politische Lage im Dritten Reich Januar 1937. EA München. Nachlaß Faulhaber.

[76] Vgl. W. ADOLPH, Hirtenamt und Hitlerdiktatur (Berlin 1965) 121.

[77] Vgl. Aufzeichnung Bernings. Undatierte Abschrift. EA München. Nachlaß Faulhaber.

[78] Vgl. in dieser Zschr. 177 (1966) 187f.

autoritären, dann totalitären Regimes, das für seine Zwecke alle staatlichen Machtmittel aufbieten konnte, erzwang den organisatorischen Zusammenschluß der Konferenzen von Fulda und Freising zu einem einheitlichen Beratungskörper. Die im Konkordat völkerrechtlich anerkannte friedliche Grenze verwandelte sich bald in eine Verteidigungslinie, über die sich der Angreifer zwar hinwegsetzen, deren Rechtsverbindlichkeit er aber nicht leugnen konnte. Dadurch, daß Erzbischof Gröber sich der Ernüchterung entzog und seinem politischen Ingenium vertraute, störte er vorübergehend die Geschlossenheit der Bischofsversammlung. Von Anfang umstrittene Vermittlungsversuche Papens verliefen nach ärgerlichen Zwischenergebnissen schließlich im Sande. Verhandlungen mit dem Ziel, vom Reichsinnenministerium den konkordatsgemäßen Vereinsschutz zu erwirken, scheiterten am Veto der Partei. Auf Entspannungsgesten des neuen Reichskirchenministers folgte verschärfte Bedrückung. Jeder dieser Vorgänge markierte eine Phase in der Selbstverteidigung der Kirche und zugleich eine Station auf dem Rückzug vor der Übermacht des Einparteistaats. Wofür Bischöfe und Gemeinden in der ungleichen Auseinandersetzung sinnvoll kämpfen konnten, war die Verzögerung des Rückzugs, nicht seine Verhinderung. Den Taktikern des hinhaltenden Widerstands winkte kein Lorbeer, dafür um so sicherer der Vorwurf, entweder nicht beweglich oder nicht standfest genug operiert zu haben.

Schwerpunkt von Kardinal Bertrams Aktivität als Wortführer des deutschen Episkopats war der schriftliche Protest. Wäre die kirchliche Rechtsauffassung allein auf dem Beschwerdeweg durchzusetzen gewesen, hätten die Bischöfe keinem Berufeneren die Führung übertragen können. Der Konferenzvorsitzende verfügte nicht nur über eine ungewöhnliche Arbeitskraft, sondern beherrschte zudem meisterhaft alle Register des Eingabenstils. Entschieden, eindringlich, hieb- und stichfest begründet und frei von verstimmender Polemik wirkten seine Vorstellungen vor allem durch ihre Sachlichkeit. Wenn Bertram die Aufforderung zurückwies, mit den Machthabern des NS-Staates Fraktur zu reden, dann geschah es aus der Überzeugung, daß nichts schlimmer sei als der totale Bruch. So erklärte sich sein Bestreben, dem kirchlichen Einspruch jene Form und Festigkeit zu geben, die nicht alle Verständigung abschnitt.

Einen Konsensus über die richtige Verteidigungstaktik herbeizuführen, war schon im engen Kreis der Bischofskonferenz ein Ding der Unmöglichkeit, und dem Vorsitzenden waren Einwände und Erwartungen der Kritiker durchaus geläufig. „Es fehlt nirgends an treuen Geistlichen und Laien", schrieb er zu Weihnachten 1935 an Pacelli, „die in uns Bischöfen Boanerges-Seelen (Marc. 3,17) mit Herabrufen des Feuers vom Himmel (Luc. 9,54) sehen möchten, die aber nicht die letzte Verantwortung für alle Folgen (direkten und indirekten Folgen) jedes Schrittes zu tragen haben."[79]

An die negativen Rückwirkungen eines härteren Kurses zu erinnern, war das gute Recht des Konferenzvorsitzenden, andererseits aber nur eine Teilantwort auf die

[79] Bertram an Pacelli, 8. Dezember 1935. Abschrift. EA München. Nachlaß Faulhaber.

Vorbehalte gegen seine Amtsführung. Denn ebenso folgenreich wie die Abwehr nach außen war für den Verlauf des Kirchenkampfes die Kommunikation nach innen. Hatte doch eine Religionsgemeinschaft der physischen Überlegenheit des Polizeistaats nichts anderes entgegenzusetzen als ihre Glaubensstärke und moralische Autorität. Der Zusammenhalt von Bischöfen, Klerus und Gläubigen war ihr wertvollstes Aktivum. Die Solidarität des deutschen Katholizismus zu wahren, blieb deshalb eine vordringliche Aufgabe der Bischofskonferenz und ihres Vorsitzenden. Es bedurfte allerdings nicht erst des Hirtenbriefdebakels von 1934, um durchscheinen zu lassen, daß Kardinal Bertram den Hunger der Gläubigen nach klärender Information unterschätzte, indem er ihn der Sorge für den ungestörten Fortgang interner Verhandlungen unterordnete. Da von der lebhaften Aktivität des Breslauer Kardinals, die Aktenberge von Beschwerden hervorbrachte, nichts nach außen drang, konnte der Verdacht der Passivität immer weiter um sich greifen und mußte am Vertrauen in die Führungsverantwortung des Episkopats zehren. Die den Gläubigen geschuldete Aufklärung auf den Augenblick zu verschieben, wo sie kein Gesprächsklima mehr beeinträchtigen konnte, hätte bedeutet, gänzlich darauf zu verzichten. Das Hinauszögern einer von Zeit zu Zeit gebotenen Zwischenbilanz im Kirchenkampf wirkte zeitweilig um so unbegreiflicher, je eindeutiger die Gegenseite Nutznießerin von Bertrams Diskretion wurde und sich ihrerseits nicht im mindesten durch Rücksichten auf die Gesprächsatmosphäre gehemmt fühlte. Verschlimmert wurde die Desorientierung durch die Alleinherrschaft des Regimes über die Publikationsmittel, die entweder ganz im Dienst der NS-Propaganda standen oder wirksam kontrolliert wurden. Damit wurde die Kanzel zum einzigen Ort, von dem aus bischöfliche Verlautbarungen noch authentisch bekanntgemacht werden konnten.

So richtig es ist, daß dem Breslauer Kardinal beim Rückruf des Hirtenbriefs von 1934 nur die Rolle des Ausführenden zufiel, so falsch wäre es, deswegen an seiner eingewurzelten Abneigung gegen Kundgebungen des Gesamtepiskopats zu zweifeln. Es hätte sonst nicht alljährlich zu den ungeschriebenen und aufreibendsten Aufgaben der Fuldaer Bischofsversammlung gehört, den Vorsitzenden von der Notwendigkeit eines gemeinsamen Hirtenworts jeweils von neuem überzeugen zu müssen. Aus der Sicht des Nächstbetroffenen, der die Rückstöße aufzufangen hatte, war das gar nicht so unverständlich, für die Wahrung des Zusammenhalts von Episkopat und Kirchenvolk jedoch ein schweres Hemmnis. So unersetzlich Bertrams Beitrag auf dem Gebiet des schriftlichen Protestes war, so problematisch war sein Beharren auf dem Vorsatz, den gesamtbischöflichen Führungsauftrag vorwiegend vom Schreibpult aus erfüllen zu wollen.

Es war infolgedessen nicht erstaunlich, daß die Klage mangelnder Kommunikation sich auf Bischofsebene wiederholte. Nicht wenige Konferenzmitglieder waren mit der Intensität und Häufigkeit des innerepiskopalen Meinungsaustauschs unzufrieden, so sehr Kardinal Bertram bemüht war, die Mitbischöfe durch Rundbriefe und Abschriften auf dem laufenden zu halten. Zudem waren der schriftlichen Mitteilung durch die Aufhebung des Briefgeheimnisses enge

Grenzen gesetzt. Nach dem traditionellen Turnus einmal im Jahr beschlußfähig zu sein, genügte nicht, um dem NS-Regime die Autorität des Gesamtepiskopats so rasch und häufig entgegenzustellen, wie das die permanent gewordene Ausnahmesituation erfordert hätte. Außerordentliche Plenarsitzungen, zu denen die Verschärfung des Kirchenkampfes im Januar 1935 und 1936 gezwungen hatte, wurden nicht zur Regel. Waren die Bischöfe in Fulda auseinandergegangen, so liefen die Fäden für die nächsten sechs oder zwölf Monate wieder beim Konferenzvorsitzenden in Breslau zusammen.

Freilich hätte auch eine umstrukturierte Bischofskonferenz an der negativen Gesamtbilanz von über drei Jahren nationalsozialistischer Konkordatspraxis wenig ändern können. Es war weder ihren Eingaben und Denkschriften, den Verhandlungen mit den Ministerien und den Vorstellungen bei Hitler noch den diplomatischen Noten des Hl. Stuhls gelungen, den staatlichen Vertragspartner zur Einhaltung der Abmachungen zu bewegen. Wenn Pius XI. diese Erfahrung bewog, den deutschen Katholiken und ihren Oberhirten in Form einer Enzyklika mit dem ganzen Gewicht der Papstautorität beizustehen, so war das berechtigter Ausdruck seiner „brennenden Sorge".

3

DIE ENZYKLIKA „MIT BRENNENDER SORGE“*

Zum hundertsten Geburtstag Kardinal Michael v. Faulhabers am 5. März 1969

Der Abschluß eines Reichskonkordats zwischen dem Hl. Stuhl und dem erst sechs Monate amtierenden Kabinett Hitler–Papen hatte im Sommer 1933 weit über Deutschland hinaus Aufsehen erregt. In den sich bald verschlechternden Beziehungen zwischen der Katholischen Kirche und dem anfangs autoritären, dann totalitären NS-Staat gibt es nur noch einen Vorgang, dessen Echo mit demjenigen auf das Reichskonkordat vergleichbar ist, die Verlesung der Enzyklika „Mit brennender Sorge“ im März 1937. Während der Kirchenvertrag auf zweiseitiger Übereinkunft beruhte, war das päpstliche Rundschreiben eine unangesagte, einseitige Kundgebung, ein Akt der Gegenwehr, herausgefordert durch die Renitenz der nationalsozialistischen Regierung, die im Konkordat übernommenen Verpflichtungen zu erfüllen, sowie ihre durch zahllose Schikanen und Bedrükkungsmaßnahmen erwiesene Absicht, die katholische Kirche in Deutschland – zusammen mit der evangelischen – auf ein spiritualisiertes Sakristeichristentum einzuengen. Die nach drei Jahrzehnten verfügbaren staatlichen und kirchlichen Quellen gestatten es, eine Reihe von Entwicklungslinien freizulegen, die im Knotenpunkt der Enzyklika zusammentreffen, um von dort wieder auseinanderzulaufen[1]. Dabei erhebt sich von selbst die Frage, welche Erfahrungen und Überlegungen den Vatikan zu einem Schritt bewogen, der sich dem Bewußtsein der Zeitgenossen tief einprägte, aber auch, ob und inwieweit der Übergang zur Offensive die diplomatischen Fronten in Bewegung brachte und den Kirchenkampf in andere Bahnen lenkte.

* Dem Aufsatz liegt ein Referat zugrunde, das am 12. Oktober 1967 vor der kirchengeschichtlichen Sektion des 27. Deutschen Historikertags in Freiburg gehalten, für den Druck umgearbeitet und durch Einbeziehung neuer Quellen erweitert wurde. [Zahlreiche der im folgenden zitierten Quellen sind nunmehr gedruckt in der oben S. 11 Anm. 1 am Ende zitierten Edition].

[1] Neben den in den Anmerkungen genannten Quellen wurden für die Untersuchung namentlich folgende Beiträge herangezogen: W. ADOLPH, 25 Jahre „Mit brennender Sorge“. Aufzeichnungen und Dokumente, in: Wichmann-Jahrbuch für das Bistum Berlin XV/XVI (1961/62) 3–18 (Zitiert: W. ADOLPH, 25 Jahre); R. LEIBER, „Mit brennender Sorge“, in dieser Zschr. 169 (1961/62) 417–426; von besonderer Wichtigkeit sind die aus vatikanischen Quellen gearbeiteten Studien von A. MARTINI, nämlich: Il cardinale Faulhaber e l'enciclica „Mit brennender Sorge“, in: Archivum Historiae Pontificiae 2 (1964) 303–320 (Zitiert: A. MARTINI I); ders., Il cardinale Faulhaber e l'enciclica di Pio XI. contro il nazismo, in: Civiltà Cattolica (1964) 421–432 (Zitiert: A. MARTINI II). Martinis Forschungsergebnisse wurden zusammengefaßt von B. SCHNEIDER, Kardinal Faulhaber und die Enzyklika „Mit brennender Sorge“, in dieser Zschr. 175 (1964/65) 226–228. Die Nachwirkungen des Mundeleinzwischenfalls werden behandelt für die Kurie von A. MARTINI, Pio XII e Hitler, in: Civiltà Cattolica 116,1 (1965) 342–347 (Zitiert: A. MARTINI III); für Deutschland von W. ADOLPH, Hirtenamt und Hitlerdiktatur (Berlin 1965) 134–147 (Zitiert: W. ADOLPH, Hirtenamt); vgl. dazu auch W. M. HARRIGAN, Pius XI and Nazi Germany 1937–1939, in: Catholic Historical Review 51 (1965/66) 457–486.

Vorgeschichte

Die Drohung einer päpstlichen Mißfallensäußerung schwebte schon über dem Konkordat, als es kaum ratifiziert war. Wenn sie in der Weihnachtsansprache 1933 unterblieb, so hatte dabei für Pius XI. der Wunsch des Vorsitzenden der Fuldaer Bischofskonferenz den Ausschlag gegeben[2]. Die Hoffnung Kardinal Bertrams, durch mündliche und schriftliche Verhandlungen vertragsgemäße Zustände herbeizuführen, erfüllte sich jedoch nicht. Statt dessen mehrten sich die Spannungen, je vollständiger Hitler die staatlichen Machtmittel beherrschte und zur Ausgestaltung des totalitären Einparteistaates einsetzte.
Mit der Verstimmung der Kurie wuchsen die Befürchtungen des deutschen Vatikanbotschafters, der Hl. Stuhl könne mit einem Weißbuch an die Öffentlichkeit treten, um den defizienten Vollzugswillen der Reichsregierung bloßzustellen. Seit Anfang 1934 wurde die Warnung vor einer vatikanischen Aktenpublikation zum Refrain zahlloser Berichte v. Bergens, der damit zugleich die Notwendigkeit belegte, auf die Vorstellungen des Hl. Stuhls schriftlich zu antworten, eine Gepflogenheit, von der sich die Berliner Regierungsstellen zunehmend dispensierten.
Das periodisch umgehende Gerücht über kirchliche Weißbücher war so unbegründet nicht, doch erschienen sie nur für den Handgebrauch der deutschen Bischöfe[3]. Daneben bediente sich die Kurie aber noch einer anderen Kommunikationsmöglichkeit, um zumindest den deutschen Klerus über ihre Haltung gegenüber der Reichsregierung nicht im unklaren zu lassen. So erschienen im Sommer 1935 zwei Artikel im Osservatore Romano[4], die nichts anderes waren als die Zusammenfassung zweier deutlicher Noten[5], die als Replik des Hl. Stuhls auf Auslassungen der Minister Frick und Göring ergangen waren. Sollte die Verbreitung der Osservatore-Artikel in Deutschland behindert werden, so hatte der Papst den Botschafter wissen lassen, würde der Hl. Stuhl die Noten im vollen Wortlaut veröffentlichen[6]. Tatsächlich brachten die bischöflichen Amtsblätter die Aufsätze des Vatikanblatts in deutscher Übersetzung[7] mit der Anheimgabe, die Gläubigen davon zu unterrichten, wenngleich nicht durch Kanzelverkündigung. Gedruckt in Deutschland verbreitet, können darum diese beiden offiziösen Stellungnahmen zur kirchenpolitischen Lage als Vorläufer des Rundschreibens von 1937 angesehen werden.
Den Wunsch nach einem klärenden Wort an die deutschen Katholiken trug aber erst die Fuldaer Plenarkonferenz im August 1936 im traditionellen Huldigungs-

[2] Mitteilung von R. Leiber.
[3] Vgl. D. ALBRECHT, Der Notenwechsel zwischen dem Hl. Stuhl und der deutschen Reichsregierung (Mainz 1965) XVf.
[4] Vgl. Osservatore Romano Nr. 165 vom 15./16. Juli 1935 sowie Nr. 181 vom 4. August 1935.
[5] Druck: D. ALBRECHT a.a.O. Nr. 64 und 65.
[6] Vgl. Bergen an Auswärtiges Amt, 15. Juli 1935; zitiert bei D. ALBRECHT a.a.O. 258 Anm. 5.
[7] Druck: W. CORSTEN, Kölner Aktenstücke zur Lage der katholischen Kirche in Deutschland 1933–1945 (Köln 1949) Nr. 76 und 84.

schreiben an den Papst vor[8]. Dieser Entschluß wurde gefördert durch Beobachtungen Bischof Bornewassers (Trier), der bei einem Vatikanbesuch vom Kardinalstaatssekretär erfahren hatte, „man wäre in Rom froh, wenn der Episkopat alle Verletzungen des Konkordats bekanntgäbe. Darauf werde Rom ein Pastorale schreiben"[9]. Als Pacelli gegen Jahresende eine fünfköpfige Beratergruppe aus dem Episkopat zur Berichterstattung nach Rom beorderte[10], standen die deutschen Oberhirten eben in einem regen Meinungsaustausch über die Aussprache zwischen Hitler und Kardinal Faulhaber auf dem Obersalzberg. Den Verhandlungsbericht hatte der Kardinalstaatssekretär „mit starker Anteilnahme geprüft", sich aber gezwungen gesehen, „bezüglich der weiteren Entwicklung trotz mancher gut klingenden Worte besorgt zu sein und eine Besserung der schweren Lage nicht als nahe zu betrachten"[11]. Ähnlich reserviert klang für Faulhabers geschultes Ohr die Reaktion des Papstes. „Dominus Apostolicus ließ mir schreiben", so berichtete er nach Breslau[12], „factum visitationis in se permagni esse momenti, das will heißen, daß nicht alle Einzelheiten der 9 Blätter Zustimmung gefunden haben". Wenn sich Pacelli skeptisch gezeigt hatte, „nicht über das ‚do', wohl aber über das ‚des'"[13], so sollte ihm der Ausgang von Faulhabers Verständigungsbemühungen nur allzu recht geben.
Um Hitlers Vorwurf zu entkräften, er werde gegen den schlimmsten Feind des Christentums von den Bischöfen nicht unterstützt, hatte der Münchener Kardinal zugesagt, sich für einen gemeinsamen Hirtenbrief gegen den Bolschewismus[14] zu verwenden. Schon vier Wochen später war über den Nuntius zu erfahren, daß die Kundgebung von Hitler „mit einer vielleicht nur in spontaner Temperamentsaufwallung geäußerten heftigen Ungeduld erwartet werde"[15]. Der von Faulhaber formulierte Text sollte den Vorstellungen der NS-Führung so wenig entsprechen, daß er von Presse und Rundfunk in Deutschland totgeschwiegen, von Gestapostellen gebietsweise sogar eingezogen wurde. Da in die Ablehnung des roten Totalitarismus konkrete Beschwerden über die jüngsten Bedrückungsmaßnahmen eingeflochten waren, wurde die Pflichtübung bischöflicher Loyalität für Propagandazwecke unbrauchbar. Wenn der Verfasser argumentierte, „die deutschen Bischöfe mußten im Hirtenbrief auch diese Sorgen erwähnen, um wahrhaft zu bleiben und nicht in die undeutsche Rolle byzantinischer Jasager zu verfallen"[16],

[8] Vgl. Die deutschen Bischöfe an Pius XI., 18. August 1936. Druck: Protokoll der Verhandlungen der Plenar-Konferenz der deutschen Bischöfe vom 18.–20. August 1936. Anlage 1. DA (= Diözesanarchiv) Regensburg; auszugsweise in italienischer Übersetzung bei A. MARTINI II 425.
[9] Stenographische Aufzeichnungen Bischof Sebastians über die Nachmittagssitzung vom 18. August 1936. (DA Speyer).
[10] Vgl. Pacelli an Bertram, 21. Dezember 1936; angeführt bei A. MARTINI II 423 Anm. 2.
[11] Pacelli an Faulhaber, 1. Dezember 1936. EA (= Erzbisch. Archiv) München. Nachlaß Faulhaber.
[12] Faulhaber an Bertram, 7. Dezember 1936. Abschrift. EA München. Nachlaß Faulhaber.
[13] Vgl. Anm. 11.
[14] Vgl. Hirtenwort der deutschen Bischöfe über die Abwehr des Bolschewismus, 24. Dezember 1936. Druck: W. CORSTEN a.a.O. Nr. 130.
[15] Bertram an Faulhaber, 2. Dezember 1936. EA München. Nachlaß Faulhaber.
[16] Faulhaber an Hitler, 30. Dezember 1936. Abschrift. EA München. Nachlaß Faulhaber.

so belehrte ihn das Reichskirchenministerium über die Grenzen der Äußerungsfreiheit. Als Faulhaber gegen die Beschlagnahme der Texte protestierte, entgegnete Kerrl, es werde bei dem Einspruch „vollkommen übersehen, daß der fragliche Hirtenbrief mit der kurzen Absage an den Bolschewismus eine umfangreiche Kritik an nationalsozialistischen Einrichtungen verbindet und daß gerade dadurch die Erklärungen gegen den Bolschewismus Bedeutung und Kraft verlieren“[17]. Schlagender als mit der Verleugnung einer mit ihm vereinbarten Verständigungsgeste hätte Hitlers Unzuverlässigkeit als Gesprächspartner und seine Identifizierung mit der realen Kirchenpolitik kaum demonstriert werden können.

Noch vor Kenntnis der vatikanischen Einladung hatte Kardinal Bertram die deutschen Bischöfe zu einer außerordentlichen Plenarkonferenz für Mitte Januar 1937 nach Fulda einberufen, um die verschärfte kirchenpolitische Lage zu beraten. Die Gravamina des Episkopats fanden ihren Niederschlag in einer Denkschrift an das Reichskirchenministerium, in der in 17 Punkten der Kontrast von Konkordatsbestimmung und Konkordatswirklichkeit scharf herausgearbeitet wurde[18]. Aus den sich mehrenden Knebelungsmaßnahmen zog die Konferenz intern den Schluß: „Man will in bestimmten Kreisen und Organisationen der nationalsozialistischen Partei die grundsätzliche und definitive Vernichtung des Christentums, besonders der katholischen Kirche, zum mindesten aber ihre Zurückführung auf einen Zustand, der fast der Vernichtung gleichkommt.“[19] Wenn man dabei noch zögerte, Hitler persönlich für den offiziellen Kurs voll haftbar zu machen, so mochte dabei neben taktischen Erwägungen vor allem Faulhabers Sicht der Kräfte und Tendenzen mitspielen. Wie schon in der schriftlichen Gesprächsschilderung[20] zeigte er sich auch in seinem kirchenpolitischen Referat[21] vor dem Bischofsgremium nicht unbeeindruckt von Hitlers zwar verschwommener, doch emphatisch hervorgekehrter Gottgläubigkeit. Der Reichskanzler stelle sich zwischen Religion und Kirche, kenne aber Gott als Vorsehung und Richter, dem er verantwortlich sei.

Unmittelbar nach der Fuldaer Zusammenkunft vom 12./13. Januar 1937 machten sich die vom Papst geladenen Oberhirten auf den Weg nach Rom. Die Zugehörigkeit zur Beratergruppe verstand sich allenfalls für die drei Kardinäle Bertram, Faulhaber und Schulte von selbst. Die Einbeziehung der Bischöfe von Berlin und Münster war aus der hierarchischen Rangliste nicht abzuleiten. Sie mußte daher andere Gründe haben. Daß Bischof Preysing an der Kurie hohes Ansehen genoß, hatte bereits seine Berufung auf den wichtigen Berliner Posten bewiesen. Offensichtlich hatte sich aber auch Bischof Galen durch Amtsführung und Lagebeurtei-

[17] Kerrl an Faulhaber, 28. Januar 1937. Abschrift. EA München. Nachlaß Faulhaber.
[18] Druck: J. NEUHÄUSLER, Kreuz und Hakenkreuz (München 1946) II 94–98.
[19] Protokoll der Verhandlungen der Plenar-Konferenz der deutschen Bischöfe am 12. und 13. Januar 1937, 4. DA Regensburg.
[20] Streng vertraulicher Bericht über die Aussprache mit Herrn Reichskanzler Adolf Hitler auf dem Obersalzberg am 4. November 1936, 11–14 Uhr. Schreibmaschinen-Hektographie. EA München. Nachlaß Faulhaber.
[21] Die kirchen-politische Lage im Dritten Reich. EA München. Nachlaß Faulhaber.

lung eine besondere Wertschätzung erworben. Die von Pius XI. getroffene Auswahl erscheint in einem eigentümlichen Licht, wenn vorgreifend bedacht wird, wie sich in der dunkelsten Phase des Kirchenkampfs die Klarsicht des einen und der Rechtssinn des anderen bewähren sollten. Die Bevorzugung konnte zugleich als Zurücksetzung gedeutet werden. Denn Bischof Berning von Osnabrück, seit 1933 ständiger Unterhändler des Episkopats bei den Berliner Regierungsstellen, war nicht unter den Geladenen.

Sicheren Indizien zufolge suchte darum Kardinal Bertram im Vatikan zu erreichen, daß Berning entweder als einziger Bischof neben den Kardinälen oder als zusätzliches Delegationsmitglied beigezogen würde, ohne jedoch mit seinen Vorstellungen durchzudringen. Der Ausschluß Bernings konnte dem Breslauer Kardinal schon deswegen nicht gefallen, weil er in ihm auf den zuverlässigsten Anwalt der von ihm selber getragenen „Eingabenpolitik“ verzichten mußte, während die Anhänger einer beweglichen Vorwärtsverteidigung mit Preysing und Galen durch zwei überzeugte Wortführer vertreten waren, deren Auffassungen im Praktischen zumindest Kardinal Faulhaber nahestand. Die Konstellation war also aufschlußreich. Das Fehlen des Verhandlungsexperten Berning wie die starke Präsenz des „harten“ Flügels im Episkopat ließen ahnen, in welcher Richtung der Papst von den Bischöfen eine Entscheidungshilfe erwartete.

Bereits am Freitag, 15. Januar, wurden die beiden Konferenzvorsitzenden Bertram und Faulhaber vom Kardinalstaatssekretär zu einer informellen Vorbesprechung empfangen[22]. Sie erfuhren, daß der Hl. Vater trotz seiner Krankheit mit den fünf deutschen Bischöfen eine Konferenz halten wolle. Bestimmte Punkte seien nicht vorgesehen, doch werde die Lage immer unerträglicher. Mögliche Initiativen wurden in dem Gespräch nur angedeutet. Kardinal Bertram, kein Freund direkter Öffentlichkeitsbeeinflussung, gab zu überlegen, ob nicht der Papst ein persönliches Schreiben an Hitler richten wolle, doch machte Pacelli auf den Vorschlag mit der Tendenz, die fruchtlose Eingabenpolitik auf höchster Ebene fortzusetzen, „ein bedenkliches Gesicht“. Um für die weiteren Beratungen Unterlagen bereitzustellen, erbot sich der Münchener Kardinal, sein Fuldaer Referat zur Lage sowie eine Ausarbeitung Bischof Buchbergers (Regensburg) zum gleichen Thema zu übersenden.

Die nächste Zusammenkunft beim Kardinalstaatssekretär am Samstag, 16. Januar, war dann eine Vollsitzung, an der alle fünf Bischöfe teilnahmen[23]. Pacelli gab nun doch einige Punkte an, über die sich Pius XI. besonders informieren wolle. An der Spitze stand die allgemeine Situation samt der Frage nach der Verantwortlichkeit, ferner Schule, Lehrerbildung, Jugend und Presse. Die Anregung eines Papstbriefs an Hitler wurde wegen der vorauszusehenden Wirkungslosigkeit und der Gefahr publizistischen Mißbrauchs nicht weiterverfolgt. Pacellis Vorstellun-

[22] Vgl. Stenographische Aufzeichnung Faulhabers, Pacifico [Pacelli] 15. 1. 1937. 18 Uhr. Bei A. Martini wird diese Zusammenkunft, offenbar mangels Unterlagen, nicht erwähnt.

[23] Vgl. Stenographische Aufzeichnung Faulhabers, Sa. 16. 1. 1937. 18.00–19.40 Uhr; dazu außerdem A. Martini II 423f.

gen zielten auf einen öffentlichen Schritt, der auch unter das Volk gehe, wobei er ein päpstliches Hirtenschreiben an die deutschen und deutschsprachigen Katholiken im Auge hatte. Insofern war diese Aussprache mehr aufs Konkrete gerichtet als die Audienz am folgenden Sonntagvormittag, 17. Januar, wo sich die fünf Episkopatsmitglieder, von Pacelli geleitet, um das Krankenlager des Papstes versammelten, der noch von den Nachwirkungen schmerzlicher Leiden gezeichnet war[24]. Von der Erkrankung innerlich ungebeugt, beeindruckte der Papst die Besucher durch die Festigkeit eines ganz und gar religiös fundierten Durchhaltewillens und die Gewißheit, daß sich die Kirche auch inmitten der akuten Bedrängnisse behaupten werde.

Nacheinander referierten die Kardinäle und Bischöfe kurz über den Zustand ihrer Diözesen. Bertram nannte als Ursache des Konflikts mit dem NS-Staat den Kampf gegen das Christentum, durch den auch das Konkordat in Mitleidenschaft gezogen werde. Faulhaber bekräftigte die Auffassung des Papstes, daß das Konkordat, wenngleich nicht loyal respektiert, so doch eine Stütze sei, die einzige, die es im Münchener Schulkampf gegeben habe. Allein dem Konkordat sei es zu verdanken, wenn sich katholische Verbände, in denen sich das kirchliche Leben in Deutschland entfalte, bis dahin hätten halten können. Andernfalls wären sie vom Regime schon längst liquidiert worden. Damit bleibe der Vertrag ein „providentielles Geschenk“. Kardinal Schulte verweilte beim Ringen um die Bekenntnisschule und der Kirchenaustrittspropaganda. Der Bischof von Berlin unterstrich, daß in der Reichshauptstadt und seinem Diasporabistum der Druck weniger scharf ausgeübt werde als in rein katholischen Gegenden. Bischof Galen beschrieb das NS-Regime als einen Gegner, „der Wahrheit und Treue nicht kennt“. Das Volk, dessen Kirchentreue er rühmte, höre gern ein Wort von den Bischöfen. Mit den Besuchern war der Papst in der Notwendigkeit einig, weiterhin auf Erfüllung des Vertrags zu dringen und eine so wertvolle Rechtsbasis kirchlicherseits nicht aufzugeben.

Im Anschluß an die Papstaudienz behielt der Kardinalstaatssekretär die Bischöfe als Tischgäste über Mittag bei sich[25]. Das Gespräch wandte sich dabei auch den praktischen Konsequenzen zu, die ein päpstliches Hirtenschreiben in Deutschland nach sich ziehen würde. Pacellis Erkundigung, ob es nicht Anlaß wäre, das Konkordat zu kündigen, wurde vom Kölner Erzbischof bejaht, von Faulhaber jedoch mit dem Argument bezweifelt, daß Hirtenbriefe der deutschen Bischöfe dann schon längst den Vorwand zu einem solchen Akt geliefert hätten. Um keine Handhabe zu bieten, sei es allerdings angezeigt, daß die Papstkundgebung nicht polemisch, sondern dogmatisch gehalten und die NS-Partei überhaupt nicht genannt werde. Der Kardinalstaatssekretär wiederholte, von kirchlicher Seite sei an eine Kündigung des Reichskonkordats nicht gedacht. Zustimmend bemerkte Kardinal Schulte, ein solcher Schritt würde die Lage nur verschlimmern.

[24] Vgl. Stenographische Aufzeichnung Faulhabers, So. 17. 1. 1937. 10.00–11.00 Uhr; dazu außerdem A. Martini II 424.

[25] Ebd.

Wie das geplante päpstliche Hirtenschreiben konkret ausfallen werde, war für die Bischöfe nach Abschluß der Konsultationen noch nicht abzusehen. Lediglich Kardinal Faulhaber konnte die nächsten Vorkehrungen noch eine Strecke weit mitverfolgen, da ihn Pacelli vertraulich bat, einen ersten Entwurf auszuarbeiten[26]. Den größten Teil der Nachtruhe dafür opfernd, schrieb der Münchener Erzbischof zwischen Montagabend, 18. Januar, und Donnerstagfrüh, 21. Januar, wo er um 3.30 Uhr den Begleitbrief unterzeichnete, eigenhändig einen Entwurf nieder, den er dem Kardinalstaatssekretär zuschickte mit der „Blankovollmacht, zu ändern, zu streichen, auch das Ganze beiseitezulegen“[27].
Schon während der gemeinsamen Audienz hatte Pius XI. den Wunsch geäußert, die Bischöfe vor der Abreise nochmals einzeln bei sich zu sehen. Allein scheint allerdings nur Kardinal Bertram empfangen worden zu sein, der offenbar als erster der Bischofsdelegation Rom wieder verließ. Der Notiz im „Osservatore Romano“ zufolge wäre seine Vorsprache auf Donnerstag, 21. Januar, anzusetzen[28]. Gemeinsam wie die Kardinäle von München und Köln[29] wurden wahrscheinlich auch die Bischöfe von Berlin und Münster am Samstag, 23. Januar, vom Papst verabschiedet[30]. Dem Münchener Erzbischof dankte der Papst für seine Nachtarbeit und die „sehr schönen Noten“, die er ihm geschickt hatte. Preysing und Galen gegenüber bemerkte er: „Nationalsozialismus ist nach seinem Ziel und seiner Methode nichts anderes als Bolschewismus. Ich würde das Herrn Hitler sagen.“[31] Eine ähnliche Parallele hatte Pacelli mit der Feststellung gezogen, die Berliner Regierung führe zwar „den Kampf gegen den Bolschewismus, aber sie bereiten den Weg selber durch die Arbeit an der Jugend“[32]. Uneinheitlich war die Antwort der Berater auf die Frage nach dem Herd der Christentumsfeindlichkeit ausgefallen, da Kardinal Faulhaber nach dem Obersalzbergerlebnis zögerte, den Führer der NSDAP eindeutig mit dem antikirchlichen Kurs seiner Partei zu identifizieren.
Nach München zurückgekehrt, behandelt der Kardinal in einer vielbeachteten Predigt[33] unter dem Titel: „Das Reichskonkordat – Ja oder Nein?“ Vergangenheit und Zukunft des Kirchenvertrags. Darin vertrat er nachdrücklich die Forderung, das Ja von 1933 dürfe 1937 nicht zu einem Nein umschwenken, auch wenn das Konkordat von einflußreicher Seite als überholt und revisionsbedürftig hingestellt werde. Aber auch von Katholiken, besonders von Geistlichen sei zu hören, es sei

[26] Vgl. A. Martini II 426.
[27] Faulhaber an Pacelli, 21. Januar 1937. Stenographische Abschrift. EA München. Nachlaß Faulhaber.
[28] Vgl. Osservatore Romano Nr. 17 vom 22. Januar 1937. Laut A. Martini II 425 Anm. 5 wurde während der Krankheit des Papstes über die stattfindenden Privataudienzen nur zusammenfassend und in unregelmäßiger Folge berichtet, weshalb sie im einzelnen nicht genau datierbar sind.
[29] Vgl. Stenographische Aufzeichnungen Faulhabers, Abschiedsaudienz mit Schulte, Sa. 23. 1. 37. 11.30–11.50 Uhr.
[30] Vgl. Osservatore Romano Nr. 20 vom 25./26. Januar 1937.
[31] Vgl. Anm. 29.
[32] Vgl. Anm. 22.
[33] Münchener Kardinalspredigten. 3. Folge. Papstpredigten 1937 (München 1937).

zwecklos, das Konkordat weiter aufrechtzuerhalten, da es doch ständig durchbrochen werde. Solchen Stimmen empfahl der Prediger Zurückhaltung, solange die Bischöfe sich noch bemühten, manchmal mit einem „Hoffen ohne Hoffnung", die Spannungen auszugleichen. So wie die Dinge lägen, sei das Reichskonkordat heute für die Kirche der feste, um nicht zu sagen der einzige Rechtsboden.

Mit Faulhabers Vorlage war der Prozeß der Textgestaltung, der sich nun über Wochen hinzog, ohne im einzelnen dokumentarisch faßbar zu sein, eingeleitet worden. Obwohl der endgültige Umfang der Enzyklika auf das Zweieinhalbfache des Entwurfs anwachsen sollte, blieb der Beitrag des Münchener Kardinals gedanklich wie formal beträchtlich. Das galt vor allem für die neunteilige Gliederung, die, abgesehen von einem historisch-juristischen Vorspann sowie einer Aufspaltung des Schlußkapitels, unverändert übernommen wurde[34]. Vom Verfasser des Grundrisses nur flüchtig angeschlagene Motive wurden bei der Ausarbeitung zu kraftvollen Sentenzen entfaltet, wobei manche Passagen den Urtext erkennbar durchschimmern oder unberührt zu Wort kommen ließen[35]. Anderswo war der gedankliche Ansatz eingeschmolzen und in breiter Eindringlichkeit ausgeformt worden. Thematisch jedoch taten die vatikanischen Bearbeiter einen entscheidenden Schritt über den von Faulhaber abgesteckten Rahmen hinaus, indem sie ein neues Kompositionselement hinzufügten. War der Entwurf als Lehr- und Ermutigungsschreiben konzipiert, das die propagandistische Verfälschung von Glaubensbegriffen abwehren und die deutschen Katholiken zum Ausharren ermahnen sollte, so gab die Vorschaltung eines Einleitungsplädoyers der Enzyklika einen dramatischen Auftakt. Darin wurde Klage geführt über eine Entwicklung, die nicht so hätte verlaufen können, wäre das 1933 von Berlin erstrebte Konkordat tatsächlich eingehalten worden. Mit der Berufung auf das zu respektierende Vertragsrecht weitete sich die Perspektive von anonymer Kirchenbedrückung zur Aufdeckung der kausalen Zusammenhänge. Zwar ging die Enzyklika nicht so weit, die Reichsregierung mit allen aggressiven Strömungen der Partei in eins zu setzen, doch ließ sie keinen Zweifel, daß es Sache des staatlichen Konkordatspartners sei, den Bestimmungen des Vertrags Geltung zu verschaffen. Zweifellos verlieh erst diese dritte Dimension des Protests dem Weltrundschreiben ein Gutteil der späteren Resonanz und Effizienz.

Zwischen Planung und Ausführung wandelte sich schließlich noch die Klassifizierung des Papstworts. Während bei den römischen Gesprächen im Januar immer von einem päpstlichen Hirtenbrief die Rede gewesen war, erschien die Kundgebung unter dem 14. März 1937 als Enzyklika[36] und war damit nicht nur an den

[34] Vgl. dazu die Gegenüberstellung von vorgeschlagener und endgültiger Gliederung bei A. MARTINI I 307f.

[35] Vgl. die Gegenüberstellung von Faulhabers Entwurf und dem Text der Enzyklika bei D. ALBRECHT a.a.O. 404–443.

[36] Amtliche Publikation in AAS 29 (1937) 145–167 in deutscher und 168–188 in italienischer Sprache; eine offizielle lateinische Version ist nicht erschienen.

deutschen, sondern den Weltepiskopat adressiert. Sie stand damit gleichrangig neben dem wenig später ergehenden Rundschreiben gegen den Kommunismus[37], was den Komplementärcharakter der beiden Stellungnahmen wie die Beachtung des Gleichheitsgrundsatzes durch den Vatikan offensichtlich unterstreichen sollte.

Publikation

Ob die Enzyklika überhaupt an das Ohr der deutschen Katholiken dringen werde, war höchst fraglich. Durch die Nuntiatur in Berlin wurden die von der vatikanischen Druckerei hergestellten Texte in jeweils einem Exemplar an die Ordinariate verteilt. Bischof Preysing hatte das seinige schon am 14. März, dem Ausfertigungstag, in Händen[38]. Bis Dienstagabend, 16. März, waren alle deutschen Oberhirten im Besitz des Rundschreibens[39]. Wegen der Länge des Textes ergaben sich für die Verlesung überhaupt und die Ansetzung eines Termins Schwierigkeiten. Kardinal Bertram war der Ansicht, „daß der Palmsonntag (21. März) wegen der langen liturgischen Feier und die Karwoche nicht geeignet seien, mit solchen Kampfrufen erfüllt zu werden“[40]. Der Berliner Bischof neigte anfänglich dazu, nur eine Kurzfassung zu verlesen[41]. In den bayerischen Diözesen traf man die Regelung, einen Teil in den Gottesdiensten am Palmsonntagvormittag, den größeren Rest in Nachmittags- oder Abendandachten vorzutragen[42]. Die Erzdiözese Köln nahm das katechetische Mittelstück von der Kanzelverlesung aus, um es gedruckt als „Erwägung zur Karwoche“ zu verbreiten[43]. Für die Diözese Ermland ordnete Generalvikar Marquardt die Verlesung in der Kirche nicht an, da er glaubte, durch die Versorgung der Pfarreien mit 30000 broschierten Texten „der Enzyklika die gebührende Öffentlichkeit gesichert zu haben“[44]. Der Gestapo war dieser Publikationsmodus noch wesentlich unangenehmer, da er, zumal in einer Diasporagegend, auch Nichtkatholiken nur zu leicht mit dem „staatsfeindlichen“ Papstwort in Berührung bringen konnte.

Es war unvermeidbar, daß der Schleier der Vertraulichkeit, unter dem die Enzyklikatexte durch Kuriere von den Ordinariaten über die Dekanate in die Pfarreien wanderten, um so dünner wurde, je breitere Zonen er zu decken hatte. Deswe-

[37] Enzyklika „Divini Redemptoris“ vom 19. März 1937. Druck: AAS 29 (1937) 65–106.

[38] Vgl. W. Adolph, Persönliche Aufzeichnungen, 17. März 1937. Teilabdruck: W. ADOLPH, 25 Jahre 4.

[39] Vgl. W. Adolph, Persönliche Aufzeichnungen, 17. März 1937. Sammlung W. Adolph. H. Herrn Generalvikar W. Adolph bin ich für die Einsichtnahme in den ungedruckten Teil seiner persönlichen Aufzeichnungen zu besonderem Dank verpflichtet. [Druck jetzt W. ADOLPH, Geheime Aufzeichnungen aus dem nationalsozialistischen Kirchenkampf, hg. von U. v. Hehl, Mainz 1979].

[40] Ebd.

[41] Vgl. Anm. 38.

[42] Faulhaber an die bayerischen Bischöfe, 17. März 1937. Abschrift. EA München. Nachlaß Faulhaber.

[43] Vgl. W. CORSTEN a.a.O. 174 Anm. 1.

[44] W. Adolph, Persönliche Aufzeichnungen, 3. April 1937. Druck: W. ADOLPH, 25 Jahre 7.

gen mußte der Samstag vor Palmsonntag, wo die Zahl der vorher Eingeweihten ihren Höchststand erreichte, als besonders kritische Phase der Vorbereitungen angesehen werden. Erst hinterher sickerte durch, was zu befürchten war, daß nämlich keineswegs alle Instanzen den Schriftsatz seiner kirchenpolitischen Brisanz entsprechend behandelt hatten. So zeigte sich ein westfälischer Pastor unbefangen genug, die Enzyklikabroschüre schon in der Samstagfrühmesse an die Kirchenbesucher zu verteilen, die sie anschließend zum Markttag mit nach Münster brachten[45].

Trotz des lawinenhaften Anschwellens der Zahl der Mitwisser in den Tagen vor Palmsonntag begannen die polizeilichen Überwachungsorgane erst im Laufe des Samstags einem noch vagen Verdacht nachzuspüren. Auch ausländische Beobachter wurden hellhörig. Am Samstagmittag wandte sich eine Londoner Zeitung telefonisch mit der Bitte um den Enzyklikatext an die Berliner Nuntiatur[46]. Am Nachmittag fahndete die Gestapo nach einer „erschütternden Kundgebung des Papstes an die Katholiken Deutschlands"[47]. Eine Sondierung in der Druckerei der „Germania" um 17.00 Uhr verlief ergebnislos, weil das Berliner Ordinariat den Text des Rundschreibens vorsorglich nicht im Druck, sondern auf Wachsplatten vervielfältigt hatte[48]. Erfolgreicher waren die Nachforschungen zwei Stunden später in München, wo einem Suchkommando in der Druckerei des Amtsblatts noch ein Rest der Großauflage in die Hände fiel[49]. Noch am späten Samstagabend unterrichtete der stellvertretenden Gestapo-Chef Heydrich Hitler, Goebbels, Göring, Himmler und Kerrl von der bevorstehenden Verlesung des päpstlichen Rundschreibens „mit hochverräterischen Angriffen gegen den nationalsozialistischen Staat"[50]. Offenbar gelangte man in der NS-Führung zu der Auffassung, daß der Befehl, auf die ans Ziel gelangten Enzyklikatexte Jagd zu machen oder

[45] Vgl. W. Adolph, Persönliche Aufzeichnungen, 6. April 1937. Sammlung W. Adolph.

[46] Vgl. W. Adolph, Persönliche Aufzeichnungen, 22. März 1937. Druck: W. ADOLPH, 25 Jahre 5.

[47] Funkspruch der Gestapostelle Regensburg an die Stadtkommissäre und Bezirksamtsvorstände, 20. März 1937, 20.00 Uhr. Abschrift. EA München. Nachlaß Faulhaber.

[48] Vgl. Anm. 38.

[49] Vgl. Faulhaber an Orsenigo, 23. März 1937. Abschrift. EA München. Nachlaß Faulhaber.

[50] Heydrich an alle Stapoleit- und Stapostellen, 21. März 1937, 00.30 Uhr. Abschrift. Bayer. Staatsministerium für Unterricht und Kultus. München. Text: Der Wortlaut des morgen allgemein zur Verlesung kommenden Rundschreibens des Papstes ist dank ausgezeichneter Arbeit einer SD-Dienststelle sowie 2 Gestapostellen bereits bekannt. Es enthält hochverräterische Angriffe gegen den nationalsozialistischen Staat. Ich ersuche, alle katholischen Kirchen auf die Verlesung hin zu überwachen. Soweit die Kundgebung bereits im Druck erschienen ist, sind alle außerhalb der Kirchen und Pfarrhöfe greifbaren Exemplare zu beschlagnahmen. Soweit Personen außerhalb der Kirchen und Pfarrhöfe Druckschriften verteilen und es sich nicht um Geistliche handelt, sind diese sofort zu verhaften. Ihre Entfernung aus der Partei, ihren Gliederungen und angeschlossenen Verbänden, wie DAF, ferner Handwerkskammer und dergl. ist sofort zu veranlassen. Sie sind sofort zur strafrechtlichen Aburteilung dem Gericht zu überstellen. Eine Veröffentlichung der Kundgebung in kirchlichen Amtsblättern ist zunächst nicht zu unterbinden. Bei ihrem Erscheinen mit der Kundgebung sind sie jedoch sofort zu beschlagnahmen und auf die Dauer von 3 Monaten zu verbieten. Verbot erfolgt im Einvernehmen mit dem Propagandaministerium. Gestapo Berlin. Heydrich, SS-Gruppenführer. Zusatz für SS-Oberführer Stepp: Von den Vorgängen habe ich den Führer, Goebbels, Göring, Himmler und Kerrl unterrichtet.

die Bekanntgabe mit Polizeigewalt zu verhindern, die letzte Landpfarrei zum Schauplatz einer Machtprobe zwischen Kirche und Regime machen müsse, deren Ausgang im einzelnen höchst ungewiß sein würde. Infolgedessen zielten die noch in der Nacht ergehenden Anweisungen nicht auf Unterdrückung der Verlesung, sondern auf Eindämmung der Verbreitung außerhalb des Kirchenraums. Den Eindruck auf die Gläubigen, die am Palmsonntag die Papstbotschaft vernahmen, faßte ein französischer Augenzeuge in die Worte: „Die Enzyklika hat wie eine Bombe eingeschlagen."[51] Dem Papst berichtete Kardinal Faulhaber[52], nachdem er das Rundschreiben von der Münchener Domkanzel selbst verlesen hatte: „Das Volk lauschte mit größter Ergriffenheit. Die Sonderdrucke wurden den Verteilern aus der Hand gerissen, weil alle ein Exemplar mit heimbringen wollten." Während Kardinal Bertram beim Empfang des Textes noch versucht hatte, die persönliche Reserve an die Vermutung anzulehnen, sein Münchener Amtsbruder „würde wohl auch von der Schärfe der Enzyklika nicht angenehm überrascht sein"[53], traf Preysing Kardinal Faulhaber nach den stürmischen Tagen der Zustellung und Verlesung des Rundschreibens „in sehr guter Kampfstimmung"[54].

Der plötzliche Offensivstoß des Vatikans, der mit einem Weltrundschreiben gegen die Konkordatsmißachtung im nationalsozialistischen Deutschland protestierte, war für alle offiziellen Träger der NS-Kirchenpolitik ein schwerer Schlag. Dem Vatikanbotschafter blieb als dürftiges Alibi, wiederholt auf die wachsende Verstimmung der Kurie hingewiesen zu haben, auch hatte er seinen schon routinehaften Warnungen vor einer vatikanischen Aktenpublikation größere Dringlichkeit zu geben versucht[55]. Dennoch hatte es Bergen, sonst schnell zu Kombinationen aufgelegt, versäumt, die gleichzeitige Anwesenheit von fünf deutschen Bischöfen, darunter allen Kardinälen, in Rom als Sturmzeichen zu deuten, was deswegen nahegelegen hätte, weil ad-limina-Besuche erst 1938 wieder fällig waren[56]. Immerhin hatte das Mißbehagen des Botschafters, auf die Vorhaltungen des Hl. Stuhls nur unzulänglich Rede und Antwort stehen zu können, in den Berliner Ressorts die Einsicht gefördert, daß die Haltung der Regierung zum Konkordat neu festgelegt werden müsse. In einer Chefbesprechung Anfang März 1937 einigten sich Neurath, Frick und Kerrl darauf, die faktisch schon geleugnete Verbindlichkeit einzelner Konkordatsbestimmungen nun auch amtlich der Kurie gegenüber zu bestreiten[57]. Dadurch gedachte der Kirchenminister, sich aus dem chronischen Dilemma zu befreien, in das er sich durch das Auseinanderklaffen von Konkordatsrecht und Vollzugswirklichkeit von Anfang an versetzt sah. Erst

[51] R. d'Harcourt in Etudes 231 (1937) 294.
[52] Faulhaber an Pius XI., 23. März 1937. Abschrift. EA München. Nachlaß Faulhaber.
[53] W. Adolph Persönliche Aufzeichnungen, 17. März 1937. Sammlung W. Adolph.
[54] W. Adolph, Persönliche Aufzeichnungen, 3. April 1937. Sammlung W. Adolph.
[55] Vgl. Bergen an Auswärtiges Amt, 22. März 1937. Druck: Akten zur deutschen auswärtigen Politik 1918–1945. Serie D (1937–1945). Band I (Baden-Baden 1950) Nr. 632 (Zitiert: ADAP); außerdem D. Albrecht a.a.O. 373 Anm. 3.
[56] Die anderslautenden Angaben bei A. Martini II 423 sind entsprechend zu korrigieren.
[57] Vgl. D. Albrecht a.a.O. 374 Anm.

wenn der Zwang fiele, den Schein der Rechtlichkeit zu wahren, würde eine im Sinne Kerrls schöpferische Religionspolitik möglich sein. Infolgedessen wollte er dem Vatikan in einer Note eröffnen, daß ein Eingehen auf das von der Regierung nicht als berechtigt anerkannte Verlangen des Hl. Stuhls nach Verhandlungen über die Auslegung gewisser Konkordatsbestimmungen keinesfalls in Frage komme[58]. Dem kirchlichen Vertragspartner empfahl der Minister, sich zu der für ihn sicherlich schmerzlichen, aber notwendigen Erkenntnis durchzuringen, daß das unter anderen Zeitumständen abgeschlossene Reichskonkordat den innen- und außenpolitisch veränderten Verhältnissen bei weitem nicht mehr gerecht werde. Von einer formellen Aufkündigung des Konkordats war Kerrls geplante Note lediglich durch die dehnbare Zusicherung getrennt, die Vertragsbestimmungen im Rahmen des Möglichen weiterhin erfüllen zu wollen. Einem Leitartikel des „Völkischen Beobachters"[59], ganz auf den Tenor von Kerrls Notenentwurf gestimmt, war offensichtlich die Aufgabe zugedacht, die Öffentlichkeit auf die einseitige staatliche Neuinterpretation der Konkordatspflichten vorzubereiten. Angelpunkt der Auslassungen, die Preysing mehrfach im Kirchenministerium zu hören bekommen hatte, war die Klausel „rebus sic stantibus", mit deren Hilfe der Vollzugsanspruch des Vatikans verflüchtigt werden sollte. Der Zufall fügte es, daß das Erscheinen des Artikels, der den Konkordatsbruch juristisch zu rechtfertigen suchte, fast mit der Verlesung der Enzyklika zusammenfiel, die das Regime des Konkordatsbruchs anklagte. Daß das Zentralorgan der Partei wider Willen, aber nichtsdestoweniger termingerecht Beweismaterial zugunsten des päpstlichen Protests beisteuerte, war in der Tat „eine Ironie des Schicksals"[60].

Nachspiel

Als erstes Echo aus dem Regierungslager erreichte die Bischöfe ein Schnellbrief des Kirchenministers, der sie wegen Veröffentlichung der Enzyklika zurechtwies und ihnen jede weitere Verbreitung untersagte[61]. Um den Vorwurf der Vertragsmißachtung auf den Ankläger zurückzulenken, berief sich Kerrl nun seinerseits auf das Reichskonkordat. In den Schreiben des Kirchenministers[62] klang ein Ton der Erbitterung durch, der keinen Zweifel ließ, daß Kerrl das Erscheinen des Rundschreibens als persönliche Niederlage empfand. Bischof Preysing hätte es lieber gesehen, wenn der Konferenzvorsitzende auf die anmaßende Zurechtwei-

[58] Vgl. Kerrl an Auswärtiges Amt, 15. März 1937. Politisches Archiv Bonn. Ref. Pol. III Politische Beziehungen des Hl. Stuhls zu Deutschland. Band 2.

[59] Vgl. Treuepflicht und Reichskonkordat, in: Völkischer Beobachter vom 22. März 1937. Nachdruck: W. ADOLPH, 25 Jahre 12–14.

[60] W. Adolph, Persönliche Aufzeichnungen, 1. April 1937. Sammlung W. Adolph.

[61] Muhs an die deutschen Bischöfe, 23. März 1937. Druck: ADAP Nr. 635.

[62] Vgl. Kerrl an Bertram, 7. April 1937. Druck: ADAP Nr. 643; ebenso 1. Juni 1937. Abschrift. DA Regensburg.

sung in äußerster Kürze erwidert hätte. So fand er Bertrams Entgegnung[63] „zwar würdig und männlich“, aber „in ihrer letzten Tendenz irenisch und auf Verhandlungen abgestimmt“[64]. Immerhin war für Kerrl die Antwort des Breslauer Kardinals „noch unerhörter als das päpstliche Rundschreiben“, da sie von einem deutschen Staatsbürger stamme, „der augenscheinlich seiner Pflicht gegenüber dem Führer und dem Volk sich in keiner Weise mehr bewußt“ sei[65]. Nicht gesonnen, sich den vatikanischen Beschwerden zu stellen, verlegte Hitler die Auseinandersetzung auf einen Sektor, wo die Chancen einer Gegenoffensive günstiger waren. In einer Serie von Sittlichkeitsprozessen sollte das Ansehen des katholischen Klerus gründlich ruiniert werden[66]. Daß die Verfahren im allgemeinen juristisch korrekt abgewickelt wurden, paßte durchaus in das Konzept, über unleugbare Verfehlungen einzelner zur Diskreditierung eines ganzen Berufsstands auszuholen. Tendenz und Lautstärke der Prozeßberichterstattung regulierte das Propagandaministerium, das die Diffamierungskampagne mit der Losung einleitete, daß mit sofortiger Wirkung eine großzügige Propagandaaktion gegen die katholische Kirche einzusetzen habe[67]. Hitler selbst drohte in seiner Rede zum 1. Mai: Wenn die „Kirchen versuchen, durch irgendwelche Maßnahmen, Schreiben, Enzykliken usw. sich Rechte anzumaßen, die nur dem Staat zukommen, werden wir sie zurückdrücken in die ihnen gebührende geistlich-seelsorgerische Tätigkeit“[68]. Noch drakonischer bekamen die mit dem Druck der Enzyklika beauftragten Firmeninhaber Hitlers Rachsucht zu spüren. Zwölf Druckereien wurden ihren Besitzern entschädigungslos weggenommen – eine für dieses Stadium nationalsozialistischen Machtgebrauchs beispiellos harte Sanktion[69]. Mit dem abschreckenden Exempel der Enteignung war der künftigen Massenverbreitung regimekritischer Kirchenverlautbarungen ein Riegel vorgeschoben.

Während Kardinal Bertram die Position des Episkopats gegenüber dem Kirchenministerium verteidigte[70], unterzog die Kurie die Gegenbeschuldigung des Auswärtigen Amtes[71] einer kritischen Analyse. Wenn die Regierung in der Enzyklika eine so offene Kampfansage sehe, daß es ihre Würde und Souveränität nicht zulasse, auf Einzelheiten einzugehen, so folgerte Pacelli[72], dann erleichtere diese Methode zwar wesentlich das Ausweichen vor einer Beantwortung und Widerlegung des Rundschreibens, nehme der Entgegnung aber auch jede Beweiskraft. Mit seltener Direktheit wandte sich der Kardinalstaatssekretär gegen die Erinnerung, daß die katholische Kirche Deutschlands durch den Nationalsozialismus

[63] Vgl. Bertram an Kerrl, 26. März 1937. Druck: ADAP Nr. 639 Anlage.
[64] W. Adolph, Persönliche Aufzeichnungen, 31. März 1937. Sammlung W. Adolph.
[65] Kerrl an Lammers, 6. April 1937. Bundesarchiv Koblenz. R 43 II/176.
[66] Vgl. Auswärtiges Amt an Vatikanbotschaft, 7. April 1937. Druck: ADAP Nr. 642.
[67] Bestellungen aus der Pressekonferenz, 28. April 1937. Bundesarchiv Koblenz. Sammlung Brammer.
[68] M. Domarus, Hitler. Reden und Proklamationen 1932–1945 (München 1965) II 668.
[69] Vgl. die näheren Angaben bei W. Adolph, 25 Jahre 8–11; dazu die Liste der enteigneten Druckereien bei S. Hirt, Mit brennender Sorge (Freiburg 1946) 98.
[70] Vgl. Anm. 62.
[71] Vgl. Bergen an Pacelli, 12. April 1937. Druck: ADAP Nr. 646 Anlage.
[72] Vgl. Pacelli an Bergen, 30. April 1937. Druck: ADAP Nr. 649.

vor dem bolschewistischen Chaos gerettet worden sei. Die Note bezweifelte nicht die Eliminierung des Kommunismus als öffentlicher Organisation, nannte es aber eine vom Hl. Stuhl nicht zu beantwortende Tatsachenfrage, inwieweit der deutsche Kommunismus zur Zeit der Machtergreifung des Nationalsozialismus eine Gefahr bedeutete, deren Überwindung mit anderen Mitteln ausgeschlossen gewesen sei.
In Berlin zeigte man sich jedoch unversöhnlich. Als Außenminister v. Neurath Anfang Mai zu politischen Besprechungen in Rom weilte, wich er einer vom Staatssekretariat gesuchten Fühlungnahme bewußt aus[73]. Wenig später sollte ein Zwischenfall, mit dem keiner der Kontrahenten gerechnet hatte, die aufgeladene Atmosphäre zur Siedehitze steigern. Die Intervention kam von seiten des Erzbischofs von Chicago. In einer geschlossenen Klerusversammlung, wo er glaubte, kein Blatt vor den Mund nehmen zu müssen, hatte Kardinal Mundelein die Politisierung der Rechtspflege im Dritten Reich scharf angegriffen und in einer Temperamentsaufwallung den nationalsozialistischen Reichskanzler als hergelaufenen Anstreicher apostrophiert[74]. Pointiert und sensationell, wie solche Äußerungen im Munde eines Kirchenfürsten waren, hatten sie ein weltweites Echo hervorgerufen, in das die NS-Presse mit wütenden Haßgesängen einfiel. Propagandaminister Goebbels trieb die zweite antikatholische Kampagne nach der Enzyklika auf den Höhepunkt, als er auf einer Massenkundgebung in der Deutschlandhalle die Kirche mit Anschuldigungen und Schmähungen überhäufte[75]. Das Auswärtige Amt manifestierte die wachsende Distanz, indem es noch vor Überreichung einer Protestnote[76] den Vatikanbotschafter in Urlaub schickte[77].
Durch den Nervenkrieg, den die NS-Propaganda auf den Mundeleinzwischenfall gegen den Vatikan entfesselte, war Pacelli jedoch zu keinerlei Zugeständnissen zu bewegen. So wenig glücklich er auch die Attacke auf Hitler persönlich finden mochte, so entschieden wies er den Gedanken an eine Abschwächung oder Korrektur der Kardinalsworte durch den Hl. Stuhl zurück[78]. Ein solcher Akt der Schwäche würde Hitler nur in dem überheblichen Anspruch bestärken, daß sich alle Welt vor ihm beugen müsse. Um Argumente auf die deutsche Beschwerdenote war er um so weniger verlegen, als der Vorfall die Rollen von Ankläger und Verteidiger vertauscht hatte. Es genügte, die Ehrempfindlichkeit der Berliner Instanzen in eigener Sache zu vergleichen mit ihrer Unansprechbarkeit, solange der Hl. Stuhl gegen die Herabsetzung des Papstes in NS-Blättern protestiert hatte. Infolgedessen war der Forderung des Kardinalstaatssekretärs zu widersprechen, „daß für den Ehrenschutz des deutschen Staatsoberhaupts und deutscher

[73] Vgl. Stenographische Aufzeichnung Faulhabers über ein Gespräch mit dem ehemaligen bayer. Vatikangesandten Ritter, 17. Mai 1937. EA München. Nachlaß Faulhaber.
[74] Text der Ansprache bei J. NEUHÄUSLER a.a.O. II 289–292; dazu auch A. MARTINI III 343–345.
[75] Vgl. dazu W. ADOLPH, Hirtenamt 123–127.
[76] Vgl. Neurath an Vatikanbotschaft, 27. Mai 1937. Druck: ADAP Nr. 658.
[77] Vgl. Bergen an Auswärtiges Amt, 26. Mai 1937. Druck: ADAP Nr. 657.
[78] Vgl. die Stellungnahme Pacellis vor der Kongregation für die außerordentlichen kirchlichen Angelegenheiten am 20. Juni 1937, bei A. MARTINI III 345.

staatlicher Autoritätsträger keine anderen Grundsätze und Praktiken geltend gemacht werden, als man sie staatlicherseits gegenüber dem Oberhaupt der Kirche und kirchlichen Amtsträgern übt“[79].
Im Kirchenministerium beobachtete man die Verhärtung der Gegensätze mit Genugtuung. Nachdem die Wilhelmstraße auf den Mundeleinzwischenfall energisch reagiert hatte, war sie vielleicht von der Notwendigkeit zu überzeugen, „die gegenwärtige kirchenpolitische Lage auszunutzen, um das Reich von einigen besonders beengenden Bestimmungen des Reichskonkordats zu befreien“[80]. Tatsächlich gewann Kerrl Hitlers Zustimmung für die Kündigung des Konkordats, doch sollte der Abbau zur Vermeidung eines Rechtsvakuums in zwei Stufen erfolgen. Dagegen wandte jedoch die Ministerialbürokratie ein, daß es nicht unbedenklich sei, vor der gänzlichen Beseitigung für wenige Übergangsmonate noch einen Rumpfvertrag zu garantieren. Nicht Rücksichten auf den Hl. Stuhl, sondern staatskirchenrechtliche Aporien waren schuld daran, daß der Führerentscheid zur Liquidierung des Konkordats mehrfach vertagt wurde[81].
Die Interessengemeinschaft von Auswärtigem Amt und Kirchenministerium war nur von kurzer Dauer. Sie wich einem gereizten Mißtrauen, als man in Kerrls Behörde feststellen mußte, daß die Anstrengungen, den zum Bruch erforderlichen Spannungszustand zwischen den Konkordatspartnern zu konservieren, von der Wilhelmstraße nicht unterstützt wurden. Enttäuscht über den Mangel an weltanschaulichem Elan, warf Kerrls Staatssekretär dem Außenminister vor, „daß das nationalsozialistische Deutsche Reich heute beim Hl. Stuhl nicht mit jener Festigkeit, Zielklarheit und Wärme vertreten wird, wie es inmitten der weittragenden kirchenpolitischen Auseinandersetzung notwendig wäre“[82]. Ein Zeichen der Auflockerung war, daß Bergen Anfang Juli auf seinen Botschafterposten zurückkehrte, ein anderes, daß Hitler Ende des gleichen Monats ohne Angabe von Gründen die Klosterprozesse einstellen ließ[83]. Um die gleiche Zeit erörterte er mit seinem Kirchenminister in Bayreuth die nächsten Schritte für eine Generalbereinigung der Konkordatspolitik[84]. Dem Ergebnis zufolge gelang es den beiden Festspielbesuchern dabei nicht, sich ganz dem Pathos der Wagnerschen Opernwelt zu entziehen. Hitler schwebte vor, das Verhältnis von Kirche und Staat in seiner Gesamtheit zu regeln, und zwar solle das in einer fundamentalen Rede vor dem Reichstag, möglichst am Reformationsfest geschehen. Kerrl verbreitete darüber, „daß sie in ihren Auswirkungen Luthers 95 Thesen weit in den Schatten stellen würde und dazu dienen solle, das Werk der Reformation im deutschen Geiste zu vollenden“. Am gleichen Tag werde dann dem Vatikan die Kündigung des Konkordats mitgeteilt werden.

[79] Pacelli an Menshausen, 24. Juni 1937. Druck: ADAP Nr. 660 Anlage, hier 795.
[80] Muhs an Auswärtiges Amt, 4. Juni 1937. Politisches Archiv Bonn, Ref. Pol. III Politische Beziehungen des Hl. Stuhles zu Deutschland. Band 3.
[81] Vgl. Aufzeichnung Mackensens, 30. Juni 1937. Druck: ADAP Nr. 661.
[82] Muhs an Auswärtiges Amt, 6. August 1937. Druck: ADAP Nr. 672.
[83] Weizsäcker an Bergen, 24. Juli 1937. Druck: ADAP Nr. 670.
[84] Vgl. Aufzeichnung Mackensens, 29. September 1937. Druck: ADAP Nr. 681.

In den Sommer fielen zwei Zusammenkünfte sehr unterschiedlichen Gepräges, die für die weitere Austragung der weltanschaulichen und religionspolitischen Gegensätze bedeutungsvoll werden konnten. Ende August tagte in Fulda die Bischofskonferenz, Anfang September begann in Nürnberg der Reichsparteitag der NSDAP.

Wochen vorher beschäftigte sich eine Denkschrift Bischof Galens[85] mit den Aussichten, nach der Propagandakampagne der Prozeßberichte auf seiten des Episkopats die Initiative zurückzugewinnen und aus dem Echo auf die Enzyklika bislang ungenutzte Energien zu entbinden. Durch das Rundschreiben sei der Papst der katholischen Kirche in Deutschland in außerordentlicher Weise zu Hilfe gekommen, wo sie in Gefahr sei, durch den dreifachen Blockadering der Einengung, Aushöhlung und Diffamierung allmählich erdrückt zu werden. Die Kundgebung habe bei den treuen Katholiken geradezu wie eine Befreiung gewirkt, aber auch nichtkatholische christliche Kreise tief berührt. Die antichristliche Front dagegen habe die Enzyklika als schweren Stoß und starke Erschütterung empfunden, in der Folgezeit jedoch mit ihren Anstrengungen, den Kampfplatz propagandistisch zu vernebeln, weithin Erfolg gehabt. Dadurch sei die von der Gegenseite befürchtete Bildung einer nicht nur die treuen Katholiken, sondern alle rechtlich denkenden Deutschen umfassenden Abwehrfront gegen das Neuheidentum erheblich gestört, vielleicht verhindert worden. Um so notwendiger sei es für den deutschen Episkopat, ein gemeinsames Hirtenschreiben zu erlassen, worin er dem Hl. Vater öffentlich Dank und Zustimmung bekunde und noch einmal zusammenfassend jene naturrechtlichen Aussagen der Papstbotschaft unterstreiche, die über die Offenbarungsgläubigen hinaus jeder rechtschaffende Mensch anerkennen müßte.

Wörtlich fuhr der Bischof von Münster fort: „Ich kann nicht glauben, daß wirklich die Mehrheit des deutschen Volks, daß alle jene, die in den Reihen der neuen Bewegung marschieren, heute schon so dem normalen gesunden Denken entwöhnt sind, daß sie kein Unbehagen mehr empfinden bei der Leugnung und Vergewaltigung aller Persönlichkeitsrechte, Eigentumsrechte, Vertragsrechte und jeder individuellen Freiheit. Die Kirche ist stets und die letzten Päpste sind insbesondere Verkünder und Verteidiger nicht nur der geoffenbarten Wahrheit, sondern auch der von Gott gewollten natürlichen Rechte und Freiheiten des Menschen gewesen. Heute, wo diese mehr wie je theoretisch geleugnet und praktisch vergewaltigt werden, dürfte es weit über die Grenzen des noch offenbarungsgläubigen und kirchentreuen Volksteils hinaus Widerhall finden, wenn wir mit dem Papst und nach seinem Vorbild laut und feierlich nicht nur für die Wahrheit, sondern auch für Gerechtigkeit und Freiheit eintreten."

Es ist nicht bekannt, ob das Memorandum nur Kardinal Faulhaber vorgelegt wurde, der für Fulda das kirchenpolitische Referat und eine Denkschrift an die

[85] Gedanken über die kirchliche Lage, Ende Juli 1937. EA München. Nachlaß Faulhaber.

Regierung[86] vorbereitete, oder ob noch weitere Exemplare existierten. Aus dem Konferenzprotokoll ist jedenfalls herauszulesen, daß sich die Bischöfe kurz vor dem Parteitag in ihrer Entschlußfreiheit behindert fühlten, nachdem Gerüchte umliefen, in Nürnberg werde ein entscheidender Schlag gegen die katholische Kirche geführt werden. So wurde der Wunsch eines Hirtenschreibens zu den augenblicklichen Nöten und Schwierigkeiten zwar als opportun bezeichnet, Fassung und Zeitpunkt zu bestimmen, aber dem Konferenzvorsitzenden vorbehalten[87]. Der Gefahr einer spektakulären Angriffshandlung auf dem Parteitag suchte Pacelli durch die Warnung entgegenzuwirken, daß der Papst einen Schlag gegen die Kirche sofort mit einer öffentlichen Gegenkundgebung beantworten würde; die hieraus sich ergebenden Folgen würden unabsehbar sein[88]. Zugleich wiederholte[89] er seine Bereitwilligkeit, gegebenenfalls mit Neurath oder Göring persönlich zu verhandeln.

Aus den Nürnberger Manifestationen und Proklamationen kirchenpolitisch Bilanz ziehend, vermerkte der „Osservatore Romano“ mit einiger Erleichterung, daß die letzten Brücken, die auf Grund des Konkordats zwischen den beiden Gewalten in Deutschland noch bestünden, nicht abgebrochen worden seien[90]. Das berechtige allerdings nicht zu optimistischen Schlüssen hinsichtlich der weiteren Entwicklung. Durch die Verleihung eines erstmals zu vergebenden Nationalpreises an den Verfasser des „Mythus“ habe sich die Staatsleitung „feierlich und in höchstem Grade mit der literarischen Produktion Rosenbergs solidarisch erklärt“. Bergen registrierte als Reaktion der Kurie, daß die Auszeichnung eines notorischen Kirchengegners die schon geringen Ausgleichshoffnungen zerzaust habe und bereitete Berlin darauf vor, daß der Hl. Stuhl dazu übergehen könne, die der kirchlichen Grundanschauung widersprechenden Sätze im weltanschaulichen Programm des Nationalsozialismus durch die oberste Glaubensbehörde verdammen zu lassen.

Mit Hitlers Reverenz vor der Rosenbergschen Ideenwelt brachen die unmittelbaren Rückwirkungen von Partei- und Regierungsinstanzen auf die Enzyklika zunächst ab und sollten auch nicht wiederaufleben. Das widersprach sowohl dem Bayreuther Konzept wie den Vorstellungen des Kirchenministeriums. Welche Überlegungen Hitlers reformatorischen Eifer und Ehrgeiz erlahmen ließen, ist nicht nachprüfbar, doch dürfte sein schwindendes Interesse an der Kirchenpolitik damit zusammenhängen, daß außenpolitische Zukunftsvisionen, wie sie das Hoßbach-Protokoll festhielt, sein Denken und Planen zu beherrschen begannen. Vom Primat der Außenpolitik ausgehend, mochte es Hitler zweckmäßig finden, die

[86] Denkschrift an die Reichsregierung. Schreibmaschinen-Hektographie, undatiert. DA Regensburg.

[87] Vgl. Protokoll der Verhandlungen der Plenar-Konferenz der deutschen Bischöfe in Fulda vom 24.–26. August 1937, 3f. DA Regensburg.

[88] Vgl. Bergen an AA, 21. August 1937. Druck: ADAP Nr. 674; dazu außerdem A. Martini III 346.

[89] Vgl. Bergen an Auswärtiges Amt, 23. Juli 1937. Druck: ADAP Nr. 667.

[90] Vgl. Osservatore Romano vom 15. September 1937 sowie Bergen an Mackensen, 21. September 1937. Druck: ADAP Nr. 680.

Kündigung des Konkordats oder gar den Bruch mit der Kurie hinauszuschieben, um statt dessen den innenpolitisch weniger kompromittierenden Prozeß der allmählichen Vertragsaushöhlung weiterlaufen zu lassen.

Zäsur oder Episode?

Die Frage nach seiner Haltung in der Nach-Enzyklika-Epoche war jetzt an den Episkopat gerichtet. Die Antwort mußte zugleich den Stellenwert der Enzyklika bezeichnen, genauer, ob die Intervention des Papstes, die Entlarvung des religiösen Scheinfriedens in Deutschland, als Episode gelten sollte oder als Zäsur. Kenner der Mentalität des Konferenzvorsitzenden wagten nicht auf eine Spätausgabe des in Fulda beschlossenen gemeinsamen Hirtenbriefs zu hoffen. Gänzlich unvorbereitet traf dagegen den Berliner Bischof Kardinal Bertrams Absicht, den Lektionen der Vergangenheit zum Trotz bei der Regierung neuerdings um Verhandlungen in Schulfragen nachzusuchen[91]. Preysing fühlte sich daraufhin verpflichtet, sein Mandat in der dreiköpfigen bischöflichen Verhandlungskommission zur Verfügung zu stellen. Im Gegensatz zu Bertram hielt er es „für aussichtslos, wenn nicht für verhängnisvoll, Friedensverhandlungen zu führen, wenn kein Waffenstillstand vom Gegner gewährt wird"[92]. Nach den in den verflossenen Monaten erfolgten Klärungen sah Preysing den Episkopat an einem Scheideweg, wo die bisherige Verteidigungstaktik kritisch überprüft werden müsse. Er ließ keinen Zweifel daran, daß die in friedlichen Zeiten angemessene schriftliche Beschwerde durch die Kampfesweise des Regimes überholt sei, weshalb der resonanzlose Eingabenmonolog auf eine dem NS-Empfinden angepaßte Sprache umgestellt werden müsse. Dringlich forderte der Berliner Bischof, alle fiktiven Elemente in der Einschätzung der Kirchengegner auszuscheiden, vor allem aber die auch von Kardinal Faulhaber gehegte Illusion, daß die reale Kirchenpolitik des NS-Staats mit den Intentionen Hitlers nicht übereinstimme. Da die Partei nur auf Massenbewegung reagiere, sah Preysing die Chance für eine wirksamere Defensive im Gegendruck, den eine katholische öffentliche Meinung von selbst entwickle, wenn sie über die Verstöße und Rechtsbrüche des Regimes von der Kanzel herab in Kürze laufend informiert würde. Zwingend waren die Leitgedanken des Berliner Memorandums[93] allerdings nur dann, wenn man Preysings Überzeugung teilte, in der kirchenpolitischen Auseinandersetzung einen Wendepunkt passiert zu haben. Den Augenblick der Wahrheit markierte für den Berliner Bischof nicht so sehr die Enzyklika wie das Ausbleiben jeder Kursänderung auf das Gespräch Faulhaber–Hitler am 4. November 1936.

Das Berliner Memorandum war die letzte bischöfliche Initiative im Nachhall der Enzyklika. An dieser Stelle das Fazit des bewegten Jahres zu ziehen, ist dadurch

[91] Vgl. zum folgenden W. Adolph, Hirtenamt 134–157.
[92] Preysing an Bertram, 18. Oktober 1937. Druck: W. Adolph, Hirtenamt 136f.
[93] Druck: W. Adolph, Hirtenamt 137–143.

erleichtert, daß die Denkschrift die Defensivtaktik der Bischofskonferenz nicht geändert hat. Wie bei den Reichsbehörden glitt nun also auch für den Episkopat die Verfahrensweise wieder in die Bahnen der Vor-Enzyklika-Zeit zurück.

Für den Hl. Stuhl hatte der Entschluß zur Enzyklika neben den deutschen übernationale Aspekte gehabt. Wenn er sich nicht selbst diskreditieren wollte, mußte er vernehmbar bekunden, daß er Konkordate nicht einging, um sie nachher wie einen Fetzen Papier behandeln zu lassen. Wenn er also gegen die Konkordatspraxis im nationalsozialistischen Deutschland feierlich und öffentlich Rechtsverwahrung einlegte, so war er das seinem Anspruch schuldig, als Vertragspartner völkerrechtlich ernst genommen zu werden. Nachdem die Kurie jahrelang vergeblich versucht hatte, eklatante Verstöße gegen die Vereinbarungen auf diplomatischem Weg abzustellen, war der Zwang, gegen Hitlers Religionspolitik laut zu protestieren, unabweisbar geworden. Dabei war es dem Vatikan zweifellos nicht unwillkommen, indirekt dem seit 1933 immer wieder zu hörenden Vorwurf der Begünstigung des Regimes begegnen zu können, das für seinen Antikommunismus unbegrenzte Nachsicht genieße. Insofern war die Enzyklika mit ihrer Wendung gegen den staatlichen Vertragspartner ein Kontrapunkt zum Konkordatsabschluß von 1933, den die Regierung Hitler trotz vatikanischen Einspruchs als kirchliche Gutheißung des NS-Staats interpretiert hatte. Nach dem Erlaß des Rundschreibens konnte es Zweifel an der Entschlossenheit des Papstes, auf der Respektierung konkordatärer Abmachungen zu bestehen, nicht mehr geben. So wie 1933 beim Konkordatsabschluß hat sich die Kurie 1937 beim Protest gegen seine Mißachtung für ihr Vorgehen auf seelsorgliche Motive berufen und politische Unterstellungen zurückgewiesen. Wenn es Pius XI. fernlag, mit der Enzyklika das Signal zu einer Frontbildung anderer Mächte gegen den Staat Hitlers zu geben, so wurde auch faktisch der zumindest potentiell im Enzyklikaecho schlummernde Ansatz dafür nicht genutzt. Ganz im Gegenteil honorierte das westliche Ausland Hitlers Stillhalteversprechen vom 30. Januar 1937, daß „die Zeit der sogenannten Überraschungen abgeschlossen ist"[94], mit der erstmaligen Entsendung seiner diplomatischen Vertreter auf den Nürnberger Parteitag. Selbst ein näherliegender und bescheidenerer Aufklärungseffekt ist dem Papstwort versagt geblieben. Denn wie die Verständigungsbemühungen bei Kriegsausbruch lehren, hat die Aufdekkung von Hitlers Vertragsunfähigkeit das Vertrauen der Großmächte in seine Unterschrift nicht entscheidend zu schwächen vermocht.

Ungleich existentieller als die ausländischen waren die deutschen Katholiken vom Versagen des Konkordatsschutzes betroffen. Ungleich schwerer hatte darum die Frage nach den Hilfsanstrengungen des Vatikans, nach dem Schweigen des Papstes, auf ihnen gelastet. Ihnen war es am Palmsonntag 1937 zur Gewißheit geworden, daß das Oberhaupt der Kirche an ihrem Abwehrkampf „mit brennender Sorge" Anteil nahm, daß sie dort, wo sie gegen die Übermacht des totalitären Weltanschauungsstaats aushielten, die Sache des Glaubens und des Rechts vertei-

[94] M. Domarus, a.a.O. II 668.

digten, und daß sie, wie unterlegen auch immer, dennoch nicht wehrlos waren. Das Rundschreiben hatte damit Widerstandsmoral und Durchhaltewillen nicht nur äußerlich und vorübergehend repariert, sondern auf ein tieferes und festes Fundament gestellt. An diesem Ergebnis konnten die Repressalien des Regimes kaum noch etwas ändern. Dennoch blieb dem späteren Pius XII. das Enzyklika-Jahr im Gedächtnis als „ein Jahr unsagbarer Bitternisse und furchtbarer Stürme“[95]. Den gesteigerten Rhythmus antikirchlicher Agitation spiegelte anschaulich die Statistik der Kirchenaustritte. Beliefen sich diese 1935 auf 34000, 1936 auf 46000, so schnellten sie 1937 um mehr als das Doppelte auf 108000 Katholiken, eine in der NS-Zeit auch nicht annähernd mehr erreichte Höchstquote.

Hitlers mutmaßliche Reaktion auf die Enzyklika hatte sich dem planenden Kalkül fast völlig entzogen. Daß ihn der Schock der öffentlichen Zurechtweisung zur Vertragseinhaltung bekehren werde, war wenig wahrscheinlich. Realistischer war die auch in den römischen Konsultationen ventilierte Befürchtung einer formellen Kündigung des Konkordats. Gemessen an diesem Risiko stand für den Hl. Stuhl jedoch Höheres auf dem Spiel, die Verteidigung seiner Glaubwürdigkeit. Andererseits konnte das für die Kurie kein Grund sein, Hitler dadurch in die Hände zu arbeiten, daß sie ihn aus der Vertragsbindung entließ, indem sie unter Protest das Konkordat löste. Dessen Preisgabe wäre um so bedenklicher gewesen, als sie das Kirchenministerium mit aller Macht betrieb, um, unbehindert von Paragraphengestrüpp, eine Religionspolitik im Geiste des Nationalsozialismus betreiben zu können. Was das bedeutete, sollte später in der einseitig dekretierten Kirchenverfassung in den konkordatsfreien Räumen des Warthegaus, aber auch Österreichs und des Sudetenlands anschaulich werden. Wenn das Altreich von einer Kirchenpolitik der freien Hand verschont blieb, so allein infolge der Weitergeltung des Reichskonkordats. Dank jener spezifischen Zählebigkeit, mit der sich Rechtsgebilde ganz allgemein dem Erlöschen zu widersetzen pflegen, solange sie nicht unter einer juristischen Todeserklärung begraben liegen, entfaltete der Kirchenvertrag selbst in der Periode offizieller Ignorierung noch eine beachtliche Wirksamkeit. Partei- und Ministerialbürokratie hat er in manche Verlegenheit gestürzt und durch zahllose Komplikationen den Lauf der Vernichtungsmaschinerie zwar nicht aufgehalten, aber immer wieder ernsthaft gestört.

Aus der Perspektive seines Ressorts war Kerrl also nicht falsch beraten, wenn er die totale Beseitigung des Vertragshindernisses anstrebte. Denn erst damit wären die Mauern niedergelegt worden, die ihm das konstruktive Hineinregieren in den Kirchenraum, wie er es verstand, bislang verwehrt hatten. Die endgültige Hinwendung zum polizeilichen Maßnahmenkurs dagegen sollte die Gestapo nicht nur zum Arm, sondern auch zum Kopf der künftigen Kirchenpolitik machen, so daß Kerrls Behörde vollends in einen toten Winkel geriet.

[95] Ansprache Pius' XII. am 2. Juni 1945 vor dem Kardinalskollegium. Druck: S. Hirt a.a.O. 71–81, hier 75.

Was bei der Zwischenbilanz schließlich den deutschen Episkopat betrifft, so hatte die Enzyklika den Klärungsprozeß in den Reihen der Bischöfe zwar nicht ausgelöst, aber doch entschieden vorangetrieben. Die Memoranden Galens und Preysings waren unmittelbarer Ausfluß der durch das Rundschreiben gewandelten Gesamtlage. Erstmals schälten sich darin für die Einstellung des Episkopats gegenüber dem Regime Alternativen heraus, die vom herkömmlichen Schema abwichen.

Die Vision des Bischofs von Münster, alle redlich Gesinnten unter der Fahne des Naturrechts zu sammeln, bestürzend für den Konferenzvorsitzenden, bestechend für den Rückschauenden, bedarf nüchterner Prüfung. Dabei wäre zu bedenken, wieweit nach vier Jahren nationalsozialistischer Herrschaft der Unrechtscharakter des Systems für breite Volkskreise schon so sichtbar hervorgetreten war, daß sich gelegentliche Unmutsregungen zur Haltung der Distanz oder gar der Opposition verdichten würden. Davon konnte 1937 in einem Stadium äußerlich blendenden wirtschaftlichen und politischen Aufschwungs ernsthaft nicht die Rede sein. Abgelehnt wurden vom Durchschnittsdeutschen Teile der nationalsozialistischen Regierungspraxis. Was immer sich an Unzufriedenheitsstoffen ansammelte, schmolz in Stunden der nationalen Erhebung wieder dahin. Und solange der nicht nur in Deutschland noch unentschiedene Rangstreit zwischen nationaler und mitmenschlicher Solidarität das moralische Urteil erschwerte, blieb das Unbehagen eine labile Größe und fluktuierte mit den Schwankungen der Massengunst. Das beantwortet gewiß nicht die Frage, warum die Anregung Galens im rechten Augenblick, etwa nach dem Synagogensturm im November 1938, nicht wieder aufgegriffen wurde.

Die Denkschrift aus dem Berliner Ordinariat behandelte nicht so sehr ein bestimmtes Vorhaben, sondern die Revision der bischöflichen Eingabenpolitik, die in Kardinal Bertram ihren überzeugtesten Verteidiger hatte. Ebenso wie Galen hat sich auch Preysing mit seinen Vorschlägen beim Vorsitzenden der Bischofskonferenz nicht durchgesetzt. Wichtiger als die Argumente für und wider ist in diesem Zusammenhang die Tatsache, daß das Nachbeben auf die Enzyklika im Gefüge des Episkopats Risse verursacht hatte, die die Einheit gefährdeten und nicht mehr zu kitten waren. Freilich konnte zu diesem Zeitpunkt kaum jemand ahnen, wie der Einbruch der Kriegsproblematik das Nebeneinander der Auffassungen zu einem lähmenden Gegensatz vertiefen sollte[96].

Besorgniserregend wurde die Polarisierung der Ansichten im Bischofskollegium durch die Ermessensfreiheit, die der Episkopat in der Wahl seiner Verhaltensweise dem NS-Staat gegenüber tatsächlich genoß. Wiewohl nicht eben Vorkämpfer innerkirchlicher Subsidiarität, gebrauchten weder Pius XI. noch sein Staatssekretär ihre Leitungsgewalt zentralistisch, suchten sich vielmehr vor jedem Schritt von Bedeutung mit dem Landesepiskopat abzustimmen. Indem der Hl. Stuhl die Regionalbischöfe zur Konsultation und Mitentscheidung heranzog, anerkannte er

[96] Vgl. dazu in dieser Zschr. 178 (1966) 241–267 [vgl. unten S. 56ff.].

nicht nur die Neuheit des totalitären Phänomens im eigenen Erfahrungsbereich, sondern bot ein Lehrstück in praktisch geübter Kollegialität. Das Mitspracherecht der Bischöfe bei der Gestaltung der Kirchenpolitik bezeugt und bestärkt zu haben, war so eine der bemerkenswerten Nebenwirkungen der Enzyklika „Mit brennender Sorge".

4

DIE FULDAER BISCHOFSKONFERENZ VON DER ENZYKLIKA „MIT BRENNENDER SORGE“ BIS ZUM ENDE DER NS-HERRSCHAFT*

In der Auseinandersetzung zwischen katholischer Kirche und NS-Staat ist die Enzyklika „Mit brennender Sorge“ ein Ereignis, das über andere Vorgänge dieser bewegten Jahre hinausragt. Als Pius XI. sein mit Überwindung gewahrtes Schweigen brach, um mit den Irrlehren und Vertragsbrüchen des Nationalsozialismus öffentlich abzurechnen, ging im Kirchenkampf eine Periode zu Ende, ohne daß jedoch damit überall eine neue begonnen hätte.

Das päpstliche Rundschreiben kam nur für einen Teil des deutschen Episkopats überraschend. Die drei Kardinäle, unter ihnen der Vorsitzende der Fuldaer Bischofskonferenz, sowie die Oberhirten von Berlin und Münster waren zur Vorberatung nach Rom gerufen worden, aus ihrer Mitte hatte schließlich Kardinal Faulhaber mit einem Entwurf einen materiellen Beitrag zum endgültigen Text geleistet[1]. Den Diözesanbischöfen oblag die Organisation der Verlesung, die am 21. März 1937 von allen katholischen Kanzeln erging, auf sie fiel die gereizte Entrüstung der Staatsbehörden und Parteistellen zurück. Den ersten Anprall hatte namentlich Kardinal Bertram als Wortführer des Gesamtepiskopats aufzufangen. Gegen die erregten Anschuldigungen aus dem Reichskirchenministerium verteidigte er klar und bestimmt Notwendigkeit und Berechtigung des vatikanischen Vorgehens und wich keinen Fußbreit von der in der Enzyklika vorgezeichneten Linie zurück[2]. Hitlers Vergeltungsdrang entlud sich in der Anweisung an die Justizbehörden, eine neue Serie von Sittlichkeitsprozessen aufzulegen, um deren publizistische Aufbereitung sich das Propagandaministerium kümmerte. Wenig später wurden die Beziehungen zwischen Vatikan und Reichsregierung nochmals abgekühlt durch eine abschätzige Äußerung des nordamerikanischen Kardinals Mundelein über Hitler, so daß die Möglichkeit einer Kündigung des Reichskonkordats in greifbare Nähe rückte. Gerüchte, daß sich ein Gewitter zusammenbraue, um sich auf dem Nürnberger Parteitag in einer spektakulären Geste gegen die Kirche zu entladen, bewog die kurz vorher tagende Jahreskonferenz der Bischöfe in Fulda zur Zurückhaltung. Sie sah offenbar deswegen von einem

* Dem Aufsatz liegt ein Referat zugrunde, das auf der Tagung „Die deutschen Katholiken und der Nationalsozialismus“ vorgetragen wurde, veranstaltet von der Katholischen Akademie in Bayern am 23./24. April 1966. Er erscheint außerdem zusammen mit anderen Referaten der Nürnberger Tagung (D. Albrecht, H. Buchheim, R. Morsey und K. Repgen) in der Reihe „Studien und Berichte“ der Katholischen Akademie in Bayern (Echter-Verlag, Würzburg) [Dieser Band ist nicht erschienen. Zu den zitierten ungedruckten Quellen vgl. auch oben S. 11 Anm. 1 am Ende].

[1] Vgl. dazu die Gegenüberstellung von Entwurf und Schlußfassung in D. Albrecht, Der Notenwechsel zwischen dem Hl. Stuhl und der deutschen Reichsregierung (Mainz 1965) 404–443.

[2] Vgl. Bertram an Kerrl, 26. März 1937 und 27. April 1937. Druck: S. Hirt, Mit brennender Sorge (Freiburg 1946) 27–29, 37–47.

gemeinsamen Hirtenbrief ab[3], verzichtete aber nicht darauf, in einer Denkschrift[4], diesmal nicht nur für Hitler, sondern die Reichsregierung abgefaßt, wie in den beiden vorhergegangenen Jahren den Katalog ihrer Beschwerden vorzubringen. Zu den Klagepunkten zählte: Das Verbot der Verbreitung von Hirtenbriefen, die Einziehung oberhirtlicher Amtsblätter, Haussuchungen in Ordinariaten, Verächtlichmachung des Papsttums, Beschimpfung der Bischöfe, Enteignung von Drukkereien, tendenziöse Ausschlachtung der Sittlichkeitsprozesse, Kampf gegen die Bekenntnisschule, planmäßige Behinderung des religiösen Lebens und Kirchenaustrittspropaganda. Neben vielfach altgewohnten Themen wollten die Bischöfe „einmal freimütig auf den unerträglichen Zustand hinweisen, daß die Maßnahmen, Verfügungen und Bestrafungen der Gestapo der behördlichen und gerichtlichen Nachprüfung entzogen sind", weswegen ein Gefühl der Rechtslosigkeit um sich greife.
Die alljährliche Machtdemonstration der NSDAP ging vorüber, ohne daß Hitler den lästigen Vertrag mit der Kirche zerriß. Er begnügte sich mit der kleineren Geste, Rosenberg, dem Autor des „Mythus", als erstem einen neugestifteten Nationalpreis zu verleihen. Ein Jahr nach der Unterredung mit Faulhaber empfing Hitler im Dezember 1937 wieder ein Mitglied des deutschen Episkopats, diesmal in der Reichskanzlei, den Augsburger Weihbischof Eberle, dem sein Gauleiter nationalen Sinn und Aufgeschlossenheit für die Ideen des Dritten Reiches attestiert hatte. Der in eigenem Auftrag reisende Unterhändler fand nicht das ersehnte Echo. Auf seinen Bericht erhielt er von Kardinal Schulte keine Antwort, von Bertram eine Empfangsbestätigung und von Faulhaber nach 14 Tagen die Einladung zu einer Besprechung, die völlig ergebnislos verlief, weil der Kardinal auf Eberles Vorschläge nicht einging[5]. Den Münchener Erzbischof verließ nicht die Sorge, daß „der Besuch selber beim allgemeinen laudamus Te des Gloria stecken blieb und den Fuldenses vorauseilend Vorwerke preisgab"[6]. Ebensowenig wie die deutschen Kardinäle wußte das Staatssekretariat mit Eberles Schilderung des Führerempfangs etwas anzufangen, geschweige denn einen Anknüpfungspunkt darin zu entdecken[7].

Um den Beitritt des österreichischen Episkopats

Die Jahreswende erinnerte die Fuldaer Bischofsgemeinschaft an die neun Jahrzehnte ihres Bestehens. Auf das Gründungstreffen von 1848 in Würzburg war

[3] W. ADOLPH, Hirtenamt und Hitlerdiktatur (Berlin 1965) 148 (zitiert: W. ADOLPH, Hirtenamt) bezeugt die Abneigung Kardinal Bertrams, nach der Enzyklika mit kurzen, aktuellen Hirtenbriefen „nachzuhinken", wie sie Bischof Preysing für angebracht hielt.
[4] Denkschrift an die Reichsregierung. Schreibmaschinen-Hektographie, ohne Datum und Unterschrift. DA (= Diözesanarchiv) Regensburg.
[5] So Eberle an Hitler, 18. März 1938. BA (= Bundesarchiv) Koblenz R 43 II/155a.
[6] Faulhaber an Bertram, 23. Dezember 1937. Entwurf. Nachlaß Faulhaber.
[7] Vgl. Pacelli an Faulhaber, 10. Dezember 1937 und 30. Januar 1938. Nachlaß Faulhaber.

erst 1867 wieder eine Plenarkonferenz gefolgt, wenig später hatten die regionalen Besonderheiten des Kulturkampfes die Bande zwischen Nord und Süd gelöst, die schließlich trotz mancher Bemühung nicht wieder geknüpft wurden. Lücken in der Tagungsfolge und die bayerische Absonderung durchbrachen also die geschichtliche und kollegiale Geschlossenheit und zeigten zugleich an, wie nachhaltig Bewegungen der Reichspolitik auf Tätigkeit und Zusammensetzung der gesamtdeutschen Bischofskonferenz zurückwirkten. Zum letzten Mal war diese Gesetzmäßigkeit im Jahr von Hitlers Machtantritt fühlbar geworden, wo sich der föderalistisch gesinnte bayerische Episkopat vor dem Übergewicht des autoritären Einparteistaats dem größeren Fuldaer Kollegium für dauernd verbunden hatte.

Der Übergang Hitlers zu einer dynamischen Außenpolitik, eingeleitet mit dem Anschluß Österreichs, warf für die kirchenpolitische Situation ernste Probleme auf. Zwei Hauptsorgen waren es, die der Bischof von Mainz seinen deutschen Amtsbrüdern Anfang Mai vortrug[8]. Zunächst beschäftigte er sich in dem Rundschreiben mit der Verdrängung Bischof Sprolls durch organisierte Demonstrationen und forderte eine gemeinsame Anstrengung des Episkopats, damit nicht ein gefährlicher Präzedenzfall entstehe. Würden diese Methoden hingenommen, so werde die Partei in Zukunft jeden unbequemen Bischof verjagen können. „Wenn wir", so schloß Bischof Stohr seine Erwägung, „die Rottenburger Vorgänge ruhig hinnehmen und nicht mit ganzer Kraft gemeinsam die Rückkehr des Oberhirten in kürzester Zeit durchsetzen, zugleich mit einer ganz fühlbaren Desavouierung der für diese unerhörten Dinge verantwortlichen Faktoren, dann werden wir die schlimmsten Folgen zu gewärtigen haben."

Sodann wandte sich Stohr den „betrüblichen Nachrichten aus Österreich" zu, „nämlich der Rückkehr des Episkopats zu der beklagenswerten Haltung der ‚Feierlichen Erklärung', dem Wahnglauben, die deutschen Bischöfe hätten durch ihre Haltung die ganze Kirchenfrage falsch behandelt und durch eine ganz andere Haltung könne jetzt durch den Episkopat Österreichs eine glückliche ‚Lösung' gefunden werden". Es wäre höchst verhängnisvoll, wenn jetzt einträte, was den Bischöfen so oft nachgesagt worden sei, was sie aber immer hätten bestreiten können, daß es eine Spaltung gebe in ihren Reihen, „und zwar in einem so fortgeschrittenen Stadium der Entwicklung, daß Meinungsverschiedenheiten eigentlich ausgeschlossen sein müßten".

Das ärgerliche Erstaunen der deutschen Oberhirten galt nämlich dem Wiener Kardinal Innitzer als dem Sprecher des österreichischen Episkopats, der nach der unbedachten, überoptimistischen Vertrauenskundgebung für die NS-Regierung versucht hatte, die reichsdeutschen Amtsbrüder zum gleichen Schritt zu überreden. „In der Hoffnung auf Kirchenfrieden im Gesamtreich" warb er noch am 1. April 1938 bei Bertram dafür, die österreichische Erklärung vollinhaltlich zu übernehmen, was er präzisierte als „mit keinerlei Klauseln und Bedingungen belastet"[9]. Die Ernüchterung kam über Kardinal Innitzer einen Tag später. Nach-

[8] Stohr an die (reichs)deutschen Bischöfe, 6. Mai 1938. DA Regensburg.

[9] Innitzer an Bertram, 1. April 1938. Druck: W. Adolph, Hirtenamt 112.

dem auf die Nachtragswünsche der Nuntiatur in den letzten Märztagen nach römischer Auffassung offenbar zu wenig geschehen war, wurde das Mißfallen des Vatikans durch eine Stellungnahme des Osservatore Romano öffentlich. Zur Wiener Erklärung war dort gesagt, daß sie die österreichischen Bischöfe allein formuliert und unterschrieben hätten ohne irgend ein Einverständnis oder die nachfolgende Gutheißung des Hl. Stuhles. Ihnen allein falle darum auch die Verantwortung zu. Über den Tadel bestürzt, fuhr Innitzer eilends nach Rom, um sich zu rechtfertigen. Pius XI. wünschte ihn jedoch nicht eher zu sehen, bis er in einer anschließend veröffentlichten Retraktatio[10] jene kirchlichen Vorbehalte nachgetragen hatte, die der Vatikan in der Bischofserklärung vermißte.

Für das Zusammenwachsen der beiden Episkopate war das ein denkbar schlechter Auftakt. Über Innitzers Vertrauensseligkeit betroffen und über die Kritik an ihrer eigenen Haltung zum NS-Regime verstimmt, verhielten sich die reichsdeutschen Bischöfe zunächst einmal abwartend. Zudem bildete die ungeklärte Rechtslage der katholischen Kirche im angeschlossenen Österreich ein sachliches Hindernis für das sofortige Zusammengehen. Infolgedessen blieben die österreichischen Bischöfe auf sich selbst gestellt und hatten so notgedrungen zu beweisen, ob ihnen aus dem Vertrauensvorschuß vom März die erhofften Früchte zuwachsen würden. Unterstützen konnte sie bei der Schaffung eines rechtlichen Rahmens allenfalls der Berliner Nuntius. In einer Note suchte denn auch der Vatikan im Juni Gespräche über die Fortregelung des österreichischen Konkordats anzuknüpfen, das die Unterbehörden als nicht existent betrachteten, wurde aber von der Reichsregierung keiner Antwort gewürdigt. So hing alles von direkten Vereinbarungen zwischen den österreichischen Bischöfen und den Unterhändlern des Reichskommissars Bürckel ab. Die Besprechungen schleppten sich über die Sommermonate hin und waren reich an aufregenden Wendungen[11]. Während Bischöfe und Regierungsbevollmächtigte über eine Friedensordnung verhandelten, brachen Reichskommissar und Parteifunktionäre mit Willküraktionen rücksichtslos in den angeblich konkordatsfreien österreichischen Raum ein. Durch einseitige Verfügung wurden Vereine aufgelöst, Gebäude beschlagnahmt, kirchliche Schulen geschlossen oder in staatliche verwandelt.

Am Eingreifen zwar gehindert, machten sich die Kirchenmänner im Altreich über die Zukunft der Bischofsgemeinschaften dennoch ihre Gedanken. So beklagte Generalvikar Riemer, in Passau Anrainer an Österreich, den „unhaltbaren Zustand, daß es nun seit der Angliederung Österreichs zwei deutsche Episkopate mit verschiedener Haltung“ gebe. „Muß die Einigung dadurch erfolgen“, so erkundigte sich Riemer beim Münchener Kardinal, „daß sich die einen ganz zu den anderen bekehren oder daß sich beide Gruppen auf einer Mittelinie zusammenfinden? Wer hilft diese Frage entscheiden und weist Schritte zu ihrer Lö-

[10] Vgl. Osservatore Romano vom 7. April 1938.

[11] Vgl. dazu E. WEINZIERL-FISCHER, Österreichs Katholiken und der Nationalsozialismus III: Die Verhandlungen über einen „Modus vivendi“ im Sommer 1938, in: Wort und Wahrheit 20 (1965) 777–804.

sung?«[12] Für die Annäherung der Standpunkte arbeitete inzwischen niemand beharrlicher als die Kirchenfeindschaft der Nationalsozialisten. In fünf Monaten brach über die österreichischen Katholiken und ihre Oberhirten dasselbe Maß an bitterer Enttäuschung über Regierungsversprechen herein, das sich im deutschen Kirchenkampf auf fünf Jahre verteilt hatte. Nachdem die Bischöfe das falsche Spiel schon Anfang September mit dem Abbruch der Verhandlungen beantwortet hatten, beendete die Verwüstung von Innitzers Bischofspalais durch Parteidemonstranten vier Wochen später den Scheinfrieden mit einem schrillen, weithin vernehmbaren Mißton.

Auch auf der Fuldaer Jahreskonferenz im August wurde das österreichische Problem diskutiert. Im Auftrag der deutschen Bischofsversammlung nahm Kardinal Faulhaber im September mit Erzbischof Waitz von Salzburg in zwei Aussprachen Fühlung auf, um „allmählich die prinzipiengleiche Gemeinschaft zwischen Fulda und Wien herzustellen“[13]. Den Wiener Kardinal hatten seine Mitbischöfe nach dem unglücklichen Auftreten im Anschlußmonat und dem römischen Nachspiel vorübergehend zurückgezogen und dem Metropoliten von Salzburg ihre Vertretung nach außen übertragen. Dieser räumte Faulhaber gegenüber ein, daß der Fuldaer Hirtenbrief, wären die österreichischen Oberhirten schon diesmal dahin eingeladen worden, keine gemeinsame Kundgebung geworden wäre, was den Eindruck der Zwiespältigkeit im Episkopat gemacht hätte. In den darauffolgenden Wochen, so fuhr Faulhabers Bericht an Pacelli fort, hätten sich die kulturkämpferischen Maßnahmen in Österreich dann derart gehäuft, daß die Bischöfe vor diesen Tatsachen immer nachdenklicher geworden seien und in der jüngsten Zeit das auch in amtlichen Eingaben zum Ausdruck gebracht hätten. Damit spielte der Kardinal auf die Denkschrift vom 28. September an, worin sich der österreichische Episkopat mit seinen Gravamina an Hitler persönlich wandte.

Faulhabers Absicht und Anregung, die Zusammengehörigkeit der Bischofsgremien in einem Dankelegramm an Hitler für die Friedensrettung von München in der Sudetenkrise erstmals vor Regierung und Volk zu manifestieren, schlug durch ein Mißverständnis in Breslau fehl. Um die Gratulation politischen Ausdeutungen zu entziehen, wollte Faulhaber sie möglichst rasch auf die Münchener Konferenz folgen lassen und vom Rückgliederungstermin abrücken, und übermittelte darum den Textentwurf telegrafisch. Bertram jedoch übersah die Bedeutung der Ortsnamen Breslau, München, Köln, Wien, die ihm wohl aus stilistischen Gründen entbehrlich schienen und im Original wegfielen. Faulhaber hätte aber gerade an der Nennung der Kardinalssitze gelegen, weil er in dieser Einheitsfrage die Gemeinschaft mit dem österreichischen Episkopat bekunden und einer Sonderaktion von Wien aus vorbeugen wollte[14].

[12] Riemer an Faulhaber, 24. Juni 1938. Nachlaß Faulhaber.

[13] Faulhaber an Pacelli, 3. Oktober 1938. Abschrift. Nachlaß Faulhaber. Das erste Zusammentreffen fand am 18. September in Adelholzen, Faulhabers Gegenbesuch am 26. September in Salzburg statt.

[14] Faulhaber an die bayerischen Bischöfe, 12. Oktober 1938. Nachlaß Faulhaber.

Das Konklave nach dem Tod von Pius XI. im Frühjahr 1939 führte die vier Kardinäle diskret und zwanglos zusammen. Es bahnte sich so eine Gemeinsamkeit an, die zwei Lagebesprechungen unter dem Vorsitz des neuen Papstes noch vertieften. Allerdings gab der Münchener Erzbischof zu bedenken, daß gemeinsame Konferenzen auch einen gemeinsamen Rechtsboden voraussetzten, weshalb die Geltung des österreichischen Konkordats dringend der Klärung bedürfe. Solange die Rechtslage in Deutschland und Österreich verschieden sei, könnten die Bischöfe auch keine gemeinsamen Konferenzen halten[15].

Im Schreiben vom 20. Juli 1939 an die deutschen Bischöfe unterstützte Pius XII. die Fusionsbestrebungen, indem er durchblicken ließ, wie es ihn freuen würde, „wenn es schon bei der diesjährigen Konferenz gelänge, in einer den Verhältnissen angepaßten Form die Teilnahme des übrigen Episkopates Großdeutschlands zu verwirklichen, damit dem katholischen Volk auch nach außen das ‚cor unum et anima una' des Gesamtepiskopats als richtunggebendes Beispiel vor Augen gestellt werden und alle erkennen können, daß die Gesinnungs- und Handlungseinheit unter den Katholiken Deutschlands jeder Erprobung gewachsen ist"[16].

Tatsächlich waren um diese Zeit die Einladungen Bertrams schon ergangen, und zwar sowohl an die österreichischen Oberhirten wie an den Bischof von Leitmeritz, den Ordinarius für einen größeren Teil des Sudetenlandes. Als daraufhin auch der Prager Kardinalerzbischof um Teilnahme in Fulda nachsuchte, zeigte sich der Konferenzvorsitzende jedoch ablehnend, weil eine Zusage vier weitere nichtbischöfliche Jurisdiktionsträger im böhmischen Raum zur gleichen Bitte veranlassen würde. Da sich aber schon jetzt der Mitgliederstand des Fuldaer Gremiums von 28 auf 36 erhöhe, würde durch neuen Zuzug der vertrauliche Charakter der Sitzungen weiter abnehmen[17]. Die Fuldaer Zusammenkunft von August 1939, erstmals im umfassenden Rahmen gehalten, wurde von der drohenden Kriegsgefahr überschattet. Wenn schon die bayerischen Bischöfe bei der Überschreitung der episkopalen Mainlinie im Sommer 1933 stammesbedingte Vorbehalte zu überwinden hatten, so fiel österreichischer Mentalität der Zugang zu manchen nördlichen Gepflogenheiten möglicherweise noch schwerer. Die Unzufriedenheit über Bertrams Art, die Verhandlungen zu leiten, meldete sich vernehmbar in einem Initiativantrag von Erzbischof Waitz. In Breslau regte der Salzburger Metropolit im Herbst 1941 die Schaffung einer Zwischeninstanz in

[15] B. SCHNEIDER, Die Briefe Pius' XII. an die deutschen Bischöfe (Mainz 1966) 320 (zitiert: B. SCHNEIDER, Briefe Pius' XII.). Der vom Herausgeber hier bereits vorgestellten vatikanischen Edition (vgl. diese Zschr. 177 [1966] 252–266) ist inzwischen eine deutsche Parallel-Ausgabe gefolgt, die in der Reihe „Veröffentlichungen der Kommission für Zeitgeschichte bei der Katholischen Akademie in Bayern" erschienen ist (Mainz: Grünewald-Verl. Ln. 48,–). Um einer breiteren deutschen Leserschaft den Zugang zu dieser bedeutungsvollen Quellenpublikation zu erschließen, wurden dafür nicht nur Einleitung und Sachkommentar aus dem Französischen übertragen, sondern auch den fremdsprachigen Dokumenten eine deutsche Übersetzung beigegeben.

[16] Pius XII. an den deutschen Episkopat, 20. Juli 1939. Druck: B. SCHNEIDER, Briefe Pius' XII. 22–25, hier 24f.

[17] Vgl. Bertram an Faulhaber, 16. Juli 1939. Nachlaß Faulhaber.

Gestalt eines Vizepräsidenten an[18], wobei er zur Begründung anführte, es müsse eine bessere Verständigungsmöglichkeit geschaffen werden. „Sonst entgeht zu vieles“, bemerkte der Antragsteller vieldeutig. Er dachte für die Besetzung des neuen Postens an den Bischof von Fulda und sah dessen Aufgabe vor allem darin, „dem Präsidenten die gestellten Anträge zur Kenntnis zu bringen“. Daß hinter dem Vorschlag nicht nur ein privater Einfall stand, sprach aus der vorsichtigen Beifügung, man könne vielleicht sagen, daß manche diese Änderung als Bedingung für ihr weiteres Erscheinen betrachten würden.

Kardinal Bertrams Gratulationsschreiben an Hitler

Solche Reformwünsche entsprangen gewiß nicht landsmannschaftlichen Eigenarten und Reibungsflächen auf beiden Seiten, sondern hatten eine sehr sachliche Grundlage. Das war den Konferenzmitgliedern spätestens bei der Begegnung 1940 aufgegangen, als verborgene Gegensätze in einer dramatischen Szene offen durchbrachen. Die Vorgeschichte spielte zwischen Kardinal Bertram und dem Berliner Bischof v. Preysing, der sich herausgefordert fühlte, weil der Konferenzvorsitzende Hitler zum Geburtstag gratuliert hatte, und zwar im Namen des Gesamtepiskopats, ohne jedoch zuvor die Mitglieder der Bischofsversammlung zu befragen. Das Abweichen von einer selbstverständlichen Übung war um so ungewöhnlicher, als gerade der Breslauer Kardinal bei Abstimmungen auf Respektierung der persönlichen Meinung bis dahin größten Wert gelegt hatte. Demgemäß war Bertram noch zu Hitlers 50. Geburtstag 1939 verfahren; von dem Telegramm, für das sich eine Mehrheit ergab, hatte zumindest Preysing damals abgeraten[19]. Obwohl ein Jahr später der besondere Anlaß der runden Zahl fehlte, reihte sich Bertram diesmal ohne Verständigung des Episkopats wieder unter die Gratulanten ein, wobei er zudem den Glückwunsch in ein feierliches Schreiben kleidete[20]. Das eigenmächtige Vorgehen des Kardinals beantwortete Preysing mit der Niederlegung des Pressereferats der Bischofskonferenz[21]. Den Anlaß dieser Mißfallensäußerung konnte oder wollte Bertram anfangs nicht erkennen, wie er in einer Rückfrage zu verstehen gab, wo er sich über mögliche Meinungsverschiedenheiten in Pressefragen erforschte[22]. Erst ein neues Schreiben aus Berlin schuf unmißverständlich Klarheit[23]. Anstatt sich jedoch zu rechtfertigen oder zu entschuldigen, kündigte Bertram, deutlich verletzt, für die nächste Bischofsversammlung an, in engerem oder weiterem Kreise festzustellen, ob seine Arbeitsweise von den Auffassungen und Intentionen des Hl. Stuhles und der Bischofskonfe-

[18] Waitz an Bertram, 21. Oktober 1941. In Abschrift und mit Nachtrag an Faulhaber. Nachlaß Faulhaber.
[19] Vgl. B. SCHNEIDER, Briefe Pius' XII. 5 Anm. 1.
[20] Bertram an Hitler, 10. April 1940. Druck: W. ADOLPH, Hirtenamt 161f.
[21] Vgl. Preysing an Bertram, 6. Mai 1940. Druck: W. ADOLPH, Hirtenamt 164.
[22] Vgl. Bertram an Preysing, 9. Mai 1940. Druck: W. ADOLPH, Hirtenamt 164f.
[23] Vgl. Preysing an Bertram, 16. Mai 1940. Druck: W. ADOLPH, Hirtenamt 166f.

renz in grundsätzlicher oder praktischer Richtung abweiche[24]. Aus dem Schlußsatz, daran würde sich von selbst eine weitere organisatorische Frage knüpfen, klang unüberhörbar die Drohung des Rücktritts. Den Berliner Bischof hielt von weitergehenden Distanzierungen, wie Ausscheiden aus der Konferenz oder Amtsniederlegung, nur der ausdrückliche Wunsch des Papstes zurück[25].

Abgesehen von Bertrams scheinbarer Bereitwilligkeit, sich einer offenen Diskussion zu stellen, wuchsen die Aussichten für eine Grundsatzdebatte im Fuldaer Gremium mit dem programmatischen Schreiben Pius XII. an den deutschen Episkopat, das wie eine Präambel der Zusammenkunft vorangestellt war. Darin bekundete der Papst sein Vertrauen, daß menschlich schwer vermeidbare und möglicherweise sogar einer vertieften Prüfung dienliche Spannungen im Geist apostolischen Freimuts und brüderlicher Offenheit ausgetragen würden, so daß jeder gewiß sein könne, in seinen Zielen und Beweggründen von jedem seiner Mitbrüder verstanden und gewürdigt zu werden, auch dann, wenn einmal der Weg Petri und der Weg Pauli nicht in allem und jedem der gleiche wäre[26].

Trotz dieser behutsamen Einstimmung von allerhöchster Seite löste das von Preysing sachlich vorgetragene Verlangen nach einer Aussprache die bis dahin schwerste Krise in der Bischofsgemeinschaft aus. Bertrams Erwiderung bestand darin, daß er sich augenblicklich erhob und die Versammelten mit ihrer Bestürzung allein ließ. Die Sorge über die Folgen, die der Rücktritt des Konferenzvorsitzenden nach sich zöge, behielt unter den Bischöfen die Oberhand. Pietät und Korpsgeist taten ein übriges, den Tagungsleiter unter Verzicht auf die Grundsatzdiskussion wieder auf den Präsidentenstuhl zurückzubitten[27]. Damit war zur Schonung der Person und zum Schaden der Sache das drängendste aller Probleme aus den Beratungen ausgeschieden.

Die Auseinandersetzungen im Schoße der Bischofskonferenz waren auch Heydrichs Nachrichtendienst nicht entgangen. Aus einem offenbar abgefangenen Brief des Bischofs von Trier an den von Mainz wollte der SD-Chef Genaueres über die Gemütsbewegung einzelner Oberhirten wissen[28], nachdem sie untereinander in schwersten Streit geraten seien. Einem sei es nicht möglich gewesen, am folgenden Tag zu zelebrieren, ein anderer sei hinterher vor Erschütterung in Tränen ausgebrochen. Die eine Gruppe um Berning, Bertram, Schulte habe die Forderung erhoben, daß der Nationalsozialismus nur durch Kompromisse überwunden werden könne. Ihr aktivster Gegenspieler sei der Freiburger Erzbischof Gröber gewesen.

Offenbar um die mühsam gekittete Einheit nicht sogleich wieder überzubelasten, gab die Konferenz keinen Hirtenbrief heraus. Das war vorher nur 1937 nach der

[24] Vgl. Bertram an Preysing, 21. Mai 1940. Druck: W. ADOLPH, Hirtenamt 167.
[25] Vgl. Pius XII. an Preysing, 12. Juni 1940. Druck: B. SCHNEIDER, Briefe Pius' XII. 74f.
[26] Pius XII. an den deutschen Episkopat, 6. August 1940. Druck: B. SCHNEIDER, Briefe Pius' XII. 85–97, hier 88f.
[27] Vgl. Aufzeichnung Preysings, 4. April 1944. Druck: W. ADOLPH, Hirtenamt 169f.
[28] Vgl. Heydrich an Ribbentrop, 10. September 1940. Politisches Archiv, Bonn. Inland II-D.

Enzyklika und 1939 bei Kriegsbeginn der Fall gewesen. Den Berliner Bischof suchte Pius XII. über den unbefriedigenden Ausgang des Fuldaer Treffens hinwegzutrösten. Es werde immer schwer sein, in Fällen, wo sachliche Gründe und persönliche Rücksichten sich überkreuzten, wo überdies zwischen grundsätzlichen Motiven und Erwägungen der Zweckmäßigkeit Spannungen aufgekommen seien, bis zu letzter beschlußmäßiger Klarheit vorzudringen. Andere Konferenzteilnehmer seien, obwohl sie insgesamt oder mehrheitlich Preysings grundsätzliche Einstellung geteilt hätten, der Auffassung, daß, so wie die Dinge lagen, eine Vertiefung der Aussprache und eine abschließende Klärung des Falles nicht rätlich, ja auch nicht mehr nötig gewesen sei[29].

Durch die unausgetragene, weiterschwelende Vertrauenskrise war der Konferenzvorsitzende nicht zu bewegen, von der bisher geübten Methode, auf kirchenfeindliche Maßnahmen zu erwidern, abzugehen. Im Frühjahr 1941 erhielten die deutschen Bischöfe zwar keine Abschriften eines Briefwechsels mit der Reichskanzlei, der Schluß jedoch, daß Bertram von der Gratulation zu Hitlers Geburtstag abgelassen hätte, wäre voreilig gewesen. Nicht unbeeindruckt von der Mißbilligung des Vorjahres, aber doch auch wieder nicht überzeugt, griff der Kardinal wiederum zur Feder, um dem Reichskanzler zum Geburtstag seine Segenswünsche darzubringen[30]. Wirksam wurde Preysings Einspruch nur insofern, als auf dem Briefkopf jetzt nicht mehr der Vorsitzende der Fuldaer Bischofskonferenzen, sondern der Erzbischof von Breslau als Absender firmierte. Damit war Bertrams Vorgehen zwar formal unangreifbar, in der Sache aber nach wie vor bedenklich. Denn einerseits verzichtete er wohl auf den Gebrauch übertragener und für den Einzelfall zu erneuernder Amtsvollmacht im Titel des Konferenzvorsitzenden, andererseits präsentierte er sich aber jetzt ausdrücklich als Senior des deutschen Episkopats[31] und spielte so doch wieder mit dem Mißverständnis eines überpersönlichen Vertretungsanspruchs. Kardinal Bertram gratulierte 1941 nicht zum letzten Mal, sondern fuhr damit bis zum Jahr 1944 fort.

Nun wäre es allerdings eine grobe Fehleinschätzung des Breslauer Erzbischofs, hinter seinen Hitlerbriefen, die ihn vermutlich genug Selbstüberwindung gekostet haben, schieren Opportunismus oder blinde Staatsvergottung zu suchen. In Bertrams Überlegungen hatten diese Schriftstücke, mochten sie abschnittweise auch Huldigungsadressen ähneln, eine wohlbedachte Funktion. Sorgfältig gelesen und in die Gesamtsituation eingeordnet, entpuppen sie sich nämlich als im Grund verzweifelte Versuche, die Klagen des katholischen Volksteils dem obersten Machthaber vor Augen zu rücken. In der Hülle verbindlicher Segenswünsche wanderte so ein Konzentrat der kirchlichen Beschwerden durch die sonst undurchdringlichen Sperrkreise des Hauptquartiers auf den Schreibtisch des Führer-

[29] Pius XII. an Preysing, 15. Dezember 1940. Druck: B. SCHNEIDER, Briefe Pius' XII. 108–109.

[30] Vgl. Bertram an Hitler, 9. April 1941. BA Koblenz. R 43 II/975c. Für den Hinweis auf die Korrespondenz Bertram-Hitler 1941–1944 bin ich Prof. Dr. Rudolf Morsey zu besonderem Dank verpflichtet.

[31] So in den Gratulationsschreiben von 1943 und 1944.

bunkers. Es gibt kaum Dokumente, an denen die Ambivalenz kirchlicher Eingaben mit ihrem Einerseits-Andererseits so paradigmatisch knapp und übergangslos abrupt hervorträte wie an Bertrams Hitlergratulationen. Der regelmäßigen Aufwartung des katholischen Kirchenfürsten begegneten die Parteigrößen mit wachem Mißtrauen. Die Referenten der Reichskanzlei erhielten Anweisung, Hitlers Antwort so abzufassen, daß bei der Mitteilung an die Pfarrerschaft weder ganz noch teilweise irgendein Mißbrauch getrieben werden könne[32]. Soviel bedenkenswerte Motive und hintergründige Absichten zugunsten von Bertrams direktem Appell an den allerhöchsten Führerwillen angeführt werden können, so ist es bei gewissenhafter Abwägung des Für und Wider nicht zweifelhaft, daß die Bilanz des Glückwunschexperiments dennoch negativ ausfallen wird. Soweit es nämlich auf den Vorsitzenden der Bischofskonferenz selbst ankam, waren die wiederholten Loyalitätsversicherungen durchaus ernst gemeint und darum geeignet, die Gewißheit des Regimes zu vermehren, daß von einem so gearteten Führer des Episkopats keine Aktionen drohten, die Absender wie Empfänger unter allerdings verschiedenen Rücksichten als unüberlegt bezeichnet hätten. Während Bertram sich gegen Kritik abschirmte, indem er seine beschwörenden Gratulationen künftig in aller Stille versandte, regte sich neuer Widerspruch gegen seine Geschäftsführung, als das Ringen zwischen Kirche und NS-Staat im Frühjahr 1941 in eine verschärfte Phase trat.

Breslauer Vorbehalte gegen den Denkschrift-Hirtenbrief

Der Wille der Partei, den Druck auf die Kirchen zu verstärken, war an einer Reihe von Maßnahmen abzulesen, die unverkennbar schikanös und alles andere als kriegsbedingt waren. Dazu lieferte ein Anschwellen der christentumsfeindlichen Propaganda einen sprechenden Kommentar. Handgreiflich äußerte sich der Vernichtungswille von Partei und Gestapo in der reihenweisen Aufhebung von Klöstern und Ordenshäusern. Mit Hilfe der Reichstagsbrandverordnung vom 28. Februar 1933 gegen kommunistische Umtriebe wurden im ersten Halbjahr 1941 nicht weniger als 123 größere Komplexe (Mutterhäuser, Studienanstalten, Provinzialate) entschädigungslos enteignet und die Ordensleute vertrieben. Trotz des scheinbar unzusammenhängenden Ablaufs der Beschlagnahmeaktion und trotz der Unmöglichkeit, die Unglücksnachrichten auf einem anderen Weg als dem des Hörensagens zu verbreiten, war die Erregung in den betroffenen Gebieten unverkennbar. Auf Bitten der Ordensvertreter hin legte Kardinal Bertram Ende April 1941 gegen ein Dutzend großer Beschlagnahmungen bei der Regierung Protest ein[33], doch fand ein Teil des Episkopats, daß es damit nicht getan sein könne. Namentlich Erzbischof Gröber war von einer drängenden Unruhe

[32] Vgl. Bormann an Lammers, 20. Mai 1943. BA Koblenz. R 43/975c.
[33] Vgl. Bertram an Lammers, 22. April 1941. Abschrift. DA Regensburg.

erfüllt. Was ihn angesichts der planmäßigen Bedrückung und der planlosen, weil unkonzentrierten Gegenwehr auf katholischer Seite bewegte, schrieb er sich in einem Brief an Nuntius Orsenigo von der Seele[34]: „Mir selber scheint, daß der deutsche Episkopat noch selten so zusammenhanglos gewesen ist, wie gerade jetzt. Wir erfahren voneinander nur durch Zufall und erfahren von Rom überhaupt nichts. Dabei geht Monat um Monat Stück um Stück unseres kirchlichen Lebens verloren ... Aber warum lassen wir uns selber ohne gegenseitiges Benehmen und ohne klare Methode von den Verhältnissen drängen ... Nach meiner Meinung haben wir den Zeitpunkt verpaßt, in dem wir uns in Geschlossenheit hätten einsetzen sollen." Aus dem Mangel an Leitung zog der Freiburger Erzbischof für sich selbst den Schluß: „Wenn der deutsche Episkopat führerlos ist, führe ich mich mit Gottes Hilfe selber, und wenn ich deswegen leiden soll."

Dem von Gröber beklagten Führungsnotstand suchte eine Anzahl Bischöfe, unterstützt und beraten von Ordensvertretern und aktiven Laien, entgegenzuwirken. Es war nicht nur die akute Bedrohung kirchlicher Einrichtungen durch den weiterwütenden Klostersturm, die eine außerordentliche oder vorzeitige Versammlung des Gesamtepiskopats nahelegte. Ausgelöst durch Informationen von seiten der Militäropposition erging an einen Bischof das dringende Ersuchen, die Konferenz möge ausnahmsweise noch vor dem 15. Juni einberufen werden, weil es nachher zu spät sei[35]. Solche Bestrebungen trafen sich mit den Wünschen einzelner Bischöfe, die von der Verschärfung des Kirchenkampfes alarmiert waren. Zu Gröber war ein österreichischer Amtsbruder gereist, um eine Vorverlegung des Termins zu beantragen[36]. Für die Unaufschiebbarkeit führte der Freiburger Erzbischof vor Bertram folgende Erwägungen ins Feld: „Ich sehe, wie die kulturkämpferischen Ereignisse und Maßnahmen sich überstürzen. Ich weiß ganz bestimmt, daß man die Kriegszeit dazu verwenden will, um möglichst radikal mit dem kirchlichen und christlichen Leben aufzuräumen." Um seine rein sachliche Anteilnahme zu unterstreichen, fügte Gröber an, daß er bis in die letzten Tage mit sich gerungen habe, ob er nicht überhaupt aus der Konferenz austreten solle. Er sei auch gerne bereit fernzubleiben, wenn die Versammlung nur zustandekomme; ihren Beschlüssen werde er sich gerne unterwerfen. Tatsächlich wurde die Jahreskonferenz in Fulda noch im Juni eröffnet, aber dennoch zu spät, da Hitler zwei Tage zuvor mit seinem Überfall auf die Sowjetunion der Welt den Atem verschlagen hatte. Ohne sich vom „Kreuzzug gegen den Bolschewismus" ablenken zu lassen, stellten die Bischöfe in ihrem gemeinsamen Hirtenbrief kategorisch fest: „Es geht um Sein oder Nichtsein des Christentums und der Kirche in Deutschland." Außerdem wurde der Vorsitzende beauftragt, die drückendsten Klagepunkte in einer Denkschrift an die Reichsregierung zusammenzustellen und dringlicher denn je Abhilfe zu fordern. Die Ausarbeitung Bertrams, die am

[34] Gröber an Orsenigo, 2. April 1941. Abschrift. EA (= Erzbischöfliches Archiv) Freiburg. Nachlaß Gröber.
[35] Frdl. Mitteilung von P. Odilo Braun OP.
[36] Gröber an Bertram, 7. Juni 1941. Abschrift. EA Freiburg. Nachlaß Gröber.

16. Juli nach Berlin abging[37], war aber nach Ansicht mancher Konferenzteilnehmer keine Wiedergabe des Fuldaer Beschlusses, und Gröber nannte sie ärgerlich ein kraftloses Schreiben[38], ganz ungeeignet, den Übelständen zu steuern.
Bedeutungsvoller als die Beratungen der Jahreskonferenz wurde ein Ableger der Bischofsversammlung, der sich Anfang August als Ausschuß für Orden und Ordensangelegenheiten konstituierte[39]. Der Breslauer Kardinal stimmte unter der Auflage zu, daß Bischof Berning als Vertreter der westdeutschen Bischöfe in das Gremium eintrete. Einen so dezidierten Wunsch erlaubte dem Konferenzvorsitzenden wohl nur die gleichzeitige Sedisvakanz in den Erzbistümern Köln und Paderborn. Bis dahin war der Bischof von Passau, selbst dem Benediktinerorden angehörig, Referent für Orden und Klöster in der Bischofskonferenz gewesen, bat nun aber darum, den Vorsitz des fünfköpfigen Ausschusses der günstigeren Verkehrslage wegen dem Bischof von Fulda zu übertragen. Zu Dietz, Landersdorfer und Berning traten schließlich noch die Oberhirten von Freiburg und Berlin, Gröber und Preysing. Dank seiner Kleinheit unauffälliger und beweglicher als das Plenum, bildete der Ordensausschuß einen gewissen Ersatz für die Metropolitenzusammenkünfte, die seit 1936 mehrfach angeregt und viel beredet, aber doch niemals verwirklicht worden waren. Der Gründungszweck begünstigte die informelle Zusammenarbeit zwischen Bischöfen, Ordensleuten und Laien, wobei die Verflochtenheit der kirchlichen Nöte die Überlegungen und Pläne des Gremiums bald über die ursprünglichen Grenzen seiner Zuständigkeit hinauslenkte. Da sich die Einberufung einer zweiten Plenarkonferenz im Herbst 1941 wieder zerschlug, fielen dem Ausschuß ganz von selbst allgemeinere Aufgaben zu, womit sich Bertram einverstanden erklärte. Um dieses Aktionszentrum herum wurde jetzt ein schon längst schmerzlich entbehrter Kurierdienst aufgebaut, der es ermöglichte, unter Umgehung der Postzensur Nachrichten innerhalb des Episkopats auszutauschen.
Vorrangig vor allen anderen Aufgaben erschien dem Ordensausschuß die Veröffentlichung eines gemeinsamen Hirtenbriefs außergewöhnlichen Zuschnitts. Mitte November 1941 war Bischof Dietz imstande, den Diözesanbischöfen den Entwurf vorzulegen. In einem Begleitschreiben erläuterte er die Notwendigkeit des geplanten Schritts[40]. Nachdem die Fülle der Eingaben fast wirkungslos geblieben und eine Verschärfung des Kampfes gegen die Kirche unter bemerkenswert geschickter, aber unverkennbarer Tarnung zu beobachten sei, hielten es die fünf Gremiumsmitglieder für unbedingt erforderlich, einen gemeinsamen Hirtenbrief zu erlassen, dem sie einen öffentlichen Appell an die Reichsregierung angefügt hätten. Nach ihrer Ansicht sei dies die einzige Möglichkeit, überhaupt noch einen

[37] Vgl. Denkschrift im Auftrage der Fuldaer Bischofskonferenz, am 24. Juni 1941 überreicht. DA Regensburg.
[38] Gröber an Wienken, 7. August 1941. Abschrift. EA Freiburg. Nachlaß Gröber.
[39] Die folgenden Angaben enstammen der Niederschrift: Ausschuß für Ordensangelegenheiten. Entstehung und Tätigkeitsnachweis bis August 1942. Ohne Datum und Unterschrift.
[40] Dietz an Faulhaber, 15. November 1941. Nachlaß Faulhaber.

Erfolg zu erzielen und von der Sorge der Bischöfe um das deutsche Volk Kunde zu geben. In langwierigen und wiederholten Besprechungen hätten sie jedes Wort des Hirtenbriefs erwogen, alle Folgen wohlbedacht und seien sich bewußt geworden, daß der Hirtenbrief in dieser Form jetzt von ihnen gefordert werde.
In einer Beilage waren die Gründe für ein sofortiges, geschlossenes Hervortreten thesenhaft aneinandergereiht[41]. Das katholische Volk erwarte von den Bischöfen Klärung in schwersten Gewissensfragen, die anderen Konfessionen schauten auf die katholische Kirche, weil sie als einzige das Christentum als Ganzes hüte, der nichtchristliche Volksteil schließlich erwarte in seiner Ohnmacht Hilfe und Verteidigung der allgemein menschlichen Rechte durch den deutschen Episkopat. Sodann hieß es unter Punkt 4 wörtlich:
„Es wird eines Tages von gewaltiger historischer Bedeutung sein, wenn die deutschen Bischöfe in der Stunde der Entscheidung für die Kirche Deutschlands öffentliche Verletzungen von göttlichem und natürlichem Recht öffentlich mißbilligt und damit für Millionen von Seelen eine Vorentscheidung getroffen haben. Andererseits, wenn die Bischöfe schweigen, würde für Nichtkatholiken der Weg nicht nur vorübergehend, sondern für Jahrzehnte und länger versperrt sein."
Nach einer Analyse der Erfolgsaussichten antworteten die Anreger des Hirtenschreibens abschließend auf die Frage der Opportunität:
„Im übrigen darf die Frage, ob Erfolg oder Mißerfolg nicht von Bedeutung sein. Entscheidend ist nur die Frage: Was ist im gegenwärtigen Augenblick unsere Pflicht? Was verlangt das Gewissen? Was erwartet Gott, das gläubige deutsche Volk von seinen Bischöfen?"
Bis zur Tagung der westdeutschen Bischofskonferenz am 24./25. November in Paderborn, wo die Modalitäten der Veröffentlichung geregelt werden sollten, hatten sich die bis dahin befragten 20 Ordinarien positiv ausgesprochen[42]. Von Breslau war Berning, dem Leiter der Zusammenkunft und Vertrauensmann Bertrams, anstatt einer Stellungnahme eine Ermächtigung[43] zugegangen, die das Ja des Fuldaer Konferenzvorsitzenden von der Haltung Bernings als des ständigen Unterhändlers mit den Berliner Ministerien wie von der einstimmigen Annahme des Hirtenbriefprojekts durch die Paderborner Versammlung abhängig machte. Die Fassung der Vollmacht ließ also keinen Zweifel, daß der Kardinal einem Nein entschieden mehr zuneigte. Des bedeutsamen Hauptthemas wegen nahmen an den Beratungen als Gäste die Bischöfe Preysing und Stohr teil, sowie Bischof Wienken vom Kommissariat der Fuldaer Bischofskonferenz in Berlin. Die Aussprache hatte von veränderten Voraussetzungen auszugehen. Inzwischen waren nämlich evangelische Kirchenführer mit der Anregung an den Episkopat herangetreten, um Weihnachten gleichzeitig mit ihnen „bei der Reichsregierung gegen die

[41] Gründe für die Notwendigkeit eines sofortigen gemeinsamen Hirtenbriefes. Schreibmaschinen-Hektographie, ohne Datum und Unterschrift. Nachlaß Faulhaber.
[42] Vgl. Mitteilung: Zu dem Beschluß der Paderborner Konferenz (betr.: Hirtenbrief bzw. Eingabe). Ohne Datum und Unterschrift. Nachlaß Faulhaber.
[43] Bertram an Berning, 21. November 1941. DA Osnabrück.

gemeinsam erlittenen Bedrückungen Einspruch zu erheben", verbunden „mit dem bestimmten Verlangen, daß durch öffentliche Erklärung und Maßnahmen baldigst Abhilfe geschaffen wird"[44]. Obwohl eine Denkschrift die dem Hirtenbrief zugedachte Öffentlichkeitsfunktion nicht übernehmen konnte, so daß sich schwerste Bedenken gegen die nochmalige Wiederholung eines Verfahrens erhoben, dessen Unfruchtbarkeit erwiesen war, einigte sich die Konferenz doch auf den gemeinsamen Schritt mit der evangelischen Kirchenführung. Dies wurde vor allem im Hinblick auf die Zukunft als „geradezu notwendig" angesehen[45]. Ausschlaggebend war die Überlegung, daß hinter einem gemeinsamen Protest die überwiegende Mehrheit des deutschen Volkes überhaupt stehe, wodurch sich von vornherein der Vorwurf erledige, die katholische Kirche „habe in schwerster Stunde des Vaterlandes den Dolchstoß gegen das Reich geführt". Die ursprüngliche Zielsetzung suchte die Paderborner Konferenz durch die Abmachung zu retten, daß beim Ausbleiben einer zufriedenstellenden Antwort die Denkschrift als Hirtenbrief von den Kanzeln verlesen werden solle. Der von Preysing[46] aus dem Hirtenbrief-Entwurf gefertigte Text wurde am 10. Dezember 1941 von Bertram an die Reichskanzlei abgesandt[47]. Die evangelische Vorstellung[48] trug das Datum vom Vortag.

Wie erwartet, blieb eine Erwiderung der Regierung aus. So befaßte sich die nächste Sitzung der westdeutschen Bischofskonferenz, die am 23./24. Februar 1942 in Kevelaer stattfand, mit den für die Bischöfe daraus erwachsenen Konsequenzen. Der Absprache vom November gemäß kamen sie überein, den Text der Denkschrift am Passionssonntag, dem 22. März, den Gläubigen in Form eines Hirtenschreibens mitzuteilen[49]. Über Bischof Wienken wurde der Konferenzbeschluß nach Breslau übermittelt[50], stieß jedoch dort auf den Widerspruch des Fuldaer Konferenzvorsitzenden. Brieflich setzte Bertram dem Bischof von Osnabrück auseinander[51], warum er darum bitte, seine Mitwirkung für die Kanzelverlesung vom Passionssonntag nicht in Anspruch nehmen zu wollen. Es seien dies folgende Gründe: 1. Staatsrechtliche Bedenken, 2. die Voraussicht, den beklagten Übelständen dadurch nicht zu nützen, 3. die Gefahr der propagandistischen Verwertung durch das feindliche Ausland, und 4. wüßten die Breslauer Diözesanen bereits aus den Verlautbarungen des Vorjahres, daß ihr Erzbischof und die übrigen Oberhirten bei jedem Anlaß und gegenüber jeder Stelle ihre Pflicht voll und ganz erfüllt hätten.

[44] Zitiert in Mitteilung, vgl. Anm. 42.
[45] Ebd.
[46] Vgl. Preysing an Berning, 1. Dezember 1941. DA Osnabrück.
[47] Druck: K. HOFMANN, Zeugnis und Kampf des deutschen Episkopats (Freiburg 1946) 68–74.
[48] Landesbischof Wurm im Auftrag der evangelischen Kirchenführerkonferenz an Hitler, 9. Dezember 1941. Druck: H. HERMELINK, Kirche im Kampf (Tübingen/Stuttgart 1950) 539–542.
[49] Vgl. Bornewasser an Faulhaber, 26. Februar 1942. Nachlaß Faulhaber.
[50] Vgl. Berning an Bornewasser, 12. März 1942. Abschrift. Nachlaß Faulhaber.
[51] Bertram an Berning, 3. März 1942. DA Osnabrück.

Am 11. März suchte Berning in Begleitung von Wienken den Kardinal in Breslau auf[52]. Der vermutlich nicht eben hartnäckige Versuch, den Episkopatsvorsitzenden umzustimmen, mißlang jedoch. Anstatt mit einem Placet kehrte Berning mit Auflagen von Breslau zurück, die den geplanten Vorstoß in die Öffentlichkeit seiner ganzen Durchschlagskraft berauben mußten. Kardinal Bertram war nämlich dagegen, daß die Denkschrift überhaupt genannt und die Kundgebung im Namen des Gesamtepiskopats veröffentlicht werde. Es bleibe jedoch den einzelnen Oberhirten unbenommen, ein Pastoralschreiben mit dem Inhalt der Denkschrift in eigener Verantwortung herauszugeben. Es spielte weiterhin der formaljuristische Einwand eine Rolle, die Denkschrift sei an die Reichsregierung adressiert gewesen, tatsächlich aber nur der Reichskanzlei, nicht also den zuständigen Ministerien zugestellt worden[53]. Mit seinem verklausulierten Veto, das die Vereinbarung von Kevelaer illusorisch machte, verursachte Bertram die größte Verwirrung. Bis der Breslauer Bescheid auf dem Kurierweg bekannt wurde, war nämlich der Vervielfältigungs- und Verteilungsapparat mancherorts schon angelaufen. Entweder konnten also die Änderungswünsche nicht mehr berücksichtigt oder es mußte die Verlesung in solchen Diözesen zum Schaden der Bischofsautorität ganz abgeblasen werden. Dieses Dilemma entstand vor allem in Bayern. Dort hatten sich die Bischöfe auf einer Konferenz in München auf die Übernahme des Denkschrift-Hirtenbriefs geeinigt, und zwar am gleichen 11. März[54], an dem er in Breslau in Frage gestellt wurde. In Wien, wo in diesen Tagen der österreichische Episkopat zusammentraf, schien man über Bertrams Absage erleichtert[55]. Im Westen lenkte Berning die Entscheidung nach den Breslauer Direktiven. Immerhin gelang es dem Trierer Bischof Bornewasser, für Freitag vor Passionssonntag eine Besprechung der westdeutschen Oberhirten in Bonn zu veranlassen[56], wo ein gemeinsamer Hirtenbrief[57] auf der Grundlage der Denkschrift, wenngleich mit den geforderten Streichungen beschlossen wurde. Die in Kevelaer verabschiedete Originalfassung, also mit Bezugnahme auf die Denkschrift und im Namen des Gesamtepiskopats, war zumindest in einigen Diözesen zu vernehmen, nämlich in Speyer, Würzburg und Bamberg, die beim Eintreffen der Gegenorder schon an die Pfarreien versandt hatten. Wo die Kundgebung verlesen wurde, weckte sie im Kirchenvolk und darüber hinaus begeisterten Widerhall[58]. Der Münchener Kardinal trug das Hirtenschreiben persönlich in der 11-Uhr-Messe auf der Domkanzel vor[59], verzichtete aber im Sinn von Breslau auf

[52] Vgl. Anm. 50.
[53] Faulhaber an die bayerischen Bischöfe, 30. März 1942. Nachlaß Faulhaber.
[54] Vgl. Niederschrift über die Beratungen der bayerischen Bischöfe auf der Konferenz in München am 10. und 11. März 1942. Nachlaß Faulhaber.
[55] Vgl. Anm. 53.
[56] Vgl. Bornewasser an Faulhaber, 17. März 1942. Nachlaß Faulhaber.
[57] Druck: W. Corsten, Kölner Aktenstücke zur Lage der katholischen Kirche in Deutschland 1933–1945 (Köln 1949) 260–262 (zitiert: W. Corsten, Kölner Aktenstücke).
[58] Vgl. Mitteilung Faulhabers an die bayerischen Bischöfe mit Überschrift: Judica-Lesung. Darüber Zusatz: Beiblatt, das ich zu vernichten bitte. Ohne Datum und Unterschrift. Nachlaß Faulhaber.
[59] Vgl. Anm. 53.

die Weiterverbreitung. Faulhaber, der die Nervenprobe mit souveräner, fast heiterer Gelassenheit durchstand, lächelte über die Aufgeregtheit seines Regensburger Freundes und Amtsbruders, der nach den Worten des Kardinals Himmel und Erde einstürzen sah[60]. Bertram an Bedenklichkeit noch übertreffend, wurde Buchberger von schlimmen Vorahnungen verfolgt. Mit seinen Befürchtungen brachte er schließlich auch die Diözesen Augsburg und Passau zum Schweigen[61]. Er selbst wich am Passionstag auf eine Männerpredigt aus, und zwar, wie er nach München meldete, vor Tausenden von Männern[62].
So nahm die Demonstration bischöflicher Geschlossenheit, um die monatelang mit soviel Ernst, Bangigkeit und Hoffnung gerungen worden war, ein beklagenswertes Ende. Der starke, örtlich begrenzte Widerhall bestätigte den Initiatoren die Richtigkeit ihres Ansatzes, vermehrte aber zugleich die Niedergeschlagenheit über den Mißerfolg. Die Verantwortung dafür war schwer woanders zu suchen als in Breslau. Mit den Streichungsauflagen hatte Bertram im Text eben das getilgt, was den Hirtenbrief zu einem Dokument der Solidarität gemacht hätte. Damit aber war die Kundgebung ihres singulären Charakters entkleidet und das Stigma des Außergewöhnlichen gelöscht, das sie zum aufragenden, richtungweisenden Zeichen des Widerspruchs in der Stunde des Rechtszerfalls[63] und der Kirchenbedrückung erhoben hätte. Wo das Bischofswort von den Kanzeln erklang, war es selbst in verstümmelter Form noch ein mutiger Hirtenbrief, aber eben doch nur einer in einer langen Reihe und nicht die Proklamation, die einen Wendepunkt in der Selbstverteidigung der Kirche markiert hätte. Martin Bormann hielt für die Reichskanzlei fest, das Hirtenschreiben übertreffe in seinen Ausführungen und in seiner Schärfe alle bisherigen gemeinsamen Hirtenbriefe des deutschen Episkopats und sei darauf abgestellt, die Bevölkerung erneut gegen Staat und Partei aufzuhetzen[64].

Hemmungen vor einem Führungswechsel

In der Behandlung des Denkschrift-Hirtenbriefes hatte sich Bertram mit seinen Besorgnissen zwar durchgesetzt; es konnte ihm aber nicht verborgen bleiben, daß sein moralischer Rückhalt im Plenum der Bischofsversammlung gelitten hatte und ein autoritativer Rückgriff auf seine Präsidialgewalt, wie in diesem Fall, nicht einfach wiederholbar war. Dem Münchener Kardinal, trotz ausgeprägter Temperamentsunterschiede durch Alter und Zusammenwirken verbunden, vertraute

[60] Vgl. Faulhaber an Bornewasser, 15. April 1942. Nachlaß Faulhaber.
[61] Ebd.
[62] Vgl. Anm. 58.
[63] Aus räumlichen Gründen wurde die Frage bischöflicher Beschwerdeschritte gegen Euthanasie und Judenverfolgung nicht in die Untersuchung einbezogen. Den vielschichtigen zweiten Fragenkomplex zu behandeln, erschwert überdies die bis jetzt immer noch allzu fragmentarische Dokumentationsgrundlage. [Vgl. hierzu unten S. 83ff. und 98ff.].
[64] Vgl. Aktennotiz Bormanns, 26. März 1942. BA Koblenz. R 43 II/178a.

Bertram 1941 an, daß er sich, „seit 1906 zur Konferenz gehörig, mehr und mehr vereinsamt fühlt“[65]. Gesundheitliche Beschwerden veranlaßten ihn im Herbst des gleichen Jahres zur Ankündigung, daß er „trotz aller Dienstwilligkeit“ an der nächsten Konferenz persönlich nicht mehr teilnehmen könne und darum bitte, beizeiten an die Bestellung eines Vertreters zu denken[66]. Es überraschte darum nicht, als er Mitte 1942 ein Rücktrittsgesuch vorlegte[67]. In Anbetracht der Alterserscheinungen sei es für ihn Gewissenspflicht, so erklärte der Kardinal, dem Plenum sein Amt ganz und rückhaltlos zur Verfügung zu stellen. Die Befürchtung, der Wechsel könne als Zeichen der Spaltung gedeutet werden, sei angesichts der öffentlich bekannten Einigkeit des Episkopats und der Höhe seines Alters von 83 Jahren unerheblich. Da Kardinal Faulhaber schon vorher darum ersucht hatte, von seiner Berufung zum Vorsitzenden abzusehen, riet Bertram, für die bevorstehende Zusammenkunft einen Oberhirten, der mit dem Gang der Verhandlungen seit Jahren vertraut sei, zum Tagungsleiter zu wählen. Das Plenum folgte jedoch Bertrams Anregung nicht, ersuchte vielmehr den Breslauer Kardinal, das Vorsitzendenamt weiter auszuüben. Was die Konferenz von 1942 zu einer Vertagung der Nachfolgefrage bewog, ist der offiziellen Niederschrift zu entnehmen. Laut Protokoll ging Erzbischof Gröber aus der geheimen Wahl als Versammlungsleiter hervor[68], hatte aber zuverlässigen Indizien zufolge seinen Führungsanspruch mit soviel Ungestüm vertreten, daß die Konferenzteilnehmer, andere Vorbehalte beiseitestellend, sich nach der ruhigen Autorität des Breslauer Kardinals zurücksehnten. Einer der Bischöfe bat den abwesenden Vorsitzenden, sich doch um jeden Preis wieder in Fulda einzufinden, selbst wenn er im Krankenwagen transportiert werden müsse[69]. Soweit kam es zwar nicht; dafür wurde beizeiten Vorsorge getroffen, daß Kardinal Faulhaber 1943 die Zügel der Tagung in die Hände nahm[70].

Da das Plenum auf Bertrams Rücktrittsabsichten nicht einging, war es an der Fortdauer der in seiner Person verkörperten Führungsmalaise nicht mehr unbetei-

[65] Bertram an Faulhaber, 3. Juli 1941. Nachlaß Faulhaber.

[66] Bertram an die deutschen Bischöfe, 23. Oktober 1941. DA Regensburg.

[67] Bertram an die deutschen Metropoliten, 3. August 1942. Nachlaß Faulhaber.

[68] Vgl. Protokoll der Plenarkonferenz der Bischöfe der Diözesen Deutschlands in Fulda vom 18.–20. August 1942. DA Regensburg.

[69] Frdl. Mitteilung von Dr. W. Münch.

[70] Vor der endgültigen Verschmelzung des bayerischen Episkopats mit dem Fuldaer Bischofskollegium wurde dort der Vorsitz abwechselnd von den Oberhirten von Köln und Breslau ausgeübt, und zwar seit dem Kulturkampf jeweils auf Lebenszeit, so daß beim Tod des Präsidenten das Amt an den Inhaber des anderen Bischofsstuhls überging. Den von Bertram aus Gesundheitsrücksichten für 1942 vorgeschlagenen Wechsel behinderte der Umstand, daß der Kölner Metropolit, im Juni 1942 zum Bischof geweiht, zum ersten Mal überhaupt an den Fuldaer Beratungen teilnahm. Um den künftigen Vorsitzenden mit seinen Obliegenheiten stufenweise vertraut zu machen, hatte Bertram empfohlen, für die Übergangskonferenz des gleichen Jahres einen interimistischen Tagungsleiter zu bestellen, worauf dann der Kölner Erzbischof in den folgenden Monaten die laufenden Geschäfte Stück um Stück übernehmen könne. An Gröbers unerwartetem Dazwischentreten zerschlugen sich zunächst die Pläne Bertrams für eine organische Amtsübergabe. Infolgedessen verzögerte sich diese tatsächlich bis zum Tod des Breslauer Kardinals im Jahr 1945.

ligt. Die Bedenken der Bischöfe gegen einen Wechsel zu diesem Zeitpunkt dürfen dennoch nicht übersehen werden. Sie wurzelten vermutlich in der Überzeugung, daß die Übertragung der Präsidialgewalt aus der Natur der Sache heraus nicht unproblematisch war. Aus dem Titel erfloß nur geringe Vollmacht; eigentliche Führungsautorität mußte erst durch Bewährung im Amte erworben werden und war infolgedessen auf den Nachfolger nicht einfach übertragbar. Durch ungeschriebenes Herkommen bestimmt, also ungewählt, hatte dieser das Vertrauen der Konferenzmitglieder erst im Laufe der Zeit einzuholen, bevor ihm so etwas wie eigenständige Führungsinitiative zugebilligt wurde. Die Aufgabe wurde für einen neuen Vorsitzenden um so heikler, je mehr Amtsbrüder ihm an Bistums- und Konferenzerfahrung überlegen waren oder zu sein glaubten. Für die Realität solcher Regungen war das Hervortreten Gröbers auf der Konferenz von 1942 ein unübersehbares Symptom.

Auf der anderen Seite hatte der Aufschub des Präsidentenwechsels schwerwiegende Folgen. Es konnte nicht ausbleiben, daß die unbehobene Divergenz in Grundauffassungen, verschärft durch das Hereinreden des abwesenden Vorsitzenden in den Tagungsverlauf, auch 1943 die Entschlußfähigkeit des Gesamtepiskopats beeinträchtigte. Wie schon zuvor entzündeten sich die Gegensätze an der Zweckmäßigkeit zweier Kundgebungen. Das eine war ein Apostolisches Schreiben des Hl. Vaters, das Bertram zur Ermutigung der deutschen Katholiken im Herbst 1942 selbst erbeten hatte[71], das andere ein gemeinsamer Hirtenbrief über den Dekalog.

Der Papstbrief[72] trug das Datum vom 3. Januar 1943. Kardinalstaatssekretär Maglione stellte es der hervorragenden Klugheit des Adressaten anheim, über das Ob und Wie der Veröffentlichung zu entscheiden, damit nicht der Verdacht aufkomme, als ob es der Papst mitten im Krieg an Unparteilichkeit fehlen lasse. Stürzte schon diese an sein Urteil und seine Verantwortung appellierende Klausel den Breslauer Kardinal in Gewissensnöte, so wurden diese zweifellos noch vertieft durch einen Brief aus dem Reichskirchenministerium[73]. In strengem Ton wurden darin dem Konferenzvorsitzenden Vorhaltungen gemacht, weil Verlautbarungen deutscher Bischöfe so abgefaßt seien, daß sie die Feindpropaganda gegen Deutschland verwerten könne. Gegen die Anschuldigungen setzte sich der Kardinal in einer schlüssigen Erwiderung zur Wehr. Nachdrücklich verwies er darauf, daß sich die Oberhirten ohnehin schon zu größter Zurückhaltung zwängen und daß es Sache der Regierung sei, Ungerechtigkeiten wie die Bedrückung des kirchlichen Lebens abzustellen, gegen die sie ihrer Hirtenpflicht getreu protestieren müßten. Trotzdem hinterließ der ministerielle Tadel in Bertrams Denken einen Stachel. Er trug zweifellos dazu bei, daß der Kardinal einen Absatz des Apostolischen Schreibens, einen Hinweis auf den schon zehn Jahre währenden Kirchenkampf in Deutschland, noch beunruhigender fand, als er es in seiner fast

[71] Vgl. B. Schneider, Briefe Pius' XII. 211, Anm. 1.
[72] Druck: B. Schneider, Briefe Pius' XII. 208–211.
[73] Vgl. Staatssekretär Muhs an Bertram, 12. Januar 1943. Abschrift. DA Regensburg.

schon skrupulösen Gewissenhaftigkeit ohnehin getan hätte. Infolgedessen verlegte er sich zunächst aufs Abwarten, schaltete auch die Metropoliten nicht auf dem Kurierweg in die Beratung ein und machte erst auf der Jahreskonferenz Monate später die Bischöfe mit dem päpstlichen Schreiben und der damit verbundenen Frage bekannt[74].

Von Befürchtungen weniger gehemmt als der abwesende Vorsitzende, beschloß die Versammlung, das Schreiben Pius' XII. an die deutschen Katholiken von den Kanzeln verlesen zu lassen[75]. Dann geschah etwas Unerwartetes. Nachdem abgestimmt war, erhielt Faulhaber als Tagungsleiter von Bertram die briefliche Aufforderung, das vorgelegte Manuskript zunächst ohne Beschlußfassung wieder nach Breslau zurückzuleiten[76]. Er, Bertram, sehe sich genötigt, noch eine Rückfrage an den Kardinalstaatssekretär zu richten[77]. Was den Vorsitzenden zu diesem plötzlichen Sinneswandel bewog, war ein Brief aus der Reichskanzlei[78], der erst nach Abreise des Breslauer Vertreters für Fulda eingelaufen war. Reichsminister Lammers berührte darin die Denkschrift vom Dezember 1942 sowie eine spätere Beschwerde über den Warthegau. Der Ton des Schreibens war kühl und schneidend. Die Denkschrift sei geprüft worden, doch sei es unmöglich, darauf einzugehen, da sie in Form von Flugblättern im Reichsgebiet und außerdem im feindlichen Ausland in Rundfunk und Presse bekanntgegeben worden sei. Infolgedessen werde es der Kardinal verstehen, daß die Reichsregierung nicht imstande sei, die einzelnen Beschwerden zu erörtern.

Da die Umstände keinen Zweifel erlaubten, wie nachhaltig Bertram von der neuen autoritativen Zurechtweisung beeindruckt war, zog es die Konferenz vor, dem Wunsch des Kardinals zu entsprechen. Das fiel ihr um so leichter, als sie in einer anderen strittigen Frage fest zu bleiben gedachte, die den Hirtenbrief betraf. Bertram selbst hatte im Frühjahr 1943 die Abfassung eines gemeinsamen Pastorales über den Dekalog angeregt, weil man damit einen unverdächtigen thematischen Rahmen gewinne, in dem die Verstöße der Gegenwart ohne aggressive Tendenzen verurteilt werden könnten. Als aber Köln im Juli einen vom Episkopat beifällig aufgenommenen Entwurf versandte, war es wieder der Breslauer Kardinal, der die Unterschrift verweigerte. Für das nun bereits chronische Bedenken der Inopportunität berief sich Bertram auf seine Breslauer Ratgeber sowie das Urteil eines süddeutschen Bischofs, höchstwahrscheinlich Buchbergers, der ebenfalls ablehne, weil der Text zur Zeit Sprengpulver sei[79]. Offenbar nicht im unklaren über die Außenseiterposition, in die er zunehmend geriet, fuhr Bertram dann fort: „Wenn meine Bedächtigkeit, deren wegen ich schon so oft so manche Bitterkeit im Fuldaer Arbeitskreis verkostet habe, unerwünscht ist, so ist ja das mir

[74] Vgl. Bertram an die deutschen Bischöfe, 31. Juli 1943. DA Regensburg.
[75] Stenographische Aufzeichnung Faulhabers über die Fuldaer Konferenz 1943. Nachlaß Faulhaber.
[76] Bertram an Dietz, zur Weitergabe an den Tagungsleiter, 16. August 1943, Nachlaß Faulhaber.
[77] Zur weiteren Behandlung des Apostolischen Schreibens vgl. B. SCHNEIDER, Briefe Pius' XII. 256.
[78] Lammers an Bertram, 13. August 1943. Abschrift. Nachlaß Faulhaber.
[79] Bertram an Faulhaber, 10. August 1943. Nachlaß Faulhaber.

seit langen Jahren anvertraute Amt wieder voll und ganz in die Hand des Plenums gelegt."
Ohne in diesem Fall Bertrams Bedenken nachzugeben, nahm die Bischofsversammlung den Kölner Entwurf des Dekalog-Hirtenbriefs an. Am 12. September 1943 verlesen, wurde er zur letzten Kundgebung des Gesamtepiskopats[80] in den Jahren von Hitlers Herrschaft.

Kirchenpolitische Grundeinstellung des Konferenzvorsitzenden

Den wachsenden Schwierigkeiten zum Trotz hatte der Breslauer Kardinal die Konferenz für 1944 schon weitgehend vorbereitet, als die unaufhörlichen Luftangriffe im Juli zunächst eine Verschiebung und dann den Ausfall der Bischofsversammlung erzwangen. Mit dem Geschichtsabschnitt, der im deutschen Zusammenbruch endete, erfüllte sich auch das Leben des Fuldaer Konferenzvorsitzenden. Am 6. Juli 1945 befreite der Tod den letzten deutschen Fürstbischof von Breslau vom Anblick der Trümmer und Schrecken, in denen sein blühender Sprengel versank. Auf die Persönlichkeit Adolf Kardinal Bertrams, so schwer erschließbar durch äußere Unauffälligkeit, wird die Forschung unausweichlich zurückverwiesen, wenn sie den Weg der deutschen Katholiken und ihrer Oberhirten durch das Dritte Reich erhellen will.
Klein von Gestalt und durch einen Sprachfehler in der spontanen Selbstmitteilung behindert, von skeptischer Veranlagung und scheinbar kühl bis ans Herz, durch niedersächsische Nüchternheit den gemütsbewegten Schlesiern denkbar entgegengesetzt, hat es Bertram dennoch verstanden, die Zuneigung seiner Diözesanen zu erringen und in ihrem Andenken verehrt und bewundert fortzuleben. Das allein zeugt für tiefpriesterliche Gesinnung und ausstrahlende Hirtensorge. Von äußerster persönlicher Anspruchslosigkeit und einer geheimen Liebe zu monastischer Einfachheit beseelt, der nachzugeben ihm die Amtswürde nur allzuoft verwehrte, von verzehrendem Arbeitseifer durchdrungen, lebte der Kardinal ungeteilt dem bischöflichen Dienst. Ganz ohne Zweifel würde das Porträt des Konferenzvorsitzenden derselbe ruhige Glanz der Pflichttreue umfließen wie das des Bistumsverwalters, hätten nicht die Feuer und Brände, die Hitlers Nationalsozialismus über Bertrams letztem Jahrzwölft entfachte, sein Wirken in und für Fulda in ein Zwielicht getaucht. Das Jahr von Hitlers Machtantritt, das Bertrams Präsidentenzeit fast genau halbiert, brachte für den Vorsitzenden der Bischofsversammlung ein sprunghaftes Anwachsen der Verpflichtungen. Sie sollten sich in der Folgezeit im Maß der Bedrängnisse weiter steigern. Eine die gesamte NS-Zeit umspannende Edition kirchlicher Akten wird einmal die enorme Arbeitsleistung freilegen, die Bertram in der Abfassung von Regierungseingaben und Episkopatsrundbriefen

[80] Druck: W. CORSTEN, Kölner Aktenstücke 298–304.

vollbracht hat. Was sich hier der Kardinal abverlangte, ist und bleibt staunenerregend.

Es war allerdings, je länger, desto weniger, zu übersehen, daß mit dem traditionellen Mittel der schriftlichen Behördeneingabe, mit der Gegenvorstellung, die verbindlich und rational argumentierte, im NS-Staat wenig bis nichts, ja oft nicht einmal eine Antwort zu erreichen war. Spätestens nach vier Jahren nationalsozialistischer Herrschaft war das eine empirisch so erhärtete Tatsache, daß kein Wunschdenken daran zu rütteln vermochte. Die Wende ins Tragische begann für Bertram damit, daß er die schleichende, aber nichtsdestoweniger zielbewußte Umwandlung des vertrauten Rechtsstaates in einen totalitären Weltanschauungsstaat von dogmatischer Intoleranz nicht wahrhaben wollte. Wie die meisten Zeitgenossen saß er zu nahe am Phänomen, um den fanatischen Ausschließlichkeitsanspruch der NS-Ideologie zu erfassen, die wesenhaft allem feind war, was sich nicht assimilieren oder manipulieren ließ, notwendig also eigenständigen Größen wie den christlichen Kirchen. Es war infolgedessen von einem gewissen Zeitpunkt an auch problematisch, sich an analogen Erfahrungen der Kulturkampfzeit orientieren zu wollen. Stand doch hinter äußerlich verwandten Bedrückungsmaßnahmen etwas ungleich Bösartigeres und Unversöhnlicheres als die Bismarcksche Katholikenfeindschaft aus Gründen der Staatsräson. Nun war eine Phänomenologie des Totalitarismus, die es damals nicht gab, nicht unbedingt erforderlich. Gegen die unveränderte Fortsetzung der bisherigen Eingabenpolitik sprach ihre Vergeblichkeit, und von daher rührte der Zwang, sich nach einer wirkungsvolleren Form kirchlichen Einspruchs umzusehen.

Dieser Einsicht hat sich innerhalb des deutschen Episkopats kaum jemand mit der gleichen Konsequenz und Nüchternheit gestellt wie der Berliner Bischof Konrad v. Preysing. Um den Konferenzvorsitzenden für dieselbe realistische Einschätzung der kirchenpolitischen Möglichkeiten zu gewinnen, wies er bereits im Herbst 1937 Kardinal Bertram auf die Schwächen der seitherigen Verteidigungstaktik hin. Wie die Erfahrung lehre, so führte Preysing aus[81], kümmere sich die Partei nicht um papierene Proteste. Faktoren, die sie fürchte, seien einzig Öffentlichkeit und Massenreaktion. Deshalb müßten sich die Schreiben des Episkopats an die Reichsregierung von den bisher beobachteten Regeln feinster Diplomatie abwenden und nach der Devise „Angriff ist die beste Verteidigung“ auf eine dem nationalsozialistischen geistigen Empfinden verständliche Form abgestellt werden. Jede Berufung auf das Konkordat, die nicht gleichzeitig die hinterhältige Taktik der Partei in der Nichteinhaltung gegebener Versprechen und Verträge entlarve, wirke komisch.

Dem Bischof von Berlin wird von der aktenkundigen Nachwelt manch später Lorbeer auf das Grab gelegt, wie wenn an seinem Andenken eine Unterschätzung wiedergutzumachen wäre. In der Tat ist Preysing unter den Deutschen der Hitlerzeit eine höchst seltene, im Kreis des Episkopats gar eine einmalige Erschei-

[81] Memorandum Preysings, 17. Oktober 1937. Druck: W. ADOLPH, Hirtenamt 137–143, hier 142f.

nung. Von keinem Anschluß oder Blitzkrieg geblendet, von keinem Händeschütteln aus dem Gleichgewicht gebracht, durch keine Loyalitätsskrupel gespalten, hat er wie ganz wenige seiner Landsleute dem Nationalsozialismus von Anbeginn hinter das Visier geschaut und sich in seiner radikalen Ablehnung durch nichts und niemand beirren lassen. Die Geradlinigkeit seines Urteils ist ebenso staunenerregend wie die Unbestechlichkeit seiner Gesinnung. Nicht weniger glänzt er durch andere Gaben, die ihn für eine Führerrolle im Kirchenkampf zu prädestinieren schienen: Illusionslose Wirklichkeitsbetrachtung, ausgreifendes, konstruktives Planen, instinktsicheres Einfühlen in Wesen und Absichten des Gegners, phantasievolles Erfassen begrenzter Abwehrmöglichkeiten; mit einem Wort ein geborener Stratege, ein Moltke geradezu inmitten kriegsunkundiger Oberhirten und wie Moltke ein großer Schweiger.

Der Nimbus des einen Gerechten, in dessen Nein sich nie ein halbes Ja mischte, darf nicht unvergessen machen, was auch die Gerechtigkeit gegenüber Preysings Mitwelt gebietet, daß nämlich seine Größe erst aus den Akten aufersteht. Das deutet schon darauf hin, daß seine historische Wirksamkeit durchaus begrenzt und darum meßbar ist. Als Gegenpol zu Bertrams Überbedenklichkeit und Hinnahmebereitschaft, als geistiger Mittelpunkt der gegen den Kurs des Zuwartens Aufbegehrenden gebührt ihm innerhalb des Bischofskollegiums ein eigentümlicher und hervorragender Platz. Daß es nicht der erste sein kann, will so die Geschichtsschreibung, die über den Denker den Täter stellt und die darum Konrad v. Preysing nicht neben, sondern hinter seinen Vetter rückt, den Bischof Clemens August v. Galen in Münster.

Andere Loyalitätsauffassungen im Episkopat

Im Banne eines großen Theoretikers hat der Rückschauende der Versuchung zu widerstehen, anhand eines variablen Operationsplanes den Kirchenkampf noch einmal in einer Schlachtordnung und Personalbesetzung auszutragen, die ebenso ideal wie theoretisch wären. Er wird sich mit Nutzen daran erinnern, daß verschiedene Mängel im realen Verlauf nicht allein, ja nicht einmal vorwiegend darin begründet sind, daß der Fuldaer Konferenzvorsitzende Bertram und nicht Preysing hieß. Ohne daher den Bischof von Berlin in allem und jedem als nachträgliches Orakel für die grundsatzfestere und erfolgsversprechendere Strategie in Anspruch nehmen zu wollen, scheint zum besseren Erfassen von Bertrams Gestalt und Mentalität ein Seitenblick auf Preysing und andere Mitstreiter berechtigt und fruchtbar zu sein.

Fundamentale Auffassungsunterschiede tun sich schon in kirchenpolitischen Leitvorstellungen auf. Während der Berliner Bischof dem Grundsatz anhing: Keine Friedensverhandlungen vor Waffenstillstand[82], vertraute Bertram der Parole:

[82] Vgl. W. Adolph, Hirtenamt 136.

Solange noch verhandelt wird, wird nicht geschossen[83]. Nichts kann die Verschiedenheit der Lagebeurteilung drastischer veranschaulichen, als die einander ausschließenden militärischen Bilder. Während Preysing forderte, daß die Befriedung nur über die klar abgesetzte und eingehaltene Vorstufe der Waffenruhe herbeigeführt werden könne, sprach aus Bertrams Devise die Auffassung, als ob die Tatsache von Verhandlungen zwischen Staat und Kirche schon das Bestehen eines Friedenszustandes anzeigte. Das mochte in der Theorie stimmen; in den Verwicklungen mit dem konkreten NS-Staat war aber gerade das Nebeneinander von fiktiver Vertragstreue und realem Vertragsbruch das Bestürzende und Verwirrende. Dem Berliner Bischof war deshalb schwer zu widersprechen, wenn er der unenttäuschbaren Eingabenpolitik vorwarf, an der Aufrechterhaltung der Fiktion in den Augen der Öffentlichkeit mitzuwirken. Wenn in Bertrams kriegerischer Metapher das Wort „schießen“ mit „Zwangsmaßnahmen“ zu verallgemeinern war, so wurde seit dem 30. Januar 1933 auf kirchliche Personen und Institutionen ununterbrochen geschossen, gewiß in wechselnder Intensität, zumindest einmal aber, am letzten Junitag 1934, mit tödlicher Konsequenz. Eben der Widerspruch, daß der staatliche Partner vor dem Friedensvertrag nicht effektiv Feuereinstellung gebot, hatte bereits bei Abschluß des Reichskonkordats den Eichstätter Bischof Preysing mit Besorgnis erfüllt[84].

Wie bei den meisten Oberhirten stieß die Forderung nach einer härteren Taktik bei Bertram auf das Hindernis des staatsbürgerlichen Gehorsams, den der Christ der rechtmäßigen Obrigkeit schuldet. Sein Gewissenskonflikt setzte ein, als interne Vorstellungen immer mehr zum Leerlauf wurden, so daß an ihn die Frage herantrat, ob eine andere Form der Gegenwehr, näherhin die Einschaltung der katholischen öffentlichen Meinung, mit den Loyalitätspflichten gegenüber der legalen Regierungsgewalt vereinbar sei. Das Dilemma spitzte der Krieg mit den höheren Rücksichten auf das vorgebliche nationale Gemeinwohl weiter zu. Wenn sich der Konferenzvorsitzende bei Kriegsausbruch zuerst vorsichtig und später bedenklich gezeigt hatte, so verfiel er jetzt in steigendem Maß einer lähmenden Skrupelhaftigkeit. Aus Sorge, sich gegen das Gebot der Volkssolidarität zu verfehlen, die im Ringen um die nationale Existenz die Zurückstellung innenpolitischer Streitpunkte verlangte, schrieb er sich selbst einen Burgfrieden vor, den die Partei gewöhnlich ignorierte, schlimmstenfalls aber als Einladung zu noch rücksichtsloseren Übergriffen auslegte. So war es verständlich, wenn sich inner- und außerhalb des Episkopats immer mehr Stimmen dagegen wandten, die von Bertram verfolgte Politik unanstößigen Wohlverhaltens als der Weisheit letzten Schluß anzusehen. Dabei mußte die geforderte neue Kampfesweise keineswegs auf den radikalen unheilbaren Bruch mit dem Regime hinauslaufen, für dessen verheerende Folgen die Kritiker des Eingabenmonologs ebensowenig blind waren wie der Breslauer Kardinal. Anders jedoch als Bertram, dem jedes Abgehen vom

[83] Frdl. Mitteilung von W. Adolph.
[84] Vgl. L. Volk, Der bayerische Episkopat und der Nationalsozialismus 1930–1934 (Mainz 1965) 119.

herkömmlichen Beschwerdeweg wie ein erster Schritt auf der schiefen Bahn der Insurrektion erschien, zeichneten sich vor den Befürwortern des härteren Kurses Stufen einer beweglichen Gegenwehr ab, die bislang nicht betreten waren und die zu erproben sie sich im Gewissen verpflichtet fühlten. Der Kardinal, seinerseits davon überzeugt, daß damit nicht wiedergutzumachendes Unheil entstehe, warf seine ganze Autorität als Konferenzvorsitzender in die Waagschale, diesen Schritt zu verhindern.

Sosehr die deutschen Bischöfe wie ihre Zeitgenossen die gleiche Last undifferenzierter Obrigkeitsachtung beschwerte, so ungleich und individuell war wiederum eines jeden Maßstab, wenn es galt, die Grenzen bischöflicher Äußerungsfreiheit abzustecken. Wahrscheinlich war Bischof v. Galen in der primären und emotionalen Bedeutung des Begriffs viel nationaler eingestellt als der Breslauer Kardinal. Trotz solcher Bindungen war er es, der sich dazu entschloß, mitten im Krieg gegen Unrechtmaßnahmen der in seinen Augen legitimen Staatsgewalt öffentlich aufzutreten.

Faulhabers Gehorsam gegenüber der gottgesetzten Autorität war offenbar theologischer und biblischer angelegt als die, wie es scheint, mehr staatsrechtliche, beamtenhafte Loyalitätsauffassung Bertrams. Mit Schwerpunkt in der tiefsten Gewissensschicht war eine solche Staatstreue aber auch für moralische Antinomien anfälliger als andere Haltungen. Dennoch hat sich der Münchener Erzbischof selbst im Krieg nicht den Mund verschließen lassen, sofern es um Übergriffe des NS-Staates in den religiösen Bereich ging. Ihn schützte gegen die so naheliegende innere Anfechtung der Illoyalität das Recht der Verknüpfungsfreiheit, wie sie das Konkordat verbürgte, und ersparte ihm so jene Konflikte, in die sich der Breslauer Kardinal unheilvoll verstrickte. Dabei war in Bertrams Denken der staatsbürgerliche Gehorsam gar nicht eine absolute Größe, sondern für pragmatische Anpassungen durchaus offen.

Sein praktisches Verhalten beherrschte die Staatstreue nicht mit der Macht eines kategorischen Imperativs. Bestimmend war vielmehr die Furcht vor kirchenfeindlichen Repressalien, falls es die Bischöfe an dem umstrittenen Minimum von Loyalität fehlen ließen. Nur nominell hatte also die bürgerliche Treuepflicht bei Bertrams Entschließungen den Primat inne, während tatsächlich die Sorge, Schlimmeres zu verhüten, die Entscheidungen diktierte. Das Prinzip der maiora mala vitanda, der Güterabwägung in einer moralisch ausweglosen Zwangslage, war legitim und seine Heranziehung begründet, solange man sich der Gefahr bewußt blieb, unaufgebbare ethische Normen dadurch zu relativieren. Wichtige Entscheidungen Bertrams auf dem Höhepunkt des Kirchenkampfes verraten einen mehr als eigenwilligen Ansatz bei der Einstufung der bedrohten Güter, und es gab gute Gründe, sich seiner allzu persönlichen Hierarchie der Werte zu widersetzen.

Zeitgenössischen Kritikern seiner kirchenpolitischen Linie liebte der Konferenzvorsitzende entgegenzuhalten: „Die gröbsten Herren wollen am feinsten behandelt sein."[85] Dieser Maxime wäre die Zustimmung nicht versagt geblieben, hätte sie wenigstens bescheidene Erfolge zu ihren Gunsten anführen können. Die groben Herren hatten nämlich gewiß nichts gegen gute Manieren, die der Fiktion eines friedlichen Nebeneinander von Staat und Kirche nur zuträglich sein konnten. An diesem Punkt, wo sich die Not nur zu begreiflicher Ratlosigkeit als Tugend der Schläue und höheren Weisheit auszugeben sucht, fällt es schwer, dem Tadel v. Preysings zu widersprechen, wenn er sagte: „Bei Kardinal Bertram überlagert die Tugend der Klugheit die Tugend der Wahrhaftigkeit."[86]

Es überrascht infolgedessen nicht, bestätigt vielmehr die irenische Grundeinstellung Bertrams, daß es eine Trotzrede, eine denkwürdige Auseinandersetzung mit nationalsozialistischen Tendenzen, wie sie die Bischöfe Galen, Faulhaber, Gröber, Bornewasser, Sproll, Rackl und Preysing nicht gescheut haben, vom Fuldaer Konferenzvorsitzenden offensichtlich nicht gibt. Diese Lücke ist mit Bertrams Abneigung gegen laute Worte und große Gesten zutreffender und gerechter erklärt als mit einer falschen Toleranz gegenüber der NS-Ideologie. Bis in die Fingerspitzen hinein unpathetisch, hatte der Breslauer Kardinal für die barocke Beimischung im Temperament seines Münchener Amtsbruders und dessen resonanzkräftiges Auftreten nur ein verstehendes Lächeln. Impulsivität und Entflammbarkeit des Gemüts haben dem bayerischen Kardinal gewiß manche situationsverhaftete Äußerung entlockt, ihn aber doch auch in seinen großen Stunden über kleinliche Bedenken hinausgehoben und ihm Worte der Kraft und Führung eingegeben, die den deutschen, nicht nur den Münchener Katholiken das Gefühl nahmen, eine Herde ohne Hirten zu sein. Gesunde Spontaneität hat Faulhaber wiederholt den Mund auftun lassen, wenn die biblische Zeit zu reden gekommen war, bevor weltliche Klugheit den gerechten Zorn erstickte.

Demgegenüber hatte Bertrams Verhaltenheit je nach den Erfordernissen des Augenblicks ganz bestimmte Vorzüge wie auch fühlbare Schwächen. Sie bewahrte ihn einerseits vor mißverständlichen Annäherungsgesten, verbot ihm andererseits aber auch auf der Kanzel eine Sprache, die über den Kirchenraum hinausgedrungen wäre. Die Prudentia, die ihn leitete, hat gewiß im christlichen Menschenbild einen unvertauschbaren Rang, ebenso wie die Fortitudo. Wer jedoch aus persönlichen Abwehrhaltungen gegenüber dem NS-Regime allgemeinere Schlüsse zu ziehen versucht, wer etwa die Reaktionsweisen Galens und Bertrams nebeneinanderhält, dem will scheinen, daß sich die Tugend des Starkmuts der Taubeneinfalt des Evangeliums leichter zuzugesellen pflegte als einer allzu reflexen Schlangenklugheit.

Bertrams Ohr hatten aus der Reihe der Mitbischöfe vor allem Berning, Wienken und Buchberger, die alle, die beiden ersten trotz großer Geschäftigkeit, dem beharrenden Flügel des deutschen Episkopats zugezählt werden müssen. Berning, seit Juli 1933 Preußischer Staatsrat, wirkte seitdem unverdrossen als Unterhändler in Kirchenfragen bei den Reichsbehörden. Obwohl er sich dem Ernst und den

[85] Vgl. W. ADOLPH, Hirtenamt 109.
[86] Vgl. W. ADOLPH, Hirtenamt 159.

Anforderungen des verschärften Kirchenkampfes nicht verschloß, war er dem Breslauer Kardinal doch so ergeben, daß er sich dessen Vorstellungen in den entscheidenden Beschlüssen immer wieder anpaßte. Als offizieller Vertreter der Bischofskonferenz leitete Bischof Wienken in Berlin ihr Kommissariat. Ständig in Rufnähe des Kirchenministeriums und Reichssicherheitshauptamts, sah er sich hier einer äußerst heiklen Aufgabe gegenüber, die einen so seltenen Grad diplomatischer Gewandtheit voraussetzte, daß sie ihn überfordern mußte. In seiner Person verband sich aufopfernde Rührigkeit mit einer erschreckenden Blindheit für den Charakter und Frontverlauf der weltanschaulichen Auseinandersetzung. Ihrer Denkungsart nach neigten beide Berater eher dazu, Bertram in seinen Hemmungen gegenüber der Staatsautorität zu bestärken, als ihn davon zu befreien. An ihnen hätte es gelegen, den falschen Behördenrespekt etwa vor dem ohnmächtigen und auf ein totes Geleise geratenen Kirchenministers Kerrl abzubauen, der seinen Führer monatelang vergeblich um Gehör anflehte[87] und dessen Anteil an der Gestaltung der Kirchenpolitik fast auf die Funktion geschrumpft war, kirchliche Beschwerden entgegenzunehmen, die ihn über die neuesten Einbrüche Himmlers und Bormanns ins eigene Ressort unterrichteten.

Der Fuldaer Bischofkonferenz waren in der zweiten Phase nationalsozialistischer Herrschaft ungewöhnlichere Probleme aufgegeben als jemals zuvor in ihrer fast hundertjährigen Geschichte. Das wird nicht zuletzt daran deutlich, daß die Wucht der aufgeworfenen Fragen und das Suchen nach der rechten Antwort die Versammelten mehr als einmal in entgegengesetzte Lager zu spalten drohte. Das Bischofsgremium wurde von einem Vorsitzenden geführt, dem der Geschäftsordnung nach nur die Befugnisse eines Versammlungsleiters zustanden. Doch lag es in der Natur der Sache, daß er durch seine moralische Autorität, in langjähriger Amtsführung gesammelt und vermehrt, die Aktivität des Gesamtepiskopats maßgeblich beeinflußte. Solange die Unwirksamkeit interner Proteste noch nicht notorisch war, konnte Kardinal Bertram für sich in Anspruch nehmen, ein unermüdlicher und beredter Wahrer kirchlicher Rechte zu sein. Das galt immer weniger, je explosiver sich die nationalsozialistische Dynamik entfaltete im Expansionskrieg nach außen und in der brutalen Selbstverwirklichung nach innen. Inmitten der entfesselten Maßlosigkeit wirkte der verhaltene schriftliche Einspruch immer unangemessener, weil von den Ereignissen überholt. Das Bedrükkende war, daß sich der Breslauer Kardinal durch die Ausnahmesituation zu nichts anderem verstehen wollte, als mit größerem Fleiß das Vertraute und Bewährte zu tun. Die Höhe des Einsatzes, die Zukunft der katholischen Kirche in Deutschland nach Hitlers Sieg oder Untergang, bestimmte den Kardinal, auf die Gegenvorstellungen gewichtiger Konferenzmitglieder, die ihn von seiner Linie abzubringen suchten, nicht zu hören.

Die überlieferte Kirchenorganisation brachte es mit sich, daß die Bischöfe dem reichseinheitlich angreifenden Totalitarismus in diözesaner Vereinzelung gegen-

[87] Vgl. dazu die Korrespondenz Kerrl–Lammers von 1941 im BA Koblenz.

überstanden. Zu einem achtunggebietenden Faktor wurden sie für das Regime in dem Maß, wie sie selbst zur Einmütigkeit gelangten. Innere Geschlossenheit war die einzige Verteidigungswaffe des Episkopats, sofern sie auf den Gegner gerichtet wurde, das Unvermögen aber, ganzheitlich zu reagieren, die am meisten zu fürchtende Schwäche. Auf dem Schritt von der Gesinnungseinheit, wie sie Fulda versinnbilden wollte, zu der Tateinheit, die Pius XII. gelegentlich anriet, stand der Bischofsgemeinschaft jedoch ihr eigener Vorsitzender im Wege. Nicht bereit, dem hochbetagten Präsidenten den erbetenen Nachfolger zu gewähren, war das Plenum seit 1942 an der Verschleppung der Führungskrise nicht mehr unschuldig. Der Aktionsbehinderung des Gesamtepiskopats suchten seit 1941 der Ausschuß für Ordensangelegenheiten und die westdeutsche Bischofskonferenz mit Erfolg abzuhelfen. Ihren Anstrengungen waren die Denkschrift vom Dezember 1941, die Kundgebung vom Passionssonntag 1942 sowie der Dekaloghirtenbrief 1943 zu verdanken. Davon ergingen die Kanzelverlautbarungen, die mutigsten unter den Dokumenten der Kriegszeit und fast so etwas wie eine Ehrenrettung des Bischofsgremiums, ohne, ja gegen den Willen des Fuldaer Konferenzvorsitzenden.

Es fehlte im Kreise der Bischöfe nicht an Realismus, Klarsicht und Entschiedenheit, wohl aber an der Kraft, sie zu verbreiten, und dem Willen, sie zu teilen. Die Befürworter einer energischeren Gegenwehr waren nicht die kirchenpolitischen Gratwandler, die Bertram in ihnen fürchtete. Sie hatten gute Gründe für die Überzeugung, daß an die Stelle ebenso unriskanter wie nutzloser Konventionen eine Methode der Selbstverteidigung zu treten habe, die das gewissenhaft kalkulierte Risiko nicht von vornherein ausschloß. Für den Erfolg wie für den Schutz vor Rückwirkungen war jedoch einheitliches Vorgehen die unabdingbare Voraussetzung. Sie blieb nicht selten unerfülltes Postulat, weil ihr der mit Autorität begabte Anwalt versagt war.

Das Reden und Schweigen der deutschen Bischöfe in der verheerenden Schlußphase des Dritten Reiches läßt manchen vertretbaren Wunsch offen. Die Zerknirschung über das Ungetane wäre jedoch anmaßend ohne die Bereitschaft, sich vor der inneren Not derer zu verneigen, die einen geraden Weg zu suchen hatten in dunkler Zeit.

EPISKOPAT UND KIRCHENKAMPF IM ZWEITEN WELTKRIEG

I. Lebensvernichtung und Klostersturm 1939–1941*

Bei Kriegsbeginn am 1. September 1939 hatte die katholische Kirche in Deutschland eine mehr als sechsjährige Auseinandersetzung mit dem NS-Staat hinter sich[1]. Die Gegnerschaft wurzelte im Wesen des totalitären Weltanschauungsstaats, der die normensetzende und damit machtbegrenzende Instanz einer Glaubensgemeinschaft nicht neben sich dulden konnte. Den Konkordatsabschluß von 1933 hatte Hitlers Regierungspraxis als Täuschungsmanöver entlarvt, ohne die Bremswirkungen dieses Vertrags im Altbereich so aufheben zu können, wie das in den „konkordatsfreien Räumen" der angeschlossenen Gebiete geschah.

Für die Uferlosigkeit nationalsozialistischen Unterdrückungswillens lieferten gerade die letzten Friedensmonate schlagende Beweise. Dem seit Jahren systematisch verfolgten Ziel, alles Katholische aus der Öffentlichkeit zu verbannen und auf den Kirchenraum zurückzudrängen, hatten Gestapo-Aktionen gegen einstmals mitgliederstarke Laienorganisationen gegolten. Davon waren nacheinander erfaßt worden: Im Februar 1939 der Katholische Jungmännerverband, im Sommer die Jugendbünde Neudeutschland und Quickborn, der Albertus-Magnus-Verein und das Frauenhilfswerk für Priesterberufe. Im gleichen Zeitraum hatten Erlasse des Erziehungsministers den Religionsunterricht in Berufsschulen abgeschafft und für die Beseitigung bischöflicher Knabenkonvikte die gesetzliche Handhabe bereitgestellt. Mit der Einschnürung oder Vernichtung der großen katholischen Standesorganisationen schrumpfte zugleich die Teilhabe von Klerikern und Laien an überdiözesanen Führungsaufgaben, wodurch sich die kirchliche Leitungsgewalt immer stärker auf den Episkopat verlagerte und damit auf sein gesamtdeutsches Organ, die Fuldaer Bischofskonferenz.

Die Erwartung, die Kriegslage werde wie 1914 innenpolitisch einen Burgfrieden erzwingen und die antikirchliche Religionspolitik abstoppen, erfüllte sich nicht. Als Kontrastprogramm zu der Propagandathese von der „nationalen Solidarität" liefen die Repressionsmaßnahmen unbehindert weiter. Anfang Oktober 1939 verfügte ein Ministerialbescheid die Schließung sämtlicher katholischer Privat-

* Bei dem in zwei Folgen erscheinenden Beitrag handelt es sich um die erweiterte Fassung eines Referats, das am 6. Juni 1980 auf dem 86. Deutschen Katholikentag in Berlin vorgetragen wurde. Unter Verwertung neuen Quellenmaterials knüpft er inhaltlich an den früher veröffentlichten Aufsatz über „Die Fuldaer Bischofskonferenz von der Enzyklika ‚Mit brennender Sorge' bis zum Ende der NS-Herrschaft" an (in dieser Zschr. 178, 1966, 241–267) [vgl. oben S. 56ff.], um ihn nach der Seite der damals ausgesparten Kapitel der Euthanasie-Aktion und der Judenvernichtung zu vervollständigen.

[1] Zu den verschiedenen Phasen, Faktoren und Konfliktfeldern vgl. den von K. Gotto u. K. Repgen herausgegebenen Sammelband Kirche, Katholiken und Nationalsozialismus. Topos-Taschenbuch 96 (Mainz 1980). [Zu den im folgenden zitierten ungedruckten Quellen vgl. auch die oben S. 11 Anm. 1 am Ende genannte Edition].

schulen zum Schuljahresende. Ihm folgte die Empfehlung, die Schulgebäude den nachrückenden kommunalen Erziehungsträgern tunlichst freiwillig zu überlassen.
In dem einer Verlustbilanz gleichenden Jahresrückblick für den Papst gestand Kardinal Bertram als Vorsitzender des Gesamtepiskopats seine Enttäuschung über den bruchlosen Fortgang der Kirchenbedrückung[2]. Vergebens hätten die Bischöfe „leise gehofft, man werde wenigstens die Zeit des Krieges in Rücksicht auf die schwere Belastung des Volksempfindens nicht zu scharfen Vorstößen gegen alle kirchlichen Interessen benutzen. Diese Erwartung ist nicht erfüllt. Man hat gerade diese Zeit, in der die Volksstimmung mehr als sonst zu schweigender Geduld genötigt ist, benutzt, um die lange gehegten Absichten zu vollendeten Tatsachen zu führen. Die treibende Kraft ist überall die Leitung der Partei, gegen die die staatlichen Organe sich nicht durchsetzen können, auch wenn sie es wollten."
Die reale Machtverteilung im Führerstaat aufzudecken, genügte es, die kirchenkämpferischen Tendenzen in den Verfügungen nominell zuständiger Ministerialbehörden nach rückwärts zu verlängern, um sie letztlich in der Parteikanzlei als Ausgangspunkt zusammenlaufen zu sehen. Dennoch mußte selbst ein ständiger Beobachter wie Kardinal Bertram das Ausmaß der Abhängigkeit unterschätzen, die im Fall des Reichserziehungsministeriums sich dahin entwickelte, daß es zum Befehlsempfänger der Parteikanzlei unter dem von pathologischem Kirchenhaß getriebenen Martin Bormann herabsank.

Gegensätzliche Abwehrvorstellungen innerhalb des Episkopats

Die Auseinandersetzung mit der Knebelungspolitik des NS-Regimes fiel in den Aufgabenbereich des Vorsitzenden der Fuldaer Bischofskonferenz, die nach dem Hinzutreten der bayerischen Oberhirten (1933) und der österreichischen (1939) bei ihrer jährlichen Zusammenkunft etwa 35 Teilnehmer zählte. Geleitet wurde sie seit 1920 von dem Breslauer Kardinal und Erzbischof Adolf Bertram, der 1939 bei ungebrochener Arbeitskraft das achte Lebensjahrzehnt vollendet hatte. Das Verteidigungsarsenal, über das der Wortführer des deutschen Episkopats gegenüber der Staatsmacht verfügte, war bescheiden genug. Denn es bestand allein aus dem internen und dem öffentlichen Einspruch gegen Regierungsmaßnahmen. In den Händen Bertrams schrumpfte dieses ohnehin dürftige Potential nochmals durch persönlichen Verzicht, da der Kardinal von einer Austragung kirchenpolitischer Konflikte in der Öffentlichkeit nichts wissen wollte. Oberste und in keiner Krisenlage aufzugebende Maxime blieb für ihn, seinerseits nicht zu tun, was das gespannte Staat-Kirche-Verhältnis verschärfen konnte.
Innerhalb des Episkopats waren gegen die Vertretbarkeit dieser Grundeinstellung Bedenken laut geworden, je mehr sich dem NS-Regime gegenüber das Instrument

[2] Vgl. Bertram an Pius XII., 17. Januar 1940. Druck: B. SCHNEIDER, Die Briefe Pius' XII. an die deutschen Bischöfe 1939–1944 (Mainz 1966), Anhang, Nr. 12*.

des internen Protests trotz intensiver Nutzung durch Bertram als stumpfe Waffe erwiesen hatte. Solange jedoch der Kölner Erzbischof Kardinal Schulte die Eingabenpolitik des Vorsitzenden deckte, war an eine Revision des Bertram-Kurses nicht zu denken. Das hatte namentlich Bischof Preysing erfahren müssen, als er mit dem Vorschlag, durch Bekanntgabe der bischöflichen Proteste von der Kanzel herab Meinungsdruck auszuüben, nicht durchgedrungen war[3].

Kaum drei Jahre später flammte die Kontroverse vom Herbst 1937 erneut auf. Den Anlaß lieferte im April 1940 ein Gratulationsschreiben Bertrams an Hitler, worin man den verzweifelten Versuch erblicken konnte, die Eingabenpolitik gleichsam auf die äußerste Spitze zu treiben. Während sich aber der Kardinal im Vorjahr zu Hitlers 50. Geburtstag mit einem bloßen Telegramm begnügt hatte und das in Absprache mit der Gesamtkonferenz, handelte er diesmal nicht nur auf eigene Faust, sondern erging sich zum Thema Kirche und NS-Staat in Auslassungen, die den Wandel durch Annäherung erprobten[4]. „Daß ein Bischof sich auf das Programm einer christentumsfeindlichen Partei beruft, um Duldung für die katholische Glaubensverkündigung zu erbitten“, schien dem Bischof von Berlin ein unverzeihlicher Mißgriff. Mit der Niederlegung des Pressereferats für Fulda tat Preysing einen Schritt, der den Dissens zwischen Berlin und Breslau allen Konferenzmitliedern demonstrativ anzeigte.

Auf der Suche nach moralischer Unterstützung verzeichnete Bertram diesmal nur einen halben Erfolg. Positiv reagierte Nuntius Orsenigo, seinerseits ein Befürworter des Entspannungskurses, indem er in der Berichterstattung nach Rom das Glückwunschschreiben ins Führerhauptquartier als geschickten Schachzug auszugeben suchte[5], wobei er nicht versäumte, Abschrift seiner Rettungsbemühungen nach Breslau zu senden. Dagegen weckte Bertram in Köln diesmal nicht den erhofften Widerhall. Denn bei aller Zustimmungsbereitschaft hegte doch auch Kardinal Schulte einige Zweifel an der Eindeutigkeit mancher Wendungen in dem strittigen Gratulationsbrief[6].

Sehr gegen seinen Willen in Fulda zu einer Erklärung gedrängt, suchte der Konferenzvorsitzende sein Vorgehen mit der Absicht zu rechtfertigen[7], „die Position derjenigen sehr wenigen Ratgeber des Führers zu stützen, die ein milderes, verständnisvolleres Verhältnis zwischen Staat und Kirche erstreben“. Nun sprach aber aus solchem Kalkül nicht nur eine reichlich unrealistische Vorstellung von Hitlers Beeinflußbarkeit, sondern außerdem eine schon kuriose Überschätzung der angeblich kirchenfreundlichen Beweger des Führerwillens, deren Liste von so peripheren Figuren wie dem bayerischen Reichsstatthalter Epp und seinem Staatssekretär angeführt wurde.

[3] Zu Einzelheiten vgl. in dieser Zschr. 183 (1969) 191 [vgl. oben S. 51]. Außerdem W. ADOLPH, Hirtenamt und Hitlerdiktatur (Berlin 1965); DERS., Geheime Aufzeichnungen aus dem nationalsozialistischen Kirchenkampf 1935–1943, hrsg. v. U. v. HEHL (Mainz 1979).

[4] Vgl. dazu in dieser Zschr. 178 (1966) 247–250 [vgl. oben S. 62ff.].

[5] Vgl. Orsenigo an Maglione, 24. Mai 1940. EA (= Erzbischöfliches Archiv) Breslau.

[6] Vgl. Bertram an Schulte, 25. Juni 1940, sowie Schulte an Bertram, 5. Juli 1940. EA Breslau.

[7] Vgl. Erklärung Bertrams, 22. August 1940. EA Breslau.

Daß Bertram nach diesem Eklat bis 1944 zum 20. April regelmäßig ins Führerhauptquartier schrieb, wenngleich künftig nurmehr als Erzbischof von Breslau und nicht als Konferenzvorsitzender firmierend, trug alle Merkmale einer Trotzreaktion wider seine Kritiker und einer Ersatzhandlung für den Leerlauf des Eingabenmechanismus an sich. Dahinter stand freilich auch die verzweifelte Erkenntnis, anders als auf dem Gratulationsweg nicht mehr an die Staatsspitze heranzukommen, und keine Floskel konnte den Adressaten vergessen machen, wie die Fronten verliefen.

Das Aufbrechen prinzipieller Gegensätze in der Bischofskonferenz vom August 1940 markierte den Beginn einer neuen Phase für das Führungsgremium der katholischen Kirche in Deutschland. Es kam nicht von ungefähr, daß sich die Geister an der Frage schieden, wie auf die eskalierende Bedrohung durch den NS-Staat angemessen zu reagieren sei. Im behördlichen organisierten Massenmord an den Geisteskranken waren die Bischöfe erstmals in aller Schärfe mit einem Gewaltverbrechen konfrontiert, das die Enthemmung von Hitlers Herrschaft auch nach innen unwiderleglich anzeigte. Des exemplarischen Charakters wegen und weil Euthanasie-Aktion, Klostersturm und Judenvernichtung dem Hirtenamt schwierigste Entscheidungen abverlangten, seien diese drei Problemfelder hier vor anderen herausgestellt.

Die Euthanasie-Aktion (1940/41)

Wie von allen Unrechtshandlungen, die im NS-Staat unter dem Schleier der Geheimhaltung begangen wurden, erhielten kirchliche Stellen nur allmählich und fragmentarisch Kenntnis von der Aktion zur Vernichtung lebensunwerten Lebens, wie das Mordprogramm in der NS-Terminologie genannt wurde[8]. Es dauerte Monate, bis die rätselhafte Häufung plötzlicher Todesfälle von Geisteskranken, die jeweils nach unmotivierten Verlegungen in bestimmte „Heilanstalten" verstarben, keinen anderen Schluß mehr zuließen als den einer planmäßigen Beseitigung.

Den Massenmord an den „Unheilbaren" hatte im Herbst 1939 eine geheime Führerweisung in Gang gesetzt, die auf den 1. September, den Kriegsbeginn, zurückdatiert wurde, um den Liquidierungsbefehl mit der Fiktion einer kriegsbedingten Notwendigkeit zu umkleiden. Seine Entschlossenheit zu rassehygienischen Operationen großen Stils hatte Hitler schon 1935 einem Vertrauten gegenüber zu

[8] Aus der neueren Literatur zum Euthanasie-Komplex sei verwiesen auf: Evangelische Dokumente zur Ermordung der „unheilbar Kranken" unter der nationalsozialistischen Herrschaft in den Jahren 1939–1945, hrsg. v. H. C. v. Hase (Stuttgart 1964); L. Gruchmann, Euthanasie und Justiz im Dritten Reich, in: Vierteljahrshefte für Zeitgeschichte 20 (1972) 235–279; K. Nowak, „Euthanasie" und Sterilisierung im „Dritten Reich" (Göttingen 1978); H.-J. Wollasch, Beiträge zur Geschichte der deutschen Caritas in der Zeit der Weltkriege (Freiburg 1978) 208–224; A. Hochmuth, Bethel in den Jahren 1939–1943. Eine Dokumentation zur Vernichtung lebensunwerten Lebens, in: Bethel-Arbeitsheft 1 (Bethel [4]1979).

erkennen gegeben, die Ausführung jedoch auf Kriegszeiten vertagt, und zwar mit der bezeichnenden Begründung, daß „Widerstände, die von kirchlicher Seite zu erwarten wären, in dem allgemeinen Kriegsgeschehen nicht diese Rolle spielen würden wie sonst“[9].

Der Aufbau der Zubringerorganisation und der Tötungsmaschinerie verlief in Etappen. Auf Grund welcher Überlegungen von Januar 1940 ab zunächst die Heilanstalten in Pommern, Brandenburg/Berlin, Sachsen, Hamburg und Württemberg von den Abholaktionen erfaßt wurden, ist nicht auszumachen. Tatsächlich waren es Regionen mit fast ausschließlich oder zumindest überwiegend protestantischer Bevölkerung, weshalb evangelische Kirchenmänner um Wochen oder gar Monate früher alarmiert wurden als die katholischen Bischöfe[10]. Am wenigsten paßte Württemberg in das offenbar zugrunde gelegte Erfassungsschema, zumal die Greifarme der Vernichtungsstätte Grafeneck tief ins benachbarte Baden hineinreichten. So war es kein Zufall, daß Mitte 1940 sowohl der württembergische Landesbischof Wurm[11] wie der Freiburger Erzbischof Gröber fast gleichzeitig, wiewohl ohne Absprache, gegen den staatlich organisierten Massenmord vorstellig wurden.

Gröbers erste Eingabe[12] vom 1. Juni 1940 trug noch den Charakter einer Anfrage, um das badische Innenministerium zu einer Klärung der gehäuften Todesmeldungen aus Grafeneck zu bewegen. Auf einen Vertuschungsbescheid aus Karlsruhe wandte er sich am 1. August 1940 zusammen mit dem Rottenburger Generalvikar Kottmann an die Reichskanzlei mit der Forderung, daß „das durch das Naturrecht und christliche Gesetz verbotene Verfahren eingestellt werde“[13]. Es entsprach Gröbers impulsiven Naturell, mit seinem Einspruch sogleich nach Berlin vorzustoßen, ohne sich Zeit zu lassen, bis ein Thema von so ausgeprägt überdiözesaner Dimension und Brisanz vom Konferenzvorsitzenden mit der Autorität des Gesamtepiskopats vertreten würde.

Mit schroffer Vehemenz sah sich inzwischen Kardinal Bertram mit der Wahrheit über das Euthanasie-Programm konfrontiert, als er Ende Juli/Anfang August kurz hintereinander und offensichtlich erstmals über zwei Nachrichtenkanäle zuverlässige Kunde von der Vernichtungsaktion erhielt. Obwohl von unbestreitbarer Authentizität verbürgten die Beweisstücke so unglaubliches, daß der Entschluß zu dem Protestbrief[14] an die Reichskanzlei vom 11. August 1940 erst im zweiten Anlauf gefaßt wurde.

Was dem Breslauer Kardinal in zwei voneinander unabhängigen Initiativen an Wissen über den Mord an den Geisteskranken zukam, war gleichsam ein Kon-

[9] Vgl. L. Gruchmann 238.

[10] Das Ergebnis mehrmonatiger Ermittlungen war niedergelegt in der Denkschrift Pastor Braunes, 9. Juli 1940. Druck: H. C. v. Hase 14–22.

[11] Vgl. Wurm an Frick, 19. Juli 1940: Druck: H. C. v. Hase 9–13.

[12] Vgl. Gröber an Pflaumer, 1. Juni 1940. Druck: H.-J. Wollasch 214.

[13] Vgl. Gröber und Kottmann an Lammers, 1. August 1940. Druck: J. Neuhäusler, Kreuz und Hakenkreuz, I/II (München 1946), II, 356.

[14] Vgl. Bertram an Lammers, 11. August 1940. Druck: J. Neuhäusler II, 357–359.

zentrat der Recherchen, die man evangelischerseits über Monate hinweg systematisch angestellt hatte. Übermittelt wurden die schockierenden Botschaften einmal vom Bischof von Münster, zum anderen von Weihbischof Wienken, dem Leiter des Kommissariats der Fuldaer Bischofskonferenz in Berlin. Den Stein hatte Ende Juli 1940 ein leitender Psychiater der Bodelschwinghschen Anstalten in Bethel bei Bielefeld ins Rollen gebracht, indem er einen Münsteraner Geistlichen ins Vertrauen gezogen und auf dessen Wunsch Enthüllungen über die Euthanasie-Aktion zudem schriftlich niedergelegt hatte. Dabei waren Absender wie Empfänger offensichtlich in der Absicht einig, durch die Weitergabe des Schreibens an Bischof Galen den katholischen Episkopat in die Protestbewegung einzuschalten. Bei der Freilegung des nationalsozialistischen Vernichtungswahns kommt dem Zeugnis Dr. Jaspersens schon deswegen eine Schlüsselfunktion zu, weil es die letzte Beweislücke schloß, indem es die Indizienkette bis hin zu den Verantwortlichen für das Euthanasieprogramm verlängerte. Es markiert darüber hinaus die unzweideutige Gegenposition eines einzelnen, der nicht zögerte, dem Liquidationsbefehl einer verbrecherischen Staatsführung ohne Rücksicht auf drohende Repressalien das Grundgebot des Arztethos entgegenzusetzen. Das Schreiben Jaspersens[15] an Bothe[16] hat folgenden Wortlaut:

Bethel, 25. Juli 1940

Sehr geehrter Herr Direktor!
Nachstehend gebe ich Ihnen noch einmal zusammengefaßt die Umstände, wegen derer ich es für notwendig hielt, Sie am heutigen Tage in Ihrer Eigenschaft als Leiter des St. Franziskus- und St. Rochus-Hospitals aufzusuchen:
Als leitender Arzt der etwa insgesamt 300 Betten umfassenden psychiatrischen und Nervenabteilung hier erhielt ich Anfang des Monats vom Herrn Staatsrat Conti mit Briefkopf des Reichsministers des Innern ein Schreiben, nach dem ich zur „planwirtschaftlichen Erfassung der Heil- und Pflegeanstalten" über jeden meiner Kranken Meldebogen bis zum 1. August 1940 ausfüllen sollte, übersandt. Ein Probeexemplar der Meldebogen füge ich in der Anlage bei.
Schon vor Erhalt dieses Schreibens hatte ich gerüchtweise davon gehört, daß die Ausfüllung dieser Meldebogen dazu diene, unheilbar erscheinende Fälle von Geisteskrankheiten zu beseitigen. Inzwischen haben sich nun diese Gerüchte so verdichtet, daß ein Zweifel daran, daß dies den Tatsachen entspricht, nicht mehr bestehen kann. Darüber hinaus sind auch uns hier Unterlagen zugegangen, daß in zahlreichen Fällen tatsächlich bereits eine Tötung von als unheilbar beurteilten Geisteskranken erfolgt ist. Schließlich aber haben auch die Stellen der Ministerial-

[15] Karsten Jaspersen (1896–1968), Nervenfacharzt, 1929 Oberarzt, 1932 Chefarzt der psychiatrisch-neurologischen Abteilung der Krankenanstalten des Westfälischen Diakonissenmutterhauses „Sarepta" in Bethel. – Der Frage, wie die in dem Schreiben (EA Breslau) geschilderten Schritte in die für die Anstaltsleitung in Bethel außerordentlich bewegte Verhandlungsphase von Ende Juli 1940 chronologisch einzuordnen sind, kann hier nicht weiter nachgegangen werden; vgl. dazu A. HOCHMUTH 14–17.

[16] Joseph Bothe (1878–1951), Geistlicher (D. Münster), 1926 Direktor der Genossenschaft der Krankenanstalten vom Hl. Franziskus.

abteilung des Staatsrats Conti unserer Anstalt hier auf unsere Verhandlung zugegeben, daß diese Maßnahmen tatsächlich schon durchgeführt sind.
Für meine Abteilung hier habe ich bei dieser Sachlage selbstverständlich die Ausfüllung der Meldebogen verweigert. Eine entsprechende Erklärung habe ich bei der zuständigen Stelle der Staatspolizei zur Weiterleitung an die Staatspolizeistelle Berlin und die Abteilung des Herrn Staatsrats Conti beim Ministerium des Innern abgegeben. Darüber hinaus bin ich bei allen mir zugänglichen Dienststellen der Partei und Regierung vorstellig geworden und habe auf die Unmöglichkeit hingewiesen, daß ein Arzt sich unter diesen Umständen für die Ausstellung der Meldebogen hergibt. Ich habe weiter betont, daß die Ausfüllung der Meldebogen, so wie die Dinge liegen, nach dem Strafgesetzbuch eine Beihilfe zum Mord darstellt.
Die Unmöglichkeit, die Meldebogen auszufüllen, habe ich weiter damit begründet, daß gerade für mich als nationalsozialistischen Arzt diese Maßnahme unmittelbar und entscheidend gegen jede ärztliche Berufsauffassung gehe. Ohne die unantastbare Respektierung jedes Lebens – auch wenn ein solches scheinbar durch eine Geisteskrankheit lebensunwert geworden ist – ist jede ärztliche Tätigkeit sowohl für die Gemeinschaft als auch für den einzelnen Kranken undenkbar. Durch derartige Maßnahmen wird und muß jegliches Vertrauen zu jeder ärztlichen Tätigkeit und damit auch zu der von uns angestrebten Gesundheitsführung unseres Volkes bei der Bevölkerung restlos und endgültig zerstört werden. Darüber hinaus erfolgen diese Dinge doch heute so, daß irgendeine gesetzliche Unterlage und irgendein Rechtsschutz bei Entscheidungen, die um Leben oder Tod gehen, nicht vorliegen. Daß dies nicht ohne Einfluß auf die Moralbegriffe unseres Volkes bleiben kann, ist ja unvermeidbar.
Unmöglich können doch heute noch die Maßnahmen mit irgendwelchen Notwendigkeiten der Ernährungslage begründet werden. Ist doch die Ernährungsfrage auch im Volksbewußtsein heute längst hinfällig.
Bereits heute haben diese Maßnahmen größte Beunruhigung in der Bevölkerung hervorgerufen, die in ihren Wirkungen natürlich nicht nur auf die Zivilbevölkerung beschränkt geblieben ist, sondern zwangsläufig auch auf Angehörige der Wehrmacht übergreifen mußte. Da jeder Geisteskranke durchschnittlich etwa 8–10 Angehörige oder ihm nahestehende Personen hat, ist ja leicht zu errechnen, eine wie große Zahl von Menschen unmittelbar oder mittelbar von diesen Maßnahmen betroffen wird, wenn diese – wie das anscheinend beabsichtigt ist – auf Hunderttausende von Kranken ausgedehnt werden!
Mit verbindlicher Empfehlung und Heil Hitler!

Ihr sehr ergebener gez. Jaspersen.

Im Unterschied zum Freiburger Erzbischof hielt Bischof Galen die hierauf fällige Intervention von Anfang an für eine „Sache des Gesamtepiskopats“, weshalb er das Schreiben aus Bethel unverzüglich nach Breslau weiterleitete[17], nicht ohne zu

[17] Vgl. Galen an Bertram, 28. Juli 1940. EA Breslau.

unterstreichen, daß „bei der Dringlichkeit der Angelegenheit ein Ruhenlassen derselben bis zum Termin der Bischofskonferenz wohl nicht verantwortet werden könnte“.

In Breslau allerdings fand Domkapitular Cuno, Bertrams kirchenpolitischer Berater und wie dieser zur Behutsamkeit neigend, die laut Galen in der Anlage „eindeutig dargestellten Maßnahmen“ keineswegs genügend erhärtet und riet daher zum Abwarten[18]. Denn – so Cuno – „jede Unvorsichtigkeit und Überstürzung könnte sich sachlich mit weittragendsten Folgen in seelsorglich-kirchlichen Belangen überhaupt schwer schädigend auswirken“. Kaum war der Bischof von Münster am 5. August 1940 in diesem Sinn beschieden[19], als drei Tage später ein Bündel neuer Beweisstücke für Zweifel keinen Raum mehr ließ. Überbracht wurde das Material von zwei Besuchern aus Berlin, Nuntius Orsenigo und Weihbischof Wienken. Grund ihrer gemeinsamen Vorsprache beim Breslauer Kardinal war offensichtlich die nicht mehr aufzuschiebende Intervention des Gesamtepiskopats[20]. Nicht unwesentlich dürfte die Entschlußbildung eine Abschrift der bereits erwähnten Protesteingabe gefördet haben, die von evangelischer Seite Landesbischof Wurm aus Stuttgart am 19. Juli in Sachen Euthanasie an den Reichsinnenminister gerichtet hatte[21].

Nach dem Abgang von Bertrams Einspruch vom 11. August 1940 an den Chef der Reichskanzlei setzte Erzbischof Gröber seine Vorstöße auf Landesebene fort, wobei er schärfere Töne anschlug. „Wenn sich der Staat“, so Gröber[22], „oder das Volk das Recht anmaßt, Lebensmindertüchtige oder -untüchtige des Lebens zu berauben, so werden sich Konsequenzen daraus ergeben, die mit Kultur und Menschenrechten nichts mehr zu tun haben. Es gibt auch ein Weltgewissen, vor dem das deutsche Volk zu bestehen hat ...“ Am 22. August stellte sich das Plenum der Bischofskonferenz hinter Bertrams Verurteilung der Euthanasie-Aktion und beschloß, mit einem neuen Protest nachzustoßen[23].

Als von Regierungsseite jede Reaktion ausblieb, glaubte Kardinal Faulhaber[24] Anfang November 1940, „ein längeres Schweigen in einer so ernsten Sache ... nicht mehr verantworten zu können“. „Wenn es im bisherigen Tempo weiter-

[18] Vgl. Gutachten Cunos, 2. August 1940. EA Breslau.

[19] Vgl. Bertram an Galen, 5. August 1940. EA Breslau.

[20] Während Weihbischof Wienken den Konferenzvorsitzenden in der Regel alle vier bis sechs Wochen aufsuchte, um die aktuellen kirchenpolitischen Probleme zu besprechen, reiste Nuntius Orsenigo gewöhnlich nur ein- oder zweimal im Jahr nach Breslau. Daß Orsenigo und Wienken am 8. August 1940 gemeinsam bei Bertram vorsprachen, unterstreicht den Ernst der Entscheidungssituation.

[21] Vgl. Anm. 11.

[22] Vgl. Gröber an Pflaumer, 14. August 1940. Druck: H.-J. Wollasch 297f.

[23] Vgl. Protokoll der Konferenz des deutschen Episkopats, 20.–22. August 1940. Druck dieses Abschnitts: H.-J. Wollasch 216. – Getrennt von der grundsätzlichen Verwerfung der Euthanasie-Aktion verfocht das Ordinariat Rottenburg unter Berufung auf seine jurisdiktionelle Zuständigkeit das Recht auf seelsorglichen Beistand der nach Grafeneck verlegten Kranken; vgl. Weihbischof Fischer an das Württembergische Innenministerium, 5. Oktober 1940 (EA Freiburg).

[24] Vgl. Faulhaber an den bayerischen Episkopat, 11. November 1940. Druck: L. Volk, Akten Kardinal Michael von Faulhabers 1917–1945. Bd. 2: 1935–1945 (Mainz 1978) (zitiert: Faulhaberakten II) Nr. 794.

geht", so prophezeite er[25], „ist das Hinrichtungswerk in einem halben Jahr getan." Seine Vorstellungen[26] adressierte er an Reichsjustizminister Gürtner, offensichtlich in der Hoffnung, an dessen katholischer Vergangenheit anknüpfen und von dort her verstärkte Resonanz erwarten zu können. Nur wußte er nicht, daß der Hüter der deutschen Rechtsprechung seinerseits zu den umgangenen Instanzen gehörte und erst auf Umwegen über Beschwerden von unten von der auf vollen Touren laufenden Tötungsaktion erfahren hatte. Das hatte Betroffenheit hervorgerufen, nicht aber eine frontale Wendung gegen den Initiator an der Staatsspitze ausgelöst[27].

Mit einer zentralen Schaltstelle hatte es dagegen Weihbischof Wienken im Reichsinnenministerium zu tun, wo man versuchte, den Beauftragten des Episkopats mit Hilfe von Argumentationskünsten und Scheinkonzessionen vom Nein der katholischen Morallehre herunterzulocken. Bei Wienkens heillosem Respekt vor der Gesetzgebungsgewalt des Staats war es nicht überflüssig, daß ihm Kardinal Faulhaber den Rücken steifte[28], um den Regierungsmännern klarmachen zu können, die Haltung der Bischöfe sei „so unabänderlich wie das 5. Gebot. Auch durch ein Staatsgesetz nicht zu ändern." Mit der Bekräftigung des kirchlichen Standpunkts durch Wienken endete im November 1940 die erste, interne Phase bischöflicher Protestschritte gegen die Euthanasie-Aktion, und zwar zunächst ohne erkennbaren Effekt. Erbittert zog der Münchener Kardinal in seinem Weihnachtsbrief[29] an den Papst das Fazit: „Das dämonische Werk der Euthanasie wird trotz unseres wiederholten Protestes in den Anstalten der Geisteskranken fortgesetzt." Inzwischen hatte der Hl. Stuhl in einer Erklärung des Hl. Offiziums vom 2. Dezember 1940, die in den „Acta Apostolicae Sedis" veröffentlicht wurde[30], die Beseitigung unproduktiven Lebens auf Staatsbefehl in aller Form verurteilt und sich damit seinerseits uneingeschränkt hinter den deutschen Episkopat gestellt.

Ebenfalls im Herbst 1940 häuften sich schikanöse Verordnungen, die unter dem Vorwand zwingender Kriegserfordernisse nun auch vor Eingriffen ins Kircheninnere nicht mehr Halt machten. Dazu gehörte die reiner Tyrannenlaune entsprungene Verfügung Hitlers, nach nächtlichem Fliegeralarm alle Kirchenräume bis

[25] Vgl. Faulhaber an Wienken, 18. November 1940. Druck: Faulhaberakten II, Nr. 795.

[26] Vgl. Faulhaber an Gürtner, 6. November 1940. Druck: J. Neuhäusler II, 359–364; Faulhaberakten II, Nr. 793.

[27] Vgl. dazu L. Gruchmann 246.

[28] Vgl. Anm. 25. – Zu den Verhandlungen Wienkens in der Euthanasie-Frage vgl. die differenzierte Studie von M. Höllen, Katholische Kirche und NS-„Euthanasie", in: Zschr. f. Kirchengesch. 91 (1980) 53–82.

[29] Vgl. Faulhaber an Pius XII., 1. Dezember 1940. Druck: Faulhaberakten II, Nr. 799.

[30] Vgl. AAS 32 (1940) 553f. – Die hinter dieser Erklärung stehenden Intentionen erläuterte der Papst dem Bischof von Berlin am 15. Dezember 1940 (Druck: B. Schneider, Nr. 58) mit folgenden Sätzen: „Wir haben Unsere oberste Behörde so kurz und sachlich sprechen lassen, als es eben möglich war. Wir hätten aber geglaubt, Unserer Pflicht nicht zu genügen, wenn Wir zu solchem Tun geschwiegen hätten." Zugleich umriß Pius XII. die dem deutschen Episkopat zugewiesene Aufgabe: „Es ist jetzt an den deutschen Bischöfen zu sehen, was an Ort und Stelle selbst die Umstände zu tun gebieten."

zehn Uhr vormittags geschlossen zu halten, und das über Ordensgemeinschaften verhängte Verbot[31], noch weiterhin Nachwuchs aufzunehmen.

Klostersturm (1941)

Das Signal zu einem Eroberungszug durch Kirchenbesitz gab die Parteikanzlei im Januar 1941, als Bormann durch Geheimerlaß[32] den Gauleitern eine Blankovollmacht zur Beschlagnahme von Klostergut erteilte. In den Ordenshäusern hatte man das Unheil herannahen sehen. Nachdem Parteistellen schon seit Kriegsbeginn Klostergebäude bevorzugt und zunehmend über den gesetzlich fixierten Rahmen hinaus in Anspruch genommen hatten, war der Zeitpunkt abzusehen, wo die Begehrlichkeit der NS-Funktionäre alle Hemmungen abwerfen und zu einem Raubzug durch die Klosterlandschaft ausholen würde.

Wie beim Euthanasie-Programm wurden Zielrichtung und Reichweite der Nacht-und-Nebel-Aktion erst bei ihrem Voranschreiten erkennbar, ein vor allem für Kardinal Bertram höchst verwirrendes Phänomen. Beraubte es doch die Eingabenpolitik mit dem Wegfall des administrativen Bezugspunkts eines ganz wesentlichen Elements. An die Stelle von Gesetzen, Erlassen, Verordnungen, mit denen sich ein Protest argumentativ auseinandersetzen konnte, traten Gewaltakte, die sich in rüder Tatsächlichkeit mitteilten. Dagegen vorstellig zu werden, erforderte zunächst einmal umständliche Recherchen und Rückfragen, ohne daß der Gesamtbefund am Ende als absolut zuverlässig gelten konnte. Zum A und O von Bertrams Absagen auf innerkirchliche Protestersuchen gehörte von nun an regelmäßig der Hinweis, ohne hieb- und stichfeste Sachunterlagen könne er Schritte bei Reichsbehörden nicht verantworten.

So wehrlos auch der Episkopatsvorsitzende den Beschlagnahme-Kommandos der Gestapo gegenüberstand, hätte es doch zumindest in seiner Macht gelegen, eine zentrale Erfassungsstelle mit der Registrierung aller Verlustmeldungen zu betrauen. Doch nichts dergleichen geschah. Wie gegen andere Übergriffe protestierte Kardinal Bertram pflichtgemäß auch gegen den Klostersturm, nachdem er nachdrücklich daran erinnert war, daß auch Ordenshäuser Teil der Kirche seien. Immerhin fanden die ausquartierten Ordensleute in Breslau am Ende einen Anwalt ihrer Sache, wohingegen Nuntius Orsenigo für manchen Rat und Hilfe begehrenden Abt oder Prior als einzigen Trost bereithielt, daß die Zeit der Organisationen vorbei sei[33] und es eben in Deutschland hundert Jahre lang einmal weniger oder gar keine Klöster geben würde.

Entgegen der zynischen Prognose, mit der Bormann seinen Aufruf[34] zum Beutemachen innerparteilich absichern wollte, daß nämlich „die Bevölkerung keinerlei

[31] Vgl. Verordnung des Reichsarbeitsministeriums, 29. September 1940. Druck: J. NEUHÄUSLER I, 147f.

[32] Vgl. Bormann an alle Gauleiter, 13. Januar 1941.

[33] Zur Haltung des Nuntius vgl. W. ADOLPH, Geheime Aufzeichnungen S. 277f.

[34] Vgl. Anm. 32.

Unwillen zeigt, wenn Klöster einer allgemein geeignet erscheinenden Verwendung zugeführt werden", riefen Klosteraufhebungen, wo immer sie wahrgenommen wurden, teilweise heftige Protestreaktionen der umwohnenden Bevölkerung hervor. Bis zur Einstellung der Beschlagnahme-Aktion im Sommer 1941 waren ihr nicht weniger als 123 größere Komplexe zum Opfer gefallen. Allzu hartnäckiges Pochen auf Respektierung des Eigentumsrechts von seiten der Betroffenen beantwortete die Gestapo mehrfach mit der Verschleppung ins Konzentrationslager.

Ihr rigoroses Zuschlagen illustrierte, wie sie auf mißliebige Regungen, sobald sie von Geistlichen kamen, mit besonderer Schärfe reagierte. Die Drohung mit Dachau schwebte seit Kriegsbeginn über allen Aktivitäten des Klerus. Von den über 300 dort eingelieferten katholischen deutschen Geistlichen hat jeder fünfte die Entbehrungen und Mißhandlungen der KZ-Haft nicht überlebt[35].

In dem Bemühen, das scheinbar zusammenhanglose Nebeneinander einer Unzahl von Zwangsmaßnahmen von höherer Warte zu ordnen, kam Bischof Preysing im März 1941 zu folgendem Befund[36]: „Der Kampf der christentumsfeindlichen Kreise gegen die christliche Religion und Kirche verliert durch den Krieg nichts an Schärfe, sondern wird in erhöhtem Maße weitergeführt. Dabei machen sich die christentumsfeindlichen Kreise der Partei die durch den Krieg geschaffene staatspolitische Lage in vollem Umfange dienstbar, um ihr Ziel, die Liquidierung des offenbarungsgläubigen Christentums, zu erreichen. Das Leitwort ihres Handelns läßt sich folgendermaßen umschreiben: Ausnutzung des Krieges für den antichristlichen Kampf bis zum Äußersten."

Daß die Zuspitzung der Verfolgungssituation vom Episkopat Führungsentscheidungen forderte, wurde von immer mehr Bischöfen begriffen und zumindest von einem aus ihren Reihen mit allen Konsequenzen zu Ende gedacht. Der Oberhirte von Münster ging dabei von der Frage aus[37], „ob wir die Fortführung des uns aufgezwungenen Abwehrkampfes in der bisherigen, fast ganz passiven Weise noch verantworten können. Die Kriegszeit legt uns zwar Zurückhaltung nahe. Aber wenn die Gegenseite diese unsere Zurückhaltung nur als Schwäche oder Feigheit deutet und gerade die Kriegszeit benutzt, um mit der Freiheit und den Rechten der Kirche in brutalem Vorgehen aufzuräumen, ist doch die Frage zu prüfen, ob nicht gerade die Liebe zur gesunden Entwicklung unseres Volkslebens uns als deutsche Männer bestimmen muß, freimütig und öffentlich für die Wahrung von Recht und Freiheit einzutreten. Als katholische Bischöfe haben wir nicht nur die göttlichen Offenbarungswahrheiten zu verkündigen und zu verteidigen, sondern auch die Pflicht, der Kirche ihre Freiheit und ihre Rechte zu erhalten. In Verteidigung derselben sind der hl. Thomas Becket, der hl. Stanislaus von Krakau und viele andere heilige Bischöfe als Märtyrer gestorben."

[35] Vgl. dazu die Namenslisten und Statistiken bei E. WEILER, Die Geistlichen in Dachau sowie in anderen Konzentrationslagern und Gefängnissen (Selbstverlag 1972).

[36] Vgl. Denkschrift Preysings, Anfang März 1941. EA München. Nachlaß Faulhaber.

[37] Vgl. Galen an Berning, 26. Mai 1941; in dieser Zschr. 194 (1976) 220–223.

Nicht ohne Bitterkeit sprach Galen von „unserer oft erprobten Nachgiebigkeit", um nach Aufzählung der letzten Zwangsmaßnahmen fortzufahren: „Wenn wir das ohne öffentlichen Protest hinnehmen dürfen, wo ist dann überhaupt noch der Punkt, an dem es für uns Pflicht wird, für die Freiheit der Kirche öffentlich einzutreten und gegebenenfalls die eigene Freiheit und das Leben zum Opfer bringen?"

Was hier dem Bischof von Münster eine gewissenhafte, ja quälende Selbstprüfung als unausweichliche Hirtenpflicht auferlegte, wurde ihn durch die Entschließung der einen Monat später tagenden Plenarkonferenz vom Juni 1941 nicht abgenommen. Nur mit Mühe war es dort einer Mehrheit mit der Forderung nach energischerer Gegenwehr gelungen, Kardinal Bertram die Zustimmung zu einem Hirtenwort[38] über den Kirchenkampf abzuringen. Ungeachtet der wachsenden Aggressivität von Staat und Partei beharrte der Konferenzvorsitzende auf der These, daß es zur Eingabenpolitik keine Alternative gebe.

Im Gegensatz dazu hielt Bischof Galen bereits bei der Verlesung des Fuldaer Hirtenworts am 6. Juli 1941 nicht mit der Auffassung zurück, daß gewisse allgemeine Ausführungen der Konkretisierung bedürften. Letzte Bedenken fallenzulassen bewogen ihn Klosteraufhebungen in Stadt und Bistum Münster eine Woche später. Sie machten die Bahn frei zu den drei großen Brandpredigten vom Juli/August 1941, in denen mit Vehemenz hervorbrach, was sich im Innern des Bischofs an Empörung über den Machtmißbrauch der Gestapo und die Ruchlosigkeit der Euthanasie-Morde angestaut hatte. Wie sich der Kanzelprotest aus Münster, allein getragen von seinem moralischen Impuls, mit Windeseile in alle Himmelsrichtungen verbreitete, war ohne Beispiel. Keine andere Bischofskundgebung während der NS-Zeit weckte ein ähnlich spontanes und weitreichendes Echo. Wenn die Galen-Predigten[39] vieltausendfach abgeschrieben und in kaum mehr lesbaren Durchschlägen wie von einem Sog davongetragen wurden, so spiegelte sich darin der Hunger des Kirchenvolks nach Worten der Klärung und Entscheidung. Andererseits konnte der Funke von der Bischofskanzel nur überspringen und zünden, wenn er in eine entflammbare Zuhörerschaft fiel, eine Zuhörerschaft nämlich, der nur allzu reale, in sich aber außerhalb des Vorstellbaren liegende und daher durch den Panzer der Unglaubwürdigkeit geschützte Untaten des Regimes nicht erst aufgedeckt werden mußten, sondern die nur noch das laute Nein eines Kirchenmannes zu hören verlangte.

[38] Vgl. Hirtenwort des deutschen Episkopats, 26. Juni 1941. Druck: W. Corsten, Kölner Aktenstücke zur Lage der katholischen Kirche in Deutschland (Köln 1949), Nr. 209.

[39] Druck der Predigten vom 13. Juli, 20. Juli und 3. August 1941 bei H. Portmann, Der Bischof von Münster. Das Echo eines Kampfes für Gottesrecht und Menschenrecht (Münster 1946) 123–155. – Zum Widerhall der Galen-Predigten berichtete der Nuntius (Orsenigo an Maglione, 10. September 1941. Druck: ADSS V, 194): „Die bekannten Predigten Sr. Exzellenz von Galen, des Bischofs von Münster, sind überall verbreitet. Sie wurden gelesen im Behördenapparat, in den diplomatischen Vertretungen, in Kreisen der Offiziere und Soldaten an der Front; sie sind der Geschäftswelt ebenso bekannt wie dem einfachen Volk; von Katholiken wie Protestanten werden sie mit Genugtuung aufgenommen; sie werden im Warthegau verbreitet und in Holland."

Galens Vorstoß wirkte auf andere Bischöfe als Ansporn. Seinem Beispiel folgten mit der öffentlichen Anprangerung von Euthanasie und Klosterraub die Bischöfe Machens[40] von Hildesheim und Bornewasser[41] von Trier. Sie zusammen trugen die zweite, nunmehr öffentliche Welle bischöflicher Einsprüche gegen den Massenmord an den Geisteskranken (Juli–September 1941)[42]. Neben anderen Faktoren hat diese von Galen angestoßene Protestbewegung entscheidend dazu beigetragen, daß Hitler das Euthanasie-Programm Ende August 1941 abbrach[43].
Wie begrenzt und vorläufig auch immer, gab der Teilerfolg jenen Stimmen im Bischofsgremium recht, die wie Preysing schon seit Jahren eine stärkere Einbeziehung des Kirchenvolks in den Abwehrkampf gefordert hatten. Dieses Widerstandspotential für die nächste Phase der Auseinandersetzung mit dem NS-Regime zu mobilisieren, betrachtete ein im Sommer 1941 der Bischofskonferenz zugeordneter „Ausschuß für Ordensangelegenheiten" als seine Hauptaufgabe. Die Aktivitäten dieses Initiativkreises[44], den Preysing, Galen und Gröber tatkräftig

[40] In der Predigt, die Bischof Machens am 17. August 1941 im Dom zu Hildesheim gehalten hatte (EA München. Nachlaß Faulhaber), hieß es zu den Euthanasie-Morden: „Noch ein Letztes drückt schwer auf unser aller Seelen, die Tötung der Geisteskranken. Ist einer unter euch, der das Schreckliche der Sache nicht begreift? ... Jeder, auch der Irre, ist Person, unantastbare Person wegen der unsterblichen Seele, die auch in seinem kranken Körper wohnt. Die Tötung ist aber der tiefste Eingriff in das Persönlichkeitsrecht. Doch mehr. Gott der Schöpfer allein ist Herr über Leben und Tod. Niemand darf einen unschuldigen Menschen töten außer im gerechten Krieg oder in unabwendbarer Notwehr. Jede andere Tötung ist ein Eingriff in Gottes Oberhoheit, in seine Majestätsrechte. Und trotz allem erfolgt die Tötung der Geisteskranken in weitestem Ausmaße ... Ich aber muß als Bischof für die ärmsten meiner Diözesanen feierliche Verwahrung einlegen. Ich lege sie zugleich für ihre Angehörigen ein, die nicht zu reden wagen. Ich erhebe feierlichen Protest im Namen des deutschen Rechtes, das solche Tötung bei Todesstrafe verbietet. Ich erhebe flammenden Einspruch im Namen Gottes, dessen Recht verletzt wird. Ich rufe bittend und beschwörend: ‚Ach höret auf, laßt ab von den Ärmsten; denn Gott ist ihr Rächer.'"

[41] Vgl. Predigten Bornewassers am 31. August und 14. September 1941 im Dom zu Trier. Druck: Fels im Sturm. Predigten und Hirtenworte des Erzbischofs Franz Rudolf Bornewasser, hrsg. v. A. Heintz (Trier 1969) 432–444.

[42] Das Hervortreten Galens induzierte außerdem eine neue Folge interner Vorstellungen; vgl. im einzelnen Weihbischof Baumann (Paderborn) an Landeshauptmann Kolbow, 12. August 1941 (Druck: H. Portmann, Dokumente um den Bischof von Münster, Münster 1948, 249f.); Bischof Hilfrich an Staatssekretär Schlegelberger, 13. August 1941 (Druck: J. Neuhäusler II, 363f.); Berning im Namen der westdeutschen Bischöfe an Frick, 28. August 1941 (Druck: J. Neuhäusler II, 369f.); Dompropst Lichtenberg an Conti, 28. August 1941 (Druck: H. G. Mann, Prozeß Bernhard Lichtenberg. Ein Leben in Dokumenten, Berlin 1977, 34f.). – Zum Ausbleiben eines öffentlichen Protests von evangelische Seite auf der Ebene der Kirchenleitungen vgl. die Feststellungen von W.Niemöller bei H. C. v. Hase 28. – Einen gewissen Ausgleich schaffte die weite Verbreitung von Wurms Eingabe an den Reichsinnenminister (vgl. Anm. 11), die ähnlich wie die Galen-Predigten vom Sommer 1941 in zahllosen Nachschriften zirkulierte. Zu denen, die dem Vorstoß Wurms Anerkennung zollten, gehörte auch Pius XII., der „das mutige Schreiben aus Württemberg" von Bischof Preysing erhalten hatte (vgl. Anm. 30).

[43] Auch nach diesem Einschnitt forderte die sogenannte „wilde Euthanasie", die sich vornehmlich der Methode des Verhungernlassens der Todeskandidaten bediente, noch Tausende von Opfern; vgl. dazu L. Gruchmann 278; K. Nowak 85f.

[44] Unter dem Beauftragten des Gesamtepiskopats Bischof Dietz von Fulda zählten zu der Gruppe Laurentius Siemer OP (1888–1956), 1932–1946 Provinzial der deutschen Dominikanerprovinz; Odilo Braun OP (geb. 1899), 1940 Generalsekretär der Superioren-Vereinigung; Augustin Rösch SJ (1893–1961), 1935–1944 Provinzial der oberdeutschen Ordensprovinz, 1948 Landescaritasdirektor

unterstützten, verfolgte der Vorsitzende in Breslau nicht ohne Mißtrauen. An Bertram sollte schließlich um die Jahreswende 1941/42 auch der sorgsam eingefädelte Plan eines außergewöhnlichen Hirtenworts scheitern, hinter dem die Absicht stand, den Vernichtungskampf gegen Christentum und Kirche zu entlarven, die Schändung des Rechts zu brandmarken und die Staatsführung ultimativ zu stellen[45].
Das in der Geschichte der Bischofsberatungen so häufig lähmende Bedenken der Opportunität wiesen die Initiatoren als nebensächlich zurück. Entscheidend sei allein die Frage: „Was ist im gegenwärtigen Augenblick unsere Pflicht? Was verlangt das Gewissen? Was erwartet Gott, das gläubige deutsche Volk von seinen Bischöfen?" Die Besonderheit des Kundgebungsentwurfs vom November 1941 lag darin, daß er zwar ebenfalls bei den Verstößen gegen das Konkordatsrecht ansetzte, dann aber in einem weiteren Abschnitt das überlieferte Schema sprengte, um zur Verteidigung menschlicher Grundrechte auszuholen. Für das Recht auf Eigentum, Ehre, Freiheit und Leben beließ er es nicht bei einer allgemeinen Postulierung, sondern nannte ihre Vergewaltigung beim Namen[46]. So hieß es zum Recht auf Freiheit und Leben: „Tausende von Männern und Frauen schmachten in den Sammellagern der Geheimen Staatspolizei, ohne jemals vor einem unabhängigen Richter einer Schuld überführt worden zu sein. Niemand kann die Gewaltmaßnahmen der Geheimen Staatspolizei überprüfen, und niemand hindert sie, nach Belieben über Tod und Leben zu verfügen."
Mit der Wendung vom geschriebenen zum ungeschriebenen Recht, von Gesetzesvorschriften und Konkordatsartikeln zum Naturrecht, wurde ein Schritt getan, den Bertram bewußt vermieden hatte und der sein Rollenverständnis herausfordern mußte. Um jeden Verdacht einer Grenzüberschreitung ins Politische von vornherein auszuschalten, hielt er sich – und das nicht erst seit 1933 – im Umgang mit Regierungsstellen eisern an den Grundsatz, seine Protestpraxis auf Gegenstände zu beschränken, für die ihm die kirchenamtliche Zuständigkeit nicht bestritten werden konnte. War das auf dem Boden eines Rechtsstaats im Prinzip vertretbar, so wurde es unter totalitärer Herrschaft im Zug ihrer Entfaltung zunehmend fragwürdiger. Daß im Ganzen des Bischofsamts der Seelsorgsauftrag dem Wächterauftrag vorgeordnet ist, entspricht kirchlichem Selbstverständnis. Anfechtbar wurde Bertrams Definition des Hirtenamts, wenn er für die Seelsorgspflichten nicht nur Priorität, sondern Ausschließlichkeit beanspruchte. Der mögliche und in der NS-Zeit reale Widerstreit zwischen beiden Pflichtenkreisen konnte auch nicht dadurch aufgehoben werden, daß der Kardinal sich auf die Verheerungen berief, die Bismarcks Kulturkampf auf pastoralem Gebiet angerich-

für Bayern; Lothar König SJ (1906–1946) sowie als Vertreter des Laienelements Georg Angermaier (1913–1945), 1940 Justitiar der Diözesen Bamberg und Würzburg. – Zu den Aktivitäten des Ausschusses für Ordensangelegenheiten vgl. Faulhaberakten II, Register.

[45] Zu Einzelheiten vgl. in dieser Zschr. 178 (1966) 250–256 [vgl. oben S. 67ff.].

[46] Vgl. Entwurf eines gemeinsamen Hirtenworts, 15. November 1941. Druck: Faulhaberakten II, Nr. 845 a.

tet hatte und die es um jeden Preis zu vermeiden gelte. So wenig Hirtenauftrag und Prophetenamt voneinander zu trennen waren und sich gegenseitig durchdrangen, so geriet doch Bertram immer wieder an eine Hemmschwelle, wenn ihn totalitärer Machtmißbrauch vor die Notwendigkeit stellte, von den Catholica auf die Humana durchzustoßen.

Nichts konnte den Unterschied zwischen dem restriktiv-kirchenrechtlichen Ansatz des Breslauer Kardinals und dem universal-naturrechtlichen seiner Kritiker schlagender verdeutlichen als ihre Reaktionen auf die Herausforderung der Konzentrationslager. Auch Bertram wollte sich nicht schweigend damit abfinden, blieb aber, wie er das für kompetenzgerecht und erfolgversprechend hielt, in wiederholten Vorstellungen[47] ganz auf der Ebene des Pastoralen. Infolgedessen sah er seine Aufgabe darin, für die katholischen Häftlinge Gottesdienst und Seelsorge zu fordern, währenddem der genannte Hirtenbriefentwurf nicht zögerte, die Existenz von Konzentrationslagern und die Einlieferungspraxis der Gestapo direkt anzugreifen.

Das jedoch rief in Breslau die gewohnten „staatsrechtlichen Bedenken“ wach, so daß das Projekt am Veto Kardinal Bertrams scheiterte. Dazu trat in der Folgezeit als weiteres Dämpfungsmoment der Vorwurf der „Feindbegünstigung“, mit dem Kirchenministerium und Reichskanzlei auf kritische Kundgebungen des Episkopats reagierten. Das wurde zwar von Bertram zurückgewiesen, blieb jedoch nicht ohne Einfluß auf seine Entschlüsse.

[47] Die diesbezüglichen Eingaben Bertrams datieren vom 22. Juli 1938, 4. Dezember 1940, 3. Juni 1942 und 17. November 1943. – In einem lateinisch abgefaßten Bericht, der sich zum Teil mit dem Schicksal der ins Konzentrationslager verschleppten deutschen und polnischen Geistlichen beschäftigt, erläuterte der Breslauer Kardinal (Bertram an Maglione, 7. Dezember 1942. Druck: ADSS III, 2, Nr. 447, hier S. 692) dem Kardinalstaatssekretär die Schwierigkeiten, über die Zustände in den Konzentrationslagern zuverlässige Angaben zu ermitteln: „Über die Konzentrationslager konnten wir bisher nur wenig in Erfahrung bringen, weil uns über die Gründe für die Einlieferung der einzelnen Häftlinge, über die Art und Weise ihrer Behandlung, ihr Los, ihr gesundheitliches Befinden und ihre Bedürfnisse kaum etwas bekannt wird. Die Häftlinge werden unter Androhung härtester Strafen zu strengstem Stillschweigen über alles verpflichtet, was im Lager geschieht; sie wagen es daher nicht, etwas zu erzählen. Alle Bischöfe sind von innigstem Mitgefühl und tiefstem Erbarmen gegen die Häftlinge erfüllt, zumal wir davon überzeugt sind, daß der größte Teil der Häftlinge unschuldig leidet. Von meinen Diözesangeistlichen haben mehrere dort den Tod gefunden, die ich besonders schätzte und verehrte wegen ihrer allseits bekannten untadeligen Tüchtigkeit und Lebensführung.“

6

EPISKOPAT UND KIRCHENKAMPF IM ZWEITEN WELTKRIEG

II. Judenverfolgung und Zusammenbruch des NS-Staats

Bis zur Einstellung der Mordaktion an den Geisteskranken hatten die Bischöfe intern dagegen schon über ein Jahr lang vergeblich protestiert. Wirklich ernst genommen und zu einer Belastung für das Regime wurden die kirchlichen Einsprüche sprunghaft in dem Augenblick, wo Galens Vorstoß die in der Bevölkerung schwelende Empörung über das Staatsverbrechen zur Entzündung brachte. Dieser Fehlschlag, in den Augen des mit der „Endlösung" betrauten Reichsführers SS Himmler ein unverzeihlicher Dilettantismus, sollte sich nicht wiederholen, weshalb um das zweite, ungleich größere Gewaltverbrechen der Hitlerherrschaft, den Völkermord an den Juden, von Anfang an ein dichter Schleier gezogen und Geheimhaltung zum obersten Gebot erklärt wurde. Im Unterschied zur Euthanasie würde die Bevölkerung gänzlich ausgeschlossen sein, es würde nicht einmal Ansatzpunkte für Spekulationen geben, weder Todesnachrichten an Angehörige noch Sterbeurkunden oder Aschenurne. Die Spuren der „Umgesiedelten" würde sich „im Osten" verlieren, wie das Transportziel mit bezeichnender Unschärfe genannt wurde. Schon die Ghettos als Zwischenstation und noch mehr die Liquidierungsstätten lagen außerhalb des Gesichtskreises der Zurückbleibenden.
Allein der erste Akt des Dramas, die Aussonderung und Verschickung der deutschen Juden, systematisch im Herbst 1941 beginnend[1], spielte noch im Wahrnehmungsfeld der Umwohner[2]. Unter den Beobachtern weckte er Abscheu und Entsetzen. Sie führten auch Kardinal Faulhaber die Feder, als er in einem Alarmruf nach Breslau die Szenen beim Abschieben der jüdischen Bevölkerung mit den „Transporten afrikanischer Sklavenhändler" in Parallele setzte[3]. „Aus Laienkreisen ...", so fuhr er fort, „werde ich gefragt, ob die deutschen Bischöfe, die einzigen, die in solchen Stunden zu reden den Mut hätten, nicht für diese für den Abtransport bestimmten Menschen etwas tun könnten, um wenigstens die unbeschreiblichen Härten beim Abtransport zu mindern." Die Antwort[4] des Episkopatsvorsitzenden, ohnehin schon von allen Seiten mit Hiobsbotschaften einge-

[1] Zur Haltung und den Hilfsanstrengungen der Kirche in den vorausliegenden Abschnitten nationalsozialistischer Judenpolitik vgl. B. VAN SCHEWICK, Katholische Kirche und nationalsozialistische Rassenpolitik, in: K. GOTTO, K. REPGEN 83–100. [Zu den im folgenden zitierten ungedruckten Quellen vgl. auch die oben S. 11 Anm. 1 am Ende genannte Edition].

[2] Für Bayern, wo zwischen 1941 und 1944 etwa 8500 Juden deportiert wurden, kommt eine kritisch abwägende Regionalstudie zu folgendem Schluß, wobei allerdings je nach Schauplatz zwischen Großstadt, Kleinstadt und Dorf stärker zu differenzieren wäre: „Es hat den Anschein, daß die Bevölkerung die Transporte fast nicht wahrgenommen hat"; vgl. I. KERSHAW, Antisemitismus und Volksmeinung. Reaktionen auf die Judenverfolgung, in: Bayern in der NS-Zeit II, hrsg. v. M. BROSZAT u. E. FRÖHLICH (München 1979) 281–348, hier 338.

[3] Vgl. Faulhaber an Bertram, 13. November 1941. Druck: Faulhaberakten II, Nr. 844.

[4] Vgl. Bertram an Faulhaber, 17. November 1941. Druck: Faulhaberakten II, Nr. 846.

deckt, klang jedoch matt und kleinmütig. Bei der Virulenz nationalsozialistischen Judenhasses sehe er für Vorstellungen nicht die kleinste Erfolgschance.
Wenn sich Bertram so wie schon vor dem Protest gegen die Euthanasie einem Aktivwerden gegen die Verschleppung der Juden zunächst einmal verschloß, so holte ihn das Ereignis doch in Kürze wieder ein. Vier Monate später, Mitte Februar 1942, überbrachte Nuntius Orsenigo dem Kardinal persönlich einen ersten Bericht[5] über das Los der Deportierten, der, obwohl fragmentarisch und nicht in allen Stücken nachprüfbar, Schlimmes befürchten ließ. Es war darin die Rede von primitiver Unterbringung in polnischen Ghettos, aber auch vom Abreißen jeglicher Nachrichtenverbindung und von Mitteilungen über Massenerschießungen der nach Osten Verschickten. Wahrscheinlich stammte der bestürzende Situationsbericht vom „Hilfswerk beim Bischöflichen Ordinariat Berlin", das Bischof Preysing im September 1938 zugunsten der bedrängten jüdischen Katholiken in seiner Diözese ins Leben gerufen hatte[6].

Die Mehrstufenfunktion des Berliner Hilfswerks

In der Anlaufphase bis 1940 vorab in der Beratung und Unterstützung von Auswanderungswilligen tätig, verlagerte die Hilfsstelle nach der Schließung der Grenzen und der Radikalisierung von Hitlers Judenpolitik ihre Anstrengungen auf die caritative und pastorale Betreuung ihrer Schützlinge. Infolge des relativ hohen jüdischen Bevölkerungsanteils forderte jede Verfolgungswelle in Berlin ungleich mehr Opfer als in jeder anderen deutschen Großstadt, so daß es vom Herbst 1941 an in einem beklemmenden und beschämenden Sinn zur Reichshauptstadt der Geängstigten und Entrechteten wurde. Schon von der Zahl der Hilfesuchenden her stand darum das Bistum Berlin vor größeren Aufgaben als andere Diözesen, und weil anfangs nicht jede Kommunikation mit den Deportierten sogleich aufhörte, wurde das Ordinariat Berlin für die kirchlichen Stellen so etwas wie ein Spalt in der Mauer der Geheimhaltung. Zur Sonderstellung von Preysings Hilfswerk trug weiterhin bei, daß Berlin neben den Reichsministerien auch die Kommandozentrale des Verfolgungsapparats beherbergte. Gegen die „Endlösung" konnte nur Front machen, wer von ihr Kenntnis hatte. Was beim Hilfswerk im Lauf der Monate an Informationen zusammenfloß – und bei keiner bischöflichen Behörde war der Nachrichtenstrom dichter –, enthüllte zwar nicht die Existenz der Vernichtungslager, wirkte aber auch ohnedies bestürzend genug.

[5] Vgl. Bericht über die „Abwanderung" der Juden (Evakuierung). Undatiert, mit Eingangsvermerk Bertrams: 14. Februar 1942 (EA Breslau). Da laut Audienzenbuch der Nuntius an diesem Tag in Breslau vorsprach, war er sehr wahrscheinlich der Überbringer des Berichts. Zu einer weiteren Bestandsaufnahme aus der Sicht des Berliner Hilfswerks vom Sommer 1942 vgl. Petrusblatt Nr. 5 u. 6 vom 4. u. 11. Februar 1979.

[6] Zur Gründung, Organisation und Tätigkeit des Berliner Hilfswerks zwischen 1938 und 1941 vgl. L.-E. Reutter, Katholische Kirche als Fluchthelfer im Dritten Reich (Recklinghausen, Hamburg 1971) 105–116.

Gerade in dem Augenblick, wo die deutschen Juden durch den gelben Stern öffentlich gebrandmarkt und aus dem Volksganzen ausgestoßen wurden, hatte Bischof Preysing an die Spitze seines Hilfswerks Frau Margarete Sommer[7] berufen, die für diese Aufgabe nicht nur Hingabebereitschaft und caritativen Elan mitbrachte, die nicht nur unablässig Zeugnisse und Indizien zusammentrug, um Unvorstellbares zu belegen, sondern die, Kurier und Mentor ihres Bischofs, nicht aufhörte, den Vorsitzenden des Gesamtepiskopats an die Pflicht zum Widerspruch zu mahnen. Daß die Protestimpulse von Berlin ausgingen, war um so naheliegender, als dort jede antijüdische Aktion mit Verstärkereffekt wahrgenommen wurde. Aus diesem engen Konnex ergab sich, daß die wiederholten kirchlichen Protestschritte im gleichen Rhythmus geschahen wie die großen, vom Hilfswerk nach Breslau signalisierten Deportationsschübe.
Für Abwehrbemühungen auf gesetzgeberischem Gebiet besaß Bischof Preysing in Hans Globke[8] einen ebenso wagemutigen wie verschwiegenen Vertrauensmann, der insbesondere bei der Hinauszögerung eines Gesetzes zur Zwangsscheidung rassisch gemischter Ehen unschätzbare Dienste leistete. Als Ministerialrat im Reichsinnenministerium am Herrschaftswissen des Regierungslagers partizipierend, hat Globke kein Risiko gescheut, Informationen zu beschaffen und weiterzuleiten, die es den kirchlichen Stellen ermöglichten, bereits präsentiv, gezielt und im entscheidenden Augenblick zu intervenieren. Einmal nach Osten ver-

[7] Margarete Sommer (1893–1965), 1924 Dozentin an Wohlfahrtsschulen, 1935 Tätigkeit im Ordinariat Berlin, 1939 Diözesanleiterin für die Frauenseelsorge im Bistum Berlin, 1941 Leiterin des Hilfswerks beim Ordinariat Berlin. – Zu Person und Wirken vgl. E. Klausener, in: Miterbauer des Bistums Berlin. 50 Jahre Geschichte in Charakterbildern, hrsg. v. W. Knauft (Berlin 1979) 153–179.

[8] Hans Globke (1898–1973), 1929 Regierungsrat im Preußischen Innenministerium, 1934 Reichsinnenministerium, 1938 Ministerialrat, 1949 im Bundeskanzleramt, 1953–1963 Staatssekretär. – Zu Person und Wirken vgl. U. v. Hehl, in: Zeitgeschichte in Lebensbildern III, hrsg. v. J. Aretz, R. Morsey, A. Rauscher (Mainz 1979) 247–259; zu den politisch motivierten Angriffen auf Globke in der Frühzeit der Bundesrepublik vgl. U. v. Hehl, Der Beamte im Reichsinnenministerium, in: Der Staatssekretär Adenauers. Persönlichkeit und politisches Wirken Hans Globkes, hrsg. v. K. Gotto (Stuttgart 1980) 230–282. – Seit Kriegsbeginn nicht mehr mit jüdischen Angelegenheiten befaßt, erhielt Globke über den ihm verbundenen Ministerialrat Bernhard Lösener (1890–1952), 1933–1943 Rassereferent im Reichsinnenministerium, weiterhin Informationen aus erster Hand über antijüdische Gesetzesvorhaben. – Zu Löseners Position und Eindämmungsbemühungen vgl. Vierteljahrshefte für Zeitgeschichte 9 (1961) 264–313. – Als Mittelsmann zum Ordinariat Berlin fungierte Justitiar Happ, mit dem Globke aus Tarnungsgründen jeweils in einem Café in der Kanonierstraße zusammentraf. Wilhelm Happ (1886–1958), 1926 Präsident des Siedlungsverbands Ruhr-Kohlen-Bezirk (Essen), 1930 Regierungspräsident in Breslau, 1933 Amtsenthebung, 1937–1945 Justitiar des Bistums Berlin, nach 1945 Ministerialdirektor im Innenministerium von Rheinland-Pfalz. – In seinem Augenzeugenbericht zu den Massenvergasungen (Vierteljahrshefte für Zeitgeschichte 1 [1953] 177–194, hier 193) zählt Kurt Gerstein den Syndikus von Bischof Preysing, Dr. Winter, zu den Persönlichkeiten, die er Ende August/Anfang September 1942 über seine Beobachtungen in den Vernichtungslagern Belzec und Treblinka unterrichtet habe. Im Ordinariat Berlin gibt es indessen für einen Mitarbeiter dieses Namens keinerlei Beleg oder Hinweis. Von der Berufsbezeichnung her käme im Fall einer Namensverwechslung noch am ehesten Justitiar Happ in Betracht. Dem steht dann aber sachlich entgegen, daß der Kenntnisstand der Berliner kirchlichen Stellen zur „Endlösung“ über den fraglichen Zeitpunkt hinaus unverändert vage bleibt, während ihn das Zeugnis Gersteins dramatisch konkretisiert hätte.

schickt, waren die Juden von jedem karitativen Bemühen bald abgeschnitten. Um so dringlicher empfand der Berliner Helferkreis die Aufgabe, für das Bleiberecht jener zu kämpfen, denen nach einer von der Gestapo fanatisch betriebenen Ausweitung des Judenbegriffs ebenfalls die Verschleppung gedroht hätte. Die Schonfrist, die den jüdischen Partnern rassisch gemischter Ehen und den „Mischlingen" zugemessen war, war nur dem Umstand zu verdanken, daß sich die Verfolger über die Prozedur nicht einigen konnten[9].

Was kirchlicherseits gegen den Fortgang der Verschleppung geschehen könne, beschäftigte die in Preysings Hilfswerk Tätigen mit der ganzen Wucht des Entscheids über Leben oder Tod. Wenn irgend jemand, dann waren sie für die allseitige Erfassung des Problems kompetent, aber gerade weil moralische Forderungen und praktische Folgewirkungen miteinander in Einklang zu bringen waren, konnten auch sie sich zu einer eindeutigen Empfehlung an die Bischofskonferenz von 1942 nicht verstehen. In ihrer Stellungnahme[10] hieß es:

„Da es sich nicht nur um Hilfe für eine kleine Gruppe, sondern auch um die Wahrung des Naturrechts und der christlichen Substanz sowohl im stillen Wirken von Mensch zu Mensch als auch im Bewußtsein der Öffentlichkeit handelt, ist ein Appell an die christliche und außerchristliche Öffentlichkeit zu erwägen. Von vielen Seiten wird ein solches offenes Wort erwartet. Es spricht aber dagegen, daß kein praktischer Erfolg zu erwarten ist und daß durch einen solchen Schritt die noch mögliche Arbeit auch gefährdet werden könnte."

Als jedoch im November 1942, gerade ein Jahr nach dem Deportationsalarm aus München, die Horchposten in Berlin das Herannahen eines Gesetzes zur Zwangsscheidung rassischer Mischehen signalisierten, setzte dem Kardinal Bertram unverzüglich einen Protest bei den obersten Reichsbehörden entgegen[11]. Darin machte er geltend, „daß nach allgemein anerkannten Lebensgrundsätzen auch gegenüber den Angehörigen anderer Rassen unverrückbare Pflichten der Menschlichkeit bestehen" und daß „nach Recht und Sittlichkeit und heiligster Glaubensüberzeugung solche Ehen, solche Familien nicht ... vom Staate zerrissen werden" dürfen. Zunächst blieb der Gesetzentwurf weiter in der Schublade, was radikale SS-Kreise veranlaßte, auf eigene Faust loszuschlagen. In einer brutalen Razzia wurden Ende Februar 1943 Tausende Berliner Juden zusammengetrieben, um in den Tagen danach in Vernichtungslager verfrachtet zu werden. Als Kronzeugin der in den Sammellagern konzentrierten Todesfurcht und Verzweiflung reiste Frau Sommer Anfang März persönlich nach Breslau, um die Unaufschiebbarkeit eines massiven Einspruchs zu unterstreichen[12]. Auf ihren Notruf

[9] Zu den regime-internen Auseinandersetzungen vgl. U. D. ADAM, Judenpolitik im Dritten Reich (Düsseldorf 1972) 316–333.

[10] Bericht Sommers, Ende Juli 1942, mit den Vermerken: Vertraulich! – Nicht für das Protokoll bestimmt (EA Freiburg).

[11] Vgl. Bertram an Schlegelberger, Frick und Kerrl, 11. November 1942. EA Bamberg.

[12] In ihrem Bericht „Gewaltsame Trennung rassischer Mischehen" (mit Eingangsvermerk Bertrams: 2. März 1943) machte M. Sommer konkrete Vorschläge für Sofortmaßnahmen, die von einer Intervention Wienkens über „ein klares, anklagendes Protestwort aller deutschen Oberhirten am

hin setzte Kardinal Bertram sofort telegrafisch Bischof Wienken in Marsch und schob seinerseits einen schriftlichen Protest nach[13]. Daß daraufhin Eichmann von einem Teil seiner Beute, nämlich den nichtarischen Ehepartnern, abließ, war wesentlich dem Eingreifen des Kardinals zuzuschreiben, wenngleich als Teilerfolg auf der anderen Seite tief bedrückend[14].
Immerhin blieb festzuhalten, daß die Gegenseite bischöflichen Einspruch nicht immer und nicht schlechthin unbeachtet lassen konnte. In der Verfolgerzentrale die Sorge vor einer öffentlichen Anprangerung der Judenbehandlung zu nähren, bemühte sich in den folgenden Wochen namentlich Bischof Preysing. Aufgrund der vorausgegangenen Interventionen konnten die fanatischen Befürworter einer Zwangsscheidung rassisch gemischter Ehen und der Ausdehnung des Judenbegriffs auf die Mischlinge nicht im Zweifel sein, daß der Episkopat einen dahin zielenden Gesetzgebungsakt nicht schweigend hinnehmen würde. Betroffen hätte die Entrechtungsaktion innerhalb des Reichsgebiets einen Personenkreis von nicht weniger als 150000 Menschen.
Daß seit Mitte April 1943 auf eine Initiative des Berliner Bischofs hin bei den Ordinariaten ein entsprechendes Bischofswort zur Vervielfältigung bereitlag[15], unterstrich die Entschlossenheit des Episkopats, sich auf diesem Sektor der Herausforderung zu stellen. Tatsächlich ist der zweimal zur Verabschiedung anstehende Entwurf zur Zwangsscheidung jüdischer Mischehen niemals Gesetz geworden, was allerdings in Einzelfällen ungesetzliche Methoden der Auseinanderreißung von Ehepartnern keineswegs ausschloß. Zum Scheitern der Gesetzesvorlage haben neben der Haltung des Episkopats freilich auch andere Faktoren wie etwa regime-interne Differenzen nicht unwesentlich beigetragen.
Den Weg zu diesem begrenzten Abwehrerfolg überschattete indessen ein tragisches Dilemma. Zunächst war die Ausgangslage dadurch charakterisiert, daß die

kommenden Sonntag" bis zu einem „Schritt des Hl. Vaters, vielleicht durch einen persönlichen Beauftragten im Führerhauptquartier oder auch durch ein an das Weltgewissen gerichtetes Hirtenwort über den Vatikanischen Sender" reichte.

[13] Vgl. Bertram an Wienken, 2. März 1943 (EA Breslau) sowie Bertram an Frick, Kerrl, Schlegelberger, Lammers und das Reichssicherheitshauptamt, 2. März 1943 (DA Rottenburg). – Über das Ergebnis seiner Vorstellungen bei Eichmann berichtete Wienken noch am gleichen 4. März 1943 nach Breslau, wobei er an die erreichten Zusagen die Hoffnung knüpfte, damit Bertrams Bitte „voll und ganz entsprochen zu haben" (EA Breslau). Tatsächlich markiert dieses Datum einen der wenigen größeren Verhandlungserfolge, die Weihbischof Wienken als Leiter des Kommissariats der Fuldaer Bischofskonferenz während der ansonsten weithin von Vergeblichkeit und Enttäuschung geprägten Tätigkeit in der NS-Zeit zu verbuchen hatte.

[14] Welche Momente letztlich die Verfolgerzentrale zu einem teilweisen und sicherlich nur vorläufig gemeinten Zurückstecken bewogen, ist nicht eindeutig auszumachen. Es kann dem Eingreifen des Episkopats ebensowenig mit Ausschließlichkeit zugeschrieben werden wie dem Stehprotest der vor dem Sammellager ausharrenden Frauen, die im Chor die Freilassung ihrer nichtarischen Ehemänner gefordert hatten. Demzufolge ist auch die noch weitergreifende These, die faktische Verschonung der Mischehen sei „in der Hauptsache den mutigen Frauen von Berlin" zu verdanken, um damit die Bedeutung der kirchlichen Einsprüche zu mindern, reine Spekulation; so G. Lewy, Die katholische Kirche und das Dritte Reich (München 1965) 316f.

[15] Vgl. Preysing an den deutschen Episkopat, 16. April 1943, mit Text eines gemeinsamen Hirtenworts. DA Limburg.

Waffe des Kanzelprotests gegen die Zwangsscheidung auf die Verfolgerseite nur so lange wirkte, wie sie im Stadium der Androhung verblieb, also nicht eingesetzt wurde. Das vereitelte im Endeffekt zwar einen Gesetzgebungsakt zur Ausweitung des Deportationsprogramms, lähmte aber andererseits zumindest zeitweilig die schon aus anderen Gründen eingeschränkte Entschließungsfreiheit der Bischöfe, gegen die Judenverfolgung als solche öffentlich aufzutreten. Wären sie anders verfahren, so hätte das die von der Protestdrohung ausgehenden Hemmungen sogleich aufgehoben und angestaute Vernichtungsenergie gegen bislang verschonte Opfer freigesetzt.

Gleichwohl konnten die Fragen nach den Pflichten des Bischofsamts in dieser Extremsituation nicht verstummen, am wenigsten bei den Trägern der Hirtenverantwortung selbst. In alter Schärfe und Ausweglosigkeit sah sich Bischof Machens[16] Anfang März 1943 mit dem Problem konfrontiert, als die Gestapo ihre Fangarme nach einer weiteren Gruppe von „Fremdvölkischen“ ausstreckte und katholische Zigeunerkinder aus Heimen der Diözese Hildesheim wegholte. Gegen Ausflüchte ebenso mißtrauisch wie zwei Jahre zuvor der Bischof von Münster, warf er neuerdings die Frage auf, ob der Episkopat zu alldem schweigen dürfe. Dem Breslauer Kardinal gestand er[17]:

„Ich frage mich seit Tagen beklommenen Herzens, was kann geschehen, um unsere Glaubensbrüder zu schützen und zugleich vor unseren Gläubigen deutlich genug herauszustellen, daß wir weit von solchen Maßnahmen abrücken, die nicht nur Gottes- und Menschenrechte mißachten, sondern das moralische Bewußtsein im Volke untergraben und Deutschlands Namen schänden. Aus Liebe zum Deutschtum und zur nationalen Würde müssen wir nicht nur zur Regierung in Ehrerbietigkeit und Offenheit reden, sondern ebenso zu unseren Gläubigen. Die armen Opfer dürfen nicht den Vorwurf erheben können, daß nicht alles geschehen sei. Es darf in der deutschen Öffentlichkeit nicht der Eindruck entstehen, als wagten wir nicht laut das ‚Non licet tibi‘ zu sprechen, oder als sei es das deutsche Volk selbst, das hinter den Maßnahmen gegen die Nichtarier stehe. Die Regierung selber muß es wissen, daß die Bischöfe genötigt sind, laut zu ihren Gläubigen zu sprechen, wenn die Maßnahmen fortgesetzt werden, weil sie diese Belehrung ihrer Herde schuldig sind und von Gott zu Schützern der Bedrängten bestellt sind.“

Wie um den Verdacht von Versäumnissen abzuwehren, unterstrich Bertram in seiner Antwort[18], daß die von Machens aufgeworfenen Probleme „seit Jahren den gesamten Episkopat ernst beschäftigt“ hätten „im Sinne der Frage, was zur Klarhaltung der Stellungnahme der Kirche ... geschehen könne, ohne noch schädlichere Folgen herbeizuführen“. Um im Angesicht nationalsozialistischer Gewaltverbrechen kirchlicherseits eine klare Gegenposition zu beziehen, regte der Kardinal einen Hirtenbrief über die Zehn Gebote an. Das gestatte, wie er anmerkte,

[16] Joseph Godehard Machens (1886–1956), 1934 Bischof von Hildesheim.
[17] Vgl. Machens an Bertram, 6. März 1943. EA Breslau.
[18] Vgl. Bertram an Machens, 10. März 1943. EA Breslau.

eine eingehende Behandlung, „ohne daß darin eine aggressive Tendenz zu liegen braucht". Bertrams Anregung wurde von den westdeutschen Bischöfen zustimmend aufgegriffen[19], der Entwurf jedoch, den die Professoren Tischleder und Donders unter der Federführung des neuen Kölner Erzbischofs Frings erarbeiteten, abweichend von den Breslauer Vorschlägen von Anfang an als Hirtenwort des Gesamtepiskopats konzipiert. Demzufolge blieb das letzte Wort über die Kundgebung der Mitte August 1943 in Fulda zusammentretenden Plenarkonferenz vorbehalten.

Entscheidungsmonat August 1943

In einer dramatisch gespannten Zeitsituation markierte der Konferenztermin nicht nur ein kirchenpolitisches Ereignis von Gewicht, sondern löste außerdem im Umfeld des Vorher und Nachher fortwirkende Bewegung aus. In mehr als einer Hinsicht trug die Tagung Ausnahmecharakter. Wie keine andere Bischofskonferenz während der Hitlerherrschaft – es sollte zugleich die letzte sein vor deren Zusammenbruch – stand sie im Schatten der Exzesse eines Recht und Gesetz auslöschenden monomanen Führerwillens.

Um den Breslauer Standpunkt trotz Bertrams krankheitsbedingten Fernbleibens im Plenum zur Geltung zu bringen, versäumte es der Kardinal nicht, zu den Beratungspunkten, bei denen sich zwischen der Mehrheit der Konferenzteilnehmer und dem abwesenden Vorsitzenden ein Dissens abzuzeichnen begann, mit nachdrücklichen Willensbekundungen auf den Gang der Diskussion einzuwirken. Das war ebenso verständlich wie legitim, zumal dem Episkopatsvorsitzenden nach dem Auseinandergehen der Bischofsversammlung die Ausführung des in Fulda Beschlossenen zufiel. Umstritten waren die von Bertram vertretenen Positionen schon an sich, insgesamt bedenklich wurden sie infolge der nur teilweise gewahrten Kongruenz. Es ging dabei um den Dekalog-Hirtenbrief, ein Ermutigungsschreiben Pius' XII. an die deutschen Katholiken und schließlich um interne Proteste sowohl gegen die Judendeportation im allgemeinen wie die Auflösung rassisch gemischter Ehen im besonderen.

Den mit Abstand wichtigsten Tagesordnungspunkt bildete die Verabschiedung des gemeinsamen Dekalog-Hirtenbriefs. Zwar hatte Bertram selbst das Stichwort dazu gegeben, doch stieß der Entwurf wegen des unüberhörbaren Gegenwartsbezugs bei ihm auf Ablehnung. Während er, wie er die Konferenzteilnehmer im voraus wissen ließ[20], „an ein aufbauendes, richtungweisendes, ganz positives, rein pastorales Hirtenschreiben" gedacht habe, sei die Vorlage so ausgefallen, daß „man von dem für gemeinsame Kundgebungen des Episkopats am meisten verantwortlichen Vorsitzenden der Bischofskonferenzen" Unterschrift nicht verlan-

[19] Vgl. Protokoll der Konferenz der westdeutschen Bischöfe, Paderborn, 16.–17. März 1943. EA Köln.
[20] Vgl. Bertram an die deutschen Metropoliten, 24. Juli 1943. Druck: Faulhaberakten II, Nr. 918.

gen möge. Entgegen seiner Anregung halte der Text „Abrechnung mit Regierung und Partei“[21]. Von dieser Negativbewertung vermochte den Breslauer Erzbischof auch Kardinal Faulhaber nicht abzubringen[22], der seinerseits über das „Dekalog-Pastorale, seinen reichen Inhalt, seine würdige Form, seine praktischen Anwendungen hocherfreut“ war und die Auffassung vertrat, mit diesen aktuellen Applikationen solle wohl „der Rekurs an die Öffentlichkeit, den wir in der Denkschrift 42 oder sonstwo in Aussicht stellten, wenigstens zum Teil eingelöst werden“. Es ist anzunehmen, daß der Dekalog-Entwurf breiter Zustimmung sicher war, ohne daß der Münchener Kardinal, in Fulda in Vertretung Bertrams Leiter der Bischofsversammlung, mit Nachdruck dafür plädieren mußte. So ersparte dem Plenum das Fehlen des aus einer Minderheits-, wenn nicht Außenseiterposition argumentierenden Vorsitzenden interne Auseinandersetzungen, wenn nicht gar eine in Beschlußunfähigkeit mündende Lähmung.

Das Kernstück der gemeinsamen Kundgebung bildeten die Aussagen zum 5. Gebot. Mit unmißverständlichen Gegenwartsbezug hieß es dort[23]:

„Tötung ist in sich schlecht, auch wenn sie angeblich im Interesse des Gemeinwohls verübt würde: An schuld- und wehrlosen Geistesschwachen und -kranken, an unheilbar Siechen und tödlich Verletzten, an erblich Belasteten und lebensuntüchtigen Neugeborenen, an unschuldigen Geiseln und entwaffneten Kriegs- und Strafgefangenen, an Menschen fremder Rassen und Abstammung. Auch die Obrigkeit kann und darf nur wirklich todeswürdige Verbrechen mit dem Tode bestrafen.“

Je nach individueller Prädisposition begriffen die Zuhörer unter der Kanzel, auf welche konkreten Untaten der Staatsführung die Bischofsworte zielten, oder wurden zumindest auf die richtige Spur gebracht. Nicht ohne Vorbedacht begannen die Unterzeichner ihre scheinbar bloß theoretische Aufzählung möglicher Gebotsverletzungen mit der Wendung gegen die Euthanasiemorde, an deren Realität nicht zu rütteln war. Verstoß an Verstoß reihend, rekapitulierten sie das Register nationalsozialistischer Gewaltverbrechen. Unausdrücklich aber taten sie noch mehr, und zwar etwas sehr Entscheidendes. Indem sie in dem Katalog der Gebotsverletzungen vom unbestreitbar Erwiesenen (Euthanasie) zum vage Gewußten oder ungläubig Geahnten (Judenmord) fortschritten, bürgten sie mit ihrer Bischofsautorität für die Tatsächlichkeit der aufgezählten Greuel, so sehr sie den Wahrheitsbeweis im einzelnen hätten schuldig bleiben müssen.

Der zweite Tagesordnungspunkt von herausragender Bedeutung betraf die Bekanntgabe eines Ermutigungsschreibens Papst Pius' XII. an die deutschen Katholiken. Ebenfalls wie das Dekalog-Hirtenwort von Kardinal Bertram angeregt, lag

[21] Undatierte Aufzeichnung Bertrams, offenbar für den Tagungsleiter in Fulda bestimmt, mit der Überschrift: Für die Konferenz in Fulda. EA Breslau.

[22] Vgl. Faulhaber an Bertram, 4. August 1943. Nachlaß Faulhaber.

[23] Vgl. gemeinsames Hirtenwort der deutschen Bischöfe über die zehn Gebote als Lebensgesetz der Völker, 19. August 1943. Druck: W. CORSTEN, Nr. 227, hier 301.

der Text[24] vom 3. Januar 1943 seit Monaten in Breslau. Aus Sorge jedoch, mit einer leicht kritischen Stelle des Papstbriefs im Regierungslager neuerdings den Vorwurf der „Feindbegünstigung" zu provozieren, hatte Bertram nur allzu bereitwillig von der ihm eingeräumten Freiheit Gebrauch gemacht, seinerseits über die Opportunität einer Veröffentlichung zu befinden, das aber tatsächlich auch nicht getan, sondern sich damit begnügt, das letzte Wort der Plenarkonferenz in Fulda zu reservieren. Termingerecht vor deren Zusammentritt und offensichtlich in der nicht unbegründeten Annahme, daß ein gemeinsamer Hirtenbrief für die NS-Regierung unbequeme Wahrheiten enthalten werde, hatte der ansonsten nicht eben auf korrekte Briefbeantwortung bedachte Chef der Reichskanzlei inzwischen den Vorsitzenden des Gesamtepiskopats als Adressaten wiederentdeckt. In dem Schreiben[25] von Lammers wurde eine Beschwerde Bertrams gegen die Kirchenbedrückung im Warthegau kühl als gegenstandslos abgetan, die Denkschrift der Bischöfe vom Dezember 1942 jedoch mit dem Bemerken abgefertigt, daß die Absender nach dem Auftauchen des Textes im feindlichen Ausland den Anspruch auf eine Erwiderung verwirkt hätten.

Zwar verwahrte sich Bertram wenig später entschieden gegen alle Vorwürfe und Unterstellungen des Lammers-Briefs[26], hatte aber zunächst nichts Eiligeres zu tun, als dem Plenum in Fulda die Behandlung des Papstschreibens zu entziehen[27], nachdem man dort soeben unbeeindruckt von den Breslauer Bedenken und darum ohne große Debatte dessen Verlesung von der Kanzel beschlossen hatte. Durch den Einschüchterungsversuch aus der Reichskanzlei verschreckt, begründete der Kardinal seinen Rückzieher mit der Notwendigkeit einer neuen Konsultierung der römischen Zentrale. Dort jedoch stellte Bertram, den eigenen Part ausblendend, den Ablauf so dar, als ob die Initiative zur Rückfrage beim Kardinalstaatssekretär nicht von ihm, sondern von der Bischofsversammlung in Fulda ausgehe[28]. Das Plenum suchte seinerseits nicht zu hindern, was dem Vorsitzenden

[24] Vgl. Pius XII. an die deutschen Katholiken, 3. Januar 1943. Druck: B. SCHNEIDER, Nr. 94.

[25] Vgl. Lammers an Bertram, 13. August 1943. Druck: Faulhaberakten II, Nr. 925a. – Zu den Reaktionen in der NS-Führungsspitze auf die Denkschrift vom 18. Dezember 1942 vgl. Tagebucheintrag Goebbels', 16. Mai 1943 (L. P. LOCHNER, Goebbels-Tagebücher aus den Jahren 1942–1943, Zürich 1948, 348): „Mir wird eine Denkschrift der katholischen Bischöfe an die Reichsregierung vorgelegt, die von Kardinal Bertram unterzeichnet ist. In dieser Denkschrift wird in einer Tonart Beschwerde über das Verhältnis zwischen Staat und Kirche geführt, die alles Maß verloren hat. Es ist bezeichnend, daß diese Denkschrift, kurz nachdem sie verfaßt worden ist, schon in der amerikanischen Presse wiedergefunden wird. Die katholische Klerisei arbeitet mit den Landesfeinden in einer geradezu verräterischen Weise zusammen. Man könnte vor Wut zerplatzen, wenn man sich vergegenwärtigt, daß wir heute keine Möglichkeit haben, die Schuldigen zur Rechenschaft zu ziehen. Wir müssen unser Strafgericht auf später vertagen."

[26] Vgl. Bertram an Lammers, 25. August 1943. DA Trier.

[27] Vgl. Bertram an die Fuldaer Bischofskonferenz, 16. August 1943. Druck: Faulhaberakten II, Nr. 925.

[28] Vgl. Bertram an Maglione, 21. August 1943. EA Breslau. In dem lateinisch abgefaßten Schreiben heißt es: „Ich kann nicht verschweigen, daß im ersten Teil des verehrten Briefes des Hl. Vaters gewisse Worte vorkommen, die den heftigsten Zorn sowohl der Regierung wie der Partei erregen würden. Kritik und in schärfsten Worten vorgetragene Beschwerden nimmt die Reichsregierung ruhig hin, wenn sie nicht zur Kenntnis der Bevölkerung und der Feindnationen gelangen. Kritik

sein impressionables Loyalitätsverständnis zu tun gebot, zumal er mit der von ihm mißbilligten Herausgabe des Dekalog-Hirtenworts ohnehin schon eine bittere Pille zu schlucken hatte.
Als dritter und letzter Streitpunkt zwischen Fulda und Breslau entpuppte sich schließlich das Ersuchen der Gesamtkonferenz an ihren Vorsitzenden, gegen die Judenpolitik des NS-Regimes erneut und energisch in Berlin zu protestieren. Wegen vorauszusehender Widerstände griff das Plenum zu einem ungewöhnlichen Verfahren, indem es nicht, was nahegelegen hätte, dem Breslauer Generalvikar die Entschließung in Form eines allgemeinen Desiderats mit auf den Weg gab, sondern statt dessen den Bischof von Berlin mit der Ausarbeitung und der Vorlage eines Entwurfs in Breslau betraute[29]. Da es eine kompetentere Instanz dafür nicht gab, hatte Preysing wohl von Anfang an die Leiterin des Berliner Hilfswerks für diese Aufgabe ins Auge gefaßt[30]. So fuhr denn Frau Sommer wiederum höchst ungewöhnlich im Auftrag des Gesamtepiskopats am 24. August 1943 zu dessen Vorsitzendem in Breslau, um ihn zur Absendung zwei von ihr vorbereiteter Protesteingaben zu bewegen[31]. Angesichts des offiziellen Charakters der Vorsprache konnte es Kardinal Bertram bei einer bloßen Entgegen-

jedoch, die öffentlich geäußert wird oder zur Kenntnis der Feinde kommt, ruft flammenden Zorn hervor. Unter diesen Umständen wurde auf der soeben gehaltenen Fuldaer Konferenz der Rat gegeben, die Frage nach der Opportunität der Verlesung des Papstbriefes von den Kanzeln nicht sofort zu bejahen, bevor Ew. Eminenz ein kurzer Bericht über die allgemeine Lage unterbreitet würde, zumal auch die jetzt von der Fuldaer Konferenz ausgehenden Verlautbarungen nicht geeignet sind, zur Reichsregierung bessere Beziehungen zu schaffen.“

[29] Vgl. Protokoll der Plenarkonferenz des deutschen Episkopats, 17.–19. August 1943. Nachlaß Faulhaber. Der Beschluß lautet: „In lebhafter Sorge um das Schicksal der katholischen Nichtarier in Mischehen beschließt die Konferenz eine Eingabe an die Reichsregierung und beauftragt ein Mitglied, einen Entwurf an den Herrn Vorsitzenden zu senden. Darin soll, besonders im Anschluß an die eindringliche Vorstellung des Kardinals Bertram vom 2. März 1943, gegen die willkürliche Scheidung der Mischehen Protest erhoben werden und um Erleichterung des Loses aller Nichtarier ersucht werden.“

[30] Vgl. Preysing an Sommer, 21. August 1943. EA Breslau. In dem Schreiben heißt es: „Die diesjährige Bischofskonferenz von Fulda hat mich beauftragt, Sie zu ersuchen, einen Entwurf für ein Eintreten der Fuldaer Bischofskonferenz in Sachen der Nichtarier unter sachgemäßer Beratung fertigzustellen ... Weiterhin bittet Sie die Konferenz, diesen Entwurf bzw. diese Entwürfe dem Herrn Kardinal in Breslau zu überreichen unter Hinweis auf den Wunsch der Konferenz und die Dringlichkeit der Angelegenheit. Dieses Schreiben möge Ihnen als Legitimation dienen.“

[31] Von den beiden am 22./23. August 1943 entstandenen Entwürfen (EA Breslau) galt der erste dem Schutz der Mischehen, der zweite der Sorge für die Deportierten. Dieser begann mit folgender Einleitung: „Mit tiefstem Schmerz – ja mit heiliger Entrüstung – haben wir deutschen Bischöfe Kenntnis erhalten von den in ihrer Form allen Menschenrechten hohnsprechenden Evakuierungen der Nichtarier. Es ist unsere heilige Pflicht, für die schon durch Naturrecht verliehenen unveräußerlichen Rechte aller Menschen einzutreten. Unsere besondere Pflicht aber erkennen wir darin, uns schützend vor die vielen Tausende von Nichtariern zu stellen, die durch die heilige Taufe Glieder unserer heiligen katholischen Kirche geworden sind. Die Welt würde es nicht verstehen, würden wir nicht laut unsere Stimme erheben gegen solche Entrechtung unschuldiger Menschen. Vor Gott und den Menschen würden wir durch Schweigen schuldig werden. Die Last unserer Verantwortung wird um so drückender, als die Nachrichten, die spärlich genug – aber mit nicht zu überhörender Eindringlichkeit – zu uns gelangen, erschütternde Schilderungen sind von dem grausam harten Los der Evakuierten, die diesen geradezu unmenschlichen Lebensbedingungen in erschreckend hoher Zahl bereits erlegen sind.“

nahme der Schriftstücke oder einer kommentarlosen Ablehnung nicht bewenden lassen. Infolgedessen sah er sich veranlaßt, die Gründe, derentwegen er glaubte, dem Konferenzauftrag nicht entsprechen zu können, schriftlich festzuhalten. Da die Aufzeichnung[32] ebenso prägnant wie exemplarisch ein Grundmuster Bertramschen Reagierens auf Interventionsersuchen in der Spätphase der Hitlerherrschaft zur Anschauung bringt, sei der entscheidende Abschnitt hier wiedergegeben:
„Zu der Frage, ob diese Unterlagen genügen zu einem Eingreifen des Vorsitzenden der Fuldaer Bischofskonferenz, ist folgendes zu bemerken:
I. Alle vorliegenden Mitteilungen sind von einer glaubwürdigen Person mit viel seelischer Ergriffenheit vorgetragen, sind subjektiv glaubwürdig, tragen aber nur privaten Charakter.
So richtig es ist, daß die Teilaktionen, die via facti an verschiedensten, von einander weit entfernten Orten vorgenommen werden, verhängnisvoller sind als Publikation einer generellen Verordnung, ist doch auch nicht zu verkennen, wie sehr dadurch jede Nachprüfung nach ihrer tatsächlichen und nach ihrer meritorischen Seite erschwert wird.
Kein einziger Ordinarius tritt für die Richtigkeit der Darstellung ein. Und doch wäre das, da der Schauplatz der Vorgänge von Ost und West und Süd so verschieden ist, Sache der einzelnen Ordinarien.
II. Bei einer Reihe von Forderungen nach humanerer Behandlung wird die Zuständigkeit des Vorsitzenden der Bischofskonferenzen bestritten werden.
III. Weder für die Sache selbst noch für die Stellung des Episkopats hat es Nutzen, wenn der Vorwurf erhoben werden wird, daß Forderungen gestellt werden aufgrund von unzuverlässigen Angaben einer nicht verantwortlichen Stelle.
IV. Die Forderung nach seelsorgerlicher Betreuung wird, wie sie bei meinen Eingaben betr. Konzentrationslager selbst für Fälle lebensgefährlicher Erkrankung rundweg abgelehnt ist, keine Beachtung finden.
Dies zur Beurteilung der dargelegten Anregungen.
Die an alle Reichsministerien gerichtete Eingabe vom 2. März 1943 zeigt genügend, mit welchem Nachdruck der Episkopat für die Lebensgemeinschaft in gültigen rassischen Mischehen eingetreten ist."
So berechtigt Bertrams Einwände gegen dürftig belegte Regierungseingaben grundsätzlich sein mochten, so eigneten sie sich doch kaum für eine Diskreditierung der von Preysing gutgeheißenen Entwürfe. Daß ihr Verfasser darin nicht zu allen Aspekten der Judendeportation und vor allem nicht etwa über deren Endstation mit präzisen Ortsangaben aufwarten konnte, brauchte man der Leiterin des Berliner Hilfswerks und ihren Mitarbeitern nicht zu sagen. Zumindest zwei Tatbestände waren jedenfalls allem Zweifel entzogen: daß nämlich seit fast zwei Jahren deutsche Staatsbürger jüdischer Abstammung zu Zehntausenden mit roher Gewalt aus ihren Wohnungen abgeholt und mit unbekanntem Ziel nach Osten verfrachtet wurden; daß weiterhin früher oder später jede Nachrichtenverbindung

[32] Vgl. Aufzeichnung Bertrams, nach 24. August 1943. EA Breslau.

von und zu den „Umgesiedelten" vollständig und für immer abriß. Allein auf diese unverrückbaren Eckdaten war das Berliner Eingabenkonzept gegründet. Es gab keine stärkere Legitimation, von den Verantwortlichen Auskunft über Verbleib und Befinden der Verschleppten zu fordern, und eben das hatten die Verfasser der Entwürfe nicht gezögert auch zu tun.

Vollends problematisch wurde schließlich das Insistieren des Konferenzvorsitzenden auf kompletten Beweisunterlagen auf dem Hintergrund seiner Darlegungen für den Kardinalstaatssekretär[33]. Hatte er doch darin eben erst sein Zögern bei der Publikation des Papstbriefs gerade mit der Empfindlichkeit von Partei und Regierung gegenüber öffentlicher Kritik zu begründen versucht, wo hingegen sie selbst scharfe Proteste, sofern sie nur intern blieben, gelassen hinnähmen. Nichts anderes aber als ein solcher, demnach durchaus zumutbarer Protest war in den Berliner Entwürfen im Auftrag des Gesamtepiskopats von Bertram gefordert. Daß er sich dem zur Enttäuschung der Eingeweihten fürs erste entzog, rückte seine Ablehnungsgründe unter den Verdacht der Ausflucht. Was den Breslauer Kardinal tatsächlich zögern ließ, war wohl weniger das Problem der argumentativen Absicherung als die Gewißheit, mit jedem Angehen gegen die Judenverfolgung an das innerste Reizzentrum der NS-Ideologie und ihrer hemmungslosen Verfechter zu rühren.

Wie vor anderen Eingaben mit Irritationseffekt überwand er erst im zweiten Anlauf die Hemmschwelle, um mit dreimonatiger Verspätung im November 1943 in Berlin vorstellig zu werden[34], nachdem Bischof Berning, obwohl ansonsten kirchenpolitisch der Linie Bertrams ungleich stärker zuneigend als der Preysings, neuerdings auf Verwirklichung des Fuldaer Konferenzbeschlusses gedrängt hatte. Wenn der Kardinal in seinem Einspruch für die Deportierten in den „Massenlagern", wie er sie nannte, solche Lebensbedingungen und Verhältnisse forderte, „daß das Los der Inhaftierten als menschenwürdig betrachtet werden könne", so stand die unaufgeklärte Verhaltenheit der Formulierungen mit den später enthüllten Realitäten von Holocaust in einem grausig-makabren Gegensatz. Trotz der relativen Nähe zum Vernichtungslager Auschwitz – Breslau war der nächstgelegene deutsche Bischofssitz – wagte es also Bertram nicht, in den unausgesprochenen Mutmaßungen über das Ziel und Ende der jüdischen „Abwanderung", auf denen seine Protesteingaben bis Ende 1943 basierten, über den Begriff einer dezimierenden Verelendung hinauszudenken. Den Durchstoß zur Wahrheit über die Endlösung brachte erst – und auch dort unter Vorbehalt – der letzte allgemeine Protest[35] des Episkopatsvorsitzenden vom 29. Januar 1944, worin Bertram die Aussonderung der Mischlinge verurteilte, „an deren Ende die Ausmerzung droht". Danach verlagerten sich seine Abwehrbemühungen, parallel zur Dezen-

[33] Vgl. Anm. 28.

[34] Vgl. Bertram an Himmler und das Reichssicherheitshauptamt, 17. November 1943. DA Rottenburg.

[35] Vgl. Bertram an Himmler, Muhs, Lammers, Thierack und das Reichssicherheitshauptamt, 29. Januar 1944. DA Rottenburg.

tralisierung der Verfolgungsmaßnahmen, immer mehr auf die Diözesanebene, so daß sie hier außer Betracht bleiben können[36].

Zieht man aus Kardinal Bertrams Interventionstätigkeit Bilanz, so hat er gegen die Entrechtung und Verschleppung des jüdischen Bevölkerungsteils in Deutschland im Namen des Gesamtepiskopats intern genauso protestiert wie zuvor gegen den Massenmord an den Geisteskranken, und zwar zwischen November 1942 und Januar 1944 abhängig von den jeweiligen Verfolgungsphasen mit wechselnden Schwerpunkten nicht weniger als viermal. Es ist also dem Breslauer Kardinal bei der Bewertung seiner Protestpraxis zumindest kein Bruch in der Kontinuität vorzuwerfen. Denn im einen wie im anderen Fall hat er sich konsequent von den Prinzipien seines Amtsverständnisses leiten lassen, so sehr dieses in seiner individuellen Ausprägung und Prioritätensetzung kritisierbar war und von einem Gutteil der Mitbischöfe tatsächlich kritisiert wurde.

Dennoch wird eine solche Diskontinuität dem Episkopat insgesamt zum Vorwurf gemacht, wobei von der erkennbaren Wirkung seiner Proteste gegen die Euthanasiemorde und ihrer scheinbaren Wirkungslosigkeit gegen die Judenverfolgung auf einen Mangel an Anteilnahme und Engagement geschlossen wird. In der Tat liegt ein echter und beklagenswerter Unterschied darin, daß den Juden in ihrer Bedrängnis kein zweiter Bischof Galen erstanden ist. Denn Wirkung hatten die kirchlichen Proteste gegen die Euthanasiemorde erst von dem Augenblick an gezeigt, als sie nicht mehr nur intern vorgebracht, sondern in die Öffentlichkeit getragen wurden. Das aber macht die Frage dringlich, warum ähnliches gegen Holocaust nicht geschah. Die historische Tat des Bischofs von Münster bleibt ungeschmälert, wenn man festhält, daß die stupende Resonanz und damit die Reichweite und Durchschlagskraft seines Alarmrufs an ganz bestimmte Voraussetzungen gebunden waren. Dazu gehörte primär eine disponierte Zuhörerschaft, d. h. ein Publikum, in dem die Empörung über den Krankenmord schon schwelte, so daß von der Kanzel nur noch der zündende Funke überzuspringen brauchte, um den Proteststurm zu entfachen. Eine latente Erbitterung solchen Ausmaßes konnte es nur geben, weil die Tatsache eines behördlich organisierten Massensterbens im Sommer 1941 ein offenes Geheimnis war.

Im Gegensatz dazu verfügte die Masse der Deutschen bis über das Kriegsende hinaus in keiner Weise über ein auch nur annähernd vergleichbares Wissen zum

[36] Auf weitere Interventionsersuchen des Bischofs von Berlin reagierte der Breslauer Kardinal mit wachsendem Unmut, gab diesen aber nicht unmittelbar Preysing, sondern dessen Generalvikar zu erkennen; vgl. Bertram an Prange, 17. April 1944. EA Breslau. Dort heißt es: „Wiederholt erscheint bei mir in Sachen Nichtarier Frau Dr. Sommer als Angestellte Ihres Ordinariats mit Darbietung detaillierter Berichte über das den Mischlingen und Nicht-Arier-Familien geschehende Unrecht mit Behauptung, sie komme im Einvernehmen Ihres hochwürdigsten Herrn Bischofs. Ich soll dann alles, was sie bringt, als vollgültige Unterlage für Eingaben an höchste Behörden betrachten. Nun aber habe ich Grund, damit nicht zufrieden zu sein. Soll ich alle heißen Kohlen aus dem Feuer holen, dann darf ich bitten, die beteiligten Oberhirten wollen mit voller Unterschrift den Bericht als geprüft und richtig bezeichnen, so daß ich mich nötigenfalls auf den berichtenden Oberhirten amtlich berufen kann. Ich bitte, das gütigst der Frau Dr. Sommer klarzumachen, da meine Mahnungen nicht helfen. Andernfalls kann ich ihren Besuch nicht mehr annehmen."

Komplex der Judenausrottung. Dieses dem Kirchenvolk zu vermitteln, waren die Bischöfe um so weniger imstande, als sie selbst nur über fragmentarische Informationen verfügten, ganz zu schweigen davon, daß die Verbreitung von „Greuelnachrichten" als staatsfeindlicher Akt verfolgt wurde. Erschwert war solche Aufklärungsarbeit weiterhin auf seiten der Informierenden durch das psychische Gesetz: Je monströser die Beschaffenheit und Dimension eines Verbrechens, um so größer der erforderliche Beweisaufwand zu seiner Rezeption. Wie das Undenkbare der Judenvernichtung die Wahrnehmungsfähigkeit eines normal arbeitenden Gehirns geradezu blockieren konnte, dafür gibt es bis tief hinein in die Reihen der Opfer eine Überfülle oft erschütternder Belege[37]. Unbeantwortet ist dagegen die Frage, warum die westlichen Alliierten in ihrer Rundfunk- und Flugblattpropaganda, bei der sie keinen technischen Aufwand scheuten, den Völkermord an den Juden nicht zum alles beherrschenden Thema gemacht haben. Mit diesem Versäumnis ist die schneidendste Waffe, Hitlers Verbrechertum zu entlarven und ihn von seiner Machtbasis zu trennen, ungenutzt geblieben.

Zu den Bedenken aus dem unzulänglichen Informationsstand und den Hemmnissen, ihn zu verbessern, trat bei den Bischöfen noch die Befürchtung, mit einem lauten globalen Protest gegen die Judenverschleppung das letzte, zerbrechliche Refugium zu gefährden, das immerhin Mischehen und Mischlinge davor bewahrte, in den Vernichtungsstrudel hineingerissen zu werden. Selbst ein so unerschrockener Regimegegner wie Bischof Preysing, zweifellos umfassender informiert als die meisten seiner Amtsbrüder, hat sich zu einem öffentlichen Alarmruf nicht entschließen können.

Nach der Abrechnung mit dem Judentum sann die NS-Führung, ihr Programm der Gegnerbekämpfung fortsetzend, auf Endlösungen auch in der Kirchenfrage.

[37] Zu den spezifischen Schwierigkeiten bei der Überwindung der Rezeptionsblockade vgl. insbesondere J. S. CONWAY, Frühe Augenzeugenberichte aus Auschwitz. Glaubwürdigkeit und Wirkungsgeschichte, in: Vierteljahrsh. f. Zeitgesch. 27 (1979) 260–284. – Der Initiator des „Kreisauer Kreises", H. J. v. Moltke, dem auf Grund seiner militärischen Dienststellung umfassende Informationsmöglichkeiten offenstanden, charakterisiert die Vorstellungen der Deutschen über die Judenverschleppung folgendermaßen (Moltke an Curtis, 25. März 1943, in: F. v. MOLTKE, M. BALFOUR, J. FRISBY, Helmuth James von Moltke 1907–1945, Stuttgart 1975, 215): „... in Deutschland selbst wissen die Leute nicht, was vorgeht. Ich glaube, mindestens neun Zehntel der Bevölkerung weiß nicht, daß wir Hunderttausende von Juden umgebracht haben. Man glaubt weiterhin, sie seien lediglich abgesondert worden und führten in etwa dasselbe Leben wie zuvor, nur weiter im Osten, woher sie stammten, vielleicht etwas armseliger, aber ohne Luftangriffe. Würde man diesen Leuten erzählen, was wirklich geschehen ist, bekäme man zur Antwort: Sie sind eben ein Opfer der britischen Propaganda. Wissen Sie nicht mehr, was für lächerliche Dinge über unser Verhalten in Belgien 1914/18 verbreitet wurden?" – Für den bayerischen Bereich urteilt I. KERSHAW (wie Anm. 2) 340: „Man kann nicht davon ausgehen, daß die planmäßige Ausrottung in den Vernichtungslagern der Ostgebiete wie die Euthanasie-Aktion im Altreich ein ‚offenes Geheimnis' war." – Zu überprüfen, welcher Rang und Raum dem Thema Judenvernichtung in der Flugblattpropaganda der Alliierten eingeräumt war, bieten die Bände der von K. KIRCHNER (Erlangen) edierten Reihe „Flugblatt-Propaganda im 2. Weltkrieg" eine unanfechtbare Materialgrundlage. – Insgesamt harrt die Frage nach dem Wissensstand der Zeitgenossen, in der bisherigen Diskussion um Holocaust schneller Urteilsfällung zuliebe meist als schlichtweg und einschränkungslos zu bejahend ausgegeben, noch der unvoreingenommenen wissenschaftlichen Bearbeitung.

Nach der Großoffensive des Jahres 1941 wurden weitere Vernichtungsschläge gegen kirchliches Wirken zunächst zurückgestellt, nicht aufgegeben. Im Mustergau Wartheland demonstrierte die Parteikanzlei, wie die Kirche im voll entfalteten NS-Staat auf den Status eines Vereins von Gnaden der Gestapo reduziert werden sollte.

Neubesinnung im Zusammenbruch

Mit dem Scheitern des innerdeutschen Befreiungsversuchs vom 20. Juli 1944 wurden die letzten Chancen zur Rettung der staatlichen Einheit in einem Deutschland nach Hitler zunichte. Auf die Einsichten senkte sich nun das Dilemma in seiner ganzen Schwere. Dem Münchener Männerseelsorger Rupert Mayer, einem durch KZ-Haft und Betätigungsverbot hart getroffenen Regimegegner, entrang es das Bekenntnis[38]: „Es ist schon furchtbar, daß man wünschen muß, daß wir den Krieg verlieren."

Der 8. Mai 1945 machte mit der Herrschaft Hitlers auch der Kirchenbedrückung ein Ende. Die Erleichterung über wiedergewonnene Freiheit wurde überschattet von Vorahnungen, welcher Preis dafür zu entrichten wäre. Die Nachkriegspläne der Siegermächte ließen da keinen Raum für Illusionen und machten den Unterlegenen deutlich, daß die Überwindung einer Zwangsherrschaft von außen, zumal in der für alle Übel offenen Form der bedingungslosen Kapitulation, die opfervollste und verlustreichste aller Möglichkeiten ist, einen Tyrannen zu stürzen. Kein Wunder, daß es bei der Neuorientierung Probleme gab, nicht zuletzt dort, wo man nicht den Weg der Verdrängung wählte. Den Bischof von Münster brachte der erste Anblick britischer Militärkolonnen vor seinem Fenster so außer Fassung, daß es ihn in die Kapelle trieb[39]. Galen dachte zu sehr über seinen Sprengel und den Kirchenkampf hinaus, um beim Einsturz der Hitlerdiktatur unbeschwert aufzuatmen.

In der Tat bedeutete die Besetzung Deutschlands, und was aus ihr im nächsten Jahrfünft erwachsen sollte, von West nach Ost etwas sehr Verschiedenes. In Münster brachte sie nach einer Zwischenphase demokratische Freiheit, in Leipzig Befreiung zu neuer Unfreiheit und in Breslau Vertreibung aus Heimat und Besitz. Hinter der eingestürzten Fassade des Dritten Reiches kam nun die abgeschirmte Hälfte seiner Wirklichkeit ans Licht, die Gegenwelt der Konzentrationslager und Massengräber, der Gaskammern und Krematorien. Auf den Enthül-

[38] B. HOFMANN, Erinnerungen an P. R. Mayer, 10. Archiv der Oberdeutschen Provinz SJ.

[39] Vgl. H. PORTMANN, Kardinal von Galen. Ein Gottesmann seiner Zeit (Münster [15]1978) 240. – Das Ansuchen des Hl. Stuhls, den Bischof von Münster im Mai 1945 zur Berichterstattung nach Rom zu rufen, wurde von der britischen Regierung abgelehnt, offensichtlich um nicht – zwischen Jalta und Potsdam – einer Stimme des „anderen Deutschlands" vor der Weltöffentlichkeit Gehör zu verschaffen; vgl. dazu J. KUROPKA, Eine diplomatische Aktion aus dem Jahre 1945 um die Rom-Reise des Bischofs Clemens August von Münster, in: Westfälische Forschungen 28 (1976/77) 206–211.

lungsschock reagierten die Betroffenen ihrer jeweiligen Perspektive entsprechend parteilich, die Sieger mit der Kollektivanklage, die Besiegten mit Verweis auf die Zwänge totalitärer Gewaltherrschaft. Die Schuldanteile an Verbrechen unfaßlichen Ausmaßes auseinanderzudividieren und nach Hitlers Flucht in den Tod nach unten zu verteilen, betrachteten Militärregierung und Alliierter Kontrollrat als vordringlichste Aufgabe.

Den Kirchen, die einzigen Institutionen, die den Kahlschlag der Stunde Null überbrückten, fiel es zu, vor Überreaktionen zu warnen und den Dauerkonflikt begreiflich zu machen, der in dem Vorsatz zur Staatsbejahung auf der einen und zur Regimeverneinung auf der anderen Seite unvermeidbar angelegt war. „Millionen von Deutschen", so schrieb Erzbischof Jaeger von Paderborn an General Montgomery[40], „waren in einem ungeheuren seelischen Zwiespalt. Sie konnten und wollten ihrem eigenen Volk nichts Böses wünschen und sie wünschten trotzdem nichts so wenig wie den Sieg ..."

Von solchem Zwiespalt wußten auch alle, die sich im Kirchenkampf gefordert sahen – Gläubige, Priester und Bischöfe. Man konnte in solchem Zwiespalt christlich leben und wirken – in ständiger Selbstprüfung vor jedem Entscheidungsschritt. Man konnte ihm ganz entgehen, indem man Christentum und Kirche den Rücken kehrte. Und man konnte ihn schließlich aufheben, indem man dem totalen Verfügungsanspruch ein ebenso totales Nein entgegensetzte und dafür mit dem Leben bezahlte.

Zur Problematik pauschaler Schuldzuweisungen und Schulderklärungen stellte der Mainzer Bischof Stohr in den ersten Nachkriegswochen Überlegungen an, die über den Tag hinaus bedenkenswert geblieben sind. In dem Hirtenwort[41] hieß es: „Wer ist wissend und vor allem selbstlos genug, um Schuld und Entschuldigung gegeneinander abzuwägen? Wir sind mit offenen Augen durch die letzten Jahre gegangen, wie haben unsäglich gelitten unter so manchem Unrecht, womit sich unser Volk befleckt hat. Wir weigern uns nicht, vor Gott an unsere Brust zu schlagen, wie der demütige Zöllner im Tempel und zu sagen: Gott sei uns Armen gnädig. Freilich haben wir auch so viel Selbstachtung, daß wir solches Schuldbewußtsein nicht in die Welt hinausschreien, zumal wir aus der Geschichte die Fragwürdigkeit menschlicher Urteile gelernt und höchst unerwünschte Wirkungen allgemeiner Schuldbekenntnisse erfahren haben."

[40] Vgl. Denkschrift Jaegers, 23. Juli 1945. Vermerk Faulhabers: Im Namen der westdeutschen Bischöfe an Montgomery. Nachlaß Faulhaber.

[41] Hirtenwort Stohrs, 29. Juni 1945. Druck: A. STOHR, Gottes Ordnung in der Welt. 25 Jahre deutscher Vergangenheit in Hirtenbriefen des Mainzer Bischofs, hrsg. v. H. BERG (Mainz 1960) 280–288, hier 281.

7

NATIONALSOZIALISMUS

I. Hitlers Machtergreifung und die Situation des deutschen Katholizismus

Die Berufung Adolf Hitlers in die Reichskanzlei, von der NS-Propaganda als Machtergreifung gefeiert, bedeutete verfassungsrechtlich gesehen zunächst keinen Einschnitt, setzte vielmehr die Reihe der 1930 mit Brüning begonnenen Präsidialkabinette fort. Erst die turbulente Entwicklung der Folgezeit mit der rücksichtslosen Machtausweitung der NSDAP erwiesen den 30. Januar 1933 als einen Wendepunkt der Nachkriegsgeschichte. Während die katholischen Parteien, Zentrum und Bayerische Volkspartei, den Kabinetten Papen und Schleicher aus eigenem Entschluß ferngeblieben waren, wurde jetzt ihr Angebot zum Mittragen der Regierungsverantwortung von Hitler mit taktischen Finessen unterlaufen.

Den Temperatursturz im Gefolge von Hitlers Machtantritt samt den Vorboten einer um sich greifenden Unfreiheit bekamen katholische Organisationen wie alle nicht im Regierungslager stehenden Gruppen im Wahlkampf vor dem 5. März 1933 bereits empfindlich zu spüren. Von Zeitungs- und Versammlungsverboten reichten die Einschüchterungsaktionen bis zu Tätlichkeiten gegen Wahlredner und Parteianhänger. Auf die eindeutige Distanzierung katholischer Verbände von der NS-Bewegung reagierte der preußische Innenminister Göring mit ungewöhnlicher Schärfe. In einem Appell an den Reichspräsidenten Hindenburg machte sich Kardinal Bertram als Vorsitzender der Fuldaer Bischofskonferenz zum Sprecher aller um die Sicherung der Wahlfreiheit besorgten Katholiken.

Für die Bischöfe galt weiterhin, was sie im Sommer 1932 erneut bekräftigt hatten, daß nämlich in der von der NSDAP erstrebten Alleinherrschaft, „für die kirchlichen Interessen der Katholiken die dunkelsten Aussichten sich eröffnen" würden[1]. Mit dem Rückgriff auf den Wahlhirtenbrief des Vorjahres gaben sie zu erkennen, daß sich an ihrer Einschätzung der Partei des NS-Kanzlers mit dem 30. Januar nichts geändert hatte. Sie wurde nach wie vor bestimmt durch die hirtenamtliche Absage[2] an die weltanschaulichen Irrtümer des Nationalsozialismus vom Frühjahr 1931. Soweit katholische Wähler im Grenzbereich von Kirchenlehre und Politik auf Bischofsworte hörten, standen sie der durch Staatskrise und Massenarbeitslosigkeit emporgetragenen Hitlerbewegungen nicht mehr orientierungslos gegenüber. Jedenfalls hatte die klare Abgrenzung gegenüber dem Nationalsozialismus nicht unwesentlich dazu beigetragen, daß der Wählerblock von Zentrum und BVP vor Erosionsschäden, wie sie anderen Parteien zum Verhängnis wurden, bewahrt geblieben war. So überzeugend die bischöflichen Kundge-

[1] Vgl. B. Stasiewski I, 844. [Vollständige Literaturtitel s. unten S. 143].
[2] Zum Text der von den verschiedenen Kirchenprovinzen nacheinander erlassenen Kundgebungen vgl. B. Stasiewski I, Anhang Nr. 5–7 und 11–13.

bungen den Rassenhaß und Nationalismus in der NS-Agitation verworfen hatten, so schwer war es ihnen gefallen, das eigentlich Beunruhigende an dieser fast epidemisch um sich greifenden Erweckungsbewegung in Begriffe zu fassen. Denn beängstigender als einzelne Programmpunkte von ihrem Inhalt her war der beispiellose Radikalismus, mit dem sich Hitler zu ihrer Realisierung über alle Widerstände hinwegsetzte.

Wie an der Stimmverteilung nach den „Rauschwahlen" vom 5. März 1933 abzulesen war, hatten auch Terror und Einschüchterung den Zentrumsturm in keiner Weise erschüttert. Das wog jedoch nicht die Tatsache auf, daß sich bislang abseits stehende Nichtwähler mit ihren Hoffnungen und Ängsten nicht den demokratischen Parteien, sondern Hitler zugewandt hatten. Die Hürde der absoluten Mehrheit nahm er damit zwar nicht, aber die Bahn zu unumschränktem Machtgebrauch hatte er sich schon vor dem Urnengang mit der „Reichstagsbrandverordnung" vom 28. Februar 1933 frei gemacht. Das von ihm jetzt betriebene Ermächtigungsgesetz sollte seinen Führungsanspruch dauerhaft fundieren. Ein letztes Mal wurden für diesen Reichstagsbeschluß auch die Mandatsträger des politischen Katholizismus gebraucht, doch nicht mehr als Zünglein an der Waage, sondern als prestigeförderndes Ornament. Der Entscheid über das Ermächtigungsgesetz stürzte die Fraktionen von Zentrum und BVP in einen Zwiespalt. Mit einem Ja würde Hitlers Regierungsanspruch parlamentarisch besiegelt. Ein Nein zu der Vorlage, die sich als „Gesetz zur Behebung der Not von Volk und Reich" präsentierte, mußte das Zentrum in einen Widerstreit mit sich selbst bringen. Denn keinen Programmpunkt hatte der Parteivorsitzende Prälat Kaas seit Herbst 1932 mit größerem Nachdruck verfolgt als das Ziel einer Sammlung der bestimmenden politischen Kräfte. Das erklärt, warum zwei Drittel der Zentrumsabgeordneten bereits mit dem Vorsatz nach Berlin reisten, für das Ermächtigungsgesetz zu stimmen. Dem widersprach entschieden eine Gruppe um Brüning, beugte sich aber schließlich der Geschlossenheit der Fraktion zuliebe dem Mehrheitsvotum. Immerhin konnte Kaas geltend machen, das Ja des Zentrums an feste Regierungszusagen verfassungs- und kulturpolitischer Natur geknüpft zu haben, wenn auch das Hauptziel, die Rücknahme der Notverordnung vom 28. Februar 1933 unerreicht blieb. In dem Glauben, dem übergeordneten nationalen Interesse zu dienen, und zu Bedingungen, deren Respektierung sie nicht mehr erzwingen konnten, haben sich die katholischen Parteien nicht anders als kleinere Fraktionen in der Reichstagssitzung vom 23. März 1933 selbst ausgeschaltet[3]. Damit nicht zufrieden, zielte Hitler auf ihre Vernichtung. Den Ansatz sollte eine vatikanische Order zur Entklerikalisierung des Zentrums bieten, die über ein mit dem Hl. Stuhl abzuschließendes Reichskonkordat zu gewinnen war. Für den Umfassungsangriff von hinten inspirierte sich Hitler an einer Bestimmung des italienischen Konkordats von 1929, die Priestern und Ordensleuten

[3] Zu den Vorverhandlungen mit der Regierung und der Entschlußbildung in der Reichstagsfraktion des Zentrums vgl. R. Morsey, Der Untergang des politischen Katholizismus, 115 bis 151.

jede parteipolitische Betätigung untersagte. Im Italien Mussolinis umschrieb dieser Konkordatsartikel zum Zeitpunkt des Vertragsabschlusses lediglich einen bereits eingetretenen Zustand, im nationalsozialistisch regierten Deutschland von 1933 sollte die gleiche Bestimmung ihn erst schaffen. Der Plan eines Konkordats zwischen dem Vatikan und dem Deutschen Reich war schon anfangs der zwanziger Jahre aufgetaucht und öffentlich diskutiert worden, galt als kulturpolitisches Desiderat, erschien aber den Bischöfen weniger dringlich als der Kurie. Eine Vielzahl von Vertragsentwürfen, das zeitweilig intensive Interesse des Auswärtigen Amtes und Vorstöße von Zentrumspolitikern hatten jedoch das entscheidende Hemmnis, nämlich das Fehlen einer Konkordatsmehrheit im Reichstag, nicht wegzuräumen vermocht.
Nun aber verschaffte das Ermächtigungsgesetz dem NS-Kanzler eine Bewegungsfreiheit wie keinem Regierungschef vor ihm und Hitler verlor keine Zeit, sie zu einem kirchenpolitischen Schachzug zu nutzen. In Vizekanzler von Papen, der sich als Sachwalter des deutschen Katholizismus in der Regierungsmannschaft verstand, stieß er nicht nur auf einen Zeugen für die unverminderte Konkordatsbereitschaft der Kurie, sondern auch auf einen nicht leicht abzuweisenden Überbringer der Vertragsofferte.

II. Das Dilemma der Bischöfe

Den Weg nach Rom versperrte indessen immer noch die Barriere der bischöflichen Warnungen vor dem Nationalsozialismus. Freilich waren auch sie mittlerweile in den Strudel revolutionärer Infragestellung geraten und vor allem denjenigen Katholiken als revisionsbedürftig erschienen, die sich aktiv mitgestaltend in den Umformungsprozeß einschalten wollten, um nicht wie ihre Väter im Bismarckreich wiederum als Reichsbürger zweiter Klasse verfemt zu werden. Aber auch dort, wo man den „Aufbruch der Nation" kritischer betrachtete, wollten immer mehr Gläubige wissen, wie sie es mit der „rechtmäßigen Obrigkeit" zu halten hätten, nachdem der Regierungschef mit dem Führer einer weltanschaulich zensurierten Partei identisch war.
In dem hier angelegten Konflikt zwischen Kirchengehorsam und Bürgerpflicht, der sich bei längerem Zuwarten verschärfen mußte, hatte Hitlers Regierungserklärung vom 23. März 1933 überraschend einen Ausweg geöffnet. Die programmatischen Sätze des NS-Kanzlers zur Kirchenpolitik konnten die Bischöfe nicht unbeachtet lassen. In der Eile, mit der Kardinal Bertram den Verständigungsfaden aufgriff, um seinerseits die früheren allgemeinen Warnungen vor der NSDAP bedingt zurückzunehmen, spiegelte sich die Erleichterung des Episkopatsvorsitzenden. Durch die Bischofskundgebung[4] vom 28. März 1933 wurde die Partei

[4] Zu den Schritten und Überlegungen, die zu der Haltungsänderung des Episkopats führten, vgl. im einzelnen L. VOLK, Das Reichskonkordat vom 20. Juli 1933, 67–86. – Zur Textentwicklung vgl. die Gegenüberstellung von Entwurf und Endfassung, in: B. STASIEWSKI I, Nr. 14a.

des NS-Kanzlers zwar vom Odium der Nichtwählbarkeit befreit, doch sollte sie damit keineswegs dem Kirchenvolk zur Wahl empfohlen werden, wie von Bertram inspirierte Kommentare in der Zentrumspresse erläuterten. Dennoch war von einer Entspannung wenig zu spüren. Statt dessen mehrten sich revolutionäre Zwangsmaßnahmen und konfrontierten die Bischöfe mit unlösbaren Problemen: Die reihenweise Entlassung katholischer Beamter, Judenboykott, Pressionen gegen die Mitglieder kirchlicher Verbände, besonders der Lehrer und Lehrerinnen. Nach der Selbstaufgabe des politischen Katholizismus im Ermächtigungsgesetz suchten die in ihrer Freiheit und Existenz Bedrohten jetzt Schutz bei den Bischöfen.

Auf dem Hintergrund eines stürmisch vorangetriebenen Umbruchs staatlicher und gesellschaftlicher Institutionen gewann das von Papen Anfang April 1933 in Rom vorgetragene Konkordatsangebot eine zusätzliche Dimension[5]. Zielten die vatikanischen Vertragswünsche bis dahin vornehmlich auf eine Sicherung der Bekenntnisschule, so machte jetzt der Drang zu grenzenloser Machtausweitung kirchliches Wirken in der Öffentlichkeit ganz allgemein und insbesondere das katholische Vereinswesen in höchstem Maße schutzbedürftig.

Noch strikter gegenwartsbezogen war Hitlers tragendes Konkordatsmotiv, der auf den Bestand des Zentrums zielende Entpolitisierungsartikel. Diesem die existenzbedrohende Spitze abzubrechen, hatte Prälat Kaas, auf den Spuren des Vizekanzlers Anfang April 1933 in Rom auftauchend, bei den anlaufenden Konkordatsverhandlungen eine für Uneingeweihte – und dazu gehörten schon nächste Parteifreunde – höchst mißverständliche Doppelfunktion übernommen. Ohne sogleich den Zentrumsvorsitz abzugeben, wozu er sich erst Anfang Mai entschloß, wurde er zum faktischen Angelpunkt der zehnwöchigen Vorverhandlungen, indem er als engster Berater Kardinalstaatssekretär Pacellis, als Vertrauensmann des deutschen Episkopats und als persönlicher Beauftragter des Vizekanzlers den Vertragstext bis zur Unterschriftsreife förderte. Daß er Hitlers Entpolitisierungsforderungen nicht zu entschärfen vermochte, war nicht seine Schuld und erwies sich sehr rasch als nebensächlich. Jedenfalls schützt ihn sein zäher Widerstand gegen diffuse Verdächtigungen wie der des Verrats an den katholischen Parteien. Freilich verleitete das enge zeitliche Nebeneinander von Zentrumsauflösung und Konkordatsparaphierung (5./8. Juli 1933) fast unwiderstehlich dazu, zwischen beiden Ereignissen einen Kausalzusammenhang herzustellen. Dabei wurde nur zu gerne übersehen, daß Zentrum und Bayerische Volkspartei keineswegs das spezielle Schicksal teilten, das ihnen Hitler auf dem Umweg über die Entklerikalisierung zugedacht hatte, sondern daß sie – und zwar als letzte – das Schicksal aller nichtnationalsozialistischen Parteien teilten, die im Sommer 1933 ohne Ausnahme der zweiten Revolutionswelle zum Opfer fielen. Mit dem Ziel

[5] Zu der Kontroverse über den angeblichen Zusammenhang zwischen dem Konkordatsangebot Hitlers und dem Zentrums-Ja zum Ermächtigungsgesetz vgl. die Beiträge von K. Repgen und K. Scholder, in: Vierteljahrshefte für Zeitgeschichte 26 (1979), 499–570.

der Zentrumszerschlagung konzipiert, dann aber vom Umsturzgeschehen überholt, mußte das Reichskonkordat aus Hitlers Sicht schon im Augenblick der Unterzeichnung als eine überflüssige Vertragsbindung erscheinen. Nachdem es innenpolitisch ins Leere stieß und Teile des Parteivolks von der Notwendigkeit des Abschlusses nur schwer zu überzeugen waren, handelte Hitler folgerichtig, wenn er sich ersatzweise zum außenpolitischen Reputationsgewinn gratulierte.

In dem Bemühen, zu retten, was noch zu retten war, hatten sich die kirchlichen Unterhändler während der abschließenden Beratungen Anfang Juli 1933 im Vatikan ganz auf die Sicherung des katholischen Vereinswesens konzentriert. Nicht mehr die Bekenntnisschule, sondern der Verbandsschutz beanspruchte höchste Priorität, als Berlin in einer Blitzaktion gegen katholische Verbandszentralen noch in letzter Minute vollendete Tatsachen zu schaffen und etwa die Deutsche Arbeitsfront die katholischen Arbeitervereine zur Selbstaufgabe zu nötigen suchte. Wie keine andere Konkordatsbestimmung war darum die Fassung des Art. 31 geprägt von den Rückstößen des zweiten Revolutionsbebens. Was nach mehrfacher Textanpassung herausgekommen war, trug die Spuren hastiger Improvisation, verschaffte aber jedenfalls den an den Abgrund der Gleichschaltung gedrängten Verbände die lebensrettende Atempause[6].

Daß die Führung der Hitler-Jugend schon wenige Tage nach der Konkordatsunterzeichnung mit dem Verbot gleichzeitiger Mitgliedschaft in HJ und konfessionellen Jugendverbänden letzteren das Existenzrecht bestreiten konnte, ohne von Regierungsseite korrigiert zu werden, war von schlimmer Vorbedeutung für die von Partei und Staat zu erwartende Ausführungspraxis.

Mit der Etablierung des nationalsozialistischen Einparteistaats waren dem deutschen Katholizismus die Organe und Institutionen genommen, sich im politischen Raum noch länger Gehör zu verschaffen. So wenig es in die Leitungskompetenz der Bischöfe fiel, Positionen auszufüllen, die im öffentlichen Leben bis dahin Repräsentanten des politischen Katholizismus innegehabt hatten, so wenig konnten sie sich der Erwartung entziehen, derzufolge ihnen für den katholischen Volksteil eine schwer zu definierende, aber jedenfalls zusätzliche Führungsverantwortung zugewachsen war. Diese zu bejahen und dann auch wahrzunehmen, konnte gerade einem so betont pastoral und strikt unpolitisch eingestellten Episkopatsvorsitzenden wie dem Breslauer Kardinal Bertram nicht leichtfallen. Wie sehr die Bischöfe durch die Revolutionsgeschehnisse alarmiert waren, zeigte ihr zweimaliges Zusammentreten im Mai und August 1933 in Fulda, noch mehr aber die Überwindung der episkopalen Mainlinie in der Teilnahme der bayerischen Oberhirten (erstmals seit 1905) an der Fuldaer Bischofskonferenz. Ausdrücklicher als bisher wurde damit der Breslauer Kardinal zum Wortführer des Gesamtepiskopats.

[6] Nicht mehr das rettende Ufer erreichten aus unterschiedlichen Ursachen: Der Volksverein für das katholische Deutschland, der Friedensbund deutscher Katholiken und der Katholische Lehrerverband. Dagegen konnte sich der Verein katholischer deutscher Lehrerinnen noch bis 1937 behaupten.

Unter der Devise, den katholischen Volksteil in das „Neue Reich" zu führen, hatte Vizekanzler von Papen zwar schon im Frühjahr einen Vertretungsanspruch angemeldet, der den politischen Katholizismus überwinden sollte, damit aber nur ein dürftiges Echo geerntet. Die Reaktion war um nichts ermutigender, als er im Herbst 1933 in dem vom Zentrum hinterlassenen Vakuum sich als Sachwalter katholischer Belange neuerdings in Erinnerung brachte. Hatte zunächst der reichsideologisch orientierte Bund „Kreuz und Adler" die organisatorische Plattform abgegeben[7], so schwamm die daraus entwickelte „Arbeitsgemeinschaft katholischer Deutscher" (AKD) bereits ganz im nationalsozialistischen Fahrwasser. Bei Kirchenvolk und Klerus stieß das Grüppchen der von Papen gesammelten Brückenbauer auf Ablehnung oder Skepsis. Während sie unter ihren Glaubensgenossen für neue Vorleistungen an das NS-Regime warben, wurden sie von diesem völlig im Stich gelassen. Das hinderte indessen nicht, daß sich auch der Freiburger Erzbischof Gröber von den Entspannungsillusionen des Vizekanzlers zeitweilig blenden ließ. Zorniges Erstaunen weckte darum im November 1933 Gröbers Eigensinn, der AKD ein förderndes Geleitwort mit auf den kurzen Lebensweg zu geben.

III. Verschleppter Konkordatsvollzug

Was immer man katholischerseits vom Konkordatsabschluß erhoffte, eines mußte die Ratifizierung am 10. September 1933 an den Tag bringen: Wie ehrlich es Hitler mit dem Kirchenvertrag meinte. Sicherster Prüfstein für korrekten Konkordatsvollzug war die Behandlung der katholischen Vereine. Dabei mußte der Test in jenen Landesteilen erhöhte Aufmerksamkeit wecken, wo die Kluft zwischen Vertragsnorm und Polizeipraxis am krassesten war wie in Bayern. Dort beherrschten mit der bis 1934 noch nach Ländern gegliederten Politischen Polizei Himmler und Heydrich das Feld, zwei Namen, die im Zug nationalsozialistischer Selbstentfaltung zu Kurzformeln für das Wesen des SS-Staates wurden. Nachdem im Juni 1933 prügelnde SA-Kolonnen den 1. Deutschen Gesellentag in München auseinandergetrieben hatten, wurde daraus unter Verdrehung des Sachverhalts ein Vorwand konstruiert, über alle katholischen Vereine in Bayern ein Versammlungsverbot zu verhängen. Vom Konkordatsabschluß wurde diese Knebelung nicht nur nicht berührt, vielmehr wurden die Vereine im September durch ein Betätigungsverbot von Heydrich zu völliger Reglosigkeit verurteilt.

Die Erbitterung der bayerischen Katholiken fand ein Ventil in dem von der Landesregierung gewünschten Hirtenwort[8] des bayerischen Episkopats zur Reichstagswahl vom 12. November 1933. Darin war auch auf Vorkommnisse verwiesen, die die Bischöfe „mit Kummer und Sorge erfüllen". Weiterhin wurde

[7] Zu den reichsideologischen Strömungen im deutschen Katholizismus vor und nach 1933 vgl. K. Breuning, Die Vision des Reiches, München 1969.

[8] Vgl. B. Stasiewski I, Nr. 98.

die Erwartung geäußert, „daß überhaupt die Belastungen des katholischen Gewissens aufhören und die Gleichberechtigung der Katholiken vor dem Gesetz und im Staatsleben anerkannt werde". Da solche Töne der Bayerischen Landesregierung nicht ins Propagandakonzept paßten, verbreitete sie eine für ihre Zwecke zurechtgestutzte Kurzfassung, während sie die Publikation des vollen Wortlauts zu unterdrücken suchte. Gegen die Verfälschung der Bischofskundgebung verwahrten sich der bayerische Episkopat wie der Hl. Stuhl in scharfen Protesten.

Wie sehr sich der Dissens zwischen Katholischer Kirche und NS-Staat bereits vertieft hatte, wurde an den weit über München und Bayern hinaus begierig aufgenommenen Adventspredigten Kardinal Faulhabers im Dezember 1933 vor aller Welt sichtbar[9]. Das Eintreten des Münchener Erzbischofs für die Lebenswerte des Alten Testaments, dem von Rosenberg und seinen Nachbetern verhöhnten Judenbuch, wirkte nicht nur als Gegenstoß auf ein Zentraldogma der NS-Doktrin. Mit dem Widerspruch gegen verordnete Meinung wurde zugleich das Recht auf die persönliche Überzeugung proklamiert. Wie eine Erlösung empfanden es darüberhinaus viele Katholiken, daß mit den Kardinalspredigten aus den Reihen des Episkopats erstmals eine Gegenstimme laut wurde und das bedrückende Schweigen der Bischöfe gebrochen wurde. Die Versuchung, daraus auf Unwissen und Passivität zu schließen, war weitverbreitet, verfehlte aber trotzdem die Wirklichkeit.

Bei einer Zwischenbilanz am Ende des Machtergreifungsjahres mußten sich die Bischöfe in den düsteren Besorgnissen, die sie von jeher vor einer Herrschaft Hitlers und seiner Partei erfüllt hatten, auf deprimierende Weise bestätigt fühlen. In ihre nie besiegte Skepsis hatte sich im Sommer 1933 die Hoffnung gemischt, daß das von der NS-Regierung angestrebte und unterzeichnete Reichskonkordat das Wirken und die Entfaltungsmöglichkeit der Kirche auch unter den veränderten politischen Rahmenbedingungen garantieren werde. An der Sabotierung der Verbandsschutzvorschriften durch Staats- und Parteistellen hatte sich statt dessen mit jedem Monat bedrohlicher abgezeichnet, daß das Konkordat nicht einen Schutzwall zur Fortexistenz, sondern lediglich eine Folie für Vertragsbrüche abgebe. Eine solche Alternative zu loyalem Konkordatsvollzug war bei der Unberechenbarkeit Hitlers nicht von vornherein auszuschließen gewesen, beim Abwägen des Für und Wider vor der Unterzeichnung dem Hl. Stuhl aber immer noch vertretbarer erschienen als ein vertragsloser Zustand.

In der kritischen Einschätzung von Hitlers Kirchenpolitik waren die deutschen Bischöfe eines Sinnes, so sehr die Vorstellungen über die angemessene Gegenreaktion nach weiterer Klärung der Fronten auseinanderliefen. Einig waren sie auch in der Ablehnung des verspäteten Optimismus, von dem sich der Freiburger Erzbischof Gröber im Herbst 1933 zu eigenmächtigen Sonderaktionen verführen ließ. Ein brüskes Stoppsignal aus Rom, Zurechtweisung aus den eigenen Reihen und die unversöhnliche Gegnerschaft örtlicher Parteiführer heilten ihn schon nach wenigen Monaten von seinem Mittlerehrgeiz.

[9] Anfang Februar 1934 waren die fünf Predigtbändchen bereits in 150000 Exemplaren verbreitet.

Ungleich realistischer war Kardinal Faulhaber, der mit der Prognose recht behalten sollte, die NS-Regierung werde sich mit dem Eingreifen zugunsten der katholischen Verbände Zeit lassen, bis es nichts mehr zu schützen gäbe. Wie die Entwicklung veranschaulichte, hätte nichts die Hinhaltetaktik der Ministerialinstanzen treffender charakterisieren können. Während die Herausgabe der vom Konkordat geforderten Schutzbestimmungen für katholische Vereine planvoll verzögert wurde, konnten NS-Organisationen ihre Diskriminierungspraktiken ungestört weiterbetreiben[10]. Nach dem Beispiel der HJ übernahm so im April 1934 die Deutsche Arbeitsfront, ein Zwangsverband mit gewerkschaftlichen Aufgaben, das Verbot der Doppelmitgliedschaft, um damit katholische Arbeiter aus den kirchlichen Vereinen herauszudrängen. Da die Konsequenzen im Weigerungsfall bis zum Verlust des Arbeitsplatzes reichten, stürzte der Entscheidungszwang jeden Betroffenen in ernste Konflikte. Die für Anfang Juni 1934 vorzeitig einberufene Plenarkonferenz des deutschen Episkopats erhoffte von abschließenden Verhandlungen über den Verbandsschutz noch immer eine positive Wende, entsandte aber mit Gröber und Berning Unterhändler, die in Berlin nicht mit der gebotenen Härte auf Einhaltung der Konkordatsartikel beharrten und sich auf fatale Zugeständnisse einließen. Unverzeihlich war die Bereitschaft der Bischofsdelegation zu Direktverhandlungen mit Spitzenvertretern der NS-Organisationen, die nichts als ihren Monopolanspruch kannten, anstatt auf der Pflicht und Zuständigkeit des Reichsinnenministers für korrekten Konkordatsvollzug zu bestehen. Den für das NS-System typischen Machtdualismus zwischen Staat und Partei somit seitens der Bischöfe formell als Gegebenheit hinzunehmen, war ein unverzeihlicher Mißgriff. Das Verhandlungsergebnis, mit der Preisgabe von Konkordatspositionen belastet, wurde im Episkopat scharf kritisiert und vom Vatikan, da von seiner Zustimmung abhängig, zurückgewiesen. Noch in Unkenntnis dieses Fehlschlags mußte das Kirchenvolk, voller Erwartung auf ein klärendes Wort inzwischen mit der Enttäuschung fertig werden, daß ein gemeinsamer Hirtenbrief aus Fulda, obwohl schon in den Händen des Klerus, in letzter Minute aus verhandlungstaktischen Rücksichten zunächst zurückgestellt wurde, was die Gestapo dazu benutzte, ihn zu beschlagnahmen und die Verlesung ihrerseits zu verbieten. Aus den gleichen Überlegungen entfiel die Absendung eines bereits versandfertigen Beschwerdebriefs an Hitler[11].

IV. Kardinal Bertrams Eingabenpolitik

Auf das Recht und Gesetz mißachtende Blutbad des 30. Juni 1934, in der NS-Version als „Röhmputsch" ausgegeben, gab es von bischöflicher Seite keinen

[10] Zum Kampf um den Fortbestand von zwei der bedeutendsten katholischen Verbände und zum Verlauf der Vereinsschutzverhandlungen vgl. J. Aretz, Katholische Arbeiterbewegung und Nationalsozialismus, Mainz 1978; B. Schellenberger, Katholische Jugend und Drittes Reich, Mainz 1975.

[11] Zu den beiden Dokumenten vgl. B. Stasiewski I, Nr. 156 und 158.

Kommentar, obwohl zu den Gemordeten auch drei prominente Katholiken[12] zählten und das Kirchenvolk verstört nach dem Urteil der Oberhirten fragte. Allein Bischof Galen (Münster) wagte es, noch im Abstand von zwei Jahren an die „frischen Gräber“ jener zu erinnern[13], „die das katholische Volk für Märtyrer des Glaubens hält, weil … das Dunkel, das über ihre Gräber gebreitet ist, ängstlich gehütet wird“. Freilich war es nicht verwunderlich, daß die Bischöfe, zumeist betagt und in einer anderen Welt großgeworden, Anpassungsschwierigkeiten hatten, wenn sie sich in der bis dahin nicht nur ihnen unvertrauten und auch weithin unvorstellbaren Daseinsbedingungen eines totalitären Weltanschauungsstaates nicht nur zurechtfinden, sondern auch weisunggebend vorangehen sollten. Versuche einer Standortbestimmung fanden in der Regel ersten und oftmals auch letzten Halt in einem ziemlich vagen Kulturkampfbegriff. Was daran stimmte, war die Frontstellung Staat gegen Kirche. Dagegen unterschied sich die Staatlichkeit des Bismarckreichs von derjenigen der NS-Herrschaft ganz erheblich. Während dort kirchliches Selbstverständnis unter obrigkeitsstaatliches Ordnungsdenken gebeugt werden sollte, war der Unterwerfungsanspruch des NS-Systems seiner Natur nach grenzenlos. Und wenn im preußischen Kulturkampf die katholische Kirche auch keineswegs „gerecht“ behandelt wurde, so respektierte die Staatsgewalt doch immer noch gewisse rechtsstaatliche Normen. Hitlers Machtausübung jedoch war nicht zuletzt gerade dadurch charakterisiert, daß er zur Erreichung seiner Ziele Recht und Moral bedenkenlos beiseiteschob.

Sich auf das äußere Erscheinungsbild der Kirchenbedrückung versteifend, hielt Kardinal Bertram wenig von spezifizierender Unterscheidung am Kulturkampfbegriff und postulierte für sich das Recht, seine Abwehrhaltung gegen das NS-Regime nach den im Bismarckreich empfangenen Eindrücken zu bestimmen. Die hartnäckige Berufung auf Kulturkampferfahrungen trug ihm denn auch den Vorwurf ein, mit den Kategorien von damals den wesentlich andersgearteten Charakter der nationalsozialistischen Gewaltherrschaft zu verfehlen.

Staatsbehörden gegenüber den kirchlichen Standpunkt zur Geltung zu bringen, diente die schriftliche Eingabe, ein Instrument, das der Breslauer Kardinal virtuos zu handhaben verstand. Es war dies auch nach dem Anbruch der NS-Herrschaft das gegebene Mittel, bischöflichem Einspruch Gehör zu verschaffen, und Bertram gebrauchte es mit staunenerregender Produktivität und Promptheit. Vertraulichkeit des Briefwechsels zwischen Episkopat und Regierung verstand sich in normalen Zeiten von selbst, wurde aber in dem Maße zum Problem, wie sich die Ineffizienz bischöflicher Proteste herausstellte, auf die es meist nicht einmal eine Antwort gab. Gewiß, die Bischöfe wußten, wie unermüdlich der Konferenzvorsitzende protestierte, das Kirchenvolk aber wußte es nicht und war deswegen je länger desto mehr versucht, aus dem faktischen Unvermögen des Episkopats, die

[12] Es handelt sich um den Münchener Redakteur Fritz Gerlich, den Berliner Ministerialdirektor Erich Klausener und den Reichsführer des katholischen Sportverbands „Deutsche Jugendkraft“ Adalbert Probst.

[13] Vgl. Predigt Galens in Xanten am 9. Februar 1936.

Kirchenbedrückung abzuwehren, überhaupt auf das Fehlen bischöflicher Proteste zu schließen. Daß aus dem Verdacht der Passivität in den Gemeinden Unwillen und Mißtrauen keimten, gab ein Breslauer Pfarrer seinem Kardinal zu verstehen, als er schrieb: „Das katholische Volk ahnt wohl, daß seine gottgesetzten Hirten kämpfen, würde es aber dankbarst begrüßen, wenn die bischöflichen Proteste gegen Ungerechtigkeit, Lüge und Vergewaltigung auch zu seiner Kenntnis kämen"[14].

Nach der durch ärgerliche Mißgriffe verspielten Publikation des Hirtenbriefs vom Juni 1934 wurde eine Kundgebung des Gesamtepiskopats zur wichtigsten Forderung, die von Klerus und Kirchenvolk an die Plenarkonferenz des folgenden Jahres gerichtet war. Ihr verliehen zwei Dokumente[15] unüberhörbaren Nachdruck. In einer Denkschrift skizzierten die Führer der katholischen Massenorganisationen die Bedrängnisse ihrer Mitglieder und deren Erwartungen an den Episkopat. Sie verschwiegen darin nicht eine wachsende Unsicherheit, hervorgerufen durch die Undurchsichtigkeit der kirchlichen Aktion und ihrer Leitung. Das Schweigen in den großen Fragen habe weithin lähmend und bitter gewirkt, auch im getreuen Kirchenvolk und seiner Jugend. Es fehle nicht an der Bereitschaft zu großen und entscheidenden Opfern, was die Verbände aber nicht leisten könnten, sei das Martyrium ohne Auftrag.

Das zweite Schreiben[16] an die Adresse der deutschen Bischöfe stammte von Kardinalstaatssekretär Pacelli und kam einer päpstlichen Order gleich. Gefordert war darin „ein klärendes, richtunggebendes, von apostolischem Freimut getragenes Wort des Episkopats, welches für die bekämpfte und gefährdete Wahrheit mutig Zeugnis ablegt und den vielfältigen Formen des Irrtums die Maske abreißt". Den von solchen Impulsen bestimmten Hirtenbrief[17] durchzog als Leitmotiv die Mahnung: Stehet fest im Glauben! Den Leitern und Mitgliedern der unter Auflösungsdruck stehenden Verbände versicherten die Bischöfe, alles zu tun, „um den ihnen im Reichskonkordat verbürgten ruhigen Fortbestand und weiteres gesegnetes Wirken zu sichern". Eine mit Beweisstücken und Zitaten befrachtete Denkschrift[18] an Hitler sollte dem Letztverantwortlichen Fakten und Folgen der Kirchenbedrückung vor Augen führen und zum Eingreifen bewegen. Schlagender noch als im Entwurf vom Vorjahr wurde darin dargetan, daß der konzentrische Ansturm auf Christentum und Kirche in Deutschland voll entbrannt war.

V. Rosenbergs „Mythus" als Religionsersatz

Die Gegnerschaft folgte aus dem Wesen des totalitären Weltanschauungsstaats, der jede eigengeprägte und damit nicht beliebig umformbare Glaubensgemein-

[14] Vgl. Dittrich an Bertram, 30. November 1935.
[15] Vgl. B. Stasiewski II, Nr. 225/IVa.
[16] Vgl. B. Stasiewski II, Nr. 228.
[17] Vgl. B. Stasiewski II, Nr. 230.
[18] Vgl. B. Stasiewski II, Nr. 231/I.

schaft mit einem den Erfahrungshorizont transzendierenden Weltverständnis als Fremdkörper und Negation seines absoluten Unterwerfungsanspruchs zu eliminieren sucht. Folgerichtig wandte sich Hitler – nach dem Gelingen der politischen – der geistigen Gleichschaltung zu, indem er Anfang 1934 als nächstes Etappenziel ausrief, Deutschland nationalsozialistisch zu machen, was immer man darunter verstehen sollte. So verschwommen das klang, so sehr stand außer Zweifel, daß Hitler vor dem Planziel totaler Verfügbarkeit in der katholischen Kirche eines der störendsten Hindernisse erblicken mußte und tatsächlich erblickt hat. Obschon er es für taktisch klüger hielt, im Hintergrund zu bleiben und zweigleisig zu operieren, wurde die Stoßrichtung des von ihm angekündigten Indoktrinationsprogramms offenkundig, als er im Januar 1934 die Überwachung der gesamten geistigen und weltanschaulichen Erziehung der NSDAP einem Gefolgsmann übertrug, der sich im „Mythus des 20. Jahrhunderts" als radikaler Antikatholik und Kirchenhasser ausgewiesen hatte. Dennoch pflegte Hitler weiter die für katholische Ohren bestimmte Version, Rosenbergs Schmähschrift sei eine „Privatarbeit", der er persönlich fernstehe. Beim Gespräch mit Bischöfen (Schulte, Februar 1934; Preysing, Oktober 1935; Faulhaber, November 1936) gehörte diese Versicherung zum festen Ritual, gelegentlich noch durch den Vorwurf pointiert, erst kirchlicher Widerspruch habe den „Mythus" zum Bestseller gemacht. Wie vordergründig zweckhaft auch immer, war Hitlers Distanzierung zumindest insoweit echt, daß ihm der Wahrheitsgehalt von Rosenbergs Ideenkonglomerat im Grunde tatsächlich gleichgültig war. Was er am „Mythus" schätzte und weshalb er dessen Thesen mit parteiamtlichem Echtheitssiegel als nationalsozialistisches Grundwissen den Massen seiner Anhänger injizieren ließ, war dessen Charakter als einer mit dem Christentum unvereinbaren und unverträglichen Gegenlehre. In den Köpfen von „Mythus"-Lesern war kein Platz mehr für die Wahrheiten des Evangeliums. Dieser utilitaristische Aspekt hatte es Hitler angetan, als er zum Zwecke ideologischer Gleichrichtung ein oberstes Lehramt für Religionsersatz errichtete und es dem Verfasser des „Mythus" übertrug[19].

Daß man kirchlicherseits Hitlers Option als einen schlimmen Affront betrachten müsse, gab der Vatikan unverzüglich zu verstehen, indem er Rosenbergs Pamphlet auf den Index verbotener Bücher setzte. Die Befürchtungen waren nur zu begründet. Dennoch übertraf die nun anhebende Indoktrinationskampagne, die von Rosenberg dirigiert und aus seinem „Ideengut" bestritten wurde, an Breite, Dichte und Penetranz alle bisherigen Vorstellungen. Mit riesigem publizistischem Aufwand wurde der nationalsozialistische Religionsersatz in die Öffentlichkeit getragen, in Schulungskursen und Schulungsmappen allen Bevölkerungsschichten eingehämmert. Auf Breitenwirkung mußte darum auch die kirchliche Abwehrarbeit angelegt sein. Sie brachten in Kürze eine Fülle von Entgegnungen hervor, die von populären Kleinschriften bis zu wissenschaftlichen Studien reichten. Zentraler Bezugspunkt für diesen neuen Zweig der Kontroversliteratur wurde das

[19] Zum Gesamtkomplex vgl. R. BAUMGÄRTNER.

„Neuheidentum", ein bewußt vager Begriff, unter dem alles subsumiert und zurückgewiesen werden konnte, was an Antikatholischem umlief, wegen seiner nationalsozialistischen Abkunft aber nicht immer beim Namen genannt werden durfte.

VI. Antikirchliche Zwangsmaßnahmen

Trotzdem blieb es eine Auseinandersetzung mit ungleichen Waffen. Dem Monopol des Reichsrundfunks und der Übermacht der vom Propagandaministerium straff gelenkten Tagespresse hatte die Kirche nur ein publizistisches Potential entgegenzuhalten, dessen Äußerungsmöglichkeiten Schritt für Schritt reduziert wurden. Es begann Mitte 1933 damit, daß katholischen Tageszeitungen untersagt wurde, sich als solche zu bezeichnen. In der Reichsschrifttums- und Reichspressekammer schmiedete sich das NS-Regime dann Disziplinierungsinstrumente, jede mißliebige Meinungsäußerung zu ersticken. Der äußeren Vereinheitlichung zu einer regierungshörigen „deutschen" Presse folgte wirtschaftlich die Zwangsüberführung in NS-Regie. Den Vernichtungsschlag gegen die katholischen Tagesblätter, vor 1933 der nationalsozialistischen Konkurrenz an Zahl und Verbreitung weit überlegen, führte Propagandaminister Goebbels mit der Amann-Anordnung vom 24. April 1935. Wer von den katholischen Zeitungsverlegern den Weg der Entmündigung und Wesensverleugnung nicht in einer Auffanggesellschaft des Reiches bis zum bitteren Ende gehen wollte, mußte aufgeben.

Eine den kirchlichen Sonntagsblättern anfangs eingeräumte Sonderstellung blieb nicht lange unangetastet. Den Lebensnerv ihrer inhaltlichen Gestaltung traf im Februar 1936 die Vorschrift, daß jeder Beitrag vom Religiösen auszugehen habe. Geschah das nicht, so galt der Beitrag als politisch und damit als Übergriff in einen der Kirchenpresse verbotenen Bereich. Unter dem heuchlerischen Vorwand, die Bistumsblätter auf das ihnen allein gemäße Religiöse festzulegen, bezweckte die Reglementierung tatsächlich nichts anderes, als die Beiträge so auszudünnen, daß sich die Leserschaft gelangweilt abwenden würde. Verstöße ausfindig zu machen oder zu konstruieren, kostete die parteiamtlichen Zensoren keine Mühe. Die dann fällige Verwarnung schloß mit der Drohung, das Kirchenblatt als politisch einzustufen und unter einem zulassungspflichtigen Schriftwalter in die Zwangsjacke der gleichgeschalteten Presse zu stecken.

Zu den Zynismen nationalsozialistischer Pressepolitik gehörte die sogenannte Auflagennachricht, die, vom Propagandaministerium zugestellt, ohne Rücksicht auf den Wahrheitsgehalt und ohne eine Distanzierung der Redaktion publiziert werden mußte. Welche Konflikte hier angelegt waren, wurde drastisch fühlbar, wenn die Bischöfe vor der Notwendigkeit standen, offiziell verbreitete Falschmeldungen richtigzustellen.

Die Übermacht seines Medien-Imperiums in den Unterdrückungskampf zu werfen und dem Ansehen von Kirche und Klerus einen vernichtenden Schlag zu versetzen, erblickte Goebbels in den zwischen 1935 und 1937 laufenden Devisen- und Sittlichkeitsprozessen eine verlockende Möglichkeit. Materielle Verstöße gegen Devisenbestimmungen lagen bei einigen Kongregationen mit finanziellen Verpflichtungen über die Landesgrenzen hinweg zweifellos vor, waren allgemein wegen der vielen und unüberschaubaren Gesetzesvorschriften keine Seltenheit. Während aber etwa Wirtschaftskreisen der Ausweg diskreter Bereinigung offengehalten wurde, kamen Verfehlungen im kirchlichen Bereich ins Scheinwerferlicht der Öffentlichkeit. Zum gleichen Zweck der Diskriminierung wurde auch beim Aufgreifen von Sittlichkeitsvergehen ein doppelter Maßstab angelegt[20]. Soweit die Verfahren gegen Priester und Ordensleute im Gerichtssaal spielten, wurden sie juristisch durchaus korrekt abgewickelt. Ganz regimehörig aber verhielten sich die obersten Justizbehörden, wenn sie im Ansetzen, im Vorziehen oder Hinauszögern von Prozeßterminen nach den tagespolitischen Bedürfnissen verfuhren. In Szene gesetzt wurde daran anschließend die Diffamierungskampagne gegen Klerus und Klöster nach den Weisungen des Propagandaministeriums. Doch trotz oder vielleicht gerade wegen des massierten Einsatzes von Rundfunk und Presse und trotz der Knebelung kirchlichen Widerspruchs endete die Aktion mit einem grandiosen Fehlschlag. Gewiß gab es Bevölkerungsschichten, die für die These von der katholischen Kirche als Sittenverderberin und den Klöstern als Brutstätten des Lasters nicht unempfänglich waren, insgesamt aber war die Verallgemeinerung der Vorwürfe so handgreiflich und die Lautstärke der Entrüstung so überdreht, daß sie einen Großteil des Publikums abstießen. Zumindest galt das für den katholischen Bevölkerungsteil, wo die pausenlosen Prozeßberichte in der Tat Widerwillen und Mißtrauen erzeugten, keineswegs aber gegen den Stand der Priester und Ordensleute, sondern gegen die Drahtzieher des antikatholischen Verleumdungsfeldzugs.

Mit dem Abklingen der Revolutionswirren im Sommer 1933 war die Hoffnung nicht unbegründet, die wiederhergestellte Staatsautorität werde auch der Kirche jeder Funktionärswillkür gegenüber zu ihrem Recht verhelfen. Die Desillusionierung vollzog sich in zwei Schritten. Zunächst mußten die 1934 nach Berlin entsandten Bischöfe erleben, wie Innenminister Frick über die Sabotierung von Konkordatsvorschriften durch die Partei untätig hinwegsah und den Alleinanspruch der NS-Organisationen als Gegebenheit hinnahm[21]. Schon ein Jahr später war der Minister vollends im Parteimann aufgegangen, als er im Juli 1935 katholische Vereine in einer Kampfrede für überflüssig erklärte, weil sie die „Entkonfessionalisierung des öffentlichen Lebens“ behinderten. Das Schlagwort schützte Eifer für das Idol nationalsozialistischer Volksgemeinschaft vor, der zuliebe alle Überreste von Pluralität auszumerzen waren, zielte aber darüberhinaus auf völlige Entkirchlichung und Entchristlichung. Fast gleichzeitig heizte ein scharfmacherischer Erlaß Hermann Görings das antikatholische Klima weiter an. Mit ebenso

[20] Vgl. dazu ausführlich H. G. Hockerts.
[21] Vgl. oben S. 21.

schneidenden wie dunklen Wendungen suchte darin der zweite Mann in der NS-Hierarchie in seiner Eigenschaft als preußischer Ministerpräsident den Verwaltungsapparat gegen Regungen eines angeblich noch immer nicht überwundenen „Politischen Katholizismus" aufzubringen. Das zu staatspolizeilicher Intervention aufrufende Etikett wurde automatisch allem aufgeklebt, was an kirchlichen Lebensäußerungen Spitzel-Augen nur immer mißfallen und mit dem Ausschließlichkeitsanspruch der Partei in der Öffentlichkeit kollidieren konnte.
Mit dem Übergreifen der antikirchlichen Agitation von der Funktionärs- auf die Ministerebene trat die Auseinandersetzung mit dem NS-Staat für den Vatikan in ein neues Stadium. Er beschränkte sich nicht darauf, die aggressiven Vorstöße Fricks und Görings in scharfen diplomatischen Noten[22] zurückzuweisen, sondern brachte deren Inhalt über Artikel des „Osservatore Romano" auch in die Öffentlichkeit, ja über die bischöflichen Amtsblätter zur Kenntnis des deutschen Klerus. Dezidiert verwahrte sich darin die Kurie „gegenüber dem Mißbrauch, der mit dem vieldeutigen Wort ‚politisch' getrieben wird und dem Versuch, alles, was von kirchlicher Seite zu Fragen des öffentlichen Lebens gesagt und getan wird, als eine Verletzung staatlicher Zuständigkeit zu bezeichnen und zu ahnden". Den Pauschalverdächtigungen Görings hielt Kardinal Pacelli die Tatsache entgegen, „daß die im Konkordat gewährleistete Freiheit in der Darlegung und Verkündigung der katholischen Lehre durch die Spitzel- und Verbotstätigkeit der Geheimen Staatspolizei zu einem Schatten dessen geworden" sei, „was sie konkordatsrechtlich sein müßte".
Ebenfalls in die von totalitärem Durchsetzungsdrang erfüllte Atmosphäre des Sommers 1935 fiel die Nachricht von der Berufung eines Reichsministers für die kirchlichen Angelegenheiten. Bestimmend für Hitlers Entschluß zur Errichtung eines zentralen Kirchenressorts war die Zerrissenheit der evangelischen Landeskirchen, wo in der Auseinandersetzung mit den nationalsozialistischen „Deutschen Christen" ein Kirchenkampf mit anderem Frontverlauf als auf katholischer Seite ausgetragen wurde, wo aber nicht zuletzt in der Kontroverse um Rosenbergs „Mythus" gemeinsame Glaubensüberzeugung hervorgetreten war.
Die Ernennung von Hanns Kerrl zum Kirchenminister brachte in die NS-Kirchenpolitik zwar einen zusätzlichen Faktor, keineswegs aber einen Kurswechsel, so sehr sich der „homo novus" anfangs um eine Verbesserung des Gesprächsklimas bemühte. Selbst die vorsichtige Prognose Bertrams, der mit Kerrl auf dessen Wunsch zusammengetroffen war und danach „eine sich allmählich anbahnende partielle Wendung in der Kirchenpolitik der Reichsregierung" für möglich hielt[23], bewahrheitete sich nicht. Auf dem schmalen Fundament abgezweigter Kompetenzen aus dem Innen- und Erziehungsministerium konstituiert, wirkte die Neugründung als leichtgewichtige Behelfskonstruktion. Für Exekutivaufgaben war Kerrl auf die geneigte Unterstützung der Gestapo Himmlers und Heydrichs

[22] Vgl. D. Albrecht I, Nr. 64 und 65.
[23] Vgl. Bertram an Pacelli, 24. August 1935.

angewiesen, die ihre eigene Kirchenpolitik betrieben und alles taten, den ungebetenen Rivalen im Zustand ohnmächtiger Abhängigkeit zu halten. Von oben nach unten, nämlich aus der Perspektive der Reichskanzlei, war dem Kirchenministerium von Anfang an die Rolle einer Pufferbehörde zugedacht, die Hitler vor bischöflichen Klagen abschirmen sollte. Nicht anders wurde der Kirchenminister zu seinem Schmerz auf der Ebene der Reichsressorts und im Kreis der Parteispitzen behandelt. Inmitten radikalerer Konkurrenten unter ständigem Beweiszwang, den Verdacht der Laxheit zu widerlegen und seine im eigenen Lager ignorierte Kompetenz dorthin richtend, wo allein man ihn noch respektieren mußte, suchte Kerrl Selbstbestätigung im Ersinnen neuer Zwangsmaßnahmen gegen die Kirchen.

VII. Schulkämpfe – regional gestaffelt

Wenn die Bischöfe über den Konkordatsabschluß hinaus alle Hände voll zu tun hatten, die vertraglich geschützten katholischen Vereine gegen die Polypenarme der NS-Organisation zu verteidigen, so blieb ihnen doch die Genugtuung, daß zumindest auf dem für die Bewertung der Vertragspraxis entscheidenden Schulsektor die Konkordatsbestimmungen eingehalten wurden. Es war die Ruhe vor dem Sturm, obschon er nicht wie gegen den Verbandskatholizismus mit Blitz und Donner losbrach. Typisch für den Prozeß der Verdrängung kirchlichen Einflusses vom Erziehungssektor war, daß er ungleichzeitig, regional gestaffelt und scheinbar zusammenhanglos vorangetrieben wurde, wobei der föderativen Ausrichtung der Schulverhältnisse und Schulkompetenzen keine geringe Bedeutung zukam. Es begann damit und wurde schließlich Methode, daß gesetzwidrige Eingriffe in die Schulform, in den Religionsunterricht, in die Lehrbefugnis der Religionslehrer, auf kommunaler oder Länderebene zunächst einmal unbeanstandet hingenommen, vom Reichserziehungsminister intern gutgeheißen und durch geheime Ministerialerlasse zu reichsweiter Praxis erhoben wurden. So etwa bei der Vorschrift, daß Religionslehrer eine Zulassung durch den Regierungspräsidenten benötigten, bei der die Gestapo mitzureden hatte, so bei dem Erlaß, der es Beamten verwehrte, ihre Kinder auf Ordensschulen zu schicken oder das Verbot für Religionslehrer, in konfessionellen Jugendorganisationen tätig zu sein.
In der Beseitigung katholischer Bekenntnisschulen, für den Vatikan das Herzstück des Reichskonkordats, ging schon im Frühjahr 1934 das Land Hessen voran. Hier wie anderswo legte man Wert darauf, das vertragswidrige Vorgehen durch dubiose Abstimmungsverfahren legalistisch zu verbrämen. Mit allen Mitteln der Agitation und des Gewissenszwangs wurden widerstrebende Eltern 1935–1937 vor den Schulabstimmungen in München bearbeitet, während jede Aufklärungsarbeit der Kirche mit Polizeigewalt unterbunden wurde. Nach vier Jahren NS-Herrschaft fühlten sich dann Kultusminister und Oberpräsidenten allüberall so unangreifbar sicher, daß die Umwandlung der noch bestehenden Konfessionsschulen in „Deutsche Gemeinschaftsschulen“ ganz ohne das Requisit

manipulierter Elternversammlungen auf dem Verordnungsweg verfügt werden konnte. Nachdem der Werbespruch, in der Gemeinschaftsschule bleibe der Religionsunterricht unangetastet, ausgedient hatte, gingen der Kultusminister in Württemberg und in Sachsen, beides engagierte Kirchengegner, dazu über, anstelle der religiösen Glaubensunterweisung einen betont antichristlichen „Weltanschauungsunterricht“ einzurichten, in den sie unter Mißachtung des Elternwillens alle schulpflichtigen Kinder hineinzuzwingen suchten. Die Tendenz, den Klerus wie einen Infektionsherd zu isolieren, gipfelte 1941 in der Verfügung, die das Erteilen von Privatunterricht durch Geistliche und Ordensleute selbst in weltlichen Fächern unter Strafe stellte.

Dem Episkopat gegenüber versuchte das Reichserziehungsministerium noch eine Zeitlang, offenkundige Konkordatsverletzungen durch rabulistische Auslegungskünste zu decken, so etwa mit der Unterscheidung, nur das System der Bekenntnisschule sei garantiert, nicht aber die Erhaltung jeder einzelnen Schule dieses Typs. Die Grenzen ministerieller Verantwortlichkeit im NS-Staat enthüllte schließlich das offenherzige Eingeständnis, mit ihren auf das Konkordat gestützten Forderungen sei zwar die Kirche im Recht, doch sei es „den staatlichen Behörden nicht möglich, gegenüber der Partei die Rechte der Kirche zu vertreten oder zu verteidigen“[24]. Damit wurde der Blick freigegeben auf die eigentliche Steuerungszentrale nationalsozialistischer Schulpolitik, die Parteikanzlei unter dem von pathologischem Kirchenhaß erfüllten Martin Bormann. Ursprünglich langfristige Zielvorgaben, verfielen die Stellungnahmen der Parteikanzlei zu Bildungsfragen immer mehr in den Ton unwidersprechbarer Weisungen, die Erziehungsminister Rust in Verordnungen umzusetzen hatte.

VIII. Die Enzyklika „Mit brennender Sorge“

Nach vier Jahren überwiegend negativer Vertragserfahrung mit dem Konkordatspartner Hitler entschloß sich Pius XI. im Frühjahr 1937 zu einem spektakulären Schritt. In der Enzyklika[25] „Mit brennender Sorge“, heimlich verbreitet und am 21. März den deutschen Katholiken von der Kanzel verkündet, trat der Papst vor das Forum der Weltöffentlichkeit, um das NS-Regime für jedermann vernehmbar der Vertragsuntreue und Kirchenverfolgung anzuklagen. Der dramatische Vorstoß Pius’ XI. befreite die Gemeinden von schwerem innerem Druck und traf die Machthaber wie ein Blitz aus heiterem Himmel. Was sie nicht hatten wahrhaben wollen, war geschehen: Zumindest für die Dauer eines historischen Augenblicks hatte der Papst die Initiative an die Kirche zurückgewonnen. Hitler und sein

[24] Dies wurde Bischof Berning (Osnabrück), dem Unterhändler des Episkopats in Schulfragen, am 5. August 1938 im Reichserziehungsministerium erklärt.

[25] Zum Text vgl. die Gegenüberstellung des von Kardinal Faulhaber stammenden Erstentwurfs und der Endfassung, in: D. Albrecht I, 404–443.

Kirchenminister wären kaum so überrascht gewesen, hätten sie vor 1937 das halbe Hundert vatikanischer Proteste mit den sich mehrenden Warnsignalen frühzeitig ernst genommen. Indessen war Hitlers Widerwille gegen ihre Lektüre nur zu verständlich. Indem sie nämlich mit juristischer Strenge Konkordatsnorm und nationalsozialistische Staatswirklichkeit nebeneinanderhielten, um die Kluft zwischen beiden aufzudecken, übten sie in einem Ausmaß und einer Grundsätzlichkeit Systemkritik wie bis dahin keine andere diplomatische Korrespondenz mit der NS-Regierung.

Das Papstwort erschöpfte sich nun keineswegs oder auch nur hauptsächlich in einem Protest gegen fortgesetzten Bruch von Konkordatsverpflichtungen, sondern umriß mit lehramtlicher Autorität Kernstücke katholischer Glaubensüberzeugung, die dem Mahlstrom pseudoreligiöser Begriffsverfälschung in der NS-Publizistik besonders ausgesetzt waren. Indem die Enzyklika christliche Grundpositionen, für nicht wenige evangelische Christen ebenso unverrückbar wie für Katholiken, gegen einen gemeinsamen Gegner verteidigte, wurde sie unversehens zu einem ökumenischen Ereignis, wie die begierige Aufnahme des Textes weit über die Konfessionsgrenzen hinaus bezeugte. Es war in der Tat die Sache der ganzen Christenheit, die hier vom römischen Pontifex vertreten wurde, und es war noch mehr als dieses. Implizierte doch das Nein des Papstes zur nationalsozialistischen Kirchenpolitik ein Nein zum Totalitarismus überhaupt. Denn mit dem absoluten Verfügungsanspruch wurde auch das System gesprengt, sobald wie hier eine Glaubensgemeinschaft ihr Recht auf Selbstbestimmung und Nichtanpassung vor aller Welt behauptete.

IX. Von der Agitation zur Repression

Von der moralischen Autorität des Hl. Stuhls auf die Anklagebank gebracht und über die Bloßstellung vor der Weltöffentlichkeit erbittert, übte Hitler nach zwei Seiten Vergeltung. Zum einen ließ er die zwölf Druckereien, die mit der Herstellung des Rundschreibens befaßt waren, in einem Akt beispielloser Rechtswillkür entschädigungslos enteignen. Zum anderen programmierte er die Justizmaschinerie auf eine neue Serie von Sittlichkeitsprozessen gegen Ordensleute, zu denen die Medien weisungsgemäß ein ohrenbetäubendes propagandistisches Begleitkonzert anstimmten, um das Weltecho der Enzyklika zu übertönen. Der Propagandaminister in Person steigerte die Hetztiraden zum gellenden Fortissimo. Daß Goebbels' Deutschlandhalle-Rede am 28. Mai 1937 einen Gipfel antikatholischer Aggressionsentladung bildete, war evident; daß sie zugleich einmal eine Wende nationalsozialistischer Verfolgungstaktik markieren würde, sollte erst die Folgezeit lehren. Tatsächlich endet im Sommer 1937 für den Kirchenkampf die Phase der geräuschvollen Agitation, charakterisiert durch die Namen von Rosenberg und Goebbels. Dafür beginnt die Phase geheimpolizeilicher Repression, verkörpert von Himmler und Bormann[26]. Das will freilich weder im einen noch im anderen Fall ausschließlich verstanden werden. In jeder Phase sind beide Elemente wirksam, überlagern und durchdringen sich. Dennoch ist das Vorherrschen eines Moments so ausgeprägt, daß zunächst die Agitation, dann die Repression für ein Stadium der Kirchenbedrückung im NS-Staat als typisch gelten kann.

In einer jahrelangen Dauerpolemik hatte die Goebbelspresse die Unterwerfung der Kirche unter die NS-Herrschaft zu einem innenpolitischen Hauptthema gemacht. Wenn jetzt die Angriffstaktik geändert wurde, so hatte das mehrere Gründe, etwa die Verlagerung von Hitlers Dynamik auf die Außenpolitik und das Vordringen Himmlers in der „Gegnerbekämpfung". Wenn fortan die Gestapo die Religionspolitik in die Hand nahm, dann lag aber darin auch das Eingeständnis, daß die Strategie, die Geschlossenheit der Kirche durch eine Vertrauenskrise zu erschüttern und zwischen Gläubigen und Klerus eine Kluft aufzureißen, letztlich fehlgeschlagen war.

Hatte der Propagandaminister die Autorität der Kirche zerstören wollen, so zielte die Gestapo auf ihren institutionellen Unterbau. Meist mied sie jede Publizität und schlug im Stillen zu, in jedem Fall aber verlustreich. Den Methodenwechsel bekamen zuallererst die katholischen Organisationen zu spüren, die unter Berufung auf den Konkordatsschutz allen Kapitulationsaufforderungen und Knebelungsmaßnahmen zum Trotz ihre Existenz behauptet hatten. Der Reihe nach wurden liquidiert der Verein katholischer deutscher Lehrerinnen, der Katholische Jungmännerverband, die katholischen Arbeitervereine. Um eine reichsweite Gegenreaktion zu vermeiden, trafen die Vernichtungsschläge gegen die Massenorganisationen einen Diözesanverband nach dem andern, zuletzt schließlich die Zentralen (1939). Zur juristischen Bemäntelung jedweden Gewaltakts diente der Gestapo – nach Himmler „mit unanfechtbarem Recht"[27] – noch immer die Reichstagsbrandverordnung vom 28. Februar 1933 gegen kommunistische Umtriebe.

Auf die Verurteilung der NS-Religionspolitik in der Enzyklika, deren Erscheinen Kerrl als persönliche Niederlage empfand, hätte der Kirchenminister nur zu gern mit der Kündigung des Reichskonkordats geantwortet, um die Bahn für eine ungehemmte Kirchengesetzgebung frei zu machen. Hitlers anfängliche Bereitschaft erlahmte jedoch, je mehr er im europäischen Kräftefeld zum Sprung ansetzte. Ebensowenig hatte es aus entgegengesetzten Gründen im katholischen Bereich an Stimmen gefehlt, die eine Annullierung des Kirchenvertrags seitens der Kurie gefordert hatten. Außer einer flüchtigen Sensation hätte eine derart dramatische Distanzierung vom NS-Staat den deutschen Katholiken nichts eingebracht, wäre vielmehr den geheimen Wünschen des Kirchenministers nur entgegenge-

[26] Nominell nur Stabsleiter des Stellvertreters des Führers, lenkte Martin Bormann schon vor 1941 faktisch die Aktivitäten der Parteikanzlei, um nach dem Englandflug von Heß zur zweitmächtigsten Figur nach Hitler aufzusteigen.

[27] Vgl. Himmler an Lammers, 9. November 1939.

kommen. Aus wohlüberlegten Gründen wollte darum auch die Enzyklika weder die Türe zu Verhandlungen zuschlagen, noch den staatlichen Partner aus der Konkordatspflicht entlassen.
Das enthob allerdings den deutschen Episkopat nicht der Notwendigkeit, das bisher verfolgte Abwehrkonzept neu zu überdenken. Dafür plädierte namentlich der Berliner Bischof Preysing, als er im Herbst 1937 bei Kardinal Bertram auf eine Umstellung der traditionellen Eingabenpolitik drängte, nachdem der bloß interne Protest sich gegenüber dem braunen Totalitarismus als unwirksam erwiesen hatte. Statt dessen empfahl er die stärkere Einschaltung des Kirchenvolkes. Durch Bekanntgabe der kirchenfeindlichen Gewaltakte von der Kanzel herab müßten die Gläubigen über die wahre Situation aufgeklärt und die nur den Machthabern nützliche Fiktion eines Friedenszustands zwischen Kirche und Staat zerstört werden. Nur durch bewiesene Macht, nämlich durch die negativen Rückwirkungen auf die Stimmung des katholischen Volksteils könnten die Verantwortlichen beeindruckt und zu einer Änderung ihres Unterdrückungskurses genötigt werden. Mit seiner Lagebeurteilung stand der Berliner Bischof keineswegs allein, doch gelang es ihm nicht, den Episkopatsvorsitzenden vom Verteidigungsschema der Nicht-Irritation der Gegenseite abzubringen.

X. Gespaltenes Votum

Vom Anfang bis zum Ende der Hitlerherrschaft waren die vertraulichen Stimmungsberichte[28] der Regierungspräsidenten und des SD durchzogen von Klagen über die mangelnde Identifikationsbereitschaft rein oder überwiegend katholischer Regionen. Nach den Kategorien der Parteilogik durchaus konsequent bestand zwischen Kirchenbindung und Vorbehalten gegen den Nationalsozialismus ein direkter Zusammenhang. Kirchlich gebunden war gleichbedeutend mit politisch unzuverlässig. Vorbehalte gegen nationalsozialistische Kulturpolitik hatten schon die bischöflichen Warnungen von 1931 enthalten, sie wurden durch die nach 1933 praktizierte Kirchen- und Christentumsfeindlichkeit nur allzusehr bestätigt. Zwangsindoktrination und Bedrückung provozierten notwendig Ablehnung. Nun wäre es allerdings falsch, wenn man das Verhältnis des Durchschnittskatholiken zum NS-Staat beschreiben will, das Nein zur NS-Kirchenpolitik als die einzige Determinante auszugeben. Es war das ein gewichtiges, aber nur eines in einer Reihe durchaus schwankender Bestimmungsstücke. Die Ablehnung, die es gegenüber der NS-Herrschaft hervorbrachte, war infolgedessen im Durchschnittsfall nur partiell und aus eben diesem Grund blieb daneben wie bei den Deutschen insgesamt Raum zur Bejahung. Diese schien dann weniger bedenklich, wenn sie der Realisierung von Zielen galt, die ihrer Natur nach keineswegs originär natio-

[28] Vgl. dazu H. Boberach sowie die von H. Prantl, H. Witetschek und W. Ziegler edierten Bände: Die Lage der Kirche in Bayern nach den Regierungspräsidentenberichten, Mainz 1966ff.

nalsozialistische Programmpunkte, sondern wie etwa der Zusammenschluß mit Österreich partei- und grenzübergreifende Desiderate waren. Die Forderung nach Revision von Versailles war Gemeingut der Weimarer Parteien, aber offensichtlich brachte allein Hitlers Entschlossenheit zuwege, wonach sie vergeblich gestrebt hatten. So kann es nicht verwundern, daß in der Hochstimmung über vermeintliche Sternstunden nationaler Selbstfindung und bei der nachfolgenden Volksbefragung die alltäglichen Sorgen mit der NS-Herrschaft vorübergehend in den Schatten traten.

XI. Konkordatsfreie Räume

Allerdings mußten in solchen Augenblicken zumindest die Bischöfe an einer beständigeren Gewichtung der Vorgänge festhalten. Sie konnten denn auch nicht übersehen, daß in anderem Kontext positiv erscheinende Wendungen auf dem Felde der Außenpolitik Hitlers Sendungsbewußtsein ins Ungemessene steigerten und davon unmittelbar abhängig den Herrschaftsanspruch des NS-Systems als Ganzes. Augenfällig wurde der unterschiedliche Aufklärungsstand auf Bischofsebene an den kontrastierenden Reaktionen des österreichischen und des deutschen Episkopats nach dem „Anschluß" im März 1938. Während die in Wien beratenden Oberhirten in den allgemeinen Jubel hineingerissen wurden und zeitweilig die Orientierung verloren, konnten ihre deutschen Amtsbrüder, durch ein Jahrfünft nationalsozialistischer Regierungserfahrung gewarnt, die bedrückende Problematik jeder Machtausweitung des NS-Staates nicht verkennen.
Die Desillusionierung folgte auf dem Fuß. Nicht innerhalb von Jahren wie in Deutschland, sondern von Monaten erstarb der Wahnglaube Kardinal Innitzers, durch Eingehen auf einen scheinbar kooperationswilligen staatlichen Partner eine Wende in der Kirchenpolitik herbeizuführen. Anstatt der „Heimkehr ins Reich", für die sich unzählige Österreicher begeistert hatten, erlebt sie die Eingliederung in ein totalitäres Herrschaftssystem. Was das konkret bedeutete, bekamen die österreichischen Diözesen in rücksichtsloser Schärfe zu spüren. Im Schnellverfahren und durch eine Flut von Verordnungen und Erlassen wurde kirchlicher Einfluß aus Öffentlichkeit und Schule hinausgedrängt. Nachdem das österreichische Konkordat von 1933 von Hitler durch die Angliederung für erloschen erklärt war, konnte die NS-Führung erstmals Vorstellungen verwirklichen, die sie mit verheerenden Konsequenzen für katholische Lebensinteressen aus dem Begriff des „konkordatsfreien Raumes" entwickelte. Vor der Negativfolie antikirchlicher Zwangsmaßnahmen wurde zum Greifen deutlich, wovor selbst ein durch Vertragsbruch beschädigtes Reichskonkordat die Kirche im Altreich immer noch bewahrte.
Während die Welle des Enteignens, Auflösens und Zerschlagens über katholische Einrichtungen hinwegging, stießen radikale Kräfte mit der Konfiszierung ganzer Klöster noch einen Schritt weiter als in Deutschland vor. Wo immer in der Fol-

gezeit rückgegliedert oder auf nationalsozialistisch eingedeutscht wurde, verfuhren Sonderbeauftragte aller Grade gegen die Kirche nach dem in Österreich erprobten Reduzierungsschema[29].

Mit der dort erzielten Einengung kirchlichen Lebens war es jedoch Bormann noch immer nicht genug. Eigentlich zukunftweisend sollte darum erst das Kirchenexperiment im Reichsgau Wartheland sein, wo historisch gewachsene kirchliche Organisation nicht auf ein der Partei genehmes Maß zurückgeschnitten, sondern nach Auslöschung aller Strukturen aus dem Nichts unter staatspolizeilicher Aufsicht entwickelt wurde[30]. Nach dem von der Parteikanzlei entworfenen gesetzlichen Rahmen sollten die Kirchen beider Konfessionen den Kümmerstatus privater Kultvereine nicht überschreiten. Es kann kein Zweifel sein, daß im Warthegau modellhaft entwickelt wurde, was den Kirchen nach einem siegreichen Kriegsende als künftige Verfassung im Gesamtstaat zugedacht war.

XII. Krieg ohne Burgfrieden

Die Wegweisung des Episkopats zum Kriegsausbruch im Herbst 1939 beschränkte sich auf ein Minimum, einen Aufruf zu Pflichterfüllung und Gebet, von den meisten Diözesanbischöfen mit unterschiedlichen Akzenten ausgestaltet. Das war z.T. Prophylaxe gegen den allzeit lockersitzenden Vorwurf nationaler Unzuverlässigkeit an die katholische Adresse, entsprach aber primär der überlieferten Verhaltensnorm. Waffendienst im Kriegsfall gehörte zu den staatsbürgerlichen Grundpflichten, und so wie die Verantwortung für den Kriegsentschluß selbst war auch das Urteil über seine moralische Vertretbarkeit zunächst – und zwar auf Grund des Informationsstands ausschließlich – den Trägern der Regierungsgewalt vorbehalten. Noch war den Zeitgenossen abschreckend präsent, wie leidenschaftlich und wie vergeblich nach 1918 die Kriegsschuldfrage diskutiert worden war. Woher sollten an der Schwelle zum Zweiten Weltkrieg die deutschen Bischöfe die Kompetenz nehmen, über Recht oder Unrecht der streitenden Parteien zu befinden, wo sie sahen, daß noch nicht einmal über die Verantwortung am Ausbruch des Ersten entschieden war? Die Gewißheit der gerechten Sache war zweifellos vorläufig, weil von Staats wegen dekretiert. Aber wer sie anfechten wollte, geriet in Beweisnot.

Da nach offizieller Lesart dem Gebot zu nationaler Geschlossenheit im Krieg alles unterzuordnen war, hätte das zuallererst für den Kirchenkampf gelten müssen. Was jedoch folgte, war weder Burgfrieden noch Schonzeit, sondern ver-

[29] Dazu heißt es in der Denkschrift des deutschen Episkopats an die Reichsregierung, 18. Dezember 1942: „Rings um Deutschland herum baut sich in allen besetzten Gebieten ein Wall von Erbitterung und Feindschaft auf, der zum guten Teil entstanden ist durch die rücksichtslosen Eingriffe der deutschen Partei- und Zivilverwaltungsbehörden in die Gewissensfreiheit und das Glaubensleben der Bevölkerung."

[30] Vgl. dazu B. Stasiewski, Die Kirchenpolitik der Nationalsozialisten im Warthegau, in: Vierteljahrshefte für Zeitgeschichte 7 (1959), 46–74.

schärfte Repression. Sie setzte ein, sobald die Initiatoren der Kirchenbedrückung begriffen, daß sie mit dem Vorwand „kriegsbedingter Erfordernisse" über ein Argument verfügten, mit dem schlechthin jede Gewaltmaßnahme zu bemänteln war. Dem Einblick der Betroffenen entzogen, wirkte sein Begründungsanspruch universal und umspannte mühelos den Bogen kirchenfeindlicher Beschränkungen und Aktionen, angefangen vom Verbot öffentlicher Gottesdienste nach Alarmnächten (vor 10 Uhr vormittags) und der Unterdrückung kirchlicher Feiertage, über die Beschlagnahme und Enteignung von Klostergut bis zur Totalliquidierung der Kirchenblätter.

In der Terminologie der Verfolger fiel regimekritisches Verhalten bis Kriegsbeginn unter die Rubrik staatsfeindlich. So wurde Bischof Sproll von Rottenburg Staatsfeindlichkeit zur Last gelegt, weil er der Wahl vom 10. April 1938 ferngeblieben war. Abseits jeder Rechtsprechung zwang ihn die Gestapo durch ein Aufenthaltsverbot für Württemberg bis zum Zusammenbruch des NS-Regimes zum Verlassen seiner Diözese[31]. War aber Auflehnung gegen die nationalsozialistische Kirchenpolitik schon im Frieden „staatsfeindlich" gewesen, so steigerte das die Kriegslage zur „Feindbegünstigung". Schärfste, jedenfalls unberechenbare Sanktionen drohten jedem, der trotzdem ein Wort der Kritik wagte. Die Ausweitung des Terrors bekam vor allem der Klerus zu spüren. Während vor 1939 nur wenige Einzelfälle mehrmonatiger KZ-Haft für einen katholischen Geistlichen nachweisbar sind, endete von da an die der ordentlichen Gerichtsbarkeit entzogene „Schutzhaft", mit der die Gestapo schon bei kleinsten Verstößen gegen Kleriker vorzugehen pflegte, fast regelmäßig mit der Einlieferung ins Konzentrationslager. Wie alle Häftlinge wurden sie dort unbefristet, d. h. de facto bis zum Ende des Krieges, festgesetzt, sofern sie nicht den Peinigungen und Strapazen erlagen, denen sie auch im Priesterblock des Lagers Dachau ausgesetzt waren. So starben von 304 reichsdeutschen Priesterhäftlingen 67, von 83 österreichischen 18. Gab es in der Verwahrungshaft des Konzentrationslagers immerhin noch eine Überlebenschance, so machten Sondergerichte mit Angeklagten, auf die nach Ansicht der Gestapo die Paragraphen der Kriegsgesetzgebung paßten, kurzen Prozeß. Waren es Geistliche, so wurde Gegnerschaft zum NS-Staat vorausgesetzt und straferschwerend ins Urteil eingebracht.

XIII. Gegen die Euthanasie-Aktion

Dem aufs militärische Kampfgeschehen abgelenkten Blick der Öffentlichkeit entging eine ungleich tiefere Zäsur als der Kriegsausbruch selbst, obwohl beides aufs engste zusammenhängt, nämlich die totale Enthemmung von Hitlers Machtmißbrauch. So gesehen handelte Hitler persönlich völlig konsequent, wenn er die

[31] Vgl. dazu ausführlich P. Kopf – M. Miller, Die Vertreibung von Bischof Joannes Baptista Sproll von Rottenburg 1938–1945, Mainz 1971.

Wochen später erlassene Weisung zum Massenmord an den Geisteskranken auf den 1. September 1939 zurückdatierte. Es dauerte Monate, bis Einzelindizien Verdacht erregten, und nochmals Monate, bis sie sich zum unbezweifelbaren Beweis verbrecherischen Treibens in den Euthanasie-Anstalten zusammenfügten. Über unmittelbar betroffene Bevölkerungskreise drang die alarmierende Nachricht auch an das Ohr einzelner Bischöfe.

Nacheinander protestierten im Sommer 1940 in der Reichskanzlei der Erzbischof von Freiburg mit dem Generalvikar von Rottenburg, Kardinal Bertram im Namen des Gesamtepiskopats auf Betreiben des Bischofs von Münster und im November 1940 Kardinal Faulhaber gegen das Mordprogramm der Euthanasie-Aktion[32]. Diese, wie gleichzeitige Vorstellungen von evangelischer Seite verhallten wirkungslos. Es gibt einen Begriff von dem ohnmächtigen Obrigkeitsrespekt aller Volksschichten, daß die Tötungsmaschinerie noch fast ein ganzes Jahr auf vollen Touren laufen konnte, ehe das Schweigen über den staatlich betriebenen Massenmord gebrochen wurde. Von den Kirchenmännern beider Konfessionen war es zuerst der Bischof von Münster, der in dem vom NS-Regime herbeigeführten Konflikt zwischen Lebensrecht und Staatsgewalt nicht nur in seinem Innern für die Gemordeten Partei ergriff, sondern das in seinen berühmt gewordenen Predigten vom Sommer 1941 auch öffentlich bekannte. Daß hier ein einzelner ungeschützt von der Kanzel herab das NS-Regime in die Schranken wies, indem er ihm ein Staatsverbrechen vorwarf, war ein Ereignis von unerhörter Brisanz. Sie bewirkte, daß die Galen-Predigten, obwohl in der deutschen Presse totgeschwiegen, immer wieder abgeschrieben in einer sich selbst reproduzierenden Welle über die Fronten hinweg in Europa verbreitet wurden.

Noch vor dem Ruchbarwerden der Euthanasie-Aktion war innerhalb des Episkopats der kirchenpolitische Gegensatz zwischen Berlin und Breslau nach dem Vorspiel[33] vom Herbst 1937 erneut aufgebrochen. Der Widerspruch Preysings entzündete sich an einer Geburtstagsgratulation Bertrams an Hitler, die der Breslauer Kardinal im April 1940 ohne vorherige Befragung des Gesamtepiskopats abgeschickt hatte. Über die Tatsache und den Inhalt des Schreibens war der Berliner Bischof so aufgebracht, daß er das von ihm geleitete Pressereferat der Bischofskonferenz aus Protest niederlegte. Zu seiner Rechtfertigung führte der Kardinal an, daß er gemäßigte Kreise in Hitlers Umgebung stärken müsse. Es war ein Akt der Verzweiflung, nicht der Hitlerbewunderung, wenn sich Bertram auch in den folgenden Jahren zähneknirschend der Prozedur eines Geburtstagsschreibens unterzog, um wenigstens über das Vehikel von Glückwünschen chiffrierten Einspruch gegen Gestapowillkür ins Führerhauptquartier zu senden. Von Anregungen zu einer energischeren Abwehrhaltung, ja schon von dem Vorschlag, das Kirchenvolk über die Machenschaften der Verfolger ins Bild zu setzen, wollte er dagegen nichts wissen.

[32] Zu den genannten Dokumenten vgl. J. Neuhäusler II, 356–364.
[33] Entfällt.

XIV. Klostersturm 1941

Der Gesamtsituation war das um so weniger angemessen, als der Vernichtungskampf gegen Christentum und Kirche, angefacht von der verfrühten Siegesgewißheit maßgeblicher Parteifunktionäre, um die Jahreswende 1940/41 seinem Höhepunkt zustrebte. Bormann spekulierte offensichtlich auf die Ausrichtung aller Energie und Aufmerksamkeit auf das Kriegsgeschehen, als er parteiintern im Januar 1941 zu einem Raubzug großen Stils an Ordenshäusern und Klöstern aufrief und den Gauleitern eine Blankovollmacht zum Beschlagnahmen und Besetzen von Kirchengut ausstellte. Ähnlich wie schon vorher vereinzelt in Österreich legte in den folgenden Wochen und Monaten die Gestapo in Überrumpelungsaktionen ihre Hand auf Klöster und Abteien, setzte die Ordensleute auf die Straße und erklärte die Gebäude für beschlagnahmt. Allein im ersten Halbjahr 1941 fielen nicht weniger als 123 größere Komplexe (Mutterhäuser, Studienanstalten, Provinzialate) dem Zugriff der Gestapo zum Opfer. Vor allem auf dem Lande kam es zu erregten Auftritten der umwohnenden Bevölkerung, doch nur über Hirtenbriefe konnten weitere Kreise von der Tatsache solcher massiver Rechtsbrüche und der Diskriminierung des Kirchenbesitzes erfahren. So konnte infolge des punktuellen, unüberschaubaren und scheinbar unzusammenhängenden Vorgehens eine umfassende Protestbewegung nicht entstehen. Als Gestapo-Kommandos dazu übergingen, neben Ordenshäusern auch Knaben- und Priesterseminare zu beschlagnahmen, zerrann die Illusion, der Eroberungszug werde vor Diözesaneinrichtungen haltmachen. Eindeutig klar wurde damit vielmehr, daß die Institution Kirche von der Parteizentrale zum Abbruch freigegeben war.

Nicht zufällig wirkten Klosteraufhebungen in Münster mit der brutalen Proklamierung des Macht-vor-Recht-Standpunkts bei Bischof Galen als zündender Funke, sich zum Sprachrohr der angestauten Empörung im Kirchenvolk zu machen. Daß Hitler daraufhin am 30. Juli 1941 durch einen Geheimerlaß kirchenfeindliche Maßnahmen zunächst stoppte, wäre ein beachtlicher Erfolg gewesen, hätte nicht Bormann alle Vollmachten besessen, die Führerweisung authentisch, d. h. ganz nach Bedarf, zu interpretieren. Daß damit keineswegs verletztes Recht wiederhergestellt werden sollte, zeigte nichts schonungsloser als das bürokratische Weiterlaufen der Enteignungsverfahren, mit denen Ministerialbehörden dem Eroberungszug der Gestapo ein legalistisches Mäntelchen überwarfen. Nicht mehr im gleichen Tempo, aber grundsätzlich ungebrochen wütete der Klostersturm bis 1942 weiter.

Der Verdacht, wenn nicht zentraler Steuerung, so doch höchster Protektion hatte sich geradezu aufgedrängt und es bedurfte keines großen Spürsinns, um hinter der Konfiszierungskampagne den Kirchenhaß Martin Bormanns auszumachen. Wie sehr ihn das Ersinnen neuer Kampfmaßnahmen zur Überwindung des Christentums unaufhörlich beschäftigte, verriet neben zahllosen Einzelverfügungen mit letzter Deutlichkeit ein Elaborat von Anfang Juni 1941 über die Unvereinbarkeit von Christentum und Nationalsozialismus. Auf den gleichen Tenor war die Parteipropaganda gestimmt und zwar in einer Lautstärke und Penetranz wie seit 1937 nicht mehr. Während die Kirchenblätter unter Berufung auf den Papiermangel gewaltsam eingestellt wurden, erlebten antichristliche Pamphlete Auflagen in Rekordhöhe.

Der gemeinsame Hirtenbrief[34] des deutschen Episkopats vom Sommer 1941 erhob lauten Protest gegen die Radikalisierung der Kirchenbedrückung mitten im Krieg. Daß die Bischöfe darüber hinaus für Hitlers eben begonnenen angeblichen Kreuzzug gegen den Bolschewismus keine Empfehlung hatten, erregte den Zorn des Kirchenministers. Anstatt allen Gläubigen „Siegeswillen und Siegeszuversicht einzuflößen", so warf ihnen Kerrl vor, hätten sie versucht, „das Vertrauen zur Führung des deutschen Volkes zu erschüttern"[35].

Zur Weiterbehandlung eines akuten Einzelproblems hatte die Bischofskonferenz einen „Ausschuß für Ordensangelegenheiten", einen Ableger des schwerfälligen Fuldaer Gremiums geschaffen, der in enger Fühlung mit Ordensleuten und Laien und von diesen inspiriert, über den Gründungszweck hinausgriff, um für den Gesamtepiskopat initiativ zu werden. Unerläßlich schien den treibenden Kräften im Herbst 1941 ein Appell an Reichsregierung und Öffentlichkeit, in dem verbindliche Klarstellung gefordert würde, wie es der deutsche Staat mit Christentum, Kirche und menschlichen Grundrechten halte. Von evangelischer Seite sollte ein Schritt in derselben Richtung geschehen. Die Notwendigkeit, die Regierenden öffentlich, weil nur so ohne Ausweichmöglichkeit, zur Rede zu stellen, leiteten die Planer aus der Tatsache ab, daß schriftliche Einsprüche des Konferenzvorsitzenden gegen immer flagranter werdende Unrechtshandlungen ohne jede Reaktion blieben. Obwohl das Projekt innerhalb des Episkopats auf breite Zustimmung stieß, konkretisierte es sich nur bis zu einer scharfen und substantiierten Denkschrift an die Reichskanzlei, während die gleichzeitige Verlesung von der Kanzel, die allein ihm Nachdruck verliehen hätte, zurückgestellt wurde. Damit war aber auch die Chance vertan, an Bertrams Bedenklichkeit vorbei für das Kirchenvolk ein Zeichen episkopaler Entschiedenheit zu setzen.

Tatsächlich machten Bertrams Konfliktscheu und Loyalitätsskrupel den Konferenzvorsitzenden in dieser finstersten Phase der Hitlerherrschaft zu einer tragischen Belastung für die Handlungsfähigkeit des Gesamtepiskopats. Gewiß hörte er nicht auf, gegen fast jeden Übergriff in gewohnter Gewissenhaftigkeit Beschwerde einzulegen, war aber zugleich von der Maxime geleitet, nichts zu riskieren, was die hochgespannte kirchenpolitische Lage verschärfen konnte. Empfindlich traf ihn die Einschüchterungsparole „Feindbegünstigung", vor allem wenn sie aus der Reichskanzlei kam. Überfordert wie er wäre indessen wohl auch jeder andere an seiner Stelle gegenüber dem Jahrhundertverbrechen des Judenmordes gewesen.

[34] Vgl. W. Corsten, Nr. 209.
[35] Vgl. Kerrl an Bertram, 4. August 1941.

XV. Judendeportation und „Endlösung“

Die Probleme der katholisch gewordenen Juden hatten die Fuldaer Bischofskonferenz von 1933 ab regelmäßig beschäftigt und im März 1935 zur Gründung des Hilfsausschusses für katholische Nichtarier geführt, der vom Deutschen Caritasverband und dem St. Raphaelsverein getragen wurde. Zu seinem Hauptaufgabengebiet entwickelte sich die Beratung und Unterstützung von Auswanderungswilligen, wobei allerdings der zahlenmäßige Erfolg weit hinter den Erwartungen zurückblieb und in keinem Verhältnis zu den unternommenen Anstrengungen stand. Ursache dieses Mißverhältnisses war die Zurückhaltung möglicher Aufnahmeländer, die dem Zustrom jüdischer Einwanderer fast unübersteigbare bürokratische Hindernisse entgegensetzten[36].

Dem Wirken des St. Raphaelsvereins machte die Gestapo durch Zwangsauflösung im Juni 1941 ein Ende. Neben dem Caritasverband in Freiburg mit seinen Filialen wurde das von Preysing begründete „Hilfswerk beim Bischöflichen Ordinariat Berlin“ zu einem herausragenden Stützpunkt kirchlicher Hilfsbemühungen. Die Namen von Gertrud Luckner (Freiburg) und Margarete Sommer (Berlin) stehen hier stellvertretend für andere. Gemessen an dem Unvorstellbaren, das sich im Millionenmord an den Juden abspielte, war unzulänglich, was immer dagegen geschehen konnte, und noch unzulänglicher, was tatsächlich dagegen geschehen ist. Das gilt auch für die Haltung von Kirchenvolk und Klerus. Der erste Akt des Dramas, die Deportation, spielte zumindest an Orten mit jüdischer Bevölkerung noch im engeren Wahrnehmungsbereich. Was „Umsiedlung in den Osten“ bedeutete, enthüllte sich erst später, den meisten erst nach dem Zusammenbruch.

Es waren die Szenen beim Abtransport, „die in der Chronik dieser Zeit einmal mit den Transporten afrikanischer Sklavenhändler in Parallele gesetzt werden“, die den Münchner Kardinal im November 1941 alarmierten und den Ruf nach einem Protest des Gesamtepiskopats erheben ließen, „damit wenigstens die härtesten Härten, die einmal auf unser Volk zurückfallen, vermieden werden“[37]. Bei Bertram jedoch lähmte die vorauszusehende absolute Vergeblichkeit jedes Schrittes zugunsten der Juden den Willen auch nur zu einer schriftlichen Intervention. Richtig sah der Breslauer Kardinal, daß Opposition gegen die Judenpolitik nationalsozialistisches Selbstverständnis an seiner reizbarsten Stelle traf. Trotzdem entband das nicht von der Pflicht zum Widerspruch. Er war nicht mehr aufzuschieben, sobald sich dunkel abzuzeichnen begann, daß die Deportierten auf eine Reise ohne Wiederkehr geschickt wurden. Das fiel zusammen mit Vorkehrungen der Erfassungsorgane, den Kreis der Verfolgten auszuweiten. Wiederholt und mit wachsender Schärfe warnte von diesem Augenblick an Bertram in Berlin vor einer Einbeziehung der Halbjuden und der Zerreißung christlich-jüdischer Mischehen.

[36] Zum Wirken des St. Raphaelsvereins in dieser Phase vgl. L.-E. REUTTER.
[37] Vgl. Faulhaber an Bertram, 13. November 1941.

Dabei machte er geltend, „daß nach allgemein anerkannten Lebensgrundsätzen auch gegenüber den Angehörigen anderer Rassen unverrückbare Pflichten der Menschlichkeit bestehen“[38].

Mit unübersehbarem Gegenwartsbezug verteidigt schließlich der Dekalog-Hirtenbrief[39] vom August 1943 öffentlich das von jeder Staatsform zu respektierende Recht auf Leben. Zum 5. Gebot heißt es dort: „Tötung ist an sich schlecht, auch wenn sie angeblich im Interesse des Gemeinwohls verübt würde: An schuld- und wehrlosen Geistesschwachen und -kranken, ... an unschuldigen Geiseln und entwaffneten Kriegs- oder Strafgefangenen, an Menschen fremder Rasse und Abstammung. Auch die Obrigkeit kann und darf nur wirklich todeswürdige Verbrecher mit dem Tode bestrafen.“ Erschließen konnte sich der volle Bedeutungsgehalt dieser Aussage freilich nur dem, der von der Judenvernichtung und dem Massensterben in deutschen Kriegsgefangenenlagern im Osten bereits wußte. Bei der Mobilisierung einer Hörerschaft gegen die Ermordung der Geisteskranken lagen die Voraussetzungen anders. Dort konnte der Funke des Kanzelprotests von Galen zünden, weil er in ein Auditorium fiel, das von der Tatsache des Euthanasieverbrechens nicht erst überzeugt werden mußte, sondern durch vielfältiges Betroffensein im Verwandtenkreis davon sichere Kenntnis besaß. Nichts kann klarer beleuchten, wie entscheidend wichtig der Informationsstand der Zuhörer war, damit eine bischöfliche Verurteilung als solche verstanden werden konnte.

An deren Dringlichkeit im Fall des Völkermords ist nicht zu rütteln. Dennoch darf die Zwangslage nicht verkleinert werden, der sich die Bischöfe dann gegenübersahen, wenn sie den geforderten Kenntnisstand erst schaffen, konkret also einer reservierten, weil vom Regime gelenkten öffentlichen Meinung die Tatsache eines so unvorstellbaren und damit innerlich unglaubwürdigen Verbrechens überhaupt erst einmal bewußt machen sollten[40]. Zudem verfügten die Bischöfe mitnichten über das jeden Zweifel ausschließende, öffentlich verwertbare Beweismaterial, von den Mitteln zu seiner Verbreitung ganz zu schweigen. Es gehört zu den Rätseln alliierter Informationspolitik, daß sie von der durchschlagendsten aller moralischen Waffen gegen das NS-Regime, Hitler vor den Deutschen als millionenfachen Massenmörder zu entlarven und durch diese vernichtende Bloßstellung von seiner Machtbasis zu trennen, keinen Gebrauch machte.

[38] Vgl. Bertram an mehrere Reichsministerien, 11. November 1942.

[39] Vgl. W. Corsten, Nr. 227.

[40] Der Effizienz seiner Abschirmungsmaßnahmen war sich Himmler so sicher, daß er in einer Geheimrede, in der er die Judenvernichtung ein „niemals zu schreibendes Ruhmesblatt unserer Geschichte“ nannte, die Auffassung vertrat, man könnte „vielleicht in ganz, ganz später Zeit sich einmal überlegen, ... ob man dem deutschen Volk etwas mehr darüber sagt. Ich glaube, es ist besser, wir ... nehmen ... das Geheimnis mit in unser Grab.“

XVI. Widerstand und Verfolgung

Ausdrucksformen der Gegnerschaft zum NS-Regime gab es unzählige, vom Schweigen über das Bekennen bis zur gewaltsamen Auflehnung. Allein schon bewußtes Katholischsein provozierte bei den Systemschützern Oppositionsverdacht. In der Reihe katholischer Tatzeugen gegen die Hitlerherrschaft markieren Claus Graf Stauffenberg und Max Josef Metzger die äußersten Pole von Widerstand, wobei zwischen dem zustoßenden Attentäter und dem Brücken bauenden Pazifisten der Widerspruch gegen die Tyrannei vielerlei Zwischenstufen kennt, dargestellt durch Namen wie Eugen Bolz, Alfred Delp und Bernhard Letterhaus. Nicht primär auf die Beseitigung des Diktators, sondern auf das Entwerfen einer staatlichen Neuordnung für die Zeit nach ihm waren die Zusammenkünfte des Kreisauer Kreises gerichtet, der auch für katholische Auffassungen und kirchliche Kontakte offen war. Doch schon die Absicht, über ein Deutschland nach Hitler hinauszudenken, galt als Hochverrat und todeswürdiges Verbrechen. Wie exponiert auch immer, stellte Papst Pius XII. alle Bedenken zurück, im Winter 1939/40 einer von der deutschen Militäropposition versuchten Friedenspolitik voranzuhelfen, die auf der Ausschaltung Hitlers basierte. Nur aufgeschoben hatte das Regime die Abrechnung mit dem Bischof von Münster, dem allein kriegspsychologische Rücksichten eine Galgenfrist bis zu Hitlers angestrebten Endsieg verschafften. Wo eine Ebene niedriger kein Aufstand des Kirchenvolkes drohte, schlug die Gestapo erbarmungslos zu wie etwa gegen den Berliner Dompropst Lichtenberg, der, obwohl todkrank, nach Dachau verfrachtet wurde und auf halbem Wege verstarb. Ähnlich wie im November 1936 in Oldenburg löste im Sommer 1941 in Bayern die Anordnung, die Kruzifixe aus den Schulräumen zu entfernen, vor allem bei der Landbevölkerung so einhelligen Protest aus, daß die Aktion gestoppt werden mußte.

Trotz schärfster Opposition zur Kulturkampfgesetzgebung des Kaiserreichs hatte der katholische Volksteil nie davon abgelassen, im Staat den Hüter der rechtlichen Grundordnung zu erblicken, wie korrekturbedürftig diese im einzelnen sein mochte. Sich im Kirchenkampf nach 1933 an diesem Staatsbegriff zu orientieren, wurde für Bischöfe und Kirchenvolk in dem Maße problematisch, wie nationalsozialistischer Machtgebrauch fundamentale Rechtsvorstellungen ignorierte. Daß auf die Herausforderung des totalitären Weltanschauungsstaats die treffende Entgegnung erst tastend gesucht werden mußte, darf bei der Fremdartigkeit des Phänomens in den dreißiger Jahren nicht verwundern. In der Auseinandersetzung mit dem NS-Staat ersatzweise die Funktion der ausgeschalteten originär politischen Kräfte wie Parteien, Verbände, Gewerkschaften zu übernehmen, hatte die Kirche keine Legitimation. In ihrer Existenz wurde sie von den Machthabern allein deswegen und zwar höchst widerwillig respektiert, weil sie als Gegebenheit und in ihrem Einfluß auf das katholische Volksdrittel nicht von heute auf morgen zu beseitigen war. Um so zahlreicher waren die Zwangsauflagen, alle kirchliche Aktivität so einzuengen, daß ihr öffentliches Wirksamwerden verwehrt und sie hinter die Kirchenmauern verwiesen würde. Wie hinter dem Einschließungsring, den das NS-Regime mit immer neuen organisatorischen Fesseln um die Kirche legte, die verbleibenden Wirkmöglichkeiten effizient und verantwortungsvoll zu nutzen seien, hat ein Grundsatzpapier aus dem Kölner Generalvikariat nach vier Jahren Kirchenbedrückung Anfang 1937 auf die Formel gebracht: „Das Glaubensleben in möglichst vielen Katholiken so zu vertiefen und zu stärken, daß sie den Prüfungen der Zeit gewachsen sind, auch wenn Bekennertreue von ihnen verlangt wird." Wo solche Bekennertreue gefordert war, mußte jedes Kirchenglied für sich selbst entscheiden. Auf allen Ebenen gab es neben der Bewährung auch Schwäche und Versagen. Mit diesem Eingeständnis hielten die Bischöfe in einem ersten Fazit nach der Hitlerherrschaft nicht zurück[41], warnten aber ebensosehr vor vorschnellem Rigorismus. Dem Drang zu Pauschalverdammungen hatte schon die Kriegspropaganda unbedenklich nachgegeben, das Entsetzen über das volle Ausmaß von Hitlers Gewaltverbrechen in den Konzentrations- und Vernichtungslagern gab ihm bei den Besatzungsmächten neuen Auftrieb. Wer wie die Bischöfe aus eigener Kenntnis mit der Komplexität der Lebensbedingungen unter totalitärer Herrschaft vertraut war, wo sich die Zonen des Bekämpftwerdens, des Abseitsstehens und des Einbezogenseins durchdrangen und vermischten, mußte auf der Notwendigkeit individueller Differenzierung entschieden bestehen.

Als Konzept kirchlichen Widerstands mag die Maxime „Bekennertreue durch Gewissensbildung" minimalistisch anmuten. Immerhin spricht für seine Vertretbarkeit die Bewährungsprobe, die es über 1945 hinaus durchlaufen hat. Es blieb oder wurde überall dort aktuell und in seiner Allgemeingültigkeit erhärtet, wo katholische Gemeinden und Diözesen hinter kommunistischem Vorzeichen unter totalitäre Herrschaft gerieten und ähnlicher oder schlimmerer Unfreiheit ausgesetzt wurden als im NS-Staat.

[41] Vgl. Hirtenbrief des deutschen Episkopats, 23. August 1945. Der Passus lautet: „Furchtbares ist schon vor dem Kriege in Deutschland und während des Krieges durch Deutsche in den besetzten Ländern geschehen. Wir beklagen es zutiefst: Viele Deutsche, auch aus unseren Reihen, haben sich von den falschen Lehren des Nationalsozialismus betören lassen, sind bei den Verbrechen gegen menschliche Freiheit und menschliche Würde gleichgültig geblieben; viele leisteten durch ihre Haltung den Verbrechen Vorschub, viele sind selber Verbrecher geworden. Schwere Verantwortung trifft jene, die auf Grund ihrer Stellung wissen konnten, was bei uns vorging, die durch ihren Einfluß solche Verbrechen hätten hindern können und es nicht getan haben, ja diese Verbrechen ermöglicht und sich dadurch mit den Verbrechern solidarisch erklärt haben."

Literaturauswahl

Walter Adolph, Geheime Aufzeichnungen aus dem nationalsozialistischen Kirchenkampf 1935–1943, hg. von Ulrich von Hehl, Mainz 1979.

Dieter Albrecht, Der Notenwechsel zwischen dem Hl. Stuhl und der Deutschen Reichsregierung, I–III, Mainz 1965/1969/1980.

Karl Aloys Altmeyer, Katholische Presse unter NS-Diktatur. Die katholischen Zeitungen und Zeitschriften Deutschlands in den Jahren 1933–1945, Berlin 1962.

Raimund Baumgärtner, Weltanschauungskampf im Dritten Reich. Die Auseinandersetzung der Kirchen mit Alfred Rosenberg, Mainz 1977.

Heinz Boberach, Berichte des SD und der Gestapo über Kirchen und Kirchenvolk in Deutschland 1934–1944, Mainz 1971.

John S. Conway, Die nationalsozialistische Kirchenpolitik. Ihre Ziele, Widersprüche und Fehlschläge, München 1969.

Wilhelm Corsten, Kölner Aktenstücke zur Lage der katholischen Kirche in Deutschland 1933–1945, Köln 1949.

Ernst Deuerlein, Der deutsche Katholizismus 1933, Osnabrück 1963.

Ulrich von Hehl, Katholische Kirche und Nationalsozialismus im Erzbistum Köln 1933–1945, Mainz 1977.

Hans Günter Hockerts, Die Sittlichkeitsprozesse gegen katholische Ordensangehörige und Priester 1936/37. Eine Studie zur nationalsozialistischen Herrschaftstechnik und zum Kirchenkampf, Mainz 1971.

Katholische Kirche im Dritten Reich. Eine Aufsatzsammlung, hg. von Dieter Albrecht, Mainz 1976.

Benedicta Maria Kempner, Priester vor Hitlers Tribunalen, München 1966.

Kirche, Katholiken und Nationalsozialismus, hg. von Klaus Gotto und Konrad Repgen, Mainz 1980.

Rudolf Morsey, Der Untergang des politischen Katholizismus. Die Zentrumspartei zwischen christlichem Selbstverständnis und „nationaler Erhebung" 1932/33, Stuttgart 1977.

Johannes Neuhäusler, Kreuz und Hakenkreuz. Der Kampf des Nationalsozialismus gegen die katholische Kirche und der kirchliche Widerstand, I–II, München 1946.

Lutz-Eugen Reutter, Katholische Kirche als Fluchthelfer im Dritten Reich. Die Betreuung von Auswanderern durch den St. Raphaelsverein, Recklinghausen–Hamburg 1971.

Klaus Scholder, Die Kirchen und das Dritte Reich. I: Vorgeschichte und Zeit der Illusionen 1918–1934, Frankfurt 1977.

Bernhard Stasiewski – Ludwig Volk, Akten deutscher Bischöfe über die Lage der Kirche 1933–1945. I–IV, Mainz 1968/1976/1979/1981. [V–VI, Mainz 1983–1985].

Ludwig Volk, Das Reichskonkordat vom 20. Juli 1933, Mainz 1972.

Eugen Weiler, Die Geistlichen in Dachau sowie in anderen Konzentrationslagern und Gefängnissen, Mödling 1972.

Zeitgeschichte in Lebensbildern, Bd. 1 und 2, hg. von Rudolf Morsey, Mainz 1973/1975; Bd. 3 und 4, hg. von Jürgen Aretz, Rudolf Morsey und Anton Rauscher, Mainz 1979/1980 [Band 5–6, Mainz 1982–1984].

8

DER HEILIGE STUHL UND DEUTSCHLAND 1945–1949

1. Die Vatikanmission in Kronberg bis zur Ankunft von Bischof Muench (Juli 1946)

Am 8. Februar 1945, also auf den Tag genau drei Monate vor der bedingungslosen Kapitulation, traf Nuntius Orsenigo auf der Flucht vor der Roten Armee im mittelfränkischen Eichstätt ein. Daß der Vertreter der Hl. Stuhls in Deutschland – anders als ein Vierteljahrhundert früher seine Amtskollegen Pacelli in München oder Ratti in Warschau – dem Sitz der Reichsregierung den Rücken kehrte, um das Ende mit Schrecken in einem geschützten Winkel der Provinz abzuwarten, war nicht ohne symbolhafte Vorbedeutung. Denn damit hatte der Doyen des diplomatischen Korps für seine Person unreflex bereits vorwegvollzogen, was die Siegermächte nach dem deutschen Zusammenbruch und der Degradierung der Reichshauptstadt mit der Schließung aller ausländischen Missionen zwangsweise verfügten.

Die radikale Tilgung selbst der sekundären Attribute deutscher Eigenstaatlichkeit stellte den Hl. Stuhl in seinen Beziehungen zu Deutschland vor eine völlig neuartige Situation, und das nicht nur auf diplomatischem Gebiet. Denn mit der Nuntiatur in Berlin wurde ja auch jener Kommunikationsknoten lahmgelegt, der für den Nachrichtenfluß zwischen Rom und den deutschen Diözesen unentbehrlich geworden und selbst in den Zeiten schlimmster Kirchenbedrückung intakt geblieben war.

Gerade während der Kriegsjahre hatte der Briefwechsel zwischen Pius XII. und deutschen Bischöfen eine beispiellose Intensität erreicht und war erst im März 1944 versiegt[1]. Was nach der Befreiung Roms im Juni 1944 über die Kampffronten hinweg an Informationen ausgetauscht werden konnte, dürfte mehr als spärlich gewesen sein. Um so ungeduldiger verlangte der Papst danach, Genaueres darüber zu erfahren, wie die Kirche in Deutschland die Heimsuchungen des letzten und besonders verlustreichen Kriegsjahres überstanden hatte. Noch vor der Einstellung der Feindseligkeiten und über den Beförderungsweg noch im

Dem Aufsatz liegt ein Referat zugrunde, das auf dem wissenschaftlichen Symposion „Deutscher Katholizismus im 19. und 20. Jahrhundert" vom 29. September bis 1. Oktober 1976 in Krefeld gehalten wurde. Der 1977 in Druck erscheinende Tagungsbericht bringt u. a. noch folgende Beiträge: B. Beutler, Die Stellung der Kirchen in den Länderverfassungen der Nachkriegszeit bis 1949; K. Gotto, Die katholische Kirche und die Entstehung des Grundgesetzes; K. Forster, Neuansätze der geistig-gesellschaftlichen Präsenz von Kirche und Katholizismus nach 1945. – Soweit im folgenden Quellen benutzt sind, die aus Privatnachlässen stammen, wurde von Standortangaben abgesehen. [Mehrere der im folgenden zitierten ungedruckten Akten des Jahres 1945 liegen jetzt in der oben S. 11 Anm. 1 am Ende genannten Edition im Druck vor].

[1] Die Briefe Pius' XII. an die deutschen Bischöfe 1939–1944, hrsg. v. B. Schneider (Mainz 1966). Das letzte der dort wiedergegebenen Schreiben datiert vom 26. 3. 1944 und ist an den Bischof von Münster, Graf Galen, gerichtet.

Ungewissen, informierte das Staatssekretariat am 30. April 1945 die deutschen Oberhirten vom Wunsch des Hl. Vaters, „sobald es die Umstände gestatten, gütigst einen ersten summarischen Bericht zu senden über die in der kirchlichen Organisation entstandenen Schäden und über die religiöse und moralische Lage der einzelnen Diözesen, ferner auch über die Maßnahmen, die der erleuchtete Eifer der Diözesanoberhirten schon getroffen hat oder zu treffen gedenkt, um den Bedürfnissen der Seelen, die so hart durch die Geißel des Kriegs geprüft sind, zu begegnen“[2].

Diese Rundfrage wenigstens einem Teil der bischöflichen Adressaten zuzustellen, zählte wahrscheinlich zu den Hauptaufgaben einer ersten Rekognoszierungsfahrt in die amerikanische Zone des viergeteilten Deutschlands, zu der Anfang Juni ein amerikanischer Geistlicher aus der 2. Sektion des Staatssekretariats aufbrach. Zeitlich und örtlich begrenzt, folgte dieser ersten Vatikanischen Mission, wie sie offiziell hieß, im Juli eine zweite Deutschlandreise desselben Msgr. Carroll[3]. Seine Beobachtungen waren wertvoll, blieben jedoch notgedrungen fragmentarisch, weshalb der Papst die Entsendung eines deutschbürtigen und landeskundigen Kontaktmanns zu den Bischöfen veranlaßte, der im September 1945 nicht nur die amerikanische, sondern alle vier Besatzungszonen in Deutschland und Österreich bereisen sollte.

Betraut wurde mit dieser Aufgabe der Rektor des Collegium Germanicum, Pater Ivo Zeiger SJ, der sich nach der Vollendung des neuen Kollegsgebäudes bei der Betreuung deutscher Kriegsgefangenenlager in Italien im vatikanischen Dienst bewährt hatte. Den Professor für die Geschichte des Kirchenrechts hatte Pacelli schon als Staatssekretär bei der Klärung von Konkordatsfragen in den dreißiger Jahren um Rat angegangen und dessen seltene Befähigung für diplomatische Aufgaben erkannt. Ein erstrangiger Kenner des Staatskirchenrechts, sprachenkundig und verhandlungsgewandt, mit den kirchenpolitischen Gegebenheiten Deutschlands gründlich vertraut, erschien er dem Papst als geeignetster Mittelsmann, der sich bald als unentbehrlich erweisen und zu einer Schlüsselfigur für die Gestaltung der Deutschlandpolitik des Vatikans in der ersten Nachkriegszeit aufrücken sollte.

[2] Vgl. Päpstl. Staatssekretariat an den deutschen Episkopat, 30. 4. 1945. Nachlaß Faulhaber.

[3] Für die genauere Datierung der ersten und zweiten Vatikanischen Mission fehlen entsprechende Unterlagen; vgl. dazu C. J. Barry, American Nuncio, Cardinal Aloisius Muench (Collegeville 1969) 53, wo für das erste Unternehmen Mai, für das zweite August 1945 genannt wird. Nach Hinweisen im Nachlaß Faulhaber hat Carroll beim Münchener Kardinal zweimal vorgesprochen, einmal am 14. Juni, dann nochmals in der zweiten Julihälfte 1945. – Zur Entwicklung der Staat-Kirche-Beziehungen in Deutschland seit 1945 vgl. außerdem F. Spotts, Kirchen und Politik in Deutschland. Mit einem Nachwort zur deutschen Ausgabe von F. Weigend–Abendroth (Stuttgart 1976). Die aus politologischer Sicht geschriebene Studie ruht zwar auf einer breiten Materialgrundlage, doch wird deren systematische Auswertung durch erhebliche Vorurteile beeinträchtigt. Für die Methodik des Autors ist es bezeichnend, daß er zwar ebenfalls auf den (überwiegend aus Privatkorrespondenz bestehenden) Nachlaß Muench zurückgreift, es aber vorgezogen hat, die davon getragene Muench-Biographie von Barry völlig zu ignorieren.

Obwohl in seiner Bewegungsfreiheit auf die westlichen Besatzungszonen beschränkt und dabei in der britischen nur einen einzigen Tag zugelassen, gewann P. Zeiger im persönlichen Gespräch mit den meisten deutschen Oberhirten erstmals einen umfassenderen Überblick[4]. Beeindruckt war er von dem schwer vorstellbaren Ausmaß der Kriegsverheerungen in den Städten wie von der machtvoll hervortretenden Glaubenskraft des Volks nach dem Wegfall polizeistaatlicher Fesseln. Den Siegermächten auf Gnade und Ungnade ausgeliefert, erwarte das gesamte deutsche Volk einschließlich der Nichtkatholiken „heute seine Hilfe einzig von der souveränen, allen Völkerhaß überwindenden Liebe des Hl. Vaters, auf den wirklich wie wohl kaum je in der Geschichte aller Augen gerichtet sind". Damit verband er eine konkrete Anregung Kardinal Faulhabers, der zur Erwägung stellte, „ob nicht die Entsendung eines eigenen Delegato Apostolico di Assistenza Pontificia angebracht wäre, der, mit diplomatischem Charakter ausgestattet, als unmittelbarer Vertreter seiner Heiligkeit den etwas ablehnenden alliierten Behörden gegenübertreten kann und die Gegenwart des Papstes in eindeutiger Weise vor allen dokumentiert, Sitz zum Beispiel in Frankfurt bei der Interalliierten Kommission im Zentrum des Reiches"[5].
Wahrscheinlich bestärkte der Vorschlag aus München Pius XII. in einem Vorhaben, das er ohnehin schon im Sinn hatte. Nachdem durch Msgr. Carroll in notwendigen Absprachen mit den amerikanischen Militärbehörden in Italien und Deutschland getroffen waren, wurde die 3. Vatikanische Mission Ende Oktober in Marsch gesetzt. Organisatorisch unterstand sie der „Commissione per i soccorsi", einer im November 1941 für Päpstliche Hilfsaktionen begründeten Unterabteilung des Staatssekretariats[6]. Darin hatten mehrere im Wartestand befindliche oder durch die Kriegsereignisse von ihren Posten verdrängten Nuntien ein neues Wirkungsfeld gefunden. Einem von ihnen, dem vordem in Mittelamerika als Nuntius tätigen Erzbischof Carlo Chiarlo, übertrug der Papst die Leitung des Unternehmens. Weder des Deutschen noch des Englischen mächtig, war der schon betagte Prälat ganz auf den Beistand P. Zeigers angewiesen, der ihm als Sekretär und Dolmetscher beigegeben war. Den Aktionsradius der Päpstlichen Mission hatte die Amerikanische Militärregierung von vornherein auf das äußerste eingeengt. Sie war nur zu dem einen Zweck zugelassen, die Seelsorge in den Lagern der Displaced Persons, den zu Millionen in Deutschland zurückgebliebenen Fremdarbeitern, jurisdiktionell zu ordnen, eine Aufgabe, für die sich den einzelnen Sprachgruppen zugewiesene Nationaldelegaten bei der Mission aufhielten. Sich mit deutschen Angelegenheiten in irgendeiner Weise zu befassen, war den Missionsmitgliedern dagegen strikt untersagt.

[4] Vgl. I. ZEIGER, Kirchliche Zwischenbilanz 1945. Bericht über die Informationsreise durch Deutschland und Österreich im Herbst 1945, in dieser Zschr. 193 (1975) 293–312.
[5] Ebd. 309.
[6] Vgl. Actes et documents du Saint Siège relatifs à la Seconde Guerre Mondiale, vol. 6 (Vatikanstadt 1972) 9.

Als die aus zehn Fahrzeugen bestehende Wagenkolonne am 7. November 1945 nach abenteuerlicher Fahrt Frankfurt erreichte, wartete auf Erzbischof Chiarlo und seinen Stab in Eisenhowers Hauptquartier ein frostiger Empfang[7]. Man verhehlte dort nicht den Ärger darüber, daß entgegen der Vorvereinbarungen nicht ein amerikanischer Prälat an der Spitze der Mission stehe, ein Zustand, der schleunigst geändert werden müsse. Solchen Vorhaltungen hatte Chiarlo in seiner Unbeholfenheit wenig entgegenzusetzen. Immerhin sorgten die Militärbehörden dafür, daß die Mission in Kronberg im Taunus ein erstes – und wie sich zeigen sollte – dauerhaftes Unterkommen fand. Einmal seßhaft geworden, wandelte sich die 3. Vatikanische Mission binnen kurzem zur Vatikanmission Kronberg.
Nach dem wenig verheißungsvollen Auftakt verspürte der Erzbischof allerdings keine Lust, seine Beziehungen zu den amerikanischen Stabsbehörden zu vertiefen. Sobald die verschiedenen Nationaldelegaten die Seelsorgszuständigkeiten in den Lagern ihrer Landsleute geregelt hatten, hielt Chiarlo seinen begrenzten Auftrag für erfüllt und drängte zum Aufbruch. Als er am 24. Januar 1946 nach Rom abreiste, blieben in Kronberg lediglich P. Zeiger und ein junger italienischer Geistlicher zum Halten der Stellung zurück. Obwohl letzterer weder deutsch noch englisch beherrschte, mußte er die Rolle des stellvertretenden Missionschefs übernehmen, da die Amerikaner sich weigerten, einen Deutschen in dieser Position zu akzeptieren. Mit dem sich bis Ende Juli 1946 hinziehenden Interregnum begannen für die Zurückgebliebenen Monate quälender Ungewißheit. Infolge der unterentwickelten Kontakte zu den amerikanischen Militärbehörden gewann P. Zeiger den Eindruck, „daß die Basis unserer Mission zur Zeit gefährlich schmal geworden ist und daß es keines großen Stoßes bedarf, um das Ganze umzuwerfen"[8]. Je länger sich das Staatssekretariat über die Zukunft Kronbergs in Schweigen hüllte, desto dringender wurden die Hilferufe, die Zeiger an den Sekretär des Papstes, den ihm befreundeten P. Robert Leiber SJ, richtete[9]. Ihm

[7] Vgl. C. J. Barry 55–58.
[8] Vgl. Zeiger an Leiber, 12. 2. 1946.
[9] Was die Jesuiten Leiber und Zeiger, gewöhnlich im Bund mit der dem päpstlichen Haushalt vorstehenden Schwester Pascalina, in der Politik des Vatikans alles bewirkt haben sollen, war schon zu ihren Lebzeiten Gegenstand phantastischer Spekulationen. Die historische Wirklichkeit sieht anders aus, auch wenn diesbezügliche Andeutungen bei Barry (65) nicht fehlen und bei Spotts (36) zu Tatsachenbehauptungen verdichtet werden. Entgegen der dort gemachten Aussage geht aus Muenchs Aufzeichnungen mitnichten „eindeutig hervor, daß diese drei Personen zusammen die deutschen Angelegenheiten unter Ausschluß des Staatssekretariats wahrnahmen und weitgehend bestimmten, welche Informationen über Deutschland den Papst erreichten". Von den wirklichkeitsfremden Vorstellungen über den Geschäftsgang vatikanischer Ämter und die Lenkbarkeit Pius' XII. einmal abgesehen, tritt folgende, für die Betroffenen nicht leicht zu meisternde Problematik hervor. Ordensleute und Nichtitaliener wie Leiber und Zeiger, die auf Weisung des päpstlichen Souveräns wichtige Schaltstellen im Innen- oder Außendienst der Kurie einnahmen, abseits aller Laufbahnvorschriften und ohne zum Apparat zu gehören, mußten, was immer sie taten oder ließen, automatisch ins Kreuzfeuer vorgegebener Kritiker geraten. Bestand zwischen ihnen noch eine Querverbindung nationaler oder mitbrüderlicher Natur, so konnte es nicht ausbleiben, daß sie darüber hinaus den Argwohn der Ämter auf sich zogen. Gegen nichts ist eine Ministerialbehörde in aller Welt weniger gleichgültig als gegen den Verdacht, daß ihr die Prärogative des Immediatvortrags durch einen Informationsstrang geschmälert werden könnte, der an ihr vorbeiläuft und sich ihrer Kontrolle

verbarg er auch nicht seine Enttäuschung, „daß man uns ohne ein Wort in einer so mißlichen Lage hier hängenläßt". Dabei unterstrich er nochmals die Notwendigkeit einer Neubesetzung: „Die deutsche Kirche braucht dringend einen geeigneten Vertreter, der wenigstens einigermaßen den Sammelpunkt der Einheit schafft, und auch Anregungen gibt bei der Zerrissenheit der Zonen und der Erschlaffung der Gemüter." Wenn man aber nicht bald eine Lösung finde, dann „ist es besser, rechtzeitig zu liquidieren, bevor man liquidiert wird"[10].

Inzwischen war der Papst keineswegs untätig. Das Experiment Chiarlo hatte unmißverständlich gelehrt, daß die Vatikanmission gefährdet blieb, solange man nicht in der Lage war, die Grundforderung der amerikanischen Militärregierung zu erfüllen und die Leitung der Vatikanmission einem amerikanischen Prälaten zu übertragen. Für diesen Personalbedarf war die Kurie nicht gerüstet, zumal dann nicht, wenn der gefragte amerikanische Geistliche bereits im Bischofsrang stehen sollte. Das Konsistorium im Februar 1946 bot dem Papst Gelegenheit, das Problem der Neubesetzung der Vatikanmission mit führenden Vertretern des amerikanischen Episkopats zu besprechen. Die Wahl fiel dabei auf den 57jährigen Bischof von Fargo in Norddakota, Aloisius J. Muench[11]. Sohn deutscher Einwanderer aus der Oberpfalz und in der deutschen Stadt Milwaukee großgeworden, brachte Muench nicht nur relativ gute Sprachkenntnisse mit, sondern war zudem schon in den Vereinigten Staaten geboren, eine Vorbedingung, die der andere in Betracht kommende Kandidat, Erzbischof Rummel von New Orleans, nicht erfüllte, weshalb er aus der Diskussion ausschied. Nach der Priesterweihe und erster Seelsorgstätigkeit hatte Muench in Fribourg (Schweiz) ein Studium der Sozialwissenschaften absolviert, war am Priesterseminar seiner Heimatdiözese 1923 Professor und 1929 Regens geworden, um 1935 mit der Berufung nach Fargo in den Nordwesten der USA sein scheinbar definitives Arbeitsfeld zu finden. Während Muench, nach Fargo zurückgekehrt, noch der Mitte Mai erfolgenden förmlichen Beauftragung entgegensah, zeichnete sich für seine Tätigkeit im besetzten Deutschland die Übernahme einer zweiten Funktion ab.

Um die schikanösen Behinderungen abzustellen, denen private, darunter auch kirchliche Hilfslieferungen für Deutschland bei untergeordneten Militärinstanzen begegneten, hatten Sprecher des amerikanischen Protestantismus in Washington angeregt, der Militärregierung einen kirchlichen Verbindungsmann zuzuordnen. Die Regierung stimmte zu, wollte aber der Parität wegen auch die katholische und die jüdische Glaubensgemeinschaft in die Regelung einbezogen haben. Es war naheliegend, den Posten eines vom amerikanischen Episkopat beauftragten Mittelsmanns zur US-Militärregierung in Deutschland nach der Absage eines anderen Kandidaten Bischof Muench zu übertragen, weil die Übernahme einer

entzieht. P. Zeiger wußte also, warum er größten Wert darauf legte, den Dienstweg strikt einzuhalten und beim Papst kirchenpolitisch nichts zur Sprache zu bringen, was nicht zuvor über das Staatssekretariat gelaufen war.

[10] Vgl. Zeiger an Leiber, 16. 4. 1946.

[11] Vgl dazu C. J. Barry 59.

offiziellen Stellung im Apparat der Militärregierung seine Gesamtposition nur stärken konnte[12]. Während eines Romaufenthalts wurde Muench im Juli 1946 vom Papst wie auch im Staatssekretariat in sein Amt als Apostolischer Visitator für Deutschland eingewiesen. Wie er in der Privataudienz erfuhr, galt die Hauptsorge Pius' XII. der Kirchenfreiheit und den Konkordaten. Sein Mitgefühl äußerte der Papst den Displaced Persons und den Vertriebenen gegenüber[13]. Aus Kurienkreisen hörte Muench, der Papst fühle sich noch immer als Nuntius von Deutschland. Erste Anzeichen, wie ungeduldig man den päpstlichen Beauftragten in Deutschland erwarte, wehrte er mit der Warnung ab, ihn nicht für einen Wundermann zu halten. Seine Losung laute, das Mögliche zu tun und das Unmögliche zu versuchen[14].

Auf der Weiterreise nach Kronberg traf er in München mit Kardinal Faulhaber, in Eichstätt mit Kardinal Preysing zusammen. Der Münchener Erzbischof, mit dem ihn bald eine enge Freundschaft verband, stellte dem Neuernannten eine zuversichtliche Prognose: „Exzellenz Muench zeigte sich schon bei der ersten Aussprache als staunenswert gut unterrichtet in schwebenden Fragen und wird für das friedliche Verhältnis zwischen Kirche und Besatzungsbehörden das Vertrauen beider Teile gewinnen."[15] Aus dem Mund des Bischofs von Berlin konnte Muench authentisch erfahren, wie ungnädig der amerikanische Militärgouverneur die Sprecher des Episkopats abzufertigen geruhte. Gerade hatte sich General Clay geweigert, eine Bittschrift der deutschen Erzbischöfe an Präsident Truman zugunsten der Ostvertriebenen auch nur weiterzugeben[16].

Die jährliche Plenarkonferenz des deutschen Episkopats im August gab Muench schon wenige Wochen nach seiner Ankunft Gelegenheit, sich den Bischöfen amtlich vorzustellen[17]. Er „sprach sehr warm und herzlich über seine Aufgabe und gewann sofort Liebe; die Atmosphäre war so, als ob er membrum episcopatus germanici[18] wäre. Es war ein großer Trost für die versammelten Herren!"[19] Mit dem gewinnenden Einstand im Bischofskollegium hatte Muench auch die unguten Assoziationen beschworen, die der vorbelastete Titel „Visitator" wecken konnte[20].

[12] Vgl. C. J. Barry 60–62; dazu auch F. Spotts 72f.
[13] Vgl. Tagebucheintragung Muenchs, 12. 7. 1946. Nachlaß Muench.
[14] Ebd. 18. 7. 1946.
[15] Vgl. Faulhaber an Pius XII., 28. 7. 1946. Nachlaß Faulhaber.
[16] Vgl. Tagebucheintrag Muenchs, 27. 7. 1946. Nachlaß Muench. Es handelt sich um die Schreiben: Die deutschen Erzbischöfe an Truman, 3. 7. 1946, sowie Clay an Preysing, 15. 7. 1946.
[17] Druck der Begrüßungsansprache (in engl. Übersetzung): C. J. Barry 294–296.
[18] „ein Mitglied des deutschen Episkopats".
[19] Vgl. Zeiger an Leiber, 8. 9. 1946.
[20] Dazu Zeiger an Leiber, 6. 1. 1947: „Die deutsche Kirche braucht keinen Visitator (das Wort war sehr unglücklich, erzeugte zunächst Besorgnis bei den Episcopi)". – Von der Zusammenarbeit in Kronberg zeichnete Zeiger (an Leiber, 29./30. 11. 1946) folgendes Bild: „Muench hat sich rasch eingearbeitet, er ist ein angenehmer Mitarbeiter, ruhig, fleißig, selbstlos, schlicht, mutig, offen; liebt unser Volk wie sein eigenes."

2. Rechtsgrundlage und Befugnisse der Vatikanmission

Zu dem Berg von Problemen, Ansprüchen und Erwartungen standen die Amtsbefugnisse des neuen Chefs der Vatikanmission in einem krassen Mißverhältnis. Ohne die feste Plattform, über die jeder Nuntius verfügte, sah er sich Problemen gegenüber, die alle Schemata sprengten. In dem Vielerlei der Teilkompetenzen, die er auf sich vereinigte, spiegelte sich die Konzeptionslosigkeit der alliierten Deutschlandpolitik.

Unabhängig von der Person ihres Leiters ruhte die Vatikanmission zunächst auf ihrer Attachierung bei der Displaced Persons Division im Amerikanischen Hauptquartier für Europa in Frankfurt. Erst damit war aus der Sicht der amerikanischen Militärbehörden ihre Existenz überhaupt legitimiert. Territorial war ihr Aktionsradius auf die amerikanische Besatzungszone und personell auf die seelsorgliche Betreuung des Displaced Persons beschränkt. Die P. Zeiger vom Papst eigentlich zugedachte Aufgabe, „die deutschen Bischöfe zu besuchen, Information über die Lage zu sammeln und die kirchlichen Behörden zu beraten“[21], war mit dieser engen Aufgabenbegrenzung unvereinbar und im Grund illegal. Im übrigen wurde diese Fundierung spätestens an dem Tag hinfällig, wo die Übergangserscheinung der Fremdflüchtlinge durch Eingliederung, Auswanderung oder Rückführung verschwand und die zuständige Abteilung aufgelöst würde.

Angesichts einer so dürftigen institutionellen Basis erbrachte Muenchs persönliche Mitgift, nämlich der Titel eines Liaison Consultant für religiöse Fragen bei der Amerikanischen Militärregierung für Deutschland in Berlin, einen merklichen Zugewinn an Autorität und Einfluß, jedoch ebenfalls mit Beschränkung auf die amerikanische Zone. Wie eifersüchtig Engländer und Franzosen über ihre Eigenständigkeit wachten, ließ sich daran ablesen, daß sie umgehend mit dem amerikanischen Verbündeten gleichzogen, indem sie ihrerseits katholische Prälaten als Berater für religiöse Angelegenheiten installierten, so im englischen Hauptquartier in Bünde (Westfalen) Msgr. Richard Smith und in Baden-Baden den französischen Armeebischof für Deutschland und Österreich, Robert Picard de la Vacquerie. Damit war unmißverständlich angedeutet, daß sie sich jede Einmischung auch auf dem religiösen Sektor verbaten, auch von einem Apostolischen Visitator ad interim.

Dieser Titel war rein kirchlicher Natur, umschloß jedoch einen Auftrag, der das gesamte viergeteilte Deutschland umfaßte. Während die westlichen Alliierten Muenchs Auftrag zur Kenntnis nahmen und ihm die erforderliche Bewegungsfreiheit einräumten, wurde ihm der Zugang zur sowjetisch besetzten Zone nicht gestattet. Radio Moskau kommentierte Muenchs Berufung als „Zeichen der zwischen dem reaktionärfaschistischen Vatikan und dem amerikanischen Kapitalismus bestehende Allianz“[22].

[21] Vgl. Aufzeichnung Zeigers für Muench: Bericht über die Vatican-Mission in Kronberg, 11. 8. 1946. Nachlaß Muench.

[22] Vgl. Gesamtbericht Muenchs, Januar 1947 (Rapporto generale del Visitatore Apostolico in Germania sulla situazione della Chiesa in questo Paese). Nachlaß Muench.

So labil und flickwerkhaft die Ermächtigungen der vatikanischen Außenstelle in Kronberg auch waren und so wenig aus ihrer Vielzahl auch nur der Keim einer diplomatischen Anerkennung erwuchs, so bildete sie im Endeffekt doch so etwas wie einen Brückenarm, der über das staatsrechtliche Vakuum der bedingungslosen Kapitulation hinwegreichte. Es war nicht zu viel behauptet, wenn Muench nach Abschluß seiner Rundreise durch die westdeutschen Diözesen im Januar 1947 als Gesamtbefund festhielt: Sowohl den Alliierten wie im Episkopat und Kirchenvolk vermittle das Bestehen und Wirken der Vatikanmission das Empfinden der Präsenz des Hl. Vaters als Wohltäter, obersten Hirten und Souveräns.
Von den amerikanischen Behörden weder beachtet noch behelligt, konnte der organisatorische Rahmen der Berliner Nuntiatur in Eichstätt fortbestehen, doch wirkte sie rein innerkirchlich, und zwar vorwiegend als Bearbeitungsstelle für Dispensgesuche aus den deutschen Diözesen. Dazu kam, daß Nuntius Orsenigo im Frühjahr 1946 starb und wenige Monate später auch sein Vertreter Colli. Dennoch maß P. Zeiger dem Fortbestehen dieser Stelle hohe Bedeutung zu, „sowohl für die Stellung des Hl. Stuhls wie im Rechtsbewußtsein des deutschen Volkes“[23].
Je länger die Vatikanmission einer tragenden Rechtsgrundlage entbehrte, desto angestrengter überlegten die Verantwortlichen, wie die Entwicklung im Sinn einer solideren Fundierung vorangetrieben werden könne. Denn solange die offizielle Anerkennung als Vertretung des Hl. Stuhls ausstand, war es unmöglich, im Namen des Papstes in deutschen Angelegenheiten politisch zu intervenieren. Das schloß wirkungsvolle Schritte etwa zur Verteidigung des Konkordatssystems von vornherein aus. Die schrittweise Übertragung größerer Zuständigkeiten von der Militärregierung auf einzelne Länderregierungen inspirierte P. Zeiger zum Entwurf einer Zwischenlösung[24]. Könnte nicht, so fragte er, bei den Kultusministerien der Länder für Kirchenfragen ein päpstlicher Vertreter als solcher attachiert werden, und zwar in der Weise, daß ein einziger Vertreter bei allen deutschen Ländern diese Position einnehme? Das wäre keine diplomatische, aber eine offizielle Anerkennung, und jedenfalls mehr als ein bloßes Tolerieren oder Zur-Kenntnis-Nehmen des Wirkens der Vatikanmission. Botschafter Murphy, diplomatischer Berater des amerikanischen Militärgouverneurs, gab Muench freundlich zu bedenken, daß die Anregung von den Kultusministern ausgehen müsse, bevor sie die Militärregierung in Erwägung ziehen könne[25]. Solche Anträge auf „Eröffnung einer päpstlichen Vertretung“ kamen im Sommer 1947 von den Ministern Hundhammer aus Bayern und Hilpert aus Hessen[26]. Doch waren inzwischen P. Zeiger selbst Bedenken aufgestiegen, und er hielt im Hinblick auf das unterschiedliche Tempo der Übertragung der Souveränitätsrechte an die deutschen

[23] Vgl. Bericht Zeigers, Kirchenpolitische Lage in Deutschland und rechtliche Stellung der Päpstlichen Vertretung in Kronberg, 27. 4. 1948.
[24] Vgl. Zeiger an Montini, 25. 6. 1946. Nachlaß Muench.
[25] Vgl. Murphy an Muench, 11. 1. 1947. Nachlaß Muench.
[26] Vgl. Zeiger an Leiber, 24. 8. 1947.

Länder das Unternehmen nur dann noch für aussichtsreich, „wenn es gleichzeitig ginge“[27]. Daran jedoch war schon wegen der Sonderentwicklung in der Ostzone nicht zu denken.
In Kreisen bayerischer Politiker wurde auch der Gedanke einer Wiedererrichtung der Münchener Nuntiatur erörtert. Doch hielt selbst ein überzeugter Föderalist wie Kardinal Faulhaber den Gedanken für höchst inopportun, weil das nach einem Geschenk für den bayerischen Föderalismus aussehe und die Reichseinheit gefährde[28].

3. Appelle und Hilfsaktionen Papst Pius' XII.

Seit dem Kapitulationstag waren fast eineinhalb Jahre verstrichen, bis institutionell und personell in der Vatikanmission Kronberg für die Kurie ein Ansatzpunkt geschaffen war, sich in den Gang der deutschen Nachkriegspolitik behutsam einzuschalten. Die Anstrengungen des Papstes, Fehlentwicklungen, wie sie die Eskalation der Kriegsziele befürchten ließ, vorausschauend abzuwehren, reichten jedoch erheblich weiter zurück. Schon Mitte 1944 hatte Pius XII. vor Lösungen gewarnt, welche die „giftigen Keime neuer Erschütterungen und Gefahren für den Frieden“ in sich trügen, und dazu unterstrich, „daß heute wie in den vergangenen Zeiten die Kriege schwerlich den Völkern als solchen zur Last gelegt und als Schuld angerechnet werden können“[29]. Noch deutlicher war die Weihnachtsansprache 1944 gegen den Trend zu Kollektivverdammungen gerichtet. Wo man sich anmaße, „nicht Einzelpersonen, sondern kollektiv ganze Gemeinschaften zu richten und zu verurteilen“, wäre es kaum möglich, darin „nicht eine Verletzung der Normen zu sehen, die in jedem menschlichen Gericht maßgebend sind“[30].
Was der Papst ebenso prophetisch wie nüchtern aus der Pandorabüchse der bedingungslosen Kapitulation an fatalen Zwangsläufigkeiten hervorgehen sah, beschäftigte die rheinisch-westfälischen Bischöfe bei ihrem ersten Nachkriegstreffen bereits als Tatsache. Sie beklagten, daß die Schuldfrage „zur Zeit in Verlautbarungen der Presse und des Rundfunks so abwegig behandelt wird, daß sie den Freibrief abzugeben beginnt für jegliche Zwangsmaßnahme gegen die gesamte deutsche Bevölkerung“[31].
Seit Kriegsende waren noch keine vier Wochen verstrichen, als Pius XII. am 2. Juni 1945 in einer vielbeachteten Ansprache gegen den Monopolanspruch eines

[27] Ebd.
[28] Vgl. Anm. 22.
[29] Ansprache Pius' XII., 2. 6. 1944; vgl. Der Papst an die Deutschen. Pius XII. als Apostolischer Nuntius und als Papst in seinen deutschsprachigen Reden und Sendschreiben von 1917 bis 1956, hrsg. v. B. Wüstenberg und J. Zabkar (Frankfurt 1956) 111 (zit.: Wüstenberg–Zabkar).
[30] Ansprache Pius' XII., 24. 12. 1944; vgl. Wüstenberg–Zabkar 111.
[31] Vgl. Protokoll der Konferenz der westdeutschen Bischöfe, Werl, 4.–6. 6. 1945. Nachlaß Faulhaber.

propagandistisch verzerrten Geschichtsbilds persönlich Front machte[32]. Ausschließlich dem Thema „Kirche und Nationalsozialismus" gewidmet, boten seine Darlegungen einen Rechenschaftsbericht über die Auseinandersetzungen des Vatikans, der deutschen Bischöfe und Katholiken mit der Diktatur Hitlers. Er sprach dabei mit der Autorität des Mithandelnden, der als Kardinalstaatssekretär und Papst die Vorgeschichte der Katastrophe nicht nur aus nächster Nähe verfolgt, sondern mit allen Mitteln umzulenken versucht hatte. Dabei erwies der Papst auf das Scheitern der Friedensbemühungen im Reichskonkordat, auf den weltöffentlichen Protest Pius' XI. gegen die nationalsozialistische Religionsbedrückung in der Enzyklika „Mit brennender Sorge", auf das Leid und die Wunden, die dieser Kampf der Kirche zugefügt hatte. Der Papst sprach als einsamer Rufer in der Wüste, aber allein schon daß er als Kronzeuge des Kirchenkampfs die Existenz einer religiös motivierten Volksopposition nachdrücklich unterstrich, entlarvte die Unhaltbarkeit offiziöser Pauschalurteile. Pius XII. ging noch einen Schritt weiter, indem er in seine Abrechnung mit dem NS-Regime so etwas wie eine Ehrenerklärung für jenes bessere Deutschland einflocht, das er in seiner Nuntiaturzeit persönlich kennen und achten gelernt hatte.

Stärker jedoch als noch so mutige Plädoyers wirkte auf die Weltöffentlichkeit, weil konkret und augenfällig, an Weihnachten 1945 die Berufung von nicht weniger als drei deutschen Bischöfen ins Kardinalskollegium. Unter ihnen konnte allein der Erzbischof von Köln, Joseph Frings, aus Traditionsgründen mit dem Purpur rechnen; den Oberhirten von Münster und Berlin, Galen und Preysing, dagegen fiel die Auszeichnung zu, wie der Papst selbst es formulierte, als „der ehrenvolle Preis für den mutigen Widerstand gegen den Nationalsozialismus"[33]. Das war nicht nur eine Demonstration der Unabhängigkeit einem gegenläufigen Meinungstrend gegenüber, sondern eine unüberhörbare Absage an alle Versuche, Deutsche und NS-Diktatur unterschiedslos miteinander gleichzusetzen. Über den Widerhall berichtete P. Zeiger: „Es war klar, daß die Kardinals-Ernennungen wie eine Bombe wirkten. In der deutschen katholischen Öffentlichkeit ist eine heilige Freude, dankbarer Jubel für diese Ehrung Deutschlands; besonders die Ehrung Galens wirkt ungeheuer; in Westfalen ist der Jubel am größten und die Dankbarkeit gegen den Hl. Vater kennt keine Grenzen. Hier im Stab war die Wirkung anders ... ‚Bloß vier Italiener! – Ist ja unmöglich, untragbar!'"[34]

Für Millionen Deutsche erfuhr unterdessen die Kollektivschuldthese unter dem Stichwort „Entnazifizierung" eine höchst existentielle Konkretisierung. In massenhaften Amtsenthebungen und der automatischen Internierung auch des kleinsten Funktionärs legten vor allem die amerikanischen Besatzungsbehörden einen Säuberungsfanatismus an den Tag, der in der Bevölkerung Furcht und Abscheu

[32] Ansprache Pius' XII., 2. 6. 1945; Druck: Aufbau und Entfaltung des gesellschaftlichen Lebens. Soziale Summe Pius' XII., hrsg. v. A.-F. UTZ und J.-F. GRONER, Bd. 2 (Fribourg 1954) Nr. 3531–3548 (zit.: UTZ–GRONER).

[33] Ansprache Pius' XII., 26. 12. 1945; vgl. Neue Zürcher Zeitung Nr. 1992 vom 27. 12. 1945.

[34] Vgl. Zeiger an Leiber, 5. 1. 1946.

erregte. „Wenn es nicht gelingt, die Alliierten zu überzeugen, daß sie den Unterschied zwischen Parteigenossen und eigentlichen Nazis machen müssen", so hatte P. Zeiger schon im Herbst 1945 prophezeit, „so wird dieses ihr Vorgehen zu einer furchtbaren Katastrophe führen und jede Umerziehung des Volks vereiteln"[35]. An einem Säuberungsprogramm, das elementare Prozeßregeln ignorierte und an seiner inneren Maßlosigkeit scheitern mußte, übte der Papst scharfe Kritik. Zuvor schon hatte er die bayerischen Bischöfe wissen lassen, „daß es sachlich nicht richtig und der Wahrheit nicht entsprechend ist, wenn man der ganzen Nation zuschreibt, was die Partei begangen hat"[36]. Gegen die schematische Rücksichtslosigkeit der Entnazifizierungspraxis selbst waren Ausführungen Pius' XII. vor den neuernannten Kardinälen am 20. Februar 1946 gerichtet: „Es gehen verhängnisvolle Irrtümer um, die einen Menschen für schuldig und verantwortlich erklären nur deshalb, weil er Glied oder Teil irgendeiner Gemeinschaft ist, ohne daß man sich die Mühe nimmt, nachzufragen und nachzuforschen, ob bei ihm wirklich eine persönliche Tat oder Unterlassungsschuld vorliege."[37] Und in einem veröffentlichten Schreiben an den deutschen Episkopat: „Mit den Schuldigen dürfen nicht auch die Schuldlosen bestraft werden."[38] Weiter warnte er davor, nicht mit den Schuldigen und deshalb Straffälligen auch jene Schichten der Bevölkerung zusammenzuwerfen, „die wie bei anderen Völkern so auch bei euch weder Schuld am Kriege tragen, noch irgendein Verbrechen begangen haben"[39]. Entschieden verurteilte der Papst jede Form von Vergeltungspolitik, deren Opfer vor allem die Heimatvertriebenen[40] und Kriegsgefangenen wurden. Die Zwangsausweisung von 12 Millionen Ost- und Sudetendeutschen nannte Pius XII. ein „in der Vergangenheit Europas beispielloses Vorgehen", über dessen rechtliche, wirtschaftliche und politische Aspekte zu urteilen er der Geschichte überlassen wollte, dabei allerdings fürchte, „daß ihr Urteil streng ausfallen wird". Er glaube sehr wohl zu wissen, „was sich während der Kriegsjahre in den weiten Räumen

[35] Vgl. Anm. 4, 298.
[36] Pius XII. an den bayerischen Episkopat, 15. 8. 1945; vgl. WÜSTENBERG–ZABKAR 113.
[37] Ansprache Pius' XII., 20. 2. 1946; vgl. WÜSTENBERG–ZABKAR 111.
[38] Pius XII. an den deutschen Episkopat, 1. 11. 1949; vgl. WÜSTENBERG–ZABKAR 116.
[39] Ebd. 122.
[40] Auf das Umsichgreifen einer kurienkritischen Stimmung unter den Ostvertriebenen hatte Zeiger schon im Frühjahr 1946 warnend hingewiesen; vgl. Zeiger an Leiber, 24. 5. 1946: „In Ostdeutschland und in allen Kreisen, die mit den Ostflüchtlingen in Berührung kommen, wirkt am schlimmsten das Schweigen der Kirche zu den Geschehnissen in Neupolen; vor allem kann man nicht verstehen, daß die kirchliche Neuordnung dort so schnell und so grausam vollzogen wurde; das Schweigen Roms, das sicher begründet ist, wird als Billigung ausgelegt und schadet dem Ansehen des Heiligen Stuhles sehr stark. Ich bitte, diese Mitteilung nicht leicht zu nehmen; die Auswirkungen sind sehr ernst, bis in die Seele der besten Laien und auch heiligmäßiger Priester hinein. Es geht, gerade weil die Liebe und das Vertrauen zum Heiligen Vater so unbegrenzt war und ist, eine tiefe Enttäuschung durch die Seelen, die um so bitterer empfunden wird, je rechtloser heute der Deutsche sich fühlen muß". – Daß der Papst am 29. 6. 1946 den aus seiner Diözese Ermland ausgewiesenen Bischof Maximilian Kaller (1880–1947) zum Sonderbeauftragten für die heimatvertriebenen Deutschen bestellte, wurde von diesen als befreiende Geste empfunden. – Zur Beurteilung der deutsch-polnischen Kirchensituation in den ersten Nachkriegsmonaten vgl. auch Leiber an Preysing, 28. 10. 1945. Teildruck: W. ADOLPH, Sie sind nicht vergessen (Berlin 1972) 118.

von der Weichsel bis zur Wolga abgespielt hat". „War es jedoch", so fuhr er fort, „erlaubt, im Gegenschlag 12 Millionen Menschen von Haus und Hof zu vertreiben und der Verelendung preiszugeben? Sind die Opfer jenes Gegenschlags nicht in der ganz überwiegenden Mehrzahl Menschen, die an den angedeuteten Ereignissen und Untaten unbeteiligt, die ohne Einfluß auf sie gewesen waren? Und war jene Maßnahme politisch vernünftig und wirtschaftlich verantwortbar, wenn man an die Lebensnotwendigkeiten des deutschen Volkes und darüber hinaus an den gesicherten Wohlstand von ganz Europa denkt?"[41] Zugleich gab der Papst zu erkennen, daß sich sein Mühen um Hilfe und Gerechtigkeit für die Besiegten nicht in öffentlichen Appellen erschöpfe.

Zumindest im ersten Besatzungsjahr bildete es einen festen Bestandteil der Umerziehungspsychologie, die deutsche Bevölkerung von jeder Auslandshilfe abzusperren. Wie der Schweiz und anderen Geberländern gelang es auch dem Vatikan erst nach Überwindung künstlicher bürokratischer Hindernisse im Frühjahr 1946 mit Hilfslieferungen nach Deutschland durchzudringen. Sobald sich bei den Organen der Militärregierung eine humanere Einstellung durchgesetzt hatte, rollten jetzt laufend Waggons mit Sachspenden und Nahrungsmitteln aus dem Vatikan nach deutschen Bischofsstädten, wo sie von der Caritas übernommen und verteilt wurden[42]. Was zwischen 1946 und 1949 an Hilfsgütern nach Deutschland geschickt wurde, füllte insgesamt 950 Waggons mit einem Ladegewicht von 16–18 Tonnen[43], eine Leistung, zu welcher den Papst vor allem die Gebefreudigkeit amerikanischer Katholiken befähigte.

In der Kriegsgefangenenfürsorge hatte der Hl. Stuhl schon während des Kriegs seine enttäuschenden Erfahrungen gemacht, als sich Berlin geweigert hatte, vom Vatikan vermittelte Gefangenenpost an die Angehörigen in Deutschland weiterzuleiten[44]. Ähnlich abweisend gegen jede vatikanische Vermittlungsaktion verhielt sich das amerikanische Hauptquartier in Caserta nach Kriegsende. Auf das Anerbieten, durch ein Lebenszeichen deutscher Kriegsgefangener in Italien von den Angehörigen den Druck der Ungewißheit zu nehmen, erklärte der amerikanische Unterhändler: „Das ist's ja gerade, was wir nicht wollen! Die sollen fühlen, daß sie besiegt sind und bestraft werden. Wir haben die Absicht, die Deutschen unter strenger Zucht zu halten, und wir wollen uns darin von niemand dreinreden lassen."[45]

Dennoch gaben die vatikanischen Stellen nicht auf, und auch hier wandelte sich das Klima. So konnte die Vatikanmission Kronberg zu Weihnachten 1946 von

[41] Pius XII. an den deutschen Episkopat, 1. 3. 1948; vgl. WÜSTENBERG–ZABKAR 138f.

[42] Zum Gesamtkomplex der Nachkriegshilfe vgl. H.-J. WOLLASCH, Humanitäre Auslandshilfe für Deutschland nach dem Zweiten Weltkrieg. Darstellung und Dokumentation kirchlicher und nichtkirchlicher Hilfen (Freiburg 1976).

[43] Vgl. R. LEIBER, Pius XII., in: Katholische Kirche im Dritten Reich, hrsg. v. D. ALBRECHT (Mainz 1976) 114.

[44] Vgl. dazu: Der Notenwechsel zwischen dem Hl. Stuhl und der Deutschen Reichsregierung, hrsg. v. D. ALBRECHT, Bd. 2: 1937–1945 (Mainz 1969) 185 Anm. 3.

[45] Vgl. Zeiger an Leiber, 7. 8. 1945.

rund einer Million deutscher Kriegsgefangener in Frankreich eine Nachricht an die Familien übermitteln. Außerdem hatte sie bis Anfang 1947 vom Ufficio Informazioni des Vatikans 300000 Karten und Briefe zur Verteilung in Deutschland entgegengenommen und ihrerseits in der Gegenrichtung 200000 Mitteilungen von Angehörigen nach Rom weitergeleitet[46]. In der Weihnachtsbotschaft 1945 gedachte der Papst in bewegten Worten der „zur Stunde noch riesigen Scharen der Kriegsgefangenen" und brachte seinen Schmerz darüber zum Ausdruck, daß „man den Kriegsgefangenen und Verschleppten fast absichtlich Leiden zufügt über die hinaus, die der Krieg ohnehin schon mit sich bringt; da Wir gesehen haben, wie man in einzelnen Fällen ohne hinreichenden Grund die Dauer ihrer Gefangenschaft ausdehnte, wie ihnen das an sich schon drückende Joch der Gefangenschaft erschwert wurde durch mühsamen und ungebührlichen Arbeitsdienst, wie man leichthin ... in unmenschlichen Formen die Behandlung verweigert hat, die man auch den Besiegten schuldig ist"[47]. Ebenso scharf wandte er sich gegen die Internierung von Personengruppen, denen „nichts anderes als ihre politische Haltung in der Vergangenheit zum Vorwurf gemacht werden kann, jedoch keine verbrecherische Tat und keine Rechtsverletzung"[48].
Je mehr ein formeller Friedensschluß zwischen den Kriegsgegnern vor dem aufziehenden Ost-West-Konflikt in unabsehbare Ferne rückte, desto lauter forderte der Papst die Freilassung der Millionen, die noch hinter Stacheldraht festgehalten wurden. „Wir wissen", so erklärte er, „daß die kalten Paragraphen des Völkerrechts den Sieger erst nach Friedensschluß zur Befreiung der Gefangenen verpflichten. Aber die geistigen und sittlichen Nöte der Gefangenen selbst und ihrer Verwandten, Nöte, die von Tag zu Tag schwerer werden, die heiligen Rechte der Ehe und Familie schreien viel lauter und stärker zum Himmel als alle juristischen Dokumente und fordern, daß endlich Schluß gemacht werde mit dem System der Gefangenen- und Konzentrationslager."[49]
Ebensowenig verbarg der Papst seine Enttäuschung über die politische, soziale und wirtschaftliche Gestaltung der Nachkriegsverhältnisse, wobei er sich nicht scheute, nach der Universialität, Verbindlichkeit und Wirkkraft jener Prinzipien zu fragen, auf deren Fundament die Sieger eine dauerhafte Friedensordnung hatten errichten wollen. „Als die Atlantik-Charta zum ersten Mal verkündet wurde", so erinnerte er sich, „horchten alle Völker auf. Man atmete endlich auf. Was ist heute übriggeblieben von dieser Botschaft und ihren Androhungen? Selbst in einigen der Staaten, die – entweder aus eigener Wahl oder unter der Führung anderer größerer Mächte – sich gegenüber der heutigen Menschheit gerne als Bahnbrecher wahren und wirklichen Fortschritts ausgeben, scheinen die ‚vier Freiheiten', die einst von vielen mit Begeisterung begrüßt worden sind,

[46] Vgl. Anm. 22; zu Einzelheiten B. Wüstenberg in Rheinischer Merkur Nr.15, 9. 4. 1949.
[47] Ansprache Pius' XII., 24. 12. 1945; vgl. Utz–Groner Nr. 4082.
[48] Ebd. Nr. 4084.
[49] Ansprache Pius' XII., 1. 6. 1946; vgl. Utz–Groner Nr. 4127.

kaum noch mehr als ein Schatten, ein Zerrbild von dem zu sein, was sie im Denken und in der Absicht der aufrichtigsten ihrer Verfechter gewesen sind."[50] Nachdem wie „selten in der Weltgeschichte das Schwert eine so scharfe Trennungslinie zwischen Siegern und Besiegten gezogen" hatte und „der von Freude überschäumende Siegesrausch" vorüber war[51], erinnerte Pius XII. daran, „daß das Reich Christi nicht Sieger und Besiegte, sondern nur Hilfsbedürftige und Hilfsbereite kennt"[52].

4. Um die Fortgeltung des Reichskonkordats

Inmitten eines Stroms nicht abreißender Hilfsersuchen durfte sich die Vatikanmission vom Kampf gegen das Nachkriegselend in den Besatzungszonen trotzdem nicht absorbieren lassen. Denn das Kernstück ihres päpstlichen Auftrags lautete, die Konkordate über das rechtliche Chaos nach der Aufhebung jeder deutschen Regierungsgewalt hinwegzuretten. Solchem Bemühen hatte der Papst selbst durch diplomatische Fühlungnahme mit den westlichen Siegermächten schon in den letzten Kriegsmonaten vorgearbeitet[53]. Die vorbeugende Intervention auf höchster Ebene hat zweifellos wesentlich dazu beigetragen, daß die Konkordate von den westlichen Alliierten zunächst einmal als „technisch bindend" angesehen wurden[54], wohl das Maximum dessen, was unter den gegebenen Umständen zu erreichen war. Von dieser Linie wichen die westlichen Kontrollratsmitglieder auch nicht ab, als am 29. März 1947 der sowjetische Vertreter die Nichtigerklärung des Reichskonkordats durchzusetzen suchte.
Alle Neuansätze auf verfassungspolitischem und staatskirchenrechtlichem Gebiet wurden darum in Kronberg mit größter Aufmerksamkeit verfolgt und gaben den Anstoß zu weitergreifenden Zukunftsüberlegungen. Eine Zwischenbilanz[55] P. Zeigers von Ende April 1948 macht indessen deutlich, daß die Rechtslage nach drei Jahren Besatzungsherrschaft keineswegs überschaubarer geworden war. Welche Gesetze im Augenblick in Deutschland gälten, so wurde dort festgestellt, „das weiß im einzelnen auch der beste Jurist nicht zu sagen". Am schwersten sei die Frage zu beantworten, „ob ehemalige Staatsverträge des Reiches oder der Länder ... noch rechtliche Geltung haben". Je nach der weltanschaulichen oder parteipolitischen Grundauffassung des einzelnen werde die Frage nach der Fort-

[50] Ansprache Pius' XII., 24. 12. 1946; vgl. Utz–Groner Nr. 3739.
[51] Ebd. Nr. 3734.
[52] Vgl. Anm. 41.
[53] Vgl. F. Spotts 49.
[54] Obwohl in den Schriftstücken der Vatikanmission den drei westlichen Besatzungsmächten gleicherweise zugeschrieben, galt die Formel von der „technischen Verbindlichkeit" strenggenommen nur für die amerikanische Besatzungszone. Die französische Militärregierung etwa hielt sich an die Konkordate „im Rahmen des Möglichen"; vgl. dazu ihre Erklärung vom 10. 5. 1948, Druck: Der Konkordatsprozeß, in Zusammenarbeit mit H. Müller hrsg. v. F. Giese und F.A. v. der Heydte (München 1957–1959) (zit. Der Konkordatsprozeß) 165. – Zum Ganzen vgl. F. Spotts 54.
[55] Vgl. Anm. 23.

geltung der Konkordate „bejaht, bezweifelt, abgelehnt“, wobei man zu jeder dieser Optionen „angesichts der juristischen Unklarheit im Grundansatz Gründe dafür und dagegen bringen“ könne. Das sei „um so verhängnisvoller, weil keine der vier Besatzungsmächte von Haus aus, d. h. aus den rechtlichen Verhältnissen Kirche–Staat des eigenen Heimatlands ein inneres Verständnis für die entsprechende deutsche Lage bzw. für die Konkordate mitbringt, eher das Gegenteil“. „Formalrechtlich am besten gesichert“ sei das Bayerische Konkordat von 1924, insofern es in der neuen Landesverfassung verankert sei. „In seiner Gültigkeit äußerst gefährdet“ erscheine dagegen das Preußenkonkordat von 1929, weil ein Kontrollratsbeschluß den Staat Preußen „in aller Form aufgelöst und als erloschen erklärt“ hatte. Zumindest faktisch lägen die Verhältnisse für das Konkordat von 1932 mit Baden ähnlich, da dessen Territorium nach der Zerschneidung durch die Zonengrenze zwei neuentstandenen innerdeutschen Staatsgebilden zugehöre. Hier wie dort war jedenfalls die Befürchtung am Platz, „daß eine wenig gut gesinnte Regierung irgend eines der Nachfolge-Länder, nicht ohne äußere starke Gründe jede Verbindlichkeit ablehnen“ könne.

Bis dahin hatte die Vatikanmission in der Konkordatsfrage keineswegs eine bloß abwartende Haltung eingenommen, so sehr die Fluktuation der bestimmenden politischen Faktoren von jedem Versuch einer umfassenden Gesamtregelung abriet. Statt dessen empfahl P. Zeiger, kirchlicherseits die bis 1945 gültigen Bestimmungen wie selbstverständlich einzuhalten und möglichst viele der Staat und Kirche berührenden Rechtshandlungen ohne viel Aufhebens in die von den Konkordaten vorgezeichneten Bahnen zu lenken. Was das Reichskonkordat von 1933 anging[56], so war der Rettungsplan von der Absicht geleitet, die Konkordatswirksamkeit nicht mit der Aufhebung jeder zentralen Reichsgewalt in der bedingungslosen Kapitulation abreißen zu lassen, vielmehr über die Zäsur des 8. Mai 1945 kontinuierlich hinwegzutragen. In dem Maß, wie sich dann wieder eine neue Staatlichkeit herausbildete, sollten, wo immer anwendbar, Konkordatsbestimmungen gleichsam selbstverständlich weiterpraktiziert werden, um auf diesem Weg durch die behutsame Reaktivierung von Einzelpartien schließlich die Lebenskraft des Ganzen zu erweisen. Seitens der westlichen Militärregierungen schuf die vage Formel von der „technischen Verbindlichkeit“ der Kirchenverträge einen Ansatzpunkt für diese faktensetzende Fortführung der Konkordatspraxis unter der Besatzungsherrschaft.

Für Pius XII. war eine Preisgabe der Konkordate undenkbar. Als Muench im Frühjahr 1947 erstmals zur Berichterstattung empfangen wurde[57], beeindruckte

[56] Bereits im August 1945, also noch vor Erhalt der entsprechenden päpstlichen Direktiven beim Informationsbesuch P. Zeigers im September, hatten die Bischöfe auf ihrer ersten gemeinsamen Nachkriegskonferenz den Beschluß gefaßt: „Die mit dem Hl. Stuhl abgeschlossenen Konkordate werden von den Bischöfen bei ihren Verhandlungen und Maßnahmen als verbindliche Rechtsgrundlagen betrachtet“ (Protokoll der Plenarkonferenz des deutschen Episkopats, Fulda, 21.–23. 8. 1945). Die von F. Spotts (183) vertretene Auffassung, die Bischöfe hätten in Fulda das Reichskonkordat nicht länger befürwortet, ist unhaltbar.

[57] Vgl. Tagebucheintragung Muenchs, 18. 2. 1947. Nachlaß Muench.

ihn der Papst durch seine Kampfentschlossenheit. Auf das Bedenken des Bischofs, daß der Begriff Konkordat für Amerikaner und Engländer belastet sei, erwiderte der Papst lediglich, auf solche Einwände dürfe er nichts geben, sondern müsse dagegen eine feste Haltung beziehen. Die vom Papst eingeschlagene Linie, „die Fortexistenz der Konkordate durch möglichst viele rechtserhebliche Tatsachen zu unterbauen“, bestimmte unverändert die vatikanische Deutschlandpolitik, wie P. Zeiger Mitte 1949 in einer Audienz bei Pius XII. authentisch erfahren konnte[58]. Den Worten des Papstes hatte er entnommen, „daß ihm sehr daran liegt, daß die Päpstliche Vertretung bei jeder nur möglichen Gelegenheit den Regierungsstellen gegenüber auf dem einfachen Weg der Tatsachen auftritt und handelt“. Gleichzeitig wurde Zeiger bei seinen Gesprächen im Vatikan wieder bewußt, wie sehr „die eigentümliche Neuheit“ der deutschen Nachkriegssituation „die Herren des Staatssekretariats vor ganz ungewohnte Entscheidungen stellt“. Der Papst und seine engsten Mitarbeiter waren diplomatisch zu erfahren, um in einer selbst vor Ort noch schwer zu würdigenden Ausnahmesituation der Vertretung in Kronberg Konkreteres als die zu erstrebenden Fernziele vorzuschreiben. Sie beschränkten sich auf knappe Direktiven und gewährten der Außenstelle damit einen relativ weiten Handlungsspielraum. So erschöpfte sich etwa die Antwort des Staatssekretariats auf den umfangreichen Bericht[59] P. Zeigers über die kirchenpolitische Lage vom April 1948 in der Feststellung, der Hl. Vater halte es für geboten, die genannten Konkordate mit allem Einsatz zu verteidigen. „Um so mehr, als man bei deren Hinfälligwerden ohne eine solide Rechtsgrundlage dastehen würde, die heute mehr denn je notwendig ist, um die Rechte der Kirche in Deutschland zu verteidigen.“[60]

Anlaß zu einem ersten Test für die Geneigtheit westdeutscher Länderregierungen, Konkordatsregelungen weiterzupraktizieren, bot in der zweiten Jahreshälfte 1947 die Neubesetzung der Bischofsstühle in Münster und Limburg. Gemäß den Bestimmungen des Reichskonkordats[61] wurden die Namen der künftigen Bischöfe noch vor Ausstellung der Bulle jeweils den zuständigen Regierungen von Nordrhein-Westfalen und Hessen mitgeteilt für den Fall, daß sie gegen die Erwählten „Bedenken allgemein politischer Natur“ vorzubringen hätten.

Hessen zögerte mit der Antwort, offenbar um Distanz anzudeuten. Problematischer war die Entgegennahme des Treueids nach Art. 16 RK, weil es den dort genannten Reichsstatthalter nicht mehr gab, weshalb auch die im Reichskonkordat enthaltene Eidesformel der Revision bedurfte. Durch das entschlossene Vorangehen von Ministerpräsident Arnold (CDU), der in Düsseldorf einem Koalitionskabinett mit Zentrum, SPD und KPD vorstand, wurde im November 1947

[58] Vgl. Bericht Zeigers über seine Romreise, 7.–21. 6. 1949. Nachlaß Muench. – Das undatierte Schriftstück wird von BARRY und SPOTTS zwei Jahre früher angesetzt, doch ergibt sich aus anderen Quellen zweifelsfrei das obengenannte Datum.

[59] Vgl. Anm. 23.

[60] Vgl. Tardini an Muench, 14. 6. 1948. Nachlaß Muench.

[61] Vgl. Art. 14, Abs. 2, Ziff. 2.

ein wichtiger Präzedenzfall gesetzt. P. Zeiger folgerte daraus ein Zweifaches: „Erstens, daß die Regierung implicite den Fortbestand des RK anerkennt, zweitens aber, daß sie sich selber als ‚Reichsstatthalter' erachtet, das heißt also ein Bekenntnis der Landesregierung zum Reich, und es scheint, daß dieser Grund auch die religiös ablehnenden Politiker dort bestimmte zur einstimmigen Annahme des Eides."[62]

Welche Motive dagegen in Wiesbaden den Ausschlag gaben, wo in einer Koalition mit der CDU die SPD tonangebend war, läßt sich nicht mit Sicherheit ausmachen. Vom Gedanken der Reichseinheit einmal abgesehen, dürfte den SPD-Ministern nicht entgangen sein, daß in der Eidesleistung der Bischöfe auch für die Regierungsseite durchaus nicht uninteressante Aspekte verborgen lagen. Jedenfalls griff die hessische Landesregierung Jahre später, nämlich im Verlauf des sogenannten Konkordatsprozesses in Karlsruhe (1955–1957), auf die Vereidigung der Limburger Bischöfe nach 1945 zurück, um ihre eigenen, dem Reichskonkordat widersprechenden Rechtsvorstellungen zu untermauern.

Die Handhabe dafür suchte sie in der Modifizierung der Eidesformel, zu der sich die kirchlichen Unterhändler im Hinblick auf den veränderten Staatsaufbau bereitgefunden hatten. Abweichend von dem im Reichskonkordat fixierten Text[63] wurde das Treueversprechen nicht mehr auf die „verfassungsmäßig gebildete Regierung", sondern auf die „Verfassung des Landes Hessen" abgelegt. Das war eine nicht unerhebliche Verlagerung des Bezugspunkts, von den Realitäten keineswegs geboten und trotz beigefügter Vorbehaltserklärung für unerwünschte Deduktionen wie geschaffen. Nun wurde vor dem Bundesverfassungsgericht die Unvereinbarkeit der Schulbestimmungen der hessischen Verfassung mit denen des Reichskonkordats von keiner Seite bestritten. Aus der Tatsache, daß die Limburger Bischöfe nach 1945 auf jene Verfassung den Treueid abgelegt hatten, glaubte ein Vertreter Hessens in Karlsruhe folgern zu dürfen[64], damit wäre auch kirchlicherseits hinsichtlich der strittigen Schulbestimmungen der Vorrang der Landesverfassung vor dem Konkordat zumindest implizit anerkannt.

Ob man die in der modifizierten Eidesformel steckenden Fußangeln in Kronberg und Limburg ins Kalkül einbezogen hatte, sei dahingestellt. Bemerkenswert ist jedenfalls, daß kein Geringerer als Pius XII. selbst, und zwar aus Formgründen, an dem Verfahren Anstoß nahm. Offenbar erst nach der Vereidigung von Dirichs' Nachfolger Kempf im Sommer 1949 aufmerksam geworden, verbat es sich

[62] Vgl. Zeiger an Leiber, 10. 11. 1947.

[63] Wortlaut des Art. 16: „Bevor die Bischöfe von ihrer Diözese Besitz ergreifen, leisten sie in die Hand des Reichsstatthalters in dem zuständigen Lande bzw. des Reichspräsidenten einen Treueid nach folgender Formel: ‚Vor Gott und auf die heiligen Evangelien schwöre und verspreche ich, so wie es einem Bischof geziemt, dem Deutschen Reich und dem Lande ... Treue. Ich schwöre und verspreche, die verfassungsmäßig gebildete Regierung zu achten und von meinem Klerus achten zu lassen. In der pflichtmäßigen Sorge um das Wohl und das Interesse des deutschen Staatswesens werde ich in Ausübung des mir übertragenen geistlichen Amtes jeden Schaden zu verhüten trachten, der es bedrohen könnte.'"

[64] Vgl. Der Konkordatsprozeß 1429f.

der Papst mit aller Entschiedenheit, daß am Text eines Konkordats einseitig und ohne Fühlungnahme mit dem vatikanischen Vertragspartner irgend etwas geändert werde[65].

Nachdem Kronberg an der vom Papst gerügten Eigenmächtigkeit nicht völlig unbeteiligt war[66], empfand Muench vor dem Auftrag, in Wiesbaden nachträglich zu protestieren, begreifliches Unbehagen. So fühlte er sich erleichtert, als sich Rom schließlich mit einer „Klarstellung" begnügte. Allerdings ließ der Papst in der gleichen Audienz durchblicken, daß er allzuviel Konzilianz auf Muenchs Posten für unangebracht halte. Aus dem Schatz seiner Nuntius-Erfahrungen gab er dem Visitator als Richtschnur mit auf den Weg, wer in Verhandlungen mit Deutschen etwas erreichen wolle, müsse den Mund auftun und energisch auftreten[67].

Unerwarteter Widerstand gegen die Weiterführung des Treueids erhob sich innerkirchlich von seiten des bayerischen Episkopats. Bereits in einer Besprechung nach der Beisetzung des Würzburger Bischofs Ehrenfried Anfang Juni 1948 legte Kardinal Faulhaber seine Amtsbrüder auf die Formel fest, daß die bayerischen Bischöfe nach dem bayerischen Konkordat ernannt werden, das keinen Bischofseid kennt. In der NS-Zeit, so hieß es da, „wurde für die Bischöfe von Passau und Eichstätt zwar der Modus des Reichskonkordats übernommen (Vereidigung vor dem Reichsstatthalter General Epp). Dieser Modus ist aber, wie andere Gesetze und Gebräuche der Nazizeit, abzulehnen"[68]. Freilich mußte der Vorsitzende der bayerischen Bischofskonferenz wenig später auf die vatikanische Linie einlenken, doch war der antizentralistische Unterton sowie die zumindest partielle Abkehr vom Reichskonkordat in seiner Stellungnahme nicht zu überhören und signalisierte Tendenzen, die in der deutschen Kirchenpolitik bald noch ausgeprägter hervortreten sollten.

Sie regten sich, als die Ausarbeitung eines Grundgesetzes für die neuzuschaffende Bundesrepublik auch den Episkopat unvermittelt vor eine nicht alltägliche Aufgabe stellte. Zwar hatte Zeiger bereits im Spätsommer 1947 einige Bischöfe auf diese Probleme hin angesprochen[69], inmitten der Augenblicksnöte und der allgemeinen politischen Apathie jedoch wenig Resonanz gefunden. So benutzte Bischof Muench sein Grußwort an die im August 1948 in Fulda tagende Plenarkonferenz zu einem Appell, den Verfassungsberatungen in Bonn das gebotene Gewicht beizumessen und den Rückstand an konstruktiver Vorausplanung aufzuholen. Im Hinblick darauf, „daß eine Art Reichsregierung mit gemeinsamer Grundverfassung geschaffen" werde, halte er es für notwendig, „daß in dieser Verfas-

[65] Vgl. Tagebucheintragung, 25. 10. 1949. Nachlaß Muench.

[66] In die Verhandlungen zu der am 23. 7. 1949 erfolgenden Vereidigung war Kronberg bis zuletzt eingeschaltet. In einer privaten Notiz vom Vortag wendet sich Zeiger scharf gegen die hierbei zutage tretende Verantwortungsscheu der eigentlich zuständigen Missionsmitglieder: „Sie lassen mich in der Entscheidung hängen und schimpfen dann über meine Entscheidung."

[67] Vgl. Anm. 65.

[68] Vgl. Aufzeichnung Faulhabers, 9. 6. 1948. Nachlaß Faulhaber.

[69] Vgl. Zeiger an Leiber, 5. 2. 1949.

sung möglichst viel von jenen Grundrechten eingebaut wird, die sonst das Gerüst eines Konkordats bilden". Erfreulicherweise sei „die innerpolitische Situation dazu noch ziemlich günstig". Da ihm „persönliche diplomatische Beziehungen zu den deutschen Regierungsstellen noch nicht" offenstünden, halte er es für zweckmäßig, daß die Bischöfe „durch geeignete Mitarbeiter aus dem Priester- und Laienstand in den einzelnen Ländern einen geschickten Einfluß auf die Verfassungsgestaltung vorzubereiten" suchten[70].

Es konnte daher nicht wundernehmen, daß auch die der Kirche verbundenen Parteien keinerlei festumrissene Vorstellungen besaßen, wie etwa das Staat-Kirche-Verhältnis in der Bundesverfassung zu berücksichtigen sei, ob, und wenn ja, welche kulturpolitischen Postulate zu verfolgen wären. So beklagte der Bericht[71] nach Rom neben der einseitig föderalistischen Ausrichtung der süddeutschen Politiker, daß „die norddeutsche CDU kaum Interesse zeigte, leider auch nicht die norddeutschen kirchlichen Stellen, trotz Mahnung und Warnung". Aus diesem Grund „sahen sich die meisten deutschen Politiker, auch die kirchlichen Stellen, von den Ereignissen unvorbereitet überfallen".

Angesichts der knappen Mehrheit des Blocks der weltanschaulichen Linken waren die Chancen, im Parlamentarischen Rat christliche Vorstellungen zur Geltung zu bringen, von vornherein beschränkt. Damit nicht genug, wurden Schlagkraft und Geschlossenheit des christlichen Lagers durch ein doppeltes Spannungsmoment beeinträchtigt, das eine struktureller, das andere verfassungspolitischer Natur.

Die in eindrucksvollen Wahlerfolgen sichtbar werdende Resonanz des Unionsgedankens hatte man in Kronberg mit verhaltener Genugtuung verbucht, darüber allerdings niemals vergessen, daß eine christlich orientierte, jedoch überkonfessionell angelegte Sammelpartei anderen Strukturgesetzen gehorchte als das weltanschaulich homogene Zentrum vor 1933. Der unaufhebbare innere Dualismus, den ein von Katholiken und Protestanten getragenes Parteigebilde ständig auszuhalten und auszugleichen hatte, machte sich bei der Vertretung spezifisch katholischer Zielvorstellungen durch die Gesamtpartei besonders bemerkbar. Ihnen fühlten sich evangelische Unionsparlamentarier naturgemäß weniger oder gar nicht verpflichtet als ihre katholischen Parteifreunde. So konnte es nicht ausbleiben, daß in der Gesetzgebungsarbeit katholische Desiderate dem einheitlichen Votum untergeordnet, d. h. abgeschwächt wurden, was wiederum bedeutete, daß für ausgesprochene Catholica Unionsfraktionen keineswegs in ihrer vollen numerischen Stärke in Ansatz gebracht werden konnten. Dieser neuartigen Problematik hatte man sich in Kronberg von Anfang an gestellt[72], sie wurde im Ringen um die Fortgeltung des Reichskonkordats besonders akut.

[70] Vgl. Begrüßungsansprache Muenchs, Fulda, 24. 8. 1948. Nachlaß Muench.

[71] Vgl. Bericht Zeigers. Das Grundgesetz von Bonn, Mai 1949. Nachlaß Muench. – Die Leitlinie dieses Berichts übernahm Zeiger in einen wenig später publizierten Zeitschriftenaufsatz: I. Zeiger, Das Bonner Verfassungswerk, in dieser Zschr. 145 (1949/50) 161–171.

[72] Dazu hatte Zeiger schon relativ früh festgestellt (Zeiger an Leiber, 29./30. 11. 1946): „Die Herren

Das zweite Spannungselement im Vorfeld der Verfassungsberatungen, der Föderalismusstreit innerhalb von CDU/CSU, wirkte dagegen auf die kulturpolitische Gesetzgebung insgesamt zurück. Wie schon nach dem Ersten Weltkrieg lehnte Bayern, um kulturpolitisch ganz auf eigenen Füßen zu stehen, jedwede Bundeskompetenz in diesen Fragen ab. Es wollte darum auch von dem Vorschlag, den Gesamtstaat auf eine nicht zu unterschreitende Minimalnorm in bestimmten kulturpolitischen Bereichen festzulegen, zunächst nichts wissen. Ein Verzicht auf die Markierung selbst des schulpolitisch Unabdingbaren im Grundgesetz hätte zwar die Kulturautonomie der Länder eindrucksvoll herausgestellt und CDU-regierte Länder vor jedem Einmischungsversuch des Bundes geschützt, zugleich aber katholische Minderheiten in Diasporadiözesen in schwere Bedrängnis gebracht. Infolgedessen wurde Prälat Böhler, der kirchenpolitische Beauftragte von Kardinal Frings und Verbindungsmann des Episkopats zum Parlamentarischen Rat, eigens nach München geschickt, um in Verhandlungen mit Kardinal Faulhaber, Prälat Zinkl, Kultusminister Hundhammer und Ministerpräsident Ehard die bayerischen Vorbehalte aufzulockern[73].

Nachdem der Kölner Kardinal am 20. November 1948 die katholischen Postulate in einem Schreiben[74] an den Parlamentarischen Rat zusammengefaßt hatte, trafen sich am 23. November auf Einladung von Bischof Muench eine Reihe kirchlicher Sachkenner aus verschiedenen Diözesen der Westzonen, um in Kronberg über die Formulierung von Entwurfanträgen und die einzuschlagende Taktik zu beraten[75]. Muench betonte dabei, daß es ihm fernliege, sich in die Bonner Vorgänge einzumischen, es dagegen als seine Aufgabe ansehe, die Vertreter der kirchlichen Belange nach besten Kräften zu unterstützen[76]. Gegen landläufige und auch in der Kirche umgehende Vorstellungen vom Provisoriumscharakter des Verfassungs-

der gemischten CDU sind weltanschaulich nicht so klar, eindeutig und fest wie das alte Zentrum; es gibt dort viele liberale Protestanten und ‚supranaturale liturgische' Katholiken – sapienti sat." – Ausführlicher ging der Bericht vom April 1948 (vgl. Anm. 23) auf das Problem und die damit zusammenhängenden Fragen ein: „Da es in Deutschland keine rein katholische Partei mehr gibt (außer dem zahlenmäßig noch unbedeutenden Zentrum in Norddeutschland), ist mit einer vollwertigen Unterstützung von seiten der Parteien nicht mehr im gleichen Maß zu rechnen wie früher. Die Zusammenarbeit von Katholiken und Protestanten in einer Christlichen Partei ist zwar recht gut, aber für rein katholische Belange doch weniger günstig; wenn z. B. zufällig die bedeutendsten Parteiführer eines Landes Nichtkatholiken sind, so kann man im einzelnen nicht von ihnen die gleiche Aufgeschlossenheit erwarten wie von einem geschulten katholischen Führer. Die innere Zusammensetzung und damit latente Spannung der Partei erzeugt ganz allgemein eine größere Kompromiß-Bereitschaft, schon a priori. Aus diesem Grund scheuen sich auch nicht wenige katholische Parteiführer, enge Verbindung mit Episkopat und Klerus zu halten. Der Weg zu einer verhältnismäßig leichten und wirksamen Einflußnahme auf die Partei ist praktisch fast verbaut, neue Wege indirekter und daher mühsamer Einwirkung müssen erst gesucht werden."

[73] Vgl. Muench an Tardini, 27. 11. 1948.

[74] Vgl. Frings an den Parlamentarischen Rat, 20. 11. 1948. Druck: W. SÖRGEL, Konsensus und Interessen. Eine Studie zur Entstehung des Grundgesetzes für die Bundesrepublik Deutschland (Stuttgart 1969) 317f.

[75] Neben Muench, Zeiger und Böhler gehörten zum Kreis der Teilnehmer Bischof Wendel (Speyer), die Domkapitulare Zinkl (München), Hirt (Freiburg), Hagen (Rottenburg), Pohlschneider (Münster), Offenstein (Hildesheim) und Lamay (Limburg).

[76] Vgl. Anm. 73.

werks gewandt, unterstrich Prälat Böhler dessen Zukunftsbedeutung, die um so größer sei, je mehr sich die Kluft zwischen den Machtblöcken in Ost und West vertiefe. Das mache es nötig, sich in dieser Auseinandersetzung um das künftige Geschick der Kirche in Deutschland nachdrücklich zu engagieren. Dem Reichskonkordat wurde von den Teilnehmern einmütig hohes Lob gezollt. Wie in der NS-Zeit so bilde es für die Kirche auch jetzt ein sicheres Bollwerk, vor allem in Diasporagegenden.

Aus dem Gesamtkomplex kirchlicher Einwirkungsversuche auf den Inhalt des Grundgesetzes soll hier nur die Konkordatsfrage genauer verfolgt werden, da für sie auf kirchlicher Seite die Vatikanmission im strengen Sinn zuständig war. Auf dem Hintergrund der vorausgegangenen Anstrengungen zur Sicherung vatikanischer Vertragsrechte wurde eines klar: Am Konzept einer allmählichen und pragmatisch verfahrenden Reaktivierung des Reichskonkordats konnte nicht länger festgehalten werden. Indem der Kirchenvertrag zum Gegenstand verfassungspolitischer Grundsatzerwägungen gemacht wurde, trat eben das ein, was die Vatikanmission auf dem schwankenden Boden der Übergangszeit hatte vermeiden wollen, daß nämlich die Weitergeltung als solche in die öffentliche Diskussion geriet. Diese Wendung war eine notwendige Begleiterscheinung des Verfassungsprojekts, sie lag in der Natur der Sache und wäre auch durch eine weitsichtigere Planung von seiten des Episkopats nicht zu verhindern gewesen. Ebenso unausweichlich mußte eine solche Auseinandersetzung aber auch alle die Affekte und Ressentiments aufrühren, die bei führenden Liberalen und Sozialisten mit dem Reizwort Konkordat assoziativ verbunden waren.

Zwei Umstände jedoch brachten in die Konkordatsdebatte eine unerwartete Schärfe. Einmal das verspätete Einbringen der kirchlichen Desiderate. Bis diese Ende November zusammengestellt und vorlagereif formuliert waren, hatte der Parlamentarische Rat schon drei Monate Arbeit hinter sich. Zum zweiten löste sich die CDU, indem sie die bischöflichen Forderungen aufnahm, aus dem bis dahin bestehenden Konsens mit der SPD und LDP hinsichtlich der materiellen Ausgestaltung des Grundgesetzes. Demzufolge sollten im Grundgesetz allein individuelle, nicht aber korporative Grundrechte Platz finden. Dieses Argument war nach Beginn der Bonner Beratungen dem Drängen der Gewerkschaften entgegengehalten worden, in das Grundgesetz auch gewisse Prinzipien der Sozialordnung einzubauen. Nun zielten ihrer verfassungspolitischen Dimension nach die Anträge der katholischen Kirche in die gleiche Richtung[77]. Das Abrücken der CDU von dieser gemeinsamen Grundauffassung machte Zeiger für die „gereizte

[77] Auf diesem Sachhintergrund ist wohl die pointierte Dartstellung zu sehen, die ZEIGER (vgl. Anm. 71) von diesen Vorgängen gibt: „Zu Beginn der Bonner Arbeit hatten SPD und CDU, nicht ohne interessierte Schützenhilfe der LDP, ein Abkommen unter sich getroffen, ... daß die CDU/CSU die weltanschaulichen, kirchlichen Punkte, die SPD die sozialen-wirtschaftlichen Ansprüche nicht in das Grundgesetz einzusetzen gedenken. Dieser Verzicht der CDU war verhängnisvoll; er mußte später, unter dem Druck des Episkopats, gebrochen werden ...“ Ähnlich auch I. ZEIGER, Verfassungswerk S. 166. Zur Behandlung der Gewerkschaftsanträge in den Grundgesetzberatungen vgl. W. SÖRGEL 201–213.

Kampfstimmung" bei der SPD/LDP verantwortlich, „die den radikalen Elementen dieser Parteien Oberwasser gab".
Infolge der verspäteten Entschlußbildung war das Kirchenvolk nicht auf die Auseinandersetzung eingestimmt, noch die Vertreter einer christlichen Linie im Parlamentarischen Rat sachlich gerüstet, „am wenigsten bezüglich der Konkordate"[78]. Schlichte Terminnot verwehrte es dem Episkopat, die kirchlichen Anliegen den dafür offenen Fraktionen anzuvertrauen, zwang ihn statt dessen selbst in die vorderste Linie und machte ihn zum direkten Gegenüber des Verfassungsgebers[79]. Den CDU-Antrag auf Festschreibung der am 8. Mai 1945 geltenden Kirchenverträge schränkte die Mehrheit auf die Länderkonkordate ein, gegen jede Berücksichtigung des Reichskonkordats erhob die kulturpolitische Linke mit Vehemenz Einspruch. Er wurde in der ersten Lesung mehr von liberaler, im zweiten Durchgang mehr von SPD-Seite vorgebracht. Während der Abgeordnete Heuß (LDP) mit formalrechtlichen Gründen argumentierte, überwogen in den Ausführungen seines Parteifreunds Höpker-Aschoff demagogische Töne. Für ihn war das Reichskonkordat dadurch erledigt, daß es der Papst mit einer „Verbrecherbande" abgeschlossen hatte, dasselbe Argument, dessen sich die Sowjets bei ihrem Vorstoß im Kontrollrat bedient hatten, ein Argument schließlich, das keineswegs auf konsequent alle Verträge mit dem NS-Regime angewandelt wurde. Sachbezogener klang demgegenüber der Einwand von Heuß, daß mit der Aufnahme von Kirchenverträgen in das Grundgesetz diese eine Rangsteigerung erfahren würden, da die Verfassung nur mit Zweidrittelmehrheit geändert werden könne, wogegen Konkordate überall nur Gesetzcharakter hätten, da für sie die einfache Mehrheit genüge. Die Berufung der Konkordatsverteidiger auf die Verankerung des bayerischen Konkordats in der Landesverfassung „erzeugte einen Sturm der Ablehnung, schon aus dem Widerstreit gegen die sogenannte klerikale Linie Bayerns". P. Zeiger hielt den Antrag, die Konkordate in das Verfassungscorpus und nicht nur in eine Übergangsbestimmung aufzunehmen, für einen Fehler, weil man damit „zuviel wollte"[80].
Als Nachwirkungen des Frontalzusammenstoßes in der Konkordatsfrage registrierte er: „Schwerste Verstimmung im nichtkatholischen Lager, auch bei denen, die an sich nichts gegen eine Fortdauer des jetzigen Rechtszustands gehabt hätten. Vor allem jedoch ein Zusammenbruch der CDU-Front selber: die meisten

[78] Vgl. Anm. 71.
[79] Zum Jahreswechsel zog Zeiger (an Leiber, 1. 1. 1949) Zwischenbilanz: „Die Ergebnisse des Parlamentarischen Rates in Bonn sind recht wackelig. Jetzt rächt sich in concreto die rein religiöse Linie – keine Sachkenner, weder bei Laien noch in weiten Kreisen des Klerus; schlimmer vielleicht noch: Interesselosigkeit gegenüber solchen Fragen; während die alten Gegner wohl wissen, was sie wollen. Ich hätte nicht gedacht, daß die Kirche eines bestimmten Landes so rasch, durch eigene Nachlässigkeit und durch gegnerische Griffe, in eine fast volle Hilflosigkeit hineinmanövriert werden kann: keine Presse, keine Rundfunk-Kraft, kein klares politisches Sprachrohr, kein inneres Interesse! Dazu kommt: Frings hat seinen Beitritt zur CDU öffentlich erklärt, als Reichskonkordatsbruch? so sagen die Gegner (d. h. auch die katholischen Gegner wie Zentrum)."
[80] Vgl. Anm. 69.

protestantischen Deputierten erklärten, für die Konkordate unter diesen Umständen nicht kämpfen zu können – wegen ihrer Wähler!"
In der Agitation gegen das Konkordat wurden als „sehr belastend" ausgenützt „einige allzu selige Fanfarensätze von Erzbischof Gröber aus dem Jahr 1933 und die ‚Reichskonkordats-Verletzung' durch Eminenz Frings in seinem offiziellen Beitritt zur CDU (den übrigens nur wenige verstehen und billigen können)"[81]. Unter Bezugnahme auf diesen Vorgang hatte der hessische Justizminister Zinn (SPD) der Kirche mangelnde Konkordatstreue vorgeworfen, als er am 20. Januar 1949 bei der zweiten Lesung des Grundgesetzentwurfs im Hauptausschuß Zustandekommen, Inhalt und Praxis des Reichskonkordats einer ätzenden Kritik unterzog.
Angesichts der bedenklichen Entwicklung und auf Bitten Böhlers hin hatte inzwischen das päpstliche Staatssekretariat zu den Angriffen auf das Reichskonkordat Stellung bezogen. Laut P. Zeiger reagierte der Papst „in der bekannt sauren Form durch ein langes Telegramm, das wir in geeigneter Form wissen lassen konnten"[82]. In fünf Punkten gegliedert[83], war es von der Vatikanmission an Kardinal Frings weitergeleitet worden. Für Pius XII. hatte die Kontroverse im Schloß des Parlamentarischen Rats eine ganz persönliche Note, insofern ihm in der Gestalt Höpker-Aschoffs, zwei Jahrzehnte zuvor preußischer Finanzminister, ein enragierter Konkordatskritiker wiederbegegnete, der ihm von den Verhandlungen zum Preußenkonkordat als „einer der hartnäckigsten Gegner und in besonderer Weise als ein Bekämpfer der dort geplanten Schulartikel" in Erinnerung geblieben war. Dessen nachträglicher Disqualifizierung des Kabinetts Hitler/Papen hielt er entgegen, daß das Konkordat mit einer Regierung abgeschlossen wurde, „deren legaler Charakter formell nicht bestritten werden konnte". Versuche, diesem Vertrag die Anerkennung zu verweigern, nannte der Papst „eine offenbare Ungerechtigkeit gegen die Katholiken Deutschlands und eine schwere Beleidigung des Hl. Stuhles" und das um so mehr, als dieser „bis in die allerjüngste Zeit genügend Beweise seines fortdauernden ernsten Einsatzes und seines Wohlwollens zugunsten des deutschen Volkes gegeben" habe. Seinerseits habe der Vatikan das Konkordat in all den Jahren „genau beobachtet", auch dort, wo seine Bestimmungen „für die Kirche lästig waren". Auf Grund dieser Sachlage sei die Päpstliche Vertretung in Deutschland „ausdrücklich ermächtigt, in klarer Form wissen zu lassen, daß der Hl. Stuhl" im Falle einer Ablehnung des Reichskonkordats „in aller Öffentlichkeit protestieren müsse gegen eine derartige Verletzung der Vertragspflicht".
Doch auch die Intervention des Papstes vermochte die starre Abwehrfront gegen das Reichskonkordat nicht aufzubrechen und noch weniger die Kräfteverhältnisse

[81] Vgl. Verhandlungen des Hauptausschusses Bonn 1948/49 (Bonn 1949) 600: „Kein Mitglied des Klerus darf einer politischen Partei angehören. Wenn Herr Kardinal Frings der CDU beigetreten ist und auf der anderen Seite betonen sollte, daß das Reichskonkordat noch in Kraft sei, so würde er bereits durch seinen Eintritt in die CDU gegen diese Verpflichtung verstoßen haben."
[82] Vgl. Zeiger an Muench, 24. 1. 1949. Nachlaß Muench.
[83] Vgl. Rossi an Frings, 13. 1. 1949. Nachlaß Faulhaber.

im Parlamentarischen Rat zu verschieben. Bei einer Besprechung in Koblenz zog Süsterhenn am 23. Januar 1949, also nach der zweiten Lesung, folgendes Fazit: „Er und Adenauer halten die Fortsetzung des Kampfs um die explicite Anerkennung der Konkordate in der Verfassung für aussichtslos", weil innerhalb der CDU auf die Protestanten in diesem Punkt kein voller Verlaß sei[84]. Deshalb empfehle Adenauer, die Konkordate nicht in die Verfassung selbst, sondern in die Übergangsbestimmungen einzubauen, sie aber dort nicht namentlich zu erwähnen, sondern sie unter den weitergeltenden Rechtsverhältnissen zu führen.

Wenig später wurde Kronberg durch die in Bischofskreisen umgehende Absicht aufgeschreckt, zum Kampf und zur Ablehnung der Verfassung aufzurufen, „wenn nicht alle Forderungen klar erfüllt werden". Dabei schien es, daß hinter der treibenden Kraft im Episkopat, Bischof Keller von Münster, das Zentrum mit Brockmann stehe, das Kellers „Kampffahne aufnehmen und sich als einzigen Verteidiger[85] der kirchlichen Rechte hinstellen wolle, um damit das Rennen in den nächsten Wahlen gegen die CDU zu gewinnen". Mit einer Zurückweisung der Verfassung, so hieß es von CDU-Seite, würden sich die Bischöfe außerdem zur Avantguardia des bayerischen Föderalismus machen, der den Bonner Entwurf, weil zu zentralistisch, zu Fall bringen wolle[86].

Zur Festlegung des weiteren Vorgehens wurden von Frings die Bischöfe Anfang Februar 1949 in Pützchen bei Bonn zu einer Sonderkonferenz zusammengerufen. Anstatt des befürchteten Hirtenbriefs mit einer ultimativen Verwerfung des Grundgesetzentwurfs erließen die Bischöfe nur eine Verlautbarung[87]. Darin wurde nochmals mit Ernst und Nachdruck unterstrichen, daß der katholische Volksteil eine Übergehung von Elternrecht und Reichskonkordat nicht hinnehmen könne. Damit war die Tür für weitere Verhandlungen nicht zugeschlagen. In Kronberg registrierte Zeiger den Kompromiß mit Erleichterung: „Ergebnis von Pützchen ist äußerlich gesehen anscheinend gering. Für sogenannte Kampfnaturen zu gering. Die Verlautbarung läßt alles offen und behält Wege in die Zukunft frei. Aber real gesehen war dies der einzig beste Weg. Ein Ergebnis ist sehr groß: volle Einheit im Episkopat in dieser Sache für alle kommenden Vorgänge und Kämpfe. Die Herren kamen nach Pützchen mit sehr ernsten Meinungsverschiedenheiten, die befürchten ließen. Nun ist einheitliche Haltung gesichert."[88]

Daß die Bischöfe ihren Einspruch auf zwei Punkte beschränkten, war kein Zufall. Elternrecht und Reichskonkordat bildeten nicht nur den Kern der kirchli-

[84] Vgl. Anm. 69.

[85] Die Konkurrenzsituation zwischen Zentrum und CDU hatte eine Parallele in der Parteienkonstellation der zwanziger Jahre. Gegenüber der Union bediente sich das neue Zentrum derselben Taktik wie in der Debatte um das Reichsschulgesetz der Katholikenausschuß der Deutschnationalen Volkspartei gegenüber dem alten Zentrum. In beiden Fällen ging es darum, dem mächtigeren Rivalen dadurch den Rang abzulaufen, daß man sich vor der Wählerschaft als der entschiedenere Verfechter des kirchlichen Standpunkts profilierte; vgl. dazu G. GRÜNTHAL, Reichsschulgesetz und Zentrumspartei in der Weimarer Republik (Düsseldorf 1968) 190–192.

[86] Vgl. Anm. 69.

[87] Druck: Herder-Korrespondenz 3 (1948/49) 245f.

[88] Aufzeichnung Zeigers über ein Telefonat mit Böhler, 13. 2. 1949. Nachlaß Muench.

chen Forderungen, sie standen auch innerlich und materiell in engem Zusammenhang. War doch der Art. 23 des Reichskonkordats nichts anderes als der in Vertragsrecht umgesetzte Anspruch katholischer Eltern, den ihnen zusagenden Schultyp für die Erziehung ihrer Kinder frei zu bestimmen. Aus kirchlicher Sicht waren die Schulartikel das Herzstück des Reichskonkordats. Um sie drehte sich im Grund der ganze Konkordatskonflikt, auch wenn noch so viele andere Argumente ins Treffen geführt wurden. Primär ihretwegen wurde das Konkordat von der einen Seite so hartnäckig verteidigt und von der anderen so heftig befehdet. Elternrecht und Reichskonkordat waren verschiedene Wege zum gleichen Ziel. Auf einen Weg hätten die Antragsteller verzichten können, wäre ihnen der andere offen geblieben. Daß ihnen beide verschlossen werden sollten, weckte Erbitterung.

Von den nicht unerheblichen Teilerfolgen, die Böhler über Süsterhenn bis zur Annahme des Grundgesetzes am 9. Mai 1949 noch erzielen konnte, profitierten die Kernanliegen nur in geringem Ausmaß. Während alle Vorstöße zugunsten des Elternrechts an der geschlossenen Abwehrfront der Gegner scheiterten, gelang es, für das Reichskonkordat immerhin eine Kompromißlösung durchzusetzen. Noch kurz vor Torschluß hatten die Kirchenvertreter Anfang Mai als letzte Trumpfkarte eine Stellungnahme des Papstes ausgespielt, die in einem Kollektivschreiben Pius' XII. an die deutschen Bischöfe vom 20. Februar 1949 enthalten war[89]. Auf die Opposition gegen Elternrecht und Konkordat im Parlamentarischen Rat anspielend, hatte der Papst, „dem deutschen Volk auch in seinem gegenwärtigen Unglück und seiner Erniedrigung mit stets gleicher Liebe zugetan", seinen Schmerz darüber bekundet, „daß gewisse Kreise dieses Volkes der Neuordnung ihres Staatswesens einen kulturellen Unterbau geben, der sie ungewollt und unbewußt zu Nachahmern eines zusammengebrochenen Staatssystems machte, eines Staatssystems, das neben vielen anderen unrühmlichen Kennzeichen auch das der planmäßigen Mißachtung naturgegebener religiöser Rechte und offenkundiger Vertragsuntreue an seiner Stirne trug". Zur Wirkung dieses Papstwortes bemerkte Böhler, daß es „stärksten Eindruck gemacht" habe und daß es „die uns nahestehenden Abgeordneten als eine wahrnehmbare Unterstützung in ihrem Kampfe empfunden" hätten[90].

Was das Endergebnis hinsichtlich des Reichskonkordats anlangt, so war dieses zwar nicht ausdrücklich in dem einschlägigen Vertragsartikel (Art. 123 GG) erwähnt[91]. Doch galt es als ausgemacht, daß es unter den dort gebrauchten Oberbegriff der „vom Deutschen Reich abgeschlossenen Staatsverträge" falle. Gefahr

[89] Druck dieses Abschnitts: WÜSTENBERG–ZABKAR 160f.

[90] Bericht Böhlers zur Frage „Bonner Grundgesetz", 9. 5. 1949. Nachlaß Faulhaber.

[91] Wortlaut des Art. 123, Abs. 2, GG: „Die vom Deutschen Reich abgeschlossenen Staatsverträge, die sich auf Gegenstände beziehen, für die nach diesem Grundgesetze die Landesgesetzgebung zuständig ist, bleiben, wenn sie nach allgemeinen Rechtsgrundsätzen gültig sind und fortgelten, unter Vorbehalt aller Rechte und Einwendungen der Beteiligten in Kraft, bis neue Staatsverträge durch die nach diesem Grundgesetze zuständigen Stellen abgeschlossen werden oder ihre Beendigung aufgrund der in ihnen enthaltenen Bestimmungen anderweitig erfolgt."

drohe nicht von dort, sondern aus der Wolke von verklausulierten Vorbehalten, in welche die Weitergeltung der Vertragspflichten eingehüllt war. Hier waren bewußt und in Fülle Fragezeichen angebracht worden, um zu gegebener Zeit die Verbindlichkeit mißliebiger Konkordatsbestimmungen zu bestreiten. Mit Bedauern zog Zeiger das Fazit: „Eine ganz saubere klare Sicherung ist also in formaler Eindeutigkeit leider nicht erreicht worden." Die Schuld für das nur teilweise befriedigende Ergebnis suchte er nicht nur in der für christliche Leitvorstellungen ungünstigen Mandatsverteilung im Parlamentarischen Rat. Gewiß sei richtig, „daß das Reichskonkordat einigen Schichten der politischen Führer äußerst unangenehm" sei, ebenso, „daß manche Partei wegen ihrer allgemeinen Doktrin und Zielsetzung den Konkordaten ganz allgemein feindlich gegenüberstehe". Dennoch hätte „der Kampf gegen das Reichskonkordat niemals solche Formen angenommen", wäre „von seiten der kirchlichen und christlichen politischen Führung eine geschicktere Taktik angewandt worden". Immerhin dürfe man doch nicht übersehen, „daß in den Westzonen alle Regierungen, auch jene mit nichtchristlicher Mehrheit, tatsächlich sich an die Bestimmungen der Konkordate halten und tatsächlich die Verpflichtungen erfüllen". Die Auseinandersetzung um das Reichskonkordat sei also „ein Gemenge von durchaus nicht einheitlichen Richtungen" gewesen[92].

Bei aller Würdigung des unter schwierigen Umständen Erreichten gab man sich in der Vatikanmission keinen Illusionen darüber hin, daß der Geltungsanspruch des Reichskonkordats aus der Grundgesetzdebatte nicht unbeschädigt hervorging. Aus diesem Grund bereitete Zeiger das Staatssekretariat auf folgende Zukunftsentwicklung vor: „Die formalrechtlich gefährdete Stellung des Reichskonkordats legt es ... nahe, daß eines Tages mit einem Großangriff, sei es frontal, sei es durch Flankenaufrollung, gerechnet werden muß. So wird eines Tages sich klar die Frage stellen, ob der Bund als Bund, unter Anerkennung des internationalen Vertragscharakters des Reichskonkordats gewillt ist, Kirchenregelungen zu einem Gesamtabkommen zu treffen, sei es als einfache ausdrückliche Übernahme oder Anpassung oder Neuabschluß."[93]

Daß der CDU-Beitritt von Kardinal Frings für die Antikonkordatskampagne ausgebeutet und bis in die Reihen des Zentrums hinein kritisiert wurde, blieb auch Rom nicht verborgen. Konkordatsrechtlich lagen die Verhältnisse jedoch keineswegs so eindeutig, wie sie, unhistorisch abstrakt gesehen, erscheinen mochten. Gab es doch begründete Zweifel, ob der einschlägige Art. 32 des Reichskonkordats überhaupt Rechtskraft erlangt habe, da eine Vorbedingung nicht erfüllt war. Entgegen ihrer Zusage im Schlußprotokoll hatte es nämlich die Reichsregierung unterlassen, das Verbot parteipolitischer Betätigung auch auf die nichtkatholische Geistlichkeit auszudehnen.

Um den Vorwurf mangelnder Vertragstreue zu entkräften, wie er in der Öffentlichkeit und im Parlamentarischen Rat laut wurde, legte Pius XII. größten Wert

[92] Vgl. Anm. 71.
[93] Ebd.

auf strikte Einhaltung von Art. 32. Er gab deshalb der Vatikanmission noch im Januar 1949 zu verstehen, daß die kaum drei Monate alte Parteibindung des Kölner Kardinals mit dem Konkordat nicht vereinbar und darum rückgängig zu machen sei[94]. In Kronberg fürchtete man nun nicht ohne Grund, daß ein derartiges Abrücken des Episkopatsvorsitzenden von der CDU auf dem Höhepunkt der Bonner Grundgesetzdebatte katastrophale Folgen haben könne. Infolgedessen wurde die päpstliche Order zunächst zurückgehalten, aber auch nachdem sie im April nach Köln weitergeleitet und der Parteiaustritt in aller Stille vollzogen war, bereitete die Frage der Bekanntgabe dieses Schritts weiterhin Kopfzerbrechen. Adenauer war gegen jede Unterrichtung der Öffentlichkeit, Frings hielt sich dazu für verpflichtet. Strittig blieb die Wahl des richtigen Zeitpunkts, ob vor oder nach der Annahme des Grundgesetzes, ob vor oder nach der Bundestagswahl. Nach längerem Hin und Her erschien die Nachricht Anfang Juni 1949 im „Kirchlichen Anzeiger für die Erzdiözese Köln". Die Fehldeutungen folgten auf dem Fuß. Der Kardinal habe Dr. Adenauer seine Mißbilligung über die CDU-Politik ausgesprochen und werde sich deshalb dem Zentrum anschließen. Demgegenüber erklärte das Ordinariat, der Schritt des Kardinals habe mit den politischen Vorgängen und dem Bonner Grundgesetz nichts zu tun.
Inzwischen war Kardinal Faulhaber, mit dem sich der Kölner Amtsbruder gern abgestimmt hätte, von einer mehrwöchigen Romreise zurück. So konnte ihn Prälat Böhler Anfang Juni 1949 nur noch im nachhinein informieren[95]. Die Reaktion des Münchener Kardinals fiel höchst überraschend aus und war nicht frei von dramatischen Akzenten. Jeder Urgierung des Entpolitisierungsartikels widersetzte sich Faulhaber für den Bereich der bayerischen Diözesen mit aller Entschiedenheit. Für ihn stand schon nach der Unterredung mit Böhler fest: „Um eine Erschütterung der gesamten christlichen Politik zur Zeit zu verhüten", werde „von einer sofortigen, befehlsmäßigen Einhaltung des Art. 32 Abstand genommen". Von der Vorgeschichte des Kölner Entscheids wollte er sich deswegen nicht beeindrucken lassen, weil ihn selbst der Papst in drei Audienzen auf dieses Thema nicht einmal angesprochen habe. In einem längeren Rundbrief beschwor Faulhaber die Mitglieder der Freisinger Bischofskonferenz, sich durch die Vorgänge in Köln in der politischen Betätigung des Klerus nicht von der bisher eingehaltenen Linie abbringen zu lassen. Für die dem Art. 32 abgehende Rechtsverbindlichkeit berief er sich weniger auf die ausgebliebene Parallelbindung der nichtkatholischen Geistlichkeit als vielmehr auf die Durchbrechung eines für die Rechtskraft des Artikels konstitutiven Konnexes. Die Konzession der Entpolitisierung sei kirchlicherseits laut Text nur zugestanden „im Hinblick auf die durch das vorstehende Konkordat geschaffenen Sicherungen einer die Rechte und Freiheiten der katholischen Kirche im Reich und seinen Ländern wahrenden Gesetzgebung". Gerade das aber sei in der Bonner Verfassung nicht gesichert und

[94] In einem Interview mit dem Muench-Biographen Barry erklärte Kardinal Frings am 21. 11. 1963, wegen seines CDU-Beitritts habe er von Rom „einen Rüffel" bekommen.
[95] Aufzeichnung Faulhabers über eine Unterredung mit Böhler, 8. 6. 1949. Nachlaß Faulhaber.

damit auch die Grundvoraussetzung des Art. 32 „also gerade heute nicht gegeben". Etwas geheimnisvoll deutete er an, daß der Kölner Erzbischof für seine Entscheidung „einen besonderen Grund" gehabt habe, „eine Entscheidung für seine Person zu treffen, die aber" – und nun folgte ein riskanter Schluß – „zur gleichen Stellungnahme die anderen Präsules nicht verpflichtet". Mit keiner Silbe verriet dabei Faulhaber den Mitbischöfen, daß der „besondere Grund" in nichts Geringerem als einer dezidierten Weisung des Papstes bestand. Nicht weniger kühn mutet Faulhabers „feste Überzeugung" an, bei einem Rekurs des Gesamtepiskopats nach Rom werde der Papst der Auffassung von der Unverbindlichkeit des Art. 32 beipflichten. „Im übrigen", so dämpfte er gleich die eigene Selbstgewißheit, „dürfen wir für rein politische Fragen nicht fortwährend die Autorität des Hl. Vaters ausspielen."[96] Tatsächlich beharrte Pius XII. darauf, wie Muench im Herbst des gleichen Jahres wieder aus dem Mund Tardinis hörte, daß das Reichskonkordat bis auf den i-Punkt genau beobachtet werde[97]. In der Angleichung der Praxis an den Text des Art. 32 sahen die Kirchenbehörden in Deutschland allerdings davon ab, eine Entwicklung zu forcieren, die ohnehin im Auslaufen begriffen war. Denn auch dort, wo die 1933 gewaltsam unterbrochene Tradition des geistlichen Mandatsträgers nach 1945 vereinzelt wieder auflebte, hatte sie tatsächlich keine Zukunft mehr[98].

Nicht erst die Meinungsverschiedenheiten über die Fortgeltung des Entpolitisierungsartikels lenkten den Blick der Verantwortlichen in Kronberg auf die Diskrepanz einzelner Konkordatsformulierungen zu einer gewandelten Staatswirklichkeit. Sie hielten es darum für ratsam, die Teilrevision einzelner Konkordatsartikel rechtzeitig ins Auge zu fassen. Bevor Bischof Muench das heikle Thema höheren Orts anschnitt, ließ er P. Leiber auf sein Vorhaben einstimmen. Der Visitator, so berichtete P. Zeiger, „ist sich bewußt, daß die Sache nicht unmittelbar dringend ist, wagt es auch nicht, Seine Heiligkeit damit aufzuregen. Aber auch ich halte die Dinge für bedeutungsvoll. Jedenfalls müssen wir vorbereitet sein, und es wäre besser, einer Revision des ganzen Reichskonkordats zuvorzukommen durch Angebot einer Änderung von lästigen Punkten, die nach unserer Erfahrung bei jeder Bischofsbesetzung Schwierigkeiten lästiger Art ergaben. Man muß von kirchlicher Seite der Tatsache Rechnung tragen, daß die neue Bundesrepublik ein anderes staatsrechtliches Gesicht hat als der Staat 1933. Man duldet auch nicht gern mehr auf staatlicher Seite Bestimmungen, die den Stempel des NS-Hoheitsstaats allzu deutlich an der Stirn tragen"[99]. Darauf angesprochen, wollte der Papst Textanpassungen, soweit sie nicht an die Substanz des Konkordatsgehalts rührten, nicht ausschließen, die Initiative dazu jedoch dem staatlichen Konkordatspartner überlassen[100].

[96] Vgl. Faulhaber an den bayerischen Episkopat, 9. 6. 1949. Nachlaß Faulhaber.

[97] Vgl. Tagebucheintragung Muenchs, 31. 10. 1949. Nachlaß Muench.

[98] Vgl. dazu R. MORSEY, Kirche und politische Parteien 1848–1948/49, in: Kirche, Politik, Parteien, hrsg. v. A. Rauscher (Köln 1974) 38f.

[99] Vgl. Zeiger an Leiber, 27. 9. 1949.

[100] Vgl. Anm. 97.

Die Konstituierung der Bundesrepublik Deutschland im Herbst 1949, in der politischen Geschichte des Landes ein tiefer Einschnitt, änderte am prädiplomatischen Status der Vatikanmission zunächst nichts. Noch fehlten den Bonner Regierungsstellen wichtige Kompetenzen, und solange die außenpolitischen Belange Westdeutschlands noch von alliierten Hochkommissaren vertreten wurden, entfielen die Voraussetzungen für eine Akkreditierung in der Bundeshauptstadt. Das hatte den Vorzug, daß Kronberg weiter als Päpstliche Vertretung für ganz Deutschland, also einschließlich der Ostzone, gelten konnte, womit allerdings der Zwang, sich auch kirchlich der deutschen Teilung zu stellen, nur aufgeschoben, nicht aufgehoben war. Immerhin wurde in Ost und West deutlich, daß der Vatikan für vorschnelle Festlegungen nicht zu haben war.
Andererseits war es kein Zufall, daß Pius XII. in eben diesem Augenblick dem Chef der Vatikanmission den Titel eines Regenten der Nuntiatur in Deutschland verlieh. Diplomatisch ohne Belang und auch innerkirchlich eine ad-hoc-Konstruktion war diese Ernennung doch ein nicht zu übersehendes Zeichen, indem die ungleich effizientere Kronberger Außenstelle dem leeren Rahmen der Eichstätter Nuntiatur eingefügt wurde, um im Sinn des Papstes eine über die Stunde Null hinweggeführte Vergangenheit bruchlos mit der Gegenwart zu verbinden. Zugleich war aus dem neuen Rang die Absicht des Papstes herauszulesen, aus dem Wurzelstock der Nuntiatur in Eichstätt einen neuen Stamm zu ziehen. Zeiger verbuchte positiv, daß einmal „ein Schritt vorwärts geschah“ und zweitens „trotzdem die nötige Distanz zu den zwei Regierungen gewahrt blieb“. Im Hinblick auf manche Erwartungen meinte er: „In Bonn wird die ‚Distanz‘, die wir einhalten sollen, eine ernste Enttäuschung sein.“[101] Tatsächlich hielt der Papst erst im April 1951 den Zeitpunkt für gekommen, den bisherigen Leiter der Vatikanmission bei der Bundesregierung in Bonn zu akkreditieren, und zwar als Nuntius für Deutschland.

5. Schlußbetrachtung

Die trostlose Nachkriegswirklichkeit, der sich Papst, Bischöfe und Kirchenvolk im besetzten Deutschland gegenübersahen, hat Pius XII. selbst einmal so skizziert: „Das Deutschland von heute ist nicht mehr das Deutschland von einst. Auf einem bedeutend verengerten Boden mit der Bevölkerung seines alten Gebiets zusammengepreßt, mit einem Lebensstandard, der weit unter dem Erträglichen liegt, mit einer bis in ihre Grundfesten erschütterten Wirtschaft, mit einer durch die Völkerwanderung der aus der Heimat vertriebenen Ostflüchtlinge vollständig geänderten sozialen, politischen und seelischen Struktur, mit einem Volksgesundheitsstand, der tief unter dem liegt, was früher verantwortbar schien – um nur einige charakteristische Züge des Gegenwartsbilds zu nennen – ist in diesem

[101] Vgl. Zeiger an Leiber, 7. 11. 1949.

Deutschland der ersten Nachkriegszeit eine Lage entstanden, die der kirchlichen Seelsorge und Caritas gewaltige, nur in mühseliger und weitschauender Geduld zu meisternde Aufgaben stellt."[102] An der Überwindung der geistigen und materiellen Not tatkräftig mitzuwirken, hat der Papst keinen Aufwand und keine Anstrengung gescheut. Über Vermißtensuche, Gefangenenhilfe und Lebensmitteltransporten vergaß jedoch Pius XII. nicht auf die weitergespannten Pflichten des obersten Hirtenamts. Um den Frieden zurückzugewinnen, hatte er sich als Mittler zwischen den Fronten nach Kriegsausbruch aufs äußerste exponiert. Mit der gleichen Unerschrockenheit wandte er sich nach Kriegsende gegen die Konservierung vergiftender Propagandaklischees, gegen die Methode einer Wiedergutmachung alten durch die Schaffung neuen Unrechts, beide Male von seinem Wappenspruch geleitet, daß allein der auf Gerechtigkeit gegründete Friede von Dauer sei. Zwar wurde die Stimme des Papstes übertönt vom Widerhall auf Hitlers Gewaltverbrechen; um so dankbarer wurde sie von denen vernommen, die in dieser Stunde der Abrechnung weder Anwalt noch Stimme hatten, moralisch geächtet und auf sich selbst zurückgeworfen. Je radikaler die Besiegten von der Mitgestaltung ihres staatlichen Geschicks ausgeschlossen wurden, desto intensiver kümmerte sich Pius XII. um die kirchlichen Rechte und Freiheiten.

Dafür schuf er sich auf deutschem Boden in der Vatikanmission Kronberg ein improvisiertes Instrument, ein Schritt, mit dem der Papst seine Entschlossenheit kundtat, nach der Aussperrung durch die Siegermächte auf der deutschen Szene weiterhin präsent zu bleiben. Diese Brücke über das Nachkriegschaos, so das immer wieder beschworene Leitbild im Schriftwechsel zwischen Kronberg und Rom, war eine Behelfskonstruktion, abgestützt auf das Widerlager sehr bescheidener Kompetenzen, die, teils personeller, teils institutioneller Art, in der Person Bischof Muenchs zusammenliefen. Schwerer jedoch als die Mängel des juristischen Unterbaus wog in der Alltagsrealität die Tatsache, daß in der Entsendung eines Vatikanbeauftragten im Bischofsrang die Hinwendung des Papstes zu den Problemen Zonendeutschlands einen weithin sichtbaren Ausdruck fand. Infolgedessen, so konnte Zeiger in einer Zwischenbilanz mit Recht behaupten, „ist die tatsächliche Stellung des Apostolischen Visitators in Deutschland bedeutend, sein Einfluß weitergreifend, als eigentlich zu erwarten wäre". Zugleich sah er darin einen Beweis dafür, „daß in dieser allgemeinen Verwirrung und Not selbst Fernstehende im Hl. Stuhl den Hort der Ordnung, Gerechtigkeit, Erbarmung und des Friedens sehen"[103].

Nicht wenig hing für den Erfolg des Unternehmens von seiner personellen Zusammensetzung ab. Hier hatte Pius XII. in der Berufung von Muench und Zeiger zweimal einen glücklichen Griff getan. Der optimistische Schwung und die sympathische Unmittelbarkeit des amerikanischen Bischofs auf der einen und die Beschlagenheit, Virtuosität und Verhandlungskunst seines deutschen Beraters auf

[102] Vgl. Pius XII. an den deutschen Episkopat, 18. 1. 1947. Nachlaß Faulhaber.
[103] Vgl. Anm. 23.

der anderen Seite ergänzten sich vortrefflich, allerdings auch nur so lange, bis Muench der Einflüsterung nachgab, nun mit den deutschen Verhältnissen genügend vertraut zu sein.

Jeder Versuch, die Bemühungen der Vatikanmission auf dem staatskirchenrechtlichen Sektor herauszuarbeiten, rückt andere Aktivitäten notgedrungen in den Hintergrund. So sehr sie eine breitere Darstellung verdienten, kann in diesem Rahmen nur auf sie verwiesen werden, wie auf das Eingreifen Muenchs in den bayerischen Schulkampf, auf die Verwicklungen in der Vertriebenenseelsorge, auf die Staatsbesuche bei den Länderregierungen. Die Ostzone dagegen blieb dem Vatikanvertreter verwehrt.

Was das Ausführungsorgan der vatikanischen Deutschlandpolitik geleistet hat und was ihm noch zu tun aufgetragen war, hat der genannte Zwischenbericht ein Jahr vor der Errichtung der Bundesrepublik auf folgende einprägsame Formel gebracht: „Mit Gottes Hilfe und dank der zielbewußten Planung Seiner Heiligkeit ist es seit 1945 gelungen, in dieser Mission Kronberg eine Brücke über das vom Kriegsende geschaffene Vacuum zu versuchen. Sie wirklich zur tragfähigen Brücke mit starken Pfeilern auszubauen, ist jetzt Gebot kommender Arbeit."[104]

[104] Ebd.

9

FLUCHT AUS DER ISOLATION

Zur „Anschluß"-Kundgebung des österreichischen Episkopats vom 18. März 1938

[TEIL I]

Als Adolf Hitler am 15. März 1938 vom Balkon der Wiener Hofburg herab und umbraust von den Beifallsstürmen einer Viertelmillion Anschlußbegeisterter die Angliederung Österreichs an das Deutsche Reich proklamierte, gab eine fünfjährige Regierungstätigkeit in Deutschland über Wesen, Ziele und Methoden nationalsozialistischer Herrschaft hinreichend Aufschluß. Zu den sichersten Erkenntnissen zählte der unaufhebbare Gegensatz zwischen Nationalsozialismus und Christentum, manifest geworden in einer zielstrebigen Unterdrückungspolitik gegenüber allem Christlichen, mit Schwerpunkt auf der katholischen Kirche. Sie vor allem, ihre Presse, Verbände, Schulen, hatten den Totalitätsanspruch, die Intoleranz und Aggressivität von Hitlers NSDAP mit konsequenter Härte zu spüren bekommen. Wem dies außerhalb Deutschlands vielleicht unbekannt war, dem öffnete spätestens die Enzyklika Papst Pius' XI. „Mit brennender Sorge" im März 1937 dafür die Augen. Umfassend und authentisch wie wenige andere Blätter im deutschsprachigen Ausland hatte die Wiener „Reichspost" zwischen 1933 und 1938 über die Kirchenbedrückung unter dem NS-Regime berichtet.

Infolgedessen wußten die österreichischen Bischöfe, wovon sie redeten, als sie im November 1937 in einer Solidaritätsadresse[1] an ihre Amtsbrüder im Reich von einem Staat sprachen, der „in voller Anwendung seiner Gewalt, wie sie sich im Lauf der letzten Jahre immer mehr ausgebildet hat, planmäßig und unaufhaltsam bis zum Äußersten geht, um die christliche Religion, besonders aber die katholische Kirche in diesem Reiche auszuschalten und zurückzudrängen, und das so sehr, daß jede aktive Gegenwehr mit neuen Strafen und Verfolgungen geahndet wird". Kaum ein halbes Jahr später stand der Führer derer, die „bemüht sind, solche Verhältnisse, wie sie bei euch sich herausgebildet haben, auch in unserem Staate erstehen zu lassen und der Gottlosigkeit zum Siege zu verhelfen", als Heros der Nation im Herzen von Österreichs Hauptstadt.

Um so sensationeller mußte wirken, was dieselben österreichischen Bischöfe wenige Tage nach der „Heimholung" Österreichs ihren Gläubigen in einer Kundgebung mitzuteilen hatten. Ihre Feierliche Erklärung vom 18. März 1938 hat folgenden Wortlaut:

„Aus innerster Überzeugung und mit freiem Willen erklären wir unterzeichneten Bischöfe der österreichischen Kirchenprovinz(!) anläßlich der großen geschichtlichen Geschehnisse in Deutsch-Österreich:

[1] Vgl. J. FRIED, Nationalsozialismus und katholische Kirche in Österreich (Wien 1947) 180f.

Wir erkennen freudig an, daß die nationalsozialistische Bewegung auf dem Gebiet des völkischen und wirtschaftlichen Aufbaues sowie der Sozial-Politik für das Deutsche Reich und Volk und namentlich für die ärmsten Schichten des Volkes Hervorragendes geleistet hat und leistet. Wir sind auch der Überzeugung, daß durch das Wirken der nationalsozialistischen Bewegung die Gefahr des alles zerstörenden gottlosen Bolschewismus abgewehrt wurde.
Die Bischöfe begleiten dieses Wirken für die Zukunft mit ihren besten Segenswünschen und werden auch die Gläubigen in diesem Sinne ermahnen.
Am Tage der Volksabstimmung ist es für uns Bischöfe selbstverständlich nationale Pflicht, uns als Deutsche zum Deutschen Reich zu bekennen, und wir erwarten auch von allen gläubigen Christen, daß sie wissen, was sie ihrem Volke schuldig sind."

Um den Gehalt der Bischofskundgebung nicht nach abstrakten, unhistorischen Maßstäben zu beurteilen, ist es geboten, ihr die gleichzeitigen Verlautbarungen anderer Autoritätsträger zum gleichen Anlaß an die Seite zu stellen. Vorausgegangen war das ungleich emphatischere Begrüßungstelegramm[2] des Präsidenten des Evangelischen Oberkirchenrats, Robert Kauer, vom 12. März, und es folgte das nicht weniger aufsehenerregende Bekenntnis[3] des ersten sozialistischen Bundeskanzlers der Ersten Republik, Karl Renner, zur Vereinigung Österreichs mit dem Reich, das am 3. April publiziert wurde.

Dengegenüber fiel an der Kundgebung der katholischen Bischöfe auf, daß sie erst im dritten und letzten Punkt auf das zu sprechen kam, was allein sie ausgelöst hatte, den Zusammenschluß aller Deutschen in einem gemeinsamen Staat. Das Bekenntnis zu einer Nation, der sie selbst angehörten, hätte den Unterzeichnern in diesem Augenblick einer überschäumenden Anschlußbegeisterung gewiß niemand verübelt. Wer 1938 im Sinn nationaler Einigungsvorstellungen aus dem 19. Jahrhundert „großdeutsch" dachte und darum den Anschluß bejahte, wurde damit keineswegs automatisch zum Hitleranhänger oder Nationalsozialisten[4].

[2] Vgl. M. Liebmann II, 43 (zu den Literaturangaben vgl. unten Anm. 5): „Im Namen der mehr als 330000 evangelischen Deutschen in Österreich begrüße ich Sie auf österreichischem Boden. Nach einer Unterdrückung, die die schrecklichsten Zeiten der Gegenreformation wieder aufleben ließ, kommen Sie als Retter aus fünfjähriger schwerster Not aller Deutschen hier ohne Unterschied des Glaubens. Gott segne Ihren Weg durch dieses deutsche Land, Ihre Heimat!"

[3] Vgl. M. Liebmann II, 70, Anm. 120: „Ich müßte meine ganze Vergangenheit als theoretischer Vorkämpfer des Selbstbestimmungsrechtes der Nationen wie als deutschösterreichischer Staatsmann verleugnen, wenn ich die große geschichtliche Tat des Wiederzusammenschlusses der deutschen Nation nicht freudigen Herzens begrüßte ... Als Sozialdemokrat und somit als Verfechter des Selbstbestimmungsrechtes der Nationen, als erster Kanzler der Republik Deutschösterreich und als gewesener Präsident ihrer Friedensdelegation zu St. Germain werde ich mit Ja stimmen."

[4] Die Anregung, die Menschenmenge auf dem Heldenplatz detailliert soziologisch aufzuschlüsseln (M. Liebmann II, 60, Anm. 85), rechnet offenbar mit der Möglichkeit, den ekstatischen Anschlußjubel in Österreichs Hauptstadt über den Nachweis schichtenspezifischer Affinitäten seiner Universalität und Massenhaftigkeit zu entkleiden. Dazu ist unvermindert aktuell, was V. Reimann (116), in diesem Punkt nicht nur Innitzer-Biograph, sondern Zeitzeuge, festgestellt hat: „Die Behauptung, daß der größere Teil der Österreicher verbittert und Zornestränen vergießend hinter verschlossenen Türen saß, während sich die Minderheit auf den Straßen herumtrieb, gehört in das Gebiet des patriotischen Märchens und der Geschichtslüge."

Das Bestürzende für den kritischen Leser und Hörer der Feierlichen Erklärung lag in deren beiden ersten Abschnitten. Befremdlich war daran zunächst, daß nicht die neue Staatsführung, sondern die NS-Bewegung zum Bezugspunkt einer Bischofskundgebung gemacht wurde. Auch die deutschen Bischöfe hatten vor 1938 zu nationalen Ereignissen öffentlich Stellung genommen, es dabei aber konsequent vermieden, die NSDAP, den Widerpart von Christentum und Kirche, mit ins Bild zu bringen. Die Feierliche Erklärung brach nun nicht nur mit dem ungeschriebenen Gesetz der Ignorierung, sondern ging zugleich noch einen Schritt weiter, indem sie auf die NS-Bewegung ein Loblied anstimmte, das nicht ein einziger Vorbehalt dämpfte, auf das Prädikat uneingeschränkter Förderungswürdigkeit hinauslief und auch nicht die Spur eines daneben zu wahrenden kirchlichen Standpunkts zu erkennen gab. Noch niederschmetternder wurde das Negativerlebnis der Bischofskundgebung, wenn man neben die einschränkungslose Gutheißung der NS-Bewegung die dezidierten Verurteilungen derselben Bischöfe aus der Vor-Anschluß-Zeit stellte. Das entlarvte dann den neuen Standort als abrupte Kehrtwendung und würdelose Verbeugung, kurzum als einen Akt des Opportunismus.
Hintergründe, Motive und Entstehungsgeschichte der Feierlichen Erklärung waren lange in Dunkel gehüllt. Sie wurden vor allem im Lauf der letzten beiden Jahrzehnte von der Zeitgeschichtsforschung Zug um Zug aufgehellt, was die Erschließung einer Vielzahl von Quellenzeugnissen zur Voraussetzung hatte[5]. Andererseits läßt es gerade die Überfülle inzwischen gesicherter Details als angebracht und wünschenswert erscheinen, die Hauptetappen der episkopalen Entschlußbildung unter Beschränkung auf den zentralen Handlungsstrang nachzuzeichnen, zu verknüpfen und zu gewichten.

[5] Vgl. dazu E. WEINZIERL-FISCHER, Österreichs Katholiken und der Nationalsozialismus, in: Wort und Wahrheit 18 (1963) 417–439 und 493–526, 20 (1965) 777–804; V. REIMANN, Innitzer, Kardinal zwischen Hitler und Rom (Wien, München 1967); Tagebuchauszüge des Salzburger Erzbischofs aus den Anschlußwochen enthält H. JABLONKA, Waitz, Bischof unter Kaiser und Hitler (Wien 1971), wie auch den Bericht des staatlichen Unterhändlers Himmelreich (86–119); aufschlußreiche Einblicke in die Vorgänge auf kirchlicher Seite gewähren Aufzeichnungen des Ethnologen P. Wilhelm Schmidt SVD, Begleiter Kardinal Innitzers auf der Romreise Anfang April 1938, vgl. F. BORNEMANN, P. W. Schmidt und Kardinal Innitzer, März–April 1938, in: Analecta SVD 53 (1980) 99–136 (Für die Erlaubnis, aus diesem Beitrag zu zitieren, sei F. Bornemann auch an dieser Stelle gedankt). – Entscheidende Impulse zur Erforschung der Märzkundgebungen des österreichischen Episkopats sind in den letzten Jahren durch die Erschließung und Auswertung neuer Quellen von M. LIEBMANN (Graz) ausgegangen. Bezug genommen wird im folgenden auf: Die März-Erklärungen der österreichischen Bischöfe vom März 1938 im Licht neuer Quellen, in: Theologisch-praktische Quartalschrift 128 (1980) 3–26 (zitiert: M. LIEBMANN I); Die Geheimverhandlungen zwischen NS und Kirche 1938 in Österreich, in: Geschichte und Gegenwart 1 (1982) 42–78 und 87–124 (zitiert: M. LIEBMANN II); Die Urfassung der „Feierlichen Erklärung“ vom März 1938, in: Neues Archiv für die Geschichte der Diözese Linz 2 (1982/83) 78–87 (zitiert: M. LIEBMANN III).

Hitlerbesuch und Fünf-Punkte-Erklärung

Daß der Wiener Kardinal[6] als ranghöchste katholische Autorität bereits am Vormittag des 15. März 1938 von Hitler zu einer Aussprache empfangen wurde[7], konnte als vielversprechender Auftakt für ein friedliches Zusammenwirken von Staat und Kirche unter den veränderten Rahmenbedingungen gedeutet werden. Auf die Loyalitätsversicherung Innitzers erwiderte Hitler mit dem Versprechen, die Kirche werde es nicht zu bereuen haben, wenn sie sich hinter den Staat stelle[8]. Den Kardinal für die Neuorientierung der Kirche zu den richtigen Entschlüssen zu inspirieren, hatte schon am Vortag eine Initiativgruppe NS-freundlicher Kleriker und Intellektueller im Palais vorgesprochen und von Innitzer „eine politische Tat im neuen Geiste" verlangt[9]. Ihren politischen Vorstellungen nach als katholischnational bis nationalsozialistisch anzusprechen, verstanden sie unter Loyalität Anpassung und ihre Aufgabe als selbsternannte Berater darin, die Bischöfe auf ihre Position festzulegen. Die Fäden im Hintergrund zog ein linientreuer Parteimann namens Karl Pischtiak, der im April 1938, als sich die Brükkenbauer aus Klerus und Akademikerschaft in einer kurzlebigen „Arbeitsgemeinschaft für den religiösen Frieden" vereinsähnlich formierten, offiziell zum Verbindungsmann Bürckels[10] aufrückte. In den turbulenten Anschlußtagen jedoch operierten sie zunächst einmal auf eigene Faust, und kaum war Innitzer am Vormittag des 15. März im Palais zurück, als die Aktivistengruppe neuerdings anklopfte, „um unter dem frischen Eindruck des Empfanges beim Führer eine politische Wendung des Kardinals zu erreichen". Was Innitzer selbst vorbereitet hatte, pastorale Weisungen, die unter anderem das Führerwort als Quasi-Zusage einer wohlwollenden Kirchenbehandlung vor der Öffentlichkeit festhalten sollten, schoben sie als „völlig bedeutungslos" beiseite. Vor der Resolutheit ihres Auftretens zurückweichend, ließ der Kardinal sich dazu bewegen, statt dessen eine von den Interpellanten vorgelegte Fünf-Punkte-Erklärung[11] zu unterzeichnen.

[6] Theodor Innitzer (1875–1955), 1913–1932 Professor der Exegese in Wien, 1929–1930 Bundesminister für Soziales, 1932 Erzbischof von Wien, 1933 Kardinal.

[7] Zu zwei divergierenden Schilderungen des Zusammentreffens im Hotel Imperial vgl. B. v. Schirach, Ich glaubte an Hitler (Hamburg 1967) 241: „Im Hotel Imperial wurde ich Zeuge, wie Hitler das Oberhaupt der katholischen Kirche Österreichs, Kardinal-Erzbischof Innitzer, empfing. Als der Kirchenfürst ihm den ‚deutschen Gruß' erwies, zog Hitler ihm mit einer unwilligen Geste den erhobenen Arm herunter." – Außerdem H. v. Kotze, Heeresadjutant bei Hitler 1938–1943, Aufzeichnungen des Majors Engel (Stuttgart 1974) 16: „Ich war zufällig Zeuge des Empfanges Kardinal Innitzers durch Führer im Imperial. Führer ging Innitzer entgegen, verbeugte sich tief und deutete den Handkuß an. Der Kardinal erhob sein Kettenkreuz am Hals und schlug symbolisch das Kreuzzeichen."

[8] Zu der variantenreichen Überlieferung dieses Hitlerworts vgl. M. Liebmann II, 59.

[9] Zu diesen Vorgängen und den folgenden Zitaten vgl. den von Liebmann veröffentlichten Tätigkeitsbericht Pischtiaks, hier M. Liebmann II, 102f.

[10] Josef Bürckel (1895–1944), Lehrer, 1926 Gauleiter des Gaues Rheinpfalz, 1930–1944 MdR (NSDAP), 1935 Reichskommissar für die Rückgliederung des Saarlands, 1938 Abstimmungskommissar, dann Reichskommissar für die Wiedervereinigung Österreichs mit dem Reich, 1940 Chef der Zivilverwaltung in Lothringen.

[11] Zum Wortlaut der Fünf-Punkte-Erklärung vgl. M. Liebmann II, 62f.

Noch voller Stolz auf den durchschlagenden Erfolg ihres Vorstoßes erlebten sie eine unerwartete Enttäuschung, als Bürckel, Hitlers Österreich-Beauftragter und Abstimmungskommissar, die Verbreitung des Textes offensichtlich nach einigem Überlegen untersagte. Daß Innitzers Gegenspieler auf Regimeseite mit einem Publikationsverbot reagierte, wirkte für die Bewertung der Fünf-Punkte-Erklärung wie eine Bestätigung ihrer Kirchlichkeit und hat bislang Zweifel an ihrer Vertretbarkeit gar nicht erst aufkommen lassen[12]. Nachdenklich stimmte immerhin die kritische Rückfrage von Nuntius Cicognani, woraufhin Innitzer von dem Text als „zu enthusiastisch" abgerückt war[13]. Tatsächlich wurden in Punkt 4 der Erklärung[14] mit der überführenden Auflösung der katholischen Jugendverbände in die HJ und dem freiwilligen Rückzug der Seelsorge auf sogenannte eigentliche Aufgaben Positionen bezogen, die, wären sie bekannt geworden, in der katholischen Bevölkerung einen Sturm der Entrüstung ausgelöst hätten. Gewiß nicht dem Kardinal zuliebe, sondern aus ganz anderen Erwägungen heraus hat Bürckel mit dem Publikationsstopp Innitzer vor einer ersten katastrophalen Kompromittierung bewahrt.

Mit ein Grund für Bürckels Eingreifen war zweifellos die Absicht, Hitlers Versprechen gegenüber dem Kardinal nicht in die Öffentlichkeit dringen zu lassen[15], insgesamt aber besaß sie doch untergeordnete Bedeutung. Denn aufs Ganze gesehen brauchte die NS-Führung mit dem von einheimischen Aktivisten Erreichten keineswegs unzufrieden zu sein. Aber eben das konnte Bürckels Planungsphantasie beflügeln, indem sie ihm als Fernziel vorspiegelte, den taktischen Bodengewinn der Fünf-Punkte-Erklärung zu einem strategischen Durchbruch zu nutzen. Den Anstoß zu weitergreifenden Plänen zu geben, war nichts in diesem Text so geeignet wie der problematische Punkt 4. Bescherte er doch Bürckel über das Inhaltliche hinaus die Erkenntnis, wie führungsschwach und bis zur Fügsamkeit beeinflußbar der Kardinal reagierte, wenn man ihn in der Schrecksekunde des Umbruchsgeschehens nur forsch und radikal genug bedrängte. Wenn Innitzer so wenig Verteidigungswillen zeigte, daß er kampflos die Kapitulation der katholischen Jugendorganisationen anbot, dann mußte das für Bürckel wie eine Einladung erscheinen, einen solchen Hang zu Vorleistungen nicht nur für diözesane Richtlinien, sondern für einen großen Coup, nämlich eine Kundgebung des österreichischen Gesamtepiskopats, zu nutzen.

Nichts lag näher, als die Dehnbarkeit der Grenze von Innitzers Konzessionsbereitschaft durch ein Experiment auf höherer Ebene weiter zu erproben. Dem

[12] So etwa M. Liebmann (II, 61) mißbilligend: Die Fünf-Punkte-Erklärung „wurde zensuriert und unterschlagen". Demgegenüber fand der Mitinitiator Pischtiak (vgl. M. Liebmann II, 104) durchaus zutreffend die Bischofskundgebung vom 18. März inhaltlich „bedeutend schwächer als die Fünf-Punkte-Erklärung vom 15. März".

[13] Vgl. F. Bornemann 102.

[14] Punkt 4 hat folgenden Wortlaut (vgl. M. Liebmann II, 63): „Ich weise die Leiter der katholischen Jugendorganisationen an, die Eingliederung in die Jugendverbände des deutschen Staates vorzubereiten. ‚Die Kirche wird ihre Treue gegenüber dem Staate nicht zu bereuen haben.' Dieses Wort des Führers bürgt dafür, daß die eigentlichen Aufgaben der Kirche erfüllt werden können."

[15] So M. Liebmann II, 64.

diente der Textvorschlag[16] einer Kundgebung, den Bürckel am 16. März entwerfen und am Abend durch seinen Adjutanten Selzner dem Kardinal überbringen ließ. Daraus erfuhr Innitzer nicht nur, was die am 18. März zu einer Konferenz zusammentretenden Bischöfe zu beschließen hätten, sondern daß sich Hitlers Abstimmungskommissar mit ihnen an den Beratungstisch zu setzen gedachte, um sie über die Segnungen des Nationalsozialismus aufzuklären. Ergebnis dieser „Aussprache" sollte nach Bürckels Absicht eine Laudatio auf die sozialpolitischen Leistungen der NSDAP im Reich sein, „zumal ohne diese Arbeit der Bolschewismus bestimmt gekommen wäre". Weiterhin sollten die Bischöfe als „Pflicht der Kirche" ausgeben, „dafür zu beten, wofür die Partei arbeitet". Erst ein letzter Punkt berührte, was sie tatsächlich bekunden wollten, sich „am Tage der Volksabstimmung als Deutsche zum Reich zu bekennen". Mit dem Einstand konnte Bürckel zufrieden sein: Der Kardinal nahm das Schriftstück ohne Einwände entgegen.

Bürckel zögerte nicht mit dem Schluß, für den Umgang mit den Bischöfen den richtigen Stil getroffen zu haben. Das läßt sich daraus entnehmen, daß er, nachdem er eben am 16. März einen eigenen Vermittler zum Episkopat telegrafisch aus München herbeigerufen hatte, dessen Dienste schon einen Tag später für entbehrlich hielt und ihm auch keinerlei Funktionen übertrug[17]. Gleichwohl sollte Dr. Josef Himmelreich, Pressereferent beim Reichsstatthalter in Bayern und dem Gauleiter wie auch manchen deutschen Bischöfen seit der Saarabstimmung bekannt, in der weiteren Entwicklung noch eine zentrale Rolle spielen. Den dreisten Bevormundungsversuch und die noch dreistere Selbsteinladung Bürckels durch Gegenvorkehrungen zu parieren, hatte der Wiener Kardinal noch mehr als einen Tag Handlungsfreiheit. Als Abwehrargument hätte sich der Hinweis angeboten, daß zur Teilnahme an Bischofskonfereznen nur die amtierenden Oberhirten legitimiert und Auftritte Außenstehender vor diesem Gremium nicht vorgesehen seien. Dagegen stehe nichts im Weg, Mitteilungen von Regierungsstellen über den Konferenzvorsitzenden den Bischöfen zur Kenntnis zu bringen. Im übrigen sei die Verabschiedung von gemeinsamen Verlautbarungen dem Episkopat als solchem vorbehalten, dessen Entschließungen auch der Erzbischof von Wien als Vorsitzender nicht vorgreifen könne.

Gleichwohl tat Kardinal Innitzer nach der kommentarlosen Entgegennahme des Bürckel-Entwurfs nichts, den unerhörten Anschlag auf die Entscheidungsfreiheit der Bischöfe durch immerhin denkbare Gegenzüge zu vereiteln, eine Unterlassung, die sich am Tag der Zusammenkunft (18. März) bitter rächen sollte. Im-

[16] Zum Wortlaut des Bürckel-Entwurfs vgl. V. Reimann 104f.; M. Liebmann I, 23 z. II, 65; zur Textgenese und dem persönlichen Anteil Bürckels vgl. M. Liebmann III.

[17] Wenn Bürckel dem zunächst vergeblich angereisten Himmelreich seine Umdisposition mit der Begegnung Hitler–Innitzer zu begründen versuchte (vgl. H. Jablonka 90), so ist dieses Argument von der Chronologie her nicht haltbar. Sowohl das besagte Spitzengespräch wie die Bürckel im Anschluß daran erteilten Instruktionen (15. März) lagen vor der telegrafischen Berufung Himmelreichs am 16. März, hätten also schon zu diesem Zeitpunkt dessen Dienste als überflüssig erscheinen lassen.

merhin bat er in der Zwischenzeit den schon am 17. März angereisten Erzbischof[18] von Salzburg um die Ausarbeitung eines Gegenentwurfs, während er selbst eine Liste der inzwischen angefallenen Gravamina zusammenstellte, die jedoch erst am 19. März auf den Verhandlungsablauf einwirkte.

Die Bischofskonferenz vom 18. März

Um den Unterzeichnern der Bischofskundgebung gerecht zu werden, ist es unerläßlich, sich die seelische Verfassung zu vergegenwärtigen, in der sie am Vormittag des 18. März in Wien zusammentraten. Zwei von ihnen hatten den Rachedurst der nun triumphierenden Illegalen persönlich zu spüren bekommen: Bischof Pawlikowski von Graz hatten sie einen Tag ins Gefängnis gesperrt, Erzbischof Waitz in Salzburg unter Hausarrest gestellt. Das Tosen des Anschlußjubels im Ohr, der seit Tagen aus den Lautsprechern dröhnte, eingeschüchtert durch den Vorwurf des Eintretens für den gescheiterten Ständestaat, erschreckt von der Gefahr des Isoliertwerdens von breiten Schichten des Kirchenvolks, wenn sie in einer nationalen Sternstunde abseits ständen, neigten die Oberhirten nach den demoralisierenden Erlebnissen der Vortage mehr zum Einlenken als zur Festigkeit. Heldentaten haben sie keine vollbracht, wie Waitz selbstkritisch seinem Tagebuch anvertraute[19], und zu Heldentaten waren sie auch nicht aufgelegt. Aus Kleinmut und Verzagtheit erwuchs als oberster Imperativ, bei den neuen Machthabern um keinen Preis den Verdacht der Widersetzlichkeit aufkommen zu lassen, der Entschluß zu einer Politik des flachen Profils. Der unerhörten Selbsteinladung des Abstimmungskommissars zu den Bischofsberatungen einen Riegel vorzuschieben, hatte schon der Konferenzvorsitzende versäumt. Und auf der Linie des geringsten Widerstands weiteroperierend, brachten nun die versammelten Bischöfe nicht einmal die Entschlußkraft auf, sich hinter den Gegenentwurf von Waitz zu stellen. In der halben Stunde, die sie, unbeeinflußt von Dritten, allein verhandeln konnten, landeten sie schließlich wieder bei der Vorlage Bürkkels.

Der Einwand, der den Waitz/Meßner-Entwurf[20] zu Fall brachte („zu lang")[21], ist äußerlich, relativ und darum wenig überzeugend. Der Wahrheit näher dürfte die Vermutung kommen, daß selbst bescheidene Ansätze von Profil, die der Gegenentwurf zu erkennen gab, den Bischöfen zu gewagt erschien. Immerhin hatte Waitz in einem Anflug von Selbststand die Forderung erhoben, indem er nicht ungeschickt an die Loyalitätsversicherung gegenüber der neuen Regierungsgewalt

[18] Sigismund Waitz (1864–1941), 1913 Titularbischof von Cibyra und Weihbischof in Brixen, Generalvikar für Vorarlberg, 1918 Apostolischer Delegat, 1921 Apostolischer Administrator des österreichischen Teils der Diözese Brixen (Nord-, Osttirol und Vorarlberg), 1934 Fürsterzbischof von Salzburg.

[19] Vgl. H. Jablonka 123.

[20] Zum Wortlaut vgl. M. Liebmann II, 66.

[21] Vgl. M. Liebmann I, 14.

anknüpfte, „das Verhalten der Katholiken gegenüber der bisherigen Obrigkeit aus den gleichen Gründen zu würdigen und ihnen dessentwegen keine Schwierigkeiten zu bereiten". Aber selbst diese vorsichtige und überdies höchst notwendige Anmahnung von Rechtsgrundsätzen schien den Bischöfen offensichtlich mit dem Vorsatz der Unanstößigkeit nicht vereinbar.

Anders als angekündigt wandte sich dann nicht Bürckel persönlich an die versammelten Oberhirten, sondern eine von ihm entsandte dreiköpfige Delegation mit dem Adjutanten Claus Selzner an der Spitze und Dr. Himmelreich im Gefolge. In der Aussprache erreichten die Bischöfe noch gewisse Abstriche an Wendungen des Bürckel-Entwurfs, die für sich genommen nicht unwichtig waren, das Defizit an Kirchlichkeit aber keineswegs beheben konnten. Den eigentlichen Überraschungscoup hatte sich Bürckel allerdings bis zuletzt aufgespart. Die Emissäre, die von der Konferenz aufgebrochen waren, seine Zustimmung zu dem revidierten Entwurf einzuholen, konfrontierten nach ihrer Rückkehr die Bischöfe mit einer gänzlich neu gefaßten Einleitung. Sie trug mitnichten nur der veränderten Sachlage von Bürckels Fernbleiben Rechnung, wie zur Begründung angeführt wurde, sondern ließ darüber hinaus die Unterzeichneten ihre Erklärung „aus innerster Überzeugung und mit freiem Willen" abgeben. Diese ohne jede Fühlungnahme diktierte Neuformulierung mit „pompös" zu umschreiben[22], verfehlt das eigentlich Skandalöse des Eingriffs. Nachdem Bürckel den Inhalt der Bischofskundgebung auf den Rahmen vorbehaltloser Akklamation beschränkt und weithin vorformuliert hatte, fügte er zu guter Letzt zu den Demütigungen des Textdiktats noch den Hohn, daß ihm die düpierten Unterzeichner die Freiwilligkeit und Spontaneität ihrer Bevormundung feierlich bestätigten[23]. Das war nun freilich auch den Bischöfen zu viel und „eine unangenehme Überraschung"[24], aber

[22] So Waitz in dem Bericht an Pius XI. und an den Salzburger Klerus; vgl. L. VOLK, Akten Kardinal Michael von Faulhabers 1917–1945, Bd. 2 (Mainz 1978) 535 u. 542 (zitiert: Faulhaberakten II).

[23] M. LIEBMANN (II, 70, Anm. 119) wendet sich gegen den „großen Irrtum", zu meinen, „die Bischöfe seien zu einem quasi Staatsakt zwecks Unterzeichnung eines auspaktierten Vertrages oder Aufrufes eingeladen worden. In den Augen der Bischöfe ging es zu diesem Zeitpunkt lediglich um die Paraphe unter einen Entwurf zur Promulgation in der innerkirchlichen Öffentlichkeit." Abgesehen davon, daß die Bischöfe nicht mit einer Paraphe, sondern mit ihrem Namen zeichneten, hieße es doch ihre Geistesfähigkeiten so verkleinern, daß man sie gegen einen solchen Entlastungsversuch geradezu in Schutz nehmen müßte, wenn sie nicht erkannt hätten, daß sie von der Gegenseite, die sie unbegreiflicherweise als Ratifizierungsinstanz zugelassen hatten, auf eine bestimmte Position mit bestimmten Formulierungen öffentlich festgelegt werden sollten. Ebensowenig konnte es ihnen verborgen sein, daß unter diesen von ihnen hingenommenen verhängnisvollen Voraussetzungen der Kundgebungstext definitiv verabschiedet und ohne erneute Einschaltung des Abstimmungskommissars nicht mehr zu revidieren war. Für die Vorstellung, wie bei einem normalen Hirtenwort bleibe die endgültige Textgestaltung allein den unterzeichneten Bischöfen vorbehalten, war da kein Raum. Die peinliche Probe aufs Exempel mußte Bischof Memelauer von St. Pölten machen, insofern er den Versuch eines Abrückens von der Bürckelschen Endfassung der Feierlichen Erklärung in seinem Amtsblatt gerade nicht durchhalten konnte (vgl. dazu M. LIEBMANN I, 16). Was die Unterzeichner im entscheidenden Augenblick so pressionsempfindlich machte, war also weniger Mangel an Weitblick als an Resistenz. – Die von Liebmann ausführlich behandelte Frage, ob die Bischöfe die publizierte Fassung der Feierlichen Erklärung mit der von Bürckel dekretierten Einleitung unterzeichnet hätten oder nur den vorausliegenden Text, ist für die Zuschreibung des Dokuments ohne

doch auch wieder nicht so sehr, daß sie sich zumindest an diesem Tiefpunkt zu dem längst fälligen Nein entschlossen hätten[25]. Das an den Mann zu bringen, war überdies schwierig, nachdem sich Bürckel weiteren Diskussionen durch den Abflug nach Berlin entzogen hatte, um am Rand einer Reichstagssitzung Hitler die frische Trophäe der Bischofskundgebung zu präsentieren.

Die Kritik ließ nicht lange auf sich warten. Spät abends (18. März) kam Nuntius Cicognani zu Waitz „und machte ernste Vorwürfe. So würde die Erklärung schlimm wirken. Wir müßten unbedingt erreichen, daß eine Änderung erfolge oder eine Ergänzung, eine Vorbemerkung oder ein Nachtrag“[26].

Mit seinen Einwänden gegen das „Bürckel-Diktat“[27] stand der Wiener Nuntius nicht allein. Noch war die Kundgebung nicht veröffentlicht und ihre Kenntnis auf den Umkreis der Ordinariate begrenzt. Wo immer sie jedoch bekannt wurde, erregte sie Verwunderung und Kopfschütteln. Repräsentativ für diese Stimmung ist ein Kommentar des Weihbischofs Tschann aus Feldkirch, der am 23. März dem Salzburger Erzbischof gegenüber betonte[28], daß „für unser Vorarlberger Volk eine reservierte, aber dafür um so wärmere Fassung des Textes eine dringliche Notwendigkeit sei. Die gegenwärtige Textierung entspricht nicht dem Denken und Fühlen unseres Vorarlberger Volkes, ringt der nationalsozialistisch gesinnten Bevölkerung keine Achtung ab, macht die in gutem Glauben den früheren Regierungen treu ergebenen Anhänger irre und verwundet diejenigen, die in dieser nun einmal unvermeidlichen Übergangszeit Opfer an Freiheit bringen müssen.“ Je mehr das Echo in den nächsten Tagen anschwoll, desto mehr wurden den Bischöfen die Schwächen ihrer Verlautbarung bewußt: Die einseitig parteifreundliche Ausrichtung, das Fehlen jeder Zukunftssorge um die Kirchen-

Belang. Keiner der Unterzeichner hat je einzuwenden versucht, daß seine Unterschrift einer anderen als der veröffentlichten Version gegolten habe. Infolgedessen ist unklar, was aus der Feststellung LIEBMANNS (I, 17), daß die Bischöfe die publizierte Fassung unterschrieben hätten, habe „nicht das volle und uneingeschränkte Quellenzeugnis für sich“, für die Bewertung der Bischofserklärung folgen soll.

[24] Vgl. H. JABLONKA 121.

[25] In einem Schreiben an den Kardinalstaatssekretär und aus klärendem Zeitabstand übte auch einer der Unterzeichner Kritik an dem freilich von den Bischöfen mitzuverantwortenden Klima der Einschüchterung und an der Konzeptionslosigkeit ihrer Verhandlungsführung; vgl. Pawlikowski an Pacelli, 11. August 1938 (Druck: K. AMON, Die Bischöfe von Seckau 1218–1968, Graz 1969, 464): „Wir wurden ja durch die Entsandten des Gauleiters Bürckel förmlich überfallen, so daß wir nicht Zeit und Muße hatten, alle weiteren Folgerungen zu erwägen. Man ließ uns nicht einmal Zeit zu rechtem Überlegen. Ein Fehler war es vielleicht, daß wir uns trotz des ungestümen Drängens nicht einen Tag Bedenkzeit ausbedungen haben.“

[26] Vgl. H. JABLONKA 121.

[27] Es darf nicht übersehen werden, daß mit der Rede vom „Bürckel-Diktat“ für die Einordnung der Feierlichen Erklärung interpretatorische Vorentscheidungen getroffen werden, insofern dabei der Unterton des Unabwendbaren mitschwingt. Der damit verbundenen Tendenz gegenüber, das dem Diktat wesentliche Moment des Zwanges zur Zwangsläufigkeit zu verengen, ist zu betonen, daß das Bürckel-Diktat vom 18. März 1938 kein unaufhaltsames Naturereignis war, sondern das Resultat eines Kräftemessens zwischen freien Partnern, von denen der eine zu diktieren suchte, während der andere bereit war, sich diesem Diktat zu beugen.

[28] Vgl. Tschann an Waitz, 23. März 1938. Druck: V. REIMANN 118.

freiheit unter der NS-Herrschaft, die Benutzung der Bischofsautorität zu nationalsozialistischer Selbstdarstellung, die behende Konversion der Bischöfe von Gegnern zu Bewunderern der NS-Bewegung.
In Voraussicht erheblicher Rezeptionsschwierigkeiten bei Klerus und Kirchenvolk bis zur Gefahr einer Vertrauenskrise entwarf Erzbischof Waitz bereits am 19. März für den „Klerus der österreichischen Diözesen" eine Verständnishilfe[29], um innerkirchlichen Auseinandersetzungen vorzubeugen.
Beim Auseinandergehen der Bischofskonferenz am 18. März von Innitzer angesprochen, hat nach eigenem Zeugnis Dr. Himmelreich, in diesem Augenblick noch funktionsloser Statist in der Bürckel-Delegation, dem Wiener Kardinal erste Bedenken gegen den Inhalt der eben akzeptierten Feierlichen Erklärung geäußert. Wenn er diese als „zu einseitig begünstigend" und „fast einen Blankoscheck für den Nationalsozialismus" bezeichnet hätte[30], so konnte man wesentliche Mängel des Dokuments kaum treffender charakterisieren. Über Nacht infolge einer plötzlichen Erkrankung Selzners zum Mittelsmann Bürckels aufrückend, wurde er mit seiner Kritik aus kirchlicher Sicht unversehens beim Wort genommen. Sofern ihm also an einer Revision des „Blankoschecks" gelegen war, besaß dazu niemand eine aussichtsreichere Position als er selbst. Deren Ambivalenz ließ er indessen gleich durchblicken, als er den Anträgen des Episkopats auf Textänderung das Argument entgegenhielt, „das sei nicht deutsche Art"[31].

Innitzer gegen Bedingungsmentalität

Während dem Salzburger Erzbischof unter dem Anprall der Kritik eine Ergänzung der Feierlichen Erklärung unausweichlich schien, war Innitzer von einer solchen Notwendigkeit nur zögernd und zeitweilig zu überzeugen. Je nachdem, wer ihm gerade gegenübersaß, ob Cicognani oder Himmelreich, konnte er nach der einen oder der anderen Seite tendieren. Nach dem Debakel der Feierlichen Erklärung wollte sich Papst Pius XI. nicht damit begnügen, Mißfallen zu signalisieren, die Behebung des Schadens aber den Ortsbischöfen zu überlassen. Sehr gegen das Herkommen, nämlich mit einer für die Kirchenleitung höchst ungewöhnlichen Detailliertheit, schrieb er den beiden Metropoliten in Wien vor, was sie zur Wahrung des kirchlichen Standpunkts als undiskutables Minimum zu vertreten hätten. Es konnte für Innitzer keinem Zweifel unterliegen, daß der Nuntius keine nur persönliche Auffassung vorbrachte, sondern in höchstem Auftrag handelte, wenn er auf der Klarstellung bestand, daß die Feierliche Erklärung „unbeschadet der Rechte Gottes und der Kirche" abgegeben werde. Damit

[29] Zum Wortlaut vgl. M. Liebmann I, 19, Anm. 65; zum definitiven Text vom 25. März vgl. Faulhaberakten II, Nr. 716.
[30] Vgl. H. Jablonka 91f.
[31] Vgl. M. Liebmann II, 72.

war klar, daß es eine Alternative dazu nicht geben konnte, der Versuch einer Abweichung also zwangsläufig zum Konflikt mit dem Papst führen müsse.
Trotz dieser Zuspitzung blieb der Stabilisierungseffekt auf den Wiener Kardinal zunächst aus. Markantestes Zeugnis einer anhaltenden Labilität während dieser Verhandlungsphase ist ein Schreiben[32] an Bürckel vom 20. März, also zwischen der Feierlichen Erklärung und einem noch zu vereinbarenden Vorwort. Sein Inhalt verlangt in diesem Zusammenhang größere Beachtung, als er bisher gefunden hat. Darin heißt es: „Die Ihnen am 18. dieses zugestellte Feierliche Erklärung der österreichischen Bischöfe zur bevorstehenden Volksabstimmung wird an einem von Ihnen zu bestimmenden Termin in allen Kirchen Deutsch-Österreichs verlesen werden. So erfährt das Volk in Österreich von der unbedingten Treue seines Episkopats zum Großdeutschen Reich in einem Bekenntnis, das an keinerlei Bedingungen geknüpft ist, da Bedingungen es nur entwerten würden."
Ein Treuebekenntnis zur Nation, das so aufdringlich mit seiner Rückhaltlosigkeit renommierte, war an sich schon schwer erträglich. Und mit einer Anleihe aus dem Phrasenschatz nationalsozialistischer Gefolgschaftsideologie so beflissen Lerneifer zu demonstrieren, stand einem Kardinal schlecht zu Gesicht. Es war das noch blamabler als das „Heil Hitler", das Innitzer, von Himmelreich einschlägig, aber falsch beraten[33], erstmals unter ein Schreiben an die Regierungsseite setzte[34]. Ihre spezifische Brisanz jedoch bezog Innitzers hochgemute Absage an jede „Bedingungsmentalität" aus dem verhandlungspolitischen Kontext. Ausgesprochen wurde sie nämlich am Vorabend jener entscheidenden Begegnung, in der die beiden Erzbischöfe bei Bürckel die ihnen zwingend aufgetragene römische Salvationsklausel von den Rechten Gottes und der Kirche durchsetzen wollten. Ob der „Nichtdiplomat"[35] Innitzer den fatalen Rückkopplungseffekt nicht sah oder nicht sehen wollte, ist zweifelhaft.

[32] Vgl. Innitzer an Bürckel, 20. März 1938. Druck: M. LIEBMANN I, 21.

[33] Gegen die von Himmelreich (vgl. H. JABLONKA 95) global behauptete Praktizierung des Hitlergrußes in kirchlichen Kreisen ist festzuhalten: Von einer allgemeinen oder gar von den Ordinariaten vorgeschriebenen Verbreitung im Schriftverkehr kann gar keine Rede sein. Ganz im Gegenteil wurde der Hitlergruß wo immer nur möglich gemieden. Massiver Gegenbeweis gegen die These Himmelreichs ist die in den Aktenpublikationen der Kommission für Zeitgeschichte abgedruckte Korrespondenz deutscher Bischöfe im Verkehr untereinander und mit Regierungsstellen. Daraus ergibt sich, daß allein Bischof Berning von Osnabrück, und zwar offenbar mit Rücksicht auf seinen Titel als Preußischer Staatsrat, vereinzelt Schreiben an NS-Minister (unter den bisher veröffentlichten soweit ersichtlich nicht einmal ein halbes Dutzend) mit „Heil Hitler" gezeichnet hat. – Wenn Religionslehrer bei Unterrichtsbeginn zu diesem Gruß verpflichtet waren, dann auf Grund der allgemeinen Schulordnung und nicht auf Weisung der Ordinariate.

[34] Auf der Suche nach vergleichbaren Verständigungsgesten in den Reihen des deutschen Episkopats registriert M. LIEBMANN (II, 77, Anm. 142) den positiven Reflex von Hitlers Selbstdarstellung und Ausstrahlung auf den Münchener Kardinal Faulhaber gelegentlich ihres Zusammentreffens vom 4. November 1936 auf dem Obersalzberg. Können schon die drei zitierten Sätze schwerlich als Konzentrat des Gesprächsinhalts gelten, so belegt das mehrseitige Protokoll als Ganzes vielmehr das Bestehen unüberbrückbarer Gegensätze. Das entging niemandem weniger als dem beifallsgewissen Diktator selbst, der die Unterredung mit dem Kardinal als schwer verdauliches Widerspruchserlebnis empfand; vgl. A. SPEER, Erinnerungen (Berlin 1969) 115.

[35] So eine Kapitelüberschrift bei V. REIMANN 316.

Bürckel jedenfalls begriff, wie er die Festigkeit der bischöflichen Verhandlungsposition einzuschätzen hatte. Wer sich an einem Tag mit großer Geste von Bedingungen distanzierte, um am folgenden ebensolche Bedingungen einzufordern, wußte offenbar selbst nicht, was er nun eigentlich wollte. Der Widerspruch, in den sich Innitzer mit seiner Zweigleisigkeit verstrickte, war in der Tat abenteuerlich, und der Abstimmungskommissar wäre der letzte gewesen, das nicht auszunützen. Unbeschwert von noch so nahe liegender Skepsis und mit der Unbesorgtheit des Charismatikers, schwang sich der Kardinal in den Abgrund nationalsozialistischer Erkenntlichkeit, in dem Irrglauben befangen, sich gerade durch so bewiesene „Rückhaltlosigkeit" die neuen Machthaber auf Dauer zu verpflichten.

[Teil II]

Am 21. März 1938, drei Tage nach dem fragwürdigen Zustandekommen der Feierlichen Erklärung, saßen Innitzer und Waitz als Vertreter des österreichischen Gesamtepiskopats Hitlers Österreich-Beauftragtem erstmals persönlich gegenüber. Auf Drängen von Nuntius Cicognani hatte der Salzburger Erzbischof seine Rückreise aufgeschoben, um dem Wiener Kardinal in den Verhandlungen mit Bürckel zu sekundieren. Ihm suchten die beiden Bischöfe die Zustimmung zu einer Umrahmung der Feierlichen Erklärung abzuringen, die deren Schieflage wenigstens notdürftig gerichtet hätte.

Um die „Rechte Gottes und der Kirche"

Mit der Festlegung auf die Formel, die Feierliche Erklärung sei abgegeben „unter Wahrung der Rechte Gottes und der Kirche", waren die Episkopatsvertreter auf ein konkretes Verhandlungsziel eingeschworen. Nun aber hatte Innitzer mit der unbedachten Absage an jede „Bedingungsmentalität" die bischöflichen Petenten in eine denkbar ungünstige Ausgangsposition gebracht, und Bürckel wäre der letzte gewesen, das nicht für seine Intentionen zu nutzen. So wurde der Beratungsablauf ganz ähnlich wie die Verhandlungsrunde vom 18. März zu einer Kapitulation in Raten. Zwar zeigte sich Bürckel den kirchlichen Wünschen gegenüber nicht unaufgeschlossen, sparte auch nicht mit Versprechungen für die Zeit nach dem Plebiszit (10. April), bekundete sogar Verständnis für den flehentlich erbetenen Zusatz, entzog sich aber einer verbindlichen Zusage zu dem von den Bischöfen vorgelegten Entwurf[36], weil er die Formulierung noch überdenken müsse. Obschon die bisherigen Täuschungsmanöver höchste Wachsamkeit geboten hätten, ließ Bürckels scheinbare Verständigungsbereitschaft die Bischöfe vorschnell er-

[36] Zum Text des Bischofsentwurfs vgl. M. Liebmann II, 74.

leichtert aufatmen. Sie schien die Mahnungen des Nuntius zu entkräften, bei der Vertretung der Salvationsklausel unnachgiebig zu bleiben, weil es hier keinen Raum für Kompromisse gebe.

Als nächster Schritt war vereinbart, daß Himmelreich am Nachmittag dem Salzburger Erzbischof Bürckels Formulierungsvorschlag zu weiterer Beratung überbringen sollte. Entgegen der Absprache wandte er sich jedoch zunächst nicht an Waitz, sondern an Innitzer, den unkritischeren der beiden Episkopatsvertreter. Was er dem Kardinal vorlegte, war auch keineswegs ein zu vereinbarender Textentwurf, sondern die unterschriftsfertige Neufassung eines Vorworts zur Feierlichen Erklärung. Sie war vor allem durch das Bestreben charakterisiert, den beantragten Einschub zu umgehen. Für die Bischöfe hingegen mußte das entscheidende Kriterium gerade die Berücksichtigung der vatikanischen Minimalforderung sein. Doch mit der Versicherung, das von Bürckel bevorzugte Motto „Gebt dem Kaiser, was des Kaisers, und Gott, was Gottes ist", sei der Klausel von den Rechten Gottes und der Kirche durchaus gleichwertig, stieß der Überbringer Himmelreich beim Kardinal erwartungsgemäß auf keinerlei Einwände. Es kostete ihm darum auch wenig Mühe, Innitzer zur sofortigen Annahme des Bürckel-Textes[37] zu bewegen, ohne daß der Kardinal noch auf der vorherigen Konsultierung seines Salzburger Amtsbruders bestanden hätte. Nach dem Vorangang Innitzers blieb Waitz gar keine andere Wahl, als es dem Konferenzvorsitzenden nachzutun. Reibungsloser hätte Bürckels Kalkül kaum aufgehen können.

Aus römischer Sicht war Innitzers neuerliche Unterwerfung unter ein Bürckel-Oktroi um so konsternierender, als Nuntius Cicognani mit unüberhörbarem Ernst und Nachdruck betont hatte, daß der Papst die Einbringung des fraglichen Zusatzes in ein Vorwort als Conditio sine qua non seiner auch dann noch widerwilligen Tolerierung der Feierlichen Erklärung betrachte. Es konnte darum in Wien auch keinen Zweifel geben, daß sich Pius XI. mit der Preisgabe seiner Mindestforderung nicht tatenlos abfinden, nach dem enttäuschenden Abschneiden der Bischofsdelegation auch im zweiten Anlauf vielmehr die Vertretung des kirchlichen Standpunkts selbst in die Hand nehmen werde. Wenn Innitzer und Waitz vielleicht insgeheim gehofft hatten, der Heilige Stuhl werde sich mit ihrer Kompromißbereitschaft schließlich abfinden und am Ende doch die Gleichwertig-

[37] Das von Innitzer und Waitz unterzeichnete Vorwort vom 21. März 1938 hat folgenden Wortlaut (vgl. M. Liebmann II, 76): „Nach eingehenden Beratungen haben wir Bischöfe von Österreich angesichts der großen geschichtlichen Stunden, die Österreichs Volk erlebt, und im Bewußtsein, daß in unseren Tagen die tausendjährige Sehnsucht unseres Volkes nach Einigung in einem großen Reich der Deutschen ihre Erfüllung findet, uns entschlossen, nachfolgenden Aufruf an alle unsere Gläubigen zu richten. Wir können das umso unbesorgter tun, als uns der Beauftragte des Führers für die Volksabstimmung in Österreich, Gauleiter Bürckel, die aufrichtige Linie seiner Politik bekannt gab, die unter dem Motto stehen soll: ‚Gebet Gott, was Gottes ist, und dem Kaiser, was des Kaisers ist'." – Für die Wahl des Schriftwortes hatte Bürckel auf die Einleitung zur Fünf-Punkte-Erklärung (vgl. M. Liebmann II, 62) zurückgegriffen, damit also keineswegs eine ausgeprägte Bibelkenntnis bewiesen. – Ob sich in dem Resultat ein Verhandlungsbemühen von „wahrhaft Respekt gebietender Zähigkeit und Ausdauer" (so M. Liebmann I, 25) spiegelt, wird man bezweifeln dürfen. In Rom jedenfalls war man anderer Auffassung.

keit des Bibelworts mit der geforderten Vorbehaltsklausel akzeptieren, so wurde ihnen diese Illusion bald genommen. Das hätte allerdings vor weiteren päpstlichen Schritten schon eine nüchterne Analyse des Bedeutungsgehalts der umkämpften Aussagen bewirken können. Denn was der Vatikan mit der Berufung auf die Rechte Gottes und der Kirche definieren wollte, war unmißverständlich und eindeutig, der von Bürckel eingeführte Ersatz dagegen trotz biblischer Abkunft dehnbar und je nach Beweisinteresse verschiedener Interpretation fähig, und eben darin bestand ja für die Initiatoren seine Attraktivität.

Das Wiener Verhandlungsergebnis dem Papst dennoch annehmbar erscheinen zu lassen, obwohl es das autoritativ markierte Minimum unterschritt, versuchte Erzbischof Waitz in einem ausführlichen Rechtfertigungsschreiben[38] vom 22. März 1938. Darin erläuterte er nicht nur die Vorgeschichte und die Begleitumstände, die zur Verabschiedung der Feierlichen Erklärung und dann des Vorworts geführt hatten, sondern auch die Überlegungen, von denen die österreichischen Bischöfe bei ihren Entschließungen geleitet waren. Nuntius Cicognani, wegen Innitzers Verschlossenheit ihm gegenüber nicht ohne Grund skeptisch gestimmt, war von dem Verteidigungsplädoyer „nicht befriedigt“[39]. Daß es auch an der Kurie nicht die erhoffte Überzeugungskraft entfaltete, mußte Innitzer schon am 25. März aus einer an alle Diözesanbischöfe weiterzugebenden höchsten Weisung klarwerden, derzufolge zumindest bei einer Verlesung der Feierlichen Erklärung in den Kirchen die Eingrenzung durch die Rechte Gottes und der Kirche ausdrücklich mitzuverkünden war[40]. Ungewiß ist, ob schon zusammen mit dieser Order an den Wiener Kardinal die erste Aufforderung zur persönlichen Berichterstattung beim Papst erging, doch läge diese Vermutung nahe.

Je mehr nun das Mißfallen der Kirchenspitze Kontur gewann und je stärker die Auslandskritik nach der Publikation der Anschlußkundgebung anschwoll, desto entschiedener klammerte sich Innitzer an den Strohhalm einer ihm aufgetragenen historischen Mission, einen „großdeutschen Kirchenfrieden“[41] heraufzuführen. Suggeriert hatte ihm diese Idee offensichtlich[42] Franz von Papen, seit 1934 Hitlers Sonderbotschafter in Wien, seinerseits mit einschlägiger, allerdings wenig rühmlicher Brückenbauerfahrung ausgerüstet, und Himmelreich dürfte angesichts wachsender innerkirchlicher Anfechtung von Innitzers Position nicht versäumt haben, den Kardinal in der Treue zu seinem geschichtlichen Auftrag zu bestärken. Dafür glaubte sich Innitzer bei der Gegenseite offensichtlich um so aussichtsreicher zu

[38] Vgl. Der Österreichische Episkopat an Pius XI., 22. März 1938. Druck: Faulhaberakten II, Nr. 715.

[39] Vgl. H. Jablonka 123.

[40] Vgl. Innitzer an Waitz, 25. März 1938. Druck: Faulhaberakten II, Anm. 6. – Trotz engster Beteiligung an den mit Bürckel geführten Verhandlungen erwies sich der Salzburger Erzbischof über den Frontverlauf immer noch so unorientiert, daß er bei Erhalt der von Innitzer wegen der Briefzensur verhalten formulierten römischen Order zu dem Mißverständnis fähig war, das von Wien weitergegebene „besondere, dringende Verlangen“ nach besagter Ergänzung stamme von Bürckel, weshalb er darüber zunächst „eine große Freude“ empfand (vgl. H. Jablonka 124).

[41] Vgl. H. Jablonka 98.

[42] Vgl. F. Bornemann 102.

qualifizieren, je ausschließlicher er seine Loyalitätsbekundungen auf völlige Rückhaltlosigkeit abstellte. Ostentativ zeigte er das neuerdings in einem umgehend veröffentlichten Brief[43] an Bürckel vom 31. März, worin er sich dagegen verwahrte, die Feierliche Erklärung als Entspannungsgeste aus politischem Zweckdenken heraus zu deuten. Um ihre Absichtslosigkeit und freitragende Uneigennützigkeit zu erweisen, motivierte er sie „als ein allein der Stimme unseres gemeinsamen deutschen Blutes entsprungenes Bekenntnis".
Mochte ein scheinbar zukunftsgewisses Sendungsbewußtsein den Kardinal kurzzeitig über die Kritik von unten und draußen hinwegtragen, so konnte das der Vorladung nach Rom nichts von ihrer Unausweichlichkeit nehmen. Hinfällig wurde sie allenfalls, wenn Innitzer die Situation so fundamental zu seinen Gunsten veränderte, daß er nicht länger der Rechtfertigung bedurfte.

Anschluß des deutschen Episkopats?

Die Regierungsseite, genauer Gauleiter Bürckel, schied als beeinflußbarer Faktor aus, nachdem Innitzer ja gerade im nachgiebigen Umgang mit ihm nur Niederlagen eingesteckt und die Haltung der Kirche gegenüber dem NS-Regime ins Zwielicht gebracht hatte. Eine letzte Chance, sich vor dem Ansturm innerkirchlicher Kritik zu retten, erblickte er darum in dem Versuch, auf Bischofsebene Bundesgenossen zu gewinnen, indem er den reichsdeutschen Episkopat auf seine Seite zog. Wie schon die Vorgeschichte der Feierlichen Erklärung von der Sorge der Unterzeichner geprägt war, als Hirten ohne Herde dazustehen, so war auch die Aktion, zu der Innitzer jetzt ansetzte, wiederum eine Flucht aus der Isolation. Mit dem „Anschluß" der deutschen Amtsbrüder, und zwar diesmal in umgekehrter Richtung, wollte er jene Solidargemeinschaft des großdeutschen Episkopats schaffen, von der er sich in Rom Entlastung versprach. Zu diesem Zweck appellierte der Wiener Erzbischof an den Vorsitzenden der Fuldaer Bischofskonferenz, Kardinal Bertram von Breslau, es den österreichischen Oberhirten mit einer Kundgebung nachzutun[44], „die einzigartiger Stunde wegen lediglich deutschem Frieden dient und mit keinerlei Klauseln und Bedingungen belastet ist". Wenn bis dahin Innitzers Abkehr von jeder „Bedingungsmentalität" noch als unbedachte Augenblickseingebung und seine Einstellung gegenüber der Anschlußwirklichkeit

[43] Druck: W. Adolph 258f.
[44] Vgl. Innitzer an Bertram, 1. April 1938. Druck: Faulhaberakten II, 554, Anm. 2. – Der vollständige Text des Telegramms lautet: „Begrüße namens österreichischer Bischöfe Sie, den Vorsitzenden Fuldaer Bischofskonferenz. Freue mich lebhaft über endliche Wiedervereinigung Österreich Deutschland. Österreichische Bischöfe haben Abstimmungserklärung abgegeben und erhoffen freudiges Echo bei deutschen Bischöfen. Wären besonders erfreut, wenn deutsche Bischöfe sich vollinhaltlich Erklärung anschlössen. Besteht begründete Hoffnung auf Kirchenfrieden im Gesamtreich. Daher wünschenswert Erscheinen einer Erklärung deutscher Bischöfe in unserem Sinn, die einzigartiger nationaler Stunde wegen lediglich deutschem Frieden dient und mit keinerlei Klauseln und Bedingungen belastet ist. Herzlichen Brudergruß Kardinal Innitzer."

als dualistisch gespalten erscheinen konnte, so gewann nun das konformistische Element unbestritten die Oberhand. Unternahm er ja nichts Problematischeres, als die Vorbehaltlosigkeit seiner Vorleistungspolitik in den Rang einer gesamtbischöflichen Handlungsmaxime zu erheben.

Exzentrisch und wirklichkeitsfremd wie Innitzers Ansinnen nun einmal war, weckte es in Breslau keinerlei Echo, geschweige denn, daß es der Konferenzvorsitzende zur Erwägung gestellt hätte. Auf einen telefonischen Kontaktversuch aus Wien – schon in sich nicht unbedenklich – ließ sich Bertram kurzerhand verleugnen[45]. Daß die österreichischen Bischöfe den Irrweg der Feierlichen Erklärung beschritten hatten, erregte sein „innigstes, herzlichstes Mitleid"[46].

Ein ungleich realistischeres Ziel als Innitzer verfolgte der Salzburger Metropolit in einer ersten Fühlungnahme mit deutschen Amtsbrüdern. Nicht um Nachahmung, sondern um Verständnis sollte ein Bote werben, den Waitz in den letzten Märztagen nach München und Freiburg auf den Weg schickte. Als Fazit brachte er von seiner Informationsreise die einhellige Auffassung mit, „es werde viel versprochen und nichts gehalten"[47]. Zumindest bei Kardinal Faulhaber weckten jedoch die aus Österreich überbrachten Dokumente[48], der Bericht an den Papst vom 22. März und die Erläuterungen für den Salzburger Klerus vom 25. März, keineswegs die erstrebte Zustimmung, sondern zornige Entrüstung. Nicht so zurückhaltend wie Kardinal Bertram machte er in einem Rundschreiben[49] an den bayerischen Episkopat seiner Empörung darüber Luft, was sich die österreichischen Bischöfe von einem NS-Funktionär vom Schlage Bürckels hatten bieten lassen. Unfaßlich war ihm insbesondere, warum sie die Selbsteinladung des Abstimmungskommissars zur Bischofskonferenz nicht von vornherein kategorisch abgelehnt hatten. Hier lag für ihn „der Grundfehler, aus dem sich alles andere entwickelte". Ganz ohne Absprache mit Rom, also lediglich aus der Analyse der Situation, beklagte er als gravierendstes Versäumnis das stillschweigende Abrükken der Bischöfe vom Konkordatsrecht. Knapper, wenngleich kaum nachsichtiger, fielen andere Bischofsurteile[50] nach dem Bekanntwerden der Feierlichen Erklärung aus. Bischof Preysing von Berlin war darüber „entsetzt". Die Unterzeichner „hätten den Heiligen Vater desavouiert, sich gegen ihn gestellt". Selbst

[45] Die telefonische Fühlungnahme mit Breslau wurde also nicht vom SD vereitelt, wie der bei dem Kontaktversuch anwesende Himmelreich vermutet (vgl. H. JABLONKA 96). Daß Innitzer das Ferngespräch mit Bertram im Beisein von Bürckels Vertrauensmann abzuwickeln gedachte, ist ein weiteres Indiz für die Offenherzigkeit seiner Verhandlungsführung und nicht weniger für die Richtigkeit von Bertrams Weigerung, sich auf eine fernmündliche Kommunikation überhaupt einzulassen. – In die gleiche Rubrik gehört der kaum verständliche Einfall des Salzburger Metropoliten, Himmelreich eine Abschrift seines Gesamtberichts an den Papst vom 22. März auszuhändigen, deren Weitergabe an Bürckel dann jedenfalls nicht absolut ausgeschlossen war (vgl. H. JABLONKA 123).

[46] Vgl. W. ADOLPH, Geheime Aufzeichnungen aus dem nationalsozialistischen Kirchenkampf 1935–1943, hrsg. v. U. v. HEHL (Mainz 1979), 260.

[47] Vgl. H. JABLONKA 128.

[48] Vgl. Faulhaberakten II, Nr. 715 u. 716.

[49] Vgl. Faulhaber an den bayerischen Episkopat, 30. März 1938. Druck: Faulhaberakten II, Nr. 718.

[50] Für die folgenden Zitate vgl. W. ADOLPH 248, 252 u. 254.

der gemeinhin als entspannungsfreundlich geltende Nuntius Orsenigo fand ihr Vorgehen „furchtbar". Der Kölner Generalvikar David konnte es sich nur damit erklären, "daß den Bischöfen das Messer an die Kehle gesetzt worden sei".
Eine außerordentliche Tagung des deutschen Episkopats in Fulda, über die im In- und Ausland allerlei Spekulationen umliefen, ja die als feste Tatsache ausgegeben wurde[51], hat zur Anschlußfrage nicht stattgefunden. Die Unmöglichkeit einer Kundgebung des reichsdeutschen Episkopats zur Volksabstimmung am 10. April begründete Kardinal Bertram in einer internen Aufzeichnung[52] mit der andauernden schweren Kirchenbedrückung, den Spitzenplätzen fanatischer Kirchengegner auf der Einheitsliste zum Reichstag, der Verwirrung, die ein vorbehaltloses Ja der Bischöfe zur NS-Politik anrichten würde, sowie mit dem Vorwurf der Staatsfeindlichkeit, den umgekehrt eine Verlautbarung mit Vorbehalten auf NS-Seite provozieren würde[53].
Innerhalb des bayerischen Episkopats traf ein Vorstoß des enthusiastischen Augsburger Weihbischofs Eberle zugunsten einer Wahlkundgebung auf schweigende oder erklärte[54] Ablehnung. Gleichgerichtete Sondierungen von Parteistellen kommentierte der Mainzer Bischof Stohr[55], er habe „wenig Freude daran, daß man sonst die Bischöfe schlägt, aber zu manchen Zeiten von ihnen solche politischen Dienste getan haben will". Wozu sich die deutschen Ordinariate auf Weisung des Kirchenministeriums schließlich verstanden, war ein feierliches Glockengeläut am Vorabend der Volksabstimmung. Die Verlautbarungen aus diesem Anlaß waren von äußerster Kürze, auf den Anschlußvorgang beschränkt und durch einen Gebetsaufruf für das Wohl des Reiches und der Kirche religiös akzentuiert[56].
Ungeklärt sind die Beweggründe, die den Koadjutorbischof Dietz von Fulda als einzigen deutschen Oberhirten veranlaßt haben, einen Wahlaufruf an die örtliche Presse zu geben. Dazu ließ er seine Mitbischöfe wissen[57]: „Eine Verlesung von den Kanzeln hat nicht stattgefunden und wird nicht stattfinden. Die Veranlassung zu dieser Verlautbarung kann ich nicht mitteilen."

[51] Vgl. dazu etwa die gänzlich unzutreffenden Angaben bei V. Reimann 137.
[52] Vgl. Aufzeichnung Bertrams, 4. April 1938. Druck: L. Volk, Akten deutscher Bischöfe über die Lage der Kirche 1933–1945, Bd. 4 (Mainz 1981) (zitiert: Bischofsakten IV) Nr. 449.
[53] Welche Irritationen allein schon ein so undemonstrativer Vorbehalt wie das Fernbleiben von der Anschlußwahl in Parteikreisen wachzurufen vermochte, erfuhr exemplarisch der Bischof von Rottenburg. Als Volksverräter gebrandmarkt und durch gewalttätige Demonstrationen zum Verlassen seiner Bischofsstadt gezwungen, wurde Bischof Sproll bis 1945 durch Gauverweisung an der Ausübung seiner Amtspflichten gehindert; vgl. dazu P. Kopf / M. Müller, Die Vertreibung von Bischof Joannes Baptista Sproll von Rottenburg 1938–1945 (Mainz 1971). [Vgl. unten S. 277ff.].
[54] Vgl. etwa Hauck an Eberle, 9. April 1938. Druck: Faulhaberakten II, Nr. 727a.
[55] Vgl. Stohr an Gröber, 2. April 1938. Druck: Bischofsakten IV, Nr. 448.
[56] Vgl. etwa für Breslau Bischofsakten IV, 445, Anm. 1; für Regensburg und München Faulhaberakten II, 556, Anm. 1 und 5.
[57] Vgl. Faulhaberakten II, 550, Anm. 1.

Orsenigos Geisterrolle

Vor der Verlagerung des Schauplatzes von Wien nach Rom und dem Eingreifen des Heiligen Stuhls ist zunächst eine Darstellung kritisch zu beleuchten, die dem Berliner Nuntius im Vorfeld der Feierlichen Erklärung einen richtungweisenden Part zuschreibt. Dieser Version[58] eines Zeitzeugen zufolge, die erstmals Mitte der 70er Jahre an die Öffentlichkeit gelangte, wäre Orsenigo in der Morgenfrühe des 12. März 1938, also am ersten Einmarschtag und zwei volle Tage vor Hitlers Einzug in der österreichischen Hauptstadt, auf dem Luftweg in Wien eingetroffen und sofort zum Kardinal geeilt. Zweck seiner Vorsprache sei gewesen, Innitzer zu einem Besuch bei Hitler aufzufordern, wohingegen der Kardinal es vorgezogen hätte, dem Spektakel des triumphalen Empfangs auf seinen Landsitz auszuweichen. Gegen diese, anderwärts nirgends belegte Intervention, die den Berliner Vertreter des Heiligen Stuhls zum ersten Glied in der folgenden Ereigniskette macht und ihm eine nicht geringe Mitverantwortung an der fatalen Entwicklung aufbürdet, sind unbeschadet der subjektiven Wahrheitsgewißheit des Zeugen aus mehreren Gründen erhebliche Bedenken anzumelden. Diese ergeben sich aus dem quellenmäßig zuverlässig gesicherten Kontext des Gesamtablaufs. Von den technisch-organisatorischen Problemen eines solchen buchstäblich über Nacht zu improvisierenden Blitzbesuchs einmal abgesehen, sprechen gegen eine Intervention Orsenigos zum besagten frühen Zeitpunkt Gründe des Aufwands, der Kompetenzenordnung und der Haltung, die der Heilige Stuhl dem Anschluß gegenüber tatsächlich eingenommen hat.

a) Das Mißverhältnis von Aufwand und Effekt ist so eklatant, daß es keiner Erläuterung bedarf. Wenn die Kurie dem Wiener Kardinal einen Besuchsauftrag geben wollte, so genügte dazu ein Telegramm an ihren dortigen Vertreter, zu dem die Nachrichtenverbindung auch in den unruhigen Anschlußtagen nie unterbrochen war. Infolgedessen wäre es widersinnig gewesen, dessen Berliner Kollegen auf dem Luftweg eigens dafür nach Wien zu beordern.

b) Damit eng zusammen hängt die Kompetenzfrage. Zuständiger Vertreter des Heiligen Stuhls in Wien blieb über den 11. März hinaus, und zwar bis in die ersten Apriltage hinein, der dort akkreditierte Nuntius Cicognani. Er blieb das nicht nur theoretisch, sondern auch faktisch, da er weiterhin als Mittelinstanz zwischen dem Landesepiskopat und dem Vatikan fungierte, wie seine Aktivitäten nach dem 11. März unwiderleglich bezeugen. Ein Dazwischentreten seines Berli-

[58] Zu den Einzelheiten vgl. M. Liebmann II, 52f. – Ähnliche Zweifel erheben sich gegen die innere Glaubwürdigkeit einer anderen Überlieferung, der sogenannten Winkler-Version, die den Berliner Nuntius ebenfalls für einen noch gravierenderen Eingriff ins politische Tagesgeschehen nach Hitlers Machtantritt in Anspruch nimmt. Ihr zufolge soll Orsenigo Mitte März 1933 den Zentrumsvorsitzenden Kaas persönlich aufgesucht haben, um ihn im Auftrag Pacellis zur parlamentarischen Unterstützung der Regierung Hitler–Papen anzuhalten; zur Problematik dieser Quelle und ihrer Beweiskraft vgl. K. Repgen, Ungedruckte Nachkriegsquellen zum Reichskonkordat, in: Historisches Jahrbuch 99 (1979) 375–413.

ner Kollegen ist unverträglich mit den ihm zugewiesenen und von ihm wahrgenommenen Zuständigkeiten.

c) Für die Bewertung einer Angliederung Österreichs an Deutschland galt dem Heiligen Stuhl seit 1933 als entscheidendes Kriterium, daß damit weitere sechs Millionen Katholiken der nationalsozialistischen Zwangsherrschaft und Kirchenbedrückung ausgeliefert würden. Daraus resultierte eine Ablehnung aller Anschlußbestrebungen, die vom Vatikan konsequent durchgehalten wurde. Mit dieser Grundeinstellung hätte der Papst abrupt und zudem nur intermittierend gebrochen, hätte er durch eine Kompetenzausweitung des Reichsnuntius auf Österreich Hitlers Gewaltstreich gleichsam durch päpstliches Siegel approbiert, und das zu einem Zeitpunkt, wo über die staatsrechtliche Form des Zusammenschlusses noch gar nicht entschieden war. Zweifelsfrei verbürgt ist aber nicht jene Orsenigo zugeschriebene Geisterrolle, verbürgt ist vielmehr die kontinuierlich durchgehaltene Entschlossenheit der Kurie, ihren Nuntius in Wien so lange wie nur irgend möglich amtieren zu lassen. Tatsächlich hat Cicognani seine Dienstgeschäfte bis in die ersten Apriltage weitergeführt.

Neben der Sicht und Haltung des Heiligen Stuhls kommt dem Schweigen aller von dem angeblichen Orsenigo-Besuch unmittelbar Betroffenen nicht geringe Bedeutung zu. So ist es schwer vorstellbar, daß Waitz, bei der Abfassung des Verhandlungsberichts an den Papst unter merklichem Rechtfertigungsdruck stehend, eine auslösende Intervention des Berliner Vatikanvertreters völlig unerwähnt gelassen hätte. Denn schon durch eine initiale oder periphere Mitverantwortung des Vatikans an dem Ereignisablauf wären die bischöflichen Unterhändler doch erheblich entlastet worden. Ebenso unerklärlich wäre es, wenn der gleiche sensationelle Vorgang auf der Fahrt Innitzers nach Rom, wo die Reisebegleiter den Kardinal für den bevorstehenden schweren Gang zum Papst mit Verteidigungsargumenten zu wappnen suchten, angesichts der vielen Interna, die dabei ausgetauscht wurden[59], wiederum nicht zur Sprache gekommen sein sollte.

Erste Reaktionen des Vatikans

Nach der Überrumpelung der Bischöfe in der Feierlichen Erklärung und dem Fehlschlag des Nachbesserungsversuchs im Vorwort stand der Heilige Stuhl vor der Notwendigkeit, selbst initiativ zu werden, wenn er nicht auf die Markierung einer kirchlichen Gegenposition verzichten wollte. Ein vorbereitender Schritt dazu war die Vorladung Innitzers nach Rom, der nachzukommen freilich Bürckel mit allen Mitteln zu verhindern suchte. Gewillt, dem Reisebefehl des Papstes zu entsprechen, es zugleich aber mit dem Gauleiter nicht zu verderben, wurde Innit-

[59] Darunter als wichtigstes Detail (vgl. F. BORNEMANN 120) der Hinweis auf einen Brief Innitzers wohl vom 31. März, worin er Hitler beschworen habe, den Friedensversuch der Bischöfe vor einem Scheitern zu bewahren. Das Schreiben wurde bislang nicht ermittelt, vom Kardinal selbst wohl auch kaum archiviert.

zer zwischen Ja und Nein hin und her gerissen. Er bot dabei das gleiche Schauspiel der Zerfahrenheit wie in seiner Politik gegenüber den Regierungsstellen. Es bedurfte des Aufgebots zweier Vatikanvertreter, des scheidenden Wiener und des in seine Rechte eintretenden Berliner Nuntius, um den Kardinal nach zweimaliger Zu- und Absage schließlich am 4. April zum Antritt der Romreise zu bewegen[60]. Die Zeit hatte inzwischen gegen ihn gearbeitet und sein störrisches Zögern den Papst nur noch mehr gegen ihn aufgebracht. Unvergessen waren in Rom auch seine Winkelzüge, die Verhandlungen mit den neuen Machthabern vor Nuntius Cicognani möglichst abzuschirmen[61]. Nicht ohne Grund plagten ihn darum Vorahnungen, welches Gewitter sich über seinem Haupt im Vatikan entladen werde.

Da der Kardinal auf sich warten ließ, erfolgten erste vatikanische Klarstellungen nicht nur ohne, sondern gegen ihn. An ihrer Reserve länger festzuhalten, war nämlich auch der Kurie verwehrt, nachdem inzwischen am 28./29. März die NS-Presse die beiden Bischofskundgebungen (Feierliche Erklärung und Vorwort) unter mächtigem Propagandagetöse in die Öffentlichkeit und die Parteiführung auf Plakaten faksimiliert in den Wahlkampf geworfen hatte. In der Kurie brach sich das Echo in einer Flut teils verwunderter, teils empörter Rückfragen.

Die Urteilsbildung des Vatikans rund um den Anschluß war von Anfang an beherrscht von Besorgnis und Skepsis. Das lag nicht nur daran, daß die Angliederung Österreichs an ein nationalsozialistisches Deutschland aus religiös-kirchlicher Sicht grundsätzlich als Unglück galt.

Wie der französische Botschafter berichtet, war Kardinalstaatssekretär Pacelli schon am Vorabend von Hitlers Gewaltstreich in äußerste Unruhe versetzt, wobei ihn über das Schicksal Österreichs hinaus das der Tschechoslowakei, aber auch schon der europäische Friede überhaupt ängstigte. Von Hitlers Vorliebe für gewaltsame Lösungen sei Schlimmes zu befürchten[62].

Auf diesem pessimistischen Untergrund verfolgte man an der Kurie die ersten Reaktionen des österreichischen Episkopats aus kritischer Distanz. So wurde selbst die überaus zurückhaltend formulierte erste Verlautbarung Innitzers schon mißfällig aufgenommen. Der Kardinal habe sich vielleicht allzusehr beeilt, den Siegern diesen Tribut zu zollen, meinte Tardini, ein enger Mitarbeiter des Kardinalstaatssekretärs[63].

[60] Eine anschauliche Schilderung der von Hektik gezeichneten Vorgänge bis zur Abfahrt des Zuges bietet der Bericht Schmidts in F. Bornemann 114–118.

[61] Zu diesbezüglichen Klagen Cicognanis vgl. F. Bornemann 105f.

[62] Vgl. Charles-Roux an Delbos, 9. März 1938. Druck: Documents Diplomatiques Français 1932–1939 (zitiert: DDF), Deuxième Série (1936–1939), Tome VIII (Paris 1973), Nr. 352.

[63] Vgl. Charles-Roux an Paul-Boncour, 14. März 1938. Druck: DDF, Tome VIII, Nr. 423. – Es handelt sich um den in der „Reichspost" vom 13. März 1938 veröffentlichten Gebetsaufruf Innitzers, in dem die Katholiken der Wiener Erzdiözese aufgefordert wurden, „zu beten, um Gott dem Herrn zu danken für den unblutigen Verlauf der großen politischen Umwälzung, und um eine glückliche Zukunft für Österreich zu bitten" (vgl. M. Liebmann II, 43).

Nicht mehr nur für Diplomatenohren bestimmt waren dann Verlautbarungen, die in Vatikanorganen nach dem Erscheinen der österreichischen Bischofserklärungen publik gemacht wurden. Da stellte zunächst der Osservatore Romano vom 2. April 1938 in einer kargen Mitteilung klar, daß besagte Kundgebungen sowohl ohne vorherige Verständigung mit dem Heiligen Stuhl wie ohne dessen nachträgliche Billigung entstanden seien, mithin unter die alleinige Verantwortung des österreichischen Episkopats selbst fielen.

Ein schärferes Schlaglicht auf die Stimmungslage an der Kurie warf am Abend des gleichen Tages ein Kommentar von Radio Vatikan. Schon untertags hatte das Gerücht von einer brisanten Sendung des deutschsprachigen Dienstes die Runde gemacht und die Journalisten in Alarmbereitschaft versetzt. Sie wurden nicht enttäuscht. Gehörte doch der Abendkommentar in die Sparte scharfzüngiger politischer Polemik, wie sie vom Vatikansender nicht eben bevorzugt gepflegt wurde. Scheinbar auf einen Artikel[64] im „Schwarzen Korps", dem Organ Himmlers, zielend, attackierte der Beitrag tatsächlich mit scharfen Hieben den Umfall der österreichischen Bischöfe vor den neuen Machthabern. Während die einen den Verfasser in P. Friedrich Muckermann, andere in P. Robert Leiber suchten, war es in Wahrheit der Gregoriana-Professor Gustav Gundlach SJ[65].

Das Stichwort lieferte das SS-Blatt, indem es das Anschlußereignis als Bankrott des politischen Katholizismus gefeiert hatte. Daran anknüpfend, unterschied nun der Kommentator[66] kritisch zwischen einem wahren und einem falschen politischen Katholizismus, um dann letzteren in allgemeinen Wendungen und ohne konkrete Zielangabe gleichsam an einem Schattenriß zu exemplifizieren, in den sich das Verhalten des österreichischen Episkopats mit suggestiver Exaktheit einfügte. Am größten sei der Schaden für die Kirche dann, so hieß es in dem Gericht über die anvisierte Fehlhaltung, „wenn sogar die berufenen Hüter der göttlichen Sittenordnung von jenem Geiste des falschen politischen Katholizismus erfaßt waren oder sind, und zwar irgendwie befangen unter dem Eindruck der Mächtigen und Erfolgreichen des Tages". Mit unverkennbarer Spitze gegen die Feierliche Erklärung wurde festgestellt, es sei „nicht Sache der kirchlichen Lehrautorität als solcher, Erklärungen abzugeben, welche die rein wirtschaftlichen, sozial-politischen und volkswirtschaftlichen Erfolge einer Regierung messen und werten", weshalb auch kein Gläubiger verpflichtet sei, sich daran zu orientieren. Noch verwerflicher sei es, wenn die Hirten sich aus überkluger Anpassung den Erfolgreichen des Tages anschlössen, während zur gleichen Zeit „die einfachen Gläubigen aller Stände" ihr Eintreten für die Grundsätze der Gottesordnung zu

[64] Vgl. „Das Schwarze Korps" vom 17. März 1938.

[65] Gustav Gundlach SJ (1892–1963), 1912 Ordenseintritt, 1923 Priester, 1929 Professor für Sozialethik und Soziologie in Frankfurt/St. Georgen, 1938–1962 an der Päpstlichen Universität Gregoriana in Rom. – Zu Gundlachs Autorschaft und ihren Konsequenzen vgl. J. SCHWARTE, Gustav Gundlach SJ, Maßgeblicher Repräsentant der katholischen Soziallehre während der Pontifikate Pius' XI. und Pius' XII. (München, Paderborn, Wien 1975) 66–71.

[66] Der Text des Kommentars wurde gedruckt in: Neue Zürcher Nachrichten Nr. 79 vom 4. April 1938; eine leicht differierende Fassung findet sich in W. ADOLPH 255–258.

büßen hätten. Alle aufrechten Menschen weit über den Bereich der Kirche hinaus müßten „in einem solchen Verhalten der Hirten nur Würdelosigkeit und Treulosigkeit erblicken".

Von Berlin aus wurde Vatikanbotschafter von Bergen, seinerseits über die Schärfe des Kommentars entsetzt, noch vor Mitternacht angewiesen, den Charakter der aufregenden Sendung zu klären. Obwohl Pacelli den Beitrag selbst veranlaßt hatte, zog er es, diplomatischer Gepflogenheit entsprechend, vor, ihn zu einer privaten Äußerung herabzustufen, ohne sich auf die Frage des Autors lange einzulassen.[67] Hier eine Konfrontation zu vermeiden, schien dem Kardinalstaatssekretär wohl auch deshalb ratsam, weil der NS-Regierung mit dem geplanten römischen Nachwort noch eine weit peinlichere Überraschung bevorstand, weshalb er den Bogen nicht vorzeitig überspannen wollte.

Immerhin benutzte er den Einspruchsversuch dazu, dem Botschafter über das unrühmliche Zustandekommen der Bischofserklärung reinen Wein einzuschenken. Zu den Überrumpelungsmethoden Bürckels wie der Unterwürfigkeit der Bischöfe machte er ihm klar: „Ich allein weiß, was meine innerste Überzeugung ist, und ich ließe mir niemals von anderen vorsagen oder vorschreiben, wie sie aussieht. Ich hätte eine noch viel patriotischere Erklärung abgeben können, niemals aber hätte ich eine unterschrieben, die andere formuliert hatten."[68]

Innitzers Rombesuch

Nach dramatischen Interventionen von NS-Seite, Innitzer noch in letzter Minute von der Romreise abzubringen, trat der Kardinal am Abend des 4. April die Reise nach Süden an. Während Bürckel, als es um eine Revision der Feierlichen Erklärung ging, in angeblich unerreichbare Fernen entschwebt war, ließ er Innitzer jetzt noch aus dem abfahrbereiten Schnellzug ans Telefon holen, ohne ihn jedoch diesmal umstimmen zu können. Da der Kardinal vor dem Wahltag nochmals mit Hitler zusammentreffen sollte, eine Begegnung, auf die Innitzer alle Hoffnung setzte, mußten die Gespräche im Vatikan in kürzester Frist abgewickelt sein, eine Voraussetzung, die dort neue Verstimmung weckte.

[67] Die Distanzierung der Kurie brachte der „Osservatore Romano" vom 4. April 1938. – Unter dem gleichen Datum notierte Goebbels in seinem Tagebuch: „Der Vatikan nimmt nun seine Erklärung vom Freitag zurück. Habe von seiner (!) Verlesung vorher nichts gewußt. Das ist natürlich purer Schwindel. Aber immerhin hat man unter dem Druck der Entwicklung kalte Füße bekommen." – Zur Resonanz auf die vatikanische Stellungnahme bemerkte der französische Geschäftsträger (vgl. Rivière an Paul-Boncour, 6. April 1938. Druck: DDF, Tome IX, Paris 1974, Nr. 125): „Das Dementi, das vom Osservatore Romano veröffentlicht wurde, hat in Rom niemanden überzeugt. Kurienkreise, die mit den Gebräuchen des Hauses wohlvertraut sind, glauben, daß dieses Demeti unter den gegebenen Umständen nicht zu umgehen war, daß es aber das Faktum bestätige, anstatt es zu entkräften. Eines ist jedenfalls sicher, daß nämlich der Vatikansender am 1. April nichts anderes getan hat, als die Meinung des Hl. Stuhls über das unglückliche Abenteuer der österreichischen Bischöfe urbi et orbi zu verbreiten."

[68] Druck: V. Reimann 142.

Nach einer ersten Fühlungnahme mit Pacelli am Vorabend wurde der Wiener Kardinal am Vormittag des 6. April vom Papst empfangen. Vorbedingung dafür war, daß Innitzer im Namen des österreichischen Episkopats eine Erklärung unterzeichnete, in der alle die Punkte nachgetragen wurden, die zu betonen die Unterzeichner der Feierlichen Erklärung vom 18. März aus päpstlicher Sicht versäumt hatten. Sie hat folgenden Wortlaut:

„1. Die feierliche Erklärung der österreichischen Bischöfe vom 18. März dieses Jahres wollte selbstverständlich keine Billigung dessen aussprechen, was mit dem Gesetze Gottes, der Freiheit und den Rechten der katholischen Kirche nicht vereinbar war und ist. Außerdem darf jene Erklärung von Staat und Partei nicht als Gewissensbindung der Gläubigen verstanden und propagandistisch verwertet werden.

2. Für die Zukunft verlangen die österreichischen Bischöfe:

a) In allen das österreichische Konkordat betreffenden Fragen keine Änderung ohne vorausgehende Vereinbarung mit dem Heiligen Stuhl.

b) Im besonderen eine solche Handhabung des gesamten Schul- und Erziehungswesens sowie jeglicher Jugendführung, daß die naturgegebenen Rechte der Eltern und die religiös-sittliche Erziehung der Jugend nach den Grundsätzen des Glaubens gesichert sind.

c) Verhinderung der religions- und kirchenfeindlichen Propaganda.

d) Das Recht der Katholiken, den katholischen Glauben und die christlichen Grundsätze für alle Bezirke des menschlichen Lebens mit allen dem heutigen Kulturstand zu Gebote stehenden Mitteln zu verkünden, zu verteidigen und zu verwirklichen.

Rom, den 6. April 1938

Kardinal Innitzer im Namen aller österreichischen Bischöfe."

Darin wurden also nicht nur generell die Rechte Gottes und der Kirche geltend gemacht, deren Erwähnung Innitzer in Wien nicht durchzusetzen vermochte, sondern in konkreten Einzelforderungen spezifiziert. An der Spitze stand die Anmahnung des österreichischen Konkordats als der verbindlichen Regelung des Staat-Kirche-Verhältnisses in Österreich und damit verbunden die Erinnerung an den Hl. Stuhl als die allein zuständige Verhandlungsinstanz. Indirekt war das ein Tadel für die Vergeßlichkeit der Bischöfe, auf das Konkordat auch nur zu verweisen, und für ihr Ungeschick, sich gegenüber dem totalen Unterwerfungsanspruch des NS-Regimes nicht hinter ihrer Unzuständigkeit verschanzt zu haben, von der damit implizierten Kompetenzanmaßung gegenüber dem Hl. Stuhl ganz zu schweigen, die dort sehr wohl registriert wurde. Die kirchlichen Forderungen zur Jugendführung schließlich lasen sich für Eingeweihte wie eine Verwerfung des Überführungsangebots der katholischen Jugend in die HJ in Innitzers Fünf-Punkte-Erklärung[69].

[69] Vgl. dazu oben S. 179.

Über den Verlauf der eineinhalbstündigen Unterredung des Kardinals mit dem erzürnten Papst gibt es bislang zwar keinen zusammenhängenden Bericht, doch hinreichend Angaben aus zweiter Hand, um wichtige Akzente zu erfassen. Nach der Schilderung eines im Vatikan wartenden Begleiters sah Innitzer nach der Audienz „sehr niedergeschlagen" aus und machte „ein Zeichen, daß es nicht gutgegangen sei"[70]. Offensichtlich hatte sein Versuch, die Handlungsweise des österreichischen Episkopats mit dem Experiment der Feierlichen Erklärung zu verteidigen, den Papst noch mehr in Harnisch gebracht. Denn wie Pius XI. dem französischen Kardinal Baudrillart anvertraute, habe der Wiener Kardinal in der Audienz noch immer nicht den Fehltritt begriffen, den er begangen hatte, so daß er ihn das ohne Schonung habe fühlen lassen müssen. „Wir sind herabgewürdigt worden", habe er ihm gesagt und ihm auseinandergesetzt, daß er mit dem Verzicht auf den kleinsten Vorbehalt hinsichtlich der Rechte Gottes und der Kirche gegen seine Bischofs- und Hirtenpflicht gefehlt und seinen Glaubensgenossen und ihren Bischöfen im Reich schwersten Schaden zugefügt habe. Den Grund für den Umfall der Unterzeichner der Anschlußkundgebung suchte der Papst in einem Mangel an Charakter, der Leichtigkeit des österreichischen Naturells und den Spuren, die der Josephinismus im Denken des Klerus hinterlassen habe. Die Auslöschung Österreichs selbst, so gestand der Papst, habe ihn mit wirklichem Schmerz erfüllt, und zwar wie wenige andere Ereignisse in seinem Leben, wobei er das empörte Staunen hervorhob, das ihn beim Lesen der Feierlichen Erklärung überfallen habe[71].

Ähnlich freimütig, ohne diplomatische Einkleidung und ungehemmt von den ansonsten so strikt befolgten Regeln der Diskretion und Kollegialität, hatte sich Pius XI. schon unmittelbar nach dem Innitzer-Besuch Kardinal Tisserant gegenüber geäußert. Dieser hatte den Papst in einem Zustand unbeschreiblicher Erregung angetroffen, in die ihn das Zustandekommen der Feierlichen Erklärung, das er seinem Besucher schilderte, noch immer zu versetzen vermochte. Unverständlich sei ihm, wie die Bischöfe ein derart nazifiziertes Dokument unterschreiben konnten, und er sei angewidert von dieser traurigen Kapitulation[72].

An der anhaltenden und noch zwei Wochen nach dem Innitzer-Besuch wieder aufflammenden Verstimmung des Papstes war abzulesen, daß man in der Kurie die römische Erklärung vom 6. April lediglich als einen Notbehelf, keineswegs aber als eine Bereinigung der Situation ansah. Das galt schon deswegen, weil die Publikation dieser Erklärung in Deutschland und Österreich verhindert wurde. Daß den Papst die Enttäuschung über die österreichsichen Bischöfe und ihren von Bürckel arrangierten Ausflug ins Lager der NS-Bewunderer zu Mißfallensäußerungen von unverminderter Heftigkeit provozieren konnte, läßt erkennen, daß die Verwundung in traumatische Tiefen reichte.

[70] So nach P. Schmidt SVD; vgl. F. Bornemann 126.

[71] Zum Bericht Baudrillarts vgl. Charles-Roux an Bonnet, 20. April 1938. Druck: DDF, Tome IX, Nr. 209.

[72] Zum Bericht Tisserants vgl. Rivière an Paul-Boncour, 6. April 1938 (oben Anm. 67).

Wenn der Kardinalstaatssekretär, anders als der Papst, Innitzer gegenüber die ihm eigene Konzilianz wahrte, so durfte man daraus keineswegs auf einen geringeren Grad der Mißbilligung schließen. Vor dem französischen Vatikanbotschafter zeigte sich Pacelli schockiert über das Verhalten der österreichischen Bischöfe, vor allem jedoch über ihre paradoxe Bereitschaft, als ihre innerste Überzeugung auszugeben, was ihnen unter Druck abverlangt worden war. Es waren der von Bürckel ausgeübte moralische Zwang und der völlige Mangel an Charakter bei den Bischöfen die Gründe, denen Pacelli ihre Lenksamkeit zuschrieb. Außerdem jedoch habe es bei Kardinal Innitzer die naive Hoffnung gegeben, eine große Rolle zu spielen als Retter der Kirche in Österreich und Deutschland. Aus dem Blickwinkel eigener Erfahrungen mit der NS-Führung belächelte Pacelli Innitzers Drang, um keinen Preis die zweite Begegnung mit Hitler zu verpassen, und seinen Glauben an ein autoritatives Führerwort zugunsten der Kirche, das dann ja auch tatsächlich ausblieb[73]. Dem französischen Geschäftsträger gegenüber hatte der Kardinalstaatssekretär seine Verurteilung der Feierlichen Erklärung gar in den Superlativ gefaßt, daß es in der Geschichte der Kirche keine beschämendere Episode gegeben habe[74].

Der hier erstmals greifbar werdende Gegensatz Innitzer–Pacelli war indessen nicht zufällig oder situationsbedingt, sondern in einem Spannungsverhältnis der Persönlichkeitsstrukturen grundgelegt: Pragmatiker, Charismatiker und Menschenfreund der eine, Prinzipienmensch, Kanonist und Diplomat der andere, beide jedoch einander wieder sehr ähnlich in dem Charme, den sie zu entfalten vermochten. Darauf ist zurückzuführen, daß es auch später zwischen Wien und Rom zu Verständigungsschwierigkeiten und Meinungsdifferenzen gekommen ist, nachdem Pacelli zum Nachfolger Pius' XI. aufgerückt war.

Während es sich Pius XII. im Zweiten Weltkrieg zur Regel machte, auf Schreiben einzelner deutscher oder österreichischer Bischöfe jeweils persönlich zu erwidern[75], überließ er die Beantwortung der Schreiben Innitzers seinem Kardinalstaatssekretär Maglione. Obschon das wegen der Hilfsersuchen des Wiener Kardinals für jüdische Katholiken in gewissem Umfang sachlich begründet war, erklärt das die auffällige Ausnahmebehandlung Innitzers doch nur unvollständig. Zu neuen Friktionen kam es in der Nachkriegszeit, als der Wiener Erzbischof nach dem Wiedererstehen Österreichs den Fortgeltungsanspruch des Konkordats von 1933 mit sichtlich geringerem Engagement vertrat, als es Pius XII. von ihm erwartet hatte.

[73] Vgl. Charles-Roux an Bonnet, 11. April 1938. Ministère des Affaires Étrangères, Paris. Z-Europe 1930–1940, Autriche, vol. 191.

[74] Vgl. oben Anm. 72.

[75] Nur für diesen Absenderkreis läßt sich bislang eine solche Regel nachweisen; vgl. dazu B. SCHNEIDER, Briefe Pius' XII. an die deutschen Bischöfe 1939–1944 (Mainz 1966).

Klärung der Fronten

Mit dem Abstimmungssieg vom 10. April 1938 war es auch um Bürckels Interesse an Kontakten zum Episkopat geschehen. Zwar blieb der Glaube der Bischöfe zunächst ungebrochen, doch noch zu einer Sonderabmachung über den Kirchenfrieden in Österreich zu gelangen. Das Nebeneinander von Friedensversprechen auf der einen und Enteignungstaten auf der anderen Seite zerstörte indes im Lauf der folgenden Monate die letzten Illusionen. Nicht anders als ihre reichsdeutschen Amtsbrüder beschritten nunmehr auch die österreichischen Bischöfe den Weg des Protests[76].

Als im Spätsommer 1938 eine Bischofskonferenz in Wien die Verständigungsversuche[77] für gescheitert erklärte, schlug auch für Josef Bürckel die Stunde der Wahrheit. Da der Wiener Kardinal für Prestige- und Propagandazwecke ausgedient hatte, bekam er jetzt die Condottiere-Natur des Gauleiters in ihrer ganzen Brutalität zu spüren. Nach der Verwüstung des Bischofspalais durch braune Horden am 8. Oktober 1938 wurde fünf Tage später der nunmehr entbehrliche Kardinal von Bürckel einer zehntausendköpfigen antikleralen Meute auf dem Heldenplatz als Haßobjekt preisgegeben.

Wonach der anpassungswillige Friedenssucher Innitzer in den Märzkundgebungen vergeblich gegriffen hatte, das flog dem von den braunen Machthabern schnöde Getretenen nun in Überfülle zu, die Sympathie und Solidarität seiner Glaubensgenossen drinnen und draußen. Die Flucht aus der Isolation hatte in Niederlagen geendet, erst in der äußersten Passivität errang der Kardinal den moralischen Sieg über die Mächte, die ihn äußerlich zu Boden streckten.

[76] Den Wendepunkt markiert die von allen österreichischen Bischöfen unterzeichnete Denkschrift an Hitler, 28. September 1938. Druck: Bischofsakten IV, Nr. 482.

[77] Zum Inhalt und Verlauf dieser Verhandlungen vgl. M. LIEBMANN II, 109–124. – Die einschlägigen Aufsätze Liebmanns sind jetzt gesammelt greifbar in: M. LIEBMANN, Kardinal Innitzer und der Anschluß. Kirche und Nationalsozialismus in Österreich 1938 (Graz 1982).

KARDINAL MICHAEL VON FAULHABER (1869–1952)*

Kindheit und Schulanfang (1869–1879)

Das Licht der Welt erblickte Michael Faulhaber in Klosterheidenfeld, einem unterfränkischen Pfarrdorf, 12 km südlich von Schweinfurt, das damals etwas über 500 Einwohner zählte. Der Vater (1831–1900), ebenfalls auf den Namen Michael hörend und von Beruf Bäcker und Landwirt, stammte aus Oberpleichfeld bei Würzburg und hatte in Klosterheidenfeld eingeheiratet. Nach dem frühen Tod seiner ersten Gattin verehelichte er sich 1864 zum zweiten Mal und zwar mit Margarete Schmitt (1839–1911), die ihre Heimat in Bergtheim hatte, einem Nachbarort von Oberpleichfeld. Dieser Ehe entsprossen sieben Kinder[1]. Das drittälteste, der am 5. März 1869 geborene zweite Sohn, wurde wie der Vater auf den Namen Michael getauft. Die Ironie des Schicksals wollte es, daß der Ortspfarrer den Taufakt zu registrieren vergaß, so daß sich der berühmteste Täufling der Pfarrei Klosterheidenfeld über ein Jahrzehnt lang gedulden mußte, bis sein Name in die Taufmartikel aufgenommen wurde[2]. Denn erst als der angehende Sextaner ein Taufzeugnis benötigte, wurde das Versäumnis entdeckt und behoben.
Der jüngere Bruder Robert (1874–1921) wurde wie Michael Weltpriester und starb als Pfarrer von Hesselbach, noch nicht 50 Jahre alt. Die jüngste Schwester Katharina (1879–1957) begleitete den Bruder auf seinem Lebensweg als Erzbischof und Kardinal, wobei sie ihm vor allem für mancherlei außeramtliche Schreibarbeit selbstlos und unauffällig zu Diensten stand.
Den Vater charakterisiert Faulhaber als Franken „von echtem Schrot und Korn, in seinem Doppelberuf als Bäcker und Bauer immer überanstrengt und Sonntag wie Werktag gleichviel, vielleicht überviel vom Ernst des Lebens und der Zeit beherrscht." War der Vater „die ruhelose, schweigende Arbeit", so die Mutter „die redende Liebe"[3]. Mit sieben Jahren wurde Michael, da er das Confiteor bereits beherrschte „zum Ministrantendienst gemustert"[4]. Die Höhepunkte des Kirchenjahres, bei deren Feier er am Altar mitwirken durfte, zogen ihn früh in

* Mit freundlicher Erlaubnis der Kommission für Zeitgeschichte (Bonn) und des Matthias-Grünewald-Verlags (Mainz) wurde der Beitrag entnommen der vom Autor bearbeiteten Quellenedition „Akten Kardinal Michael von Faulhabers 1917–1945". Bd. I: 1917–1934 (Mainz 1975). Bd. II: 1935–1945 (Mainz 1978) (= Veröffentlichungen der Kommission für Zeitgeschichte. Reihe A: Quellen 17 und 26).

1 Zur Familiengeschichte der Faulhaber vgl. St. Ankenbrand, Von den Ahnen des Kardinals Michael Faulhaber. In: Würzburger Diözesangeschichtsblätter 16/17 (1954/55) S. 410–418.

2 Laut Auskunft des Pfarramts Heidenfeld ist der Nachtrag am Fußende der einschlägigen Seite 106 der Taufmatrikel III angebracht und ohne Zeitangabe mit dem Zusatz versehen: „Eintrag von Pfarrer Katzenberger auf Angabe des Vaters und auf Grund des Impfscheins." Da Katzenberger von 1878–1882 Pfarrer von Klosterheidenfeld war, dürfte der Nachtrag anläßlich der Aufnahme Faulhabers in die Höhere Schule in Schweinfurt, also im Herbst 1879, erfolgt sein.

3 Vgl. M. Faulhaber, Autobiographie (unveröffentlicht) S. 3.

4 A.a.O. S. 7.

ihren Bann. Mit sechs Klassen in einem einzigen Unterrichtsraum litt die heimatliche Zwergschule an allen Gebrechen dieses Schultyps. Nur die Schulanfänger genossen den Vorzug, von der Lehrersfrau als eigene Klasse betreut zu werden, hatten sich aber dafür mit gekreuzten Beinen auf den harten Dielen der Lehrerwohnung niederzulassen „wie Araberkinder in der Moschee“[5].
Irgendwie muß Faulhaber schon in der Volksschule durch geistige Regsamkeit aufgefallen sein, weil er im Dorf bald als „der Student“ gehänselt wurde. Der Spottname ärgerte ihn um so mehr, als er sich nichts Rechtes darunter vorstellen konnte und nur soviel wußte, daß man es beim Studentsein zu einer Brille bringt, um später Amtsrichter, Oberförster oder Pfarrer zu werden. Das Tor zu dieser geheimnisvollen Welt sprang unversehens auf, als der Dorfkaplan[6] einen Jungen aus dem Nachbarort für die Aufnahme in die Höhere Schule vorbereiten sollte, dies aber nur unter der Bedingung tun wollte, daß noch ein zweiter Kandidat am Unterricht teilnehme. Daraufhin eilte der Pfarrer[7] geradewegs zur Familie Faulhaber, um dem Vater sehr energisch klarzumachen, daß sein Michael zum gemeinsamen Anfang gerade das richtige Alter habe. Niemals hat der Kardinal das Plätzchen im Elternhaus vergessen, wo er „gefragt wurde und ohne Besinnen zustimmte und dann, als der Pfarrer fort war, der Mutter in die Arme flog“[8].

Gymnasiast in Schweinfurt und Würzburg (1879–1888)

Pfarrer Katzenberger ebnete dann auch den mit allerlei Formalitäten gepflasterten Weg zur Aufnahme in die „Königliche Studienanstalt Schweinfurt“. Nach dem herablassend verdemütigenden Empfang durch den Schulleiter wäre der Vater am 27. September 1879 beinahe wieder umgekehrt, hätte nicht der Sohn mit der Sprache der Tränen alle kleinmütigen Bedenken fortgespült[9]. Der Anfang war dennoch hart. Den angehenden Lateinschüler vertrieb beizender Rauch aus seinem Studierzimmer, der immer dann in Wolken aus dem Kamin schlug, wenn in der Korbflechterwerkstatt nebenan die noch grünen Weidenabfälle in den Ofen wanderten. Um das Lernpensum trotzdem zu bewältigen, flüchtete der Sextaner dann mit Tisch und Stuhl in den Hof, verschwieg aber in den Briefen nach Hause den Kampf gegen Winterkälte und Frostbeulen, um ja nicht das Studium abbrechen zu müssen. Bei einem Überraschungsbesuch entdeckte jedoch der Vater die Misere und ruhte nicht eher, bis er einen wärmeren Unterschlupf besorgt hatte. Die neue Wirtin war eine Malzaufschlägerswitwe, bei der schon zwei andere Lateinschüler wohnten und „die sich seit Jahrzehnten als fürsorgliche Studentenmutter bewährt hatte“[10].

[5] A.a.O. S. 45.
[6] Johann Trapp (1846–1902), Geistlicher (D. Würzburg), 1883 Pfarrer in Waldfenster.
[7] Michael Katzenberger (1834–1883), Geistlicher (D. Würzburg), 1878–1882 Pfarrer in Klosterheidenfeld.
[8] Vgl. M. Faulhaber, Autobiographie S. 45.
[9] A.a.O. S. 46.
[10] A.a.O. S. 47f.

Die „Königliche Studienanstalt“ in Schweinfurt führte ihre Gründung auf Philipp Melanchthon zurück und da sich die Einwohner der ehemals freien Reichsstadt größtenteils zur protestantischen Konfession bekannten, überwogen auch in den Schulklassen die evangelischen Schüler bei weitem. Doch begegnete man sich durchweg im Geist gegenseitiger Toleranz. Zum Abitur führte die Anstalt in zwei Stufen. Das Fundament der vierklassigen Gymnasialstufe bildete die aus fünf Klassen bestehende Lateinschule. In Schweinfurt durchlief Faulhaber nur die ersten vier Klassen, um dann im Herbst 1883 mit dem Eintritt in die 5. Lateinklasse nach Würzburg überzusiedeln[11]. Gleichzeitig vertauschte er die Privatunterkunft mit dem Bischöflichen Knabenseminar, das erst 1871 eröffnete und nach dem Frankenapostel und Diözesanpatron benannte Kilianeum. Damit war die Berufswahl zwar noch nicht endgültig entschieden, aber doch der Kurs auf das Theologiestudium eingeschlagen. Von sich aus gewillt, die Stunde zu nützen, empfand der Neueingetretene den straffen Rhythmus des Seminarbetriebes nicht als Zwangsjacke. Alles nach einer festen Ordnung zu verrichten, wurde für Faulhaber schon in jungen Jahren zu einer Lebensmaxime, deren Gebote ihm Wohltat, nicht Plage waren. „Wer nach einer festen Ordnung lebt“, so bekennt er lapidar, „lebt ein doppelt so langes und ein doppelt so glückliches Leben“[12].
Ordnung herrschte auch in seinem Bestand an persönlichen Büchern, den er schon in Schweinfurt grundgelegt hatte und der vom „Lederstrumpf“ bis zu den „Nordischen Sagen“ reichte. Alle waren gewissenhaft verzeichnet und wenn er die 22 Nummern überschaute, erfaßte ihn „ein Gefühl unsagbaren Reichtums“. In den Oberklassen erwachte dann eine Lesewut, „die am liebsten die ganze Weltliteratur verschlungen hätte“. Nicht nur dem Bildungskanon, sondern durchaus eigener Neigung folgend, vertiefte er sich in die Klassiker, von Calderon und Shakespeare bis zu Goethe, Schiller und Lessing. Nach Erledigung des Aufgabenpensums wurde die Lektüre bis tief in die Nacht hinein ausgedehnt, wofür der Unersättliche wiederholt mit einer Entzündung des linken Auges zu büßen hatte[13].
Das Einjährigenzeugnis[14] am Ende des 6. Gymnasialjahres lobte im Somme 1885 den „gewissenhaften Fleiß dieses wackeren Schülers“ und stellte ihm in allen Fächern die Note „sehr gut“ aus, in Religion sogar ein „vorzüglich“. Neben den Pflichtfächern beteiligte sich Faulhaber auch am Wahlunterricht in Italienisch, Englisch und Kurzschrift und nennt das dort erworbene Wissen einen „Lebenswert von ungeahnter Größe“[15]. Das gilt namentlich von der Kunst des Stenographierens, in der er es zu öffentlicher Anerkennung brachte und deren er sich zeitlebens eifrig bediente.

[11] A.a.O. S. 49.
[12] A.a.O. S. 50.
[13] A.a.O. S. 54.
[14] Vgl. Abschrift a.a.O. S. 53.
[15] Ebd.

Von 1885 ab besuchten die Zöglinge des Kilianeums nicht mehr das Alte, sondern das Neue Gymnasium der Bischofsstadt. An der ersten Anstalt hat Faulhaber also zwei Jahre verbracht, an der zweiten nach weiteren drei Jahren mit dem Abitur abgeschlossen. Aus dem Professorenkollegium des Neuen Gymnasiums sind ihm zwei Lehrerpersönlichkeiten über den Tag hinaus in verehrungswürdiger Erinnerung geblieben: Rektor Adam Bergmann und Deutschlehrer Wilhelm Zipperer, der eine geschätzt wegen seiner Einführung in die Literatur der Antike wie der andere in die Muttersprache[16]. Nicht von ungefähr bewies darum Faulhabers deutscher Abituraufsatz „klares Sachverständnis und hervorragende Sprachgewandtheit". Mit einer einzigen, aber für den Prüfling um so schmerzlicheren Ausnahme lauteten alle Zensuren „sehr gut". Allein die Griechischarbeit wurde mit „gut" benotet, weil der Ehrgeiz des aufsichtführenden Fachlehrers den Vorzugsschüler zu falscher Eile angespornt hatte[17]. Die Zwei in Griechisch verunzierte zwar nach Ansicht des Abiturienten Faulhaber das ansonsten makellose Abgangszeugnis[18] vom 4. August 1888, wirklichen Schaden hätte sie aber nur dann angerichtet, wenn er den Studienfreiplatz im Münchener Maximilianeum angestrebt hätte, der eine Zeitlang am Horizont winkte.
Als Stipendiat hätte er jedoch nur mehr einen weltlichen Beruf ansteuern können, nicht das Priestertum. Diesem Berufsziel war der Gymnasiast bis dahin „mit innerlicher Sicherheit im allgemeinen geradlinig entgegengegangen"[19], wenngleich Schwankungen nicht ausblieben. Und das in der bayerischen Landeshauptstadt winkende Freistudium war eben eine solche Verlockung, um „die Magnetnadel zum Schwingen" zu bringen. Um Klarheit zu gewinnen, unternahmen Mutter und Sohn eine gemeinsame Wallfahrt. Vom Gnadenbild in Dettelbach brachte Faulhaber die alte Berufsgewißheit zurück, „der Traum vom Maximilianeum war ausgeträumt"[20].
Drei ihm offenbar kühn erscheinende Wünsche hatte der Gymnasiast seinem Tagebuch anvertraut, nämlich einmal im Leben die Alpen zu sehen, das Meer und den Kölner Dom. Am schnellsten ging das erste Verlangen in Erfüllung. Indem der Vater die Reisekasse des Abiturienten für eine Fahrt nach Südtirol füllte, wo er in Meran Verwandte aufsuchen konnte, honorierte er den glänzenden Studienerfolg seines Michael[21].

Der „Einjährige" (1888/89)

Bis zu einer Gesetzesänderung im Jahre 1890 waren in Deutschland auch angehende Kleriker von der Militärdienstpflicht nicht ausgenommen. Um nicht etwa

[16] A.a.O. S. 54b.
[17] A.a.O. S. 58f.
[18] Vgl. Abschrift im Nachlaß Faulhaber. Nr. 9003.
[19] A.a.O. S. 61.
[20] A.a.O. S. 62.
[21] Ebd.

das Hochschulstudium zur Unzeit unterbrechen zu müssen, meldete sich darum Faulhaber wie die anderen künftigen Kursgenossen sogleich nach dem Abitur als „Einjährig-Freiwilliger". Seinem eigenen Geständnis zufolge erschien ihm das nicht als lästiges Muß, vielmehr brannte er geradezu darauf, des „Königs Rock zu tragen"[22]. Dem Königlich bayerischen 9. Infanterieregiment „Wrede" zugeteilt, rückte er am 1. Oktober 1888 mit 10 Mitseminaristen aus dem Kilianeum in die alte Mainkaserne zu Würzburg ein. Faulhabers positiver Grundeinstellung taten auch die Schikanen seitens mancher „Abrichter" keinen Abbruch. Gegen Verdrossenheit verschrieb er sich das Rezept, den Mangel an Humanität mit Humor zu überwinden[23]. Zu der zeitgenössischen Hochschätzung des Wehrdienstes als einer rauhen, aber notwendigen Lebensschule trat bei Faulhaber noch als persönliche Komponente die Bejahung von Disziplin und Ordnung hinzu, wo diese sachlich geboten waren.

Die Begeisterung wuchs, je mehr in der Praxis des Exerzierens und Felddienstes ein noch ungewecktes Talent zu Autoritätsgebrauch und Menschenführung staunend seiner selbst gewahr wurde. Den Vorgesetzten blieben solche Fähigkeiten des Einjährigen Faulhaber nicht verborgen. Daß man sich mehr von ihm versprach, verriet das Anerbieten seines Hauptmanns, ihn für die Kriegsschule vorzuschlagen und nach deren Abschluß für die eigene Kompanie anzufordern. „Der Hauptmann ahnte nicht, was für einen Sturm er in der Seele des Einjährigen mit diesem verlockenden Angebot entfesselt hatte"[24]. Tagelang plagte diesen das Dilemma: Theologe oder Offizier? Zwei Wochen verstrichen, dann war die Faszination verflogen und der Kurs wieder fest auf das ursprüngliche Berufsziel gerichtet. Zum 1. Oktober 1889 mit dem Befähigungszeugnis zum Reserve-Offiziersaspiranten entlassen[25], trat Faulhaber, den blauen Waffenrock mit dem schwarzen Talar vertauschend, in das Priesterseminar in Würzburg ein.

Theologiestudent, Kaplan, Präfekt (1889–1895)

Während der dreijährigen Vorbereitungszeit auf den Weihetag und die Seelsorgsarbeit besuchten die Seminaristen die Theologievorlesungen an der Universität der Bischofsstadt. Als hervorragendste Erscheinung der theologischen Fakultät galt der Dogmatiker Franz Seraph Hettinger[26], der es mit seiner zweibändigen „Apologie des Christentums" zu internationalem Ansehen gebracht hatte. Mitten im ersten Semester, das Faulhaber bei ihm hörte, starb er eines plötzlichen Todes.

[22] A.a.O. S. 68.
[23] A.a.O. S. 71.
[24] A.a.O. S. 73f.
[25] A.a.O. S. 77.
[26] Franz Seraph Hettinger (1819–1890), Geistlicher (D. Würzburg), 1856 Professor der Patrologie, Apologetik und Homiletik in Würzburg.

Noch ungesichert war der Ruhm Herman Schells[27], der mit stark beachteten Publikationen die Geister im katholischen Raum bewegte. Er „segelte in den Wolken“, dennoch saßen die Studenten „mit leuchtenden Augen“ vor seinem Lehrstuhl. Auch wenn er mit Feuer predigte, hatte er „die Hand am Höhensteuer“[28]. Ihn stützte in den Kontroversen des nächsten Jahrzehnts der ausgleichende Friedrich Philipp Abert[29], der Hettingers Nachfolge antrat und später Erzbischof von Bamberg werden sollte. Adam Göpfert[30], bahnbrechend als Verfasser der ersten deutschsprachigen Moraltheologie, „sprach wie einer, der Autorität hat“ und beeindruckte, „allen Hypothesen und Kompromissen abhold“[31], durch die Bestimmtheit seines Urteils.

Schon im zweiten, nicht erst im dritten theologischen Jahr entschloß sich Faulhaber, zum Wettstreit um die alljährlich am 2. Januar von der Fakultät ausgeschriebene Preisarbeit „in die Arena zu steigen“. Für 1891 lautete das Thema: „Historisch-kritische Darstellung der griechischen Apologeten des 4. und 5. Jahrhunderts.“ Den Anreiz dazu gab, daß es “in die Gedankenwelt der Väterliteratur führte“ und daß es von Herman Schell, Faulhabers „verehrtem Lehrer“, gestellt war [32]. Auf den Tag ein Jahr später wurde das Ergebnis bekanntgegeben. Von den drei eingereichten Arbeiten waren zwei als preiswürdig befunden worden, darunter die von Michael Faulhaber „im Hinblick auf deren inneren Werth“[33].

Während des im Herbst 1891 beginnenden dritten theologischen Jahres bekleidete Faulhaber das hausinterne Amt des Grandpräfekten. Als solcher hatte er „das Ansehen der Vorstände und das Vertrauen zu ihnen bei den Alumnen lebendig zu erhalten, Aufträge der Vorgesetzten in weniger wichtigen Dingen zu überbringen, auch umgekehrt der Anwalt vernünftiger Wünsche aus den Kreisen der Mitalumnen zu sein, freilich bei negativen Bescheiden auch die Rolle des Prügelknaben in Demut zu übernehmen“[34]. Auf den Bildungsabschnitt im Priesterseminar schaute der Kardinal nicht nur ohne Ressentiment zurück, sondern sah die drei Jahre in „hellem Licht“. Aus eigenem Antrieb ein Mann der Ordnung und darin vom Geist der Zeit bestärkt, andererseits aber auch frei von Emanzipationszwängen, war er für mancherorts gängige Klischees wie etwa dem der aszetischen Zuchtanstalt durchaus unzugänglich. In biblisch überhöhter Sprache nimmt er „ohne Übertreibung“ und nicht nur für sich in Anspruch, das Seminar sei den Alumnen „ein Garten der Wonne, ein Lustwandeln in der Verbundenheit mit

[27] Herman Schell (1850–1906), Geistlicher (ED. Freiburg / D. Würzburg), 1884 Professor der Apologetik und vergleichenden Religionsgeschichte in Würzburg.

[28] Vgl. M. Faulhaber, Autobiographie S. 90.

[29] Friedrich Philipp (von) Abert (1852–1912), Geistlicher (D. Würzburg / ED. Bamberg), Professor der Dogmatik 1885 in Regensburg, 1890 in Würzburg, 1905 Erzbischof von Bamberg.

[30] Franz Adam Göpfert (1849–1913), Geistlicher (D. Würzburg), 1879 Professor der Moraltheologie in Würzburg.

[31] Vgl. M. Faulhaber, Autobiographie S. 90.

[32] A.a.O. S. 91.

[33] Vgl. J. Weissthanner, Michael Kardinal Faulhaber 80 Jahre. München 1949 S. 16.

[34] Vgl. M. Faulhaber, Autobiographie S. 98.

Gott, ein Zeltbauen auf den Höhen des Tabor" gewesen[35]. Am 1. August 1892 trat Michael Faulhaber in der Seminarkirche vor seinen Diözesanbischof Franz Joseph von Stein[36], den späteren Metropoliten von München, um die Priesterweihe zu empfangen. Bei der feierlichen Heimatprimiz am 7. August in Klosterheidenfeld hielt Professor Abert die Festpredigt. Dem Primizianten waren die Anstrengungen der letzten Vorbereitungswochen so deutlich ins Gesicht geschrieben, daß unter den Geladenen ein besorgtes Raunen umging[37].

Bereits im Sommer 1890 war auf der Ferienreise mit einem Mitalumnus der zweite Wunschtraum des Gymnasiasten wahrgeworden, den Kölner Dom zu bestaunen. Ebenso unvergeßlich wie die Dampferfahrt durchs Rheintal, auf der beim Passieren des Niederwalddenkmals jedermann in die „Wacht am Rhein" einstimmte, wurde der Besuch des Katholikentags in Koblenz. In den stürmischen Ovationen, die Tausende von Zuhörern dem Trierer Bischof Korum nach seiner Ansprache in der Arbeiterversammlung vom 26. August 1890 darbrachten, verspürte Faulhaber „zum erstenmal ... die hinreißende Gewalt der Rede in großen Versammlungen"[38]. In diesem Augenblick konnte er schwerlich ahnen, daß fast genau zwei Jahrzehnte später er selbst auf dem Katholikentag in Mainz einen noch lauteren Sturm der Begeisterung entfachen würde.

Da es den Neugeweihten in die Seelsorgsarbeit drängte, meldete er sich, früher als geboten, schon am 14. August 1892 bei seinem künftigen Dienstherrn, Stadtpfarrer Christian Reuß[39], in Kitzingen am Main[40]. Eine Galerie gerahmter Diplome kündete schon im Hausflur von den Verdiensten des Ortsgeistlichen um die Hühnerzucht. Als passionierter Schachspieler rechnete es der Pfarrer zu den außerdienstlichen Obliegenheiten seines Kaplans, daß dieser an mehreren Abenden der Woche den Partner abgab. „Natürlich mußte, wo Pfarrer und Kaplan zusammenspielen, schon aus Gründen des Anstands der Kaplan in den meisten Fällen schachmatt abschließen"[41]. Da Faulhaber sich einzufügen verstand, war nicht nur die Gefahr von Reibungen beschworen, sondern auch der Weg zu freundlichem Einvernehmen gebahnt.

Als engerer Pflichtenkreis waren dem Kaplan die beiden Filialen von Kitzingen zugewiesen, Hoheim, eine Gehstunde im Osten, und Buchbrunn, eine halbe Stunde im Westen gelegen. Die regelmäßigen Fußmärsche stellten die Wetterfestigkeit des Kaplans unnachsichtig auf die Probe. Hochradfahrer, wie sie vereinzelt auf der Straße von Nürnberg anzutreffen waren, wurden „wie ein Seiltänzer angestaunt"[42]. Im Winter 1892/93 brach eine solche Kälte ein, daß in den Filial-

[35] EBD.
[36] Franz Joseph von Stein (1832–1909), 1879 Bischof von Würzburg, 1898 Erzbischof von München und Freising.
[37] Vgl. M. FAULHABER, Autobiographie S. 99.
[38] Vgl. M. FAULHABER, Reisebücher (unveröffentlicht) S. 2.
[39] Christian Joseph Reuß (1843–1894), Geistlicher (D. Würzburg), 1888 Pfarrer in Kitzingen.
[40] Vgl. M. FAULHABER, Autobiographie S. 105.
[41] A.a.O. S. 106.
[42] A.a.O. S. 107.

kirchen der Meßwein bei 25 Grad minus zwischen Opferung und Wandlung zu Eis erstarrte[43]. Noch war das erste Kaplansjahr nicht vorüber, als Faulhaber am 26. Juli 1893 die Ernennung zum Präfekten im Bischöflichen Knabenseminar zugestellt wurde[44].

Zunächst jedoch unternahm er mit seinem Bruder Robert eine Wanderfahrt, die er diesem zum Bestehen des Abiturs im Sommer 1893 versprochen hatte. Von München, „wo der Rundblick von den Frauentürmen und der Einstieg in den Kopf der Bavaria neue Weltperspektiven eröffneten"[45], führte die Wanderroute ins Salzkammergut und über Altötting zurück nach Regensburg.

An die Erzieheraufgabe, die in Würzburg auf ihn wartete, dachte der 24jährige Präfekt nicht ohne Bangigkeit. Es stärkte darum seine Autorität nicht wenig, als Bischof Stein höchstpersönlich im Kilianeum erschien, um den Neuberufenen vor versammeltem Hause vorzustellen[46]. Soweit es der Präfektendienst erlaubte, zog es Faulhaber immer wieder in die Seelsorge. Noch war über seinen weiteren Berufsweg nicht entschieden. „Meine Umgebung redet mir zu", schrieb er in dieser Zeit, „das Lehrfach ins Auge zu fassen, die Wünsche meines Herzens aber gehen immer noch nach der Seelsorge. Wie Gott will, ich halte still"[47].

Um den pflichtenfreien Vormittagsstunden „einen bestimmten Inhalt zu geben und ein bestimmtes Ziel", beschloß Faulhaber, sich auf das mündliche Examen für die Promotion in der Theologie vorzubereiten. Das lag insofern nahe, als eine wichtige Voraussetzung, nämlich die schriftliche Dissertation, mit der Preisarbeit von 1891 bereits erfüllt war. Nur die Drucklegung stand noch aus. Nach gründlicher, systematischer Durcharbeitung des Stoffes stellte sich der Prüfling am 6. Mai 1895 „dem fünfstündigen Kreuzfeuer" der Examensfragen, die ihm das Gremium der Fachprofessoren vorlegte[48]. Die unmittelbar folgende Fakultätssitzung schloß schon nach wenigen Minuten mit dem Befund: „Summa cum laude", einer Note, die, wie das „Fränkische Volksblatt" am nächsten Tag anerkennend berichtete, „seit mehreren Jahren nicht mehr erteilt wurde".

Schon während einer Prüfungspause und nicht eben zur Stärkung der Konzentration des Promovenden hatte der Dekan diesem eröffnet, daß ihm die Fakultät ein Universitätsstipendium zuerkannt habe. Ohne lange zu schwanken, entschied sich Faulhaber beglückt für eine Studienreise nach Rom, obschon der Dekan, Professor Anton von Scholz[49], „Exeget, und nichts als Exeget", es lieber gesehen hätte, wenn der Geförderte sich an der Entzifferung assyrisch-babylonischer Keilschrifttafeln in Berlin beteiligt hätte[50]. Bevor das Stipendium in Höhe von 880 Mark am

[43] A.a.O. S. 110.
[44] A.a.O. S. 117.
[45] Vgl. M. Faulhaber, Reisebücher S. 3.
[46] Vgl. M. Faulhaber, Autobiographie S. 120.
[47] A.a.O. S. 127. Empfänger und Datum des zitierten Briefes sind nicht genannt.
[48] Vgl. M. Faulhaber, Autobiographie S. 127f.
[49] Anton von Scholz (1829–1908), Geistlicher (D. Würzburg), 1855 bischöflicher Sekretär, 1863 Pfarrer in Eisingen, 1872–1903 Professor der alttestamentlichen Exegese und biblisch-orientalischen Sprachen in Würzburg.
[50] Vgl. M. Faulhaber, Autobiographie S. 133.

21. Dezember 1895 ausbezahlt wurde[51] und der Aufbruchstag festgesetzt werden konnte, war noch penible Kleinarbeit für die Publikation der Dissertationsschrift[52] zu leisten, die im folgenden Jahr erschien und dem Kilianeum gewidmet war. Am 2. Januar 1896 bestieg Faulhaber den Zug nach Süden, traf in Rom aber erst am 13. Januar ein, nachdem ihn der tiefverschneite Apennin zu Umwegen genötigt hatte.

Römische Studien (1896–1898)

Im Priesterkolleg der Anima, wo Faulhaber während der römischen Jahre Quartier bezog, wohnte er zunächst als Konviktor oder zahlender Gast, um dann nach dem Auslaufen seines Stipendiums zu den Kaplänen der Anima überzuwechseln, denen die pastorale Betreuung der in Rom wohnenden Deutschen oblag. Den Aufenthalt in der Ewigen Stadt über die Stipendiumsgrenze hinaus auszudehnen, war für Faulhaber nur dann sinnvoll, wenn es ihm gelang, ein in Rom zu bearbeitendes Forschungsthema aufzuspüren, das ihn auf dem Weg zum akademischen Lehramt eine Stufe voranbrachte. Dazu hatte ihm sein Lehrer Albert Ehrhard[53] das Stichwort „Katenenforschung“ mit auf die Suche gegeben. Als Katenen werden die kettenartig aneinandergereihten Erläuterungen frühkirchlicher Schriftsteller zu einem Bibeltext bezeichnet. Für den fachkundigen Umgang mit dieser Gattung bibelwissenschaftlicher Literatur sind Kenntnisse sowohl aus der Exegese wie der Patrologie erfordert. Als Faulhaber im Herbst 1896 daranging, in der Vatikanischen Bibliothek die Überfülle alttestamentlicher Katenenhandschriften durchzusehen, „tat sich zuerst ein Urwald ohne Weg und Steg auf“. In dem Labyrinth befielen ihn Zweifel, ob er nicht besser an einer heimischen Universität auf ein Doktorat in Dogmatik oder Kirchenrecht hinarbeiten sollte, anstatt „aussichtslos jahrelang im Urwald zu roden“[54]. Kurz vor Ablauf einer letzten selbstgesetzten Frist stieß er dann auf die Katenenhandschrift eines anonymen Autors, dessen Identifizierung ihn vor eben die wissenschaftliche Aufgabe stellte, nach der er in wachsender Ungeduld Ausschau gehalten hatte. Tatsächlich war ihm der Fund eines bisher unveröffentlichten Kommentars aus dem 6. Jahrhundert geglückt. In scharfsinnigen Überlegungen wies Faulhaber nach, daß dieser Text dem Priester Hesychius von Jerusalem zuzuschreiben sei, eine Hypothese, die Jahre später durch ein von ihm in Oxford entdecktes Manuskript glänzend bestätigt wurde[55].

[51] A.a.O. S. 134.

[52] Vgl. M. FAULHABER, Eusebius. – Zu Faulhabers Publikationen und den hier und im folgenden benutzten Kurztiteln vgl. Faulhaber-Akten I S. XI.

[53] Albert Ehrhard (1862–1940), Geistlicher (D. Straßburg / ED. Köln), Professor der Kirchengeschichte 1889 in Straßburg, 1892 in Würzburg, 1898 in Wien, 1903 in Straßburg, 1920–1927 in Bonn.

[54] Vgl. M. FAULHABER, Autobiographie S. 139.

[55] Vgl. M. FAULHABER, Handschrift.

Die Sommerferien 1897 verbrachte der Anima-Kaplan in der Heimatdiözese, wo er sich in der Seelsorge nützlich machen wollte. Die Aushilfe in Fabrikschleichach, „ein von der Welt abgeschiedenes Walddorf" im Steigerwald mit knapp 200 Seelen, zählt Faulhaber zu den „schönsten und trostreichsten Monaten seines Lebens"[56]. Den Aufenthalt in der Ewigen Stadt krönte im Frühjahr 1897 eine Mittelmeerreise ins Hl. Land über Ägypten und bis nach Syrien und den Libanon. Daß er zur Bestreitung der Fahrtkosten seine gesamten Ersparnisse aufwenden mußte, wog nicht viel im Vergleich zu den Eindrücken, welche die Schauplätze des Alten und Neuen Testaments für einen Bibelkundigen wie ihn bereithielten[57]. In der römischen Zeit griff Faulhaber auch den Plan eines etwaigen Ordenseintritts wieder auf, verfolgte ihn aber nicht weiter, als ihn seine Informanten enttäuschten[58].

Vor der Habilitation (1898/99)

Nach dem Abschied von der italienischen Hauptstadt im Juli 1898 traf er in Würzburg schon nicht mehr Bischof Stein an, der im April als Metropolit von München und Freising inthronisiert worden war, sondern dessen Nachfolger Ferdinand Schloer[59]. Die schon vom Vorgänger nachdrücklich gutgeheißene Berufsausrichtung wollte Faulhaber seinerseits gerne beibehalten, doch schreckte ihn die Gefahr, in die Sackgasse eines ewigen Privatdozententums zu geraten. Zudem verfügte er über keinerlei Rücklagen. So wurde das Problem des Unterhalts zunächst einmal dadurch gelöst, daß er für einige Monate als Pfarrverweser nach Holzkirchen bei Marktheidenfeld übersiedelte. Schon am 8. März 1899 traf dort das Angebot des Bischofs ein, Faulhaber „ein Benefizium mit freier Wohnung zu übertragen, unter der Bedingung, daß Sie sich als Privatdozent an der Universität Würzburg habilitieren"[60]. Auf seine Behendigkeit, Schaffenskraft und

[56] Vgl. M. Faulhaber, Autobiographie S. 181.

[57] A.a.O. S. 160–175.

[58] Vgl. dazu M. Faulhaber, Autobiographie S. 144: „Unter dem Eindruck der religiösen Erlebnisse [in Rom] tauchte in Kaplan Faulhaber ein alter, bis dahin still gehüteter Plan wieder auf, der Plan, ins Kloster zu gehen und zwar Dominikaner, Predigerbruder, zu werden. Er hatte zwei Dominikaner, gelehrte Herren, die fern von der Seelsorge philologische und historische Studien machten, kennengelernt und hoffte, von ihnen Näheres über den Ordensgeist und die Ordenspflichten eines Predigerbruders zu erfahren. Die oberste Frage war, in welchen Formen die Dominikaner, die das Evangelium predigen sollen, selber das Evangelium und zwar das ganze Evangelium erfüllen. Der Suchende war an die unrechte Schmiede gekommen. Beide Herren erklärten, sie seien beide im Orden nicht glücklich und würden beide am liebsten wieder austreten, was in der Folge auch geschah. Der Suchende entschloß sich, besonders nach den Exerzitien, die der selige Jesuitenpater Meschler für die Kapläne der Anima hielt, Weltpriester zu bleiben und als solcher das Evangelium zu predigen."

[59] A.a.O. S. 184. Faulhaber will die fraglichen Gespräche im Sommer 1898 zwar noch mit Bischof Stein geführt haben, unterliegt hier aber offensichtlich einer Täuschung, da Bischof Schloer bereits Anfang Mai 1898 die Nachfolge Steins in Würzburg angetreten hatte.

[60] Von Faulhaber zitiert a.a.O. S. 190.

Auffassungsgabe bauend, versprach er, das gesteckte Ziel schon nach der Hälfte der ihm eingeräumten Jahresfrist zu erreichen.
Zuvor absolvierte er im Sommer 1898 noch den Pfarrkonkurs, mit dem er sich für die Übernahme einer Pfarrei qualifizierte. Seine Kursgenossen hatten diese Prüfung schon hinter sich und er selber hätte um weiteren Aufschub nachsuchen können. „Er wollte aber nicht ins Ungewisse laufen und sich den Weg in die Seelsorge offenhalten für den Fall, daß ihm der Weg zur akademischen Lehrtätigkeit allzu schwer oder allzu länglich gemacht würde"[61]. Anlaß zu solcher Skepsis bot das Exempel eines Germanikers, dem in Würzburg gerade der bittere Lorbeer eines 25jährigen Privatdozententums zugefallen war. Außerdem beteiligte sich Faulhaber an einem vierwöchigen Sanitäts- und Reitkurs. Die dort erworbenen Fertigkeiten hätten ihn im Kriegsfall zur Leitung eines kleinen Lazaretts qualifiziert.
Faulhabers Mißtrauen gegen die Imponderabilien des Habilitationsvorgangs war nur allzu berechtigt. Ohne sein Zutun und schneller als befürchtet geriet er in das Spannungsfeld professoraler Eifersüchteleien, das durch die innerkirchliche Kontroverse um die Schriften Herman Schells noch zusätzlich aufgeladen wurde. Immerhin war der Auftakt noch ermutigend. Ohne Umstände wurde Faulhabers Untersuchung „Die Propheten-Catenen nach römischen Handschriften"[62], die Frucht der Studien im Vatikan, von der Theologischen Fakultät als Habilitationsarbeit anerkannt. Dagegen hatte er größte Mühe, den Rückhalt des zuständigen Fachprofessors zu gewinnen. Bei der Zwitterstellung der Katenenkunde wäre sowohl Exegese wie Patristik zur Wahl gestanden, doch hätte Faulhaber die erstere vorgezogen. Nun aber mißfiel dem Würzburger Exegeten von Scholz, „in früheren Jahren ein offener Gönner Dr. Faulhabers"[63], die Grundeinstellung des Habilitanden zur Schriftinterpretation so gründlich, daß er dessen Zulassung zumindest im eigenen Fachbereich blockierte. Ein dezidierter Vertreter der allegorisch-mystischen Auslegung, verschloß sich Scholz dem historischen Sinngehalt der biblischen Bücher. Zudem einseitig auf Textkritik fixiert und der Theologie abgewandt, verübelte er es Faulhaber, daß dieser sich vermaß, das allein dem Fachgelehrten reservierte Arcanum der Hl. Schrift von der Kanzel herab in die Menge zu tragen. Infolgedessen blieb dem Bewerber keine andere Wahl, als sein Glück in der Patristik zu versuchen.
Die Ungunst der Stunde fügte es, daß Faulhaber zudem noch gegen das Mißtrauen des Dekans der Theologischen Fakultät anzukämpfen hatte, welches Amt in diesem kritischen Augenblick gerade Herman Schell verwaltete. Erst im Dezember 1898 mit mehreren Werken auf den Index gesetzt, witterte der Gemaßregelte vorschnell neue Umtriebe. So nahm er auch sogleich Pressespekulationen ernst, daß mit Faulhaber der Nachfolger für seinen Lehrstuhl schon in Marsch gesetzt sei. Es fiel diesem nicht schwer, derlei Vermutungen mit dem Hinweis auf

[61] A.a.O. S. 196.
[62] Vgl. M. FAULHABER, Propheten-Catenen.
[63] Vgl. M. FAULHABER, Autobiographie S. 198.

das Fehlen jeder Spezialausbildung für das Fach Apologetik zu entkräften. Vielmehr zielten seine Neigungen tatsächlich auf Exegese, doch hätte ihn die Absage von Scholz genötigt, auf Patristik als Hauptfach auszuweichen.
In der Rückschau unterstreicht Faulhaber, daß er Schell mehr zu danken habe, „als ich in Worten sagen kann. In seinen Vorlesungen ist es mir wie vielen anderen ergangen: Mir brannte das Herz, wenn er in seiner philosophischen hochfliegenden Sprache für die theologische Wissenschaft und auch für die priesterliche Lebensarbeit, ja, auch für die priesterliche Lebensarbeit, uns begeisterte. Das war kein ehernes Getön und kein Schellengeklingel, das war die katholische Antwort auf die Fragen, die damals in der Luft lagen“[64]. Ein Hörerlob, das hymnisch klingt, gerade damit aber nur um so fühlbarer macht, daß es einer Stellungnahme in dem Meinungsstreit um Schells Disziplinierung im Grunde ausweicht[65]. Zu so ausgeprägter Vorsicht und Neutralität, ansonsten keineswegs ein Charakteristikum Faulhabers, mag ihn die Labilität seiner Entwicklungschancen bewogen haben, nachdem ihn erste Kontakte mit der Professorenwelt gelehrt hatten, wie dünn die Eisdecke war, auf der sich ein Habilitand dem festen Grund eines Lehrstuhls zubewegte.
Den wenig verheißungsvollen Auspizien zum Trotz verlief der mündliche Teil des Habilitationsverfahrens reibungslos. Satzungsgemäß erst drei Tage vor dem Termin erfuhr Faulhaber das Thema, das ihm für die Probevorlesung am 11. November 1899 von der Fakultät gestellt wurde: „Vergleichende Darstellung der exegetischen Leistungen der alexandrinischen und antiochenischen Schule.“ Darauf folgte eine öffentliche Disputation über eine Reihe von Thesen, die der Habilitand aus seinem Fachgebiet aufgestellt und die er jetzt zu verteidigen hatte. Auf das Votum der Fakultät hin bestätigte Prinzregent Luitpold am 11. Dezember 1899, daß Dr. Michael Faulhaber „als Privatdozent in die theologische Fakultät aufgenommen werde“[66].

Privatdozent in Würzburg (1899–1903)

Angesichts der Allergie des Würzburger Exegesevertreters war Faulhaber richtig beraten, wenn er sich mit seinem Vorlesungsangebot zunächst in den Außenbezirken dieses Fachbereichs bewegte. So wählte er während der 7 Semester, die er an der dortigen Universität tätig war, Themen wie Biblische Altertumskunde, Geographie und Topographie, Griechische Paläographie, Erklärung der Psalmen und des Propheten Jeremias. Da er kein Nur-Wissenschaftler werden wollte, entfaltete er neben den Hochschulverpflichtungen eine rege seelsorgerliche Akti-

[64] A.a.O. S. 201.
[65] Zu Faulhabers auffallendem Disengagement im damaligen theologischen Meinungsstreit vgl. G. Schwaiger, Kardinal Michael von Faulhaber. In: Zeitschrift für Kirchengeschichte 80 (1969) S. 361.
[66] Von Faulhaber zitiert a.a.O. S. 202.

vität in Vorträgen, Predigten, Volksmissionen und Exerzitien. Während des letzten Jahres in Würzburg (1902/03) hat er bei solchen Anlässen 121mal auf der Kanzel und am Vortragspult gestanden.
Darüber kam das Bestreben, „durch Studienreisen in andere Länder den geistigen Horizont zu erweitern“[67], durchaus nicht zu kurz. Faulhabers Drang in die Ferne, den die Durchsicht der Katenenbestände europäischer Bibliotheken innerlich rechtfertigte, machte den Benefiziaten am Neumünster zu einem für sein Zeitalter weitgereisten Mann. Schon wenige Monate nach der Habilitation führte ihn im Frühsommer 1900 sein Forschungseifer über den Kanal nach England, wo er die für ihn ergiebigen Bibliotheken in London, Oxford und Cambridge aufsuchte, um dann auf der Heimreise noch einen Halt in Paris einzulegen. Dem gleichen Zweck dienten zwei Jahre später ein mehrwöchiger Aufenthalt in Spanien und Bibliotheksstudien in Saragossa, Madrid, dem Escorial und Toledo.
Dazwischen bot eine längere Seelsorgsvertretung in Berlin im Frühjahr 1901 Gelegenheit, an der Seite eines römischen Studienfreundes die Reichshauptstadt näher kennenzulernen. Aber nicht nur die „großen Militärparaden vor dem Kaiser waren für den ehemaligen Soldaten ein überwältigendes Schauspiel“[68]. Wo immer Faulhaber in die Lebenskreise einer europäischen Großstadt eintauchte, verweilte er nicht bei der Schauseite, suchte er nicht nur, indem er unermüdlich Kirchen, Museen und Gedenkstätten durchstreifte, von der Gegenwart zu den geschichtlichen Ursprüngen vorzustoßen, sondern darüber hinaus auch von den kulturellen, sozialen und pastoralen Gegebenheiten ein möglichst wirklichkeitsnahes Bild zu gewinnen.
So abwechslungsreich und ausgefüllt die Würzburger Dozentenjahre verstrichen, so wenig konnten sie Faulhaber von der Ungewißheit befreien, die statusbedingt sein berufliches Weiterkommen umhüllte. Darin letztlich von der launischen Gewogenheit des Geheimrats Scholz abzuhängen, setzte den Privatdozenten einem strapaziösen Wechselbad von Hoffen und Fürchten aus. Während sich der Ordinarius für Exegese noch zu Anfang 1902 über den jungen Kollegen in Tönen höchsten Lobes geäußert hatte, war bis Januar 1903 „der Umschlag gegenüber Dr. Faulhaber vollzogen“[69]. Inzwischen hatte nämlich Scholz seine Gunst einem anderen Habilitanden zugewandt, „der nach seiner inneren Anlage im Voraus der Philologie näherstand und nach reichlichen philologischen Vorstudien sein Nachfolger wurde“[70]. Dabei war es nicht ohne eine gewisse Tragik, daß sich der von Scholz Erkorene[71] erst auf Faulhabers freundschaftliches Zuraten hin für die Theologie entschieden hatte, bis dahin also reiner Philologe gewesen war. Nachdem das Tor zum Exegeselehrstuhl an der Heimatuniversität vor Faulhabers Augen endgültig zugeschlagen war, mußte er „unter diesen trüben Aussichten

[67] Vgl. M. FAULHABER, Reisebücher S. 3.
[68] A.a.O. S. 4.
[69] Vgl. M. FAULHABER, Autobiographie S. 208.
[70] A.a.O. S. 200.
[71] Es handelt sich um Johannes Hehn (1873–1932), Geistlicher (D. Würzburg), 1907 Professor der alttestamentlichen Exegese und semitischen Sprachen in Würzburg.

damit rechnen, daß das Ende des Jahres ihn irgendwo in der Seelsorge antreffen werde“[72].

Die Chancen einer Berufung nach auswärts erschienen zu vage, um sie hoch zu veranschlagen. Gespannt horchte darum Faulhaber auf, als sein Name für Straßburg genannt wurde, dessen Hochschule im Herbst 1903 um eine Katholisch-Theologische Fakultät erweitert werden sollte. Gleich aber brachte die Presse prominentere Kandidaten ins Spiel der Spekulationen. Dennoch schlug jetzt Faulhabers Stunde. Am 24. Februar 1903 erreichte ihn die amtliche Anfrage, ob er einen Ruf als ordentlicher Professor für alttestamentliche Exegese an der Universität Straßburg annehme. Am 26. April unterzeichnete Kaiser Wilhelm II. das Ernennungsdekret[73]. Der Alptraum ewigen Privatdozententums war endgültig abgeschüttelt.

Professor in Straßburg (1903–1910)

Für Faulhabers Persönlichkeitsentfaltung bedeutet die Verpflanzung nach Straßburg einen „Schienenwechsel“[74], der in seiner Tragweite dem Übertritt von der Dorfschule zum Gymnasium wenig nachsteht. Daß sich die Verkrampfung eines nervenzehrenden Zuwartens mit einem Schlag löste, war nur eine der positiven Folgen. In der Hauptstadt des Elsaß betrat er ein Forum, wo er, ganz auf eigenen Füßen stehend, sein Selbst unbefangener entfalten konnte als im Zentrum der Heimatdiözese, wo die Hypothek des in der Vaterstadt mindergeschätzten Propheten auf ihm gelastet hatte.

Mit dem Wintersemester 1903/04 einsetzend, gliederte sich Faulhabers Vorlesungsprogramm in einen allgemeinen und einen speziellen Themenkreis. Zum ersteren gehörten die Einführung in die Literatur des Alten Testaments und in die biblischen Hilfswissenschaften, zum zweiten die Interpretation einzelner Bücher wie der Klagelieder und Psalmen oder der Bücher des Jesaja, Samuel, Daniel, Job und der Richter[75]. Am Priesterseminar und in manchen Kreisen der Straßburger Bevölkerung hatte man der Eröffnung der Theologischen Fakultät zunächst reserviert bis ablehnend gegenübergestanden. Wenn Befürchtungen und Vorurteile rasch dahinschmolzen, so hatte daran der Alttestamentler Faulhaber unleugbar ein wesentliches Verdienst. Es dauerte nicht lange und die anfangs mit Skepsis gewappneten Seminaristen „schwärmten für ihn in jugendlicher Begeisterung und seine akademischen Vorlesungen“[76]. Es sprach sich rasch herum, daß Faulhaber nicht nur gediegenes Fachwissen vermittelte, sondern seine Hörer auch durch die Form der Darbietungen zu fesseln, wenn nicht zu faszinieren verstand. Einer aus

[72] Vgl. M. Faulhaber, Autobiographie S. 208.
[73] A.a.O. S. 210.
[74] A.a.O. S. 242.
[75] A.a.O. S. 219.
[76] Vgl. J. Weissthanner S. 19.

ihnen charakterisiert seine Sprache als „glänzend, prägnant, bilderreich, suggestiv, geformt in der Feueresse der alttestamentlichen Psalmen und Propheten“[77].
Der Straßburger Exeget wollte es nicht bei kühl-distanzierter Textkritik bewenden lassen, sondern seine Studenten für den theologischen Gehalt der biblischen Bücher begeistern. Daß er nicht über die Köpfe hinweg dozierte, vielmehr den Rohstoff eines geradezu notorisch trockenen Faches ebenso seriös wie attraktiv einem breiteren Publikum zu erschließen vermochte, bewies die Resonanz seiner allgemeinzugänglichen Vorlesungsreihen, die übervolle Hörsäle erbrachten.
Wie schon in Würzburg war Faulhaber auch als Lehrstuhlinhaber in Straßburg in Predigten, Exerzitien und Einzelvorträgen unablässig apostolisch tätig. Rückblikkend bekennt er: „Als Professor hatte ich den Grundsatz, niemals den Priester zu vergessen, und auch als Priester und Hoherpriester habe ich den Professor nicht verleugnet.“[78] Die Marianische Studentenkongregation hat er in Straßburg nicht nur ins Leben gerufen, sondern jahrelang persönlich geleitet. Der Katholische Frauenbund der Stadt verdankte seinen Impulsen einen neuen Aufschwung. Auch der Bildungssituation der Lehrerinnen galt seine besondere Sorge, woraus sich eine intensive Zusammenarbeit mit dem Verein deutscher katholischer Lehrerinnen entwickelte. Das hatte nicht zuletzt darin seinen Grund, daß Faulhaber zu einem Zeitpunkt, wo das – keineswegs nur im katholischen Raum – noch auf tiefsitzende Vorurteile stieß, für die gleichberechtigte Zulassung von Studentinnen an allen deutschen Universitäten eingetreten ist. Das Frauenstudium von allen diskriminierenden Beschränkungen zu befreien, sei „nicht eine Geschmackssache, sondern eine Rechtsfrage“[79].
Bei der im Vergleich zu Würzburg stärkeren landsmannschaftlichen Durchmischung der Straßburger Studentenschaft und der lebhafteren Fluktuation ergab es sich von selbst, daß Faulhabers Stern über das Elsaß hinaus Glanz verbreitete. Wie sein regionales Ansehen als Vortragsredner zunehmend nationales Format erlangte, war an seinen Auftritten bei katholichen Großveranstaltungen abzulesen. 1907 debütierte er als Katholikentagsreferent im vertrauten Rahmen Würzburgs, 1909 wurden ihm in Breslau und auf dem Eucharistischen Weltkongreß in Köln erneut zentrale Themen übertragen. In der Garde der Katholikentagsredner behauptete er von nun an einen hervorragenden Platz. Aus der Begegnung mit Adolf Donders, dem Generalsekretär des Zentralkomitees, erwuchs eine lebenslange Freundschaft.
Als Vertreter der Straßburger Universität besuchte Faulhaber die internationalen Orientalistenkongresse[80] in Algier 1906 und Kopenhagen 1908. Im Lehrkörper einer der Jüngsten, amtierte er 1909–1910 als Dekan der Theologischen Fakultät und nahm in dieser Eigenschaft im Mai 1909 an den Jubiläumsfeierlichkeiten der

[77] A.a.O. S. 21.
[78] Vgl. M. FAULHABER, Autobiographie S. 237.
[79] A.a.O. S. 222.
[80] A.a.O. S. 232–234b.

Universität Löwen teil[81]. Daß ihm 1906 die Mitherausgeberschaft an den „Biblischen Studien" angetragen wurde[82], zeugte von der Hochschätzung, die er als Wissenschaftler in Fachkreisen genoß.

„Daß Professor Faulhaber nicht in Straßburg bleiben werde", war zwar den dortigen Alumnen, zumindest im nachhinein, „allen klar"[83], dennoch dürfte es auch sie überrascht haben, als im November 1910 der erst 41jährige Alttestamentler zum Bischof von Speyer ernannt wurde. Den Bestimmungen des Bayerischen Konkordats von 1817 gemäß lag das Nominationsrecht für die Bischöfe des Königreichs in den Händen des jeweiligen Landesherrn aus dem Hause Wittelsbach. Für Faulhaber wurde die Berufung nach Speyer „durch ein merkwürdiges Vorspiel eingeleitet".

Während er im Kloster Zell kurz vor Exerzitienbeginn noch an seinen Vorträgen feilte, rief man ihn telefonisch „zu einer wichtigen Besprechung" nach Würzburg, wo er unter dem Siegel strengster Verschwiegenheit erfuhr, „der bayerische Kultusminister Anton von Wehner[84] wolle ihn unauffällig im Würzburger Hofgarten sprechen". Da die Verabredeten einander persönlich nicht kannten, mußte ein hoher Ministerialbeamter bei dem Rencontre Regie führen und Faulhaber zu dem Treffpunkt geleiten. Auf die Fragen des Ministers nach seiner Bereitschaft, gegebenenfalls auf einen Lehrstuhl in Würzburg überzuwechseln, konnte sich der Angesprochene keinen Reim machen, „da an der theologischen Fakultät in Würzburg ein Lehrstuhl damals nicht frei war und für die nächste Zeit nach menschlicher Berechnung nicht frei wurde, am wenigsten der Lehrstuhl für die Theologie des Alten Testaments". Trotzdem lehnte Faulhaber nicht grundsätzlich ab, war aber neuerdings befremdet, als der Minister alles Interesse an dem Gegenstand plötzlich verloren zu haben schien. „Wie sich später herausstellte, war jene Begegnung am 16. Oktober 1910 nur ein diplomatischer Vorwand, den unbekannten Professor überhaupt einmal zu sprechen." Als Faulhaber einige Tage später Bischof Schloer von der mysteriösen Unterredung erzählte, wurde dieser „auffallend lebendig, als ob er um die Sache schon wisse, und bestand darauf, ‚in jedem Fall dem Rufe des Ministers zu folgen'"[85].

Zwei Wochen danach arrangierte dieser ein zweites unauffälliges Zusammentreffen und zwar diesmal in Straßburg, wobei er Faulhaber während eines Spazierganges durch die Stadt mit der Absicht vertraut machte, ihn „dem Prinzregenten Luitpold von Bayern als Bischof von Speyer vorzuschlagen". Zugleich gab er dem Professor für den Dankbrief an den Regenten „noch Anweisungen über den Hofstil solcher Briefe, offenbar weil er in dieser Beziehung eine große Unkenntnis bei mir voraussetzte"[86].

[81] A.a.O. S. 235.
[82] A.a.O. S. 220f.
[83] Vgl. J. WEISSTHANNER S. 24.
[84] Anton von Wehner (1850–1915), 1903–1912 bayerischer Staatsminister des Innern für Kirchen- und Schulangelegenheiten.
[85] Vgl. M. FAULHABER, Autobiographie S. 240f.
[86] A.a.O. S. 241.

Schon zwei Tage später, am 4. November 1910, war die Ernennung vollzogen, konnte aber erst publiziert werden, nachdem Mitte des Monats die päpstliche Zustimmung eingetroffen war. Bis dahin mußte der Berufene beim Zusammensein mit Kollegen und Freunden, „eine Wache an den Mund setzen“ und hat „seelisch unter diesem Druck schwer gelitten“[87]. Nach Antrittsbesuchen bei den übrigen Bischöfen der nordbayerischen Kirchenprovinz, nach der Vereidigung vor dem Prinzregenten im Thronsaal der Münchener Residenz und nach der Einkehr, für die sich Faulhaber in die Abtei Ölenberg im Elsaß zurückzog, folgte am 19. Februar 1911 die Bischofsweihe im Kaiserdom zu Speyer. Als Konsekrator fungierte Franciscus von Bettinger, der Erzbischof von München, assistiert von Faulhabers Heimatbischof Ferdinand von Schloer und dem Straßburger Oberhirten Adolf Fritzen[88]. Selbst ein Sproß des Pfälzer Landes und „ein Praktikus von Gottes Gnaden“, hatte Bettinger dem Neuling auf dem Bischofsstuhl nicht nur schon beim Vorstellungsbesuch in der bayerischen Landeshauptstadt „wertvollste Winke über das Wirken eines Bischofs in der Luftschicht jener Zeit gegeben“[89], sondern ihn auch am Weihetag „in der glücklichsten Weise“[90] in der Diözese Speyer eingeführt.

Bischof von Speyer (1911–1917)

Bei der Gestaltung seines Bischofswappens wählte Faulhaber „den siebenarmigen Leuchter als Sinnbild für seine bisherige Lehrtätigkeit auf dem Gebiet der alttestamentlichen Wissenschaft und die Heilig-Geist-Taube als Sinnbild der künftigen Weihetätigkeit des Bischofs“[91]. Mit dem Leitwort: Vox temporis – vox Dei, dem Vorsatz also, in den Ansprüchen des Tages den Anruf Gottes vernehmbar zu machen[92], bekannte er sich programmatisch zum Primat des Verkündigungsauftrags.

Faulhabers 6 Bischofsjahre in Speyer werden durch den Einschnitt des Kriegsausbruches fast genau halbiert, so daß drei in die Friedenszeit, drei in die Kriegsjahre fallen. Im Sprengel des Speyerer Bischofs, territorial mit dem Regierungsbezirk Pfalz deckungsgleich, standen 1911 430000 Katholiken knapp 500000 Protestanten gegenüber. Die Seelsorge in den Pfarreien – im nördlichen Diözesananteil mit ausgeprägtem Diasporacharakter – wurde von rund 300 Geistlichen ausgeübt. Trotz des im allgemeinen friedlichen Zusammenlebens resultierten aus der Konfessionsverschiedenheit mancherlei Probleme. Einen Übelstand erblickte Faulhaber insbesondere in den gemeinsam benutzten Simultankirchen, weshalb er sich

[87] A.a.O. S. 242.
[88] Adolf Fritzen (1838–1919), 1891 Bischof von Straßburg.
[89] Vgl. M. FAULHABER, Autobiographie S. 245.
[90] A.a.O. S. 247.
[91] A.a.O. S. 245.
[92] Vgl. dazu M. FAULHABER, Zeitrufe S. 5.

zielstrebig bemühte, „diesen Mischmasch des religiösen Lebens abzustellen und durch friedliche Verhandlungen zwischen den beiden Bekenntnissen diese ungeheuerliche Tatsache soweit als möglich aus der Welt zu schaffen“[93]. So gelang es ihm während seiner Amtszeit, 13 Simultankirchen abzulösen. Das geschah überwiegend in der Weise, daß das Kirchengebäude ungeteilt in den Besitz der evangelischen Gemeinde überging, während die Ansprüche der katholischen Seite mit einer zu vereinbarenden Geldsumme abzugelten waren, die dann meist den finanziellen Grundstock für einen eigenen Kirchenbau abgab.

Obwohl durch fränkische Stammesart den Pfälzern näher verwandt als etwa den Altbayern, hatte Faulhaber doch große Mühe, mitgebrachte Vorstellungen der Schwingungsbreite eines überschäumenden Temperaments anzupassen. Während anderwärts die Firmlinge „sittig und fromm in Reih und Glied vor der Kirche“ postiert waren, genossen die Pfälzer Buben den Bischofseinzug auf ihre Weise, indem sie der pferdegezogenen Kutsche entgegenstürmten, um sie dann über Stock und Stein radschlagend bis zur Dorfmitte zu begleiten. „Dafür konnte der Bischof am andern Tag fast bei jedem vierten Firmling eine mehr oder minder frische Schramme in den Gesichtern der Knaben beobachten.“[94] Alljährlich hatte der Bischof von Speyer an die 11000 Kindern die Firmung zu spenden.

Im April 1913 absolvierte Faulhaber seinen ersten ad-limina-Besuch in der Ewigen Stadt. Dabei beabsichtigte er insbesondere, ein Wort zugunsten der im Vatikan immer noch suspekten Christlichen Gewerkschaften einzulegen. Zwar hatten die Gegensätze in diesem innerdeutschen Konflikt, wo die intransigente Berliner Richtung gegenüber der aufgeschlossenen Kölner Bewegung Ausschließlichkeit beanspruchte, an Schärfe verloren, nachdem sich Pius X. 1912 zur Tolerierung einer interkonfessionellen Gewerkschaftsorganisation durchgerungen hatte. Doch war ein Rückfall noch immer nicht ausgeschlossen. Nun aber wurde aus dem Papstbesuch nichts, da Pius X. gerade erkrankt war. Auch Kardinalstaatssekretär Merry del Val[95], Gegner einer noch so begrenzten interkonfessionellen Kooperation, zeigte sich unzugänglich. Es war Michael Faulhaber, der energisch darauf bestand, auch im Namen von zwei Mitbischöfen[96] gehört zu werden. In Deutschland, so legte er dem Leiter des Staatssekretariats dar, könne der Kampf um die von Leo XIII. feierlich proklamierten Arbeiterrechte „mit Aussicht auf Erfolg nur in der Einheitsfront mit Andersgläubigen geführt werden“[97]. Von anderem abgesehen, würden die Arbeitnehmer nicht verstehen, warum ihnen verboten sein solle, was den Arbeitgebern bei ihren Zusammenschlüssen in keiner Weise verwehrt wurde.

[93] A.a.O. S. 255.
[94] A.a.O. S. 253.
[95] Raffaele Merry del Val (1865–1930), 1903 Kardinal, 1903–1914 Kardinalstaatssekretär.
[96] Um die gleiche Zeit wie Faulhaber hielten sich Thomas Nörber (1846–1920), 1898 Erzbischof von Freiburg, und der Rottenburger Bischof Paul Wilhelm von Keppler zu ihren ad-limina-Besuchen in der Ewigen Stadt auf.
[97] Vgl. M. Faulhaber, Autobiographie S. 269.

Bei Baron Ritter, dem bayerischen Vatikangesandten, hinterließ der Bischof von Speyer „den allerbesten Eindruck“[98]. In der Tat verliehen die Vertrautheit mit der römischen Luft, die Beherrschung des Italienischen und der Wille, sich im kurialen Apparat Gehör zu verschaffen, Faulhabers Interventionen eine für deutsche Prälaten ungewöhnliche Durchschlagskraft. Gäbe es mehr ad-limina-Besucher ähnlichen Zuschnitts, dann würden, so meinte Ritter, „allmählich doch manche der törichten Vorurteile fallen, die man leider hier gegen die Katholiken in Deutschland hat und zu deren Bekämpfung die Autorität der Bischöfe notwendig ist“[99]. Auf den Katholikentagen von Mainz (1911) und Metz (1913) bildete das Auftreten des Bischofs von Speyer jeweils einen Höhepunkt des Tagungsprogramms. Ungeachtet der brütenden Augusthitze ließen sich die Zuhörermassen in Mainz von Faulhabers Elan, Formulierungskunst und Überzeugungskraft zu minutenlangen Beifallsstürmen hinreißen. Was sich einem Miterlebenden als unvergleichlicher rednerischer Triumph einprägte[100], unterkühlte der Gefeierte zu der Bemerkung, daß er „nicht oft bei einer Rede den seelischen Anschluß zwischen dem Redner und den Zuhörern so tief erlebt“ habe[101]. Zu dem nicht minder begeistert aufgenommenen Katholikenreferat in Metz über die „Freiheit der Kirche“ brachten liberale Blätter allerdings auch kritische Kommentare. Darin dämpfte den Respekt vor einem ernstzunehmenden Meinungsgegner das Mißbehagen über einen Offensivgeist, von dem eben die katholische Volksminderheit elektrisiert war.

Was sie an Faulhaber bewunderte, war das Beispiel eines Bischofs, der mitreißend demonstrierte, ohne Kleinmut und Befangenheit die katholischen Farben zu zeigen. Indem Faulhaber ohne Problemscheu zupackte, um sich kirchlichen

[98] Vgl. Ritter an Hertling, 29. April 1917. GStA München. Gesandtschaft Päpstlicher Stuhl 775.

[99] Vgl. Ritter an Hertling, 25. April 1913. GStA München. MA I 929. Faulhabers informatorische Bemühungen im Vatikan nannte der Gesandte „um so dankenswerter, als es merkwürdigerweise für die Hochwürdigsten Herren Bischöfe nicht so ganz leicht ist, sich bei den vielbeschäftigten und oft auch recht eingebildeten und hochmütigen Herren der Kurie Gehör zu verschaffen. Auch Dr. Faulhaber klagte mir vertraulich darüber und meinte, daß man hier mehr Zeit für die zugereisten Bischöfe übrig haben sollte, nachdem diese doch nicht freiwillig ad limina kämen, sondern zur Berichterstattung befohlen wären. Selbst der Kardinal, in dessen Kongregation der schriftliche Bericht der Bischöfe geprüft und beantwortet werde, sei nur verhältnismäßig kurz zu sprechen gewesen.“ – Auf den Rombesuch von 1913 kam Ritter gelegentlich der Berufung Faulhabers nach München nochmals zurück (vgl. oben Anm. 98): „Das selbstbewußte, sichere und dabei doch bescheidene Auftreten des Bischofs von Speyer stach damals sehr wohlwollend von dem viel zu schüchternen und ängstlichen Benehmen seiner bayerischen Amtsbrüder ab. Es trug dazu bei, daß Bischof von Faulhaber die italienische Sprache vollkommen beherrschte und daher sich sofort viel leichter mit den vatikanischen Stellen in einen wärmeren Konversations-Ton einlassen konnte. Auch die äußeren Formen seines Auftretens entsprechen viel mehr, als dies sonst bei deutschen Bischöfen der Fall ist, dem vatikanischen Milieu. Wenn jetzt noch dazukommt, daß Herr von Faulhaber sich auch als Bischof in jeder Hinsicht, d. h. nach kirchlicher und weltlicher Seite, bewährt hat, so könnte ich mir keinen besseren Anwärter für den erzbischöflichen Stuhl von München-Freising denken, zumal da unsererseits der Wunsch besteht, daß der neue Erzbischof von München möglichst wieder den Purpur erhält.“

[100] Vgl. J. Weissthanner S. 30.

[101] Vgl. M. Faulhaber, Autobiographie S. 271.

Zeitproblemen mit intellektuellem Glanz und rhetorischer Verve zu stellen, trug er wie kein zweiter Oberhirte dazu bei, den Durchschnittskatholiken in Deutschland von immer noch tiefsitzenden Inferioritätsgefühlen zu befreien. Allein dadurch schon wurde er binnen kurzem zu einer der markantesten Erscheinungen nicht nur des bayerischen, sondern des deutschen Episkopats.
So war es kein Wunder, wenn bei den internen Vorerwägungen zur Vergabe eines Kardinalshuts nach Bayern zumindest auf Regierungsseite der Bischof von Speyer ernsthaft in Betracht gezogen wurde. Hätte Ministerpräsident Hertling ohne Rangrücksichten für den geistig bedeutendsten Oberhirten optieren dürfen, wäre Faulhaber sein Kandidat gewesen. Denn Bettinger hatte nun einmal „nichts affables und sitzt bei Diners stumm da"[102]. Da jedoch der Papst den Erzbischof von München schwerlich zugunsten eines Suffragans zurücksetzen konnte, erhielt Bettinger zusammen mit Erzbischof Hartmann von Köln im Mai 1914 den Kardinalspurpur.
Die Stunde des Kriegsausbruchs durchlebte Michael Faulhaber, tiefinnerlich bewegt, als historischen Einschnitt. Von der Welle des Patriotismus, die über die Fronten hinweg alle Volksschichten erfaßte, blieb auch er nicht unberührt. In Bayern, das anders als Preußen in Friedenszeiten keinen ständigen Militärbischof besaß, wurde im Kriegsfall, einer Abmachung mit der Kurie aus dem 19. Jahrhundert entsprechend, der Erzbischof von München und Freising Feldpropst der bayerischen Armee. Kardinal Bettinger, nun schon bald Mittsechziger, hätte die neue Last lieber an den Bischof von Speyer abgetreten. Aus der telegrafischen Anfrage am ersten Kriegstag und Faulhabers bereitwilliger Zusage wurde jedoch nichts[103], weil die Umdisposition eine Vertragsänderung erfordert hätte, für welche die Zeit fehlte. So wurde Faulhaber nominell nur stellvertretender Feldpropst, übernahm aber faktisch den Großteil der Pflichten.
Vorbehaltlos und ohne Schwanken hat er sich mit dem identifiziert, was er aus persönlicher Grundhaltung und nach Kenntnis der Vorgänge für die Sache seines Volkes gehalten hat. Die „sittliche Pflicht der opferstarken Vaterlandsliebe"[104] wollte er für seine Person nicht weniger ernst nehmen als jene, denen er sie für das Aushalten in der Feuerzone predigte. Wurde eine solche Einstellung nur an ihren eigenen Prinzipien gemessen, so wirkte sie imponierend geradlinig. Sie ergab sich im Grunde konsequent aus Faulhabers strengem Loyalitätsbegriff der „gottgesetzten Obrigkeit" des Staates gegenüber. Scheinbar unverbrüchlich bekräftigte am Vorabend des Ersten Weltkriegs den Katalog der Bürgerpflichten noch das kirchliche Siegel. Denn „für die Seelsorge war es zu allen Zeiten ein inneres Gebot, auch für die staatliche Ordnung sich einzusetzen"[105]. Da eine klare Kompetenzaufteilung die Vollmacht über Krieg und Frieden den Regierenden zuwies, wurde auch der Waffengang gegen die halbe Welt zu einem Unter-

[102] So das Urteil Hertlings.
[103] Vgl. M. FAULHABER, Autobiographie S. 281.
[104] A.a.O. S. 330.
[105] A.a.O. S. 253.

nehmen, das sie allein zu verantworten hatten und dessen Vertretbarkeit der Urteilskraft der Staatsbürger entzogen blieb. Daß der Blankoscheck einer präfixierten Zustimmung zu praktisch jedweder Außenpolitik Regierungschefs zu einem Hasardspiel mit katastrophalem Ausgang reizen konnte, daß also in der Optionspflicht der Staatsbürger für das von einer Regierung definierte nationale Beste ein potentiell verhängnisvoller Automatismus steckte, sollte für den Bischof Faulhaber zu einer der schmerzlichsten Erfahrungen seines Hirtenamtes werden.

Zunächst aber schöpfte der stellvertretende Feldpropst der bayerischen Armee noch aus einem Fundus unerschütterter Prinzipien, als er die Sache der Nation ganz zu der seinen machte. „Der Krieg im Lichte des Evangeliums"[106] wurde jetzt zur Maxime seines Predigtwirkens drinnen und draußen. Den Auftakt zu einer Unzahl geistlicher Äußerungen zum Christsein im Krieg machte er mit einem Gebet[107] an den „Herrn der Heerscharen". In der Hochspannung des ersten Mobilmachungstags niedergeschrieben, ist es ein Versuch, die aufgewühlten Empfindungen religiös zu ordnen.

In der Anrufung des „Schirmherrn der gerechten Sache" steckt schon der Keim zu der bald verkündeten Gewißheit, daß dieser Konflikt für die deutsche Seite geradezu als „das Schulbeispiel eines gerechten Krieges"[108] in die Kriegsethik eingehen werde. Faulhabers Kriegsgebet ist einwärts gekehrt, abstrahiert vom Gegner, bittet um Unverwundbarkeit, begehrt nicht Schlachtenglück oder Landgewinn, sondern die „Segnungen eines ehrenvollen Friedens". Problemträchtiges bewußt ausklammernd, erfaßt es nur Teilaspekte der Kriegsrealität. Es ist staatstreu, nicht aber chauvinistisch, von begrenzter Sicht, aber nicht feindselig.

Der Überschwang der Ausrückenden erstarb in Grabenkrieg und Trommelfeuer und je länger die kriegsentscheidende Wende auf sich warten ließ, desto schwerer drückten Enttäuschung und Resignation auf den Durchhaltewillen. Sich in die konkrete Situation der Feldgeistlichen versetzend, beschloß der bayerische Feldpropst diesen „einen regelmäßigen Handlangerdienst Woche für Woche zu leisten"[109], indem er ihnen gedruckte Predigtvorlagen[110] anbot, die er zusammen mit dem Rottenburger Bischof von Keppler und Adolf Donders herausgab. Nach Faulhabers Erfahrung „wollten die Soldaten auf die Dauer nicht zu viel Militärisches hören, namentlich keine Hurrapredigten". Umgekehrt sollten die Feldpredigten aber auch nicht bloß zu religiöser Bewährung im Kriegsalltag anleiten, sondern auch „jenes unheimliche Gespenst von den Truppen bannen, das bei der langen Dauer des Krieges auch die Tapfersten beschleichen konnte, das Gespenst des Mißmutes und des geistigen Schlappmachens"[111].

[106] So der Titel einer Sammlung von Predigten und Hirtenbriefen Faulhabers.
[107] Druck: M. FAULHABER, Waffen S. 21.
[108] Vgl. M. FAULHABER, Waffen S. 132.
[109] Vgl. M. FAULHABER, Autobiographie S. 331.
[110] Zu einer kritischen Würdigung der katholischen Feldpredigt aus der Sicht der Gegenwart vgl. die Skizze von H. MISSALLA, „Gott mit uns". Die deutsche katholische Kriegspredigt 1914–1918. München 1968.
[111] Vgl. M. FAULHABER, Autobiographie S. 330.

Wo den Soldaten das Letzte abverlangt wurde, wollte sich auch Faulhaber mit dem unumgänglich Notwendigen nicht begnügen. Fest steht, daß ihm über die laufenden Bischofspflichten hinaus für die Feldseelsorge nichts zuviel gewesen ist. „Immer neue Bilder von der grausigen Wirklichkeit eines modernen Krieges“[112] drängten sich ihm auf. Vor allem aber ist ihm „lange nachgegangen“[113], was er bei zahllosen Lazarettbesuchen erlebte. Noch von Speyer aus unternahm er mehrere Frontreisen nach Lothringen und Flandern. Es war nicht Faulhabers Art, in der Etappe haltzumachen, er mußte auch in Schützengräben und Unterständen gewesen sein.

Seiner patriotischen Gesinnung gab der Bischof von Speyer zwar öfter und pointierter Ausdruck als andere Oberhirten, doch vertrat er damit innerhalb des Episkopats der kriegführenden Länder keineswegs eine Außenseiterposition. Daß die Identifizierung mit der offiziellen Regierungspolitik noch erheblich weiter getrieben werden konnte, bewiesen etwa jene französischen Prälaten, die sich 1915 nicht scheuten, durch die Protektion einer Schmähschrift[114] wider die deutschen Katholiken den Konflikt zwischen den Nationen auf das Gebiet des Glaubens auszuweiten.

Als einer der ersten vertrat daraufhin Bischof Faulhaber den Standpunkt, die „furchtbare Anklage des französischen Komitees, der deutsche Katholizismus sei von der Wurzel bis zum Gipfel angefault und verseucht, könne auch seitens des indirekt mitangeklagten deutschen Episkopats nicht unwidersprochen bleiben“[115], hatte aber größte Mühe, den Vorsitzenden der Fuldaer Bischofskonferenz, den überbedenklichen und führungsunsicheren Kardinal Hartmann, von der Dringlichkeit einer Gegenaktion zu überzeugen. Für ein Abgehen von der bisher geübten Zurückhaltung sprach schon bei diesem Anlaß, was der Speyerer Bischof gelegentlich eines späteren, freilich anders motivierten Vorstoßes[116] von Kardinal Mercier zu bedenken gegeben hat: „Das vornehme Schweigen des deutschen Episkopats, das nicht auf einem amtlich mitgeteilten Wunsch des hl. Vaters oder auf einem Beschluß beruht, war solange gerechtfertigt, als man dadurch den Streit beschwichtigen zu können glaubte. Wenn aber das Schweigen ... die Angreifer immer mutiger macht, den Streit immer lauter werden läßt und uns als Eingeständnis des bösen Gewissens gedeutet wird, dann erscheint ein längeres Schweigen mit den Pflichten des Amtes unvereinbar[117]. Die literarische Kriegserklärung der französischen Katholiken“[118] war auf den Tenor gestimmt, „Deutschland betrachte und führe diesen Krieg als Vernichtungskampf gegen Katholizismus

[112] A.a.O. S. 286.
[113] A.a.O. S. 288.
[114] Vgl. A. Baudrillart (Hrsg.), La Guerre Allemande et le Catholicisme. Paris 1915.
[115] Vgl. Faulhaber an den deutschen Episkopat, 9. Oktober 1915. EA München. Nachlaß Faulhaber. Nr. 4150.
[116] Vgl. dazu Faulhaber-Akten I S. 8 Anm. 5.
[117] Vgl. Faulhaber an Bettinger, 31. Januar 1916. EA München. Nachlaß Faulhaber. Nr. 2050.
[118] So die Überschrift des Eröffnungsbeitrags in der deutschen Gegenpublikation.

und Christentum“[119]. In kräftigeren Farben zog Faulhaber als Fazit, nach der Anklageschrift „wäre Deutschland das Mutterland aller Geistesirrungen, der Höllentrichter aller Gottlosigkeit vom Wotanskult bis zum Modernismus, der Freihafen aller kirchen- und kulturfeindlichen Strömungen“[120].
Anfangs im engeren Herausgebergremium für die Abwehrschrift nur beratend tätig, übernahm der Bischof von Speyer schließlich als Lückenbüßer in zwölfter Stunde das Thema: „Unsere religiöse Kultur“[121]. Bei dessen Behandlung hielt er sich nicht nur beispielhaft an das von ihm aufgestellte Postulat, „die Beiträge müßten in ruhigem, sachlich-wissenschaftlichem Ton gehalten werden, nicht in dem aggressiven Ton des französischen Komitees“[122], sondern beschloß seine durch Noblesse, Klarheit und Wärme ausgezeichneten Darlegungen mit einem Versöhnungsappell im Zeichen einer wahrhaft einigenden Katholizität.

Erzbischof von München und Freising (1917–1952)

Am entscheidenden Wendepunkt des Weltkriegsgeschehens, kurz nach dem Anschluß der Vereinigten Staaten an die Ententemächte, erlag am 12. April 1917 Kardinal Bettinger in München einem Herzschlag. Es bedurfte keiner großen Kombinationsgabe, um in Michael von Faulhaber den hervorragendsten Anwärter für den Freisinger Metropolitenstuhl zu entdecken. Die Staatsregierung handelte ohne Verzug. Kaum waren die Beisetzungsfeierlichkeiten, zu denen der Bischof von Speyer in die Landeshauptstadt geeilt war, vorüber, als er schon einen Tag später, am 17. April 1917, ins Kultusministerium bestellt wurde. Dort eröffnete ihm Minister von Knilling „ohne lange Einleitung, er sei nach reiflicher Überlegung zu dem Entschluß gekommen“, dem König Faulhaber als neuen Erzbischof zu empfehlen. „Das Gesamtministerium habe bereits zugestimmt. Er zweifle nicht daran, daß der König seinen Vorschlag annehmen werde. Tieferschüttert“, schreibt Faulhaber, „ging ich, einsam wie ich gekommen war, die Ludwigstraße hinaus, um vor dem Sakramentsaltar der Ludwigskirche über diese Wendung in meinem Leben nachzudenken“[123].
Von anderen Überlegungen ganz abgesehen, glaubte Ministerpräsident Hertling, in Faulhabers Person „auch die besten Bürgschaften dafür erblicken zu dürfen, daß der neue Erzbischof von München wieder und zwar möglichst bald mit dem Purpur ausgezeichnet wird“[124]. Das Störfeuer der München-Augsburger Abendzeitung[125], die Ende April die Amtsführung des Bischofs von Speyer aus durch-

[119] Vgl. G. Pfeilschifter (Hrsg.), Deutsche Kultur, Katholizismus und Weltkrieg. Freiburg 1915 S. III.
[120] Vgl. M. Faulhaber, Autobiographie S. 332.
[121] Vgl. M. Faulhaber, Kultur.
[122] Vgl. oben Anm. 115.
[123] Vgl. M. Faulhaber, Autobiographie S. 375.
[124] Vgl. Hertling an Ritter, 24. April 1917. GStA München. Gesandtschaft Päpstlicher Stuhl 775.
[125] Vgl. München-Augsburger Abendzeitung vom 28. April 1917.

sichtigen Gründen kritisierte, konnte die päpstliche Zustimmung zur Nominierung Faulhabers nicht mehr aufhalten. Zu Pfingsten wurde am 26. Mai 1917 der Nachfolger Kardinal Bettingers amtlich bekanntgegeben und nur einen Tag später Erzbischof Eugenio Pacelli als neuer Nuntius angekündigt.

Den Abschied von Speyer wie die Begrüßung in München überschattete der Ernst der Kriegsereignisse. Um sich „in verborgenen Exerzitien für das neue Amt in München zu sammeln“[126], war Faulhaber Ende August für einige Tage im Kloster Beuron eingekehrt, bevor er am 30. August, die Mappe mit den Brotzuteilungskarten unter dem Arm, in München eintraf[127]. Am 3. September 1917 wurde der neue Erzbischof im Liebfrauendom feierlich inthronisiert.

Der Wechsel von Speyer nach München brachte für Faulhaber „viel persönliche Umstellung mit sich“. Den Übergang von einem der kleinsten zu einem der größten deutschen Bistümer empfand der neue Erzbischof „wie das Umsteigen von einem Auswandererschiff zu einem modernen Riesendampfer“[128]. Mit 1,1 Millionen übertraf die Zahl der Katholiken in der Erzdiözese München diejenige Speyers um mehr als das Doppelte. Den rund 300 Geistlichen in der Pfalz standen in München fast 1400 Weltpriester gegenüber. Im ganzen Bistum Speyer gab es nur ein Dutzend Ordensgeistliche, weshalb für Seelsorgsaushilfen Prediger und Beichtväter „aus dem besseren Jenseits“[129] herbeigeholt werden mußten, wie das rechtsrheinische Bayern aus Pfälzer Perspektive genannt wurde. In München dagegen konnte der Erzbischof auf ein Hilfskorps von über 200 Ordenspriestern zurückgreifen. Noch ungünstiger lagen für Speyer die Zahlenverhältnisse bei den Frauenorden. Alljährlich hatte der Münchener Oberhirte etwa 23000 Kindern die Firmung zu spenden, eine Aufgabe, die nur unter Beiziehung des Weihbischofs zu bewältigen war. Dazu kamen das Pflichtenpensum des Vorsitzenden der Freisinger Bischofskonferenz und die volle Last der bayerischen Feldseelsorge.

Immerhin war der Kreis der priesterlichen Mitarbeiter in Speyer noch überschaubar gewesen, so daß der Bischof nach einiger Zeit alle namentlich kannte. „In München dagegen, wo sich alles ins Vierfache übersetzte, wollte es nicht gelingen, die Priester alle persönlich beim Namen rufen zu können“[130]. Die Landeshauptstadt war auch kirchlich ein Ballungszentrum. Nicht weniger als die Hälfte von Faulhabers Diözesanen wohnte in München. Um so mehr galt es dem Verdacht entgegenzuwirken, als gehöre dem flachen Land eine geringere Hirtensorge als der Großstadt.

Als Erzbischof von München und Freising war Faulhaber geborenes Mitglied des Reichsrats der Krone Bayern. In dieser zweiten Kammer repräsentierte er zusammen mit einem jeweils vom König ernannten Oberhirten, damals dem Regensburger Bischof von Henle, den bayerischen Episkopat. In der kurzen Spanne bis

[126] Vgl. M. FAULHABER, Autobiographie S. 380.
[127] A.a.O. S. 382.
[128] A.a.O. S. 388.
[129] Ebd.
[130] A.a.O. S. 388.

zum November 1918 hatte Faulhaber Gelegenheit, noch an einer einzigen Sitzung dieses ständisch zusammengesetzten Gremiums, in dem der Adel dominierte, teilzunehmen. Die offensichtlich wenig positiven Eindrücke kleidete Faulhaber in die Feststellung: „Die Kammer der Reichsräte war wirklich nicht die geistige Auslese des Königreiches“[131].

Die überlange Liste obligatorischer Antrittsbesuche beiseitelegend, rüstete sich der bayerische Feldpropst noch im Oktober 1917 zu einer neuen Frontfahrt, nicht zuletzt aus der Besorgnis heraus, daß „bei der langen Dauer des Krieges eine gewisse Ermüdung der seelischen Kräfte einzureißen drohe“[132]. In Begleitung von Domkapitular Buchberger, schon Kardinal Bettingers rechte Hand in allen Fragen der Militärseelsorge, besuchte der Münchener Erzbischof während der zweiten Oktoberhälfte Truppenteile in Polen und Galizien. Im Februar 1918 führte ihn eine weitere Frontreise nach Mazedonien und Rumänien[133].

So wie Faulhaber die Militärseelsorge begriff, mußte der Feldgeistliche „Kirchenglocke bleiben, nicht Kanone werden“[134]. Dennoch war der Grenzverlauf fließend. Weder der Feldpropst noch Buchberger fanden es problematisch, als das Bayerische Kriegsministerium den rednerischen Einsatz der Feldgeistlichen erbat, um den in der Heimat um sich greifenden Pessimismus zurückzudämmen, indem sie in Predigten und Vereinsvorträgen „die Notwendigkeit weiteren Durchhaltens betonen und den Willen der breiten Menge stählen würden“[135]. In der eigenen Diözese stellte sich der Münchener Erzbischof persönlich „als Wanderredner für größere Versammlungen zu Diensten“[136]. Eine Rundreise bei den in der Schweiz internierten deutschen Austauschgefangenen bildete im Juli 1918 das betont pastorale Schlußkapitel in den Aktivitäten des bayerischen Feldpropstes[137].

Bettingers Nachfolger auf dem Münchener Erzstuhl ebenfalls die Kardinalswürde zu erwirken, war die Bayerische Staatsregierung intentionsgemäß schon wenige Wochen nach Faulhabers Amtseinführung durch ihren Gesandten bei der Kurie vorstellig geworden. Obwohl Baron Ritter die Petition als allerhöchsten Wunsch des um die Kirche hochverdienten Bayernkönigs vorzutragen hatte und auch Nuntius Pacelli in das Lob des Neuernannten einstimmte, den er schon nach den ersten Kontakten als „einen Erzbischof hors ligne“[138] rühmte, gab sich Kardinalstaatssekretär Gasparri spröde. Ihm war der Vorschlag aus München ein nicht unwillkommener Anlaß zu der Erinnerung, daß die Kreierung Bettingers keinesfalls als Präzedenzfall zu werten sei und sich der Hl. Stuhl für die Zukunft volle

[131] A.a.O. S. 392.
[132] A.a.O. S. 394.
[133] Vgl. dazu M. BUCHBERGER, Frontbesuche des Erzbischofs und Feldpropstes Dr. M. von Faulhaber im Osten und auf dem Balkan. Regensburg 1918.
[134] Vgl. M. FAULHABER, Autobiographie S. 464.
[135] Vgl. Faulhaber-Akten I Nr. 3.
[136] Vgl. Faulhaber-Akten I Nr. 4.
[137] Vgl. Faulhaber-Akten I Nr. 17.
[138] Vgl. Ritter an das Bayerische Staatsministerium des Äußern, 30. Oktober 1917. GStA München. Gesandtschaft Päpstlicher Stuhl 956.

Freiheit wahre. Schwerer wog aber wohl die Abneigung Benedikts XV., sich in der Kriegszeit ein zweites Mal so zu exponieren, wie er das mit dem Kardinalsschub im Dezember 1916 getan hatte. Angesichts der Befürchtung des Papstes, „wegen der Auswahl der neuen Purpurträger, sei es von der einen, sei es von der anderen Seite der kriegsführenden Mächte der Parteilichkeit beschuldigt zu werden[139], räumte der bayerische Vatikangesandte einer Neuauflage der Regierungsanregung von vornherein geringe Chancen ein. Trotzdem verstimmte ihn die distanzierende Erwiderung Gasparris, „eine mit nur schwacher Tröstung auf die Zukunft verzuckerte Ablehnung“[140].

a) Von der Monarchie zur Republik

Anfang Oktober 1918 zerstörte das Ansuchen der Reichsleitung um einen Waffenstillstand die letzten Illusionen über den Kriegsausgang. Während sich in der Provinz der Regensburger Bischof für die „festeingewurzelte monarchische Gesinnung“ seiner Diözesanen verbürgte[141], war die Luft in München „mit Zündstoff geladen“[142]. Dem Erzbischof schien es ein Gebot der Stunde, die schwelende Umbruchsstimmung zu dämpfen. In einem Hirtenwort[143] zu Allerheiligen warnte er davor, „sich gegenseitig in blinden Zorn hineinzureden“. Es sei jetzt nicht die Zeit, die Kriegsmaßnahmen der Behörden „in Bausch und Bogen zu verurteilen und mit unbedachten Schlagwörtern gegen die staatliche Ordnung Sturm zu laufen.“ Faulhabers Aufruf zur Besonnenheit gipfelte in dem beschwörenden Appell, das Erbe der Gefallenen heilig zu halten: „Versucht nicht umzustürzen, was sie mit ihrem Herzblut retten und erhalten wollten!“
Noch deutlicher gegenwartsbezogen klangen die Mahnungen, die der Erzbischof an die Gläubigen in der Residenzstadt richtete. Zweimal bestieg er in den ersten Novembertagen während eines Triduums, „der Stimme der Zeit und damit der Stimme Gottes gehorchend“[144], die Domkanzel. Freilich drangen die Warnungen, „mit der Pflicht des Treueids“ dürfe „nicht gespielt werden“[145] und wenn ein Erdbeben komme, werde es nicht bloß die Residenz des Königs, sondern auch die Wohnungen der Bürger erschüttern, kaum an das Ohr derer, die den Umsturz planten. Zudem wurde die Kraft seiner Argumente dadurch geschwächt, daß er zwischen den durchaus abgestuften Strömungen innerhalb der Volksstimmung nicht zu differenzieren vermochte. Mit der apodiktischen These „Kein Staat ist schlechter regiert als der, in dem alle mitregieren wollen“, sprach er ein sehr persönliches Credo aus, das die Überlebenschancen der Monarchie, die er zu

[139] Vgl. Ritter an Dandl, 18. August 1918. GStA München. Gesandtschaft Päpstlicher Stuhl 956.
[140] Vgl. Ritter an Dandl, 25. Oktober 1918. GStA München. Gesandtschaft Päpstlicher Stuhl 956.
[141] Vgl. Faulhaber-Akten I Nr. 19.
[142] Vgl. M. FAULHABER, Autobiographie S. 492.
[143] Vgl. AB (= Amtsblatt) München 1918 S. 185–188.
[144] Vgl. M. FAULHABER, Autobiographie S. 492.
[145] A.a.O. S. 493f.

wahren suchte, letztlich nur schwächen konnte. Er entfremdete sich damit nämlich die weit ins Kirchenvolk hinreichende Bewegung, die am Königtum durchaus festhalten, andererseits aber auch nicht auf eine verstärkte Parlamentarisierung des bayerischen Staates verzichten wollte. Solche Forderungen wurden auch keineswegs erst als Quittung auf die Niederlage präsentiert, sondern hatten eine langjährige Vorgeschichte.

Wie rapid das Ansehen des Monarchen in dessen nächster Umgebung dahinschwand, ging dem Erzbischof blitzartig auf, als er am 3. November die königliche Familie besuchte. Das Verhalten der Dienerschaft ließ keinen Zweifel, daß „im eigenen Haus des Königs ... die Kälte eingezogen" war[146]. Fünf Minuten vor Zwölf unternahm auch das kaiserliche Hauptquartier noch einen Versuch, die Kirche als Notwender aufzubieten, weil es sich von einem Machtwort des Episkopats eine Bändigung des Revolutionssturms versprach. In München meldete sich Friedrich von Berg, ein Vertrauter Wilhelms II., mit der Anfrage, „ob die deutschen Bischöfe gegenüber dem Ruf nach Abdankung des Kaisers einen Hirtenbrief über Autorität und die Heiligkeit des Eides erlassen wollten". Die Berufung auf das gemeinsame Pastorale von Allerheiligen 1917 wehrte Faulhaber mit dem Hinweis ab, daß sich seit dem Vorjahr „in der Stimmung des deutschen Volkes eine Schwenkung vollzogen" habe, der gegenüber die Bischöfe machtlos seien. Sein persönliches Eintreten für die staatliche Ordnung in den Predigten der Vortage betrachtete er als Fehlschlag. Denn nun sei „offenbar die Lawine im Rollen".

Die Revolutionsereignisse vom 7. November 1918 trafen den Münchener Erzbischof „wie ein Faustschlag ins Gesicht"[147]. Als er gleich in der folgenden Nacht „die ersten, in Kolonne marschierenden Soldaten, kriegsmäßig ausgerüstet, hinter der roten Fahne" herziehen sah, war ihm das „ein furchtbarer Anblick". Gewiß hatte den Umsturz eine in ihren Zielen unmißverständliche Agitation vorbereitet, dennoch registrierte der Erzbischof die handstreichartige Eroberung der Regierungsmacht und das kampflose Zurückweichen der Staatsorgane mit ungläubigem Staunen. Über den Tag hinaus fassunglos, stellte er immer wieder die Frage: „Wie war es möglich, daß ein Volk, dessen Königstreue sprichwörtlich war, auf den Ruf eines landfremden galizischen Schriftstellers hin über Nacht und ohne einen Tropfen Heldenblut zu vergießen, in das republikanische Lager abschwenkte und seinen König in die Verbannung ziehen ließ"[148]?

Die unmittelbaren Folgen der Niederlage bekamen alle Deutschen in irgendeiner Form zu verspüren. Den Münchener Erzbischof aber hat nichts persönlich so tief verletzt und kein historisches Ereignis, auch die Katastrophe der Hitlerherrschaft nicht, sein Weltverständnis so bis in die Fundamente hinein erschüttert wie die

[146] A.a.O. S. 494.

[147] Von Faulhaber zustimmend zitierter Leserbrief in Katholisches Kirchenblatt für Münster und das Münsterland vom 25. August 1935.

[148] Vgl. M. FAULHABER, Autobiographie S. 496.

Entthronung des bayerischen Königtums. Erst nach Jahren stummen Aufbegehrens hat sich diese Wunde geschlossen, verheilt ist sie nie.
Der Erbitterung über den Königssturz nachzuhängen, verboten die realen Tagesnöte. Über die Ablehnung der ungerufenen Machthaber stellte der Erzbischof die Pflicht, zur Lebensmittelversorgung der vom Hunger bedrohten Großstadt München beizutragen und die Landbevölkerung unverzüglich an ihre christliche Mitverantwortung zu erinnern[149]. Freilich nahm er sich auch die Freiheit, die neue Obrigkeit in der Silvesterpredigt 1918 als „Regierung von Jehovas Zorn" anzuprangern. Die Schrecken der Rätezeit in den turbulenten Aprilwochen 1919 waren ihm eine Bestätigung für den Irrweg, auf den die Revolutionäre das Königreich Bayern durch die Ausrufung der Volksherrschaft gestoßen hatten. Monate hindurch einer Kette von Aufregungen und Gefahren ausgesetzt, merkte Faulhaber, wie die Nervenanspannung an seiner Gesundheit zehrte. „Seit jenen Revolutionstagen und schlaflosen Revolutionsnächten" bildete sich ein Herzleiden aus, das ihn zeitlebens als Erinnerung an jene Zeit begleitete[150].
Wie später in den politischen Umbrüchen von 1933 [151] und 1945[152] ließ der Münchener Erzbischof seinen Diözesanklerus auch in den Novemberwirren von 1918 nicht ohne bestimmte Weisungen[153]. In deutlicher Distanzierung von jenen, „die von heute auf morgen eine Gesinnung wechseln können wie eine Kokarde", ermahnte er die Geistlichen, zu ihrem Teil „an der Aufrechterhaltung der öffentlichen Ordnung, an der Förderung des Volkswohles und an der Sicherstellung der Volksernährung mitzuarbeiten, um größere Übel hintanzuhalten".
Vorgängig zu irgendwelchen explizit kulturpolitischen Maßnahmen der Revolutionsregierung war allein schon durch die Umwandlung der Monarchie in eine Republik das Staat-Kirche-Verhältnis in Bayern unmittelbar betroffen. Die Ursache dafür war, daß im System des bayerischen Staatskirchenrechts der Krone spezifische Befugnisse zukamen. Laut Konkordat von 1817 war der König ermächtigt, die Bischöfe, Domdekane und in den 6 ungeraden Monaten die Kanoniker zu erneuern sowie einen Teil der Pfarreien zu besetzen. So weitgehende Vorrechte hatte der Hl. Stuhl den Landesherren aus dem katholischen Haus der Wittelsbacher vorbehalten, und da sie ad personam gewährt waren, riß die Abschaffung des Königtums staatskirchenrechtlich eine Lücke auf, die nicht durch faktische Machtausübung geschlossen werden konnte.
Zuallererst mußte dabei die sich ständig ergebende Notwendigkeit der Neubesetzung landesherrlicher Pfarreien die Bischöfe über kurz oder lang zu einem Offenbarungseid zwingen, wie sie es in Kirchensachen mit der Übergangsregierung Eisner und dann mit der republikanischen Staatsgewalt überhaupt zu halten

[149] Vgl. Hirtenwort Faulhabers an die Landgemeinden, 12. November 1918. Druck: AB München 1918 S. 193–196.
[150] Vgl. M. FAULHABER, Autobiographie S. 519.
[151] Vgl. Faulhaber-Akten I Nr. 297.
[152] Vgl. unten S. 246 Anm. 231.
[153] Vgl. Faulhaber-Akten I Nr. 23.

gedachten. Gewiß konnten sie dem Rechtsproblem eine Zeitlang ausweichen, indem sie sich mit der Bestellung von Pfarrverwesern behalfen. Das aber war eine von den betroffenen Geistlichen nur widerwillig akzeptierte Notlösung, weshalb es innerhalb des bayerischen Episkopats schon früh Stimmen gab, formell unverändert, jedoch unter ausdrücklichem Rechtsvorbehalt die bisherige Praxis der Pfarreienbesetzung beizubehalten. Immerhin dauerte es fast ein Jahr, bis sich die Kurie mit dieser Interimsregelung einverstanden erklärte. Hinter dem Zögern des Nuntius, der die vatikanische Haltung zu diesem Reibungspunkt maßgeblich beeinflußte[154], standen taktische Überlegungen. Pacelli zeigte sich den nach den Regeln der Demokratie künftig auswechselbaren Trägern der Regierungsgewalt in Bayern erst konzessionsbereit, als er für die Bereitschaft des Kabinetts Hoffmann, mit dem Hl. Stuhl Konkordatsverhandlungen aufzunehmen, verläßliche Zusagen hatte.

Sogleich nach der Novemberrevolution hatten sich die politisch engagierten Vertreter des bayerischen Katholizismus unter Loslösung vom Zentrum in der Bayerischen Volkspartei neu formiert, blieben aber von einer Mitbestimmung des Regierungskurses zunächst völlig ausgeschlossen. Während die BVP im Gefolge der Kabinettsumbildungen von 1919 allmählich wieder einzelne Ressorts besetzen konnte, legte sie auf manchen Gebieten eine Kompromißbereitschaft an den Tag, die in ihren eigenen Reihen umstritten war. Vor allem aber war der Nuntius über den kulturpolitischen Teil des Bamberger Abkommens vom 31. Mai 1919 höchst ungehalten[155], so daß der Münchener Erzbischof alle Mühe hatte, bei Pacelli für das Dilemma der BVP-Fraktion Verständnis zu wecken [156]. Die nicht nur vom Nuntius und den Bischöfen beklagte Hinnahme des Hoffmannschen Schulprogramms mußte kirchlicherseits die Überzeugung festigen, daß eine vertragliche Sicherung der Kirchenbelange in der Republik noch ungleich dringlicher sei als in der Monarchie. Das Aufrücken der BVP zur tragenden Regierungspartei im März 1920 schien für einen reibungslosen Ablauf der Konkordatsverhandlungen, die schon Ministerpräsident Hoffmann angeknüpft hatte, von guter Vorbedeutung. Indessen sollten bis zur Unterzeichnung des fertigen Vertragswerks am 29. März 1924 noch volle vier Jahre verstreichen. Von der schleppenden Behandlung des Konkordatsprojekts durch die Staatsregierung war Faulhaber tief enttäuscht und er mußte „allen Glauben zusammennehmen, um an das Zustandekommen des Werkes zu glauben“[157].

Dank der konkordatsrechtlichen Beschlagenheit Pacellis, der die Verhandlungsfäden straff zusammenhielt, fiel dem Erzbischof von München, so sehr der Nuntius dessen Urteil schätzte, nur eine Nebenrolle zu. Mit ausgesprochenem Mißfallen verfolgte Faulhaber die Bestrebungen der BVP-Prälaten Wohlmuth und Scharnagl, den bayerischen Domkapiteln das Recht auf Einreichung eigener Bischofsli-

[154] Vgl. Faulhaber-Akten I Nr. 31.
[155] Vgl. Faulhaber-Akten I Nr. 38.
[156] Vgl. Faulhaber-Akten I Nr. 39.
[157] Vgl. Faulhaber-Akten I S. 149.

sten an den Papst zu verschaffen[158]. Solche Regungen eines klerikalen Gruppeninteresses wie auch andere in seiner Sicht ärgerliche Dreingaben ließen dem Münchener Metropoliten bei der Ratifizierung des Bayerischen Konkordats „die ungemischte Freude nicht zuteil“ werden. Einen höchst unerwünschten Nebeneffekt des Konkordatsabschlusses erblickte er in den Staatsverträgen mit den evangelischen Religionsgemeinschaften, weil diese damit erstmals und ausgerechnet als Nutznießer des in anderen deutschen Ländern von ihren Glaubensgenossen leidenschaftlich bekämpften Konkordats dem Staat gegenüber als Vertragspartner auftraten. Der staatsrechtlichen Sonderstellung des Hl. Stuhls konnte eine solche Aufwertung nur Abbruch tun. Faulhabers grämliche und den Vertragsgehalt aus dem Blick verlierende Gesamtbilanz[159] war zu einseitig, um nicht den Widerspruch jener außerbayerischen Amtsbrüder zu erregen, die der Kardinal von einer „superlativen“ Konkordatseinschätzung bewahren wollte. So entdeckte beispielsweise der Limburger Bischof in der Übereinkunft „so große Vorteile, daß wir preußischen Bischöfe mit einem gewissen heiligen Neid auf unsere bayerischen Mitbrüder schauen“[160].

Den Groll über die gewaltsame Umgestaltung der Staatsordnung durch die Novemberrevolution von 1918 hielt Faulhaber lange Zeit in seinem Innern verschlossen. Nach Jahren des Schweigenmüssens bot endlich die Überführung des toten Königspaares in den Münchener Liebfrauendom im November 1921 den Getreuen des Hauses Wittelsbach zum letzten Mal Gelegenheit, ihre ungebrochene Anhänglichkeit in der Öffentlichkeit zu bekunden. Für den Münchener Erzbischof war es Ehrensache, alles zu tun, damit die Trauerfeier „nicht bloß in der Beteiligung, sondern mehr noch in ihrer inneren Art über jeden Vergleich mit der Trauerparade für Eisner sich von selber hinausheben“ würde[161]. Dem Sog eines Wortspiels nachgebend, unterstrich er in der Grabrede auf die Majestäten neuerdings seine Skepsis gegenüber jeder Volksherrschaft, indem er ausführte: „Könige von Volkes Gnaden sind keine Gnade für das Volk, und wo das Volk sein eigener König ist, wird es über kurz oder lang auch sein eigener Totengräber“[162].

Ungleich höhere Wellen als diese beiläufige allgemeine Distanzierung schlug Faulhabers Absage an Revolution und Republik auf dem Münchener Katholikentag[163] im August 1922. Der Augenblick für eine derart pointierte und unvermeidbar provozierende Stellungnahme war mit Vorbedacht gewählt. Äußerte er sich doch vor einem Auditorium, das, mehrheitlich aus München und dem bayerischen Oberland zusammenströmend, weithin mit dem Redner solidarisch fühlen würde. Die Stunde, mit den siegreich gebliebenen Mächten der Revolution einmal gründlich abzurechnen, hatte Faulhaber sicher lange herbeigesehnt. Schon in der

[158] Vgl. Faulhaber-Akten I Nr. 117 und 118.
[159] Vgl. Faulhaber-Akten I Nr. 165.
[160] Vgl. Faulhaber-Akten I Nr. 167.
[161] Vgl. Faulhaber-Akten I Nr. 103.
[162] Vgl. Trauerrede Faulhabers bei der Beisetzung des Königspaares am 5. November 1921 im Dom zu München.
[163] Vgl. Faulhaber-Akten I S. 278 Anm. 3.

Theorie aber zählen Widerstandsrecht, Staatsstreich und Umsturz zu den dornigsten Problemen einer katholischen Staats- und Gesellschaftslehre, von einer Applikation der von ihr formulierten Grundsätze auf eine konkrete politische Situation ganz zu schweigen. Darüber in drei oder vier lapidar hingestellen Sätzen Definitives sagen zu wollen, war schon von der Absicht her verwegen, auch für einen Prägekünstler vom Rang Michael Faulhabers. Da es aber offensichtlich ein Fanfarenstoß werden sollte, war Polyphonie gar nicht angestrebt. In der Katholikenversammlung selbst mußte die Attacke des Kardinals Fronten aufreißen. Denn sie zielte ja weniger auf die Verherrlichung einer Revolution in Permanenz als auf diejenigen Glaubensgenossen, die vorschnell und nicht frei von opportunistischen Hintergedanken auf den Boden der nachrevolutionären Tatsachen getreten seien, ohne sich über die Abkunft der Republik lange den Kopf zu zerbrechen.

In der Form abrupt, inhaltlich undifferenziert und mit dogmatischem Zungenschlag vorgetragen, stieß Faulhabers Abrechnung mit der Novemberrevolution alle jene vor den Kopf, die in der von einer freigewählten Nationalversammlung gestalteten deutschen Republik eine zu bejahende Realität erblickten. Nachdem er selbst die Tonart bestimmt hatte, durfte sich der Kritiker nicht wundern, wenn ihm ebenso direkt widersprochen wurde. Seine Klage über angebliche Mißverständnisse war genau so verfehlt wie scholastisch anmutende Ausflüchte. Denn mit dem Mut zu plakativer Kürze hatte er den Sturm selbst heraufbeschworen und, wie sehr man immer den nachgelieferten Interpretationshilfen vertraute, die Ressentiments gegen den Staat von Weimar waren zu unüberhörbar, um überzeugend dementiert zu werden. Gegen die Resonanz aus dem bayerischen Raum, von der sich der Kardinal getragen fühlen mochte, setzte Konrad Adenauer als Präsident des Katholikentages zu Recht die Feststellung, daß hinter Faulhabers staatspolitischen Wertungen „die Gesamtheit der deutschen Katholiken nicht steht“[164].

Faulhabers aufsehenerregende Abwehrgebärde vor der Kulisse des Münchener Katholikentreffens wird aber erst auf einem weiteren Hintergrund einigermaßen verständlich. Denn für den höchsten kirchlichen Würdenträger Nachkriegsbayerns bedeutete Republik primär nicht Demokratie, sondern Zentralismus. Ersterer stand er reserviert, letzterem feindlich gegenüber. Konfessionsstatistisch gesehen lagen die Kräfteverhältnisse in Bayern genau umgekehrt wie im Gesamtreich. Mit 70% der Bevölkerung besaßen in diesem Fall die Katholiken eine klare Zweidrittel-Mehrheit. Dieses in keinem anderen deutschen Einzelstaat mehr anzutreffende Übergewicht machte Bayern in Faulhabers Begriffswelt, wenn auch abgeschwächt, zu einem katholischen Kernland. Dem Vorwurf unklaren Denkens setze sich darum aus, wer generalisierend von einem „Deutschen Katholizismus“ rede, ohne von der brauchtumsgeprägten Sonderart und kirchenorganisatorischen Eigenständigkeit des bayerischen Katholizismus Notiz zu nehmen [165]. Zumindest

[164] Vgl. Faulhaber-Akten I S. 280 Anm. 1.
[165] Vgl. Faulhaber-Akten I S. 283.

die kirchliche Vorzugsstellung gegen alle vom Reich ausgehenden Nivellierungstendenzen zu verteidigen, war Faulhaber um so glühender entschlossen, als die Verfassung von Weimar die staatlichen Hoheitsrechte Bayerns radikal beschnitten hatte.

In einer schon grimmig anmutenden Abwehrbereitschaft wurzelte denn auch die Animosität, mit der er auf Initiativen aus der Reichshauptstadt zeitweilig zu reagieren pflegte. Dafür eine hauptsächlich im Altbayerischen virulente antipreußische Grundstimmung verantwortlich zu machen, träfe nicht den Sachverhalt, da Faulhaber als Franke von solcher Aversion ohnehin nicht archetypisch geprägt war. Sein Mißtrauen gegen Berlin war antizentralistisch und entsprang vornehmlich verfassungspolitischen Zukunftsängsten, konnte aber schon durch kleinste Funken entflammt werden. So witterte der Kardinal hinter der Anregung eines reichseinheitlichen Trauertags für die Weltkriegsgefallenen einen ersten Versuch „des Reichsunitarismus, tastend auf das religiöse Gebiet überzugreifen". Seiner Auffassung nach war bei diesem Anlaß klarzustellen, „daß wir in Bayern uns nicht nach dem protestantischen Norden zu richten haben". Andernfalls wäre zu fürchten, „mit allen möglichen kirchlichen Feiern nach der roten Reichsflöte in Berlin tanzen zu müssen"[166]. Berlin, das war der Inbegriff für rot, protestantisch, zentralistisch, mit einem Wort „der Friedhof von Bayern"[167].

Faulhabers abgrenzende Hirtensorge für das unverfälscht, weil unvermischt Katholische, das in Bayern stärker bewahrt als anderwärts, dessen Sonderstellung begründete, formte auch die politischen Leitvorstellungen des Kardinals. Kein Wunder, daß ihm die „ewigen Kompromisse und ‚Arbeitsgemeinschaften'"[168] ein Dorn im Auge waren, weshalb er auch für die Einflußmöglichkeiten des Zentrums und die Notwendigkeit von Koalitionsabsprachen auch mit der Linken kaum Verständnis aufbrachte. Seine Absage an Kompromisse auf dem Münchener Katholikentag war rhetorisch eindrucksvoll, für den politischen Alltag aber wenig hilfreich, da sie die parlamentarischen Kräfteverhältnisse ignorierte und an die Stelle der Wirklichkeit Wunschvorstellungen setzte. Wenig Augenmaß verriet die Befürchtung, daß dem Bolschewismus „durch ewige Kompromisse und Bündnisse"[169] [der katholischen Parteien] „mit den Sozialdemokraten das Eingangstor in das deutsche Volk aufgemacht werde". Ohne Zweifel hat Faulhabers Opposition gegen Regierungsgemeinschaften des Zentrums mit der SPD wie in Preußen die Bedenken des Vatikans gegen die Vertrauenswürdigkeit und Zuverlässigkeit der Zentrumspartei immer wieder angefacht[170]. Hätten aber die Zentrumspolitiker

[166] Vgl. Faulhaber-Akten I S. 177.
[167] Vgl. Faulhaber-Akten I S. 149.
[168] Vgl. Faulhaber-Akten I S. 286 Anm.
[169] Vgl. Faulhaber-Akten I S. 279.
[170] Vgl. Faulhaber-Akten I S. 280. Das belegt auch ein Bericht des Vatikangesandten Ritter, bei dem sich Faulhaber über seine Papstaudienz vom 30. November 1927 ausgesprochen hatte. Demnach hatte Pius XI. seine Genugtuung über das Zusammengehen von Zentrum und BVP zu einer Arbeitsgemeinschaft zum Ausdruck gebracht. „Anschließend daran sei dann auch die starke Linksorientierung des Zentrums gestreift worden, die den Hl. Vater mit Sorgen erfülle und in deren

tatsächlich zur Handlungsmaxime erhoben, was der Münchener Erzbischof auf dem Katholikentag als Katholische Grundsatztreue zu deduzieren versucht hatte, so wären sie geradewegs ins Abseits politischer Einflußlosigkeit marschiert. Faulhabers mangelnden Sinn für das parlamentarisch-politisch Machbare enthüllen wenige Äußerungen so schlagend wie die Prognose, das Zentrum werde „erst dann Großes wirken, wenn es wieder Amboß wird und nicht mit den alten Feinden der Kirche einen gemeinsamen Block bildet“[171].

Einsichtsvoller, unbefangener und nicht ohne taktisches Geschick operierte der Erzbischof in der ersten Nachkriegszeit auf einem anderen Sektor. Faulhabers frühem Eintreten für die im Klerus aufbrechenden Sammlungsbestrebungen war es zu verdanken, daß das Projekt einer priesterlichen Standesorganisation über die schwierigsten Hürden hinwegkam. Von den Initiatoren für den Plan gewonnen, hat er solche Einigungsbemühungen zur „Schaffung eines neuen Wachtpostens im öffentlichen Leben“[172] nicht nur toleriert, sondern als legitime und vordringliche Gegenwartsaufgabe gefördert. Für das Zustandekommen der Diözesanpriestervereine war die Parteinahme des Vorsitzenden der Freisinger Bischofskonferenz um so bedeutungsvoller, als ein Flügel des bayerischen Epikopats, das Schreckbild einer Klerusgewerkschaft vor Augen, alle Ansätze zu einer Standesorganisation der Geistlichen scharf ablehnte. Mit ihrem Einspruch brachten die widerstrebenden Oberhirten das Vorhaben eines ganz Bayern umfassenden Landesverbands auf der Freisinger Konferenz im Dezember 1918 zunächst einmal zu Fall[173].

Faulhaber ließ dem Veto seinen Lauf und begnügte sich damit, die Bahn für Priestervereine auf Diözesanebene freigemacht zu haben. Durch Leitsätze[174], die von der Bischofskonferenz im September 1919 verabschiedet wurden, schien die organische Fortentwicklung zu einem landesweiten Dachverband endgültig blokkiert. Daß gleichwohl die umkämpfte Gesamtorganisation schon wenig später dennoch aus der Taufe gehoben wurde, so daß sich ihre Gegner im Episkopat als „die Düpierten“ vorkamen[175], ergab sich aus der inneren Finalität des Ansatzes, wäre aber ohne das geheime Einverständnis des Freisinger Konferenzvorsitzenden kaum realisierbar gewesen. Immerhin wußte Faulhaber, wem er durch tolerierendes Zusehen vertraute. Denn unter dem Vorsitzenden Stahler nahm der bayerische Klerusverband einen Aufschwung, der alle Zweifel an der Lebenskraft, Aufgabenstellung und Kirchlichkeit der Neugründung binnen kurzem zum Verstummen brachte.

abfälliger Beurteilung er, der Kardinal, vollkommen mit Seiner Heiligkeit übereinstimme. Ebenso habe er beim Papste sehr viel Verständnis dafür gefunden, daß die zentralistische Bewegung in Deutschland große Gefahren für die Interessen der Kirche in sich berge und daher von der Kirche nicht gebilligt werden könne.“ Ritter an das Bayerische Staatsministerium des Äußern, 6. Dezember 1927. GStA München. Gesandtschaft Päpstlicher Stuhl 956.

[171] Vgl. Faulhaber-Akten I S. 279.
[172] Vgl. Faulhaber-Akten I S. 50 Anm. 3.
[173] Vgl. Faulhaber-Akten I S. 56f.
[174] Vgl. Faulhaber-Akten I Nr. 46e.
[175] Vgl. Faulhaber-Akten I S. 126.

Unstreitig war Faulhabers Bereitschaft, abweichende Standpunkte im Senat der bayerischen Bischöfe zu respektieren, ein wesentlicher Grund für die dankbare, ja bewundernde Zustimmung seiner Amtsbrüder zu der Art und Weise, wie er das Präsidentenamt ausfüllte. Die Feuerprobe hatten seine Führungsqualitäten bestanden, als er, auf dem schwankenden Boden der Revolutionsära ganz auf sich selbst gestellt, die kirchlichen Belange ebenso energisch wie weitblickend vertreten hatte. Auf die Autorität des Konferenzvorsitzenden, der ja nur primus inter pares war, brauchte Faulhaber nicht zu pochen, er verkörperte sie und keiner der Mitbischöfe hätte sie ihm, dem an Jahren Jüngsten in ihrem Kreise, bestreiten wollen. Den Augsburger Oberhirten riß der souveräne Führungsstil zu dem Bekenntnis hin: „Wie bin ich neuerdings stolz auf meinen Metropoliten und was wäre ich ohne Ihn“[176]!
Freilich war Einmütigkeit der Entschließungen in dem achtköpfigen Freisinger Gremium leichter herbeizuführen als in der doppelt so starken Fuldaer Bischofskonferenz, von der landsmannschaftlich homogeneren Zusammensetzung einmal ganz abgesehen. Sich auf die heimischen Kulturkampfnöte konzentrierend, hatten die bayerischen Oberhirten von 1873 ab nur noch im engeren Kreis getagt, waren nach dem Anbruch der Entspannungsphase von 1893 ab nur noch alle drei Jahre zusammengetreten, um erst 1908 auf päpstlichen Wunsch hin wieder zum jährlichen Tagungsrhythmus zurückzukehren. In zunehmendem Maße jedoch wurde das unverbundene Nebeneinander der beiden Beratungskörper als Anomalie empfunden, im Norden bewußter als im Süden, die engere Kooperation blieb ein Desiderat, dem auch Faulhaber schon früh seine Aufmerksamkeit zuwandte. Denn noch vor einer offiziellen Sondierung vonseiten Kardinal Bertrams, seit 1920 Leiter des Fuldaer Gremiums, hatte der Münchener Erzbischof den bayerischen Amtsbrüdern zu bedenken gegeben, daß „die politische Neugestaltung in Deutschland für die Kirche jetzt weit mehr einheitliche als partikularistische Schwierigkeiten geschaffen und Stellungnahmen gefordert hat“[177]. Allerdings verkannte auch er nicht die stammespsychologischen Hemmnisse, die der „Anbahnung eines innigeren Verhältnisses mit den bayerischen Bischöfen“[178] auf deren Seite entgegenstanden. Wenn die nach wie vor königlich bayerischen Bischöfe ihr unkompliziertes Einvernehmen auf dem Freisinger Domberg mit dem „preußischen Zug“[179] verglichen, der nach ihrer Vorstellung die Beratungen im Norden beherrschte, da mochte die meisten von ihnen beim Gedanken an die Überwindung der episkopalen Mainlinie ein Frösteln befallen. So bestimmt Faulhaber für sich persönlich die Frage bejaht hätte, „ob nicht eine Plenarkonferenz der deutschen Bischöfe in Fulda uns durch die Zeitverhältnisse zur Pflicht gemacht werde“[180], so sehr riet doch die Klugheit, auf ein allmähliches Zusammen-

[176] Vgl. Faulhaber-Akten I S. 106.
[177] Vgl. Faulhaber-Akten I S. 65.
[178] Vgl. Faulhaber-Akten I S. 104.
[179] Ebd.
[180] Vgl. Faulhaber-Akten I S. 133.

wachsen der beiden Beratungsgremien hinzuarbeiten. Es war ein salomonischer Spruch, als die Fuldaer Konferenz im Januar 1920 die wechselseitige Delegierung eines Gremiumsmitglieds zu den Tagungen der Nachbarkonferenz anregte[181]. Die Übergangslösung spielte sich rasch ein und in der Regel übernahmen die Vorsitzenden Bertram und Faulhaber selbst den Beobachterpart, bis 1933 die reichseinheitlich angesetzten Pressionen der NS-Herrschaft die Diözesanbischöfe im Norden und Süden, ungefragt und ohne Rücksicht auf regionale Selbstgenügsamkeit, zu einem Beratungskörper zusammenschlossen.

Nach Kriegsende hatte die Frage von Faulhabers Kardinalserhebung, um die sich König Ludwig III. bis zuletzt angelegentlich bemüht hatte, zunächst hinter Problemen anderer Größenordnung zurücktreten müssen. Sobald sich aber die Lage innenpolitisch einigermaßen stabilisiert hatte, gab die Staatsregierung in Rom zu verstehen, daß der vom letzten Monarchen vorgetragene Wunsch in der Republik unvermindert fortbestand. Tatsächlich konnte die Rangminderung, die dem bayerischen Staatswesen durch die neue Reichsverfassung auferlegt war, den Kardinalspurpur für den Erzbischof der Landeshauptstadt nur um so begehrenswerter erscheinen lassen. An Vertröstungen inzwischen gewohnt, konnte der Vatikangesandte endlich die Kreierung Faulhabers ankündigen. Im letzten Pontifikatsjahr Benedikts XV. empfing der Erzbischof von München am 7. März 1921 zusammen mit Erzbischof Schulte von Köln und Erzbischof Dougherty von Philadelphia die Kardinalswürde. Während des Aufenthaltes in der Ewigen Stadt bestach Faulhaber nicht nur durch die geistvolle, in vollendetem Italienisch vorgetragene Dankansprache, die er als Amtsältester der neuen Purpurträger an den Papst zu richten hatte; noch mehr war Baron Ritter davon angetan [182], daß der Kardinal „bei jeder Gelegenheit seinen bayerischen Charakter zur Schau getragen hat", woraus er hochgestimmt folgerte: „Bayern könnte nicht besser im Hl. Kolleg vertreten sein."

Daß sich in den Jubel Erleichterung mischte, wird begreiflich, wenn man bedenkt, daß die Auszeichnung des Münchener Erzbischofs in einen Augenblick fiel, wo staatliches wie kirchliches Selbstverständnis in Bayern eine höchst kritische Phase durchliefen. Allen Spannungen zum Trotz hatte sich im Laufe des 19. Jahrhunderts ein eigenständiges bayerisches Kirchenbewußtsein von beträchtlicher Integrationskraft entfalten können, das im Konkordat von 1817 sein Rechtsfundament besaß und in der Münchener Nuntiatur seinen ideellen Kristallisationspunkt. An beiden Verankerungen hatte die Nachkriegsentwicklung gerüttelt. Für die Monarchie konzipiert, ragte das Konkordat in die Republik als ein Torso. Und mit der Errichtung einer Reichsnuntiatur in Berlin war 1920 auch das Ende der Vatikanvertretung in München eingeläutet worden. Infolgedessen hing Entscheidendes von der Erneuerung der tragenden Rechtsgrundlage ab. Erst als

[181] Vgl. Faulhaber-Akten I S. 127 Anm. 3.
[182] Vgl. Ritter an das Bayerische Staatsministerium des Äußern, 19. März 1921. GStA München. Gesandtschaft Päpstlicher Stuhl 956.

am 15. Januar 1925 das neue Konkordat[183] den Bayerischen Landtag passiert hatte, wich von Kardinal Faulhaber die Nervenanspannung der wechselvollen fünf Verhandlungsjahre. Mit dem Konkordat, der neu besetzten Nuntiatur und nicht zuletzt dem von Faulhaber glanzvoll dargestellten Kardinalat waren drei Stützpunkte eingesenkt, auf denen sich ein eingeprägtes bayerisches Kirchenbewußtsein auch in dem gewandelten Rahmen republikanisch-unitarischer Staatlichkeit zu behaupten versprach.

Angesichts der steigenden Nachkriegsnot wollte der Münchener Erzbischof schon im März 1920 „eine Vortragsreise nach Nordamerika machen und dabei für unsere Armen sammeln"[184], wurde aber durch die labile innenpolitische Situation immer wieder zurückgehalten. In Dankschreiben[185] an die amerikanischen Bischöfe würdigte er unterdessen den Opfersinn ihrer Gläubigen, nicht ohne zu unterstreichen, wie der Fortbestand der Seminarien und caritativen Anstalten vom Zustrom weiterer finanzieller und materieller Hilfe abhing. Im Frühsommer 1923 trat dann Faulhaber selbst die Fahrt über den Atlantik an mit dem Ziel, in Versammlungen „die Gebefreudigkeit meiner Zuhörer anzuwärmen und jene fremde, früher sogar feindliche Welt davon zu überzeugen, daß trotz aller anderslautenden Zeitungsmeldungen unser Volk sich in Notlage befindet"[186]. Während der elfwöchigen Amerikatour, die ihn von New York durch eine Vielzahl von Städten bis nach St. Louis führte, hat der Kardinal 25 Bischöfe besucht und insgesamt 78 Vorträge, teils in deutscher, teils in englischer Sprache gehalten. Bei einem Empfang durch Präsident Harding regte er an, die USA „könnten eine geschichtliche Großtat vollziehen, wenn sie vergessend, was hinter uns liegt, durch einen Handelsvertrag großzügig dem deutschen Volk Arbeitsgelegenheit geben wollten"[187]. Menschliche Höhepunkte der strapaziösen Vortragsreise durch den Nordostteil der Vereinigten Staaten wurden die Begegnungen mit dem Schweizer Benediktiner Lukas Etlin, dem Initiator vielstelliger Spendenaktionen, und dem Unternehmer Henry Heide, dem „nicht vergessenen Caritasapostel für die Not seiner deutschen Heimat"[188]. Eine zweite Amerikareise im Sommer 1926 galt ebensosehr dem Eucharistischen Weltkongreß in Chicago wie dem Auftrag Kardinal Bertrams, „noch einmal offiziell den amerikanischen Katholiken den Dank des deutschen Episkopats für die großzügige Hilfe in den wirtschaftlich kritischen Jahren der deutschen Not auszusprechen"[189].

So pointiert Faulhaber Daseinsrecht und Erscheinungsbild eines spezifisch bayerischen Katholizismus gegen gleichmacherische Tendenzen verteidigen mochte, so unbeschwert ließ er als Verkünder der christlichen Botschaft alles Regionale oder gar Provinzielle hinter sich. Auf das universal Katholische gerichtet und dieses

[183] Vgl. den Vertragstext Faulhaber-Akten I S. 925–931.
[184] Vgl. Faulhaber-Akten S. 139.
[185] Vgl. Faulhaber-Akten I Nr. 78 und 93.
[186] Vgl. M. FAULHABER, Stimmen S. 409.
[187] Vgl. M. FAULHABER, Reisebücher S. 29.
[188] A.a.O. S. 32.
[189] A.a.O. S. 37.

für die jeweilige Gegenwart ausmünzend, wollte er, wenn er das Wort ergriff, nur eine Stimme im Chor der Weltkirche sein. Wie kein anderer deutscher Bischof durchbrach er von der Kanzel seiner Kathedralkirche oder St. Michaels herab jede diözesane Enge, weckte er mit seinen großen thematischen Predigten zu „Zeitfragen und Zeitaufgaben"[190] ein Echo, das nicht nur im deutschen Sprachraum zu vernehmen war, sondern auch in die Nachbarländer, ja bis nach Nordamerika drang. Ein Feind von Klischees, pflegte er eine Sprache von unverwechselbarem Eigenwuchs. Hervorstechend war die Vorliebe fürs Wortspiel, das für Einprägsamkeit sorgte, zuweilen jedoch im Übermaß gebraucht wurde. Einen Stilkundigen gemahnte Faulhabers Ausdrucksweise an „Keilschrift: sinnfällig, bildhaft, präzis"[191]. Die Schule der Propheten wollte der Alttestamentler nicht verleugnen. Wie sie verkündete er die ihm aufgetragene Botschaft mit unwidersprechbarer Bestimmtheit, so wenig Zweifel und Ängste ihn selbst verschonten.
Von Blättern des In- und Auslandes ganz oder auszugsweise nachgedruckt[192], wurden die Münchener Kardinalspredigten während der zwanziger Jahre immer mehr zu publizistischen Ereignissen. In Thematik und Anlage bedeutsame Ausführungen waren alljährlich bei drei Gelegenheiten zu erwarten: zum Papstsonntag, zu Allerseelen und zu Silvester. Den Ansprüchen einer von ihm selbst begründeten Tradition hat sich der Erzbischof mit imponierender Regelmäßigkeit gestellt und die drei großen Predigttermine zu herausragenden Stationen des Münchener Kirchenjahres gemacht. Die Hörer der Bischofsworte wußten: Glaubensverkündigung bestand für Faulhaber nicht in frommen Augenblicksassoziationen, sondern in harter Geistesarbeit, die sich in wahren Abhandlungen niederschlug, theologisch fundiert, gedanklich geklärt und rhetorisch durchgestaltet.
Wenn im Kreise des deutschen Episkopats Kardinal Bertram zu Recht als ungewöhnlich versiert im Abfassen kirchenpolitischer Schriftsätze galt, dann nicht weniger unumstritten Kardinal Faulhaber in der Beherrschung des gesprochenen und bewegenden Worts. Insofern ergänzten sich die Fähigkeiten der Konferenzvorsitzenden auf effiziente Weise. Daß noch vor dem Zusammenschluß das Fuldaer Gremium im Sommer 1931 dem Münchener Kardinal die diffizile Aufgabe eines Schreibens[193] an die Oberhirten der früheren Feindstaaten übertrug, um damit das Eis einer fortdauernden Reserviertheit zu brechen, ist nur ein Beleg für die Wertschätzung Faulhabers als Sprecher des Gesamtepiskopats.
Aber auch vom persönlichen Werdegang her war kaum einer für dieses Vorhaben ähnlich prädestiniert wie der Münchener Kardinal. Denn das Problem von Krieg und Frieden hatte ihn nicht mehr losgelassen. War ehedem in manchen Wendungen des Feldpropstes, der den Frontseelsorgern „homiletische Munition"[194] reichen

[190] So der Titel einer Sammlung von Predigten und Hirtenbriefen Faulhabers.
[191] Vgl. G. Moenius, Kardinal Faulhaber. Wien/Leipzig 1933.
[192] Die Spalten des Osservatore Romano öffneten sich dem Münchener Erzbischof erstmals und vermutlich nicht ohne Zutun Pacellis mit Auszügen aus dem Fastenhirtenbrief 1920: Das Papsttum in unserer demokratischen Zeit; vgl. OR Nr. 44 vom 20. Februar 1920.
[193] Vgl. Faulhaber-Akten I Nr. 247/I und II.
[194] Vgl. M. Faulhaber, Schwert S. III.

wollte, das forsch Soldatische nicht ausgeschlossen, so hatte dies in der Zwischenzeit einer quälenden Nachdenklichkeit Platz gemacht. Was dem Bischof von Speyer wie Millionen Zeitgenossen im August 1914 zwingend eindeutig erschienen war, hatte je länger desto mehr eine beklemmende Problematik geoffenbart. Damals war die Frage nach der Vertretbarkeit des deutschen Kriegsentschlusses jedem Zweifel so entrückt gewesen, daß sie gar nicht erst gestellt wurde. Das änderte sich in dem Maße, wie der technisierte Krieg seine Grausamkeit enthüllte und die Zahl der Blutopfer eine schwindelnde Höhe erreichte.

Nach dem Erwachen aus dem Rausch der nationalen Solidarität rang auch der einstige bayerische Feldpropst mit der Frage, ob und inwieweit der moderne Krieg noch länger als ultima ratio zum Austrag zwischenstaatlicher Interessengegensätze dienen könne. Nun aber litt Faulhabers Haltung in der Friedensfrage an einem seltsamen inneren Widerspruch. Denn einerseits fehlte es ihm zwar nicht an Mut, seine Forderung nach einer revidierten Kriegsethik ohne Rücksicht auf Anfeindungen in aller Öffentlichkeit zu vertreten, gleichzeitig aber verwahrte er sich leidenschaftlich gegen den Verdacht eines Sinneswandels. Mit schwer verständlicher Entrüstung wies er die „deutliche Entwicklung vom national Beengten ... zum übernational Menschlichen“[195], wie sie eine Berliner Tageszeitung in den Kardinalsäußerungen konstatierte, als „verblüffend oberflächliche Hypothese“ zurück[196]. Als ebenso ehrenrührig mißverstand er eine monographische Würdigung, die anhand von Zitaten die von Faulhaber zurückgelegte Wegstrecke markierte, um seiner Einsicht und Redlichkeit eben deswegen Respekt zu bezeugen. Aufgebracht dankte er „für ein Kompliment, das mir einen Gesinnungswechsel zumutet“. Was als Lob gemeint war, wollte der Kardinal nicht auf sich sitzen lassen, weil ihm das Eingeständnis einer Meinungskorrektur charakterlos erschienen wäre. Gegen die anerkennende Feststellung eines sachlich wohlbegründeten und faktisch gar nicht zu leugnenden Umdenkens setzte er die These: „Nicht ich habe mich gewandelt, sondern der Krieg hat sich gewandelt“[197].

Denselben widerspruchsvollen Bescheid hatte er zuvor schon einem Militärgeistlichen erteilt[198], der sich über die Vereinbarkeit der Aussagen des Feldpropstes mit denen des Friedenspredigers der Nachkriegszeit ebenfalls seine Gedanken machte. Wenn Faulhaber in der Rückschau beklagte, daß „die Borniertheit der leitenden Stellen die Unmöglichkeit des Sieges seit dem Eintritt der Amerikaner nicht erkannte“, so verleugnete er nicht nur sein eigenes Konformgehen mit der Durchhaltepolitik, sondern verfiel in eine überflüssige Rechthaberei, ohne die Unlogik der Gedankenführung verdecken zu können.

Die Gewinnung eines neuen Rechtsboden im Bayerischen Konkordat von 1924, das die Staat-Kirche-Beziehungen auf eine dauerhafte Grundlage stellte, verhieß auch dem bayerischen Episkopat und seinem Vorsitzenden den Anbruch einer

[195] Zitiert aus dem Berliner Tagblatt im Würzburger General-Anzeiger Nr. 55 vom 6. März 1929.
[196] Vgl. M. FAULHABER, Myrrhen S. 188a.
[197] A.a.O. S. 187.
[198] Vgl. Faulhaber-Akten I Nr. 266.

ruhigeren Phase in der Kirchenpolitik. Das bedeutete nun aber nicht, daß es an Anlaufschwierigkeiten gefehlt hätte, wie sie beispielsweise in der Kontroverse um die Besetzung einer Weltanschauungsprofessur in Würzburg zutage traten[199], noch daß zwischen dem Münchener Kardinal und der vorwiegend von der BVP getragenen Landesregierung durchweg ungetrübtes Einvernehmen geherrscht hätte. Dem Kultusminister hielt Faulhaber namens der Freisinger Bischofskonferenz vor Augen, daß „das Konkordat nicht eine, sondern die Großtat bayerischer Eigenstaatlichkeit in den letzten 10 Jahren" sei, ein Vertrag, der „ohne zwingende Gewalt von außen nach 4 Jahren nicht schon wieder preisgegeben oder durch neue Verhandlungen in den Schulartikeln abgeschwächt werden kann, ohne daß eine Staatsregierung ihr Ansehen und ihr Vertrauen als vertragsfähiger Partner aufs Spiel setzt"[200]. Von dem katastrophalen Schwund der Haushaltsmittel infolge der Wirtschaftsdepression konnten die Staatsleistungen an die Kirche zwar nicht unberührt bleiben, doch mußte die wiederholte drastische Herabsetzung der Zuschüsse die Beziehungen von Episkopat und Staatsregierung stark abkühlen. Nicht ohne Bitterkeit gab der Kardinal zu bedenken, daß bei weitergehenden Kürzungen mit dem gleichen Subtrahenten „wir bei dem Tiefpunkt landen, bei dem wir auch ohne christliche Regierung und ohne Vertragstreue gegenüber abgeschlossenen Verträgen angelangt wären"[201]. Seinen Unmut bekundete der Erzbischof dadurch, daß er bei der Reichstagswahl vom 6. November 1932 der regierenden BVP seine Stimme verweigerte[202].

b) Im NS-Staat

Inzwischen aber hatten Kräfte ganz anderer Provenienz in das politische Ringen um die Macht im Staate eingegriffen. Mit der Anhängerschaft Adolf Hitlers war der Erzbischof von München bereits 1923 zusammengestoßen, als die Putschisten ihre Wut über das Fiasko an der Feldherrnhalle in einer Hetzkampagne gegen den Kardinal entladen hatten[203]. Daß die auf dem Nährboden der Massenarbeitslosigkeit sich epidemisch ausbreitende NSDAP in der Staatskrise von 1930 eine ungleich gefährlichere Bedrohung darstellte, war eine Überzeugung, die Michael Faulhaber mit den übrigen Bischöfen teilte. Sein Fazit lautete: „Der Nationalsozialismus ist eine Häresie und mit der christlichen Weltanschauung nicht in Einklang zu bringen"[204]. In der hirtenamtlichen Abgrenzung gegenüber dem Rechtsradikalismus ging er voran, indem er nach Absprache mit den bayerischen Bi-

[199] Zum Fall Buchner vgl. Faulhaber-Akten I S. 394.
[200] Vgl. Faulhaber-Akten I S. 431.
[201] Vgl. Faulhaber-Akten I S. 645.
[202] Vgl. Faulhaber-Akten I S. 654.
[203] Zur Haltung Faulhabers gegenüber dem Nationalsozialismus bis 1934 vgl. L. VOLK, Der bayerische Episkopat und der Nationalsozialismus 1930–1934. Mainz ^{2}1966.
[204] Vgl. Faulhaber-Akten I S. 513.

schöfen eine klärende „Pastorale Anweisung“[205] für die Seelsorgsgeistlichen herausgab. Durfte die Kirche doch gerade „in Bayern, in der Heimat des Nationalsozialismus nicht schweigsam bleiben“[206]. Doch sehr gegen die Erwartung vieler, daß Hitler mit seinem Sturmlauf „in einiger Zeit staatspolitisch Bankrott machen“[207] werde, stieg der Führer der NSDAP im Januar 1933 zum Reichskanzler auf.

Den Plan, die bayerische Landeshoheit durch Restaurierung der Monarchie vor dem Zugriff des NS-Zentralismus zu retten, beurteilte Faulhaber mit der gebotenen Nüchternheit. Obwohl im Herzen unbedingter Royalist, war er „nicht überzeugt, daß die monarchische Stimmung so allgemein sei“, daß der Schritt „ohne Anstoß von außen“, d. h. ohne eine alarmierende Provokation, gelingen werde[208]. Aus diesem Grunde versagte sich der Kardinal riskante Avancen an die entschlossen unentschlossenen Königsmacher.

Die legalistische Fassade, hinter der Hitler seine Position Stück für Stück zum Besitz der Alleinherrschaft ausbaute, trübte auch Faulhabers Blick für die Konsequenzen der tiefgreifenden Machtumschichtung in Deutschland. Daß die NS-Bewegung „nicht bloß im Besitz der Macht ist, was unsere Grundsätze nicht umstoßen könnte, sondern rechtmäßig wie noch keine Revolutionspartei in den Besitz der Macht gelangte“[209], wurde für ihn zum treibenden Motiv, einen Modus vivendi zu finden. Das war nicht als Kehrtwendung zu verstehen. In einer Orgie würdeloser Anpassung hielt der Kardinal vernehmbar fest, daß die Bischöfe „der früheren bayerischen Staatsregierung unauslöschlichen Dank schuldig“ seien[210]. Dagegen blieb Faulhabers Eintreten für die durch Boykott und Berufsverbot diskriminierten jüdischen Mitbürger hinter den begründeten Erwartungen mancher Kleriker und Laien zurück[211].

Stärker als im übrigen Reichsgebiet sahen sich in Bayern, wo Himmler und Heydrich als Leiter der Politischen Polizei den SS-Staat im kleinen praktizierten, katholische Organisationen der Willkür der neuen Machthaber ausgesetzt. Mit der Zerschlagung des Münchener Kolpingstags im Juni 1933 bekräftigte die NSDAP die Unteilbarkeit ihres Machtanspruchs. Solche Schatten eines vermeintlich neuen Kulturkampfs machen es verständlicher, warum Kardinal Faulhaber den Abschluß des Reichskonkordats am 20. Juli 1933 enthusiastischer begrüßte[212] als die übrigen Bischöfe. Den Glauben an die Vertragstreue des NS-Staates entlarvten jedoch neue Schikanen gegen das katholische Vereinsleben innerhalb weniger Monate als Illusion. Als darum die Münchener Regierungsmänner zur Volksabstimmung am 12. November 1933 nach einer bischöflichen Kundgebung ver-

[205] Vgl. Faulhaber-Akten I Nr. 236.
[206] Vgl. Faulhaber-Akten I S. 514f.
[207] Vgl. Faulhaber-Akten I S. 515.
[208] Vgl. Faulhaber-Akten I S. 650.
[209] Vgl. Faulhaber-Akten I S. 673.
[210] Vgl. Faulhaber-Akten I S. 700.
[211] Vgl. Faulhaber-Akten I Nr. 298, 301, 304 und 308.
[212] Vgl. Faulhaber-Akten I S. 754 Anm. 3.

langten, benutzte der Kardinal diesen Anlaß, der Vorstellung zu widersprechen, als „ob wir alle jene Vorkommnisse und Verordnungen der letzten Monate gutheißen, die uns mit Kummer und Sorge erfüllen"[213]. Wegen der Verstümmelung des Hirtenwortes in einer Rundfunkwiedergabe, die der Regierung peinliche Sätze unterdrückte, kam es zu scharfen Protesten der bayerischen Bischöfe und des Hl. Stuhls.

Ebensowenig wie vorher in Monarchie und Republik wollte Faulhaber in der Zwangsjacke des Einparteistaats „ein Bischof mit Mundschloß"[214] sein. Der Kardinal wußte, was er tat, als er in vier Adventspredigten über die „Lebenswerte des Alten Testaments" zur Ehrenrettung der biblischen Bücher in die Schranken trat. Genau so gut wie dem Prediger und den dichtgedrängt in St. Michael ausharrenden Zuhörern war den kleinen und großen Gefolgsleuten Hitlers klar, daß die wuchtige Huldigung des Erzbischofs an die Bücher des Alten Bundes offensiv auf ein Zentraldogma der nationalsozialistischen Weltanschauung zielte. Daß Faulhaber zu einer indirekten Kampfesweise griff und demzufolge den Judenhaß des Regimes nicht frontal attackierte, tat dem Verständnis keinen Abbruch und schmälerte nicht den Mut, der dazu gehörte, dem Diktat der offiziellen Parteipublizistik zu widersprechen. Am reißenden Absatz der Predigtbroschüren war abzulesen, wie Hunderttausende das Bekenntnis des Kardinals zum Alten Testament als einsames Fanal empfanden, als Zeichen des Widerspruchs gegen Unfreiheit und Entmündigung.

Freilich war der Beifall, der dem Adventsprediger von vielen Seiten entgegenschlug, für den Erzbischof als Verantwortungsträger nicht unproblematisch und aus manchen nicht immer glücklichen Gesten der Folgezeit spricht Faulhabers Bemühen, seinen Widerstand so zu bemessen, daß die Verhandlungsfäden zu den Regierungsinstanzen nicht einfach abrissen.

Wie hatte der Anbruch des „Dritten Reiches", das Hitler verkündete, überlieferte Maßstäbe innerhalb weniger Monate verschoben! Wenn der Vorsitzende des bayerischen Episkopats 1929 den Entzug der Portofreiheit für kirchenamtliche Briefsachen mit einem geharnischten Protest[215] beantwortet hatte, so mußte er jetzt in ohnmächtiger Passivität zusehen, wie die Münchener Nuntiatur gleich der Vatikangesandtschaft, beides ehedem stolze Embleme von Bayerns kirchlicher Sonderstellung, bei der Gleichschaltung der Länder 1934 geräuschlos liquidiert wurden.

Im Erlöschen der Vertretung des Hl. Stuhls in der bayerischen Landeshauptstadt erblickte Faulhaber einen Ansporn, nun seinerseits die Berichterstattung nach Rom zu intensivieren. Dazu organisierte der kirchenpolitische Referent des Erzbischofs, Domkapitular Neuhäusler, einen regelrechten Kurierdienst, um die Briefzensur des NS-Regimes zu umgehen. Infolgedessen blieb München für den

[213] Vgl. Faulhaber-Akten I S. 806.
[214] Vgl. M. Faulhaber, Autobiographie S. 264.
[215] Vgl. Faulhaber-Akten I Nr. 202.

Vatikan weiterhin eine Informationsquelle ersten Ranges und sein Erzbischof, dem Kardinalstaatssekretär seit langem persönlich verbunden, wurde innerhalb des deutschen Episkopats zum bevorzugten Briefpartner Pacellis. Daß Faulhaber nach der Aufhebung der Münchener Nuntiatur einen Teil ihrer Funktionen an sich zog, indem er manche rein bayerischen Angelegenheiten direkt mit der Kurie verhandelte, ohne sie über den Schreibtisch des Berliner Nuntius zu leiten, empfand dieser als eine Minderung seiner Zuständigkeit.
Solange es noch einigermaßen aussichtsvoll schien, durch Immediateingaben bei Hitler die antichristliche Religionspolitik des NS-Staats zu revidieren, übernahm Kardinal Faulhaber im Auftrag des Gesamtepiskopats wiederholt die Rolle des Wortführers. Zunächst aber gelangte die Ausarbeitung[216] vom Sommer 1934 nicht in die Hand des Adressaten, weil sie in letzter Minute aus verhandlungstaktischen Gründen zurückgestellt wurde. Aus Vorarbeiten Bischof Galens von Münster formte Faulhaber die Denkschrift[217] des deutschen Episkopats vom August 1935, ein Markstein in der Geschichte des Kirchenkampfes. Unter Zitierung eines umfangreichen Beschwerdematerials zielte sie auf den Nachweis, daß sich die Einschnürungspolitik von Partei und Staat ganz in den Bahnen Rosenbergscher Kirchenfeindlichkeit bewegte, mithin also eine Unterscheidung zwischen beiden jeder Grundlage entbehre. Großen Scharfsinn und Nachdruck verwandte der Verfasser des Memorandums auf die Sammlung und Interpretation von Hitler-Worten, die insgesamt erhärten sollten, wie sehr im Grunde der tatsächliche Kurs der NS-Kirchenpolitik den Intentionen des allein maßgebenden Parteiführers zuwiderlaufe.
Auf eine Entgegnung, die sich den Tatsachenbehauptungen argumentierend gestellt hätte, warteten die Bischöfe vergeblich. Die vage Zusage, daß Hitler die Denkschrift mit Kardinal Faulhaber zu besprechen wünsche, wurde erst am 4. November 1936 eingelöst. In dem dreistündigen Tête-à-tête auf dem Obersalzberg nahm Faulhaber bei der Schilderung der Kampfmethoden von Gestapo und Kirchenministerium kein Blatt vor den Mund, ließ sich aber von seinem Gegenüber in der Pose des gottesfürchtigen Staatsmanns, den die Vorsehung mit einer historischen Mission betraut habe, doch mehr beeindrucken als dem Besuchszweck zuträglich war. Der in Aussicht gestellten Klimaverbesserung zuliebe glaubte der Kardinal den Wunsch nach einem gemeinsamen Hirtenbrief gegen den Bolschewismus nicht abschlagen zu sollen. Von ihm ins Werk gesetzt und von den übrigen Bischöfen lustlos mitgetragen, tat die Kundgebung der Kanzlerforderung Genüge, ohne von dem Anreger auch nur im mindesten honoriert zu werden. Ungeachtet des für ihn äußerlich erfolgreichen Verlaufs hinterließ die Begegnung im Unterbewußtsein Hitlers einen Stachel. Was ihm ein untrüglicher Machtinstinkt sogleich signalisierte, war die Gefahr, mit der Frontstellung gegen

[216] Vgl. Entwurf Faulhabers, 22. Juni 1934. Druck: B. Stasiewski, Akten deutscher Bischöfe über die Lage der Kirche 1933–1945. Bd. I. Mainz 1968 Nr. 158.
[217] Vgl. B. Stasiewski, Bd. II. Mainz 1976 Nr. 231/I.

Christentum und Kirche Gegenkräfte zu entfesseln, an denen er selbst scheitern könne[218].

Das für die Öffentlichkeit aufsehenerregende und mancherlei Spekulationen auslösende Gipfeltreffen blieb für den Kirchenkampf Exkurs und Episode. Pius XI. nahm von dem Gedankenaustausch mit der gebotenen Höflichkeit Kenntnis, war aber seinerseits zu einem neuen Vertrauensvorschuß nicht bereit. Was jetzt die Entschlüsse des Papstes bestimmte, waren vier Jahre Konkordatsumgehung und die daraus resultierenden Bedrängnisse der Katholiken in Deutschland. Zu der Konsultationsrunde, die Pius XI. Ende Januar 1937 um sein Krankenbett versammelte, gehörten neben den drei deutschen Kardinälen auch die Bischöfe Galen (Münster) und Preysing (Berlin), sie vor allem Befürworter einer offensiven Verteidigung, die zu praktizieren der Papst nicht länger zögern wollte. Bei der Konzipierung der Enzyklika „Mit brennender Sorge" fiel dem Münchener Kardinal ein bedeutsamer Part zu, da ihm Pacelli noch in Rom die Niederschrift eines ersten Vorentwurfs übertrug. Obwohl unter größtem Zeitdruck gefertigt und vom Autor selbst nur auf Hirtenbriefniveau eingestuft[219], lieferte Faulhabers Textvorschlag den gedanklichen und formalen Grundstock für das zwei Monate später von den deutschen Kanzeln verlesene päpstliche Rundschreiben[220].

Wie das Regime die Verkündigungsfreiheit systematisch einengte, erhellte beispielhaft das Verfahren gegen den Münchener Männerseelsorger Rupert Mayer SJ. In Stadt und Land wegen seines Freimuts bekannt und eine breite Zuhörerschaft ansprechend, war dieser Prediger der Partei ein Dorn im Auge. So nachdrücklich auch der Kardinal in der berühmten Flammenzeichen-Predigt vom 4. Juli 1937 wie in internen Vorstellungen bei Regierungsbehörden für den Verhafteten eintrat, auch die Berufung auf die vom Reichskonkordat gesicherte Verkündigungsfreiheit konnte den Pater nicht vor einer mehrmonatigen Gefängnisstrafe retten. Zu einer ähnlichen Mobilisierung des Kirchenvolks ließ es die Gestapo von da an gar nicht mehr kommen. Ohne umständliche und öffentliche Rechtsprozeduren wurden mißliebige Geistliche durch „Schutzhaft" mundtot gemacht. Als 1941 der engste kirchenpolitische Berater des Münchener Erzbischofs, Domkapitular Neuhäusler, ins KZ Dachau eingeliefert wurde, war das zugleich eine unmißverständliche Warnung an die Adresse des Kardinals.

[218] Vgl. A. Speer, Erinnerungen. Berlin 1969. S. 115: „Das Abenteuerliche seiner Existenz, der hohe Einsatz seines Spiels, muß Hitler besonders zum Bewußtsein gekommen sein, als er im November 1936 mit Kardinal Faulhaber am Obersalzberg eine ausgedehnte Unterredung hatte. Nach dieser Besprechung saß Hitler mit mir allein während der Abenddämmerung im Erker des Speisezimmers. Nachdem er lange schweigend zum Fenster hinausgesehen hatte, meinte er nachdenklich: ‚Es gibt für mich zwei Möglichkeiten: Mit meinen Plänen ganz durchzukommen oder zu scheitern. Komme ich durch, dann werde ich einer der Größten der Geschichte – scheitere ich, werde ich verurteilt, verabscheut und verdammt werden.'"

[219] Vgl. Faulhaber an Pacelli, 21. Januar 1937. Druck: Faulhaber-Akten II Nr. 608.

[220] Vgl. die Gegenüberstellung von Faulhabers Entwurf und dem Text der Enzyklika bei D. Albrecht, Der Notenwechsel zwischen dem Hl. Stuhl und der Deutschen Reichsregierung. Bd. I: 1933–1937. Mainz 1965 S. 403–443.

Allzuviele deprimierende Erfahrungen mit der Alltagswirklichkeit des „Dritten Reiches“ hatten Faulhaber gegen die Anschlußeuphorie immun gemacht, der im März 1938 der Wiener Kardinal Innitzer eine Zeitlang erlegen ist. Gegen durchsichtige Einflüsterungen, es den österreichischen Bischöfen mit einer Vertrauensbekundung nachzutun, stellte er die Auffassung: „In den Flitterwochen geben sich die Neuvermählten schöne Worte voll Lob und voll Anerkennung, während nach einer fünfjährigen Ehe mehr Aussetzungen gemacht und Tatsachen angeführt werden können.“[221] Daß die Münchener Parteispitzen im Kardinal ihren eigentlichen Widerpart bekämpften, demonstrierten sie während des Judenpogroms im November 1938 mit ihrer Agitation „gegen das Weltjudentum und seine schwarzen und roten Bundesgenossen“[222]. Die Kampagne entlud sich spätabends in der planmäßig inszenierten Bombardierung der Fassade des Bischofshofs mit Steinen aller Kaliber, die mit der Zertrümmerung von über hundert Fensterscheiben endete. Es hätte nicht dieser spektakulären Gewaltaktion bedurft, um den Kardinal zu belehren, daß er für die Partei in die Reihe der meistgehaßten Kirchenmänner gehörte. Das gab ihm auch den Gedanken ein, beim Pontifikatswechsel im Frühjahr 1939 Pius XII. die Resignation auf den Münchener Bischofsstuhl anzubieten, wenn durch dieses Jonasopfer die Aussichten für eine Entspannung der kirchenpolitischen Situation verbessert würden.

Weder die dauernde Suspendierung elementarer Grundrechte durch die nationalsozialistische Herrschaftspraxis im Frieden, noch der Absturz des Regimes in die schlimmste Barbarei während der Kriegsjahre konnten den Kardinal zu der Einsicht bekehren, daß jede Unterscheidung zwischen Hitler und seinen Gefolgsleuten unhaltbar, der Führer und Reichskanzler vielmehr für die im deutschen Namen verübten Schreckenstaten uneingeschränkt verantwortlich zu machen sei. An der Erkenntnis von Hitlers Rolle und Wesen hinderte ihn einmal ein Rest von Bewunderung für die staatsmännische Aura, die der Gastgeber auf dem Obersalzberg zu verbreiten gewußt hatte, mehr noch aber die im Kern unzerstörbare Loyalität gegenüber dem Träger der höchsten Staatsgewalt, der „gottgesetzten Obrigkeit“. Ob hier eine Fixierung tiefere Einsicht verwehrte oder das Unvermögen, sich der Wahrheit in ihrer ganzen Schrecklichkeit zu stellen, kann offen bleiben; sicher ist, was Bischof Preysing zu Recht kritisiert[223], daß Michael Faulhaber bei aller Unerschrockenheit in der Gegenwehr oft genug an vordergründigen Bedrückungsmaßnahmen hängenblieb und sich eben damit den Blick auf Hitlers Vernichtungswillen verbaute.

So vergeblich kirchliche Interventionen größtenteils waren, unterbleiben durften sie trotzdem nicht, vor allem dann nicht, als das Regime mit der nach Kriegsbeginn anlaufenden Euthanasie-Aktion erstmals in großem Stil in den innersten Rechtsbereich überhaupt einbrach. Nachdem ein Protest Kardinal Bertrams im

[221] Vgl. Faulhaber an den bayerischen Episkopat, 30. März 1938. Druck: Faulhaber-Akten II Nr. 718.
[222] So der Text eines Versammlungsplakats; vgl. J. Weissthanner S. 111.
[223] Vgl. L. Volk, Kardinal Faulhabers Stellung zur Weimarer Republik und zum NS-Staat. In: Stimmen der Zeit 177 (1966) S. 195.

Namen des Gesamtepiskopats nicht einmal eine Antwort ausgelöst hatte, griff Faulhaber das Thema neuerdings auf, davon überzeugt, „die Bischöfe dürften eine Frage von solcher Tragweite wie die Euthanasie nicht ruhen lassen“[224]. Wie er dem Reichsjustizminister erklärte, fühlte er sich „nicht bloß durch den Notschrei des Volkes im Gewissen verpflichtet, ... Klage und Anklage dagegen zu erheben, daß seit Monaten Pfleglinge der Heil- und Pflegeanstalten in Massen hinter den Anstaltsmauern auf dem Wege der Euthanasie beseitigt werden“[225]. Wenn die Mordaktion an den Geisteskranken Mitte 1941 schließlich abgebrochen wurde, geschah das keineswegs aus Gründen des Rechts und der Moral, wie an der gleichzeitigen Eskalation der Judenverfolgung abzulesen war. Das erste große Anliegen, das der Münchener Kardinal dem neuen Oberhaupt der Weltkirche noch im Monat der Papstkrönung vorgetragen hatte, war auf die Ausweitung der Emigrationsmöglichkeiten für die katholisch Gewordenen unter den deutschen Juden gerichtet[226]. Zuerst der Kriegsausbruch, dann aber die „Endlösung der Judenfrage“ machten alle Hilfsbemühungen zunichte.

Vom finstersten Kapitel in den Gewaltverbrechen des Hitlerreichs erfaßte Faulhaber zunächst nur das Vorspiel der Deportation, auch dieses erschütternd genug, um es „mit den Transporten afrikanischer Sklavenhändler“[227] zu vergleichen. Mit der Forderung eines bischöflichen Protests weckte er in Breslau nur ein gedämpftes Echo und auch er selbst konnte sich zu einem Vorstoß im eigenen Namen nicht entschließen. Daß die nach Osten Verschleppten über kurz oder lang allesamt in den Tod geschickt wurden, verbarg eine Mauer des Schweigens und was an Gerüchten dennoch durchsickerte, war nicht nur unkontrollierbar, sondern als Tatbestand zu ungeheuerlich, um von einem gesunden Gehirn begriffen zu werden. Zweifellos wurden an den Kardinal von München mehr Informationen herangetragen als an den Durchschnittsdeutschen im allgemeinen, aber die Scheidung von wahr und falsch nahm auch ihm niemand ab und starke Indizien sprechen dafür, daß ihm die Wahrheit über den Millionenmord am europäischen Judentum erst nach dem Zusammenbruch des NS-Staates zur Gewißheit wurde.

Die endlose Serie der Übergriffe, Rechtsbrüche und Exzesse, die das Regime verübte, stellte die Bischöfe immer wieder und immer quälender vor das Dilemma, zu reden oder zu schweigen. Ihr Ja oder Nein spaltete den deutschen Episkopat in zwei Lager, als deren Exponenten auf der einen Seite der Berliner Bischof Preysing, auf der anderen der Konferenzvorsitzende Bertram hervortraten. Wo Faulhaber sich einschaltete, plädierte er für einen klaren Abwehrkurs und die Initiatoren des von Kardinal Bertram sabotierten Hirtenbriefs vom März 1942 hatten an ihm einen starken Rückhalt[228]. Den Attentismus des Breslauer Erzbischofs hielt er ohne Zweifel für verfehlt, auch wenn er es vermied, die

[224] Vgl. Faulhaber an Bertram, 2. Dezember 1940. Druck: Faulhaber-Akten II Nr. 800.
[225] Vgl. Faulhaber an Gürtner, 6. November 1940. Druck: Faulhaber-Akten II Nr. 793.
[226] Vgl. Faulhaber an Pius XII., 31. März 1939. Druck: Faulhaber-Akten II Nr. 761.
[227] Vgl. Faulhaber an Bertram, 13. November 1941. Druck: Faulhaber-Akten II Nr. 844.
[228] Vgl. dazu L. Volk, Fuldaer Bischofskonferenz II S. 253–256.

Gegensätze nach außen zu verschärfen. Nur weil der Münchener Kardinal den durch Krankheit ferngehaltenen Vorsitzenden zu vertreten hatte, war 1943 die Fuldaer Plenarkonferenz in der Lage, den von Bertram mißbilligten Dekalog-Hirtenbrief mit den „grundsätzlichen Felsblöcken vom Sinai"[229] zu verabschieden. Nach dem Scheitern des Staatsstreichs vom 20. Juli 1944 geriet auch Faulhaber in den Kreis der Gestapo-Recherchen. Während einer dreistündigen „Befragung" hatte er detailliert Aufschluß zu geben über einen Besuch, den ihm Dr. Carl Goerdeler im Frühjahr 1943 abgestattet hatte[230]. Sollte der Kardinal den aufrechten, aber wegen seiner Unvorsichtigkeit auch gefürchteten Hitlergegner so reserviert empfangen haben, wie er es auf die Gestapo-Fragen zu Protokoll gab, so wäre er in der Tat nicht falsch beraten gewesen.
Unterdessen mußte der Erzbischof machtlos mitansehen, wie im Bombenhagel der zweiten Kriegshälfte zusammen mit großen Teilen Münchens eine Kirche nach der anderen, darunter der Dom und St. Michael, in Schutt und Asche sanken. Nachdem die Bewohner des Bischofshofs allein fünf schwere Luftangriffe heil überstanden hatten, wären sie am 30. April 1945, dem Tag des Einrückens der US-Truppen, um ein Haar das Opfer einer späten Artilleriesalve geworden. Während sie sich, der Kardinal in ihrer Mitte, im Schutzkeller geborgen glaubten, schlug ein großkalibriges Geschoß bis zu diesem Raum durch, prallte dort, ohne zu explodieren, ab und landete als Blindgänger auf der Straßenseite gegenüber.

c) Besatzung und Wiederaufbau

Nach dem Einmarsch der Amerikaner suchte der Erzbischof unverzüglich den Kontakt mit dem Stadtkommandanten. Wie er betonte, erstreckten sich diese Verhandlungen „naturgemäß auf religiös-kirchliche und sozial-caritative Probleme der laufenden Stunde, nicht auf politische Fragen"[231]. Vor allem erbat er Schutz vor Plünderern, humane Behandlung der deutschen Kriegsgefangenen und Sicherung der Lebensmittelversorgung. Wie im November 1918 richtet er zuallererst auch jetzt einen Aufruf[232] an die Landbevölkerung, im Chaos der Kapitulationsphase nicht nur an das eigene Überleben zu denken, sondern durch Zulieferung von Milch und Kartoffeln von der Großstadt München das Gespenst des Hungers fernzuhalten. Den Klerus ermahnte er, daß nun „für die Sendboten der christlichen Weltanschauung die Stunde geschlagen" habe[233].

[229] Vgl. Faulhaber an Donders, 26. Oktober 1943. Druck: Faulhaber-Akten II Nr. 929.
[230] Vgl. Vernehmungsprotokoll der Staatspolizeileitstelle München, 21. August 1944. Druck: Faulhaber-Akten II Nr. 942.
[231] Vgl. Hirtenwort Faulhabers an den Klerus, nach 18. Juni 1945. Druck: Faulhaber-Akten II Nr. 959.
[232] Vgl. Hirtenwort Faulhabers an die Landpfarreien, 10. Mai 1945. Druck: Faulhaber-Akten II Nr. 955.
[233] Vgl. oben Anm. 231.

Reibungen traten auf, je bestimmter die Besatzungsbehörden zu erkennen gaben, daß sie sich als Umerzieher, nicht als Befreier verstanden. Als in München ein amerikanischer Zensor am Text des gemeinsamen Hirtenbriefs der Fuldaer Bischofskonferenz herumkorrigierte, schob Faulhaber die Publizierung in seinem Amtsblatt auf, weil er den Standpunkt vertrat, die Bischöfe könnten sich „nicht wie Schulknaben von einem Captain einen lehramtlichen Brief an unsere Diözesanen zensurieren lassen“[234].

Nahezu nichts vermochte dagegen der Kardinal im Bunde mit dem evangelischen Landesbischof Meiser[235] zunächst gegen die Überspanntheit des Entnazifizierungsprogramms der Militärregierung auszurichten, dem sich die Amerikaner mit missionarischem Eifer und radikaler als jede andere der vier Besatzungsmächte verschrieben hatten. Gegen den „automatischen Arrest“, der ein Heer von nominellen Parteimitgliedern und kleinen Funktionären in Internierungslager verbannte, und gegen den „Abbaufanatismus“[236], mit dem die US-Behörden durch einen Federstrich Zehntausende von Beamten aus ihren Stellungen warfen, halfen keine Vernunftargumente. Als gigantischer Reinigungsprozeß aufgezogen, mußte das Unternehmen an seinen Widersprüchen und an seiner inneren Maßlosigkeit scheitern, ehe es 1949 still begraben wurde.

Kulturpolitischen Zündstoff bargen die periodisch wiederholten Versuche der Militärregierung in München, das bayerische Schulwesen nach amerikanischen Vorstellungen umzukrempeln. Wenn die erste von den Amerikanern eingesetzte Landesregierung den Bischöfen versicherte, „die Bestimmungen des Bayerischen Konkordats in vollem Umfang als verbindlich zu betrachten und durchzuführen“[237], so galt das zunächst nur für das kurzlebige Kabinett Schäffer. Immerhin gelang es dem Kardinal auch unter Ministerpräsident Hoegner[238] (SPD), einen Vorstoß Kultusminister Fendts gegen die Bekenntnisschule rückgängig zu machen. Zu scharfen, teilweise öffentlich ausgetragenen Auseinandersetzungen führten im Frühjahr 1948 Eingriffe des Landkommissars van Wagoner in den Gang der bayerischen Schulgesetzgebung[239]. Faulhabers Einspruch gegen autoritäre Zwangsauflagen der Besatzungsmacht vertrat Bischof Muench[240], damals noch Apostolischer Visitator für Deutschland, vor dem amerikanischen Militärgouver-

[234] Vgl. Faulhaber an den bayerischen Episkopat, 19. November 1945. EA München. Nachlaß Faulhaber. Nr. 4303.

[235] Hans Meiser (1881–1956), 1933–1955 Landesbischof der Evangelisch-Lutherischen Landeskirche in Bayern.

[236] Vgl. oben Anm. 234.

[237] Zitiert nach dem Protokoll der Konferenz des bayerischen Episkopats am 26./27. Juni 1945 in Eichstätt.

[238] Wilhelm Hoegner (geb. 1881), 1920–1924 MdL/Bayern (SPD), 1930–1933 MdR (SPD), 1945/46 bayerischer Ministerpräsident, 1950–1954 Innenminister, 1954–1957 Ministerpräsident.

[239] Zu den Auseinandersetzungen mit der Militärregierung über die bayerische Schulgesetzgebung vgl. C. J. BARRY, American Nuncio. Cardinal Aloisius Muench. Collegeville (Minnesota) 1969 S. 123–133.

[240] Aloisius Muench (1889–1962), Bischof von Fargo (Norddakota), 1946 Apostolischer Visitator für Deutschland, 1951 Apostolischer Nuntius in Bonn, 1959 Kardinal.

neur General Clay mit Nachdruck und Erfolg. Das hinderte aber nicht, daß zwei Jahre später der stellvertretende Landkommissar in Bayern durch eine „Kampfrede“ vor dem Landtagsplenum den Konflikt erneut anfachte. Inzwischen aber hatten sich die Regierungsbefugnisse so weit auf die bayerischen Staatsorgane zurückverlagert, daß ein solcher Versuch, das Steuer abrupt herumzuwerfen, als letztes Aufbäumen einer auslaufenden Besatzungsherrschaft zu deuten war. Nach jedem Systemwechsel wieder von neuem gefährdet, ist so die Konfessionsschule und das Eintreten für sie bis in die letzten Lebensjahre hinein ein Schwerpunkt von Faulhabers Bischofswirken geblieben.

Die Wiederaufrichtung der Mariensäule vor dem Münchener Rathaus wurde am 18. November 1945 inmitten einer trostlosen Trümmerlandschaft zu einem Symbol des Wiederaufbauwillens. Ihm hat der Kardinal, vom Elan des Neuanfangs gepackt und ohne seiner Jahre zu achten, in unzähligen Ansprachen bei der Einweihung von Kirchen und Kapellen, Jugendhäusern und Caritasheimen, Kliniken und Straßenbrücken immer wieder Ausdruck verliehen. Die nächsten Sorgen waren zugleich die dringlichsten und forderten die Kraft des Bischofs ungeteilt für die eigene Diözese. Wenn der Kardinal den Neubeginn, vielfach von den Fundamenten an, wie selbstverständlich mittrug, so verkannte er dennoch nicht, daß diese Jahre seines Schaffens auf Ausklang und Abschied gestimmt waren. Im Gründungsjahr der Bundesrepublik vollendete er 1949 das 80. Lebensjahr. Von der Höhe eines patriarchalischen Alters schaute er wenig später zurück auf 40 Bischofsjahre, davon allein 35 in der bayerischen Hauptstadt. Am 12. Juni 1952, mitten unter der Münchener Fronleichnamsprozession, der er ein Menschenalter lang das Signum seiner Persönlichkeit aufgedrückt hatte, nahm ihm der Tod „den Bischofsstab eines sabbatlosen Amtes“[241] aus der Hand.

Mit dem Wahlspruch „Vox temporis – vox Dei“ hatte Michael Faulhaber die aktuelle Glaubensverkündigung zum Kernstück seines Bischofswirkens erklärt. Der Vorsatz, sich allem Neuen richtungweisend zu stellen, war anspruchsvoll und risikoreich. Es sprach daraus keineswegs eine überhebliche Selbsteinschätzung, sondern das unerschütterte Vertrauen, aus dem Fundus katholischer Grundsätze verläßliche Antwort auf alle Zeitfragen entnehmen zu können. Von einem Oberhirten formuliert, der das Wächteramt des Bischofs betonte, mußte sie vor allem auf die Scheidung der Geister gerichtet sein.

Den Umgang mit den Propheten des Alten Bundes wollte der Prediger Faulhaber nicht verleugnen. Von ihnen empfing seine Rede Unwidersprechbarkeit und Strenge, wie bei ihnen mündete die Unterweisung in Forderungen von kategorischer Bestimmtheit. Wenn er die Kanzel bestieg, war er fast immer Defensor Fidei. Das Verteidigungsschema hatte er vorgefunden. Über die Herde sollte nichts hereinbrechen, wovor der Wächter im Bischofsamt nicht beizeiten gewarnt hatte. Ihretwegen hat er aufmerksam, reaktionsbereit und kämpferisch aus vielerlei Anlässen zum Sammeln geblasen, um die Abwehr zu formieren gegen Links-

[241] Vgl. M. FAULHABER, Autobiographie S. 156.

parteien und Rechtsradikalismus, gegen Fürstenenteignung, Modeauswüchse, Frauenschauturnen und Simultanschule. Nicht immer rechtfertigte der Anstoß den Aufwand, so mancher Alarm war zeitbedingt, exponierte Stützpunkte erwiesen sich als unhaltbar, der Einsatz dafür als Rückzugsscharmützel.

Kaum war der Professor aus Straßburg mit den Bischofspflichten vertraut geworden, als 1914 eine der bewegtesten Epochen europäischer Geschichte anbrach, die Faulhaber zuerst als Bischof von Speyer, dann als Erzbischof von München mit erdrückenden Problemen konfrontierte. Selbst ein Mann der Ordnung, der Kontinuität, des Respektes vor allem Gewachsenen und Bewährten, bestürzte es ihn zutiefst, wo immer Revolutionäre mit der Vergangenheit radikal zu brechen suchten. Und während Regierungsformen zerfielen, Minister kamen und gingen, hatte der Kardinal die Last seiner Bischofsverantwortung durch alle Systemwechsel hindurch weiterzutragen. Vom gleichen Standort aus sah er sie vorüberziehen: Monarchie, Republik, Diktatur, Militärregierung und wieder Republik. So ergab sich die paradoxe Situation, daß er, den die Auflösung der überlieferten Ordnung irritierte, selbst als ruhender Pol aus der Tagesereignisse Flucht herausragte.

Hier liegt eine der Ursachen für die Ausstrahlung von Faulhabers Persönlichkeit. Allen staatspolitischen Umwälzungen entrückt, schlug der Erzbischof von München eine Brücke von der königlichen in die demokratische Ära, ein Garant der Beständigkeit und Erbe der Ergebenheit, die bis dahin dem mehr patriarchalisch als obrigkeitlich regierenden Landesherrn gegolten hatte. Die Lücke stellvertretend auszufüllen, die der Verlust des Königtums in der Vorstellungswelt des Volkes hinterlassen hatte, war für Faulhaber eine Ehrenpflicht. Das ungezwungen Herrscherliche in seinem Auftreten gewann damit eine neue Dimension. Denn sobald Michael Faulhaber die bischöflichen Gewänder anlegte, erfüllte ihn der Sendungsauftrag so sichtbar, daß er ein anderer wurde. Auf seinen Schultern ruhte darum auch der Kardinalspurpur nicht als buntes Requisit, unterstrich vielmehr höchst plastisch die Verantwortung, die auf seinem Träger lastete. Bisweilen überschäumend und zu sehr dem Augenschein hingegeben, ahnte instinktive Bewunderung immerhin den Glücksfall, daß hier die Urgestalten des Priesters und Königs zu idealer Einheit verschmolzen waren. In einer Umbruchszeit, wo weltliche Autoritäten wankten oder stürzten, stand er wie ein Turm und er suchte der Vertrauensvorgabe gerecht zu werden, indem er die von Revolution, Geldentwertung und Wirtschaftskrise Verstörten auf den festen Boden seines christlichen Weltverständnisses führte.

Auf dem Grunde seines Wesens eher scheu als schneidig, war er, anders als er vielen Bewunderern erschien, keineswegs die Unerschrockenheit in Person. Durch die Kirchenlehre paulinisch gerüstet „mit Glaube und Liebe als Panzer und mit der Heilshoffnung als Helm", rang er sich gegen alle Zweifel zu einer Gewißheit durch, die nicht auf die eigene Kraft baute. Aber erst das Amt befreite ihn zu dem, der er eigentlich war. Wenn er auf die Kanzel trat, dann tat er das nicht aus eigenem Anspruch, sondern auf höchsten Befehl. Im Bewußtsein einer überpersönlichen Sendung, eines Dienstes, zu dem er sich nicht gedrängt hatte,

überwand er die Ängste des eigenen Ichs, um in der Rolle des Propheten aufzugehen, der Überbringer, nicht Erfinder der Verkündigungsbotschaft ist.
Das Geheimnis seiner Unerschrockenheit hieß Prinzipientreue. Sie gebot ihm, auch und gerade dann die Stimme zu erheben, wo andere sich in vorsichtiges Schweigen flüchteten. Andererseits aber war eine rigorose Grundsatzfestigkeit auch nicht ohne Gefahren. Denn zweifellos verschloß sie ihm den Zugang zu mancherlei Problemen oder beraubte ihn der Manövrierfähigkeit bei deren Lösung.
Wo immer anerkannte Grundsätze das Geleit versagten oder miteinander kollidierten, erlahmte auch Faulhabers Bekennermut. So blieb er bisweilen stumm, nicht, weil sein Verantwortungsgefühl versagte, sondern weil ihm der Konflikt zwischen Bischofspflicht und Bürgergehorsam den Mund verschloß. Ohne Schwanken ergriff er das Wort, wenn ihn die Überzeugung trug, Gott mehr gehorchen zu müssen als den Menschen. Bei der Verteidigung der Konkordatsgrenze war er sich solcher Pflichtenfolge gewiß, bei spontanen Protestaktionen zugunsten aller Verfolgten nicht immer. Die Wurzel des Dilemmas hatte der manchmal redende, manchmal schweigende Prediger selbst bloßgelegt, als er ohne Vorahnung kurz vor Hitlers Machtantritt, der überlieferten Staatslehre treu, Obrigkeitsachtung forderte, „auch wenn ein Pilatus oder ein Nero auf dem Throne sitzt"[242]. Vom fatalistisch duldenden Einschlag dieser Verhaltensnorm war schwer loszukommen, mochte sich auch das Erscheinungsbild der Staatsgewalt dämonisch verzerren.
Faulhabers in anderem Kontext imponierende Grundsatzfestigkeit ist auch im Spiel, wenn ihm ein durchaus wohlgesinnter Beobachter „wenig Sinn für Politik, auch für Kirchenpolitik"[243] nachsagt. In der Tat machte die Fixierung auf Maximalziele, die Aversion gegen Kompromisse und der Mangel an Augenmaß für das parlamentarisch Durchsetzbare den Kardinal für katholische Abgeordnete und Minister zu einem ausgesprochen schwierigen Gegenüber. Was ihm als reinrassig katholische Politik vorschwebte, war, von wenigen kulturpolitischen Postulaten abgesehen, schon inhaltlich nicht eindeutig und halbwegs verbindlich zu definieren und noch viel weniger praktisch zu verwirklichen. Faulhaber ahnte nicht, wie sehr die Vertragsschelte, die er am Bayerischen Konkordat übte, sein politisches Urteil bloßstellte. Wie wenig der Stachel des Selbsterlebten den Kardinal zum kritisch-konstruktiven Überdenken vorgefundener Schemata bewegen konnte, wurde in der Zäsur von 1945 deutlich. Als der verfassungspolitische Neubeginn zu konzipieren war, hatte Faulhaber nichts anderes zu empfehlen, als eine „christliche Ständeordnung wie Ketteler und Quadragesimo anno"[244]. Nach den

[242] Vgl. AB München 1933 S. 58.
[243] Vgl. H. LANG, Michael von Faulhaber. In: Lebensläufe aus Franken. Bd. 6. Würzburg 1960 S. 163.
[244] Dem von Pius XII. nach Kriegsende zu einer Rekognoszierungsfahrt nach Deutschland entsandten P. Ivo Zeiger SJ erklärte Faulhaber am 12. September 1945: „Wir wollen die alten Parteien nicht mehr. Ich persönlich überhaupt keine Partei, sondern christliche Ständeordnung wie Ketteler und Quadragesimo anno. Keine Geistlichen ins Parlament, wohl aber Laien." Stenographische Aufzeichnung. EA München. Nachlaß Faulhaber. Nr. 1303.

drastischen Lehrstücken unkontrollierten Machtgebrauchs, wie sie die Schrekkensherrschaft Stalins in der Ferne und die Hitlers in der Nähe vorexerziert hatten, war das ein Fazit von bedenklicher Dürftigkeit.

Dem Publikum blieb ein blinder Fleck wie dieser im Sehvermögen des Kardinals verborgen und hätte, selbst wahrgenommen, sein Ansehen nicht zu schmälern vermocht, wie ja überhaupt das Faulhaber-Bild der Öffentlichkeit schon früh so definitiv geprägt war, daß ein Hagel von Anwürfen, gegen den sich der Angegriffene nichtsdestoweniger heftig wehrte, daran ebenso abprallte wie durchaus mögliche, ja berechtigte Kritik. Der Zug ins Monumentale, der an Faulhabers Geistigkeit, Sprache und Gebärde bestach, verleitete mit Macht dazu, seine Gestalt ins Denkmalhafte zu überhöhen. Einmal verselbständigt, umgab das Abbild, auf das sich die Verehrer des Kardinals festgelegt hatten, das Original wie ein schützender Panzer. Dem Glaubenswahrer dankte eine weit ins Land reichende Gemeinde, die nach bischöflicher Autorität und Führung verlangte, einem Bekennermut, zu dem sich der Kardinal, für die Menge unsichtbar, oft genug selbst mit Furcht und Zittern zu überwinden hatte, mit unenttäuschbarer Ergebenheit.

Inmitten eines teils durch den Verlust der religiösen Mitte verstörten, teils pluralistisch umgetriebenen Kirchenvolks sind die Chancen für das Emporwachsen einer personal verkörperten Bischofsautorität von vergleichbarem Integrationsradius nicht eben günstig. Nicht nur als ein großer Wurf der Natur, auch von den innerkirchlichen Ermöglichungsbedingungen her dürfte darum Michael von Faulhaber auf absehbare Zeit zumindest im europäischen Episkopat eine singuläre Erscheinung bleiben.

11

ADOLF KARDINAL BERTRAM (1859–1945)

I

Zuerst Bischof seiner Heimatdiözese Hildesheim, dann Erzbischof von Breslau, wäre Adolf Bertram wohl in keinem der beiden Kirchenämter zu historischer Bedeutsamkeit aufgerückt, hätte er nicht zwischen 1920 und 1945, in der Republik von Weimar und unter Hitlers Gewaltherrschaft, die Leitung der Fuldaer Bischofskonferenz innegehabt.

In Hildesheim, wo es der Vater, von Haus aus und in Fortführung einer Familientradition Webermeister, zu einem Tuchladen gebracht hatte, wurde Adolf Bertram am 14. März 1859 geboren. Kirchlicher Geist umgab den Gymnasiasten inmitten der niedersächsischen Diaspora im bischöflichen Josephinum, das Bertram 1877 mit einem brillanten Abgangszeugnis verließ. Da der Kulturkampf auch die theologischen Bildungsstätten in Hildesheim lahmgelegt hatte, mußte der zum Priestertum Entschlossene seine wissenschaftliche Ausbildung auf außerpreußischen Hochschulen zu erwerben suchen. Bertrams Wahl fiel auf die Universität Würzburg, deren Theologische Fakultät, überstrahlt vom Ansehen des Kirchenhistorikers Hergenröther und des Apologeten Hettinger, einen vorzüglichen Ruf genoß. Dort empfing er auch 1881 nach einem Zwischensemester in München die Priesterweihe.

Bevor er 1883, wiederum in Würzburg, mit einer Studie über Theodoret von Cyrus zum Doktor der Theologie promovierte, verbrachte er ein weiteres Studienjahr in Innsbruck. Über die Zwischenstationen Würzburg, München, Innsbruck hatte sich der Hildesheimer Theologe gleichsam in Etappen dem Zentrum der Weltkirche in Rom genähert, für ihn zeitlebens die Stadt der Päpste und Martyrer. Das Jahr als Kaplan an der deutschen Nationalkirche S. Maria dell' Anima benutzte er zur Vertiefung seiner kanonistischen Kenntnisse. Bereits 1884 beschloß er mit dem Doktorat im Kirchenrecht seinen Bildungsgang, um dann aktiv in den Dienst des Heimatbistums zu treten.

Der akademische Lorbeer, den Bertram in der Fremde erworben hatte, konnte ihn nicht über ein Gebrechen hinwegtrösten, mit dem er von klein auf zu ringen und das ihm bittere Hänseleien eingetragen hatte, einen Sprachfehler, der ihn mitten im Redefluß über die einfachsten Worte stolpern ließ. Seinetwegen blieb dem Heimgekehrten die praktische Seelsorge für die nächsten zwei Jahrzehnte verschlossen. An dem Verzicht auf eigentlich priesterliches Wirken trug Adolf Bertram schwer, doch akzeptierte er den Hinderungsgrund offenbar ohne Aufbegehren. Ebensowenig aber verfiel er in Resignation. Vom ersten Tag seiner Berufsarbeit im Innendienst der Diözesanverwaltung machte er die fehlende Seelsorgspraxis durch Sachkenntnis, Urteilsfähigkeit und einen unstillbaren Schaffensdrang mehr als wett. Wie sein Vertrauenskapital stetig wuchs, markierte die

Übertragung immer verantwortungsvollerer Aufgaben. Von der Anfangsstufe des Hilfsarbeiters rückte er über den Assessor und Domvikar zum Domkapitular vor (1894).
Sich in die diversen Sparten der Bistumsorganisation einzuarbeiten, fesselte Bertram, füllte ihn aber nicht aus. Auch die Feierabendstunden gehörten dem Dienst an der Kirche. So entstanden in fast regelmäßiger Folge eine Reihe von Monographien zur Sakralkunst und Diözesangeschichte Hildesheims, Werke von wissenschaftlichem Rang, geboren aus der für Bertram charakteristischen schöpferischen Verbindung von Universalität und Akribie, von weitem Horizont und Liebe zum Detail. Aus einer Porträtsammlung der „Bischöfe von Hildesheim" erwuchs Bertrams Entschluß, eine mehrbändige Geschichte des Heimatbistums in Angriff zu nehmen. Was der Domkapitular begann, sollte erst der Kardinal zu Ende führen, über Jahrzehnte hinweg unbeirrbar in der Verfolgung des einmal gesteckten Ziels und konsequent jede freie Minute nützend. In den drei Bänden schenkte Bertram der Diözese Hildesheim eine Darstellung, die als „die bedeutendste Bistumsgeschichte" eingestuft wurde, „die eine Diözese überhaupt besitzt". Geschichte war für den Kirchenhistoriker Bertram eine Lebensmacht, Schlüssel zum Verständnis des Gegenwart Gewordenen und schließlich, wie die Unauslöschbarkeit seiner Kulturkampfeindrücke lehren sollte, Prüfstein und Richtschnur eigenverantwortlichen kirchenpolitischen Handelns.
Durch 20 Dienstjahre als ein Verwaltungsfachmann ausgewiesen, der das Leitungsinstrument des bischöflichen Ordinariats souverän zu handhaben versprach, wurde Bertram Mitte 1905 Generalvikar, allerdings nur für wenige Monate. Denn als Bischof Wilhelm Sommerwerck Ende des Jahres starb, wurde Adolf Bertram im April 1906 zu seinem Nachfolger bestellt. Der Schritt ins Bischofsamt bewirkte in der Persönlichkeitsentfaltung des Berufenen so etwas wie einen späten Durchbruch. Erstmals sein eigener Vorgesetzter und von den Pflichten des Hirtenauftrags unmittelbar gefordert, brach nämlich Bertram mit dem Tabu seiner angeblichen Seelsorgsuntauglichkeit. Der neue Bischof regierte die Diözese keineswegs vom Schreibtisch aus, durchstreifte sie vielmehr, erstaunlich mobil, in allen Richtungen. Besonders kümmerte er sich um die Belebung der religiösen Vereine. Der Seelsorge gab er durch Dechantenkonferenzen kräftige Impulse. Doch bereits acht Jahre später nahm Bertrams Laufbahn, die er selbst für abgeschlossen hielt und über die er persönlich nicht im mindesten hinausstrebte, durch die Wahl zum Fürstbischof von Breslau eine unvorhersehbare Wende.

II

Sowohl der Grenzlage wie der starken polnischsprechenden Minderheit wegen hatte die Preußische Regierung an der Besetzung des Breslauer Bischofsstuhls mit einer Persönlichkeit ihres Vertrauens ein erhebliches Interesse. Dieses nicht nur zur Geltung zu bringen, sondern den Wahlausfall effektiv vorzuentscheiden, erlaubte dem Preußischen Staat der dominierende Einfluß, den er sich im Laufe des 19. Jahrhunderts teils vertraglich, teils faktisch auf die Kandidatenauslese zu verschaffen verstanden hatte. Um sicher zu gehen, reduzierte die Preußische Regierung auch 1914 die vom Breslauer Domkapitel eingereichte Liste auf einen einzigen Namen, womit sie – nicht zum ersten Mal – den Wahlakt zur Farce machte. Von den 18 abgegebenen Stimmen entfielen 15 auf den Bischof von Hildesheim, zwei auf den Breslauer Weihbischof Augustin. Ein Domherr jedoch opponierte gegen die Scheinwahl, indem er den Stimmzettel zu der Erklärung benutzte: Non eligo, quia non est electio.

Der Nachfolge des Kardinals Kopp kam auch deswegen eine gesteigerte Bedeutung zu, weil der neue Bischof von Breslau voraussichtlich der nächste Vorsitzende der Fuldaer Bischofskonferenz sein würde. Dieses Amt wurde nämlich abwechselnd von den Oberhirten von Köln und Breslau ausgeübt, und zwar jeweils auf Lebenszeit. Welche Erwägungen die Berliner Regierungsstellen für die Person des Bischofs von Hildesheim einnahmen, ist nicht auszumachen. Obwohl also nach Lage der Dinge an der Genehmerklärung von seiten des Staates kein Weg vorbeiführte, bildete die Abstempelung als Regierungskandidat für den Erwählten vom kirchlichen Standpunkt aus eine nicht zu unterschätzende Vorbelastung. Nicht auszuschließen ist die Absicht, mit dem Votum für den strikt seelsorgerlich eingestellten Bischof Bertram einen Kontrapunkt zur Ära Kopp zu setzen, nachdem dieser durch den Part, den er seit der Beilegung des Kulturkampfes gespielt hatte, zu einer kirchenpolitischen Potenz erster Ordnung aufgestiegen war. In dieser Richtung absolut ehrgeizlos und sich selber treu, ließ Bertram keinen Zweifel, daß er zwar in das Amt, keineswegs aber in die Fußstapfen seines Vorgängers zu treten gedächte.

In der Rückschau ist es nicht wenig verwirrend, daß ausgerechnet außerkirchliche Instanzen und Überlegungen den seinerseits so streng pastoral und unpolitisch orientierten Bertram in die zukunftsträchtige Breslauer Ausgangsposition befördert haben. Wie dieser war auch Georg Kopp Hildesheimer Diözesane gewesen und hatte seinem Nachfolger in Breslau 1906 im Dom zu Hildesheim die Bischofsweihe erteilt. Damit endeten aber auch schon die Berührungspunkte und Gemeinsamkeiten. Denn nicht nur äußerlich standen der imposant herrscherliche Kopp und der auch von Gestalt unscheinbare und im Gehabe unprätentiöse Bertram geradezu in einem Kontrastverhältnis.

Als Bertram im Oktober 1914 die Riesendiözese im Osten, wie er sie gerne nannte, mit mehr als dreieinhalb Millionen Seelen die volkreichste des orbis catholicus, übernahm, schwebte dort über den allgemeinen Nöten des Kriegsausbruchs noch die Furcht vor einem Russeneinfall in Schlesien. Unter dem Zwang der Kriegslage wurde dem neuen Fürstbischof von Breslau die Kardinalswürde 1916 zunächst nur in petto, d. h. ohne Bekanntgabe vor der Öffentlichkeit, verliehen, ehe Bertram im Dezember 1919 persönlich den Kardinalshut aus der Hand Benedikts XV. entgegennehmen konnte.

III

Von Zerstörung und Plünderung verschont, hatte das Bistum Breslau um so härter unter den Nachwehen des Ersten Weltkriegs zu leiden. Denn der Konflikt um den Besitz des oberschlesischen Industriegebiets, das Polen ohne Rücksicht auf den ethnischen Grenzverlauf ungeteilt für sich beanspruchte, wurde auf dem Boden von Bertrams Diözese ausgetragen und schlug seine Wellen bis in den Kirchenraum. Es begann damit, daß die Interalliierte Kontrollkommission, deren Chef die polnischen Aspirationen unverhohlen begünstigte, im Sommer 1920 dem Breslauer Bischof die Einreise ins Abstimmungsgebiet verwehrte, wo Bertram Pontifikalhandlungen vornehmen wollte.

Je peinlicher sich der Kardinal aus dem Nationalitätenkampf herauszuhalten suchte, desto mehr mußte er die Erwartungen der beiden Lager enttäuschen. Teils trotz, teils wegen seiner Vorsicht geriet Bertram ins Kreuzfeuer der öffentlichen Kritik. Wäre er nach den Vorstellungen deutscher Kreise verfahren, so hätte er sich über das provozierende Einreiseverbot via facti hinweggesetzt. Ihnen bedeutete der Bischof, indem er auf die Frontstellung des Mechelner Kardinals Mercier gegen die deutsche Besatzungsmacht in Belgien anspielte – und diese Antwort war ganz Bertram –, er sei kein Mercier und werde keine Gewaltmaßnahmen anwenden.

Dagegen konnte der Kardinal nicht untätig mit ansehen, wie bistumsfremde Geistliche aus Zentralpolen zunehmend ins Abstimmungsgebiet überwechselten, um dort auf Breslauer Diözesanboden Anschlußpropaganda zu treiben. Zuerst hatte Bertram in Mahnworten an die Einsicht und christliche Haltung der streitenden Parteien appelliert, doch ohne Erfolg. Infolgedessen drohte er schließlich in einem Erlaß vom 21. November 1920 vagabundierenden und politisierenden Klerikern, gleich welcher Nationalität, bei weiterer Widersetzlichkeit kanonische Strafen an. Obwohl Bertram dabei lediglich von seinen regulären oberhirtlichen Befugnissen Gebrauch machte, die bis dahin in keiner Weise restringiert waren, hatte er sich vorsorglich der Zustimmung der Kurie vergewissert. Denn mit der Verlautbarung tat er, wie er wohl wußte, einen Griff ins Wespennest.

In Voraussicht der polnischen Reaktion ließ er sich nun jedoch dazu verleiten, weit über das Maß des juristisch Gebotenen und für die Neutralität des Hl. Stuhls Vertretbaren hinaus für seine Maßnahme dessen Autorität und Approbation öffentlich in Anspruch zu nehmen. Dadurch löste er außer dem erwarteten Sturm gegen sich selbst einen noch heftigeren gegen die römische Zentrale aus, so daß der Apostolische Nuntius in Warschau, Achille Ratti, der spätere Pius XI., sich veranlaßt sah, Polen den Rücken zu kehren. In Rom war man über Bertrams Verfahren, den Hl. Stuhl als Deckungsschild für unpopuläre Schritte zu benützen, bestürzt und warf dem Breslauer Kardinal Verantwortungsscheu vor.

IV

Bereits Ende Januar 1920 war nach dem Ableben des Kölner Kardinals von Hartmann, festem Brauch gemäß, der Breslauer Bischof an die Spitze der Fuldaer Bischofskonferenz berufen worden. Neben ihr führte der bayerische Episkopat, der sich alljährlich in Freising zu versammeln pflegte, eine eigenständige Existenz. Bertram fiel es zu, auf eine engere Kooperation der beiden Beratungsgremien hinzuarbeiten, worauf man sich einigte, daß die Vorsitzenden jeweils den Tagungen der Schwesterkonferenz als Hospitanten beiwohnen sollten. Erst die zentral gesteuerte Bedrückungspolitik des NS-Staates erzwang von 1933 an Plenarversammlungen des deutschen Gesamtepiskopats.

Bei dem alljährlichen Meinungsaustausch in Fulda und anschließend dem Zusammenwachsen der beiden Teilkonferenzen bewährte sich Bertrams Talent zur Koordination auseinanderstrebender Ansichten und die Unaufdringlichkeit seiner Konferenzleitung. Daraus zu folgern, daß er den eigenen Standpunkt der Geschlossenheit zuliebe leichthin geopfert hätte, wäre jedoch ein Mißverständnis. Vielmehr erwies er sich als wahrer Virtuose in der Kunst, einem Gremium so zu präsidieren – ob das nun die Bischofskonferenz in Fulda oder das Domkapitel in Breslau war –, daß zwar jedermann seine Meinung kundtat, die Diskussion sich aber dank der unauffälligen Regie des Vorsitzenden dann so entwickelte, daß am Ende das von diesem angezielte Beratungsergebnis zum Beschluß erhoben wurde. So aufrichtig Bertram dem Ideal der Abstinenz von allem Politischen nachstrebte, entziehen konnte er sich dessen Allgegenwart dennoch nicht. Und was schon dem Bischof von Breslau versagt war, konnte dem Vorsitzenden des Gesamtepiskopats erst recht nicht gelingen. Allerdings war Bertrams Distanz zur Politik auch wieder nicht so zu deuten, als ob er dort, wo es Rechte der Kirche wahrzunehmen galt, der Auseinandersetzung ausgewichen wäre.

Das wurde spätestens in dem Konflikt augenscheinlich, den der Vorsitzende der Fuldaer Bischofskonferenz nach 1919 mit dem Preußischen Kultusministerium auszufechten hatte. Streitobjekt war die Anpassung der preußischen Landesgesetzgebung an die Kirchenartikel der neuen Reichsverfassung. Hinter der berechnenden Umständlichkeit, mit der man in Berlin zu Werke ging, witterte Bertram die Tendenz, den Abbau der traditionellen Staatskirchenhoheit auf die lange Bank zu schieben, um durch die unmerkliche Weiterführung der alten Aufsichtspraxis die Kirche, im Widerspruch zur Weimarer Verfassung, weiterhin unter Staatskuratel zu halten.

Während Nuntius Pacelli, seit 1920 beglaubigter Vertreter des Hl. Stuhles bei der Reichsregierung, im Hinblick auf den Abschluß eines umfassenden Konkordats eher zum Abwarten neigte, verfolgte der Bischof von Breslau die Verschleppungstaktik des Kultusministeriums mit einem nur allzu begründeten Mißtrauen. Ohne sich vom Konkordatsenthusiasmus des Nuntius anstecken zu lassen, vertrat Bertram den realistischeren Standpunkt, daß über Konzessionen an die Staatsregierung erst nach Herstellung der verfassungsmäßigen Ausgangslage verhandelt werden solle. Das dubiose Angebot des Ministeriums an den Episkopat, die Liquidierung des einen Teils der hinfälligen Landesgesetzgebung durch die Tolerierung des anderen zu erkaufen, wies Bertram entrüstet von sich. Mit dieser kritischen Haltung entsprach der Breslauer Kardinal kaum dem Bild des unproblematischen Verhandlungspartners, das sich jene Regierungsmänner von ihm gemacht haben mochten, die ihn 1914 auf den Schild gehoben hatten.

Definitiv beigelegt wurden diese Spannungen erst durch das Konkordat zwischen dem Hl. Stuhl und Preußen vom 14. Juni 1929. Der Vertrag war naturgemäß das Werk Pacellis, doch hatte der Bischof von Breslau ein gewichtiges Wort dabei mitzureden gehabt. Nach der Abtrennung des 1921 zu Polen geschlagenen oberschlesischen Diözesanteils, 1925 als Bistum Kattowitz verselbständigt, ergaben sich aus dem preußischen Konkordat für den Status und die Organisation der Diözese Breslau weitere einschneidende Änderungen. Aus dem bisher von Breslau abhängigen Delegaturbezirk Berlin wurde ein eigenes Bistum; die Mutterdiözese erhielt ihrerseits den Rang eines Erzbistums, dem die Diözesen Berlin und Ermland als Suffraganbistümer unterstellt wurden. Den Titel eines Fürstbischofs, der ihm aus den ehemals österreichischen Territorien seiner Diözese zugewachsen war, ließ Bertram als Erzbischof mehr und mehr in Vergessenheit geraten.

Von der Barriere landsmannschaftlicher Verschiedenartigkeit, um nicht zu sagen Gegensätzlichkeit, die den verschlossenen Niedersachsen von den gemütsbewegten Schlesiern hätte trennen können, hat sich Bertram nicht abschrecken lassen. Mehr als durch die Hirtenworte, mit denen sich Bertram Gehör zu schaffen verstand, überzeugte der in den Osten verpflanzte Oberhirte seine Diözesanen durch rückhaltloses Aufgehen im Hirtenamt vom Ernst seiner Entschlossenheit, ungeteilt für sie da zu sein. Was ihn gerade einfachen Menschen in einem echten, unverkrampften Sinn verehrungswürdig erscheinen ließ, war die intuitive Erkenntnis der unerbittlichen Unterordnung der Person unter die Sache, der er sich verschrieben hatte. Klar in seinen Forderungen an den Klerus, vergaß er doch nicht einen Augenblick die Hochachtung vor den Anstrengungen derer, die die Last und Hitze des Tages zu tragen hatten. Jeder Pfarrer genoß das für Bertram selbstverständliche Privileg, ohne lange Voranmeldung und distanzierendes Zeremoniell vor seinen Bischof treten zu dürfen.

V

Den als innenpolitische Springflut anrollenden Nationalsozialismus durch Disziplinardekrete eindämmen zu wollen, hielt Bertram für verfehlt, worin ihm die Erfahrungen, die vorher und nachher mit dieser Methode gemacht wurden, nur zu Recht gaben. Zudem verkannte er nicht die Schwierigkeit, den mehr atmosphärischen Affekt der Hitlerbewegung gegen Christentum und Kirche aus dem offiziellen Programm der NSDAP zwingend zu deduzieren. In seinem Mahnwort, mit dem der Breslauer Kardinal zum Jahresende 1930 die deutsche Öffentlichkeit zur Besinnung aufrief, geißelte er zwar auch Rassenwahn und Nationalismus. Das eigentlich Bedrohliche der Hitlerbewegung aber erblickte er in dem Radikalismus und Fanatismus, mit denen sie ihren politischen Zielen nachjagte; er traf mit dieser Diagnose die zerstörerische Dynamik des Nationalsozialismus an ihrem Nerv.

Hitlers Kanzlerschaft erfüllte den Kardinal mit Schrecken. Wenn Bertram, an Hitlers beruhigende Regierungserklärung vom 23. März 1933 anknüpfend, die Möglichkeit einer Verständigung erproben wollte, so hatte er dafür gute Gründe. Das Tempo jedoch, das er daraufhin anschlug, die früheren Warnungen des Episkopats vor dem Nationalsozialismus bedingt zu revidieren, stieß auch bei mehreren Mitbischöfen, die eine überstürzte Entspannungspolitik für gefährlich hielten, auf teilweise scharfe Kritik. Aber auch von ihnen bezweifelte keiner, daß nicht opportunistische Sympathie die Triebfeder für Bertrams Friedensbereitschaft war, sondern allein die Sorge, dem politisch aufgewühlten Kirchenvolk eine schwere innere Zerreißprobe zu ersparen.

Die hohen Erwartungen in die nach dem Ersten Weltkrieg mächtig einsetzende Konkordatspolitik der Kurie hatte der von Natur aus skeptisch veranlagte Breslauer Kardinal nie recht zu teilen vermocht. Vor allem schien ihm der Anspruch, damit das zu allen Zeiten prekäre Staat-Kirche-Verhältnis einer Ideallösung zuzuführen, zu hoch gegriffen. Infolgedessen war auch seine Resonanz auf den Abschluß des Reichskonkordats von 1933 zunächst gedämpft. Das hat ihn andererseits aber auch wieder nicht abgehalten, den auf dem Vatikan lastenden Zugzwang wie das Fehlen einer Alternative anzuerkennen und im Namen des Gesamtepiskopats für ein unverzügliches Inkrafttreten dieses Defensivvertrags zu plädieren.

Adolf Bertram gab sich keinen Illusionen darüber hin, was den Vorsitzenden der Fuldaer Bischofskonferenz nach dem 30. Januar 1933 an Prüfungen und Enttäuschungen erwarten würde. Ebensowenig blieb ihm angesichts der Machtverhältnisse im Polizeistaat verborgen, daß er auf verlorenem Posten kämpfte. Der gewaltsamen Einschnürung des kirchlichen Lebens durch das NS-Regime suchte der Kardinal durch eine Kette von Protesten, Denkschriften und Rechtsverwahrungen zu begegnen, wobei die Berufung auf das Reichskonkordat den Angelpunkt fast aller Beschwerden bildete. Da der Alleinanspruch des Weltanschauungsstaates immer neue Bereiche kirchlicher Aktivität bedrohte, wuchs das Arbeitspensum des Episkopatsvorsitzenden ins Ungemessene. Trotzdem wollte sich Bertram der Pflicht, jeden Übergriff mit Gegenvorstellungen zu beantworten, nicht entziehen. Die Korrespondenz mit den Konferenzmitgliedern auf der einen und die Einsprüche bei den Regierungsinstanzen auf der anderen Seite türmten sich zu Bergen. Insbesondere zwischen 1933 und 1938 lief diese Maschinerie in Breslau auf Hochtouren, angetrieben von der Motorik des nun schon fast achtzigjährigen Kardinals, der sich keine Schonung gönnte. Was er in dieser Phase des Kirchenkampfes bei der gedanklichen Konzipierung und Stilisierung zahlloser Schriftsätze geleistet hat, ist und bleibt staunenerregend und bewundernswert.

Bei dieser „Eingabenpolitik“ (W. Adolph) leitete den Vorsitzenden der Fuldaer Bischofskonferenz die Maxime, „jeder Beeinträchtigung von kirchlichen Rechten und Lebensnotwendigkeiten entgegenzuwirken, jede Spannung von sich aus zu vermeiden und alle Gefahren von der Kirche abzuwenden“. In einer jahrzehntelangen Verhandlungspraxis mit Regierungsbehörden aller Ebenen hatte es Bertram in der Kunst der rationalen, leidenschaftslosen und verbindlichen Argumentation zu unbestrittener Meisterschaft gebracht und den kirchlichen Gegenstandpunkt nie ganz ohne Erfolg vertreten können. Im NS-Staat dagegen verfielen bischöfliche Einsprüche gegen Unterdrückungsmaßnahmen fast ausnahmslos der Ablehnung, wenn nicht gar völliger Nichtbeachtung. Angesichts der Ineffizienz dieser Verteidigungstaktik wuchs die Zahl innerkirchlicher Kritiker, die vom Episkopatsvorsitzenden einen Wechsel der Methode forderten.

Andere Register in der öffentlichen Auseinandersetzung mit der Religionspolitik des Dritten Reiches zog im März 1937 erstmals die Enzyklika „Mit brennender Sorge“. Der Ton des päpstlichen Rundschreibens war zwar nicht Bertrams Stil, doch hat er, von Kirchenminister Kerrl mit Anklagen überschüttet, den Anlaß und Inhalt dieser Kundgebung Pius' XI. wie auch die Publikationsorder des Hl. Stuhls loyal und mit aller Entschiedenheit verteidigt. Diesen Entlastungsvorstoß des Vatikans als Auftakt zu einer flexibleren Vorwärtsverteidigung seitens des deutschen Episkopats zu begreifen, lehnte der Konferenzvorsitzende jedoch ab, obwohl ihn der klarsichtige Bischof von Berlin, Konrad Graf v. Preysing, im Herbst 1937 eindringlich mit der Tatsache konfrontierte, an einem Scheideweg zu stehen.

Viel zu sehr Realist, um am Leerlauf und damit am Scheitern der Eingabenpolitik vorbeizusehen, sträubte sich Bertram doch auch wieder, diese Einsicht zuzugeben, und zwar aus Furcht vor Alternativen, deren mögliche Konsequenzen ihm suspekt waren. Vor allem forderte Preysing die Aufgabe der vom Regime gepflegten und vom Episkopatsvorsitzenden tolerierten Fiktion eines nur partiell gestörten Friedensverhältnisses zwischen Staat und Kirche. Statt dessen verlangte er, die Rechtsverletzungen der Kirchenbedrücker beim Namen zu nennen und durch eine unverkürzte Aufklärung der Gläubigen über jede Verschärfung des Kirchenkampfes die Stimmung des katholischen Volksteils zu beeinflussen. Dadurch seien Partei und Regierung ungleich stärker zu beeindrucken als durch papierene Proteste, die in den Aktenschränken verschwänden. Von einer solchen Kursänderung, die, gemessen an den Ordnungsvorstellungen, in denen Bertram großgeworden war, geradezu revolutionär erscheinen konnte, wollte jedoch der Breslauer Kardinal nichts wissen. Seinen Kritikern hielt er immer wieder entgegen, „daß er den Kulturkampf mitgemacht hat und sich nicht dazu entschließen könne, es dazu kommen zu lassen, daß wieder Gläubige ohne Geistlichen sterben müssen“. Das wollte auch Preysing nicht. Aber zwischen diesem Extrem und dem fruchtlosen Eingabenmonolog erstreckte sich ein Aktionsbereich, der erheblich breiter war, als Bertram wahrhaben wollte, und in kleinen Schritten sehr wohl ohne unzumutbares Risiko hätte erprobt werden können.

VI

Im Gespräch unter vier Augen konnte der Kardinal schon einmal einfließen lassen, daß in diesen Sturmzeiten eigentlich eine jüngere Kraft an die Spitze des Episkopats gehöre als er. Das bestätigte er ungewollt in dem Maße, in dem er sich auf die untaugliche Methode versteifte, Freimut durch Emsigkeit und Klarheit durch Klugheit ersetzen zu wollen. Hier sind die Gründe zu suchen, warum das Finale von Bertrams Wirken für die gesamtdeutsche Bischofskonferenz von Tragik überschattet ist.

Nichts hat die vom totalitären Weltanschauungsstaat entmündigten Gläubigen in der NS-Zeit enger zusammengeschlossen als die gemeinsamen Hirtenworte der am Grabe des hl. Bonifatius in Fulda versammelten deutschen Bischöfe. Keine der Konferenzaktivitäten war darum ähnlich vordringlich und unerläßlich, keiner anderen aber war ausgerechnet der Vorsitzende so ausgesprochen abgeneigt. Der Beschlußfassung über eine gemeinsame Kundgebung ging infolgedessen in Fulda fast immer ein entnervendes Tauziehen um die Zustimmung des Breslauer Kardinals voraus, bei dem er sich mehr als einmal mit seinem Nein durchsetzte. In der Kriegszeit schließlich steigerte die Angst vor dem zu befürchtenden Vorwurf der „Feindbegünstigung" seine Bedenken zu lähmender Skrupelhaftigkeit. So erklärte es sich, daß gerade in dieser Phase eines extremen Machtmißbrauchs nach innen und außen die Stimme des Gesamtepiskopats immer seltener zu vernehmen war, und wenn sie sich meldete, dann vielleicht gar gegen den Willen ihres Präsidenten.

Mit Rücktrittsabsichten hatte der Kardinal erstmals Ende 1933 gespielt, als der Freiburger Erzbischof Gröber sein Charisma für eine erfolgreichere Kirchenpolitik entdeckt zu haben glaubte und seine Amtsbrüder durch eigenmächtige und waghalsige Alleingänge irritierte. Während des Krieges bat Bertram dann 1942 formell um seine Ablösung. Wie blamable Rangstreitigkeiten innerhalb der Konferenz an den Tag brachten, konnte jedoch der Senior des deutschen Episkopats trotz der allseits beklagten Führungsschwäche als ausgleichendes Element nicht entbehrt werden.

Auf eine ebenso ernste wie überflüssige Belastungsprobe stellte der Vorsitzende die Einheit der Bischofsgemeinschaft, als er 1940 zu Hitlers Geburtstag ein Glückwunschschreiben absandte, ohne dazu von den Konferenzmitgliedern eigens ermächtigt zu sein. Bischof Preysing war über Bertrams Aktion so empört, daß er den Austritt aus der Bischofskonferenz erwog. Allen Vorhaltungen und Nachspielen zum Trotz blieb der Kardinal nicht nur unbelehrbar, sondern fuhr fort, wenngleich nur noch als Erzbischof von Breslau firmierend, zu jedem 20. April Glückwünsche ins Führerhauptquartier zu schicken, letztmals im Jahre 1944.

Für den Absender war das ohne Zweifel immer ein Akt der Selbstüberwindung, den er sich höherer Rücksichten wegen abverlangte. Denn unter der gratulatorischen Umhüllung verbargen sich unübersehbare Klagen über die Bedrängnisse der

Kirche im Staate Hitlers. Da die Glückwunschpraxis erst nach Kriegsbeginn aufgenommen und dann alljährlich mit der Regelmäßigkeit eines Beschwörungsritus wiederholt wurde, war sie nicht nur eine Fortsetzung der Eingabenpolitik mit anderen Mitteln, sondern führte diese in Form eines Appells an den Letztverantwortlichen gleichsam auf einen nicht mehr zu überbietenden Kulminationspunkt. Zugleich aber ist sie das erschütternde Zeugnis ihres Scheiterns.

Obwohl um ein treffendes, erhellendes oder bewegendes Wort nie verlegen, wovon die Überfülle der Aktenstücke und Hirtenbriefe kündet, war die Kanzel doch nicht der Ort, wo Adolf Bertram sich am wirkungsvollsten entfalten konnte. Dafür fehlten ihm Organ und Statur. Rednerischen Schwung ließ zudem eine eingefleischte Aversion gegen Theatralik und Pathos nicht aufkommen. Eine öffentliche Auseinandersetzung mit dem Regime, wie sie aus aktuellem Anlaß etwa Faulhaber und Galen nicht gescheut haben, verzeichnet die Chronik von Bertrams Kanzelreden nicht. Sie zu wagen, hinderte den Kardinal der Leitspruch des respice finem, im letzten aber, als ein Stück seiner selbst, eine nie überwundene, tiefsitzende Ängstlichkeit.

Ihr entsprang wohl auch jene auffällige Publizitätsscheu, der Bertram immer dann zu erliegen pflegte, wenn er außerhalb des vertrauten Rahmens der Fuldaer Bischofsversammlung als deren Wortführer kirchenpolitisch in Erscheinung treten oder am Verhandlungstisch Platz nehmen sollte. So verstand er es etwa im Sommer 1933, sich den Schlußverhandlungen zum Reichskonkordat in Rom, wo er den deutschen Episkopat vertreten sollte, geschickt zu entziehen. In ein Zusammentreffen mit Reichskirchenminister Kerrl, das dieser selbst 1935 nach seinem Amtsantritt herbeigeführt hatte, willigte Bertram nur ein, um das größere Übel einer Einladung der drei Kardinäle zum Reichsparteitag zu beschwören.

Wo immer es möglich war, delegierte daher der Konferenzvorsitzende Verhandlungspflichten an einen oder mehrere Mitbischöfe. Wie kein zweiter errang dabei schon in den zwanziger Jahren Bischof Berning von Osnabrück, geschäftsgewandt und weltmännisch, das Vertrauen des Kardinals. Zu Berning, den seit 1933 zum immer größeren Erstaunen des Kirchenvolkes der Titel eines Preußischen Staatsrats schmückte, trat 1937 noch Weihbischof Wienken als Leiter des Kommissariats der Fuldaer Bischofskonferenz in Berlin, ein Bertram völlig ergebener Gehilfe, als Unterhändler des Episkopats mit den Regierungsstellen aber fehl am Platze. Nicht nur in seinem Fall scheint für den Kardinal die Lenksamkeit ein nicht eben untergeordnetes Kriterium bei der Auswahl von Mitarbeitern gewesen zu sein.

Das konnte auch zu einem Gutteil erklären, warum Bertram mit Nuntius Orsenigo sichtlich besser harmonierte als mit dessen Vorgänger Pacelli. Schon in normalen Zeitläuften von dem Berliner Posten überfordert, schielte Orsenigo vor den meisten Entschlüssen gewöhnlich mit einem Auge nach Breslau. Pacelli wußte auf andere Weise Bertrams Erfahrung und Sachkenntnis ebenfalls sehr zu schätzen, konnte aber auch seine Eigenständigkeit deutlich fühlen lassen. Dem bis zum Sarkasmus nüchternen Bertram war wohl auch der erste Berliner Nuntius in

seiner Selbstdarstellung um einige Grade zu gravitätisch. Zudem erblickte der Konferenzvorsitzende in ihm einen ausgeprägten Exponenten des römischen Zentralismus, einer Größe, gegen deren Schattenseiten Bertram nicht blind war.
Als hervorragendster Berater in kirchenpolitischen Angelegenheiten diente dem Breslauer Kardinal Domkapitular Ludwig Cuno, ein Bruder des ehemaligen Reichskanzlers. Auch ihm gegenüber hielt Bertram geradezu pedantisch auf das Prinzip, den Gesamtüberblick ausschließlich sich selbst zu reservieren, Mitarbeitern dagegen nur Einsicht in Teilbereiche zu gewähren.
Weniger kleinlich gehandhabt und vorab unter dem Aspekt des Speicherungs- und Reaktionsvermögens des Vorsitzenden betrachtet, wäre Bertrams Anspruch auf den Alleinbesitz der Gesamtinformation so unbegründet nicht einmal gewesen. War doch die Schaffenskraft des Kardinals in der Tat ein so einzigartiges Phänomen, daß sie gerade bei Kennern der Materie immer wieder ungläubige Bewunderung hervorrief. Wenn der Kölner Erzbischof Kardinal Schulte seinen Breslauer Amtsbruder unstreitig den fleißigsten Menschen nannte, den er je kennengelernt habe, dann war dieses Lob noch höchst inadäquat. In der kleinen, schmächtigen Gestalt, in den letzten zwei Jahrzehnten zudem noch von der Last des Alters und mannigfacher Verantwortung gebeugt, steckten scheinbar unerschöpfliche Energiereserven.
Bei wenigen Stunden Schlaf wurde jede Minute des Tages nutzbringender Tätigkeit gewidmet. Erholung war für den Kardinal ein Fremdwort, mit dem er nichts anzufangen wußte, reine, in sich selbst ruhende Muße wohl auch etwas, wozu er persönlich nicht fähig war. Sich täglich durch Stöße von Akten durchzuarbeiten, deren Inhalt er dann meist bis ins kleinste Detail beherrschte, wurde für ihn zum Lebenselement, und wenn einmal, etwa auf einer Romreise, der regelmäßige Zufluß der Korrespondenz versiegte, fühlte er sich wie ein Fisch auf dem Trockenen.
In der ungleichen Auseinandersetzung mit dem NS-Regime hat Adolf Bertram, solange die Waffe des schriftlichen Protestes noch nicht abgestumpft war, als Wortführer des Gesamtepiskopats mit äußerster Hingabe gefochten. Das kalkulierte Risiko einer unkonventionellen Verteidigungstaktik auf sich zu nehmen, war ihm nicht gegeben. Daß er sich mit der Eingabenpolitik so völlig identifizierte, bis er geradezu mit ihr verschmolz, bezeichnet die Größe und Grenze seines Wirkens.
Der Kardinal starb mit seiner Bischofsstadt. Auf Johannesberg, einst Sommersitz, jetzt Zufluchtsort, erlöste ihn am 6. Juli 1945 der Tod vom Anblick der schlesischen Passion.

Quellen

Den Nachlaß Kardinal Bertrams verwahrt das Erzbischöfliche Archiv in Breslau. Eine Sammlung von Hirtenworten, Predigten und Ansprachen bietet der unter Bertrams Bischofswahlspruch gestellte Band: Veritati et Caritati, hg. von J. FERCHE. Kaldenkirchen 1956. Einen großen Teil der Korrespondenz Bertrams mit der Kurie, den Mitgliedern der Bischofskonferenz und der Reichsregierung erschließt die auf vier Bände veranschlagte Edition: Akten deutscher Bischöfe über die Lage der Kirche 1933–1945. Davon bereits erschienen: Bd. I: 1933–1934, bearbeitet von B. STASIEWSKI. Mainz 1969 [Zu den folgenden, bis 1945 reichenden Bänden vgl. den Literaturhinweis oben S. 11 Anm. 1 am Ende]. Bertrams Mitwirkung am Reichskonkordat belegt der Quellenband: Kirchliche Akten über die Reichskonkordatsverhandlungen 1933, bearbeitet von L. VOLK. Mainz 1969.

Schriften (Auswahl)

Die Bernwardstüren in Hildesheim. Hildesheim 1892. – Die Bischöfe von Hildesheim. Hildesheim 1896. – Geschichte der Diözese Hildesheim. 3 Bde. Hildesheim 1899, 1916, 1925. – Im Geiste und Dienste der Katholischen Aktion. München 1929. – Charismen priesterlicher Gesinnung und Arbeit. Freiburg 1931, [3]1941.

Literatur

K. ENGELBERT, Adolf Bertram, Fürsterzbischof von Breslau (1914–1945), in: Archiv für schlesische Kirchengeschichte 7 (1949) S. 7ff.

J. KAPS, Adolf Kardinal Bertram, in: Wichmann-Jahrbuch für Kirchengeschichte im Bistum Berlin 9/10 (1955/56) S. 134ff.

H. JEDIN, Kardinal Adolf Bertram, in: Schlesisches Priesterjahrbuch, Bd. 1. Stuttgart 1960, S. 11ff.

W. ADOLPH, Hirtenamt und Hitler-Diktatur. Berlin 1965.

L. VOLK, Die Fuldaer Bischofskonferenz von der Enzyklika „Mit brennender Sorge“ bis zum Ende der NS-Herrschaft, in: Stimmen der Zeit 178 (1966) S. 241ff.[Vgl. oben S. 56ff.].

L. VOLK, Die Fuldaer Bischofskonferenz von Hitlers Machtergreifung bis zur Enzyklika „Mit brennender Sorge“, ebd. 183 (1969) S. 10ff. [Vgl. oben S. 11ff.].

F.-G. GANSE, Adolf Kardinal Bertram, Fürsterzbischof von Breslau, in: Beiträge zur schlesischen Kirchengeschichte. Gedenkschrift für Kurt Engelbert, hg. von B. STASIEWSKI. Köln, Wien 1969, S. 530ff.

L. VOLK, Das Reichskonkordat vom 20. Juli 1933. Mainz 1972.

12

KONRAD KARDINAL VON PREYSING (1880–1950)*

Als am Weihnachtstag 1945 mit der Ankündigung eines Kardinalsschubs auch die Namen dreier deutscher Purpurträger veröffentlicht wurden, da erklärte die Wahl des Erzbischofs Frings[1] von Köln festes Herkommen, diejenige Graf Galens[2], des „Löwen von Münster", sein Auftreten gegen Hitlers Gewaltherrschaft, allein die Ernennung des Berliner Bischofs von Preysing weckte verwunderte Fragen. Daß interne, ja persönliche Momente bei dieser nicht unmittelbar verständlichen Auszeichnung mitgesprochen hatten, konnte ahnen, wer sich der besonderen Bindungen erinnerte, die der zeitweilige Gleichlauf der Lebensbahnen zwischen dem Pacelli-Papst[3] und Konrad von Preysing gestiftet hatte. Dennoch fehlte nicht das sachliche Fundament[4].

* Im Matthias-Grünewald-Verlag (Mainz) erscheint demnächst ein zweiter Band „Zeitgeschichte in Lebensbildern", dessen Herausgabe wiederum R. Morsey besorgte; zu dem 1972 erschienenen ersten Band vgl. diese Zschr. 191 (1973) 567ff. In insgesamt 16 Kurzbiographien werden unter anderen folgende Persönlichkeiten aus dem deutschen Katholizismus der letzten 50 Jahre vorgestellt: K. Adenauer, M. Faulhaber, I. Herwegen OSB, F. v. Papen, C. A. v. Galen, W. Gurian, F. Mukkermann SJ und G. Schreiber. Mit freundlicher Genehmigung des Verlags bringen wir hier einen durch Anmerkungen ergänzten Beitrag unseres Mitarbeiters als Vorabdruck. [Von der Reihe sind inzwischen die Bände 1–6, Mainz 1972–1984, erschienen].

1 Josef Frings (geb. 1887), 1942–1969 Erzbischof von Köln, 1945–1965 Vorsitzender der Fuldaer Bischofskonferenz, 1946 Kardinal.

2 Clemens August Graf von Galen (1878–1946), 1933 Bischof von Münster, 1946 Kardinal.

3 Eugenio Pacelli (1876–1958), 1914 Unterstaatssekretär im Päpstlichen Staatssekretariat, 1917 Titularerzbischof, 1917–1925 Apostolischer Nuntius in München, 1920–1929 in Berlin, 1929 Kardinal, 1930 Kardinalstaatssekretär, 1939 Papst Pius XII.

4 Über das römische Echo, die Vorgeschichte der deutschen Kardinalsernennungen und die den Papst dabei bestimmenden Überlegungen berichtete P. Robert Leiber SJ (1887–1967), seit 1924 im Dienste Pacellis, dem Berliner Bischof folgendes (Leiber an Preysing, 7. Januar 1946. Sammlung Adolph): „Die Wahl, die der Hl. Vater getroffen hat, rief, wie ich Euer Exzellenz nicht noch zu sagen brauche, überall stärksten Widerhall hervor. Das deutsche Element in allen, die uns nahestehen oder die Verhältnisse in Deutschland kennen, sind [!] über die Berufung von drei und dieser drei Hochwürdigsten Bischöfe beglückt. Ich darf Euer Exzellenz vertraulich mitteilen, daß Berlin und Köln für Seine Heiligkeit von vornherein feststanden, Berlin jedenfalls, seitdem Breslau vakant und in der unsicheren Zukunftslage ist, in die es die Ereignisse seit Frühjahr gebracht haben. Bis zum Abend vor der Bekanntgabe der neuen Kardinäle überlegte Seine Heiligkeit zwischen Bischof von Galen und dem Erzbischof von Freiburg. Den Ausschlag gab schließlich, daß der Name des Münsteraner Oberhirten in der ganzen Welt als Symbol bischöflichen Freimutes gilt. Papst Pius XII. wollte auch keinen Zweifel darüber lassen, daß er die damalige mutige Haltung des Bischofs von Münster ganz billigte." – Daß sich Pius XII. zwischen den Oberhirten von Münster und Freiburg nur zögernd schlüssig werden konnte, ja daß es diese Alternative überhaupt für ihn gab, mutet heute nicht weniger erstaunlich an als damals. Den Nuntius Pacelli hatte Conrad Gröber (1872–1948), 1931 Bischof von Meißen, 1932 Erzbischof von Freiburg, erstmals auf dem Katholikentag 1929 beeindruckt. Zwischen 1933 und 1945 hatte Gröber ähnlich wie Galen, obschon nicht mit der gleichen Lautstärke und Resonanz, dem NS-Staat gegenüber zwar auch eine klare Gegenposition bezogen, aber doch erst nach ebenso überflüssigen wie eigenwilligen Brückenbauversuchen, mit denen er im Herbst 1933 die Geschlossenheit des deutschen Episkopats durchbrochen hatte.

I

Auf dem Stammsitz der Preysing, dem zwischen Landshut und Moosburg gelegenen Schloß Kronwinkl, wurde Konrad von Preysing-Lichtenegg-Moos am 30. August 1880 geboren[5]. Er war das vierte Kind in einer Schar von elf Kindern, die der Ehe des Grafen Kaspar von Preysing (1844–1897) und seiner Gattin Hedwig, einer geborenen Gräfin von Walterskirchen (1849–1938), entstammten. Alteingesessener Adel, hatte das Geschlecht der Preysing in der Geschichte Bayerns im Dienst für Krone und Kirche eine ehrenvolle Rolle gespielt. Als Zentrumsabgeordneter im Reichstag (1882–1890) hatte Konrads Vater die Linie öffentlich-politischen Wirkens weitergeführt, bevor er, erst 53jährig, seiner Familie durch den Tod entrissen wurde. In die Verbindung mit dem bayerischen Grafen hatte die in Preßburg geborene Mutter neben ungarischem Temperament und österreichischem Charme, den genuinen Zugaben der Doppelmonarchie, eine reiche kulturelle Mitgift eingebracht. In einer unerschütterbaren Religiosität ruhend, war sie zielstrebig bemüht, ihren Kindern die Weite des eigenen Interessenhorizonts zu erschließen und ihnen den Zugang zu Literatur, Kunst und fremden Sprachen zu öffnen. Ungleich mehr als vom Gymnasium in Landshut, das ihm wegen seines religiösen Formalismus in unguter Erinnerung blieb, wurde Konrad durch die souveräne Geistigkeit seiner Mutter geprägt. Bei aller Aufgeschlossenheit galten als oberste Erziehungsmaximen Konsequenz und Ordnung, wodurch das Familienleben auf Kronwinkl in eine Atmosphäre des Lebensernstes getaucht war.

Mit dem Abiturzeugnis in der Tasche begann Graf Konrad 1898 in München das Jurastudium, nachdem er sich, in der Berufswahl noch unschlüssig, mit Mutter und Onkel beraten hatte. Zwei Jahre später siedelte er nach Würzburg über, kehrte aber 1902 nach dem Referendarexamen zur praktischen Ausbildung wieder nach München zurück, wo er 1905 den Staatskonkurs „mit Auszeichnung" bestand. Im Umgang mit Recht und Gesetz wurde der Preysing eigene Blick für das Wesentliche noch entwickelt und methodisch geschärft. Seine ersten juristischen Sporen verdiente er in einem Anwaltsbüro, wechselte aber 1906 in das Bayerische Staatsministerium des Äußeren über, wo er als Ministerialpraktikant mit dem Geschäftsgang einer Regierungsbehörde vertraut wurde. Schon ein Jahr später fand er im Außendienst Verwendung, und zwar als Attaché an der bayerischen Gesandtschaft am Quirinal in Rom. Auf dem geschichtsdurchtränkten Boden der Ewigen Stadt konnte Preysing sich ganz der Leidenschaft hingeben,

[5] Ein erstes Lebensbild Preysings verfaßte zum 70. Geburtstag des Kardinals der Berliner Domherr B. SCHWERDTFEGER, Konrad Kardinal von Preysing (Berlin 1950). Wichtiges Quellenmaterial für eine Würdigung von Preysings Wirksamkeit in Berlin enthalten: Dokumente aus dem Kampf der katholischen Kirche im Bistum Berlin gegen den Nationalsozialismus, hrsg, vom Bischöflichen Ordinariat Berlin (Berlin 1946), im folgenden zitiert: Dokumente; W. ADOLPH, Hirtenamt und Hitlerdiktatur (Berlin 1965), zitiert: W. ADOLPH, Hirtenamt; W. ADOLPH, Kardinal Preysing und zwei Diktaturen. Sein Widerstand gegen die totalitäre Macht (Berlin 1971), zitiert: W. ADOLPH, Kardinal Preysing. [Vergleiche nunmehr auch die oben S. 85 Anm. 3 zitierten Aufzeichnungen W. Adolphs].

den Spuren der Vergangenheit nachzugehen. Hatte er es schon an der Familientafel in Kronwinkl im Gebrauch des Französischen und unter Anleitung der Mutter auch des Englischen zu beachtlicher Fertigkeit gebracht, so eignete er sich am Tiber auch die Grundzüge des Italienischen an. Noch nicht ein Jahr auf dem römischen Posten, bat er, „zur Überzeugung gekommen, daß mich meine Bestimmung dem geistlichen Beruf zuführt, mit Bedauern" um den Abschied „aus einer mir liebgewordenen Carrière", an die er die Erinnerung „an eine schöne, an interessanten Momenten reiche Zeit" mitnahm[6].

Zu seinem Zweitstudium ging er nach Innsbruck, dessen theologische Fakultät zu den angesehensten Bildungsstätten außerhalb Roms zählte. Im Theologenkonvikt Canisianum mit seiner international gemischten Studentenschaft traf er in Rektor Michael Hofmann SJ nicht nur einen Priesterbildner von Rang, sondern jene Erzieherpersönlichkeit, die ihn nach der Mutter am nachhaltigsten geformt hat. Im Canisianum bewegte sich Konrad von Preysing auf den Spuren seiner jüngeren Brüder Albert (1883–1946) und Joseph (1884–1961), die ebenfalls in Innsbruck ihre theologische Ausbildung erhalten hatten und bereits in der Erzdiözese München-Freising tätig waren, wobei der erstere in späteren Jahrzehnten als Stadtpfarrer von St. Martin in Landshut wirkte, der letztere dagegen als Stadtpfarrer von St. Vinzenz in München.

II

Bei der Priesterweihe am 26. Juli 1912 war der Spätberufene mit fast 32 Lebensjahren dem Kaplansalter bereits entwachsen. Nach dem Abschied von Innsbruck wurde Preysing ein Jahr später mit der Ernennung zum Sekretär des Erzbischofs von Bettinger[7] sogleich ein Posten übertragen, der eine besondere Qualifikation erforderte. Der Auftakt war ein Omen. Denn Preysings weiterer Werdegang verlief einigermaßen am Rande der ordentlichen Seelsorge, und eine Pfarrstelle hatte er eigentlich niemals hauptverantwortlich zu versehen, wenn man von dem kurzen Zwischenspiel als Militärgeistlicher bei internierten deutschen Austauschgefangenen in der Schweiz im Herbst 1918 absieht.

Die Wahl des Münchener Oberhirten war mit Vorbedacht auf den im Berufsleben bereits bewährten jungen Adeligen mit dem klangvollen Namen gefallen. Mit behördlicher Verwaltungsarbeit vertraut, sprachkundig und gesellschaftlich gewandt, sollte Konrad von Preysing einige der Eigenschaften ersetzen helfen, die der Erzbischof für ein Wirken in der Residenzstadt München persönlich nicht mitbrachte. Daß der Vollblutpraktiker Bettinger das Labyrinth höfischer Etikettenvorschriften ebensowenig schätzte wie akademisches Parlieren, war ein offenes

[6] Entwurf des Entlassungsgesuchs, ca. 20. April 1908. Geheimes Staatsarchiv München. Gesandschaft Italien 176.

[7] Franciscus von Bettinger (1850–1917), 1895 Domkapitular in Speyer, 1909 Erzbischof von München und Freising, 1914 Kardinal.

Geheimnis. Insofern ergänzten sich der Erzbischof und sein Sekretär ganz ausgezeichnet.

Vom Untergebenen allerdings forderte das Zusammenspiel ein gehöriges Maß an Entsagung. Da er sich völlig in Bettingers Arbeitsrhythmus einzufügen hatte, erfreute sich der erzbischöfliche Sekretär oftmals einer geringeren Freiheit als mancher Kaplan. Nach dem plötzlichen Tod des Erzbischofs im April 1917 strebte darum Preysing noch während der Sedisvakanz auf einen selbständigen Posten. Einen ihm gemäßeren Rahmen hoffte er im Amt des Stadtpfarrpredigers bei St. Paul in München zu finden, nicht zuletzt um dort stärker als bisher seinen wissenschaftlich-literarischen Neigungen nachgehen zu können.

Noch immer war ja nicht schlüssig entschieden, ob er nicht doch dem Rat seiner Innsbrucker Lehrer folgen und einen Lehrstuhl etwa in Kirchengeschichte anstreben sollte. Nach der Dissertation (1913) über ein Thema aus der Patristik (Der Leserkreis der Philosophoumena Hippolyts) hatten kleinere Zeitschriftenaufsätze ein anhaltendes theologisches Interesse erkennen lassen, doch trug schließlich doch die mehr literarische Neigung den Sieg davon, was in einer Reihe sprachlich durchgefeilter Übersetzungen von aszetischen Essays des englischen Oratorianers F. W. Faber sichtbaren Ausdruck fand. Nachdem es Preysing verstanden hatte, um die Kanzel in St. Paul einen festen Hörerkreis zu sammeln, wurde er Anfang 1921 von Erzbischof Faulhaber[8] zum Prediger am Liebfrauendom, der Münchener Kathedralkirche, bestellt. Im Unterschied zu der weitausladenden Architektonik Faulhaberscher Predigten pflegte Preysing einen Verkündigungsstil, der unter Verzicht auf rhetorische Mittel klar, nüchtern und bündig sein wollte, wie es dem Wesen des Predigers entsprach.

Mit dem Eintritt ins Domkapitel und in die Diözesanverwaltung, wo ihm die noch junge Sparte für Presse, Film und Rundfunk übertragen war, endete im Mai 1928 in Preysings Priesterlaufbahn ein Wirkensabschnitt mit ausgeprägt kontemplativem Akzent. Doch ebenso wie zuvor Kardinal Bettinger hatte der seit 1917 in der bayerischen Metropole amtierende Nuntius Eugenio Pacelli Preysings hohe Befähigung für das Diplomatenhandwerk erkannt, so wenig dieser selbst ins Rampenlicht drängte, und sich in den zwanziger Jahren wiederholt der diskreten Assistenz des Grafen bei offiziellen Besuchen in der Reichshauptstadt versichert. Auch im Münchener Domkapitel sollte sich der Neuling durch kritischen Selbstand unversehens Respekt verschaffen. War es bis dahin Verhaltensnorm für Ordinariatssitzungen mit dem Kardinal, daß die Domherren „still wie die Hühner auf ihren Stangen" saßen, um vor Faulhabers hoheitsvoller Kälte zu erstarren, so bedeutete es eine Sensation, als Preysing dem Kardinal einmal zu widersprechen wagte. So ungewöhnlich war der Mut zu einer Gegenmeinung, daß Preysing nach der Sitzung von allen Seiten beglückwünscht wurde[9].

[8] Michael Faulhaber (1869–1952), 1911 Bischof von Speyer, 1917 Erzbischof von München und Freising, 1921 Kardinal.

[9] Vgl. Aufzeichnung Adolphs, 14. Mai 1936. Sammlung Adolph.

Als Nuntius Pacelli 1930 zum Kardinalstaatssekretär aufrückte, konnte er nach zwölfjähriger Wirksamkeit in Deutschland detaillierte Personalkenntnisse mit nach Rom nehmen. Sie sprachen im Vatikan zweifellos entscheidend mit, als im Sommer 1932 der Münchener Domkapitular von Preysing zum neuen Bischof von Eichstätt ernannt wurde. „In verbo tuo" wollte der Berufene den Hirtenstab des hl. Willibald ergreifen. Aus dem Wappenspruch klang der Gehorsam gegenüber dem Auftrag, das Bangen vor der Verantwortung und das Vertrauen auf den Beistand von oben.

III

Bischofsweihe und Inthronisation am 28. September 1932 in Eichstätt fielen in die Agonie des Staates von Weimar. Die ersten Bischofskonferenzen, an denen Preysing im April 1933 in Regensburg und Ende Mai in Fulda teilzunehmen hatte, waren Sondertagungen und galten vorab den durch Hitlers Machtergreifung aufgeworfenen Problemen. Zu einem Zeitpunkt, wo die Urteile über die NS-Bewegung noch durcheinanderwogten, bewahrte der Bischof von Eichstätt nicht nur kühlen Kopf, sondern wies bereits hellsichtig auf die Bedrohung hin, die der Kirche und ihren Gläubigen aus Hitlers Alleinherrschaft erwachsen werde. Ohne sich von der Beschwichtigungsformel der „Übergangsschwierigkeiten" beeindrucken zu lassen und in der Gewißheit des unvermeidbaren Konflikts, plädierte er auf der Vollversammlung des deutschen Episkopats in Fulda für eine eindeutige Abgrenzung gegenüber den ideologischen Grundlagen des Revolutionsregimes.

Von solcher Skepsis konnte ihn auch der Abschluß des Reichskonkordats (20. Juli 1933) nicht befreien. Inmitten einer Welle von Gewalttätigkeiten gegen den „politischen Katholizismus" in Bayern legte er dem Kardinalstaatssekretär die Frage vor, „ob bei dem tatsächlichen Mangel einer jeden Rechtsgrundlage" ein Konkordat überhaupt möglich sei[10]. Während andere Oberhirten dem Totalitätsanspruch des NS-Staats mit Kompromissen zu begegnen suchten, hielt Preysing eben das für verhängnisvoll und predigte statt dessen sein „Principiis obsta!"

Damit erwies sich die Haltung des Bischofs der kleinen Diözese Eichstätt schon in den turbulenten Sommermonaten des Revolutionsjahres 1933 als geradliniger, grundsatzfester und weitblickender als diejenige anderer Mitglieder des deutschen Episkopats. Mißtrauisch gegen leichtgläubigen Optimismus in den eigenen Reihen, hörte Preysing nicht auf, warnend über den Tag hinauszuweisen. Kriterium für den Verständigungswillen der Gegenseite war für ihn deren Bereitschaft zu einem Waffenstillstand. Solange dafür auch bescheidenste Anzeichen fehlten, leitete ihn das Gebot äußerster Distanz zum nationalsozialistischen Einparteistaat.

[10] Preysing an Pacelli, 3. Juli 1933. Druck: L. VOLK, Kirchliche Akten über die Reichskonkordatsverhandlungen 1933 (Mainz 1969) Nr. 45.

Als vor der Saarabstimmung im Januar 1935 kein anderer als der sonst so standfeste Bischof von Münster zu diesem nationalen Ereignis eine Episkopatsäußerung anregte, widersprach Preysing mit dem Bedenken: „Können die Ordinarien, solange ihr Hirtenbrief verboten ist, staatsgefällige Kundgebungen erlassen?“[11] Der gleiche Differenzpunkt stand nach Hitlers Einrücken in das entmilitarisierte Rheinland im März 1936 wieder zur Debatte. Ohne sich durch Opportunitätserwägungen vom Kern der Sache ablenken zu lassen, fragte Preysing aus dem Wesen des Hirtenamtes heraus: „Haben wir Auftrag und Sendung, als Bischöfe autoritativ zu einer außenpolitischen Entwicklung Stellung zu nehmen?“[12]
Mit 210000 Katholiken das kleinste deutsche Bistum, hielt sich die Diözese Eichstätt nicht nur von ihrem Umfang her in überschaubaren Dimensionen. Dank ihrer soziologisch und konfessionell homogenen Zusammensetzung, ohne das Einsprengsel einer Großstadt, abseits der Verwaltungszentren und darum frei von Gauleitern und Staatsministern, erfreute sich Preysings Sprengel einer relativ windgeschützten Lage, was nicht heißt, daß er die Verschärfung des Kirchenkampfes nicht zu spüren bekommen hätte.
Da drang Mitte 1935 in die Idylle von Eichstätt das Gerücht, Konrad von Preysing sei zum neuen Bischof von Berlin ausersehen. Darüber war niemand mehr bestürzt als der in seinem Bistum eben heimisch gewordene Oberhirte. Dem Kardinalstaatssekretär bekannte er nicht bloß, daß er seine Diözese „nur mit tiefstem Kummer“ verlassen würde, sondern auch die Befürchtung, „nicht der Mann mit den eisernen Nerven“ zu sein, „der in dieser Stunde diesen Posten gut ausfüllen könnte“[13]. Ebenso eröffnete er Nuntius Orsenigo[14] die Sorge, „es möchte eine unglückselige Wahl für Berlin getroffen werden“[15]. Nun mußte Preysing nicht nur an seinen Hang zu Reflexion und Analyse denken, um vor der Bischofsverantwortung „an dem exponiertesten Punkt in Deutschland“ zurückzuschrecken. Durch den Wahlentscheid des Berliner Domkapitels waren aber inzwischen die Würfel zugunsten seiner Berufung in die Reichshauptstadt bereits gefallen.

IV

Daß ihm dort von Regierungsseite ein frostiger Wind entgegenschlagen würde, wurde schon deutlich, als sämtliche geladenen Reichsbehörden der kirchlichen Inthronisationsfeier am 31. August 1935 fernblieben, wobei Kirchenminister

[11] Vgl. Faulhaber an den bayerischen Episkopat, 30. Dezember 1934. Druck: L. Volk, Akten Kardinal Michael von Faulhabers, Bd. I: 1917–1934 (Mainz 1975) Nr. 458.
[12] Preysing an den deutschen Episkopat, 17. März 1936. Nachlaß Faulhaber.
[13] Preysing an Pacelli, 4. Juni 1935. Druck: W. Adolph, Kardinal Preysing 23.
[14] Cesare Orsenigo (1873–1946), 1922 Titularerzbischof und Internuntius im Haag, 1925 Apostolischer Nuntius in Budapest, 1930 in Berlin.
[15] Preysing an Orsenigo, 4. Juni 1935, Druck: A.a.O. 23.

Kerrl und Erziehungsminister Rust die Teilnahme unter ausdrücklichem Hinweis auf die Publizierung des letzten Fuldaer Hirtenbriefs abgelehnt hatten. Den Antrittsbesuch des Berliner Oberhirten in der Reichskanzlei am 23. Oktober 1935 bestritt Hitler in der von ihm bevorzugten Monologform, die den Gesprächspartner gar nicht erst zu Wort kommen ließ. Dieser wiederum verschloß sich mit Erfolg Hitlers legendärer Suggestionskraft, eine Abwehrhaltung, die dem Diktator nicht entging, die er nicht verzieh und den Besucher entgelten ließ, indem er Preysing in den Tischreden des Führerhauptquartiers als „absolutes Rabenaas" titulierte.

Der Kurie hatte sich Konrad von Preysing für Berlin nicht zuletzt wegen seiner Erfahrungen im diplomatischen Dienst als Unterhändler empfohlen. Welche Funktion ihm der Vatikan in dieser Phase der Nachkonkordatsentwicklung zugedacht hatte, war der Weisung des Kardinalstaatssekretärs zu entnehmen, der Episkopat „möge alles daransetzen, um in der Öffentlichkeit den Anschein passiven Zuwartens zu vermeiden und die Regierung zu zwingen, die Verhandlungen entweder zu beginnen oder in unmißverständlicher Weise abzulehnen"[16]. Wenige Monate vor Preysings Amtsantritt hatte sich der neuernannte Kirchenminister Kerrl[17] im Berliner Regierungsviertel niedergelassen und in naiver Überschätzung des ihm überlassenen Einflußbereichs Initiativen entfaltet, die auch in kirchlichen Kreisen vorsichtige Hoffnungen weckten. Nur allzu schnell sollte sich jedoch die Zurückhaltung des Berliner Bischofs als berechtigt erweisen. Was die Vorbesprechungen über die Respektierung des Existenzrechts, wie es das Konkordat den katholischen Vereinen garantierte, an den Tag brachten, war die unverminderte Entschlossenheit des Regimes, die kirchlichen Organisationen auszulöschen.

Unabhängig von den Scheinverhandlungen des Kirchenministers sah sich Preysing vom ersten Tag an als Nachfolger von Bischof Bares[18], der in der Fuldaer Konferenz das Pressereferat verwaltet hatte, in einen Brennpunkt der Auseinandersetzung mit dem NS-Staat gestellt. Die Kirche publizistisch mundtot zu machen und ihre Organe in Akklamationsinstrumente umzufunktionieren, war eines der Hauptziele von Goebbels' Medienpolitik, dem er sich durch abgestufte Knebelungsmaßnahmen in Etappen näherte. Nachdem solchen schlecht getarnten Unterdrückungspraktiken im Frühjahr 1935 die letzten katholischen Tageszeitungen erlegen waren, kam Preysing gerade zurecht, um in die Auseinandersetzung um das Überleben der kirchlichen Zeitschriftenpresse einzugreifen. In Domkapitular Heufers[19] und Domvikar Adolph[20] standen ihm zwei Sachbearbeiter zur Seite, die nicht nur mit den Machenschaften einer totalitären Presselenkung von Anfang an vertraut waren, sondern auch in der Abwehrstrategie mit ihrem Bischof einig gingen.

[16] Pacelli an Preysing, 27. November 1935. Druck: A.a.O. 24.

[17] Hanns Kerrl (1887–1941), 1933 preußischer Justizminister, 1935 Reichsminister für die kirchlichen Angelegenheiten.

[18] Nikolaus Bares (1871–1935), 1929 Bischof von Hildesheim, 1933 Bischof von Berlin.

[19] Heinrich Heufers (1880–1945), 1931 Domkapitular in Berlin.

[20] Walter Adolph (1903–1975), 1961–1969 Generalvikar von Berlin.

Kaum war Preysing nach Berlin übersiedelt, als auch schon die ersten Schläge fielen. Im Oktober 1935 wurde Bischof Legge unter der Anklage von Devisenvergehen verhaftet, die Administration der Diözese Meißen dem Nachbarbischof Preysing übertragen. Ende November nahm die Gestapo einen seiner Mitarbeiter, den Leiter der bischöflichen Informationsstelle, Domkapitular Banasch, in „Schutzhaft". Der vatikanischen Direktive gehorchend, auf die Beendigung des undurchsichtigen und für das Kirchenvolk demoralisierenden Schwebezustands hinzuarbeiten, wollte Preysing nicht der Notwendigkeit ausweichen, aus dem Leerlauf der bis 1937 geübten Eingabenpolitik, die in Kardinal Bertram[21] einen ebenso kundigen wie starrsinnigen Verfechter besaß, praktische Folgerungen zu ziehen. Die Ineffizienz interner bischöflicher Vorstellungen zu beobachten, mochten sie sachlich, juristisch und psychologisch noch so fundiert sein, hatte er in dem vergeblichen Dauerprotest gegen die Abwürgung der kirchlichen Zeitschriften ausgiebig Gelegenheit. Als einer der Oberhirten mit den wenigsten Dienstjahren verfügte Preysing jedoch nicht über eine aussichtsreiche Position, den Vorsitzenden des deutschen Episkopats zu einer Haltungsänderung zu bewegen. Daß schließlich kein Geringerer als der Papst mit der überholten konventionellen Verteidigungstaktik brach, indem er in der Enzyklika „Mit brennender Sorge" vor der Weltöffentlichkeit mit der nationalsozialistischen Religionspolitik abrechnete, befreite den Berliner Bischof von dem Verdacht einer Außenseiterstellung und ermutigte ihn, die Linie des öffentlichen Protests weiterzuverfolgen. Während der Konzipierungsphase gehörte er im Januar 1937 selbst zu den fünf deutschen Oberhirten, die Pius XI. an sein Krankenbett gerufen hatte, um sich aus erster Hand über den Ernst der kirchenpolitischen Situation im NS-Staat zu informieren. Die Auswahl der Berichterstatter war aufschlußreich. Daß der Papst neben den drei aus Ranggründen zu berufenden Kardinälen mit Preysing und Galen die Befürworter einer überlegten Vorwärtsverteidigung hören wollte, sprach für sich selbst. Aus der klaren Option Pius' XI. Konsequenzen zu ziehen, das Erscheinen des Weltrundschreibens als eine Zäsur und den Übergang zu einer neuen Abwehrphase zu deuten, war Kardinal Bertram dennoch nicht bereit. Das wurde Preysing spätestens auf der Fuldaer Plenarkonferenz im August 1937 bewußt, als der Vorsitzende durch Ausweichmanöver alle Bemühungen um einen gemeinsamen Hirtenbrief im Sinne der Enzyklika vereitelte. Von da ab begann der Gegensatz zwischen Berlin und Breslau schärfere Umrisse anzunehmen.

Ende Oktober 1937 zog sich Preysing von weiteren Verhandlungen in Schulangelegenheiten mit der Begründung zurück, daß er es für verhängnisvoll halte, „Friedensverhandlungen zu führen, wenn kein Waffenstillstand vom Gegner gewährt wird"[22]. Zugleich erläuterte er dem Breslauer Kardinal in einem von Walter Adolph ausgearbeiteten Memorandum[23] die Notwendigkeit einer Gegenwehr, die

[21] Adolf Bertram (1859–1945), 1906 Bischof von Hildesheim, 1914 Bischof von Breslau, 1916 Kardinal, 1920–1945 Vorsitzender der Fuldaer Bischofskonferenz, 1930 Erzbischof.

[22] Preysing an Bertram, 18. Oktober 1937. Druck: W. ADOLPH, Hirtenamt 136f.

[23] Druck: W. ADOLPH, Hirtenamt 137–143.

den Gegebenheiten und der Mentalität des SS-Staats Rechnung trage. Dazu forderte er den Verzicht auf Scheinverhandlungen, die nichts einbrächten und dem Ansehen des Episkopats nur schadeten, Abkehr von jeder Als-ob-Politik, um statt dessen die flagranten Konkordatsverletzungen und die dafür Verantwortlichen beim Namen zu nennen. Denn Öffentlichkeit und Massenreaktion seien die einzigen Faktoren, durch die das Regime zu beeindrucken sei, und nur mit bewiesener Macht könne gegenüber diesem Gegner etwas erreicht werden. Wie vorauszusehen, stießen die Berliner Anregungen in Breslau auf entschiedene Ablehnung.

Mit der Verwirklichung des Vorschlags, kirchenfeindliche Aktionen nicht noch durch diskretes Schweigen verdecken zu helfen, sondern ihnen im Kirchenvolk die gebührende Publizität zu verschaffen, ging Preysing im eigenen Diözesanbereich voran. Wie andere Oberhirten ließ er im Herbst 1938 die gewaltsame Vertreibung des Rottenburger Bischofs Sproll[24] aus seinem Bistum von der Kanzel verkünden[25]. Einen Monat später unterrichtete er seinen Klerus über die Ausschreitungen gegen Kardinal Innitzer[26] und über die eigene Solidaritätsbekundung[27] gegenüber dem Wiener Erzbischof.

V

Um das Übergewicht des Breslauer Einflusses auszugleichen und den Gesamtepiskopat an der Gestaltung des kirchenpolitischen Kurses stärker zu beteiligen, regte Preysing den fallweisen Zusammentritt eines engeren Konferenzausschusses an. Das hätte nicht nur die in Krisensituationen immer wieder geforderte schnelle Beschlußfassung ermöglicht, sondern auch den zwischen den alljährlichen Plenarkonferenzen praktisch uneingeschränkten Ermessensspielraum des Konferenzvorsitzenden institutionell begrenzt. Von Bertram scheinbar gefördert, verlief der Antrag zur Schaffung eines beweglicheren Entschließungsorgans im Sand.

In eben dieser bis dahin vernachlässigten Frage, wie weit der Episkopatsvorsitzende die Zustimmung der Konferenzmitglieder zu gemeinsamen Schritten stillschweigend präsumieren dürfe, trieb der Gegensatz Berlin–Breslau schließlich zum Konflikt. Anlaß war der Text einer Glückwunschadresse, die Bertram im April 1940 im Namen der deutschen Bischöfe, aber ohne vorherige Autorisierung, zu Hitlers Geburtstag abgesandt hatte. Über einzelne Formulierungen, zu denen sich der Kardinal verstanden hatte, war Preysing so bestürzt, daß er ernstlich erwog, aus der Fuldaer Bischofsgemeinschaft auszuscheiden. Wenn er höheren Rücksichten zuliebe schließlich nur das Pressereferat an den Vorsitzenden zurückgab, so war auch das eine unübersehbare Distanzierung. Selbst der sonst weithin mit

[24] Joannes Baptista Sproll (1870–1949), 1927 Bischof von Rottenburg.
[25] Vgl. Dokumente 55f.
[26] Theodor Innitzer (1875–1955), 1932 Erzbischof von Wien, 1933 Kardinal.
[27] Vgl. Dokumente 57f.

Breslau konform gehende Bischof Berning[28] von Osnabrück meinte, mit seinem Alleingang habe der Kardinal dem Episkopat alle Waffen aus der Hand geschlagen. Mochten so manche Oberhirten Preysings Schlußfolgerung teilen, mit der Hitlergratulation sei Bertram als Konferenzvorsitzender unmöglich geworden, so behielten nach einer dramatischen Szene auf der Plenartagung im August 1940 pragmatische Überlegungen doch die Oberhand. Dennoch war der Riß im Episkopat jetzt Tatsache und Preysing als Widerpart des Konferenzvorsitzenden für die Versammelten erkennbar hervorgetreten. Um ihn herum gruppierten sich fortan diejenigen Oberhirten, die eine energischere Abwehrhaltung befürworteten. Solange jedoch Bertram die Zügel in der Hand behielt, und er tat dies, auch wenn er ab 1942 krankheitshalber der Jahrestagung fernbleiben mußte, dauerte die Führungskrise im deutschen Episkopat an.

In den Prüfungen, welche die Radikalisierung von Hitlers Herrschaft nach Kriegsausbruch und die Auseinandersetzungen um ein wirksameres Verteidigungskonzept mit sich brachten, fand Preysing einen Rückhalt in dem Briefwechsel, der sich nach Pacellis Thronbesteigung im März 1939 zwischen dem Papst und dem Bischof von Berlin entwickelte. Aus der Veröffentlichung[29] des auf den Papst entfallenden Teils der Korrespondenz Pius' XII. mit Mitgliedern des deutschen Episkopats wird nicht nur klar, daß Preysing mit 18 Antwortschreiben der mit Abstand bevorzugte Briefpartner des Papstes gewesen ist, sondern darüber hinaus, daß er seinerseits zwischen April 1939 und Juni 1944 nicht weniger als über 80 Briefe an Pius XII. gerichtet hat. Daß dieser nach Frequenz und Intensität einzigartige Dialog nicht rein amtlich motiviert war, vielmehr auf einem sehr persönlichen zwischenmenschlichen Vertrauensverhältnis beruhte, liegt auf der Hand. Zwar kann die Dichte dieses Informationsstroms nicht an der regelmäßigen Berichterstattung der Berliner Nuntiatur gemessen werden, da deren Umfang noch nicht überschaubar ist, doch wogen im Urteil des Papstes die Mitteilungen Preysings zweifellos schwerer als die Rapporte Orsenigos, zumal sich dieser den ungewöhnlichen Anforderungen seines Postens immer weniger gewachsen zeigte. Das wurde nach dem Ende der Tyrannis offenkundig. Denn mit dem Kardinalspurpur wurde der Bischof von Berlin ausgezeichnet und nicht der ob seiner Übergehung tiefunglückliche Nuntius. Aus der Sicht Pius' XII. war es also Preysing, der die Bewährung in Hitlers Reichshauptstadt bestanden hatte, und nicht Cesare Orsenigo.

Für den Austausch von Freundlichkeiten war der Zeithintergrund zu beklemmend. Inmitten der Judendeportationen drang 1943 aus einem Brief des Berliner Bischofs „die letzte Hoffnung so vieler und die innige Bitte aller Gutdenkenden" an das Ohr des Papstes, noch einmal zu versuchen, „für die vielen Unglücklich-Unschuldigen einzutreten"[30]. In Berlin selbst hatte Preysing zur Betreuung der Verfolgten und Geächteten das „Hilfswerk beim Bischöflichen Ordinariat" ins Leben gerufen.

[28] Wilhelm Berning (1877–1955), 1914 Bischof von Osnabrück.

[29] Vgl. B. Schneider, Die Briefe Pius' XII. an die deutschen Bischöfe 1939–1944 (Mainz 1966).

[30] Preysing an Pius XII., 6. März 1943. Vgl. B. Schneider 239 Anm. 1.

Dessen erster Leiter, Dompropst Bernhard Lichtenberg[31], mußte sein Eintreten für die Juden mit Gefängnishaft und Tod büßen. Um nicht neuerdings einen seiner Domherren zu gefährden, stellte sich der Bischof selbst an die Spitze der argwöhnisch überwachten Hilfseinrichtung.

Enge Kontakte unterhielt die Widerstandsgruppe des Kreisauer Kreises zum Bischof von Berlin. Von Herbst 1941 an empfing Preysing Graf Helmut von Moltke, den Initiator und führenden Kopf dieser für die Nach-Hitler-Ära planenden Regimegegner, wiederholt zu ausgedehntem Meinungsaustausch. Auch Claus von Stauffenberg war einmal sein Gesprächspartner. Von dem Attentat am 20. Juli 1944 wurde Preysing jedoch überrascht und war bei der ersten Nachricht nicht frei von Zweifeln, ob der Versuch einer gewaltsamen Beseitigung des Diktators moraltheologisch hinreichend gedeckt sei.

VI

Hier regte sich dann ein Problembewußtsein, dem Urteil und Entschluß nicht leicht fielen. Von der Wirklichkeit oftmals verblüffend bestätigt, erwies sich ein Einfühlungsvermögen von hoher Sensibilität ebensosehr als Hilfe wie als Last. So schärfte es zwar Preysings Blick für die Vielschichtigkeit eines Sachverhalts, ließ ihn aber andererseits auch die Risiken eines zu fassenden Entschlusses in aller Schwere empfinden. Da war sein Vetter, der Bischof von Münster, eine weit weniger komplizierte Natur. Wo Graf Galen einem unwiderstehlichen katholischen Impuls gehorchte, da plagten den Analytiker Preysing tausend bedenkenswerte Gesichtspunkte. Die Gespaltenheit des Intellektuellen war ihm nicht fremd und machte ihm die Entschlußbildung oft zur Qual. Mit dem Vorherrschen der Verstandeskräfte hat es zu tun, wenn der Wille das von der Einsicht Gebotene bisweilen nicht einzuholen vermochte.

Da konnte es dann wie im März 1942 geschehen, daß der Berliner Bischof aus einer gemeinsamen Hirtenbriefaktion plötzlich ausscherte und zur Enttäuschung der Gesinnungsfreunde inner- und außerhalb des Episkopats einen Sonderweg einschlug. Wenn er Galen einmal anvertraute, im Grunde „die Natur einer Rehgeiß" zu haben[32], dann war das nicht nur ein Bescheidenheitsgestus, sondern ehrliche Selbsterkenntnis. Solcher Anwandlungen Herr zu werden, verlangte nicht weniger Charakterstärke, als sie der Bischof von Münster an den Tag legte. So direkt und unverblümt wie dieser etwa den Massenmord an den Geisteskranken beim Namen zu nennen, war dem Berliner Bischof nicht gegeben. Aber auch wo seine Verurteilung nationalsozialistischer Gewaltverbrechen auf dem Boden des Grundsätzlichen blieb, erforderte das in einem vom Meinungsterror beherrschten System ungewöhnlichen Mut. Das begriffen die Hörer von Preysings unpathetischen Bekennt-

[31] Bernhard Lichtenberg (1875–1943), 1931 Domkapitular, 1938 Dompropst in Berlin.
[32] Vgl. W. Adolph, Hirtenamt 122.

nissen für Menschenwürde und Rechtsgleichheit mit ihren geschärften Sinnen ebensogut wie Propagandaminister Goebbels, der sich den Bischof von Berlin für den Tag der Endabrechnung als „Hetzer gegen die deutsche Kriegführung" vormerkte.

Von Brandbomben getroffen, wurde die Hedwigskathedrale, „das älteste Denkmal des wiedererwachten katholischen Lebens in Berlin" (Preysing), am 1. März 1943 ein Raub der Flammen. Im Bombenhagel einer Novembernacht des gleichen Jahres sanken das Ordinariatsgebäude und die Bischofswohnung in Trümmer. Preysing selbst verlor alle Habe und suchte Zuflucht im benachbarten Keller von Rosenbergs Ostministerium. Als die Eroberer von Berlin 1945 wie eine Geißel über die Zivilbevölkerung herfielen, war auch der Bischof am Ende seiner Kraft. Fast apathisch versank er in einer tiefen Niedergeschlagenheit. Angesichts der Kriegsverwüstungen und der Aufspaltung des Diözesanterritoriums in eine Viersektorenstadt mit sowjetisch besetztem Umland bezweifelte er beim Ziehen einer ersten Bilanz die Lebensfähigkeit seines Bistums.

Die Nöte der Menschen, für die er bestellt war, riefen ihn wieder in Gegenwart und Wirklichkeit zurück. Doch in der russischen Besatzungszone wurde das Aufatmen über das Aufhören der Feindseligkeiten und den Zusammenbruch des NS-Regimes nicht nur überschattet von der Sorge um das Lebensnotwendige. Ebenso illusionslos wie im „Dritten Reich" stellte sich Preysing der Erkenntnis, daß die militärische Besetzung trotz aller Härten nicht wie im Westen Deutschlands am Ende doch Befreiung bedeutete, sondern nur zu einer Zwangsherrschaft unter anderem Vorzeichen überleitete. „Zwischen Roter Armee und Sozialistischer Einheitspartei"[33] hatte der Bischof von Berlin gegen die gleichen Bedrängnisse anzukämpfen wie im NS-Staat. Ebenso entschieden wie unter Hitler erhob er seine Stimme gegen Unfreiheit und Rechtswillkür. Am 21. Dezember 1950, wenige Wochen nach der Verwandlung der russisch besetzten Zone in ein Staatsgebilde unter sowjetischem Patronat, starb der erste Kardinal von Berlin.

Vom Erstaunen, das Preysings Berufung ins Kardinalskollegium Ende 1945 allenthalben hervorrief, zu der Vermutung, daß sie als Äußerung einer sehr persönlichen Wertschätzung des Papstes zu verstehen sei, war nur ein Schritt. Worauf die Hochachtung Pius' XII. gründete, blieb jedoch weiter im dunkeln und erst die Publikation seiner Briefe an den deutschen Episkopat hat das Sachfundament freigelegt. Erst auf dem Hintergrund des Briefwechsels zwischen dem Pacelli-Papst und dem Bischof von Berlin wurde offenbar, wem die Auszeichnung mit der Kardinalswürde letztlich gegolten hat: dem nüchternen Analytiker, dem unaufdringlichen Mentor, dem standhaften Vorposten im Machtzentrum des braunen Totalitarismus.

Auf den Spuren Pius' XII. wurde Konrad Preysing von einer aktenkundigen Nachwelt inzwischen manch später Lorbeer auf das Grab gelegt, wie wenn an seinem Andenken eine Unterschätzung wiedergutzumachen wäre. Und in der Tat

[33] Vgl. W. ADOLPH, Kardinal Preysing 206.

ist er unter den Deutschen der Hitlerzeit eine höchst seltene, im Kreis des Episkopats gar eine einmalige Erscheinung. Von keinem „Anschluß" oder Blitzkrieg geblendet, von keinem Blick ins Führerauge aus der Balance gebracht, durch keine Loyalitätsskrupel verwirrt, hat er wie ganz wenige seiner Landsleute dem Nationalsozialismus von Anbeginn hinter das Visier geschaut und sich in seiner radikalen Ablehnung durch nichts und niemand beirren lassen. Die Geradlinigkeit seines Urteils ist ebenso bewunderungswürdig wie die Unbestechlichkeit seiner Gesinnung. Nicht weniger glänzt er durch andere Gaben, die ihn für eine Führerrolle im Kirchenkampf zu prädestinieren schienen: illusionslose Wirklichkeitsbetrachtung, ausgreifendes, konstruktives Planen, instinktsicheres Einfühlen in Wesen und Ziele des Gegners, phantasievolles Erfassen begrenzter Abwehrmöglichkeiten; mit einem Wort ein geborener Stratege, ein Moltke geradezu inmitten kriegsunkundiger Oberhirten, aber dennoch kein Feldherr und zudem wie Moltke ein großer Schweiger.

Der Nimbus des einen Gerechten, in dessen Nein sich nie ein halbes Ja mischte, darf nicht unvergessen machen, was auch die Fairneß gegenüber Preysings Mitwelt gebietet, daß nämlich seine Größe erst aus den Akten aufersteht. Das deutet darauf hin, daß seine historische Wirksamkeit durchaus begrenzt und damit vergleichbar ist. Als Gegenpol zu Bertrams Überbedenklichkeit und Hinnahmebereitschaft, als geistiger Mittelpunkt der gegen den Kurs des Zuwartens Aufbegehrenden gebührt ihm innerhalb des deutschen Episkopats der Hitlerzeit ein eigentümlicher und hervorragender Platz. Daß es nicht der erste sein kann, verlangt so die Gerechtigkeit, die über den Denker den Täter stellt, und die darum Konrad von Preysing nicht neben, sondern hinter seinen Vetter und Kampfgefährten rückt, den Bischof Clemens August von Galen in Münster.

13

DIE HETZJAGD AUF DEN NICHTWÄHLER

Die Vertreibung des Bischofs von Rottenburg durch die Nationalsozialisten

Im Rahmen der planvollen Zurückdrängung kirchlichen Wirkens unter der Herrschaft Hitlers nahmen sich die Gewaltausbrüche in Würzburg (April 1934), Wien (Oktober 1938) und München (November 1938) wie schrilles Kulissengeräusch aus. In Rottenburg dagegen steigerte sich, was andernorts Episode blieb, zu einer spektakulären Kraftprobe zwischen Bischof und NS-Regime.
Durch zwei Daten wird das Kernstück des Dramas scharf eingegrenzt. Den Anlaß zu der Auseinandersetzung hatte Bischof Joannes Sproll von Rottenburg am 10. April 1938 gegeben, als er der mit einer Reichstagswahl gekoppelten Volksabstimmung über den Anschluß Österreichs ferngeblieben war. Vier Monate später traf ihn der Bannstrahl des Reichskirchenministeriums. Unter Berufung auf die Reichstagsbrandverordnung vom Februar 1933 gegen kommunistische Umtriebe wurde er am 24. August 1938 aus seiner Diözese ausgewiesen und von der Gestapo gewaltsam abtransportiert.
Zwischen dem 10. April und dem 24. August lagen Wochen eines hemmungslosen publizistischen Kesseltreibens gegen den „Nichtwähler Sproll". Mit einer Unterschriftsaktion machten Parteileute Stimmung für die Abberufung Sprolls, damit an seine Stelle ein Bischof trete, „der gleichzeitig ein guter Deutscher ist". In zwei Wellen entlud sich der gelenkte Volkszorn im April und Juli vor und in der Bischofswohnung.
Was Bischof Sproll vorbrachte, um seine Wahlenthaltung zu begründen, stieß auf taube Ohren. Die Angliederung Österreichs habe er vorbehaltlos begrüßt. Dagegen habe ihm sein Gewissen verboten, prominenten Christentumshassern wie Rosenberg auf der Einheitsliste zum Reichstag seine Stimme zu geben.
Innerhalb Württembergs wurde die Presse ganz in den Dienst der Hetzcampagne gegen den Bischof gestellt, nach außen drangen nur unprofilierte Gerüchte. Welche Kreise der Fall Rottenburg im Sommer 1938 tatsächlich zog, ist erst jetzt einigermaßen vollständig einem eben erschienenen Dokumentenband zu entnehmen, der aus allen verfügbaren staatlichen, kirchlichen und privaten Archiven schöpfte. In das Verdienst der Sammlung und Kommentierung des schon von der Provenienz her ungemein vielfarbigen Materials teilen sich Dekan Paul Kopf und Oberstaatsarchivdirektor Max Miller, beide dem Klerus der Diözese Rottenburg zugehörig[1].

[1] Paul Kopf / Max Miller (Hrsg.): Die Vertreibung von Bischof Joannes Baptista Sproll von Rottenburg 1938–1945. Reihe A: Quellen. Band der Veröffentlichungen der Kommission für Zeitgeschichte bei der Katholischen Akademie in Bayern. Matthias-Grünewald-Verlag, Mainz. XXXV und 386 S. Originalausgabe Ln., 78,– DM, Volksausgabe Kt., 29,– DM.

Die Herausgeber haben gut daran getan, den Film der Vertreibung nicht mit der Initialzündung des Wahltags anlaufen zu lassen, sondern durch einen dokumentarisch nüchternen Vorspann aus Zeitpredigten und Protesteingaben die Frontstellung Bischof Sprolls gegen die Kirchenpolitik des NS-Staats prägnant zu umreißen. Daraus wird klar, warum der Rottenburger Bischof den Machthabern in Stuttgart mehr und mehr als ein Gegenspieler erschien, der bei der ersten sich bietenden Gelegenheit ausgeschaltet werden sollte.
Von den Drahtziehern und der Teilnehmerschaft her gesehen, waren die ersten Demonstrationen im April zunächst noch Rottenburger Lokalereignisse. Insofern hatte das Domkapitel mit Generalvikar Kottmann an der Spitze Grund zu der Annahme, den Bischof richtig zu beraten, wenn es für die Taktik des Abwiegelns plaidierte und Sproll empfahl, durch Ausweichen dem Straßenterror die Zielscheibe zu nehmen.
Unterdessen vollzog sich jedoch eine Eskalation, und zwar auf dem Instanzenweg und darum kirchlichen Beobachtern unsichtbar. Die Affaire Sproll weitete sich in dem Augenblick von einem lokalen Geplänkel zur Staatsaktion aus, als es Reichsstatthalter und Gauleiter Murr gelang, sich mit dem Reichskirchenministerium zu verbünden. Offensichtlich erst jetzt fühlte er sich stark genug, persönlich in die Auseinandersetzung einzugreifen. Indem er in einem über ganz Württemberg verbreiteten Zeitungsartikel mit der Wahlenthaltung Sprolls scharf ins Gericht ging, setzte er sich Anfang Mai an die Spitze der Campagne gegen den Rottenburger Bischof.
Von Temperament und Statur ein Tatmensch, verabscheute Sproll das unwürdige Versteckspiel; hätte er seinem Instinkt folgen dürfen, hätte er es mit einer Gruppe engagierter Diözesangeistlicher gehalten, die den Bischof nach Rottenburg zurückführen und sich, den Angegriffenen in ihrer Mitte, notfalls auch einer neuen Konfrontation stellen wollten. Sich auf eine ausdrückliche Weisung des Papstes berufend, wenn nicht in Rottenburg, so doch auf Diözesanboden zu verbleiben, hielt sich der Bischof ab Mitte Mai 1938 im Marienhospital in Stuttgart auf, ohne allerdings öffentlich bischöfliche Funktionen auszuüben.
Der Untätigkeit überdrüssig, strebte Sproll im Juli immer ungeduldiger an seinen Amtssitz zurück. Auf fremde Hilfe konnte er ohnehin nicht rechnen, also wollte er wenigstens von der einen und vielleicht letzten Freiheit Gebrauch machen, die Flucht nach vorne anzutreten und die Entscheidung herbeizuzwingen. Was ihn an diesem Scheideweg, vor dem Absprung in ein Wagnis mit ungewissem Ausgang, innerlich bewegte, hat er einem nachträglich aufgefundenen Brief an Kardinal Faulhaber anvertraut[2].

[2] Sproll an Faulhaber, Juli 1938:
Ew. Eminenz!
Da sich mir günstige Gelegenheit bietet, erlaube ich mir, einen Bericht über meine Lage zu übersenden. Seit meiner Rückkehr aus München-Starnberg-Percha halte ich mich in Stuttgart (Marienhospital) auf, bin aber inzwischen zehn Tage in meiner Heimat Schweinhausen gewesen, habe auch Konferenzen der Geistlichen besucht und befinde mich hier sehr wohl und in bester Pflege. Die

Der Ausblick war illusionslos nüchtern. Zuversicht und Skepsis hielten sich die Waage. Ohne Vorwurf und Bitterkeit registrierte Sproll die Tatsache, daß ihm Rom angesichts der Erstarrung der Fronten im Kirchenkampf keine Entlastung verschaffen könne, noch hoffte er für den Fall des Scheiterns auf ein Aktivwerden des Gesamtepiskopats. Aber er verkannte dabei die Macht der inzwischen gesetzten Fakten.

Einflußchancen für eine Intervention der Fuldaer Bischofskonferenz hätten bestanden, solange die Gruppierung der Angreifer noch nicht abgeschlossen war. Bis zum Wiederaufflammen der Demonstrationen auf Sprolls Rückkehr nach Rottenburg Mitte Juli hatte der Konferenzvorsitzende, Kardinal Adolf Bertram, jedoch nichts unternommen, den Gesamtepiskopat für eine Gegenaktion zu formieren.

Eine Zusage Kardinal Bertrams von Anfang Mai, alle Mitbischöfe über die Rottenburger Vorfälle zu informieren, blieb unerfüllt. Sich mit der Direktive zu begnügen, daß „in Ruhe zugewartet" werde, war nahezu fahrlässig. Eine von Sproll ins Auge gefaßte Rücksprache hielt der Konferenzvorsitzende „nicht für empfehlenswert". Die routinemäßigen Bittgänge von Weihbischof Wienken, dem Leiter des Kommissariats der Fuldaer Bischofskonferenz in Berlin, konnten das Defizit an Führungsinitiative nicht ausgleichen.

Die Politik Kardinal Bertrams war im Falle Rottenburg um so irritierender, als sich hier eine Krise fast im Zeitlupentempo zuspitzte. Dennoch geschah von seiten des Konferenzvorsitzenden nichts, um Gegenvorkehrungen zu treffen.

Amtsgeschäfte werden dadurch erledigt, daß der Herr Generalvikar oder ein anderer Herr mit mir persönlich Fühlung nimmt.
Nun wird mir das Zuwarten zu lang und zu langweilig. Ich werde nun via facti vorgehen. Am Donnerstag, 14. Juli, werde ich in Dunstelkingen bei Neresheim den Hochaltar weihen und die Kinder des Ortes firmen und am Freitagabend nach Rottenburg zurückkehren, am Samstag das Pontifikalrequiem für meinen hochseligen Vorgänger halten.
Das alles als Experiment und auf mein Risiko! Ob man mich gewähren läßt oder die Partei und den Janhagel gegen mich aufbietet, ist nicht vorauszusagen. Aber ich setze mich nun einmal der Gefahr aus. Die Optimisten meinen, die Rottenburger schämen sich des Vergangenen und werden nicht mehr mittun, auch wenn die Tübinger eine neue Demonstration veranstalten wollten. Die Pessimisten dagegen sagen neue Demonstrationen voraus, die die Schutzhaft des Bischofs zur Folge haben werden. Ob ich dann wieder herauskomme, steht dahin.
Merkwürdigerweise wird bei allen Instanzen in Stuttgart und Berlin immer nur die Nichtwahl geltend gemacht. Von meinem großen sonstigen Sündenregister ist nirgends die Rede. Diplomatische Bemühungen waren infolge der Spannungen zwischen Rom und Berlin unmöglich oder von Anfang an erfolglos. Darum gilt es, auf eigenes Risiko zu handeln.
Reichsstatthalter Murr hat sich freilich so stark gegen mich eingesetzt, daß er sich kaum zurückziehen kann. Als der erste Hieb mißlang, hat er sich zurückgezogen und den Kampf den „Flammenzeichen" überlassen. Diese haben ihn aber so gemein und niederträchtig geführt, daß ich in der Öffentlichkeit eher gewonnen als verloren habe. Seit drei Wochen sind auch die „Flammenzeichen" verstummt. Klerus und Volk stehen geschlossen hinter mir. Kundgebungen in Briefen und durch Besuche erhalte ich von allen Seiten, besonders von der Jugend. Die nächsten 14 Tage werden also die Entscheidung bringen.
Darf ich Ew. Eminenz um ein Memento bitten? Ich fürchte, daß meine Sache die Sache des deutschen Episkopates werde, wenn meine Aktion fehlschlägt.
In tiefster Ehrfurcht Eurer Eminenz ergebenster + Joannes Baptista, Bischof.

Man fiel in Breslau scheinbar aus allen Wolken, als Mitte Juli im fernen Rottenburg die zweite Demonstrationswelle mit noch heftigeren Ausschreitungen als im April anrollte und Erzbischof Conrad Gröber von Freiburg endlich eine Protestdepesche an die Adresse Hitlers forderte. Das geschah dann auch, jetzt aber zu einem Zeitpunkt, wo es für Staat und Partei bereits kein Zurück mehr gab. Kardinal Bertrams Einspruch gegen den empörenden Gewaltstreich der Ausweisung des Rottenburger Bischofs war ein Nachhutgefecht.

Im Kalkül des Reichskirchenministers figurierte die Bischofskonferenz immerhin als eine Größe, die es zumindest bei der Termingestaltung zu berücksichtigen galt. Obwohl schon seit Ende Juli im Besitz von Hitlers Ermächtigung, hielt Hanns Kerrl die Ausweisungsorder gegen Sproll zurück, bis sich die Mitte August in Fulda zur Jahreskonferenz versammelten Bischöfe wieder zerstreut hatten. Halb Lückenbüßer, halb Prügelknabe, in der NS-Hierarchie nicht ernst genommen und häufig brüskiert, führte der Kirchenminister gerade 1938 einen Windmühlenkampf um die Respektierung seiner Kompetenzen. Um so begieriger griff der Erfolglose in der Affaire Sproll nach der Chance der Selbstbestätigung und wurde zum Verbündeten des Reichsstatthalters in Württemberg. Wer überschaute, wie ungleich die Partie angelegt war, konnte am Ausgang nicht zweifeln.

Einmal dazu gezwungen, hat Bischof Sproll sein Geschick nicht ohne Größe und Würde auf sich genommen. Im Vergleich zur Haltung des Rottenburger Bischofs absolvierten von den Akteuren und Statisten dieses Trauerspiels alle seine Gegner einen miserablen und die Mehrzahl seiner Freunde einen blamablen Part. Wo Namen fallen, kristallisiert sich um sie herum Peinlichkeit. Der katholische Bürgermeister der Bischofsstadt zögerte ebenso wie der katholische Landrat nicht, der Gewalttätigkeit freien Lauf zu lassen und den Haßtiraden des Reichsstatthalters telegraphisch Beifall zu spenden.

Auch das Auswärtige Amt als das am wenigsten von der Partei unterwanderte Ministerium hat kaum größere Charakterstärke an den Tag gelegt. Nach einem fruchtlosen Versuch des Staatssekretärs von Weizsäcker, Murr friedfertig zu stimmen, glitt die Wilhelmstraße in den Habitus des Erfüllungsgehilfen zurück und verrichtete das ihr zugedachte Pensum, bei der Kurie Sprolls Abberufung zu betreiben, gewissenhaft und ohne Murren. Einwände gab es nur gegen die Mittel, nicht gegen das Ziel.

Hatte der Rottenburger Oberhirte an der Institution Gesamtepiskopat erst mit Verspätung und darum effektiv keinen Rückhalt gefunden, so bot ihm doch die Anteilnahme einzelner Mitbischöfe eine moralische Stütze. Sie sind nicht zufällig mit jener Gruppe von Bischöfen identisch, die auch bei anderen Anlässen eine energischere Vertretung des kirchlichen Standpunkts gegenüber dem NS-Staat forderten. Dazu gehörten Faulhaber (München), Bornewasser (Trier), Galen (Münster), Preysing (Berlin), Stohr (Mainz) und nicht zuletzt der Metropolit des Rottenburgers, Erzbischof Gröber von Freiburg.

Von einem schnell kurierten Brückenbauer-Komplex im Jahr 1933 hat Conrad Gröber das Stigma des Kollaborateurs davongetragen. Es wäre an der Zeit, vielleicht zum diesjährigen hundertsten Geburtstag dieses Kirchenmannes, auch den anderen Gröber zur Kenntnis zu nehmen. Denn es gehörte jedenfalls Mut dazu, an der Seite seines Rottenburger Suffragans zu stehen, als beim Kulminationspunkt der Juli-Demonstration randalierende Horden bis in die bischöfliche Hauskapelle vordrangen und handgreiflich wurden.

Trotz des imponierenden Aufgebots von 220 Aktenstücken, in der Volksausgabe von einem aussagekräftigen Bildteil umrahmt, bleiben auf der Landkarte der Fakten und Entschlüsse immer noch weiße Flecken. Wie nicht anders zu erwarten, sind die vor aller Augen spielenden Krawallszenen vollständiger erfaßt als das vielfach nicht aktenkundig gewordene Tauziehen hinter den Kulissen. So möchte man über die erste Kontaktaufnahme zwischen Reichsstatthalter und Kirchenministerium, über die Haltung Hitlers und die Aktivität des Nuntius Orsenigo gerne mehr erfahren, als die Dokumente verraten. Ohne feste Konturen anzunehmen und doch auf ungreifbare Weise nahezu überall präsent, führt die zweite Hauptfigur im Rottenburger Drama, Generalvikar Kottmann, in diesem Quellenband eine Art von Schattendasein.

Erst der Zusammenbruch der nationalsozialistischen Gewaltherrschaft machte dem Exil des Rottenburger Bischofs ein Ende. Bis Ende 1940 hatte ihm die Benediktinererzabtei St. Ottilien eine Zufluchtsstätte geboten. Hier zerbrach Sprolls physische Spannkraft. Ein irreparables Nervenleiden machte ihn für den Rest seines Lebens gehunfähig. Bis zum Kriegsende gewährte ihm das Schwesternhaus von Krumbad im bayerischen Schwaben Obdach und Pflege. So trat in der Verbannung zur staatspolizeilichen noch die körperliche Fessel. Den Bischofsstab jedoch, den ihm das NS-Regime hatte entwinden wollen, ließ sich Sproll, obwohl nach seiner Heimholung 1945 im Grunde amtsunfähig, erst vom Tod (1949) aus der Hand nehmen.

Mit der sieben Jahre währenden Aussperrung aus seiner Diözese hatte der Rottenburger Bischof für die Stimmenthaltung vom 10. April 1938 einen hohen Preis entrichtet. Zweifellos hatte Sproll im Augenblick des Entschlusses keine Vorstellung, welchen Sturm er gegen sich entfesseln würde. An Kritik aus den eigenen Reihen hat es darum auch nicht gefehlt. Selbst der nicht eben kampfesscheue Bischof von Münster konnte die Frage nicht unterdrücken, warum sich der Rottenburger Amtsbruder gerade an diesem peripheren Punkt exponiert habe.

In der Tat lag in dem gänzlich unkoordinierten Alleingang die entscheidende Schwäche von Sprolls Ausgangsposition und für die Gegenseite der unwiderstehliche Anreiz, mit dem unbequemen Kirchenmann kurzen Prozeß zu machen. Hätte die Trotzgebärde Sprolls spontane Zustimmung geweckt und eine Massensolidarisierung bewirkt wie 1941 die Brandreden Bischof Galens gegen die Ermordung Geisteskranker, dann hätten sich die Machthaber sehr wohl überlegt, den Konflikt zu forcieren. Sprolls Beweggründe weren zu subtil, individuell und privat, um von einem größeren Publikum geteilt zu werden. Sein Nonkonformismus verdiente Respekt, aber zum Fanal für eine Massenbewegung taugte er nicht. Hier offenbarte die Gewissenstreue des einzelnen ihre tragische Kehrseite.

Keinem anderen Mitglied des deutschen Episkopats hat das Dritte Reich so übel mitgespielt wie dem Bischof von Rottenburg. Keinem anderen Oberhirten wurde wie Joannes Baptista Sproll die Rolle des Bittstellers und Asylsuchers aufgenötigt. Aus gutem Grund ist darum ein Gedenkband denen gewidmet, an deren Türen er nicht vergeblich anklopfte, den Tatchristen von St. Ottilien und Krumbad.

PATER RUPERT MAYER VOR DER NS-JUSTIZ

Zum 100. Geburtstag des Münchener Männerseelsorgers am 23. Januar 1976

Wenige Wochen vor dem Sondergerichtsprozeß, in dem P. Rupert Mayer SJ des Kanzelmißbrauchs angeklagt wurde, deutete Kardinal Faulhaber im Juli 1937 die Verhaftung des weithin bekannten Männerapostels als ein Flammenzeichen, das im „Kulturkampf zur Vernichtung der katholischen Kirche in Deutschland" den Beginn einer neuen Phase markiere. Wenn der Münchener Erzbischof damit auf die überpersönliche Bedeutung des Falles Rupert Mayer abhob, so beleuchtete er einen Aspekt in dem Dauerkonflikt zwischen NS-Staat und katholischer Kirche, der aus der historischen Distanz von fast vier Jahrzehnten noch wesentlich schärfer erfaßt werden kann als im Augenblick des Geschehens. Denn die Aktion der Staatspolizei gegen den ob seines Freimuts berühmten Prediger erhellte blitzartig nicht nur die kirchenpolitische Szenerie und die Position der plurizentrisch gegen die Kirche operierenden Staatsorgane, sondern enthüllte auch, was im totalitären Alltag hinter Schleiern verborgen lag: Das Elend einer regimehörigen Justiz, das Hegemonialstreben von Himmlers Gestapo, die Aschenbrödelrolle des Reichskirchenministeriums und die Begrenztheit der kirchlichen Abwehrmöglichkeiten.

Der Weg nach München

1876 in Stuttgart geboren und in einer Kaufmannsfamilie großgeworden, war Rupert Mayer nach kurzer Vikarszeit in der Heimatdiözese Rottenburg im Jahr 1900 in den Jesuitenorden eingetreten[1]. Auf ergänzende theologische Studien folgte eine mehrjährige Tätigkeit als Volksmissionar. Als er im Januar 1912 nach München berufen wurde, um die Seelsorge für den Strom von jährlich 23000 Zuwanderern zu organisieren, betrat er das Wirkensfeld seines Lebens. Wo einen anderen das Überdimensionale der Großstadtprobleme entmutigt hätte, weckte es in P. Mayer scheinbar unerschöpfliche Energien. Ganz für alle Hilfesuchenden dazusein, war für ihn oberste Priesterpflicht. Ihr verschrieb er sich mit einem unbändigen Aktivismus. Es war der Seelsorger in ihm, den es im August 1914

[1] Aus der biographischen Literatur über P. Rupert Mayer SJ seien in der Reihenfolge des Erscheinens folgende Titel genannt: F. Boesmiller, P. Rupert Mayer SJ. Dokumente, Selbstzeugnisse, Erinnerungen (München 1946); A. Koerbling SJ, Pater Rupert Mayer. Ein Priester und Bekenner unserer Tage (München [8]1954), neubearbeitet in einer Taschenbuchkurzfassung von P. Riesterer SJ (München 1975); K. Morgenschweis, Strafgefangener Nr. 9469 Pater Rupert Mayer SJ (München 1968); W. Suttner, Pater Rupert Mayer SJ, in: Bavaria Sancta. Zeugen christlichen Lebens in Bayern, hrsg. von Georg Schwaiger, Band II (Regensburg 1971) 439–455; E. J. Görlich, Pater Rupert Mayer, Münchens Männerapostel (Aschaffenburg 1972) – Zu dem Spezialthema des Sondergerichtsverfahrens vgl. unten Anm. 22.

dorthin zog, wo an der Front täglich tausendfach gestorben wurde. Zuerst Lazarettheifer, dann Militärpfarrer, war er der erste deutsche Feldgeistliche, der Ende 1915 mit dem EK I ausgezeichnet wurde. Keiner Gefahr ausweichend, wurde er im Dezember 1916 in Rumänien so schwer verwundet, daß ihm das linke Bein amputiert werden mußte. Mit eisernem Willen suchte er die Behinderung zu meistern.
Ohne Schonung seiner selbst stellte er sich in der politisch hochexplosiven Atmosphäre der bayerischen Landeshauptstadt der Auseinandersetzung mit verwirrenden Nachkriegsströmungen. Entweder selbst am Referententisch oder als Diskussionsredner suchte er den katholischen Standpunkt zur Geltung zu bringen, wobei er in den Werbeveranstaltungen von Adventisten ebenso selbstverständlich das Wort ergriff wie in den Versammlungen der Kommunisten, einmal auch als Vorredner des noch unentdeckten Gefreiten Adolf Hitler. Seiner Tatkraft verdankte die Münchener Männerkongregation, der er seit 1921 als Präses vorstand, einen kontinuierlichen Aufschwung. Auf eine Initiative P. Mayers ging die Einrichtung regelmäßiger Bahnhofsgottesdienste für Sonntagsausflügler zurück, an denen er sich jahrelang durch Übernahme der beiden frühesten Messen nach 3.00 Uhr beteiligte. Untertags drängten sich vor seinem Sprechzimmer in St. Michael die Bittsteller. Auf Regimentsfeiern bekundeten Soldaten wie Offiziere dem Divisionspfarrer Mayer ihre Verehrung und Anhänglichkeit. Es entsprach dem zeitgenössischen Bewußtseinsstand, das Gemeinwohl primär national zu definieren, und auch der einstige Feldseelsorger konnte sich dem nicht entziehen. Aber er bekämpfte jede Überspannung zum Chauvinismus, indem er auf den Kameradschaftstreffen den Kriegsteilnehmern als höchste Bürgerpflicht das Gebot solidarischen Zusammenstehens einschärfte. Bekennermut, Mannhaftigkeit und ein verzehrender Eifer für die Werke der Caritas machten ihn zu dem wohl populärsten Seelsorger von München.

Standortbestimmungen

Nicht lange vor Hitlers abenteuerlichem Putschversuch im November 1923 hatten führende Nationalsozialisten P. Mayer Ende Juni dazu ausersehen, sich von ihm, dem Mann der Kirche und Sprecher der Frontgeneration, die weltanschauliche Unbedenklichkeit der NS-Bewegung attestieren zu lassen. Von Jubel zum Podium geleitet, entfachte der vermeintliche Sympathisant einen Sturm der Entrüstung, als er das gerade Gegenteil von dem sagte, was das Parteivolk hören wollte. Zwei Tendenzen, so erklärte P. Mayer, machten den Nationalsozialismus für den katholischen Christen unannehmbar: Die Verwerfung des Alten Testaments und die Aufpeitschung des Hasses gegen Andersdenkende. Damit war eine Abgrenzung vorweggenommen, die Jahre später in den Warnungen der deutschen Bischöfe vor dem Nationalsozialismus kirchenamtlich bekräftigt wurde[2].

[2] Vgl. den Bericht im „Bayerischen Kurier" vom 22. Juni 1923.

An dem klaren Trennungsstrich zur radikalen Rechten vermochte auch ein Gratulationsschreiben nichts zu ändern, mit dem Parteiführer Hitler aus der Festungshaft in Landsberg P. Mayer zum 25jährigen Priesterjubiläum beglückwünschte. Seine Witterung für das Unheil, das Anfang der dreißiger Jahre mit dem Anschwellen der NSDAP zur Massenbewegung heraufzog, drängte ihn wenige Tage vor der „Katastrophenwahl" vom 14. September 1930, Kardinal Faulhaber seine Befürchtungen vorzutragen[3]. Nachdem Hitler 1933 die Regierungsmacht erobert hatte, reagierte P. Mayer, obwohl doch für Marschmusik und Flaggenparaden keineswegs unempfänglich, auf die glanzvolle Selbstdarstellung des „Dritten Reiches", das mit gigantischen Parteifesten, Millionenaufmärschen und Schaueffekten weiteste Volkskreise zu Beifallsstürmen hinriß, mit eisiger Nichtbeachtung. Aber noch in der Rolle des stummen Beobachters war er den Parteileuten unheimlich. Als er in einer Werbeveranstaltung für die nationalsozialistische Gemeinschaftsschule am Mitschreiben gehindert, aus dem Saal gewiesen und in einem Nebenraum festgehalten wurde, beschwerte er sich am 21. Februar 1935 beim stellvertretenden Polizeipräsidenten von München persönlich über diese Behandlung[4].

Unverblümt stellte er fest, „das Verhalten der Nationalsozialisten sei schlimmer als das Verhalten der Kommunisten und Freidenker in früheren Zeiten. Diese hätten ihn wenigstens nicht persönlich bedroht. Aber das mache ihm gar nichts aus, er habe schon öfters seinen Kopf hingehalten und werde ihn auch weiter hinhalten, und es freue ihn nichts mehr, als wenn er für seine Religion leiden dürfe." Sein Gegenüber täuschte sich nicht, wenn er aus der Unterredung das Fazit zog: „Pater Mayer hat sich als offensichtlicher Gegner des 3. Reiches bekannt, was sowohl aus dem Inhalt seines Vorbringens als auch aus der Form zu erkennen war. Vom Führer redete er als von ‚Herrn Hitler' ... Pater Mayer möchte offensichtlich gerne Märtyrer werden und sündigt in geradezu frivoler Weise auf seine Kriegsbeschädigung."

Zwei Monate später, als die letzte Caritas-Straßensammlung in München von randalierenden Studentengruppen planmäßig gestört und daraufhin von Innenminister Wagner[5] in Diktatormanier kurzweg verboten wurde, genoß auch P. Mayer, trotz Beinprothese mit der Sammelbüchse unterwegs, keinerlei Immunität. Dazu führte Generalvikar Buchwieser in seinem Protest[6] an die Staatsregie-

[3] Vgl. Mayer an Faulhaber, 9. September 1930 (Druck: L. Volk, Akten Kardinal Michael von Faulhabers, Band I: 1917–1934, Mainz 1975, Nr. 207): „Die völkischen Hetzereien können wir uns nicht groß genug vorstellen. So herrscht in unserem katholischen Volk eine beispiellose Verwirrung. Unbegreiflich, aber wahr ist es, daß der Hitlerschwindel wieder die weitesten, auch katholischen Volkskreise erfaßt hat. Und nicht bloß in der Stadt, sondern besonders auf dem Land hat die Bewegung gewaltig an Boden gewonnen."

[4] Vgl. Protokoll Oelhafens, 21. Februar 1935. GStA (= Geheimes Staatsarchiv) München. MA 107256.

[5] Adolf Wagner (1890–1944), Bergwerksdirektor, 1929 Gauleiter des Gaues Groß-München, 1930 des Gaues München-Oberbayern, 1933 bayerischer Innenminister, 1936 zusätzlich Kultusminister, 1939 Reichsverteidigungskommissar, ab 1942 dienstunfähig.

[6] Vgl. Buchwieser an Wagner, 27. Mai 1935. HStA (= Hauptstaatsarchiv) München. M Inn 72911.

rung aus: „Studenten waren es dann insbesondere, welche in unerhörtester Weise den schwerkriegsbeschädigten Jesuitenpater Rupert Mayer viertelstundenlang beschimpften."

Unter den Gegenwartsereignissen, die P. Mayer in seinen Predigten und Vorträgen kritisch streifte, nahm die NS-Schulpolitik, wie sie in München ebenso zielstrebig wie rücksichtslos praktiziert wurde, vom Frühjahr 1935 ab einen immer breiteren Raum ein. Einer Regierungsverordnung aus dem Jahr 1919 zufolge war in München wie in drei weiteren bayerischen Städten das Zahlenverhältnis von Konfessions- und Gemeinschaftsschulen durch das Votum der Eltern alljährlich neu festzulegen. Während die Bekenntnisschulen in München über Jahre hinweg einen festen Anteil von rund 80 Prozent behauptet hatten, brachten es die getarnt operierenden, aber von Partei und Staat massiv unterstützten Befürworter der „Deutschen Gemeinschaftsschule" in einer von Mal zu Mal gesteigerten Kampagne innerhalb von drei Jahren zuwege, die Abstimmungsquoten umzukehren und die Anhänger der Konfessionsschule auf bedeutungslose 4 Prozent zu reduzieren. Zu dieser sprunghaften und schon deshalb verdächtigen Umlenkung des Wählerwillens verfügten sie nicht nur monopolartig über Rundfunk und Presse, während jede kirchliche Werbetätigkeit durch Polizeimaßnahmen zuerst schikanös erschwert und schließlich fast ganz unterbunden wurde, sondern scheuten auch vor erpresserischem Druck nicht zurück, um widerstrebende Eltern gefügig zu machen.

Im Visier der Gestapo

Spätestens nachdem er im Februar 1935 im Polizeipräsidium seinen kritischen Standpunkt unmißverständlich klargelegt hatte, konnte P. Mayer der erhöhten Aufmerksamkeit der Gestapo sicher sein. Trotzdem fiel das Belastungsmaterial, das beauftragte „Zuhorcher", wie Kardinal Faulhaber solche Predigtbesucher titulierte, zusammentrugen, zunächst kärglich aus. Das erlaubte der Münchener Justizbehörde, immerhin soviel Unabhängigkeit zu beweisen, daß sie einen zu Jahresanfang 1936 gestarteten Versuch der Gestapo, P. Mayer ein Strafverfahren anzuhängen, durchfallen ließ. Moniert wurden von den Antragstellern Äußerungen, die P. Mayer am 1. Dezember 1935 in einer Predigt in St. Michael und am 22. Dezember 1935 in einem Männervortrag in Waldtrudering getan hatte. Gegen die kleinliche Überinterpretation der Spitzel räumte die Staatsanwaltschaft dem Prediger doch das Recht ein, unsachliche Presseangriffe auf Kirche und Klerus zurückzuweisen[7].

Die unvoreingenommenere Haltung der Münchener Unterbehörde teilte allerdings das Reichsjustizministerium nur unter Vorbehalt, insofern es den Vorschlag auf Ablehnung eines Anklageverfahrens „trotz Bedenken" zwar guthieß, damit

[7] Vgl. Resch an das Reichsjustizministerium, 28. Februar 1936. HStA München. MK 38150.

aber die Auflage verband, den Beschuldigten zu verwarnen[8]. Das grenzte den Ermessensspielraum der örtlichen Staatsanwaltschaft für künftige Entscheidungen merklich ein, was vor allem die Aussichten verringerte, einen sicher zu erwartenden zweiten Vorstoß der Gestapo abermals zurückzuweisen. Bei der von Berlin aus befohlenen Verwarnung stand P. Mayer am 7. Mai 1936 dem gleichen Staatsanwalt Grosser gegenüber, der ein Jahr später im Sondergerichtsprozeß gegen ihn die Anklage zu vertreten hatte. Ohne sich durch die Androhung gerichtlicher Schritte einschüchtern zu lassen, gab P. Mayer zu verstehen, daß es für ihn über den kirchlichen Verkündigungsauftrag keinerlei Diskussion geben könne.
Nach diesem Warnsignal blieb er fast ein volles Jahr unbehelligt. Dennoch stand es für ihn außer Zweifel, daß ihn die Späher der Gestapo bei seiner weitgespannten Predigttätigkeit zwischen Eichstätt und Lenggries ständig belauerten. Während eben dieser Monate intensivierte das Regime seine Einschnürungspolitik gegenüber der katholischen Kirche, bis sich der Überdruck im März 1937 in der Papstenzyklika „Mit brennender Sorge" in einem Gegenschlag entlud, der die NS-Führung völlig überraschte. Hitlers Repressalien ließen nicht lange auf sich warten. Forciert wurde eine neue Serie von Sittlichkeitsprozessen gegen Ordensangehörige aufgelegt, um nach innen die Glaubwürdigkeit der Kirche zu zerstören und nach außen die Bloßstellung vor der Weltöffentlichkeit vergessen zu machen. Je weniger die Kirche, nur noch im Besitz staatlich kontrollierter Sonntagsblätter, der Propagandaoffensive publizistisch entgegenzustellen hatte, desto mehr wuchs die Bedeutung der Predigtkanzel als eines letzten Stützpunkts innerkirchlicher Wahrheitsverkündung. Gewohnt, in der vordersten Linie zu fechten, fühlte sich P. Mayer in diesem Kampf mit ungleichen Mitteln verpflichtet, den Diffamierungsfeldzug des Propagandaministeriums zu entlarven.
Was er darüber hinaus an empörenden Machenschaften aus dem Münchener Schulkampf ans Licht zog, waren Tatsachen, wie sie in gleicher Eindeutigkeit nur in den Protesteingaben des Ordinariats, die ihm nicht unbekannt waren, beim Namen genannt wurden. Das hieß allerdings nicht, daß er als Prediger elementare Klugheitsregeln einfach mißachtet hätte, wie er auch nicht auf den Kunstgriff verzichtete, auf der Folie programmatischer Hitlerworte die Tatsache der Kirchenbedrückung als unbegreifliche Fehlentwicklung zu beklagen.
Noch war Himmlers Polizeiapparat im Frühjahr 1937 nicht quasi-autonom wie 1939 nach Kriegsbeginn, noch war Rücksicht auf die Volksstimmung zu nehmen und auf die Zuständigkeiten der ordentlichen Justiz, noch war es nicht ratsam, eine populäre Persönlichkeit wie den Münchener Männerseelsorger in der Versenkung einer unbefristeten „Schutzhaft" verschwinden zu lassen. Andererseits aber waren einflußreiche Parteikreise offensichtlich in dem Bestreben einig, mit der gerichtlichen Aburteilung eines Geistlichen mit den „vaterländischen Verdiensten" eines P. Rupert Mayer weithin sichtbar ein Tabu zu brechen und ein abschrekkendes Exempel zu statuieren.

[8] Crohne an das Bayerische Kultusministerium, 22. April 1936. HStA München. MK 38150.

Predigtverbot

Das schloß nicht aus, daß die Gestapo zunächst ein unauffälligeres Verfahren bevorzugt und den „Hetzpater" lieber auf dem Verordnungsweg zum Schweigen gebracht hätte. Es wäre ihr dann auch die Kooperation mit einer Justizbehörde erspart geblieben, die sie ohnehin als schlapp und skrupelhaft verachtete. Am 7. April 1937, nur einen Tag nach Hitlers Befehl zur Wiederankurbelung der Sittlichkeitsprozesse, erließ das Geheime Staatspolizeiamt (Gestapo) Berlin die Verfügung[9]: „Über Mayer ist wegen seiner staatsschädigenden Reden Redeverbot für das gesamte Reichsgebiet verhängt." Die enge Aufeinanderfolge der beiden Entscheidungen war gewiß kein Zufall, legt vielmehr die Vermutung nahe, daß der Entschluß, gegen P. Mayer aktiv zu werden, als Konsequenz des verschärften Repressionskurses gegenüber der Kirche insgesamt zu deuten ist.
Ob die Gestapozentrale von vornherein ein stufenweises Vorgehen geplant hatte, ist nicht mit Sicherheit auszumachen. Faktisch ergab sich ein solches jedenfalls dadurch, daß die Ausführungsorgane vor der Frage standen, ob für einen Geistlichen das „Redeverbot" auch im Kirchenraum Geltung haben sollte. Im Fall P. Mayers wurde die Auslegungsfrage schon vier Tage nach dem Erscheinen der Verfügung akut, von der Stapoleitstelle München aber dahingehend beantwortet, daß sich das Redeverbot nur auf außerkirchliche Räume erstrecke[10]. Zu welchem Zeitpunkt der Betroffene selbst von der Polizeiauflage unterrichtet wurde, ob Ende April oder gar erst am 16. Mai[11], ist ebenfalls ungeklärt. Da ein außerkirchliches Redeverbot seinen Aktionsradius nicht wesentlich berührte, erübrigte sich zunächst eine Auseinandersetzung damit, so wenig das Warnzeichen zu übersehen war.
Die Situation änderte sich jedoch grundlegend, als die Gestapo P. Mayer am 28. Mai 1937 eröffnete, daß er seine Kanzeltätigkeit auf St. Michael zu beschränken habe und im übrigen mit einem Predigtverbot belegt sei. Dieser Anschlag der Staatspolizei auf die innerkirchliche Verkündigungsfreiheit versetzte sowohl die Ordensobern von P. Mayer wie die Münchener Diözesanbehörden in höchste Alarmbereitschaft. In einem rasch zusammengerufenen Beratergremium[12] erörterte P. Rösch, Provinzial der Oberdeutschen Ordensprovinz, wie auf die Herausforderung der Gestapo angemessen zu erwidern sei. In der Ablehnung des Nationalsozialismus eines Sinnes mit P. Mayer, wenngleich in der Kampfesfüh-

[9] Zitiert in einem Rundschreiben des Gestapoleitstelle Darmstadt, 12. April 1937. Document Center Berlin.
[10] Vgl. Monatsbericht der Regierung, 7. Mai 1937 (Druck: H. Witetschek, Die kirchliche Lage in Bayern nach den Regierungspräsidentenberichten 1933–1943, Band III: Regierungsbezirk Schwaben, Mainz 1971, Nr. 92).
[11] In den kirchlichen Quellen finden sich beide Angaben, jedoch ohne zuverlässigen Beleg.
[12] Vgl. Aussage Rösch, 22. Februar 1951. Nachlaß Faulhaber. Es handelte sich dabei um P. Josef Künz, Assistent der Provinzials, P. Josef Kreitmaier, Mitarbeiter der „Stimmen der Zeit", und P. Georg Waldmann, Superior von St. Michael.

rung flexibler, war P. Rösch[13] der Mann am rechten Ort, durch Weitblick, Urteil und Festigkeit befähigt, sich einer kritischen Entscheidung zu stellen. Mit der Bitte um verbindliche Weisungen entwickelte der Provinzial dem Münchener Kardinal, was die Hinnahme oder Ignorierung des Predigtverbots für die kirchliche Gesamtlage an Auswirkungen nach sich ziehen könne[14]. Indem er seine und P. Mayers Bereitschaft anbot, die Anmaßung der Gestapo zurückzuweisen, zog P. Rösch aus seiner Situationsanalyse die Schlußfolgerung: „Bei der Entwicklung der Verhältnisse scheint es – salvo meliore iudicio –, daß die Zeit grundsätzlicher Entscheidungen bezüglich Predigtverbot und anderer Fragen in nächste Nähe rückt."

Das veranlaßte Kardinal Faulhaber, das Reichsministerium für die kirchlichen Angelegenheiten[15] eindringlich zu ersuchen, „unter Berufung auf das Reichskonkordat das in keiner Weise begründete über P. Rupert Mayer verhängte Redeverbot umgehend wieder aufzuheben". Dabei ließ er warnend einfließen, daß die Münchener Männerwelt, die „mit beispielloser Verehrung diesem Veteranen des Weltkriegs zugetan" sei, „das Polizeiverbot nicht stillschweigend hinnehmen" werde[16]. Ungewöhnlich rasch reagierend, erteilte Staatssekretär Muhs dem Münchener Erzbischof in strengem Verweiston eine Lektion über die Grenzen der von Faulhaber angerufenen Bestimmungen des Reichskonkordats. Auf den Wink mit den unkontrollierbaren Protestäußerungen des Kirchenvolks auf jede Maßregelung P. Mayers erwiderte das Ministerium drohend, im Fall von Unruhen werde „der nationalsozialistische Staat sich durchzusetzen wissen"[17].

[13] Augustinus Rösch SJ (1893–1961), 1912 Eintritt in den Jesuitenorden, 1918 Leutnant und Kompanieführer, 1925 Priesterweihe, anschließend Studentenseelsorger in Zürich, Generalpräfekt und Rektor des Kollegs „Stella Matutina" in Feldkirch, 1935–1944 Provinzial der Oberdeutschen Ordensprovinz, 1945 Gestapohaft, 1948 Landescaritasdirektor für Bayern und Mitglied des Bayerischen Senats. – Auch von der Gestapo nicht einzuschüchtern, berief sich Rösch bei seinen häufigen Vorsprachen, die sich zuletzt auf über hundert beliefen, regelmäßig und nachdrücklich auf seinen Rang als „alter Offizier". Seine maßgebliche Rolle im „Ausschuß für Ordensangelegenheiten", wo er von 1941 ab den deutschen Episkopat zu einer energischeren Abwehrhaltung zu bewegen suchte, bedürfte eingehender Würdigung. Vom Herbst des gleichen Jahres ab stand er zusammen mit P. Delp in Kontakt mit dem Kreisauer Kreis um den Grafen Helmut von Moltke. Als Delp wenige Tage nach dem Scheitern des Putsches vom 20. Juli 1944 verhaftet wurde, wagte sein Provinzial auch diesmal den Gang zur Münchener Gestapo, von der Furcht begleitet, daß ihn das gleiche Schicksal treffen könne. Kaum drei Wochen später war er selbst ein Gejagter, konnte aber zunächst untertauchen, bevor er Anfang Januar 1945 aufgespürt und nach Berlin gebracht wurde. Der sicheren Verurteilung in einem Prozeß vor dem Volksgerichtshof entging er nur durch den Zusammenbruch des Hitlerreichs.

[14] Vgl. Rösch an Faulhaber, ca. 29. Mai 1937. Nachlaß Faulhaber.

[15] An der Spitze des im Juli 1935 gebildeten Reichskirchenministeriums stand Hanns Kerrl (1887–1941).

[16] Vgl. Faulhaber an Kerrl, 31. Mai 1937. Nachlaß Faulhaber.

[17] Vgl. Muhs an Faulhaber, 5. Juni 1937. Nachlaß Faulhaber.

Festnahme und Untersuchungshaft

Wer sich jedoch tatsächlich durchsetzte, war die Gestapo, wie das beiläufige Eingeständnis des für die Kirchenpolitik zuständigen Reichsressorts verriet, von der gegen P. Mayer verhängten Maßnahme erst durch Faulhabers Protest erfahren, also keineswegs im Einvernehmen mit der Gestapo gehandelt zu haben, wie diese vorgab[18]. Noch hatte sich Kerrl von dem versteckten Affront des Kanzelverbots nicht erholt, als ihn sein kirchenpolitischer Rivale Himmler bereits durch einen zweiten Alleingang brüskierte. Allerdings stand die Münchener Gestapo nach den von ihr gesetzten Prämissen selbst unter einem gewissen Zugzwang. Ohne die Übertretung des Predigtverbots erst lange abzuwarten, griff sie am 5. Juni 1937 zu, als P. Mayer auf Befragen unumwunden erklärte, am nächsten Tag außerhalb Münchens auf die Kanzel zu steigen. Mit der Verhaftung des Männerseelsorgers an der Michaelskirche war der bis dahin intern ausgetragene Konflikt mit einem Schlag öffentlich geworden.

Noch am gleichen Samstagnachmittag durchlief die Nachricht von der Gestapoaktion die halbe Stadt. Wer es noch nicht wußte, erfuhr es am Sonntag in einer Kanzelverkündigung[19] des Ordinariats, die lakonisch kurz die Festnahme „des bekannten und verehrten Männerapostels Münchens" mitteilte und zum Gebet für ihn aufforderte. In St. Michael erhob sich daraufhin „ein sehr lautes, mehrfach wiederholtes Pfuirufen, dem der Prediger erst nach einiger Zeit Einhalt gebieten konnte ... Nach dem Gottesdienst sammelten sich vor der Michaelskirche ... etwa 400 Personen an, die laut und erregt die Verhaftung des Paters besprachen und lebhaft für ihn Partei ergriffen." Vor dem Gestapohauptquartier, dem Wittelsbacher Palais in der Brienner Straße, wo P. Mayer zunächst gefangen gehalten wurde, kam es „zu erregten Einzelauftritten", die sich am Abend nach einer Betstunde für den Verhafteten wiederholten[20].

Zwischen dem 5. und 10. Juni, wo sich der Häftling im Gewahrsam der Gestapo im Wittelsbacher Palais befand, wurde staatlicherseits über die Weiterverfolgung des Falls Rupert Mayer entschieden, den der Chef der Münchener Gestapo, Oberregierungsrat Walter Stepp, persönlich in die Hand genommen hatte. Der Entwurf eines Operationsplans barg um so weniger Risiken, als die Unbeugsamkeit P. Mayers als feste Größe ins Kalkül eingehen konnte. Das bestätigte sich wieder am 7. Juni, als Stepp im Beisein von P. Rösch, der wegen der Verhaftung des Paters vorstellig geworden war, die Möglichkeit sondierte, P. Mayer für eine Beschränkung seiner Predigttätigkeit auf St. Michael oder die Stadt München zu

[18] Zur Stimmungslage bei SD und Gestapo berichtet ein ehemaliger SD-Beamter rückblickend (14. Januar 1951 an Koerbling): „Mir ist aus jener Zeit lebhaft als Gesamteindruck in der Erinnerung, daß P. Mayers Bekennermut in Berlin sowohl wie in München beim SD viel Verwirrung anrichtete. Man wußte, daß man durch Maßnahmen gegen ihn der eigenen Sache mehr schadete als nützte."

[19] Druck der Kanzelverkündigung: F. BOESMILLER 58.

[20] Vgl. Monatsbericht der Polizeidirektion München, 7. August 1937 (Druck: H. WITETSCHEK, Die kirchliche Lage in Bayern nach den Regierungspräsidentenberichten 1933–1943, Band I: Regierungsbezirk Oberbayern, Mainz 1966, Nr. 102).

gewinnen, nach wie vor aber auf ein klares Nein stieß. So bedurfte es denn auch am 9. Juni gewiß keiner weiteren Anstrengung, von P. Mayer die schriftliche Erklärung[21] zu erlangen, daß er in der bisher geübten Weise weiterzupredigen gedenke. Erst mit diesem Schriftstück besaß die Gestapo die Handhabe, einen richterlichen Haftbefehl wegen Wiederholungsgefahr zu erwirken. Formell ausgelöst wurde der Haftantrag durch die von einem Kriminalinspektor der Stapoleitstelle München erstatteten Strafanzeige[22]. Ihr war zur Begründung ein zehnseitiger Bericht mit Predigtauszügen beigefügt, die nach Auffassung der Gestapo den Tatbestand des „Kanzelmißbrauchs" erfüllten. Dabei handelte es sich um insgesamt 12 Predigten, die P. Mayer zwischen dem 27. Mai 1936 und dem 23. Mai 1937 teils in München, teils im weiteren Umland gehalten hatte[23].

Erst nach Erlaß des Haftbefehls wurde der Pater der ordentlichen Justiz überstellt und am 10. Juni zur Untersuchungshaft ins Gefängnis Stadelheim eingeliefert, wo er bis kurz vor Prozeßbeginn am 22. Juli 1937 verblieb. In Justizrat Dr. Joseph Warmuth[24] wurde die Verteidigung einem gewiegten Juristen übertragen, der während der ganzen NS-Zeit als Anwalt des Bayerischen Klerusverbands mit Mut, Geschick und beachtlichen Erfolgen für zahllose Geistliche gefochten hat, die vom Regime wegen politischer Vergehen vor das Gericht oder Sondergericht gezogen wurden. Ihm assistierte Rechtsanwalt Dr. Robert Bandorf, ein Kriegskamerad P. Mayers, der sich aus eigenem Antrieb zur Verfügung gestellt hatte. Schon am 12. Juni, einen Tag nach seiner Bestellung, hat Warmuth Aufhebung des Haftbefehls beantragt und mit der Begründung „religiöse Notwehr" auch bereits den Tenor seines Verteidigungsplädoyers angeschlagen. Das Sondergericht München jedoch, bei dem der Fall anhängig war, verwarf am 21. Juni 1937 die Haftbeschwerde, weil Mayer „die Freiheit zu neuen gleichartigen Verfehlungen mißbrauchen würde"[25]. Inzwischen hatte auch das Reichsjustizministerium die für

[21] Vgl. Erklärung Mayers, 9. Juni 1937 (faksimiliert in A. KOERBLING vor 369): „Ich erkläre, daß ich im Falle meiner Freilassung trotz des gegen mich verhängten Redeverbotes nach wie vor, sowohl in den Kirchen Münchens als auch im übrigen Bayern, aus grundsätzlichen Erwägungen heraus, predigen werde.
Ich erkläre insbesondere, daß ich auch in Zukunft von der Kanzel herab in der bisherigen Form die Kirche gegen etwaige Angriffe mit aller Entschiedenheit und Offenheit und Schärfe, aber ohne persönlichen Angriff verteidigen werde.
Ich werde auch weiterhin in der von mir bisher geübten Art und Weise predigen, selbst dann, wenn die staatlichen Behörden, die Polizei und die Gerichte, meine Kanzelreden als strafbare Handlungen und als Kanzelmißbrauch bewerten sollten."

[22] Der Erschließung und Auswertung der Gerichtsakten zum Fall Rupert Mayer unter historischen und juristischen Aspekten hat sich Rechtsanwalt O. Gritschneder besonders angenommen; vgl. O. GRITSCHNEDER, Pater Rupert Mayer vor dem Sondergericht. Dokumente der Verhandlung vor dem Sondergericht in München am 22. und 23. Juli 1937 (München, Salzburg 1965) (zitiert: O. GRITSCHNEDER I); außerdem O. GRITSCHNEDER, Die Akten des Sondergerichts über Pater Rupert Mayer SJ, in: Beiträge zur altbayerischen Kirchengeschichte 28 (1974) 159–218 (zitiert: O. GRITSCHNEDER II).

[23] Vgl. die Aufstellung in O. GRITSCHNEDER II 165.

[24] Joseph Warmuth (1881–1957), seit 1910 Rechtsanwalt in München. Zur Klientenschaft Warmuths zählten der bekannte Bauernführer Georg Heim und Kardinal Faulhaber.

[25] Vgl. O. GRITSCHNEDER II 167.

jede Strafverfolgung aufgrund des Heimtückegesetzes vom 20. Dezember 1934 erforderliche Anordnung erlassen und zugleich gemahnt, „der Strafsache gegen den Jesuitenpater Rupert Mayer in München ... mit Beschleunigung Fortgang zu geben“[26].

Aus dem von der Gestapo gelieferten Belastungsmaterial hatte die Staatsanwaltschaft eine Auswahl getroffen, indem sie von den ursprünglich 12 Predigten nur noch 9 und aus diesen wiederum insgesamt 10 Textstellen zur Anklageerhebung heranzog[27]. Schon die Ablehnung der Haftbeschwerde war auf die genannten Äußerungen gestützt, „derentwegen nach der Ansicht des Gerichts mit einer Verurteilung gerechnet werden kann“[28]. Zu den „ergänzenden Erhebungen“, von denen das gleiche Schreiben des Oberstaatsanwalts sprach, zählte offenbar auch eine Aktion der Münchener Gestapo, die am 18. Juni 1937 die Jesuitenniederlassung bei St. Michael, wo P. Mayer stationiert war, einer vierstündigen Hausdurchsuchung unterzog[29].

Ordinariatsproteste und Kardinalspredigt

Während der Justizapparat auf Hochtouren lief, um den Fall Mayer „unter Zurückstellung anderer Verfahren“ schnellstens vor Gericht zu bringen[30], war man kirchlicherseits nicht untätig geblieben. Wenige Tage nach der Verhaftung hatte Generalvikar Buchwieser am 9. Juni 1937 gegen Predigtverbot und Festnahme P. Mayers beim Reichsinnenminister Protest eingelegt[31]. Eine derartige Maßnahme sei „nicht nur ein Unrecht gegen den betreffenden Geistlichen, sondern bildet auch einen Eingriff in die durch die Konkordate gewährleistete Zuständigkeit der Kirche und würde letzten Endes zu einer völligen Lahmlegung der Seelsorge führen, von der das Predigtamt einen wesentlichen Teil bildet“.

Neben anderen Vertretern der Bayerischen Staatsregierung erhielt auch Reichsstatthalter von Epp[32] eine Abschrift der Ordinariatsbeschwerde. Das verdankte er nicht nur dem höchsten Staatsamt in Bayern, sondern auch dem Nimbus, der sich um den Truppenführer, Freikorpskommandeur und Befreier Münchens von der Räteherrschaft rankte und ihn zur Symbolfigur des Weltkriegssoldaten schlechthin gestempelt hatte. Den ranghöchsten Frontkämpfer Bayerns erinnerte deshalb der Generalvikar in einem Begleitschreiben[33] ausdrücklich, „wie weiteste

[26] Vgl. Crohne an Resch, 17. Juni 1937. O. Gritschneder II 167.

[27] Während des gesamten Prozeßverlaufs sprach der Gerichtsvorsitzende irrtümlich von 10 Predigten, ein Versehen, das erst in der schriftlichen Urteilsbegründung korrigiert wurde.

[28] Vgl. Resch an das Reichsjustizministerium, 23. Juni 1937. GStA München. Reichsstatthalter 812.

[29] Vgl. Hauschronik von St. Michael. Archiv der Oberdeutschen Provinz SJ, München.

[30] Vgl. Resch an das Reichsjustizministerium, 12. Juli 1937. GStA München. Reichsstatthalter 812.

[31] Vgl. Buchwieser an Frick, 9. Juni 1937. Nachlaß Faulhaber.

[32] Franz Ritter von Epp (1868–1947), Generalleutnant, 1928–1945 MdR (NSDAP), 1933–1945 Reichsstatthalter in Bayern.

[33] Buchwieser an Epp, 9. Juni 1937. GStA München. Reichsstatthalter 812.

katholische Kreise ganz Bayerns, ganz besonders aber die ehemaligen Frontsoldaten, die das einzigartige Wirken des ehemaligen Feldgeistlichen kennen und nie vergessen werden, der Erwartung leben, daß gerade Euere Exzellenz sich mit aller Kraft und Entschiedenheit für ihn verwenden und ihn wiederum seiner unermüdlichen, für Kirche und Vaterland segensreichen Tätigkeit freigeben helfen".

Einem nicht auszuschließenden Konflikt in der Seele Epps zwischen dem Frontkameraden und dem Parteigenossen hatte indessen die Gestapo beizeiten vorzubeugen gesucht. Schon am 8. Juni 1937 war Stepp in Person beim Staatssekretär des Reichsstatthalters erschienen, um durch eine beschwichtigende Berichterstattung die offene Flanke der Gestapooperation abzudecken[34]. Ob solche Vorsorge geboten war, ist indes fraglich. Denn der in seinen Einflußmöglichkeiten weit überschätzte höchste Repräsentant der Staatsgewalt in Bayern hatte ohnehin schon alle Mühe, sich gegenüber dem selbstherrlichen Duumvirat von Innenminister Wagner und Ministerpräsident Siebert auch nur einigermaßen zu behaupten. Epp verhielt sich zur Verhaftung und zum Sondergerichtsverfahren gegen den ehemaligen bayerischen Feldgeistlichen so passiv, wie die Gestapo es nur wünschen konnte. Weder der Appell Buchwiesers noch eine Bittschrift des Obersten Herold, der mit Epp die Bänke der Kriegsschule gedrückt hatte, vermochten ihn zu einer Intervention zu bewegen.

So wenig die spontanen Unmutsbekundungen unmittelbar nach P. Mayers Verhaftung den Regierungsstellen ins Konzept paßten, so unzulänglich waren sie andererseits als Gradmesser der Empörung, die tatsächlich unter den Münchener Katholiken herrschte. Sie konnten darum auch nicht die machtvolle Gegendemonstration ersetzen, wie sie von vielen Stimmen im kirchlichen Lager gefordert wurde und wie sie ja auch Kardinal Faulhaber als legitime Reaktion schon auf das Predigtverbot hin als unvermeidbar hingestellt hatte. Wenn man also anfangs durchaus mit dem Gedanken gespielt hatte, der Protestbewegung im Kirchenvolk freien Lauf zu lassen, so hatten sich die Kirchenbehörden nach dem Eintreten des Ernstfalls doch bald eines anderen besonnen und von öffentlichen Mißfallensäußerungen dringend abgeraten. Offensichtlich glaubte man durch einen nachweislichen Beitrag zur Wahrung von Ruhe und Ordnung der Sache des Angeklagten mehr zu nutzen, als wenn man sie zum Anlaß einer Kraftprobe mit allen Risiken für die Demonstrationsteilnehmer gemacht hätte.

Die angestaute Entrüstung zu zügeln, war allerdings nur dann moralisch vertretbar, wenn sich die Kircheninstanzen selbst zum Sprachrohr jenes Protestes machten, den öffentlich kundzutun den Gläubigen insgesamt versagt war. Am 13. Juni 1937, dem zweiten Sonntag nach P. Mayers Verhaftung, wandte sich das Erzbischöfliche Ordinariat in einer zweiten, wahrscheinlich vom Kardinal selbst stilisierten Erklärung[35] an die Münchener Gottesdienstbesucher. Sie berichtete über

[34] Vgl. Aufzeichnung Schachingers, 10. Juni 1937. GStA München, Reichsstatthalter 812.
[35] Druck der Kanzelverkündigung: F. Boesmiller 58–61.

das Befinden des Verhafteten und die Beschwerdeschritte des Ordinariats, unterstrich die Unannehmbarkeit polizeilicher Einmischung in den Predigtauftrag des Bischofs, brachte das Bedauern des Kardinals zum Ausdruck, wegen der „Nachwehen einer schweren Bronchitis" nicht selbst in St. Michael zu den Vorgängen Stellung beziehen zu können, und schloß mit der Mahnung, volle Ruhe zu bewahren und „unter allen Umständen von jeglicher Demonstration auf der Straße" abzusehen.

Aus dem Antwortcharakter der Verlautbarung war unschwer auf die Natur der Rückfragen aus dem Kirchenvolk zu schließen, die sie ausgelöst hatten. In der Absicht, vorzutragen, „was die Katholiken Münchens bewegt", hatte der Schriftleiter der „Münchener Katholischen Kirchenzeitung", Michael Höck, augenscheinlich noch in Unkenntnis der zitierten Kanzelverkündigung, am 12. Juni 1937 Kardinal Faulhaber berichtet, „besonders die Männer-Sodalen erwarteten einen flammenden Protest gegen die Verhaftung von P. Mayer, deren Ungerechtigkeit in keiner Weise zur Diskussion steht und auch keiner Untersuchung bedarf". Zugleich gab er die Bitte weiter, daß er „ein Wort des Protestes und des Trostes zum Fall P. Rupert Mayer sprechen" möge[36].

Dies war zweifellos nicht die einzige Stimme, die dem Kardinal bedeuten wollte, daß es zumindest diesmal nicht mit papierenen und im Endeffekt wirkungslosen Eingaben und auch nicht mit der Versicherung getan sein könne, die kirchlichen Stellen hätten intern ihr Möglichstes getan. Ehe der Münchener Erzbischof am 4. Juli 1937 schließlich die Kanzel von St. Michael bestieg, waren seit der Verhaftung genau vier Wochen verstrichen. Wenn Faulhaber sein Eingreifen trotz mancher Kritik aus den eigenen Reihen relativ lange hinausschob, so deshalb, weil er abwarten wollte, bis sich einmal die erste Erregung gelegt und zum anderen die Anklage ihre Karten aufgedeckt hätte. Die letzte Vorbedingung war am 21. Juni erfüllt, als das Sondergericht mit der Verwerfung der Haftbeschwerde den Katalog jener Predigtstellen vorlegte, mit denen es die Anklage zu bestreiten gedachte.

Schließlich machte eine mit aggressiven Ausfällen gegen die Kirche gespickte Kampfrede Innenminister Adolf Wagners am 27. Juni in Fürstenfeldbruck allem Zuwarten ein Ende. Darin hatte der starke Mann der Bayerischen Staatsregierung die Kirche als die einzig noch verbliebene Macht attackiert, „die sich störend in unserem völkischen Leben bemerkbar macht". Damit war die Ankündigung verbunden, daß die an die katholische Kirche in Bayern gesetzlich zu leistenden Staatsbeiträge in Zukunft drastisch gekürzt und dann eingestellt würden, da es nicht Sache des Staates sei, „eine Organisation finanziell zu unterhalten, die nichts anderes kennt als den Kampf gegen den Staat"[37].

Einmal gefaßt, wurde der Entschluß zu öffentlichem Einspruch mit Faulhaberschem Nachdruck in die Tat umgesetzt. In der „Flammenzeichen"-Predigt[38] hat der Münchener Kardinal sich nicht nur schützend vor einen verfolgten Geistli-

[36] Vgl. Höck an Faulhaber, 12. Juni 1937. Nachlaß Faulhaber.

[37] Vgl. „Völkischer Beobachter". Süddeutsche Ausgabe. Nr. 182 vom 1. Juli 1937.

[38] Druck: F. Boesmiller 63–78; A. Koerbling 394–403.

chen gestellt, sondern mit seiner vollen Bischofsautorität jene Auslegung des Verkündigungsauftrags gestützt, die den Präses der Männerkongregation vor die Schranken des Sondergerichts gebracht hatte. Kein anderer Oberhirte hat während der NS-Zeit öffentlich ein Solidaritätsbekenntnis von solcher Dezidiertheit für einen seiner Priester abgelegt, wobei gewiß nicht zu verkennen ist, daß die konkreten Begleitumstände des Münchener Falles dem Erzbischof zu einer selten günstigen Ausgangsposition verholfen hatten. Das machte Faulhabers Parteinahme zu einem Meilenstein im Kirchenkampf, so daß selbst ein so bischofskritisches Organ wie die Luzerner „Deutschen Briefe“ Waldemar Gurians diese Ansprache als „bewundernswert tapfere Predigt“ klassifizierten[39].
Mit dem alttestamentarischen Vorspruch „Es gibt eine Zeit zu schweigen und eine Zeit zu reden“ war ein kontrapunktisches Leitmotiv angeschlagen, das es Faulhaber gestattete, einerseits für den Diözesanbischof das Recht auf öffentlichen Widerspruch zu reklamieren, andererseits aber den Zuhörern etwaige Demonstrationspläne auszureden. Nichts wäre, so der Kardinal, der Gestapo willkommener, als wenn ihr durch Kundgebungen ein Anlaß geboten würde, „mit Gummiknütteln und Verhaftungen, mit Ausstellungen und Entlassungen vorzugehen gegen die verhaßten Katholiken, die heute mehr gehaßt und verfolgt werden als die Bolschewiken“.

Prozeßvorbereitungen

In St. Michael schilderte der Kardinal außerdem, wie er P. Mayer bei einem Besuch im Gefängnis Stadelheim in guter Verfassung angetroffen hatte. Unbeschränkten Zugang hatte Justizrat Warmuth, der seinen Mandanten fast jeden zweiten Tag aufsuchte. Obwohl er keine Mühe scheute, den Wahrheitsgehalt der angegriffenen Predigtäußerungen von P. Mayer durch eine Fülle dokumentarischen Materials zu erhärten, bereitete er diesen doch darauf vor, daß er mit einer Haftstrafe bis zu zwei Jahren rechnen müsse.
An der Entschlossenheit der Gegenseite, das Verfahren unter allen Umständen mit einer Verurteilung zu beenden, ließen die Indizien keinen Zweifel mehr. Infolgedessen mußte die Strategie der Verteidigung, wie immer das Strafmaß ausfiel, auf eine Rücknahme des Haftbefehls gerichtet sein. Dem stand als größtes Hindernis jene Erklärung vom 9. Juni 1937 im Weg, worin P. Mayer die Absicht zu Protokoll gegeben hatte, im bisherigen Sinn weiterzupredigen, aus der Sicht der Anklagebehörde also rückfällig zu werden. Es ist nicht ausgeschlossen, ja sogar ziemlich wahrscheinlich, daß das Gericht verhüllt die Geneigtheit erkennen ließ, die Frage der Haftfortdauer erneut zu prüfen, falls es der Verteidigung gelänge, den Angeklagten wenigstens zu einer Teilrevision seines kategorischen Standpunkts zu bewegen.

[39] Vgl. „Deutsche Briefe“ Nr. 146 vom 9. Juli 1937 (Druck: H. HÜRTEN, Deutsche Briefe. Ein Blatt der katholischen Emigration, Band II: 1936–1938, Mainz 1969, 769).

Zu diesem Zweck konzipierten Warmuth und Bandorf im Einvernehmen, wenn nicht unter Mitwirkung von P. Rösch den Text einer neuen Willenserklärung[40]. Darin wurde einmal der Anspruch P. Mayers, die Kirche gegen alle Angriffe zu verteidigen, aufrechterhalten, zugleich aber von der Versicherung umfangen, dabei die staatlichen Gesetze zu beobachten. Das Ja zu der rettenden Kompromißformel P. Mayer Wort für Wort abzuringen, konnten die drei Verschworenen kaum riskieren. Um ihn also vor der eigenen Unbeugsamkeit in Schutz zu nehmen, wurde ihm der fertige Text erst im Gerichtsgebäude und nur wenige Minuten vor Verhandlungsbeginn zur Unterschrift vorgelegt. Er selbst erlebte den Vorgang so: „In dem Zimmer angekommen, stürzten sich meine zwei Rechtsanwälte auf mich und legten mir eine Erklärung vor, die ich unterschreiben könne und solle, ohne mir etwas zu vergeben. Mein Mißtrauen gegen die Unterzeichnung überwand nur die Erklärung der Rechtsanwälte, daß P. Provinzial die Unterzeichnung durchaus billige.“[41]

Wenn P. Mayer sein Selbstverständnis der Strategie der Verteidigung einzuordnen hatte und dazu gleichsam überlistet werden mußte, so konnte ihn mit dem, was er als Überrumpelungsmanöver empfand, immerhin der Gedanke versöhnen, daß ihm der für sein Geschick verantwortliche Obere die letzte Entscheidung abgenommen hatte. Für P. Provinzial Rösch aber hatte das Nahziel, den Verhafteten zunächst einmal auf freien Fuß zu setzen, Vorrang vor anderen Überlegungen.

Die Sondergerichtsverhandlung

Hunderte hatten vor dem Sitzungssaal angestanden, aber nur etwa 30 Personen tatsächlich Einlaß gefunden, als am 22. Juli 1937 der Prozeß gegen P. Rupert Mayer SJ vor dem Sondergericht München eröffnet wurde. Auf die Verlesung der Anklageschrift[42], die Vernehmung des Angeklagten und die Befragung einer Reihe von Zeugen folgte in der von 9.00 bis 14.00 dauernden Vormittagssitzung schließlich das Plädoyer des Staatsanwalts[43]. In der Nachmittagssitzung von 17.00 bis 19.00 kamen nacheinander die beiden Verteidiger zu Wort[44]. Die Vormittagsstunden des 23. Juli waren der Beratung des Urteils durch das dreiköpfige Rich-

[40] Vgl. Erklärung Mayers, 22. Juli 1937 (Druck: O. Gritschneder II 175): „Ich werde künftig wie bisher die katholische Kirche, ihre Glaubens- und Sittenlehre gegen alle Angriffe und Anfeindungen und Verleumdungen verteidigen. Das halte ich für mein Recht und für meine Pflicht als katholischer Priester. Ich werde dabei die staatlichen Gesetze achten und auch wie bisher meine Zuhörer zur Treue zum Staate auffordern. Ich werde mich trotz meines Temperaments als Volksprediger bemühen, auch in der Form den gesetzlichen Vorschriften gerecht zu werden.“

[41] Vgl. R. Mayer, Der Nationalsozialismus und meine Wenigkeit. Ungedruckte Niederschrift. Archiv der Oberdeutschen Provinz SJ, München.

[42] Vgl. Anklageschrift, 7. Juli 1937 (Druck: O. Gritschneder I 15–34).

[43] Druck: O. Gritschneder I 73–94.

[44] Vgl. O. Gritschneder I 95–108.

tergremium vorbehalten. Es wurde kurz nach 13.00 vom Vorsitzenden in öffentlicher Sitzung verkündet[45].

Mit der unheimlichen Gewitterschwüle in den Verhandlungen des späteren Volksgerichtshofs, wo die Haßtiraden eines Freisler die Angeklagten schon vor dem Schuldspruch zu entwürdigen, ja moralisch zu vernichten suchten, hatte das Klima in dem Sondergerichtsverfahren gegen P. Mayer nichts gemein. Weder der Staatsanwalt noch der Vorsitzende waren in der Wolle gefärbte Nationalsozialisten, sondern dem Heer politisch unauffälliger Justizbeamter zuzuzählen, die wie die Mitläufer anderer Berufsgruppen erledigten, was ihnen der staatliche Dienstherr nach 1933 als Beamtenpflicht vorschrieb. Schärfer als anderswo taten sich allerdings in der Justiz vor dem nicht gänzlich Charakterlosen die Konflikte auf, je unverfrorener Gesetzgebung und Rechtsprechung den Herrschaftsansprüchen der neuen Machthaber dienstbar gemacht wurden. Von Wahrern des Rechts zu Erfüllungsgehilfen des NS-Staats degradiert, konnten sie, soweit in den politischen Sektor der Rechtspflege verschlagen, je nach der Formbarkeit ihrer Gewissensüberzeugung zwischen den nicht sehr zahlreichen Alternativen wählen, die vom opportunistischen Mitmachen bis zur tödlichen Verweigerung reichten.

Rupert Mayer hatte den Vorzug, im Gerichtssaal nicht an Fanatiker zu geraten, aber das war in dieser mittleren Phase der Umerziehung des Justizpersonals wohl noch ebensooft die Regel wie die Ausnahme, so daß die Figuren in der Richterschaft und Anklagevertretung mehr oder minder typisch und damit auswechselbar sind, weshalb Namen wenig zur Sache tun[46]. Der Vorsitzende zumal konnte oder wollte nicht verbergen, wie es ihn Mühe kostete, nicht gänzlich überwundene persönliche Rechtsvorstellungen mit den vom Regime verordneten Unfreiheiten, deren Opfer P. Mayer werden sollte, zur Deckung zu bringen[47]. „Ihm war unschwer anzumerken, wie peinlich es ihm war, Pilatus spielen zu müssen", bezeugt ein kritischer Prozeßbeobachter. Infolgedessen suchte er sowohl sich wie dem Angeklagten die Situation dadurch zu erleichtern, daß er den Verhandlungsablauf in eine Atmosphäre versöhnlicher Jovialität tauchte. Das sprach um so mehr für ihn, als er keineswegs als Meister der Dialektik brillierte und dem Angeklagten gegenüber bisweilen eher hilflos wirkte, vor allem wenn er der offensi-

[45] Für eine Würdigung des Prozeßverlaufs bietet das Gerichtsprotokoll wegen seiner Kürze keine geeignete Grundlage (vgl. dazu O. GRITSCHNEDER II 174). Um so bedeutungsvoller sind daher zwei private Mitschriften von unterschiedlicher Länge. Die ausführlichere mit einem Umfang von 60 Schreibmaschinenseiten stammt von Domvikar Josef Thalhamer, Sekretär des Erzbischöflichen Ordinariats, der als offizieller Beobachter der Kirchenbehörde zugelassen und auch zum Mitschreiben ermächtigt war, was die Gestapo den übrigen Sitzungsteilnehmern zu verwehren suchte. Unter solchen Behinderungen entstand die zweite, kürzere Mitschrift von O. Gritschneder, auszugsweise wiedergegeben in O. GRITSCHNEDER I. Weitere Verbreitung als das umfangreiche Skript Thalhamers, das im Klerus zirkulierte, fand ein ebenfalls hektographierter siebenseitiger Kurzbericht über den Prozeßablauf, der „vom Erzbischöflichen Ordinariat München und Freising dem Diözesanklerus zur persönlichen Information übergeben" wurde. Beide Fassungen im Nachlaß Faulhaber.

[46] Zur personellen Besetzung des Richtergremiums und der Staatsanwaltschaft vgl. O. GRITSCHNEDER II 170 Anm. 11 und 174 Anm. 15. Dort auch Einzelheiten zu der ungebrochen erfolgreichen Fortsetzung verschiedener Laufbahnen nach 1945.

[47] Vgl. O. GRITSCHNEDER I 37 Anm. 32.

ven Selbstverteidigung P. Mayers nur das wenig variable Breitband-Stereotyp entgegenzusetzen hatte: „Man soll es halt nicht machen, gegen Gesetze verstoßen."[48]

Alles Bemühen um eine humane Prozedur änderte freilich nicht das Geringste an der Grundtatsache, daß es sich um einen durch und durch politischen Prozeß handelte, abgewickelt von einem zu politischen Zwecken konstituierten Sondergericht[49], dem die Aufgabe oblag, mit Hilfe politischer Ausnahmegesetze einen Schuldspruch zu fällen, der seinerseits nicht anders als politisch sein konnte. Zur Inkriminierung der P. Mayer vorgehaltenen Predigtäußerungen diente einmal der sogenannte Kanzelparagraph (§ 130a RStGB), ein universell verwendbares Disziplinierungsinstrument aus der Kulturkampfepoche unter Bismarck, sowie das auf die spezifischen Bedürfnisse der NS-Diktatur abgestellte Heimtückegesetz vom 20. Dezember 1934, das auf die Bestrafung und Einschüchterung von Regimekritikern abzielte.

An der Eile, mit welcher der Vorsitzende die noch tintenfeuchte Loyalitätserklärung P. Mayers als neue Gegebenheit in den Verhandlungsablauf einführte, war bereits abzulesen, daß diesem Dokument für die anstehenden Entschließungen des Gerichts eine tragende Funktion zugedacht war. Hellhörig gegen jede extensive Auslegung seiner Goodwillversicherung, schaltete sich aber P. Mayer sogleich mit der Präzisierung ein, die zugesagte Zurückhaltung gelte nur, soweit er sie mit seinem Gewissen vereinbaren könne. Im übrigen brannte er darauf, dem Gericht und der Öffentlichkeit seine Deutung des gegen ihn angestrengten Verfahrens vorzutragen, was ihm auch in aller Breite gestattet wurde.

Die Schwerpunkte seines Priesterlebens, so bekannte er, seien Vaterland und Religion gewesen. Das allein genüge, den Versuch, ihn zum Staatsfeind zu stempeln, als absurd zu erweisen. Zur Rechtfertigung der ihm zur Last gelegten Offenheit berief er sich auf das Führerwort „Deutsch sein heißt wahr sein". Abgesehen von solcher Spruchweisheit, auf dem Prozeßhintergrund der Ironie nicht unverdächtig, gab es offensichtlich kaum Verbindendes zum „Führer und Reichskanzler". Nicht ungefährliches Gelände betrat der Angeklagte, sobald er seine Haft als konsequente, ja intensivierte Fortsetzung seiner Aufklärungsarbeit interpretierte. „Das Gefängnis ist für mich besser als tausend Vorträge. Da heißt es, wir machen keine Märtyrer, und jetzt sitze ich da. Das hat dem Kulturkampf das Genick gebrochen und das wird auch der Behandlung, die man jetzt der Kirche zuteil werden läßt, das Genick brechen ..."[50]

Da P. Mayer die Richtigkeit der in die Anklageschrift aufgenommenen Predigtäußerungen bis auf eine Ausnahme gar nicht bestritt, konnte die Zeugenvernehmung neue Momente zwar nicht erbringen, ließ dafür aber den Beobachtungsauf-

[48] Vgl. Mitschrift Thalhamer 11.

[49] Die Einrichtung basierte auf der Verordnung der Reichsregierung über die Bildung von Sondergerichten vom 21. März 1933 (RGBl 1933 I 136–138). Aufgrund der dort getroffenen Bestimmungen waren die Rechte des Angeklagten, verglichen mit einem normalen Verfahren, erheblich beschnitten.

[50] Vgl. O. Gritschneder II 178.

wand erahnen, den die Gestapo auf der Jagd nach Belastungsmaterial getrieben hatte. Von den nicht gerade erdrückenden Beweisstücken wollte der Staatsanwalt denn auch kein Jota ablassen[51]. Die Kleinlichkeit, mit der dabei das Gericht im Zweifelsfall gegen den Angeklagten entschied, ließ den Drang erkennen, auf alle Fälle mit einem Schuldspruch abzuschließen. Ebenso nachteilig, weil deliktbildend mußte sich für den Angeklagten die Methode auswirken, der juristischen Bewertung seiner Predigtaussagen nicht Mitteilungsintention und Wortsinn, sondern so subjektive Größen wie Fassungskraft und Einstimmung der Zuhörer zugrunde zu legen.

In den Plädoyers von Staatsanwalt und Verteidigung trat die Polarität der Beurteilungskriterien und Sehweisen nochmals in aller Schärfe hervor. Wenn Justizrat Warmuth für seinen Mandanten ein Verteidigungsrecht reklamierte, kraft dessen ein Mann der Kirche wie P. Mayer gegen die Verletzung der Konkordate im Münchener Schulkampf, gegen die Pauschalverleumdung der katholischen Orden und die christentumsfeindliche Agitation einer gelenkten Presse ebenso öffentlich protestieren dürfe, so stieß solche Argumentation bei den Staatsvertretern auf taube Ohren. Wollte das Richtergremium seinem Sonderauftrag entsprechen, so mußte es an der Rechtswidrigkeit der von P. Mayer kritisierten Staats- und Parteiübergriffe entweder vorbeisehen oder die fraglichen Tatbestände zu belanglosen Einzelfällen abschwächen. Was für die Richterbank alle anderen Gesichtspunkte überwog und letztlich allein zählte, war der „Stimmungseinbruch“, den P. Mayer mit der Aufdeckung und Bloßstellung kirchenfeindlicher Maßnahmen vor allem auf dem flachen Land bewirkt hatte. Um solche Aktivität als strafbar zu erweisen, genügte es, wenn der Ankläger und in seinem Gefolge das Gericht den Totalitätsanspruch des NS-Staats vertraten, der, als oberste und inappellable Rechtsquelle sich selbst legitimierend, fraglose Unterordnung zum Grundgesetz machen durfte. Vom Gipfel einer sich dergestalt selbst verabsolutierenden staatlichen Rechtsautonomie verschwand für eine systemimmanente Betrachtungsweise die von den Verteidigern angerufene Gegeninstanz der „religiösen Notwehr“ im Nebel der Unerheblichkeit. „Gegen den ihm bekannten Willen des Staates verstoßen“ zu haben[52], war für den Angeklagten in den Augen des Gerichts Vergehen genug.

[51] Nur durch ein Machtwort konnte das Gericht den bei der Zeugenvernehmung aufsteigenden Verdacht beiseiteschieben, daß eine Reihe von Mitschriften derselben Predigt in einem entscheidenden Punkt differierten. Der Übereifer mancher Unterorgane bei der Überwachung von P. Mayers Predigten erwies sich so für die Anklage als höchst problematisch. Aufschlußreich dafür ist der Bericht der Gendarmeriestation Weißenhorn, 12. April 1937 (Gerichtsakten): „Während der Feier waren der Angestellte H. vom Bezirksamte, die Hauptwachtmeister B. und W. zum Mitstenographieren der gehaltenen Reden aufgestellt. Ebenso haben Parteistellen kurzschriftkundige Kräfte entsandt.“

[52] Vgl. O. Gritschneder II 189.

Nach dem Urteil

Optimisten unter den auf die Urteilsverkündung Wartenden rechneten fest mit einem Freispruch. Die Richter beschlossen jedoch anders: 6 Monate Gefängnis unter Anrechnung von 6 Wochen Untersuchungshaft. Von letzterer hatte der Staatsanwalt nur 4 Wochen berücksichtigen wollen, ansonsten aber deckte sich der Richterspruch ganz mit seinem Strafantrag. Vermutlich hatte das Gericht in der Strafzumessung eine gewisse Härte zeigen wollen, um seine Konzessionsbereitschaft, die sich in der Aufhebung des Haftbefehls konkretisierte, gegen die Urteilsschelte von Parteiseite besser abzuschirmen. Mündliche wie schriftliche Urteilsbegründung[53] konnten sich nicht genugtun zu unterstreichen, wie selbstkritisch die Richter gerade diesen Fragepunkt geprüft hätten.

Den Intentionen der Gestapo entsprach dieser vom Gericht verfügte Kompromiß ganz und gar nicht. Der Freilassung des Verurteilten nichts mehr in den Weg zu legen, konnte sie sich nämlich erst nach einem zermürbend aufregenden Nachspiel entschließen. Nur dem hartnäckigen Insistieren von P. Rösch war es zu verdanken[54], daß die Gestapo nach stundenlangen Diskussionen das Argument zurückstellte, mit dem Gerichtsentscheid sei „ihr" Haftbefehl noch keineswegs aufgehoben – ein für die Autorität der ordentlichen Justiz im NS-Staat höchst erhellender Befund. Voraussetzung für das Einlenken war die Zusage einer siebenwöchigen Predigtpause, zu der sich P. Mayer, auf der Fahrt von einem Gestapobeamten begleitet, zunächst ins Exerzitienhaus Rottmannshöhe am Starnberger See zurückziehen sollte. Von der Einleitung des Strafvollzugs sahen die Justizbehörden vorerst ab. In Parteikreisen registrierte man den Prozeßausgang mit Selbstgefühl, was sich im Monatsbericht der Polizeidirektion München in der Feststellung niederschlug: „Das energische Vorgehen gegen den Hetzer hat zweifelsohne reinigend gewirkt, so daß mit einer gewissen Entspannung im Verhältnis zwischen Staat und katholischer Kirche gerechnet werden kann."

Daß die Gestapo ihrerseits keineswegs an Entspannung dachte, wurde klar, als sie am 20. September 1937 P. Rösch die Fortdauer des Predigtverbots für P. Mayer anzeigte, von Verhandlungen aber nichts wissen wollte. Wegen der Rücknahme

[53] Vgl. O. Gritschneder I 120–153.

[54] Die Sorge des Provinzials vor einer „Freilassung ohne Freiheit" wurzelte zweifellos in der Erinnerung an die Behandlung, die ein Kölner Jesuitenpater seitens der Gestapo erfahren hatte. Ebenso wie P. Mayer Männerseelsorger, hatte P. Josef Spieker SJ (1893–1968), teils in Berlin, teils in Köln tätig, starken Zuspruch geweckt und die antichristlichen Tendenzen im Nationalsozialismus genauso entschieden abgelehnt wie vorher den Kommunismus. Anfang März 1935 vom Sondergericht in Köln wegen Kanzelmißbrauchs angeklagt, aber aus Mangel an Beweisen freigesprochen, wurde er von der Gestapo weiter in Haft gehalten und, da er sich weigerte, das Predigen aufzugeben, als erster katholischer Geistlicher in das Konzentrationslager Börgermoor verbracht. Ohne in der Zwischenzeit die Freiheit wiedererlangt zu haben, wurde er im Januar 1936 zum zweiten Mal vor Gericht gestellt und in einem gründlicher abgedichteten Verfahren von der 4. Großen Strafkammer des Landesgerichtes Köln, also keinem Sondergericht, zu 15 Monaten Gefängnis verurteilt, die er ohne Anrechnung der KZ-Haft zu verbüßen hatte. Zu Einzelheiten vgl. J. Spieker, Mein Kampf gegen Unrecht in Staat und Gesellschaft. Erinnerungen eines Kölner Jesuiten (Köln 1971).

dieser Verfügung möge man sich an das Kirchenministerium wenden. Das war nur scheinbar eine betonte Respektierung der Befugnisse des Kirchenressorts, tatsächlich aber daraufhin angelegt, die mit der Gestapo in einem Dauerzwist liegende Ministerialbehörde in Verlegenheit zu bringen. Wie häufig so auch im Fall Mayer auf eine bloße Zuschauerrolle beschränkt, mußte Kerrl die ihm gnädig eingeräumte Kompetenz, eine Gestapomaßnahme aufzuheben, als Hohn empfinden, da er es sich schwerlich leisten konnte, eine weichere Linie zu vertreten als seine kirchenpolitischen Gegenspieler Himmler und Heydrich.

Kirchlicherseits geriet man durch die Einschärfung des Redeverbots in ein Dilemma. Beugte man sich dem Gestapo-Eingriff in den innerkirchlichen Rechtsbereich, so hatte die Staatspolizei ihr ursprüngliches Ziel dennoch erreicht. Billigten aber Erzbischof und Provinzial P. Mayers Absicht, das Kanzelverbot zu ignorieren, so drohte als Gegenschlag unverzüglich die Aufforderung zum Antritt der Gefängnishaft.

Bei der unbezweifelbaren Rechtslage hielt Kardinal Faulhaber „ein bittliches Verhandeln mit dem Reichskirchenministerium für unmöglich. Es würde ja eine Anerkennung des staatlichen Predigtverbotes bedeuten und über kurz oder lang zu weiteren staatlichen Predigtverboten führen“[55]. Infolgedessen wandte sich der Münchener Erzbischof, indem er das Grundsätzliche am Fall Rupert Mayer herausstellte, am 5. Oktober 1937 an den Hl. Stuhl, um „eine eindrucksvolle Vorstellung bei der Reichsregierung in dieser Frage um die Freiheit des Wortes Gottes und der Kirche“ zu erbitten. Dem entsprach Kardinalstaatssekretär Pacelli am 16. November 1937 in einer eigenen Note[56], die auf weite Strecken die Darlegung Faulhabers im Wortlaut übernahm und die Widerrechtlichkeit von Predigtverboten am Vorgehen der Staatsmacht gegen Rupert Mayer exemplifizierte. Eine Erwiderung[57] wurde im Auswärtigen Amt in Berlin zwar entworfen, aber nicht abgesandt. Ihr Kernsatz lautete, „ein uneingeschränktes Recht zur Verkündigung der katholischen Glaubens- und Sittengrundsätze auch in den Fällen, wo diese sich mit den staatlichen Geboten und Anordnungen im Widerspruch befinden“, hätten „die Konkordate den katholischen Geistlichen nicht eingeräumt“.

Während der Wochen, wo ihm der Weg auf die Kanzel versperrt blieb, verfiel P. Mayer keineswegs in Passivität. So verschaffte er sich am 6. Oktober 1937 eine längere Aussprache beim Staatssekretär des Reichsstatthalters[58]. Von der, wie sich erwiesen hatte, nicht sehr tragfähigen Frontkameradschaft war zwischen dem Oberst a. D. und dem ehemaligen Feldgeistlichen nicht die Rede. Statt dessen führte der Besucher „bewegliche Klage darüber, daß auf der ganzen Linie die christliche Weltanschauung angegriffen und in die einzelnen Familien und das ganze Volk ein großer Zwiespalt hineingetragen würde“. Der Kritik P. Mayers an

[55] Vgl. Faulhaber an Pacelli, 5. Oktober 1937. Nachlaß Faulhaber.

[56] Vgl. Pacelli an Bergen 16. November 1937 (Druck: D. ALBRECHT, Der Notenwechsel zwischen dem Hl. Stuhl und der Deutschen Reichsregierung, Band II: 1937–1945, Mainz 1969, Nr. 17).

[57] Vgl. D. ALBRECHT 63 Anm. 4.

[58] Vgl. Aufzeichnung Hoffmanns, 7. Oktober 1937. GStA München. Reichsstatthalter 812.

der nationalsozialistischen Entkirchlichungspolitik hatte Epps engster Vertrauter wenig Stichhaltiges entgegenzusetzen. „Gewisse Entgleisungen" wollte Hoffmann zwar nicht leugnen, doch seien diese „weder vom Staat noch von der Partei legitimiert. Man könne höchstens den Vorwurf erheben, daß hier ein gewisser Laisser-aller gegeben sei." Dagegen anzugehen, fehle ihm die Zuständigkeit. Mit der Flucht in beschwichtigende Redensarten entzog er sich einer Stellungnahme zu den von P. Mayer vorgebrachten Tatsachen.
Seit Mitte September 1937 wieder in München, entfaltete P. Mayer zwar weiterhin eine rege Seelsorgs- und Caritastätigkeit, trug aber dennoch schwer an dem Kanzelverbot. Im Einvernehmen mit dem Kardinal hatte auch P. Rösch zunächst noch weiter Zurückhaltung geboten, dann aber Mitte Dezember 1937 den Bedenken P. Mayers nicht länger widerstanden, daß die Gläubigen an ihm irre werden müßten, wenn er sich von der Gestapo das Predigen verbieten lasse. „Die Leute würden sich sagen, er macht es eben wie die anderen. Wenn es ernst wird, wenn man ihm droht und mit dem Polizeistock winkt, dann hört auch er auf mit der Verkündigung des Evangeliums."[59] Den Bogen überspannte dann schließlich Gauleiter Wagner mit dem prahlerischen Ausspruch, „daß Gefängnisstrafen offenbar genügten, den Mut zu dämpfen und die Geistlichen verstummen zu machen"[60]. Ohne sich Illusionen über die Folgen hinzugeben, stand P. Mayer am zweiten Weihnachtsfeiertag 1937 mit Billigung seiner Oberen erstmals wieder auf der Kanzel. Die leise Hoffnung, daß bei Beschränkung des Predigers auf eine rein religiöse Thematik und den Kirchenraum von St. Michael die Gestapo aus dem Spiel bleiben werde, erfüllte sich jedoch nicht. Nach einer zweiten Predigt am Neujahrstag konfrontierten ihn schon am 5. Januar 1938 zwei Gestapoleute mit der wohlbekannten Frage, ob er seine Kanzeltätigkeit fortzusetzen gedenke. Die Frage war überflüssig, und der weitere Ablauf ergab sich beinahe automatisch. Zuerst das Wittelsbacher Palais, dann Stadelheim und schließlich am 17. Januar der Beginn der Strafverbüßung in Landsberg. Als er am 5. Mai 1938 dank einer allgemeinen Amnestie um einige Wochen vor der Frist entlassen wurde, ließ der Häftling Rupert Mayer seine stolzeste Kriegsauszeichnung, das EK I, demonstrativ auf dem Tisch der Gefängniszelle zurück.
Damit endete die Begegnung des nun zum Schweigen verurteilten Münchener Männerseelsorgers mit der regulären Justiz des Hitlerstaats, nicht aber die Nachstellungen der Politischen Polizei. Nach Kriegsbeginn 1939 im Reichssicherheitshauptamt zusammengefaßt, wurde Himmlers Unterdrückungsmaschinerie so autark, daß sie auf die Assistenz eines in SS-Augen ohnehin unzuverlässigen und gehemmten Justizapparats nicht länger angewiesen war.
So wurde P. Mayer, weil er im Gestapo-Verhör auf dem Recht seelsorgerlicher Verschwiegenheit beharrte, am 3. November 1939 erneut verhaftet und am

[59] Vgl. R. MAYER, Der Nationalsozialismus und meine Wenigkeit.
[60] Vgl. H. HÜRTEN 1046. Das Diktum ist nicht wörtlich überliefert; vgl. die variierte Fassung bei A. KOERBLING 231.

23. Dezember ins Konzentrationslager Sachsenhausen-Oranienburg eingeliefert. Nach wenigen Monaten war seine Gesundheit so geschwächt, daß es die Machthaber plötzlich eilig hatten, ihm am 8. August 1940 das Benediktinerkloster Ettal als Zwangsaufenthalt zuzuweisen. Trotz der Gastlichkeit des Ordenshauses fühlte er sich, von der Außenwelt bis auf dünne Fäden abgeschnitten, wie ein Zugvogel im Käfig. Sobald im Mai 1945 die Stunde der Befreiung geschlagen hatte, führten ihn seine Männer im Triumph nach München zurück. Ihn selbst erfüllte dabei die Gelassenheit des in harter Prüfung Gereiften: „Ein alter einbeiniger Jesuit lebt, wenn es Gottes Wille ist, länger als eine tausendjährige gottlose Diktatur."[61] Mit der Energie von einst stemmte er sich gegen den Strom der Nachkriegsnot, aber die Kräfte waren erschöpft. Am Allerheiligentag 1945 hörte das Herz des Unermüdlichen auf zu schlagen.

Drei Jahrzehnte nach seinem Tod ist Rupert Mayer nicht nur in München unvergessen. Für die Tausende, die Tag für Tag in pausenloser Folge seine Grabstätte in der Unterkirche des Bürgersaals aufsuchen, ist er in einem Maß gegenwärtig, das, rational nicht auflösbar, wie ein Wunder an Lebendigkeit anmutet, angerufen als stummer Tröster und bewährt in den Bedrängnissen dieser Zeit. Während die Institution Kirche im Ringen um ihre nachkonziliare Gestalt Ältere befremdet und Jüngere schwer zu erwärmen vermag, ist der Gemeinde um P. Mayer ohne Organisation und ohne Sensation eine neue Generation zugewachsen, finden sich die Lebensalter im Aufblick zu ihm in einer selten gewordenen Solidarität. Denen, die ihn kannten, und denen, die ihn entdecken, ist er nicht nur vertrauenswürdiger Helfer, sondern beispielhafte Verwirklichung des Evangeliums in unserer Zeit, die Verkörperung des bis zur Lebenshingabe unbeugsamen Einzelnen im Widerspruch gegen die Zwangsherrschaft innerweltlich totalitärer Ersatzreligionen.

[61] Vgl. A. Koerbling 233.

15

ZWISCHEN URSPRUNG UND FERNE

[P. Ivo Zeiger SJ. 1898–1952]

Ein Jesuitenleben zwischen Valkenburg und Rom könnte man die Ordensjahre P. Zeigers überschreiben, wenn man sein vielfältiges Wirken auf einen geographischen Nenner bringen will. Auf dieser Nord-Süd-Achse bewegte er sich schon in den dreißiger Jahren, als er zu seinen römischen Verpflichtungen noch Vorlesungen in Frankfurt und Aachen übernahm. Sie blieb die Leitlinie mit vielen Abstechern nach Ost und West im Reiseprogramm für die Vatikanmission während der ersten Nachkriegszeit. Halbwegs zwischen den beiden äußersten Polen gelegen, der Ort seiner Geburt im Kahlgrund, ein Mittelpunkt seines Lebens nicht nur aus geographischer Sicht, sondern auch immer wieder aufgesucht als Stätte der Erneuerung aus den Ursprüngen.
Hier erblickte er in Mömbris am 29. Juli 1898 das Licht der Welt. Den Vornamen empfing er von seinem Taufpaten Ivo Fischer (1881–1937), dem damals siebzehnjährigen Bruder der Mutter Adelheid (1872–1950). Der Vater Karl Zeiger (1863–1933) betrieb das Schneiderhandwerk.
In das gleiche Jahr 1898 fiel für die Kahlgründer insgesamt ein umwälzendes Ereignis, die Eröffnung einer Eisenbahn zwischen Kahl und Schöllkrippen, die das abgelegene Spessarttal der weiten Welt ein Stück näherrückte. Bildungspolitisch aber blieb der Kahlgrund noch für Jahrzehnte Hinterland. Denn zur nächsten höheren Schule führte der Schienenweg nur in einem zeitraubenden und darum unbenutzbaren Bogen über Kahl am Main.
Lesen und Schreiben lernte Ivo Zeiger in der heimatlichen Volksschule, die damals schon im jetzigen Rathaus untergebracht war. Wie sicher überliefert ist, gehörte er seinerzeit zu den drei Vorzugsschülern, die einem der Lehrer regelmäßig das Fahrrad putzen durften. Bald aber, am Ende der 5. Klasse, begann mit dem Übertritt an das Gymnasium Aschaffenburg für den Zwölfjährigen der Ernst des Lebens. Um die kostspielige Zeit des Wohnens in der Fremde möglichst abzukürzen, war der aufgeweckte Schüler gleich für die Aufnahme in die 3. Klasse des Gymnasiums vorbereitet worden. Dafür hatte ihm, wie gewöhnlich in solchen Fällen, das Pfarrhaus beigestanden und der damalige Kaplan von Mömbris, Sebastian Pfriem, die nötigen Vorkenntnisse beigebracht.
Von 1910 bis 1916 absolvierte Ivo Zeiger seine Gymnasialstudien mit dem Anfang und dem Abschluß in Aschaffenburg und drei Jahre dazwischen in Würzburg. Eine Zeitlang dachte er an Altphilologie als künftiges Studienfach. Gerade achtzehnjährig wurde er im November 1916 nach Germersheim eingezogen. Der Oberprimaner kam für den Einsatz in der vordersten Linie der Westfront noch nicht zu spät. Einmal gasvergiftet, ein andermal von Granatsplittern am rechten Arm getroffen, bekam er die Härte des Krieges am eigenen Leib zu spüren. Als

Offiziersaspirant wurde er im September 1918 zum Vizefeldwebel befördert. Einen Monat später geriet er in Kriegsgefangenschaft, knapp drei Wochen vor dem Waffenstillstand.
Somit war für Ivo Zeiger mit dem Krieg das Soldatenleben noch keineswegs zu Ende. Die Enttäuschung wäre noch größer gewesen, hätte er geahnt, daß er noch über ein Jahr hinter Stacheldraht verbringen würde, bevor er im Februar 1920 die Heimat wiedersah. Von den Hungerrationen im Gefangenenlager wußte er anschaulich zu berichten. Die Entbehrungen dort haben seiner Gesundheit ernster zugesetzt als die Strapazen im Schützengraben. Idealist der er war, stellte er – inzwischen an der Universität – in einem Freikorps erneut seinen Mann.
Dann aber verlangte der Übertritt ins Zivilleben Antwort für die Berufsfrage. Im Grunde jedoch waren die Würfel schon längst gefallen. Er selbst schreibt über Zeit und Ort dieses Entschlusses: „Den Beruf der Gesellschaft Jesu empfing ich durch Bücher als Verwundeter im Jahre 1917". Man kann dieses Bekenntnis nicht lesen, ohne an Ignatius von Loyola, den Gründer des Jesuitenordens, erinnert zu werden, der ebenfalls kriegsverletzt, auf dem Krankenlager durch Bücher auf eine neue Lebensaufgabe, den Dienst an Christus und der Kirche, gelenkt wurde.
Doch wollte der Kriegsheimkehrer den Schritt in den Orden nicht tun, ohne eine Besinnungspause eingelegt zu haben. Und er traf die Entscheidung nicht ohne Berater. In Würzburg, wo Ivo Zeiger 1920 für zwei Semester die Universität bezog, wirkte auch der geistliche Onkel, nach der Primiz im Jahre 1907 inzwischen Domvikar geworden und als Privatsekretär bei Bischof von Schloer tätig. Ivo Fischer hat seinem Neffen von dem Plan sicher nicht abgeraten. Hatte er doch selbst nach der Priesterweihe noch Jesuit werden sollen. Doch hatte ihm der Orden zu bedenken gegeben, daß er als Sekretär des Bischofs von Würzburg einen für die Kirche wichtigeren Posten auszufüllen habe. Im Frühjahr 1921 war es so weit und am 5. April meldete sich Ivo Zeiger beim Pförtner des Noviziats in Feldkirch in Vorarlberg.
Schon im Herbst 1922 wurde er für den wissenschaftlichen Teil der Ausbildung ins Jesuitenkolleg nach Innsbruck geschickt, das ihm für die nächsten sieben Jahre zur Studienheimat wurde. In den philosophischen und theologischen Studien, die er, abweichend vom allgemeinen Brauch, in einem Zuge absolvieren durfte, glänzte er nicht nur durch schnelle Auffassungsgabe und sicheres Gedächtnis, sondern ebenso sehr durch den eisernen Fleiß, mit dem er sich den Lehrstoff aneignete. Die ihn beobachten konnten, rühmen seinen Blick für das Wesentliche, der es ihm erlaubte, in weitschweifigen Abhandlungen sofort den Kern der Sache anzuvisieren. So war es kein Wunder, daß er bei seiner Preisarbeit, welche die theologische Fakultät ausgeschrieben hatte, den ersten Platz errang und daß die Oberen ihn als Hochschullehrer einzusetzen gedachten.
Zuerst aber kamen die Festtage der Priesterweihe und Primiz. Am 29. Juli 1928, dreißig Jahre alt und genau auf seinen Geburtstag, empfing Ivo Zeiger im Berchmanskolleg zu Pullach durch die Handauflegung des Kardinals Michael von

Faulhaber die Priesterweihe. Am darauffolgenden Sonntag feierte er mit seiner Heimatgemeinde sein erstes feierliches Meßopfer.

Ein Jahr später, nach dem Abschluß der Theologie in Innsbruck, siedelte der angehende Professor für die Geschichte des Kirchenrechts nach Rom über, um sich in einem zweijährigen Kurs auf die Übernahme eines Lehrstuhls an der Päpstlichen Universität Gregoriana vorzubereiten. Mehr noch als der Beginn eigenen öffentlichen Wirkens bewegte P. Zeiger die Begegnung mit der Ewigen Stadt. Empfänglich für die Sprache der Bilder und Steine, geriet er wie ungezählte Rombesucher vor ihm in den Bann dieses Zentrums der antiken und christlichen Welt. Zuallererst war Rom für ihn die Stadt der Päpste und Märtyrer, rund um den Petersplatz und den Vatikan. Wie er sich die Überfülle des Sehenswerten Stück um Stück aneignete, läßt sich anhand der Schilderungen verfolgen, die er damals über Jahre hinweg für die Leser des „Würzburger Sonntagsblattes" verfaßt hat, über Stationskirchen und Katakomben, über das Kolosseum und die Via Appia, über Seligsprechungen und Papstaudienzen. Aus diesen Zeilen sprach ebensosehr auch das heiße Bemühen, das ihn so erfüllende Romerlebnis nicht für sich zu behalten, sondern seinen fränkischen Landsleuten möglichst anschaulich mitzuteilen.

Jedoch über das Persönliche und Private hinaus sollte die Versetzung nach Rom für P. Zeiger zu einem Wendepunkt seines Lebens werden. Das gilt, obwohl er dort immer nur für Monate festen Fuß fassen konnte. Wohl war die Gregoriana sein eigentlicher Standort, doch nebenher mußte er auch in den deutschen Ordensprovinzen aushelfen, so daß er in den dreißiger Jahren fast ständig unterwegs war, zwischen Rom und Valkenburg, zwischen Frankfurt und Aachen. Während dieser akademischen Lehr- und Wanderjahre, wo er spürte, wie ihn seine internationale Hörerschaft schätzte, fühlte er sich noch unbeschwert von den drückenden Problemen, die ihm später aufgeladen wurden. Er wollte, und das merkten die Studenten sehr bald, nicht nur mechanisch Wissen vermitteln. Wo er das Wort ergriff, sprach er mit der Wärme des Seelsorgers, der das Leben des anderen etwas heller, leichter und freundlicher machen möchte. Gerühmt wurde an ihm die Gabe, Kompliziertes in überschaubare Einzelheiten aufzulösen und diese dann wieder zu einem Ganzen zusammenzufügen. An der Vielzahl der Themen, mit denen er sich fachwissenschaftlich oder literarisch auseinandersetzte, ist die Breite seiner geistigen Interessen abzulesen. So beschäftigte er sich mit der Geschichte des Bußsakramentes und der Ordensgelübde, mit Konkordaten und Papstenzykliken, mit Ordenssatzungen und staatlichen Gesetzeswerken. Aber er betrieb die Wissenschaft nie um ihrer selbst willen und die volkstümlichen Beiträge für das Würzburger Bistumsblatt nahm er mindestens ebenso wichtig wie Aufsätze in Fachzeitschriften.

In Rom also begann für P. Zeiger ein neuer Lebensabschnitt, nicht so sehr wegen der Professur an der Gregoriana, sondern weil er ins Gesichtsfeld der obersten Ordens- und Kirchenbehörden geriet. Kardinalstaatssekretär Pacelli wurde schon 1933 auf den fähigen Kirchenrechtler aufmerksam und zog ihn wiederholt zu juristischen Gutachten heran. Immer auf der Suche nach brauchbaren Rektoren verfolgte auch die Ordensleitung mit P. Zeiger ihre Pläne. 1937 wurden schon einmal die Weichen gestellt, ihn zum Rektor des Berchmanskollegs in Pullach bei München zu ernennen.

Zwei Jahre später gab es dann kein Entrinnen mehr, nur war die Leitung des Germanikums, die P. Zeiger im November 1939, kurz nach Kriegsausbruch übernahm, ein ungleich dornigeres Amt. In diesem Priesterseminar auf römischem Boden sammeln sich seit mehr als vier Jahrhunderten Theologiestudenten aus Deutschland, Österreich, Ungarn, Kroatien und der Schweiz zu einer intensiven Vorbereitung auf das Priestertum. Einer so vielfältigen und naturgemäß kritischen jungen Mannschaft geistig vorzustehen, erfordert an sich schon ein nicht alltägliches Geschick. Dazu kommt der unerbetene Einfluß außerhäuslicher Machtfaktoren, die dem Rektor das Leben sauer machen können. Für P. Zeiger jedoch traten diese beiden sozusagen normalen Problemkreise hinter der Aufgabe zurück, das Kollegsgebäude von Grund auf neu zu errichten und das bei weiterlaufendem Studienbetrieb. Mitten im Zweiten Weltkrieg wurde der achtstöckige Großbau unter Anspannung aller Kräfte glücklich unter Dach gebracht, gerade drei Wochen vor dem Einrücken der Amerikaner in Rom Anfang Juni 1944. Aber welcher Preis an Nervenkraft von diesem Projekt dem Rektor abgefordert wurde, wußte nur dieser allein. Es gab genug Engpässe, wo auch P. Zeiger seinen sonst sprichwörtlichen Humor verlieren konnte.

Die Annehmlichkeiten des Neubaues kennenzulernen, war ihm nicht lange vergönnt. Nach der Lehrtätigkeit an der Gregoriana, der Priesterausbildung am Germanikum und der Errichtung des neuen Kollegs wurde dessen Rektor zunächst aushilfsweise, dann aber vollständig auf ein neues Tätigkeitsgebiet abgezogen. Der Orden konnte nicht Nein sagen. Denn wer auf die Freistellung P. Zeigers pochte, war kein anderer als der Papst.

Sobald die Kampffront über Rom hinaus nach Norden vorgerückt war, betraute Pius XII. den italienischen Erzbischof Riberi mit der Sorge für die deutschen Kriegsgefangenen. Nacheinander sollte er im Winter 1944/45 die Lager der Alliierten in Süditalien aufsuchen, um dort Gottesdienste zu halten und den Gefangenen seelsorglich beizustehen. Ihm wurde P. Zeiger als Dolmetscher, Unterhändler und Organisator beigegeben, infolge seiner persönlichen Erlebnisse hinter Stacheldraht für diese Aufgabe wie wenige andere gerüstet. Unter den Augen des Papstes bewährte sich hier sein diplomatisches Geschick bei ersten Fühlungsnahmen mit militärischen Instanzen aller Grade. So wurden die Lagerfahrten durch Süditalien zum Vorspiel und zur Überleitung zu den Großaufträgen des Jahres 1945.

Nach dem Zusammenbruch des NS-Staates herrschten in Deutschland chaotische Zustände. Die Regierungsgewalt wurde ausschließlich von den Besatzungsmächten ausgeübt, das Land in vier Besatzungszonen aufgeteilt, die Provinzen im Osten unter fremde Verwaltung gestellt, die Bewohner aus ihrer angestammten Heimat vertrieben. Je undurchsichtiger die Lage von außen erschien, um so mehr drängte der Papst, zuverlässige Nachrichten über die Situation in den deutschen Diözesen einzuziehen. Eine Postverbindung gab es noch nicht. Nuntius Orsenigo hatte sich vor den pausenlosen Luftangriffen der letzten Kriegsmonate nach Eichstätt geflüchtet. Dort war er von den deutschen Bischöfen ebenso abgeschnitten wie von der römischen Zentrale.

Sobald die äußeren Vorbedingungen erfüllt waren, wurde darum P. Zeiger vom Hl. Vater zu einer ersten Erkundungsfahrt über die Alpen geschickt. In einem Jeep und unter der Obhut eines amerikanischen Oberleutnants machte er sich Ende August 1945 auf die abenteuerliche Reise, wobei er zeitweilig selbst in die schützende Hülle einer amerikanischen Armeeuniform schlüpfte. Nur so war ein schnelles Vorwärtskommen auf den von Militäreinheiten kontrollierten Straßen möglich. Innerhalb von nur 18 Tagen wurden von P. Zeiger 16 Bischofssitze aufgesucht. In stundenlangen Informationsgesprächen bis tief in die Nacht hinein suchte er dort ein umfassendes Bild der Nachkriegssituation zu gewinnen. Was er an Eindrücken zusammengetragen hat, ist in einem Abschlußbericht an den Papst festgehalten.

Demnach war sein Gesamtbefund trotz aller schweren Nöte, unter denen man in Deutschland seufzte, über Erwarten tröstlich. Von Verzweiflungswillen sei nichts zu spüren. Das Volk trage mit bewundernswerter Geduld die Leiden des verlorenen Krieges und die Drangsale der Besatzung. Allerdings werde die Größe und Tragweite der Niederlage von der Masse der Deutschen noch nicht überschaut. Gerade das aber mußte das positive Urteil wieder einschränken, weil die eigentlichen Prüfungen erst noch bevorstanden. Denn die Lawine der 12 Millionen Ostvertriebenen war erst im Anrollen und überstieg menschliche Vorstellungskraft.

Manch einer wird sich daran erinnern, wie P. Ivo Zeiger im Zuge dieser Erkundungsfahrt damals auch seiner Heimatpfarrei einen Blitzbesuch abgestattet hat. Und er wird auch ohne Namensnennung sogleich begreifen, was gemeint ist, wenn der Kundschafter unter den hoffnungsvoll stimmenden Erfahrungen in dem Papstbericht folgende Begebenheit schildert: „In einer kleineren Pfarrei von etwa 2000 Seelen habe ich an einem Samstag (es war der sogenannte Priestersamstag) um 7 Uhr früh die Messe gelesen. Die Kirche war gedrängt voll und ich mußte mit einem anderen Priester eine volle Viertelstunde Kommunion austeilen".

P. Zeiger hat dieses sein Vaterland, das der Nationalsozialismus ins Chaos gestürzt hatte, nicht als unbeteiligter, distanzierter Beobachter aufgesucht. Er hat darum nicht nur die Symptome für eine gründliche Diagnose des Patienten zusammengetragen und kommentarlos vorgelegt, sondern aus einer tiefgefühlten Verantwortung heraus den päpstlichen Auftraggeber zu konkreten Hilfsaktionen zu bewegen versucht.

Seine Bestandsaufnahme der deutschen Situation gipfelte darum in der folgenden unmißverständlichen Anregung, die fast einem Appell gleichkam: „Es wird von höchster Bedeutung sein, daß der Hl. Vater auch dem deutschen Volk seine väterliche Liebe und Hilfe angedeihen läßt. Eine derartige Hilfeleistung, allen

Haßgesängen der übrigen Welt zum Trotz, wird für alle Zeiten den tiefsten und wohltuendsten Eindruck im schwergeprüften Volk hinterlassen und eines der wirksamsten Mittel sei, um etwaigen Anfeindungen von kirchenfeindlicher Seite zu begegnen."

Pius XII. zögerte nicht lange, die Empfehlungen des Berichterstatters in die Tat umzusetzen. Ebensowenig ließ er einen Zweifel, daß er für die geplante Vatikanmission in Deutschland auf P. Zeiger nicht verzichten könne. Das bedeutete für diesen den endgültigen Abschied vom Germanikum und in den letzten, jetzt noch nicht überschaubaren Konsequenzen, auch den Abschied von Rom.

Direkte päpstliche Hilfsmaßnahmen wollten die Siegermächte für Deutschland, das ja umerzogen werden sollte, damals noch nicht zulassen. Deswegen mußten andere Zwecke wie die seelsorgliche Betreuung von Millionen nach Deutschland verschleppter Fremdarbeiter in den Vordergrund gerückt werden. Aus diesem Grunde wurde für alle in Betracht kommenden Nationalitäten, nämlich für die Polen, Letten, Litauer, Slowaken, Ungarn, Rumänen, Ukrainer und Kroaten, ein eigener Geistlicher in den Stab der Mission aufgenommen. An ihre Spitze berief der Papst den Erzbischof Carlo Chiarlo (1881–1964), einen Diplomaten schon vorgerückten Alters, der, wie bald deutlich wurde, Mühe hatte, sich in den außergewöhnlichen Verhältnissen zurechtzufinden. Infolgedessen fiel die Hauptlast der größtenteils unvorhersehbaren Probleme auf die Schultern von P. Zeiger.

Ende Oktober 1945 setzte sich die Kolonne von acht amerikanischen Sanitätswagen, beladen mit Arzneien, hochwertigen Lebensmitteln, Zigaretten und Gebetbüchern in den verschiedenen Landessprachen, von Rom aus in Marsch. Schon auf der Fahrt gab es reichlich Kummer. Das italienische Fahrpersonal hätte aus Engeln bestehen müssen, um nicht der Versuchung zu erliegen, mit der Mangelware im Laderaum einträgliche Unterwegsgeschäfte zu tätigen. Die Organisatoren konnten von Glück reden, wenn sie am Ende jeder Tagesetappe die Karawane wieder vollzählig beisammen hatten.

Nach mehrtägiger Fahrt erreichte man Anfang November endlich das amerikanische Hauptquartier in Frankfurt. Der Auftakt aber war schlecht. Denn das Zusammentreffen mit dem US-Oberkommandierenden Eisenhower endete für die vatikanische Seite enttäuschend. Obwohl oder besser weil sich der päpstliche Abgesandte in einer Art Galaaufmachung präsentierte mit einer Fülle von Schärpen und Quasten, erzielte er bei dem militärisch nüchtern gekleideten General nicht den erhofften Effekt. Ein weiteres Hindernis war die Sprache. Der Erzbischof verstand kein Englisch, Eisenhower kein Italienisch. Auch verdroß es den General, daß ihm sein Gesprächspartner durch die ständige Berufung auf den „Santo Padre" zu imponieren suchte.

Hinterher wurden die Amerikaner deutlicher. Wenn schon, dann könne eine päpstliche Hilfskommission nur von einem Geistlichen amerikanischer Nationalität geleitet werden, nicht aber von einem Deutschen oder einem Italiener. Trotz des kühlen Empfangs ließ sich die Militärregierung wenigstens dazu herbei, im Taunusstädtchen Kronberg der Vatikanmission ein festes Domizil anzuweisen. Es war dauerhafter, als man damals vermuten durfte. In der von den Besatzungstruppen beschlagnahmten Villa Grosch in der Gartenstraße 1 richtete sich die Vatikanvertretung häuslich ein, bis sie 1951 nach Bad Godesberg übersiedelte. Bis dahin war noch ein weiter Weg, den noch niemand überschaute.

Zunächst einmal kam die heikle Personalfrage ins Rollen. Ende Dezember 1945 erfuhr Erzbischof Chiarlo von seiner bevorstehenden Ernennung zum Nuntius in Brasilien. Von da ab zog es ihn unwiderstehlich in Richtung Rom. Nach der Abreise des Trosses am 18. Januar 1946 war P. Zeiger inmitten des zusammengeschrumpften Häufleins weithin auf sich selbst gestellt. Bis zum Eintreffen eines neuen Missionschefs verstrichen Monate. Es wurden für P. Zeiger die schwersten der Kronberger Epoche.

Vom Papst wurde die Nachfolgerfrage sogleich energisch angepackt. Schon im Februar hatte Pius XII. seine Wahl getroffen. Sie fiel auf Aloisius Muench (1889–1962), Bischof der Diözese Fargo in den Vereinigten Staaten. Dieser brachte nicht nur die von der Militärregierung geforderte amerikanische Staatsangehörigkeit mit. Als Sproß deutscher Einwanderer in den USA geboren, beherrschte er auch die deutsche Sprache. Ein längerer Studienaufenthalt nach dem Ersten Weltkrieg in der Schweiz hatte ihn überdies mit den europäischen Verhältnissen vertraut gemacht. Die Berufung Muenchs war, wie die Zukunft lehren sollte, für das katholische Nachkriegsdeutschland ein Glücksfall. Neben der seelsorglichen Betreuung der sogenannten „Displaced Persons“ aus Osteuropa übernahm er die Stellung eines Militärbischofs für die US-Streitkräfte in Deutschland. Dank dieser offiziellen Funktion stand er nicht länger wie sein Vorgänger als Fremdling und Außenseiter da, sondern bildete einen Teil der allmächtigen Militärregierung. Ohne die loyale Unterstützung P. Zeigers wäre es dem „Bischof aus der Prärie“, wie ihn ein Skeptiker betitulierte, kaum gelungen, sich so glatt und reibungslos in den neuen Aufgabenkreis einzuarbeiten. Keiner von beiden war ein ausgebildeter Kurialdiplomat. Im Vertrauen auf ihren gesunden Menschenverstand und ihr Fingerspitzengefühl erlernten sie das Diplomatenhandwerk, indem sie es ausübten. Das schweißte zusammen und ergab für den Anfang ein zugkräftiges Gespann.

Jetzt erst begannen die päpstlichen Hilfslieferungen einigermaßen unbehindert nach Deutschland zu rollen. Vom Sommer 1946 bis Sommer 1949 wurden nicht weniger als 950 Güterwaggons zu je 17 Tonnen mit Lebensmitteln, Kleidung, Wäsche und Hausrat nach deutschen Bahnhöfen abgefertigt, eine, gemessen an den Möglichkeiten des Vatikans, außerordentliche Anstrengung.

Wichtiger jedoch als die Verteilung der Papsthilfe war für die Vatikanmission der Gedankenaustausch mit dem deutschen Episkopat. Überall wurden in den späteren Bundesländern Verfassungen entworfen, für deren Gestaltung sich Bischöfe und Abgeordnete sachkundige Beratung erwarteten, ein Dienst, den kein anderer so kompetent wie P. Zeiger leisten konnte. Kreuz und quer führten ihn Autofahrten durch die vier Besatzungszonen zu immer neuen Unterredungen und Verhandlungen. Die Atempausen in Kronberg waren tatsächlich bis in die Nacht hinein mit der Ausarbeitung von Gutachten und der Erledigung einer umfangreichen Korrespondenz ausgefüllt. Immer mehr Bittsteller hielten Kronberg für einen todsicheren Geheimtip. Es war für die Post darum auch keine Frage, wo sie ein Schreiben abzuliefern hatte, das die Adresse trug: Fräulein Ivo Vatikan, Kronberg.

Unter dem Arbeitspensum, das auf der Vatikanmission lastete, muß es P. Zeiger wie eine glückliche Fügung erschienen sein, daß sein Arbeitszimmer an den Südausläufern des Taunus nur eine gute Autostunde vom Kahlgrund entfernt war. Ungezählte Male hat er während der Kronberger Zeit diese Strecke zurückgelegt, um sich auf heimischem Boden vom Streß und den Widrigkeiten der Amtsgeschäfte zu erholen. Manchmal war es wie die Flucht auf eine rettende Insel. Was ihn heimwärts zog, verrät er in einem Brief, in dem er über die Humorarmut des modernen Menschen beklagt. „Wie wohl tat es mir jüngst", so gesteht er einem römischen Mitbruder, „als ich zu Hause mit alten Handwerkern und Bauern abends plauderte und die Schnurren aus der guten alten Zeit hervorgezaubert wurden. So ein handfester Dialekterzähler ist doch etwas unbezahlbar Heiteres."

Aber diese Anhänglichkeit an die Stätten seiner Geburt, Kindheit und Jugend würde mißdeutet, wollte man in ihr nur eine Art von romantisch-sentimentaler Heimattümelei sehen. Im Grunde erwuchs sie nämlich aus einem religiösen Kern. Es war gewiß kein Zufall, daß P. Ivo fast mit Sicherheit dann zu erwarten war, wenn ein Festtag herannahte, den Volksfrömmigkeit und Brauchtum prägten. Kaum einmal, daß er am Weißen Sonntag fehlte oder bei der Fronleichnamsprozession durch die festlich geschmückten Straßen, bei der Mitternachtsmette oder der Auferstehungsfeier am Karsamstag. Unvergeßlich bleibt die Szene, wie er am 3. Adventssonntag 1945 mitten unter der Predigt von Pfarrer Weipert mit seinem italienischen Erzbischof im Chor der Kirche auftauchte, das Pfarramt mitfeierte und hinterher der Gemeinde gerührt bekannte, wie er seit 25 Jahren das „Tauet Himmel den Gerechten" erstmals wieder so gesungen habe, daß es „schnorrt". Er scheute eben nicht das Eingeständnis, daß Theologenwissen allein nicht sättigt, weil der Mensch nicht nur aus Verstand besteht, sondern nach einer Form der Gottesverehrung verlangt, bei der auch Herz und Gemüt zu ihrem Recht kommen. P. Zeiger konnte den Wert der Überlieferung schätzen, weil er einen Sinn für das Ursprüngliche, Bodenständige und Gewachsene hatte. Ihm war es niemals zweifelhaft, was den Gläubigen genommen würde, wenn innerhalb der Kirche eine Bewegung um sich griffe, die das Erbe an Formen und Farben als unnützen Ballast erklären und aus der Liturgie des Kirchenjahres verbannen würde.

An der Spitze einer Regierung, einer Diözese, eines Wirtschaftsunternehmens kann immer nur einer stehen. In aller Welt ist es darum zwangsläufig so, daß jeder Zweite – und sei er noch so unersetzlich – in den Schatten des Ersten tritt. Das war bei der Vatikanmission nicht anders. Eingeweihte wußten zwar, wieviel tatsächlich von der Aktivität P. Zeigers abhing, doch für Presse und Rundfunk verkörperte die Vatikanmission naturgemäß deren Leiter, Bischof Muench. Sein wichtigster Mitarbeiter war zu nüchtern, um darunter zu leiden und zu sehr Mann der Kirche, um davon viel Aufhebens zu machen. Einmal jedoch ist P. Zeiger weithin erkennbar aus dem Halbdunkel seines Schaffens herausgetreten, als er dem Katholikentag in Mainz 1948 durch ein richtungsweisendes Referat seinen Stempel aufdrückte. Gewiß verschaffte ihm der Umstand, daß es die erste Generalversammlung der deutschen Katholiken nach sechzehnjähriger Zwangspause unter dem NS-Staat war, eine besonders gute Akustik. Aber auch nachher hat kein Einzelbeitrag einen Katholikentag ähnlich zu prägen vermocht wie P. Zeiger mit seiner These: Deutschland – Missionsland.

Die Katholikentagsrede in Mainz bildete gleichsam den äußeren Höhepunkt von P. Zeigers Kronberger Schaffenszeit, äußerlich auch in dem Sinn, daß in dem Referat nur die Spitze eines Eisbergs sichtbar wurde, von dessen Gesamtvolumen sechs Siebtel unter der Wasseroberfläche verschwinden. Aber der Einsatz, den er sich abverlangte, forderte von seiner angeschlagenen Gesundheit unerbittlich Tribut. Arbeitswille und Arbeitskraft klafften zunehmend auseinander. Ihm verursachte das schmerzliche Konflikte. Mehr als man ihm äußerlich anmerkte, hatten ihm die Strapazen des Ersten Weltkrieges zugesetzt. Kurz danach hatte ihn ein Arzt schon darauf vorbereitet, daß er kaum über 45 Jahre alt werden könne. Obwohl es fast zehn mehr geworden sind, gab er sich über seinen Gesundheitszustand keinen Illusionen hin. Immer öfter streikte das Herz und zwang ihn zum Aussetzen. Erst fünfzigjährig, sprach er in den Exerzitienaufzeichnungen von 1948 von den „wenigen Restjahren", die ihm noch gegeben seien. Das Nachlassen der Kräfte zwang ihn 1951, um die Entlassung aus dem Dienst der Vatikanmission zu bitten. Seine Auftraggeber wußten, was sie mit ihm verloren.

Auf Geheiß Pius' XII. schrieb ihm Prostaatssekretär Montini, der heutige Papst: „Was Sie über ihren Gesundheitszustand berichten, hat den Hl. Vater sehr betrübt. Bei dieser Gelegenheit wünscht Seine Heiligkeit, Ihnen seine väterliche Zufriedenheit kundzutun, sowie die Dankbarkeit des Hl. Stuhles für die geistig wertvollen, tatkräftigen Dienste, die Sie der dortigen Vertretung des Hl. Stuhles geleistet haben, immer von erleuchteter Klugheit geleitet und voll großmütiger Hingabe".

In dem Abschiedsbrief von Bischof Muench hieß es: „In dieser Stunde des Abschieds ist mir weh ums Herz. Die freundliche und sorgende Güte, mit der Sie mir in einem neuen und schwierigen Arbeitsfeld so gern und bereitwillig geholfen haben, werde ich nie vergessen. Ich habe alle Ursache, zutiefst gerührt zu sein über die liebevolle und hilfsbereite Aufmerksamkeit, mit der Sie seit meiner Ankunft vor fast fünf Jahren um mich besorgt waren. Ihre treue Freundschaft, Ihre wertvolle Hilfe, die frohen Stunden, die mir hier in Kronberg beschieden waren, sollen mir eine unvergeßliche Erinnerung bleiben. Von Herzen bin ich Ihnen dankbar".

Nach einem Zwischenurlaub zog P. Zeiger jetzt nach München, zum Federvieh, wie er scherzend sagte, in der Redaktion der „Stimmen der Zeit". Aber was den Aufenthalt zu einer neuen Schaffensperiode bilden sollte, brach unvermittelt plötzlich ab. Am Morgen des 24. Dezember 1952 fanden die Mitbrüder ihren Superior, von einem Herzschlag getroffen, tot auf dem Gang vor seinem Arbeitszimmer.

Der Bogen eigenverantwortlichen Wirkens spannte sich von 1931 bis 1952 nur über zwei Jahrzehnte. Erst wenn man dies bedenkt, wird man gewahr, wie sehr P. Zeiger mit seinen Pfunden gewuchert hat. Nacheinander Wissenschaftler, Priesterbildner, vatikanischer Sonderbeauftragter und Schriftsteller war es ihm nicht vergönnt, ein geschlossen einheitliches Lebenswerk zu hinterlassen. Seine Professorenlaufbahn wurde unterbrochen, nachdem er eben in seinem Fachgebiet Fuß gefaßt und eine noch heute benutzte Geschichte des katholischen Kirchenrechts veröffentlicht hatte. Die Tätigkeit bei der Vatikanmission verrichtete er als der unentbehrliche, aber namenlose Zweite und Dank für Verdienste in der Kirchenpolitik ist ebenso kurzlebig wie in der Politik überall. Allein der Hochbau des Germanikums ragt herüber in die Gegenwart als ein unübersehbares Zeichen von P. Zeigers Gestaltungswillen. Man hat im deutschen Kolleg in Rom nicht vergessen, was man dem Erbauer des Hauses schuldet. An hervorragender Stelle hängt dort im Innern des weitläufigen Gebäudes sein Porträt, eine Auszeichnung, die aus der Reihe der Rektoren keinem anderen widerfahren ist.

Angefangenes und Vertrautes liegenzulassen, um in die Bresche zu springen, wo Not am Mann war, wurde mehr als einmal von P. Zeiger gefordert. Er brachte das Opfer aus der freigewählten Grundhaltung heraus, daß persönliche Wünsche vor dem höheren Anspruch der Kirche, vor der größeren Ehre Gottes, zurückzutreten hätten. Unauffällig und konsequent lebte er vor, was er den Alumnen am Germanikum als zentrales priesterliches Leitmotiv zu vermitteln suchte: „Für Gott und sein Reich arbeiten, ungeachtet des Erfolges, auch wenn wir morgen eingestampft werden". Eben damit bekannte er sich zu der radikalen Dienstgesinnung, die für den Orden des Ignatius einmal charakteristisch gewesen ist.

Daß P. Zeiger in einem steilen Aufstieg in immer verantwortungsvollere Positionen einrückte, sahen viele. Wie steinig der Weg bisweilen war, erkannten nur wenige. Seine Treue gehörte den Nachfolgern Petri, ohne daß er für die Kehrseite der römischen Medaille blind gewesen wäre. Ihm entging darum nicht, wie vieles am kirchlichen Apparat verbesserungsbedürftig sei. Doch so sehr er unter den Unzulänglichkeiten der konkreten Kirche litt, war er doch alles andere als ein Systemveränderer, der keinen Stein auf dem andern lassen möchte. Er wurzelte zu tief in der Geschichte seiner Kirche, seines Ordens und seiner Heimat, um die Anstrengungen und Leistungen vergangener Generationen mit einer Handbewegung abzutun.

Mit beiden Füßen in der technischen Welt des 20. Jahrhunderts stehend und ihre Errungenschaften nutzend, aufnahmefähig und im Wissen auf der Höhe seiner Zeit, war sich P. Zeiger doch wieder nicht zu modern, etwa die Geradlinigkeit eines Aloisius, seines zweiten Namenspatrons, zu bewundern, mochte dieser insgesamt auch einer andersgearteten Epoche mit überwundenen Anschauungen angehören. Noch enger fühlte er sich dem hl. Petrus Canisius verbunden. Seine

persönlichen Aufzeichnungen bezeugen, wie intensiv ihm dieser erste deutsche Jesuit, 400 Jahre vor ihm mit einer ganz ähnlichen Aufgabe von Rom aus ins Land der Reformation entsandt, als Leitbild und Wegweiser voranleuchtete.
Tote leben in dieser Welt der Vergänglichkeit fort, durch das Andenken, das ihnen die Lebenden bewahren. P. Ivo Zeiger wurde nicht nur als ein Sohn des Kahlgrunds geboren, er ist das auch, mit seinem ganzen Wesen in dieser Landschaft verwurzelt, zeitlebens bewußt geblieben. Die Ivo-Zeiger-Schule, von seiner Heimatgemeinde 1959 auf der Anhöhe über Mömbris errichtet, wahrt solche Verbundenheit über den Tod hinaus.

16

BRÜNING CONTRA PACELLI

Ein Dokument korrigiert die Memoiren*

Als der Reichskanzler den Empfangssaal betrat, sah er den Papst, in Akten vertieft, am Schreibtisch sitzen. Auch nachdem sich die Flügeltüre wieder geschlossen hatte, nahm Pius XI. von dem Besucher noch keine Notiz. Hatte er ihn nicht bemerkt oder wollte er ihn nicht bemerken? Mit jeder Sekunde, die das Warten andauerte, wuchs in Brüning der Verdacht, es handle sich um einen bewußten Affront. Gereizt machte er schließlich auf seine Gegenwart aufmerksam: „Heiligkeit, hier steht der höchste Beamte des Deutschen Reiches!"
So etwa lautet in Kurzfassung jene leyenda negra, wie sie, von „Eingeweihten" unter variablen Ausschmückungen kolportiert, den Vatikanbesuch Heinrich Brünings vom 8. August 1931 umhüllt. Wer je davon gehört hat, greift um so erwartungsvoller zu den Memoiren des letzten Zentrumskanzlers. Werden sie das Geheimnis lüften? Ausgespart hat Brüning seine römischen Erlebnisse jedenfalls nicht. Wie er sie darbietet, scheinen sie sogar einer der entscheidenden Hinderungsgründe gewesen zu sein, die Erinnerungen noch zu seinen Lebzeiten zu veröffentlichen. Sensationell sind sie durch den Wechsel des Angriffsobjekts: Das Andenken Pius' XI. bleibt unangetastet, sein Kardinalstaatssekretär dagegen wird mit schweren Vorwürfen überhäuft. Ist mit dem Zeugnis eines der Nächstbeteiligten nun die Legende überwunden, oder haben wir dafür nur einen höchst subjektiven Erlebnisbericht eingetauscht, der uns die Wahrheit zwar näher, aber doch nicht die ganze Wahrheit bringt?
Die Auseinandersetzung mit Pacelli ist in einer der zahllosen, immer aber sorgfältig ausgeführten Dialogskizzen festgehalten, von denen die Schilderung der Kanzlerzeit Brünings über weite Strecken hin getragen wird. Innerhalb der Vatikanvisite dominiert die Unterhaltung mit dem Kardinalstaatssekretär so sehr, daß sich die Privataudienz beim Papst wie ein bloßes Anhängsel ausnimmt. Folgt man, immer der Version Brünings vertrauend und vom Gesprächsinhalt abstrahierend, dem Ductus des Gedankenaustauschs, so hätte der Kardinalstaatssekretär dem katholischen Kanzler zunächst unerbetene Ratschläge erteilt, ihn dann hart bedrängt und dadurch eine heftige Gegenreaktion hervorgerufen.
Der Auftakt war liebenswürdig. Die Reibungen begannen bei der Militärseelsorge. Für die Forderung eines exemten Feldpropsts hatte Brüning Entgegenkommen erwartet, statt dessen stieß er auf Vorbehalte, und nach Pacellis Auffassung hätte er davon nicht überrascht sein dürfen. Die Schuld an seiner mangelhaften Kenntnis des Verhandlungsstands sucht der Kanzler auf seinen Berater Kaas abzuschieben.

* [Heinrich Brüning, Memoiren 1918–1934, Stuttgart 1970].

Mit dem Armeebischof war für Pacelli das Stichwort für sein Lieblingsprojekt Reichskonkordat gefallen. Er wünschte zu erfahren, was der katholische Reichskanzler dafür zu tun gedenke, und hatte konkrete Direktiven parat, wie man das steckengebliebene Unternehmen wieder flottmachen könne. Mit dem schlichten Vorschlag, Brüning müsse eben einmal eine Koalition mit der Rechten schließen und ein Reichskonkordat zur Vorbedingung jeder Zusammenarbeit machen, brachte er den Kanzler in Harnisch. Da Brüning sich geschulmeistert fühlte, sparte er jetzt seinerseits nicht mit Belehrung. Er hielt dem Kardinalstaatssekretär vor, daß er „die politische Situation in Deutschland und vor allem den wahren Charakter der Nazis verkenne". Zudem stehe das Zentrum im Wort, zunächst einmal als Gegenstück zum Preußenkonkordat einen evangelischen Kirchenvertrag zu schaffen.

Durch Pacellis Weigerung, diesen Programmpunkt in den Pflichtenkreis eines katholischen Politikers aufzunehmen, spitzte sich der Konflikt weiter zu. Der Kardinal verurteilte jetzt angeblich Brünings „ganze Politik" – man möchte dazwischenfragen, welche? – und drohte, Prälat Kaas als Rektor des Campo Santo nach Rom abzuziehen und ihm dadurch die weitere Ausübung des Zentrumsvorsitzes unmöglich zu machen. Das veranlaßte Brüning wiederum, auf die Unantastbarkeit seiner politischen Entscheidungsfreiheit zu pochen und sich gegen kuriale Pressionsversuche zu verwahren. Ein Exkurs auf den Konkordatsstreit des Vatikans mit Mussolini lockerte die Spannung etwas, regte aber zugleich Pacelli an, dem Kanzler nochmals eine Einigung mit der Rechten zu wünschen.

Das Rededuell zwischen Kardinalstaatssekretär und Reichskanzler wird in der Memoirenfassung überall dort mit Jubel begrüßt werden, wo prominente Ankläger im Prozeß wider das kirchliche Establishment immer hochwillkommen sind. In der Tat deckt Heinrich Brünings Vatikanreport auf schmalem Raum vielfältige Argumentationsbedürfnisse. Er entlarvt kuriales Machtstreben, Nichtrespektierung der Laienverantwortung, Sympathien für den Nationalsozialismus und die Einengung des kirchenpolitischen Horizonts auf Konkordate. Daneben wirken Brünings pauschale Seitenhiebe auf die vatikanische Bürokratie einigermaßen antiquiert.

Eine Gegenprobe zu diesem Memoirenabschnitt mit seinen ungewöhnlichen Feststellungen ist methodisch unerläßlich. Auf direktem Wege kann sie allerdings nicht geführt werden, da ein vatikanisches Korrelat nicht vorliegt, die Unterredungen Brünings mit Pacelli und Pius XI., der damaligen Verfahrensweise entsprechend, höchstwahrscheinlich auch gar nicht protokolliert wurden. Infolgedessen hat der Versuch, Brünings Angaben kritisch zu durchleuchten, beim Kontext anzusetzen. Dafür sind einmal die Vorgriffe und Rückblenden auf den Vatikanbesuch innerhalb der Memoiren selbst zu befragen, außerdem ist aber nachzutragen, was der Autor an den Sachproblemen im Dunkeln gelassen hat.

Zumindest einen unmittelbaren Reflex hat der Brüning-Besuch in einer Notiz Pacellis hinterlassen, nachdem dieser sich einige Tage später mit dem Vertreter des deutschen Vatikanbotschafters unterhalten hatte. Daraus geht hervor, daß nach den Eindrücken des Kardinalstaatssekretärs der Reichskanzler über das Problem der Militärseelsorge nicht informiert gewesen sei, Pacelli dagegen in der Audienz von Außenminister Curtius, dem Begleiter des Kanzlers, diesen Differenzpunkt nicht berührt hat. Das würde auch begreiflich machen, warum Curtius zu Brünings ärgerlichem Erstaunen angeblich viel freundlicher behandelt wurde und „vom Papst und von Pacelli nur Komplimente“ für die Politik des Kabinetts Brüning gehört zu haben glaubte.

Daß eine kirchliche Kontrollinstanz für Brünings Gesprächswiedergabe fehlt, verleiht einer internen Stellungnahme Pacellis erhöhte Bedeutung, die man geradezu als Grundsatzerklärung seiner Deutschlandpolitik bezeichnen könnte. Sie war veranlaßt durch eine Anfrage, die Unterstaatssekretär Pizzardo in Sachen Militärseelsorge an den in der Schweiz weilenden Kardinalstaatssekretär richtete. Durch den Urlaub dazu gezwungen, mit seinem engsten Mitarbeiter und zeitweiligen Vertreter brieflich zu verkehren, nur aus diesem Grund aber zugleich auch über die nötige Muße verfügend, führte Pacelli in einem wohlkomponierten Schriftsatz aus, was er in Rom mit einer kurzen Weisung erledigt und dann unfixiert gelassen hätte.

Das alles erklärt, warum der Urlaubsbrief an Pizzardo einen so einzigartigen Einblick in die Zielvorstellungen und Handlungsmaximen des Kardinalstaatssekretärs Pacelli gewährt, insofern sie gerade auf die deutschen Angelegenheiten gerichtet sind. Ein gutes Jahr nach dem Konflikt mit Brüning abgefaßt, läßt er die damals für Pacelli gültigen Überlegungen pointiert hervortreten.

Über die Neugestaltung der Militärseelsorge war schon seit 1920 ergebnislos hin und her verhandelt worden. Während sich die Bischöfe einem exemten Feldpropst, wie ihn das Reichswehrministerium immer energischer forderte, aus sachbezogenen Gründen widersetzten, gaben für Pacellis Einspruch konkordatspolitische Rücksichten den Ausschlag. Wenn irgendmöglich nur in einem Reichskonkordat, jedenfalls aber nicht ohne vertragliche Gegenleistung wollte er die von der Reichsregierung erstrebte Regelung konzedieren. Juli 1930 hatte erstmals ein Reichskanzler in die Diskussion unmittelbar eingegriffen, als Brüning in einem Brief versuchte, den Vorsitzenden der Fuldaer Bischofskonferenz zum Einlenken zu bewegen, mit seinen Vorstellungen bei Kardinal Bertram aber nicht durchgedrungen war. An diesem Stand der Dinge hatte sich bis zu Brünings Romreise im Sommer 1931 kaum etwas geändert. Bei Pacelli die Exemtionsfrage anschneiden zu wollen, ohne wegen eines Reichskonkordats Rede und Antwort stehen zu müssen, war deswegen reine Illusion.

Soweit Pacelli für sich selber sprach, war ihm die Empfehlung einer Rechtskoalition von seinen Konkordatsbestrebungen eingegeben und dadurch zugleich auch wieder relativiert. Die Intransigenz der Linken in allen Schulfragen hatte er vom Preußenkonkordat her noch in Erinnerung; sie schreckte ihn. Bevor er die Hoffnung auf ein Reichskonkordat begrub, wollte er zumindest vorgefühlt haben, ob nicht mit der Rechten eine Verständigung möglich sei. Darunter verstand er natürlich nicht nur die NSDAP, die man nach ihrer Absage an die Länderkonkordate nicht gerade konkordatsfreundlich nennen konnte, sondern ebensosehr die Deutschnationalen. Völlig abwegig wäre es schließlich, aus Pacellis Vorschlag einer Öffnung nach rechts irgendwelche Sympathien für die NS-Bewegung herauszulesen. Sie hatte als realer politischer Faktor bei seinen Konkordatsüberlegungen stets nur eine Instrumentalfunktion.

Brüning erlag einem Mißverständnis, als er sich verwundern zu sollen glaubte, daß der Papst die Haltung des deutschen Episkopats gegenüber dem Nationalsozialismus lobte, nachdem ihm der Kardinalstaatssekretär gerade ein Zusammengehen mit der Rechten angeraten hatte. Auf der gleichen Linie wie die Bischöfe hatte sich Pacelli im Mai 1931 geweigert, Hitlers Emissär Hermann Göring im Vatikan zu empfangen. Seine Besorgnisse waren nach Hitlers Machtantritt nicht geringer geworden. Hitler sei wohl ein genialer Agitator, gestand er Anfang Februar 1933 dem französischen Botschafter, ob er jedoch auch ein Staatsmann sei, wisse man noch nicht. Vom religiösen Gesichtspunkt aus hätten die Nationalsozialisten in der Vergangenheit wenig erfreuliche Haltungen eingenommen. Noch betroffener hatte der Kardinalstaatssekretär seinem Sekretär Pater Leiber gegenüber den 30. Januar kommentiert: „Das ist eine schwerwiegende Sache. Das ist verhängnisvoller, als es ein Sieg der sozialistischen Linken gewesen wäre."

Mit in den Rahmen des sachlich Vorgegebenen gehört endlich Pacellis auf Erfahrung gegründete Überzeugung, daß ohne starken, im rechten Moment ausgeübten Druck in Deutschland auf dem Gebiet des Religiösen nichts zu erreichen sei. Sollte er die Begegnung mit dem Zentrumskanzler Brüning für einen solchen Augenblick erachtet haben, so war die Kollision kaum mehr aufzuhalten.

Bloßgelegt wird jedoch die Voreingenommenheit des Memoirenautors gegenüber Pacelli durch die Wiederherstellung des Sachzusammenhangs noch nicht. Dagegen sind die subjektiven Züge mit Händen zu greifen, sobald man die über den Text zerstreuten Einzelaussagen zur Person des Kardinalstaatssekretärs zu einem Gesamtbild zusammenfügt.

Im Grunde ist es um Pacellis Autorität schon von der ersten Vorstellung an geschehen. Noch vor Brünings Kanzlerschaft und einige hundert Seiten vor dem Eclat vom August 1931 wird dort dem „Außenminister" des Papstes beiläufig bescheinigt, er habe trotz zwölfjähriger Tätigkeit in Deutschland „weder die Grundbedingungen der deutschen Politik noch die besondere Stellung der Zentrumspartei je richtig verstanden". Vernichtender kann das Urteil über die diplomatischen Fähigkeiten eines Nuntius schwerlich ausfallen. Es ist im Falle Pacellis so evident falsch, daß sich eine Widerlegung erübrigt. Die Sätze, mit denen der Kardinalstaatssekretär im Pizzardo-Brief auf Rolle und Wirken der Zentrumspartei eingeht, sind nur ein winziger Ausschnitt aus einer Fülle von Zeugnissen und Erfahrungen, die das Gegenteil beweisen.

In Pacelli personifiziert sich für Heinrich Brüning die vatikanische Bürokratie, auf ihn überträgt er darum die leidenschaftliche Aversion, die er gegen diesen Apparat empfindet. Das trübt unvermeidlich den Blick. Nichts zwingt Brüning dazu, den Konkordatsenthusiasmus Pacellis zu teilen. Nur macht sein eigenes

Mißtrauen gegen Kirchenverträge diese noch nicht, wie er vorgibt, zu Herrschaftsinstrumenten der römischen Zentrale.
Nach London und Paris war Rom die letzte der westeuropäischen Hauptstädte, die Brüning im Sommer 1931 besuchte, um mit den führenden Staatsmännern persönlichen Kontakt aufzunehmen. In die Ewige Stadt reist er der Begegnung mit Mussolini wegen. Der „unumgängliche Staatsbesuch beim Vatikan" war eine lästige, vom Protokoll verordnete Dreingabe. Den Weg zum Papstpalast säumen denn auch Bekundungen des Mißvergnügens. Da wird selbst der Anmarsch durch die Gemächer vorbei an den salutierenden Wachen zum ärgerlichen Zeitverlust, „nichts für schnellreisende Politiker, die jede Stunde ausnutzen mußten". Unerwähnt bleibt Brünings aus anderen Quellen bekannter Versuch, die Aussprache mit dem italienischen Regierungschef nach Südtirol zu verlegen, was dieser jedoch aus Prestigegründen abgelehnt hatte. Nach der Lektüre der Memoiren regen sich Zweifel, ob nicht der Ausweichvorschlag doch mehr von Brünings antikurialem Affekt als von den Vorzügen des kühleren Alpenklimas eingegeben war.
Selten einmal überläßt sich der Verfasser der Erinnerungen so unkritisch seinen zum Kontrast gesteigerten Nachempfindungen wie bei der Beschreibung des Staatsbesuchs zwischen Palazzo Venezia und Vatikan, selten einmal bedient er sich aller Kniffe einer Schwarz-Weiß-Technik so bedenkenlos wie bei der Portraitierung von Pacelli und Mussolini. Von einem schwarz in schwarz gemalten Kardinalstaatssekretär hebt sich in makelloser Helle die Lichtgestalt des Duce ab. So wie Brüning ihn erlebt, ist dieser Mussolini weder Gewaltmensch noch Diktator, sondern ein ob seiner Feinfühligkeit zu rühmender, Goethe zitierender und unter der Verantwortungslast seufzender Schöngeist.

ANHANG

Kardinalstaatssekretär Pacelli an Unterstaatssekretär Pizzardo

Rorschach, 28. September 1932

Hochwürdigster und verehrtester Monsignore!
Hiermit reiche ich Ihnen den Bericht Nr. 5311 zurück, der unter dem 22. dieses Monats vom hochwürdigsten Monsignore Orsenigo bezüglich des „Feldbischofs" an Sie gerichtet wurde und zu dessen Inhalt Sie mein bescheidenes Urteil erbitten. Ich gestehe Ihnen, daß ich es vorgezogen hätte, wenn Sie geantwortet hätten, wie Sie es für nützlicher erachtet hätten, ohne mich anzugehen; denn es bekümmert mich wirklich, mich nicht in allem mit dem hochgeschätzten und ehrenwerten Berliner Nuntius einverstanden erklären zu können. Ich stelle also fest:
1. Die deutschen Bischöfe erklären zwar, jede Regelung von seiten des Hl. Stuhles zu akzeptieren, lassen jedoch durchblicken, daß sie der Exemtion des Feldpropsts im Bischofsrang bis zur Stunde nicht gewogen sind. Die Gründe, die sie dafür nochmals anführen, schienen mir von jeher und erscheinen mir auch jetzt noch höchst erwägenswert.
2. Trotzdem hatte das Staatssekretariat (das während der vergangenen Jahre die Frage mit der deutschen Vatikanbotschaft, die mit der Angelegenheit besonders beauftragt war,

behandelt hat) die Bereitschaft des Hl. Stuhles ausgesprochen, die Exemtion und den Feldpropst mit Bischofsrang zuzugestehen; seinerseits allerdings forderte es als legitime Entsprechung, daß bei dieser Gelegenheit einige für die katholische Kirche in Deutschland besonders bedeutsame Punkte geregelt würden, die, weil in die Kompetenz des Reiches fallend, in die Länderkonkordate nicht hatten aufgenommen werden können. Läßt man diese Gelegenheit vorübergehen, so wird sich, meine ich, zumindest in absehbarer Zeit keine zweite anbieten. Man wird sagen, daß die Ziele des Hl. Stuhles unerreichbar seien; sind aber wirklich ernsthafte Versuche gemacht worden, ihnen zu genügen? Und wie kann man zum Beispiel die Abschaffung der Strafe für unmöglich erklären, die einen Geistlichen trifft, der aus strikt verbindlichen Gewissensgründen eine Ehe einsegnet, bevor der standesamtliche Akt stattgefunden hat? Ohne starke, im rechten Augenblick ausgeübte Pressionen erreicht man in Deutschland auf dem Gebiet des Religiösen nichts.
3. Die Parität mit den anderen Staaten ist nicht stichhaltig, noch kann sie für die Reichsregierung einen Rechtsgrund abgeben, da es sich hierbei um eine res inter alios acta handelt. Noch weniger kann das Beispiel Italiens gelten, das den Feldbischof insofern hat, als es auch ein ziemlich umfangreiches und für die Kirche günstiges Konkordat besitzt. Es war gerade dies, was man in ungleich bescheidenerem Ausmaß von der Regierung in Berlin verlangte.
4. Nun also schlägt der Nuntius vor, den Feldbischof ohne weiteres zu konzedieren. Als Gegenleistung für dieses Zugeständnis könne man auf freundschaftliche Weise um etwas (was?) bitten, aber es sei unpassend, es als conditio sine qua non zu fordern. Ich fürchte, daß man bei diesem allzu schwächlichen Vorgehen nichts erhalten wird oder höchstens irgendein Versprechen oder eine Deklaration, die aber selbst schriftlich ausschließlich auf dem Papier bleiben wird, und das um so mehr, als eine neue Regierung sich davon in keiner Weise gebunden betrachten wird, wie wiederholte Erfahrungen gelehrt haben.
5. Weiterhin stelle ich anheim zu beurteilen, welchen Eindruck eintretendenfalls die Tatsache hervorrufen könnte, daß man das, was man ohne die angedeuteten Gegenleistungen dem von Brüning geleiteten Kabinett nicht gewähren wollte, jetzt sofort und ohne Bedingungen dem Kabinett von Papen zugesteht. Bei allen seinen Gebrechen bleibt das Zentrum immer noch, soweit ich sehe, die einzige Partei, auf die man in kirchlichen Angelegenheiten mit Sicherheit zählen kann, wie kürzlich die Verhandlungen für das Badische Konkordat wieder bewiesen haben. Die gegenwärtige Reichsregierung vertritt dagegen, obwohl sie von einem praktizierenden Katholiken geführt wird, die Partei der preußischen Junker, die vom Geist des Protestantismus erfüllt sind. Würden sie sich jetzt vor den Wahlen nicht rühmen, vom Hl. Stuhl ein solches Zugeständnis erhalten zu haben?
6. Nach meinem bescheidenen und untergeordneten Dafürhalten wäre es darum angezeigt, daß das Staatssekretariat dem (deutschen) Botschafter in höflichen, aber klaren Wendungen das oben ausgeführte Konzept wiederholt, indem es nämlich darlegt einmal die Bereitschaft des Hl. Stuhles, den Wunsch der Regierung entgegenzunehmen, dann aber auch die Berechtigung zumindest der zwei ersten Gegenforderungen, die der Hl. Stuhl seinerseits der vorhergehenden Regierung unterbreitet hat, um die Intentionen des gegenwärtigen Kabinetts kennenzulernen. Der größeren Klarheit wegen könnte man auch ein diesbezügliches Promemoria erlassen. Nach Eingang der Antwort würde man sehen, was sich weiter machen läßt. Damit hätte man wenigstens einen letzten Versuch unternommen, bevor man alles aufgibt.
Nachdem ich dies zur Entlastung meines Gewissens und um Ihrer Bitte zu genügen vorgebracht habe, habe ich den Vorzug zu verbleiben als

Ihr ergebenster E. Card. Pacelli.

17

DIE UNVERZEIHLICHEN SÜNDEN DES PRÄLATEN KAAS

Was Heinrich Brüning nicht verwinden konnte

Ein erster Beitrag (vgl. Nr. 48 des „Rheinischen Merkur" vom 27. 11. 1970) [oben S. 315ff.] hatte versucht, Brünings akzentuierte Schilderung seines Kanzlerbesuchs im Vatikan durch Einbettung in einen umfassenden Sachzusammenhang sowohl zu ergänzen wie zu korrigieren. Der Ansatz zur Auflösung des Gegensatzes Brüning-Pacelli scheint jedoch erst dann vollständig zu sein, wenn in die personelle Konstellation außerdem der beiden Kontrahenten verbundene Prälat Kaas einbezogen wird. Zweimal gerät sein Name in den Mittelpunkt des Streitgesprächs im Vatikan. Vor und nach dieser Begegnung hat er als Zentrumsvorsitzender und Pacelli-Berater auf beiden Seiten seine Fäden gezogen. In seiner schwer verfolgbaren Aktivität überkreuzen sich Linien, die auch in den Brüning-Memoiren aufschlußreiche, wenngleich unzusammenhängende Spuren hinterlassen haben. Es macht stutzig, daß Brüning beim ersten Zusammentreffen mit Kaas nach dem Rombesuch nicht auf der von jedermann erwarteten Aufklärung besteht, nachdem ihn eben dessen angeblich irreführende Information zur Militärseelsorge in eine blamable Situation versetzt hatte. Es klingt matt, wenn Brüning die Unbilden einer frierend im Schlafwagen verbrachten Nacht dafür verantwortlich macht, daß er dem in Innsbruck zusteigenden Kaas „dann die volle Kraft von Pacellis Verlangen (einer Rechtswendung) vielleicht nicht wiedergab".

Noch keine vier Wochen später kam es zwischen den beiden führenden Köpfen der Zentrumspartei zu höchst merkwürdigen Verständigungsschwierigkeiten, wie sie Brüning als Symptome einer fortschreitenden Entfremdung öfter registriert. Über ein Sondierungsgespräch zwischen Brüning und Hugenberg, dem er beigewohnt hatte, sollte Kaas für den Kanzler eine Aufzeichnung zur Weitergabe an den Reichspräsidenten anfertigen. Über die angeblich verdrehte Darstellung durch Kaas war Brüning betroffen. Denn er „merkte plötzlich, daß Kaas nicht mehr auf der bisherigen Linie stand", womit ihm „auch die Vorgänge bei dem Besuch im Vatikan nachträglich klar wurden".

Für deren Deutung ist dieses Bekenntnis nicht nur sensationell, es erschließt geradezu eine neue Dimension. Denn aus Brünings Querverbindung von der hugenbergfreundlichen Niederschrift des Prälaten zu den Vatikangesprächen kann nur folgen, daß der Kanzler hinter Pacellis Werben für eine Öffnung nach rechts seinen Parteifreund Kaas zu suchen begann. Es wäre dann der geistliche Vorsitzende der Zentrumspartei und Pacelli-Berater Kaas gewesen, der den Kardinalstaatssekretär für den Gedankenaustausch mit dem Reichskanzler präpariert und als Befürworter eines nicht zuletzt von Kaas betriebenen Richtungswechsels eingespannt hätte. Unter diesem Aspekt wäre der Zusammenstoß Brüning-Pacelli zugleich ein Markstein in dem Entfremdungsprozeß zwischen Brüning und Kaas,

einem Vorgang, der zu den großen Enthüllungen dieser Memoiren zählt, leider aber nur in Streiflichtern und gewiß nicht unparteiisch erfaßt wird.
Wann in diese gegenseitige Beeinflussungsversuche der beiden Zentrumsführer der Kardinalstaatssekretär hineingezogen wurde, geht aus den Memoiren nicht hervor. Den Verdacht, daß Brüning seinerseits Pacelli schon Monate vorher in bestimmte personalpolitische Bestrebungen eingebaut haben könnte, weckt eine Quelle anderer Herkunft. Dem Prälaten Kaas den Rektorsposten im Campo Santo zu übertragen, war nämlich keineswegs, wie es nach Brünings Darstellung erscheinen könnte, ein originär vatikanischer Einfall, den der Kardinalstaatssekretär als Druckmittel gebraucht hätte. Denn nicht Pacelli hatte diese Lösung ersonnen. Vorgebracht wurde sie vielmehr erstmals und in amtlicher Eigenschaft vom Deutschen Botschafter beim Heiligen Stuhl.
Bereits Ende Dezember 1930, also acht Monate vor dem Kanzlerbesuch, notierte der Kardinalstaatssekretär, Herr von Bergen habe neuerdings die Ernennung von Kaas zum Rektor des Campo Santo empfohlen. Dieser Auftrag läßt sich an Hand der Akten bis in die Wilhelmstraße zurückverfolgen, wo kein Geringerer als Staatssekretär von Bülow, einer der wenigen Vertrauten des Reichskanzlers, die Kandidatur Kaas' für den römischen Dauerposten betrieb. Wer denn nun eigentlich der Initiator im Hintergrund sei, suchte offensichtlich auch Pacelli zu ergründen, als er das Stichwort Campo Santo vor dem deutschen Regierungschef in die Debatte warf. Festzuhalten ist jedenfalls, daß der Vorstoß Bergens auf eine beziehungsreiche Vorgeschichte schließen läßt, deren Fäden bis zum Staatssekretär im Auswärtigen Amt reichen, wobei es offen bleibt, ob sie nicht in der Reichskanzlei endeten. Eine Initiative Brünings in dieser Richtung wäre, wie sich zeigen wird, sachlich vernünftig, moralisch vertretbar und darum nicht notwendig ehrenrührig gewesen.
Unvergleichlich viel enger, als man bisher wußte, waren Kaas und Brüning seit der Wahl des Prälaten zum Zentrumsvorsitzenden miteinander verbunden. Kaas hatte nämlich die unvermittelt plötzliche Berufung an die Parteispitze im Dezember 1928 erst angenommen, nachdem er sich die Assistenz des Reichstagsabgeordneten Brüning für die Erledigung der Führungsgeschäfte gesichert hatte. Der Anteil an Arbeit und Einfluß, der auf Kaas' „persönlichen Stellvertreter" entfiel, war beträchtlich. Seiner Darstellung zufolge hat Brüning „praktisch, mit Ausnahme der kulturellen Fragen, die Parteiführung übernommen in enger Zusammenarbeit mit Kaas". Noch bevor also Brüning „unter dem geschickten Drängen von Kaas" zum Fraktionsvorsitzenden aufrückte, war er zu dem Trierer Prälaten in ein Vertrauensverhältnis getreten und hatte dank des Arbeitspakts Organisation und Kurs der Partei bestimmend mitgeprägt.
Die Kandidatur Kaas' war eine Notlösung gewesen, um die zentrifugalen Tendenzen im Parteigefüge zu bändigen. Als Kleriker konnte der neue Parteivorsitzende zwar über den Interessengruppen stehen, als Prälat Kaas aber warf er zugleich andersgeartete Probleme auf. Sie wurden von den älteren Vorstandsmitgliedern klarer vorausgesehen als vom Parteivolk, das den Prälaten auf den Schild

gehoben hatte. Brüning charakterisiert die Gestalt des geistlichen Zentrumsvorsitzenden richtig, wenn er feststellt, daß Kaas „seiner Natur nach für die päpstliche Diplomatie prädestiniert" gewesen sei. Denn „die Fülle der täglichen Organisations- und Agitationsarbeit war seinem Wesen zuwider". Bis dahin hatte Kaas neben seiner parlamentarischen Aktivität eine intensive Beratertätigkeit beim Berliner Nuntius entfaltet. Daß er sie auch als Träger des höchsten Parteiamts weiter beibehielt, versetzte ihn in eine Zwitterstellung mit der Gefahr von Loyalitätskonflikten.

Der Spannungsraum, in den diese Personalunion und Doppelbindung hineinführte, nahm schwer zu bewältigende Dimensionen an, als Eugenio Pacelli 1930 Kardinalstaatssekretär wurde und auch in Rom auf die unentbehrlichen Dienste des Prälaten Kaas keineswegs zu verzichten gedachte. Da der Zentrumsvorsitzende in Brüning über eine zuverlässige Stütze verfügte, war er nicht abgeneigt, die ihn faszinierende hohe Kirchenpolitik seinen Parteiverpflichtungen vorzuziehen. Denn nach Anlage und Bildungsgang war Kaas nun einmal mehr ein Mann der geheimen Kabinettspolitik als der offenen parlamentarischen Feldschlacht, so sehr ihn die auch von Brüning bewunderte „glänzende Rednergabe" besonders dafür zu qualifizieren schien.

Dank seiner Flexibilität und Diskretion gelang es Kaas zwar, einer Pflichtenkollision auszuweichen. Dennoch erwiesen sich beide Funktionen, sollten sie zur Zufriedenheit der Auftraggeber ausgefüllt werden, schon vom erforderlichen Zeitaufwand her auf die Dauer als unvereinbar. Dazu kam noch der schwankende Gesundheitszustand des Prälaten, der ihm mehrmals im Jahr teils notwendige, teils entbehrliche Erholungsaufenthalte im Gebirge nahelegte.

Fast symbolhaft für den unausgetragenen Konflikt zwischen Pflicht und Neigung, zwischen Parteiarbeit und Kurialpolitik, war die Lage des Refugiums, das er sich gewählt hatte. In Sterzing, unweit des Brennerpasses, auf halber Strecke also zwischen Berlin, wo man ihn suchte, und dem Vatikan, wohin es ihn zog, verfügte Kaas über ein festes Ausweichquartier, in das er zu gelehrten Studien retirierte, so oft er der Hektik des politischen Getümmels entfliehen konnte. Böse Zungen in der Fraktion flüsterten, daß es immer dann geschehe, wenn die Situation im Reichstag für die Partei brenzlig werde. Nicht jedesmal suchte darum Kaas bei seiner chronisch werdenden Abwesenheit von der Parteizentrale die Nähe des Kardinalstaatssekretärs. Wochen und Monate voneinander getrennt, gewöhnten sich der Zentrumsvorsitzende und die Fraktion daran, ohne einander auszukommen.

Dieser Mißstand nahm schon 1930 bedenkliche Ausmaße an. Kaum war Pacelli in Rom seßhaft geworden, als auch schon Kaas Anfang März dahin eilte, um einem Verhandlungsauftrag des Auswärtigen Amtes zur Militärseelsorge nachzukommen. Bis er abgewickelt war, verstrichen mehr als drei Monate. Während das Kabinett Brüning gebildet wurde, und noch viele Wochen danach weilte so der Parteivorsitzende außer Landes. Für die Aktionsfähigkeit und Schlagkraft des Zentrums war der Absentismus seines führenden Kopfes ein schweres Handicap. Da

Kaas sich um einen bindenden Entscheid herumdrückte, war Selbsthilfe von seiten der Nächstverantwortlichen nicht nur erlaubt, sondern geboten. Brüning wäre also nichts vorzuwerfen, falls er darauf hingewirkt hätte, den unschlüssigen Kaas auf die Gleise einer römischen Karriere zu lotsen, um aus einem halben Parteivorsitzenden einen ganzen Kurialen zu machen.

Voll souveräner Gelassenheit weltlichem Lorbeer gegenüber – die zahlreichen Beteuerungen dieser Art sind sicher ernst zu nehmen und im Munde Brünings keine Phrase –, kennt er doch einen Ehrentitel, den er brennend gern im Wappen trüge, den Beinamen Justus, der Gerechte. Der Anspruch wäre nicht ohne Chance, wenn es in den Erinnerungen Ludwig Kaas nicht gäbe. Ohne Zweifel war dieser Partner schwierig, aber galt das für Brüning etwa weniger? Immerhin war es Kaas gewesen, der auf den kaum bekannten Brüning zugegangen war, und ihr Duumvirat vom Dezember 1928 hatte unter günstigen Auspizien begonnen. Freilich gab es da auch die Gegensätze der Landsmannschaft, des Werdegangs, der Verhaltensweise. Rheinländer, Kirchenrechtler, Professor und Pragmatiker der eine, Westfale, Nationalökonom, Frontsoldat und Prinzipienverfechter der andere. Vom kantischen Pflichtbegriff durchdrungen und in den Stunden nationaler Trübsal nach Sanssouci pilgernd, war Brüning preußisch, der im Germanikum gebildete Kaas dagegen römisch gesinnt. Solche Nichtübereinstimmung konkretisieren die Memoiren in ungemein aufschlußreichen Episoden.

Angesichts der ausweglos erscheinenden Staatskrise machten interne Diskussionen auch vor dem Tabu eines Staatsstreichs nicht mehr Halt. Brüning war das Thema ein Greuel. Und nicht nur aus Klugheitserwägungen war er entsetzt, als er miterlebte, wie der kasuistisch versierte Kaas vor einem so unberechenbaren Zuhörer wie General Schleicher Altes und Neues aus dem Schatz der katholischen Widerstandslehre gegen die Staatsgewalt hervorholte. Nicht weniger bezeichnend für die Verschiedenheit der Charaktere ist eine von Brüning überlieferte Szene, die sich in der erhitzten Atmosphäre nach der Abstimmung über das Ermächtigungsgesetz abspielte. Als Brüning das Reichstagsgebäude verlassen wollte, schlugen ihm draußen im Chor die auf ihn persönlich zielenden Gewaltdrohungen der SS-Kommandos entgegen. Während Brüning fest entschlossen war, seinen Weg fortzusetzen, hätte der ihm folgende Kaas sein Heil in der Flucht gesucht, wäre er nicht von Brüning abgefangen und mitgezogen worden.

In der breit ausgeführten Beschreibung von Brünings Kanzlerschaft überragt der Parteivorsitzende nicht sonderlich die vom Zentrum gestellte Statisterie. Initiative geht allein vom Kanzler aus, und kein schöpferischer Anstoß, keine Entscheidung von Belang steht auf dem Konto von Kaas. Das lag natürlich auch an dessen selbstgewählter Ferne zu den Zentren politischer Macht, nicht minder aber an Brünings Hang, über die nächste Umgebung hinwegzusehen und seine Anerkennung für die Fernen zur Rechten und zur Linken zu reservieren. Voll des Lobes ist Brüning allein über die „unvergleichliche Formulierungskunst“ des Zentrumsvorsitzenden.

Die Erinnerungen lassen keinen Zweifel, daß spätestens von 1930 an das Gespann Kaas-Brüning zunehmend auseinanderstrebte. Dennoch hätte der sich lockernde Zusammenhalt nicht in einer zunächst allmählich und dann steil abfallenden Kurve enden müssen. Auf die Entfremdung folgte die Entzweiung über dem Ermächtigungsgesetz, der Bruch über dem Konkordat und schließlich von seiten Brünings die Verwerfung.

Damit verlagert sich der Schwerpunkt der Auseinandersetzung zwischen Brüning und Kaas auf die dramatische Entwicklung nach dem 30. Januar 1933, aus welcher, den Memoiren zufolge, der Parteivorsitzende als reiner Exponent der Amtskirche hervorgeht. Diese wird in der Person von Ludwig Kaas mit auf die Anklagebank verwiesen. Methodisch ist hier anzumerken, was das Vorwort verschweigt, daß mit Brünings Kanzlerschaft auch die Quellengrundlage der „Tageszettel" abbricht, daß also von Mitte 1932 an der Verfasser auf sein Gedächtnisbild angewiesen ist. Dessen Zuverlässigkeit hat Brüning verhängnisvoll überschätzt.

Daß er das Auflösungsdatum der Zentrumspartei um einen Tag verfehlt, ist mißlich, aber nicht tragisch. Dagegen resultiert aus einem anderen Verstoß gegen die Chronologie ein kapitales Fehlurteil. Es ist nicht ohne schmerzliche Ironie zu beobachten, wie der Autor im Vorwort Wachsamkeit predigt gegen die Gefahr „entstellender Vereinfachung", ihnen aber selbst im Schlußteil seiner Erinnerungen erliegt, und nicht nur einmal.

Auf Grund ganz konkreter Entwicklungen nahmen die deutschen Bischöfe im Frühjahr 1933 ihre früheren Verbote und Warnungen vor der NSDAP mit Einschränkung zurück. Brüning irrt einmal, wenn er diesen Schritt zu einem „Frontwechsel" des Episkopats zu stempeln sucht. Die Kundgebung war weder eine Sympathie-Erklärung an die NS-Bewegung noch eine Abkehr von den katholischen Parteien. Ohne die NSDAP auch nur irgendwie zu empfehlen, nahm sie von ihr lediglich das Odium, für Katholiken nicht wählbar zu sein. Ungleich folgenschwerer aber ist Brünings Irrtum, den Bischofserlaß ohne Tagesangabe in den Monat Februar zu verlegen, während er tatsächlich erst am 28. März 1933 ergangen ist. Denn damit wird die Revision der bischöflichen Haltung aus dem zeitgenössischen Ereigniszusammenhang herausgelöst, der allein in seiner konkreten Einmaligkeit sie überhaupt erst ermöglicht hat. Daß die Druckfassung die falsche Monatsangabe des Manuskripts stillschweigend korrigiert, die darauf basierenden Fehlurteile des Kontextes aber fortbestehen läßt, macht die Konfusion vollständig. Nicht zuletzt wird damit die Rückbindung des Erlasses an die Regierungserklärung vom 23. März mit ihren kulturpolitischen Garantien sowie an die Zustimmung des Zentrums zum Ermächtigungsgesetz aufgehoben.

Umgekehrt zwingt die Mißachtung der Chronologie den Autor zu der ebenso falschen Behauptung, nur der unvorstellbaren Treue der Zentrumswähler sei der Achtungserfolg vom 5. März zu danken gewesen, nachdem der Episkopat so schmählich umgefallen sei. Tatsache ist, daß die Bischöfe der Fuldaer Konferenz auch vor dieser entscheidenden Reichstagswahl denselben Hirtenbrief publizierten, mit dem sie vor den Urnengängen des Jahres 1932 zugunsten des Zentrums eingetreten waren. Unzutreffend ist die Behauptung, daß Kardinal Bertram im Alleingang vor den übrigen Bischöfen die früheren Erlasse gegen den Nationalsozialismus gemildert habe.

Zur Vorgeschichte des Reichskonkordats beharrt Brüning auf seiner sehr persönlichen, teils verschwommenen, teils retrospektiv verfärbten Version. Der optisch gewiß mißverständlichen Vermittlerfunktion von Kaas wird er auch nicht andeutungsweise gerecht. Bislang unbekannt war, daß dieser ihm den Vertragsentwurf Mitte Juni 1933 zur Begutachtung zugeleitet hat. Dies als einen Akt der Loyalität zu werten, kommt Brüning jedoch nicht in den Sinn. Für ihn ist der Name des Prälaten zum Trauma geworden, nachdem ihm am 6. Mai dessen Nachfolge im Parteivorsitz aufgedrängt, er aber tatsächlich zum Konkursvollstrecker bestellt worden war. Blind für den Zusammenhang des Zentrums-Endes mit dem Reihensterben aller demokratischen Parteien, fällt Brüning auf die emotionsgeladene These vom Dolchstoß des Vatikans in den Rücken des Zentrums zurück. Die leidenschaftliche Ablehnung des Reichskonkordats macht denn auch eine nüchterne Bewertung des Vertragsinhalts unmöglich.

Dem einstigen Parteifreund und Mitstreiter Ludwig Kaas gegenüber bricht Brüning mit den sonst so hochgehaltenen Grundsätzen rationaler Sachgerechtigkeit und Unbestechlichkeit gegenüber jedermann. Als Kaas für die Annahme des Ermächtigungsgesetzes plädierte – so wirft Brüning dem Zentrumsführer vor –, habe er die Verteidigung des Rechtsstaats kulturpolitischen Überlegungen – tatsächlich waren es ebensosehr nationale – untergeordnet. Noch keine zwei Monate später erliegt Brünings Standfestigkeit der Suggestion des gleichen Argumentationsschemas. Wiederum sind es die höheren „nationalen Interessen", die ihn dazu bewegen, Hitler außenpolitisch unter die Arme zu greifen und der Regierungserklärung vom 17. Mai 1933 die Stimmen des Zentrums wie auch der SPD zu sichern.

Brünings unerforschliche Fernstenliebe zieht auch seiner Nachsicht eigenwillige Grenzen. So wie seine Erkenntlichkeit mit wachsender Nähe abnimmt, ist auch das Maß seiner Versöhnlichkeit distanzbestimmt. Da wird dann der sonst so Prinzipienstrenge zum Subjektivisten. Wie willkürlich Brüning zu reagieren vermag, demonstriert er nirgendwo so extrem wie am Exempel von Kaas und Schleicher. Wenn die Erinnerungen einem der Akteure diabolische Züge verleihen, dann dem Kanzlermacher aus dem Reichswehrministerium. Die Schilderung von Schleichers Intrigantentum ist darum nicht nur erhellend, sondern demaskierend. Von der Schärfe der Verurteilung auf einen irreparablen Bruch zu schließen, wäre dennoch voreilig. Denn das unmöglich Scheinende geschieht. Dem Leser schwindelt, wenn er sieht, wie Brüning von einer Zeile zur anderen über Abgründe hinwegsetzt, indem er Schleicher im Februar 1933 wieder mit offenen Armen aufnimmt.

Mit dieser abrupten Wendung verläßt der Autor den Umkreis des objektiv Nachvollziehbaren und gerät auf den Boden des Irrationalen. Auf dem Hintergrund von Schleichers Infamie ist die problemlose Wiederversöhnung der beiden Hindenburg-Opfer unbegreiflich, sentimental und peinlich. Die Brücke zum schlimmsten Gegenspieler von gestern schlug für Brüning ein dubioses Gefühl der Kollegialität. Wäre die Bereitschaft zu nobler Nachsicht ein Charakterzug gewesen, hätte er sie Kaas nicht für immer verweigern dürfen.

Das Fazit des wechselvollen Zusammenwirkens der letzten beiden Zentrumsvorsitzenden ist auf seiten Brünings Bitterkeit. Sie berechtigt nicht dazu, sein Urteil vorschnell abzutun, warnt aber nicht minder davor, es ungeprüft zu übernehmen.

PIUS XII. UND DIE „GRÖSSEREN ÜBEL"

[Zu Rolf Hochhuth, Der Stellvertreter, 1963]

Hochhuths These vom Versagen des Papstes, der, unverzeihlichen Schweigens angeklagt, als Verbrecher entlarvt werden soll, hat eine leidenschaftliche Diskussion ausgelöst. Nichts spricht für die Anteilnahme deutlicher als die Flut spontaner Äußerungen an die Redaktionen. Mühelos wären die Tagesblätter imstande gewesen, ihre Leserbriefspalten Wochen hindurch allein mit Zuschriften zum Thema „Stellvertreter" zu füllen. Daß der Meinungsstreit immer noch andauert, hat seinen Grund darin, daß in dem Prozeß gegen Pius XII. so viele Fakten, Zeugnisse und Aspekte aufgerollt werden, daß eine Ordnung nur schwer und Übereinstimmung gar nicht herzustellen ist. Katholische Entgegnungen der ersten Stunde litten bisweilen daran, daß sie mehr mit der Person des Autors als mit seinen Behauptungen ringend, in der Argumentation nicht immer wählerisch waren und das umstrittene Bühnenstück nicht unbedingt dort trafen, wo es verwundbar ist.

Inzwischen ist die Auseinandersetzung insofern sachlicher geworden, als nicht mehr das Geburtsjahr des Verfassers, sondern die Richtigkeit seiner historischen Aussagen sowie die Gültigkeit seiner moralischen Forderungen zu Angelpunkten der Diskussion geworden sind. Zur Absicherung seiner dramatisierten Schuldthese hat Hochhuth dem Opus von unspielbarer Länge über 40 Seiten „Historischer Streiflichter" beigegeben. Sie im einzelnen prismatisch zu zerlegen, hat sich indessen bis jetzt noch kein Fachhistoriker bereitgefunden, offensichtlich entsetzt über die Ungenauigkeitstoleranz, mit der hier ein Amateur Hand an die Zeitgeschichte legte. Hinzu kommt, daß mit dem Aufweis ungezählter Unstimmigkeiten allein die Anschuldigungen des Hl. Stuhls nicht zu widerlegen sind. Nun ist es für den Tenor des Dramas gewiß unerheblich, ob Nuntius Orsenigo bereits 1946 in Eichstätt gestorben ist, oder wie Hochhuth mysteriös andeutet „entfernt von Rom, anfangs der fünfziger Jahre" (236), ob Jesuitengeneral Ledochowski im Dezember 1942 verschied oder „im Frühjahr 1943" (261), doch nähren solcherlei Versehen immerhin den Verdacht, daß es mit der bemühten Wissenschaftlichkeit des Schreibers nicht weit her ist. Anderswo gefällt sich Hochhuth in aufsehenerregenden Details: Während das Protokoll der Kabinettssitzung zum Abschluß des Reichskonkordats lediglich vermeldet: „Der Reichskanzler lehnte eine Debatte über Einzelheiten des Reichskonkordats ab. Er vertrat die Auffassung, daß man hierbei nur den großen Erfolg sehen dürfe"[1], unternimmt es Hochhuth mit einer wörtlichen Rede aus dem Munde Hitlers aufzuwarten: „Dieses Konkordat, dessen Inhalt mich überhaupt nicht interessiert, schafft uns eine Vertrauenssphäre

[1] Hofer, Walter: Der Nationalsozialismus, Frankfurt, Fischer-Bücherei, 1957, 130 Seiten.

..." (236). Sofern eine Bemerkung in sein Dossier hineinpaßt, ist Hochhuths Ehrfurcht vor dem Gedruckten grenzenlos. Um von der Parole zur verbürgten Wahrheit zu avancieren, genügt für irgendeine Nachricht der Abdruck in den Spalten des „Spiegel".

So ist es kein Wunder, wenn der Leser schließlich dem Eindruck erliegt, der Autor habe seine Funde zum Thema Vatikan und Judenverfolgung vorwiegend auf ihre ballistische Verwendbarkeit hin ausgesucht oder ihr Profil wie im Falle des Mauriac-Zitats (6) durch Abrundung nachträglich verbessert. Wie sehr er selber nichtsdestoweniger von dem Sammelergebnis beeindruckt ist, enthüllt seine Bereitwilligkeit, es der Öffentlichkeit in einer gesonderten Publikation vorzulegen. Indes scheinen die Chancen dafür bis jetzt nicht besonders groß zu sein.

Betrachter, denen es an Hochhuths Stück vor allem der dramatische Schwung angetan hat, wollen mit seiner Eigenmächtigkeit in der Behandlung des Historischen nicht so streng ins Gericht gehen. Wieder andere preisen ihn für das Verdienst, den Stachel der Selbstanklage denen seiner Landsleute ins Herz gesenkt zu haben, die jetzt zum erstenmal begriffen, was sie, ähnlich wie der schweigende Papst, den Verfolgten damals schuldig geblieben sind. Wesentlich überzeugender erklärt jedoch leider die Resonanz von Hochhuths christlichem Trauerspiel die Annahme, daß die Aufhorchenden in Pius nicht ein Abbild der eigenen Schwäche, sondern den „Stellvertreter" dunkel gefühlten Versagens erblicken, das nicht im eigenen Lande bewältigt, sondern auf ihn konzentriert und abgeschoben wird. Wer möchte auch nicht erleichtert aufatmen, da der mächtigste potentielle Gegner des Totalitarismus schimpflicher Passivität überführt wird?

Hochhuth wehrt sich gegen den Vorwurf, antikatholisch zu sein. Wenn sein Herz nicht für die amtliche Kirche schlage, so doch für die andere, für den rebellierenden Jesuiten Riccardo und für alle, „die sofort – und schließlich unter Aufopferung ihres Lebens – das Gesetz der Nächstenliebe über alle Nützlichkeitserwägungen stellten" (233). Auf solche Behauptungen ist deswegen so schwer zu erwidern, da der Autor über seinem Drama die Flagge eines ethischen Absolutismus aufgezogen hat und mit trotzigem Ausgriff aufs Ganze geht. Das hat zur Folge, daß auf jeden nüchternen Widerspruch der Schatten des Laxismus fällt. Wer im Strom seines sittlichen Pathos kühlen Kopf zu bewahren sucht, erscheint nur zu leicht kasuistisch verschlagen, moralisch angekränkelt, charakterlich leichtfertig. Trotzdem kann kein Sturm und Drang den Zuschauer der Pflicht entreißen, sich über Hochhuths gnadenlose Moral, die Pius zum Verhängnis wird, seine Gedanken zu machen.

Auch von Befürwortern des „Stellvertreters", die in dem Stück Anstoß und Aufbruch zu einer innerdeutschen Katharsis entdecken, wird bemängelt, daß Riccardo den Papst einen „Verbrecher" (83) nennt. Offenbar befürchten sie, daß eine allzu schroffe Verurteilung des zwölften Pius das Wachwerden des Zweifels in der Brust ihrer Landsleute doch wieder verhindere. Statt dessen empfehlen sie die Schuld des Papstes zu einem vagen Versagen abzuschwächen, so daß in seiner

Person jeder betroffen werde, der sich vorzuwerfen hat, dem Unrecht weniger widerstanden zu haben als es in seiner Macht lag.
Eine solche Abmilderung des Ausdrucks bliebe jedoch keineswegs nur im Verbalen, sondern reicht über eine Wesensgrenze im Umkreis menschlicher Moralität. Zerfallen sittliche Entscheidungen in ethisch gute und schlechte, so sind innerhalb beider Teilgebiete dennoch unendlich viele Zwischenstufen der Annäherung an die Pole des schlechthin Guten und Bösen möglich. Daher wird sich der sittlich Wache und Strebende sagen müssen, daß gutes Handeln immer noch steigerungsfähig ist, und wer sich in die Nachfolge Christi stellt, wird, was immer er leisten mag, schmerzlich beklagen, daß sein Vollbringen durch Schwanken und Schwäche hinter dem real Erreichbaren zurückbleibe. Um zu solcher Einsicht zu gelangen, bedarf es nicht der Konfrontation mit der Judenvernichtung. Sie zur Induzierung eines umfassenden Schuldbewußtseins heranzuziehen ist um so gefährlicher, als die sehr verschieden gestuften und gegeneinander abzuhebenden Einzelverantwortlichkeiten sich in ein diffuses Allgemeinversagen aufzulösen drohen. Das darf nicht freisprechen von der Zerknirschung über jede Hilfsmöglichkeit, die in den Jahren des Unheils von den Schwachen, Geängstigten, Ratlosen und Unwissenden versäumt wurde. Das darf aber ebensowenig dazu führen, ihr Verhalten auf die moralische Ebene derer herabzudrücken, die die „Endlösung" befohlen und organisiert haben, so als ob die beiden Gruppen nur durch den graduellen Übergang vom Schlechten zum Schlimmeren getrennt würden, nicht aber durch die Kluft des Verbrechens. Das mag in den Ohren mancher, die für ein Schuldbekenntnis werben, klingen wie unevangelische Vernünftelei. Aber nicht alles im Evangelium ist gleichmäßig verpflichtendes Gebot, nicht auf jede Lebenssituation geben die Parabeln Christi eine unmittelbare Antwort, wenn ihnen nicht die vom Gewissen beratene Vernunft zur Seite treten darf. Denn eine Moral in Gleichnissen bedarf der Verankerung im Prinzipiellen, eine Moral des genau Bemessenen aber des Aufschwungs zur Höhe.
Trotz freundlichen Rates hat Hochhuth darauf bestanden, der Zurückhaltung des Papstes das Brandmal des schlechthin Bösen aufzudrücken. Im Grunde hatte ihm die innere Dynamik seiner These gar keine andere Wahl gelassen. Denn die von ihm zur Weißglut angefachte Empörung kann sich ja nur dann gegen Pius entladen, wenn dessen Verfehlung nicht Schwäche, sondern Verbrechen ist. Das wäre sie aber gerade dann nicht mehr, würde sie in das ungreifbare Versagen des Durchschnittszeitgenossen hineingestellt.
Der öffentliche Ankläger hat sein Drama so gebaut, daß weder Zweifel noch Mißverständnisse entstehen. In planvoller Aussparungstechnik werden historische Sachverhalte aus dem Wege geräumt, damit die Offensive gegen den Hl. Stuhl ungehindert rollen kann. Hochhuths Leistung in der Kunst des Weglassens ist dementsprechend eindrucksvoll. Vor dem Auge des Papstes fallen die Kulissen der Geheimhaltung, hinter denen die Endstationen der Judenverschleppung vor aller Welt abgeschirmt wurden. Seine politische Unterrichtung grenzt an Allwissenheit, und als Mitwisser, der schweigt, wird er fast zum Komplicen der Mör-

der. Hochhuth will nichts hören von der Vergiftung aller Nachrichtenquellen in einem totalen Krieg, nichts von einer alles mißbrauchenden Propagandamaschinerie, nichts von der Skepsis, mit der gerade Greuelmeldungen zu behandeln waren. Und doch würde ihn der Nachweis Mühe kosten, daß man in der Kriegszeit nur den Londoner Sender aufzudrehen brauchte, um über die unvorstellbaren Vorgänge in Auschwitz informiert zu sein, womit schon die Frage gestellt ist, ob zur Stunde der Tat das Ausmaß des Entsetzens irgendwo in der Welt annähernd gewürdigt wurde.

Ignoriert wird vom Autor die Gefahr, ein Protest des Vatikans könne von den Kriegsparteien für ganz andere Zwecke eingespannt werden als er gedacht war. Blind ist er für den Ausblick von der Peterskuppel, der für den einsamen Lenker der Weltkirche genauso rauchverhangen und vernebelt war, wie für die meisten anderen Zeitbetrachter auf einem ebenso hohen Standpunkt. Mit souveräner Gebärde setzt Hochhuth an die Stelle quälender Ungewißheit kristallklare Einsicht und kategorischen Imperativ.

Für den durchschlagenden Effekt ist die Fallhöhe im Drama von entscheidender Wichtigkeit. Um die Machtfülle des Papstes zu steigern, um die Wirksamkeit seines Wortes magisch zu überhöhen, werden die Höhenunterschiede vom Verfasser kräftig vertieft. Dieser Absicht dient die panische Furcht der Hitlerregierung vor einem Protest ebenso wie die fabelhafte Tatsachenkenntnis des Papstes.

Es ist kaum zu glauben, aber Hochhuth wünscht es so: Die Clique der Massenmörder, die sich nicht um Tod noch Teufel scherten, zittern auf der Bühne vor einem Stirnrunzeln des Hl. Vaters. Sie tun es deshalb, weil in ihren Köpfen die gleichen Illusionen von der Leitungsgewalt des Papstes spuken, die Hochhuths Geist verwirren. Seiner Vorstellung zufolge ist das Band, das Hirt und Herde in der katholischen Kirche verbindet, derart, daß die Gewissen jedem römischen Befehlsimpuls mechanisch und willenlos gehorchen. Die Weichen zum Erfolg einer vatikanischen Intervention sind also auf allen Stationen gestellt, und der Autor hat Vorsorge getroffen, daß an seiner Gleichung „Fortdauer der Judenmassaker durch Schweigen des Papstes" auch nicht der kleinste Zweifel nagt.

Die Verbrechen schreien zum Himmel, der Erfolg eines Protestes ist garantiert, warum schweigt dann der Papst?

Auch die Ankläger Pius' XII. räumen ein, daß die kirchliche Anprangerung von Greueltaten nicht eine Routineangelegenheit werden kann. Denn damit würde sie ja gerade des Elementes entkleidet, auf dem ihre Wirkung wesentlich beruht, nämlich der Eigenschaft eines ungewöhnlichen, aufsehenerregenden Schrittes. Damit liegt auf der Hand, daß nur in extremen Fällen vom Brauch der Nichtintervention abgegangen werden darf. Das aber bedeutet, daß die Größenordnung und das Ausmaß der bekämpften Verbrechen nicht einfach übergangen werden kann, wie herzlos es auch erscheinen mag, an Leid und Tränen Maß zu nehmen. Und bevor eine exorbitante Untat gebrandmarkt werden kann, ist erfordert, daß sie unwiderleglich verbürgt ist.

Aber selbst den fiktiven Fall vorausgesetzt, der Vatikan sei im Besitz massiven Beweismaterials über Hitlers Endlösung gewesen, so hätte der Erfolg seines Einschreitens abgehangen von der größtmöglichen Verbreitung seines Wissens. Denn wirksam ist ja ein päpstlicher Protest nicht schon in sich selbst, sondern erst durch sein Echo in der Weltöffentlichkeit, wenn er nicht nur tröstende, aber vergebliche Geste bleiben soll. Es wäre aber sinnlos, einen Schrei der Entrüstung in einen Raum hinein auszustoßen, der für einen Widerhall einfach nicht disponiert ist. Es genügt, sich an die Verfassung der deutschen Katholiken in der Kriegszeit zu erinnern, um an ihrer Empfänglichkeit für einen päpstlichen Appell auf fragwürdiger Grundlage entschieden zu zweifeln. Ungefragt waren sie mit der gesamten Nation in einen Weltbrand verstrickt, von dem ihre Führung prophezeite, daß es bei seinem Erlöschen nur noch zwei Kategorien geben werde, Vernichtete und Überlebende. Wie sollten sie da dem Konflikt gewachsen sein, im Namen des Papstes gegen die eigene Regierung anzutreten?
Wie hart einem gesunden Gehirn die Ungeheuerlichkeit des Millionenmordes eingeht, wie verständnislos es eine Vernichtungsmaschinerie betrachtet, die mit der Regelmäßigkeit einer Müllverbrennungsanlage arbeitet, dafür liefert ja die Mission des Leutnants Karski (247) in den USA ein schlagendes Beispiel. Er konnte als Augenzeuge schildern, welche Szenen sich in der Tiefe der polnischen Wälder abspielten. Persönlich berichtete er dem Präsidenten Roosevelt, der zweifellos der Neigung unverdächtig ist, die Abscheu über Hitlers Rasen aus Staatsräson wie Hochhuths Pius zu verkleinern. Wieviel an politischer Aktion diese Berichte auslösten, bleibt ein Geheimnis, was davon greifbar ist, macht die Überzeugung schwer, daß der Präsident den Umfang der Vernichtungsaktion wirklich erfaßte. Der Seitenblick ist nötig, nicht um die Anklage der Untätigkeit vom Vatikan auf den Westen abzuschieben, sondern um zu beleuchten, daß überdimensionale Greuel jenseits der Grenzen des Faßlichen liegen.
Von diesen Rätseln der menschlichen Natur ist bei Hochhuth nicht die Rede. Auf eindeutige Problemstellungen bedacht, auf eindeutige Reaktionen beim Zuschauer zielend, erspart er seinem „Stellvertreter“ jeden entbehrlichen Konflikt. Denn die Frage eines diplomatischen Schrittes stellte sich bei der Judendeportation für den Papst ja nicht zum ersten und nicht zum einzigen Male. Jedes Verbrechen gegen die Menschlichkeit, von welcher Macht auch immer begangen, zwang ihn zu der Frage: Protestieren oder schweigen? Sollte sich der Papst einschalten oder sollte er es nicht, als 1943 bei Katyn ein Massengrab entdeckt wurde, angefüllt mit den Leichen von 10000 polnischen Offizieren, die auf Stalins Geheiß zwei Jahre zuvor ermordet worden waren? Sollte Rom protestieren oder nicht, als die Kriegführenden zur ungezielten Flächenbombardierung großstädtischer Wohnbezirke übergingen?
Von derlei qualvollen Erwägungen hat der Autor seinen Bühnenpapst von vornherein befreit. Ja, er ist mit seinen Erwartungen geradezu bescheiden, wenn er verlangt, daß Pius nur dieses eine Mal bei der Vernichtung der Juden sein Schweigen hätte brechen müssen. Er kann die Unerbittlichkeit seiner Forschung

unterstreichen mit dem Verweis auf die kaltblütige Austilgung von 5 Millionen Menschen, einer Tat also, der in unserem gewiß nicht überhumanen Jahrhundert nichts an Abscheulichkeit Vergleichbares an die Seite gestellt werden kann. Er ist dazu imstande mit dem Wissen des Überlebenden, in dessen Augen die Dimensionen nicht mehr verschwimmen wie für den in die Wirren des Augenblicks hineingestellten Pacellipapst. Vom Bühnengeschehen in eine ausweglose Entscheidungssituation manövriert, gibt es für Pius keinen legitimen Rückzug ins Schweigen, es sei denn um den Preis moralischer Vernichtung. Denn hinter ihm erhebt sich das Prinzip, daß der Christ dem Bösen aktiv zu widerstehen habe und ethischer Radikalismus hat den Nachsatz unterdrückt, wenn und soweit dadurch nicht größere Übel verursacht werden, damit die Verdammung des Papstes um so kategorischer sei.

Es ist mißlich, gegen die Verstümmelung eines sittlichen Grundsatzes protestieren zu müssen, wenn durch die Verriegelung einer angeblichen Hintertür ein Bekenntnis zu anspruchsvolleren Idealen abgelegt werden soll. Das Unbehagen mehrt sich bei der Entgegnung, daß Hochhuth im Grunde ja nichts anderes tue, als das Papsttum auf der von seiner Würde geforderten moralischen Höhe aufzusuchen, weshalb sein Zorn die Kehrseite enttäuschter Erwartung sei. Es bleibt des Autors eigene Sache, rigoros Verhaltensforderungen aufzustellen. Sobald er aber für sein moralisches System allgemeine Geltung fordert, muß entschieden widersprochen werden.

Der Bühnenpapst ist das öffentliche Opfer von Hochhuths verstiegenen Maximalismus. Es braucht hier nicht ausgeführt zu werden, zu welch verheerenden Folgen im sozialen Zusammenleben der Familien, Gemeinden und Völker es führt, wenn der aktive Widerstand gegen das Böse zum absolut verpflichtenden Prinzip erhoben wird, ohne daß bedacht werden darf, ja muß, wieviel andere und oft höhere Werte durch ein gewaltsames Aufbegehren gefährdet sind.

Schon bei der Betrachtung der Wirksamkeit und Häufigkeit eines päpstlichen Protests, bei der Frage nach der Grenze des Zumutbaren, war das Auftreten eines subjektiven Elements unverkennbar. Denn jeder Nachfolger Petri, wie sachlich und gewissenhaft auch seine Amtsführung sein mag, wird an die genannten Vorbedingungen doch wieder sein ganz persönliches Augenmaß anlegen und dadurch zu abweichenden Entschlüssen kommen. Derselbe subjektive Faktor tritt in seine Rechte, wenn es gilt, die „größeren Übel" zu erwägen, die eine Intervention verbieten können. Sein Einfluß ist um so fühlbarer, als die Erkenntnis im Vorgriff auf bloß Wahrscheinliches am vorgestellten Gegenstand nur ungenügend Halt findet und damit auf ihre eigene Unsicherheit und Bedingtheit zurückverwiesen ist. Da eine Entscheidung aber gefällt werden muß, ist es unvermeidlich, daß durch die individuelle Wirklichkeitserfassung eines jeden Papstes, durch die verstärkte Mitsprache seines Naturells persönliche Momente den Ausschlag geben. Infolgedessen kann im Angesicht derselben Ausgangsposition der eine Amtsinhaber für eine Intervention stimmen, der andere dagegen.

Auch katholische Kommentare haben ja von Anfang an nicht bestritten, daß eine andere Persönlichkeit auf dem Hl. Stuhl sehr wohl anders hätte reagieren können als Eugenio Pacelli, ohne daß darum die von diesem getroffene Wahl apodiktisch verurteilt werden kann. Jene Achtung vor dem zutiefst Persönlichen in jedem Gewissensentscheid, der objektiv gesehen durchaus problematisch sein kann, paßt aber gerade nicht in des Autors Konzept. Für ihn gibt es nur den vorgezeichneten, einbahnigen Weg. Eingeklemmt in der Gleitspur absoluten Müssens und auf der schiefen Ebene des Versagens beschleunigt, landet Hochhuths Papstattrappe dort, wohin er sie mit allen Mitteln befördern will, im Abgrund der Verachtung.
Die zweite Phase in der Diskussion von Hochhuths christlichem Trauerspiel steht noch aus. Sie wird anheben, sobald das Echo des Auslands zu vernehmen ist. Die Eilfertigkeit, mit der verschiedene nichtdeutsche Bühnen nach dem Stück gegriffen haben, stimmt nachdenklich. Wenn dort der Vorhang niedergeht, wird sich erweisen, ob nicht nur die Intendanten, sondern auch das Publikum die Frage unterdrücken, warum der Schöpfer des Stellvertreters ausgerechnet ein Deutscher ist.

19

ZWISCHEN GESCHICHTSSCHREIBUNG UND HOCHHUTHPROSA

Kritisches und Grundsätzliches zu einer Neuerscheinung über Kirche und Nationalsozialismus

Dem eher leidenschaftlichen als besonnenen Interesse, das Hochhuths Gerichtsdrama über Pius XII. an kirchlicher Zeitgeschichte wachgerufen hat, verspricht eine amerikanische Untersuchung neue, umfassende Aufschlüsse. Guenter Lewys Darstellung der katholischen Kirche im Dritten Reich erschien Mitte vorigen Jahres in New York[1], die deutsche Buchausgabe ist für Anfang April angekündigt. Erst dann wird in Anmerkungen und Belegen der wissenschaftliche Anspruch der Studie wieder hervortreten, den sie im Fortsetzungsvorabdruck eines Wochenmagazins der Eingängigkeit halber vorübergehend abstreifte.
Sie verdient deswegen Beachtung, weil sie auf einem relativ breiten Sockel von Quellennachweisen ruht, die Zeugnis geben von einer fleißigen Arbeitsleistung. Neben einigen staatlichen und einer Anzahl bischöflicher Archive hat der Verfasser zahlreiche Mithandelnde aufgesucht, um die Dokumentengrundlage durch persönliche Auskünfte zu ergänzen. Bis zu seinem 15. Lebensjahr in Breslau ansässig und 1939 durch Hitlers Antisemitismus außer Landes getrieben, steht der Verfasser der Alltagswirklichkeit des Dritten Reiches keineswegs fremd gegenüber. Merkwürdigerweise legt der Klappentext mehr Wert auf den angenommenen Ausländerstatus des Autors als auf die deutsche Jugendperiode, die ihn als Untertanen und Opfer totalitärer Herrschaft in besonderer Weise für die prekäre Aufgabe befähigen und autorisieren sollte, die Eigentümlichkeiten dieser zwangvollen Daseinsform sachgerecht zu schildern und zu bewerten. Stattdessen wird die Distanz eines nichtdeutschen Beobachters gerühmt, ja gefolgert, daß wohl nur ein Ausländer die vom Thema geforderte Unbefangenheit aufbringen könne.
Nach einer Skizzierung der kirchlichen Abwehrhaltung vor 1933 und den Ausgleichsbemühungen des Episkopats nach Hitlers Machtergreifung, die im Konkordat zwischen der Reichsregierung und dem Hl. Stuhl scheinbar erfolgreich abschließen, durchquert der Verfasser in mehreren Anläufen die vom Nationalsozialismus gestaltete kirchenpolitische Landschaft. In unsystematischer Folge handelt er über die Bedrängnisse der Vereine, die Unterdrückung der katholischen Presse, die ideologischen Auseinandersetzungen mit dem Neuheidentum, die kirchlichen Reaktionen auf Hitlers Außenpolitik und kriegerische Expansion, die Sterilisationsfrage, die Judenverfolgung und Probleme des Widerstandes. Ein unverhältnismäßig knapper Schlußteil versucht in das Verhältnis von Kirche und Totalitarismus tiefer einzudringen.

[1] Der Rezension liegt die amerikanische Ausgabe zugrunde. GUENTER LEWY: The Catholic Church and Nazi Germany. New York 1964. [Deutsch: Die katholische Kirche und das Dritte Reich, München 1965].

Entgegen dem weitergespannten Titel beleuchtet die Untersuchung vor allem die Haltung der Amtskirche, zunächst also des deutschen Episkopats und in geringerem Maße der römischen Kurie. Für das bereits wiederholt durchforschte Umbruchjahr 1933 bietet sie kaum neue Erkenntnisse und Wertungen. Dagegen fällt auf die übrigen Jahre nationalsozialistischer Herrschaft manches Licht und legt bisher unbekannte Details und Zusammenhänge frei. Der amerikanische Politologe spart nicht mit Kritik am Verhalten der Bischöfe, die kaum einen Schritt tun, der seinen Aspirationen auch nur annähernd entspräche. Ebenso wie den Versuch einer vertraglichen Absicherung gegen das NS-Regime im Reichskonkordat mißbilligt er den bloß hinhaltenden Widerstand der katholischen Kirchenführung gegenüber dem Totalitätsanspruch des Einparteistaates. Er vermißt ein entschiedenes Eintreten für die außerhalb des Kirchenraumes Verfolgten oder Diskriminierten und beklagt die Beschränkung der Proteste auf die im strengen Sinn kirchlichen Angelegenheiten. Eingehend beschäftigt sich Lewy mit dem bischöflichen Echo auf Hitlers anfangs gewaltlose Erfolge in der Außenpolitik, wobei er ein ausführliches und materialreiches Kapitel der Rückgliederung des Saargebietes widmet. Es beschäftigt ihn namentlich die Frage, wie es trotz der scharfen Frontstellung im Weltanschaulichen Beifallbekundungen zu Hitlers außenpolitischen Vorstößen geben konnte. Den Grund für das Ausbleiben eines schroffen Bruches sieht der Verfasser in der Annahme, daß die Bischöfe Hitlers Machtausübung als autoritäre Regierung mißverstanden und so ihren totalitären Charakter verfehlten. Neue und zugleich beklemmende Einblicke öffnet die Arbeit Lewys in die Bemühungen des deutschen Episkopats in der Frage der Judendeportation und bald danach der Ausrottung. Er kann dabei Eingaben verwerten, die Kardinal Bertram als Vorsitzender der Fuldaer Bischofskonferenz an die Reichsinstanzen gerichtet hat. Von Resignation über die sichere Erfolglosigkeit gezeichnet und von vorneherein rückzugsbereit, fügen sich die bischöflichen Vorstellungen leider nur zu gut in den Chor halblauter Proteste, wie sie Alliierte und Neutrale gegen die Judenvernichtung vorbrachten. Insgesamt werden also eine Fülle von Fragen angeschnitten, zu deren Klärung jeder Beitrag willkommen ist, der im Geiste unvoreingenommener Nüchternheit und Objektivität geleistet wird.

Für seine Schußfahrt durch zwölf Jahre Hitlerherrschaft holt nun allerdings der Autor Schwung am schiefen Hang katholischer Nachkriegspublikationen, die auf klare Linien bedacht und einseitig der Abwehrhaltung zugekehrt, die Phasen und Momente kompromißbereiter Koexistenz zurücktreten ließen oder ganz ausklammerten. Ohne methodischen Ehrgeiz und in bunter Folge und Fülle waren hier Dokumentenstücke zusammengefaßt, die zum Kirchenkampf nachtrugen, was auszusprechen den geknebelten Diözesanblättern verwehrt gewesen war. Der Leserschaft der ersten Nachkriegsjahre war die offene und versteckte Fehde zwischen Kirche und Hitlerstaat noch in frischer Erinnerung. Wohlvertraut mit den minimalen Oppositionsmöglichkeiten eines auf breite Zustimmung gegründeten Polizeistaates, erlag kaum jemand der Versuchung, den Kleinkrieg der Kirche mit dem Regime geringzuschätzen. Die meisten der Überlebenden waren davon in Anspruch genommen, mit ihrer persönlichen Desillusion fertigzuwerden. Nur wenige gab es, die sich nicht vorwerfen mußten, Hitlers Einmannregiment durch ihren Wahlzettel plebiszitär untermauert zu haben. Angesichts der späten Ernüchterung, die vielfach erst in der zerstörerischen Agonie des Dritten Reiches einsetzte, konnte die Kirche mit ihrem frühen, wiewohl begrenzten Widerspruch einigermaßen ehrenhaft bestehen. Das schließt nicht aus, daß die offizielle Kirchenleitung gegen den am Ende sich in Greueln austobenden Totalitarismus mehrfach sehr wohl rascher, entschiedener und einmütiger hätte reagieren können. Dieses Einbekenntnis wird nicht aufgehoben, wohl aber umfangen von der Gewißheit, daß der Christ immer hinter den ihm angebotenen Möglichkeiten zurückbleibt, wobei er sich selbst erforschen muß, ob sein Versäumnis Schuld war, Irrtum oder Schwäche. Daß der katholische Widerstand beunruhigende Lücken aufweist, wird niemand bestreiten. Daß jedoch die Haltung der Kirche im Dritten Reich einem Skandal gleiche, wagte 1945 niemand zu behaupten. Es ist daher die Erinnerung nicht überflüssig, daß diese These in dem Maße Anhänger gefunden hat, wie sich der empirische Kontakt mit der Wirklichkeit des Hitlerreiches lockerte oder für eine heranwachsende Generation ganz ausfiel.

Ohne fachliche Ambitionen gefertigt und nur Teilaspekte beleuchtend, konnten die frühen Dokumentensammlungen keine Grundlage für eine Gesamtbeurteilung der katholischen Kirche unter dem Nationalsozialismus bieten. Daß auch später eine solche Gesamtdarstellung ausblieb, verstärkte den Verdacht einer bewußt gepflegten Widerstandslegende, die den Blick auf die Kehrseite der Medaille verbaue.

Jener Legende sagt G. Lewy im Vorwort seines Buches den Kampf an. Ihm fällt mit einer Darstellung, die sich über die zwölf Unheilsjahre nach 1933 erstreckt, das Verdienst zu, ein Gesamtbild erstmals versucht zu haben. Zur Einlösung des Anspruchs wäre es notwendig, die auswählende, ausschnitthafte Geschichtsbetrachtung zu überwinden, um von der aspekthaften zur ganzheitlichen Erfassung fortzuschreiten und neben der Kategorie des Widerstandes die komplementäre Grundverhaltensweise totalitär Regierter einzuführen, die man vage und vorläufig als Anpassung umschreiben könnte. Die Aufgabe des gewissenhaften Chronisten bestände alsdann darin, die kirchenpolitischen Vorgänge der Hitlerzeit in dem so geschaffenen Bezugssystem zwischen den Polen von Akkomodation und Opposition im einzelnen zu lokalisieren. Das hätte zur Voraussetzung, daß nicht nur eine, sondern beide Komponenten aus der umgepflügten Dokumentenmasse ausgeschieden und proportionsgetreu in die Ereignisschilderung transponiert würden.

Wie steht es mit solchem methodischen Minimum in der vorliegenden Arbeit? Was die Aktengrundlage angeht, so hat ein gar nicht launisches Finderglück dem Schürfer vorwiegend Quellen beschert, die das Verhalten der katholischen Kirchenleitung in eine dubiose Beleuchtung rücken. Es sind ausgesuchte Zitate, mit denen Lewy seine Auffassung belegt, wobei er deutlich bevorzugt, was für den

Episkopat negativ zu Buche schlägt. Aus dem erfreulich gleichmäßigen Vortrag auf Objektivität schließen zu wollen, wäre darum voreilig. Es bleibt denn auch nicht lange ein Geheimnis, daß das Bauwerk, das in zwölf Kapiteln emporwächst, Umrisse und Merkmale einer Schandmauer tragen wird, steil, flächig und ohne Tiefe. Die Hoffnung auf eine sachgerechte, bipolare Ortsbestimmung der für die Kirchengeschichte der Hitlerzeit konstitutiven Geschehnisse schwindet, je mehr sich abzeichnet, daß der Autor, nicht anders als das von ihm gerügte Verfahren, mit einem einzigen Bezugspunkt zu arbeiten gedenkt. Eine um den Minuspol der Anpassung und des gefügigen Mitmachens arrangierte kirchliche Zeitgeschichtsschreibung scheint zwar den „Mythos" vom Widerstand schlagend zu widerlegen, aber nur, indem sie mit einer Version aufwartet, die ihrerseits Legende ist. Der Weg des Katholizismus durch die Dunkelheiten und Wirrnisse der NS-Zeit war ebensowenig reiner Widerstand wie reine Anpassung, sondern ein von Entscheid zu Entscheid schwankender Zwischenwert, dessen Größe eben darum für jeden Einzelvorgang gesondert zu ermitteln wäre, bevor eine Gesamtbilanz möglich ist.

Methodisch verblüfft Lewy durch die konsequente Entschlossenheit, Verlautbarungen der Kirchenbehörden ohne Zögern wörtlich zu nehmen, wo kritisches Abhören auf Zwischentöne oberste Pflicht des Chronisten wäre. Daß in einer Meinungsdiktatur öffentliche Erklärungen stets mit Blick auf die Unfreiheit interpretiert werden müssen, in der sie entstehen und vernommen werden[2], findet nur unzulängliche Beachtung. Sicherlich wurde mit Loyalitätsbeteuerungen der vermeintlich legalen Staatsgewalt gegenüber manchmal des Guten zuviel getan. Darüber ist jedoch nicht zu vergessen, daß allein auf dem Vehikel begrenzter Zustimmung kirchliche Kritik an bestimmten Regierungsmaßnahmen noch in die Öffentlichkeit getragen werden konnte. Von 1933 an waren Hirtenbriefe ein Gemisch aus Anerkennung und Vorbehalt, weswegen wiederum im Einzelfall gewissenhaft zu analysieren wäre, wo Überzeugung ans Lippenbekenntnis stieß, wo Taktik mitsprach und wo Illusion. Die hier geforderte Trennung ineinanderfließender Gehalte und Motive ist keine unlösbare Aufgabe, wenn die Kundgebungen der Bischöfe mit ihren internen, unretuschierten Meinungsäußerungen konfrontiert und gegen sie abgehoben werden. Sie ist jedoch außerordentlich erschwert, wenn eine Überempfindlichkeit gegen regimefreundliche Bischofsworte bereits die Bestandaufnahme stört.

Das trifft auf Lewys Umgang mit den Quellen leider sehr oft zu. Seine Wünschelrute schlägt heftig aus, sobald er sich einer Wasserkammer nähert, deren Gefälle dorthin weist, wo die Mühlen seines Zornes rotieren. Dagegen kann seine Aufmerksamkeit abrupt erlöschen, wo regimekritische Unterströmungen zu erschließen wären. Äußerlich verrät sich diese Parteilichkeit in der Zitationsweise. Während der Anpassungsthese günstige Auslassungen katholischer Würdenträger

[2] Beispielhaft ist diese Forderung in einer Studie von KONRAD ACKERMANN verwirklicht: Der Widerstand der Monatsschrift Hochland gegen den Nationalsozialismus. München 1965.

preziös in Anführungszeichen gefaßt werden, verfallen kirchliche Proteste achtloser Zusammenfassung oder völliger Übergehung[3]. Es ist kein Zufall, wenn aus den Stößen päpstlicher Beschwerden – nicht weniger als 55 Noten bis Kriegsbeginn – nur ein minimaler Bruchteil hastiger Erwähnung gewürdigt, ein so eindringliches und bedeutsames Dokument wie das vatikanische Promemoria vom 14. Mai 1934 gar völlig übergangen wird. Das gleiche Schicksal teilen so gewichtige Denkschriften des deutschen Episkopats an die Reichsregierung wie die vom Juni und Dezember 1941.

Überhaupt konstatiert der amerikanische Betrachter, daß von den unbestreitbaren Abwehrreaktionen der kirchlichen Autorität zuviel Aufhebens gemacht werde und eine Neubewertung nottue. Daraus erklärt sich die Tendenz, Oppositionsäußerungen, die im Geschichtsbild der NS-Zeit eine fundierte Position besitzen, um Gewicht und Profil zu bringen.

So wird etwa eine gleichzeitige, unbeachtete Ansprache Bischof Bernings aufgeboten, um die Strahlkraft von Faulhabers fünf (nicht drei) Adventspredigten von 1933 zu verdunkeln, ohne daß auch nur ansatzweise versucht würde, der stupenden Resonanz nachzugehen, die das Münchener Bischofswort sowohl in der NS-Publizistik wie in der internationalen Presse weckte. Mit Hilfe einer ähnlichen Bagatellisierungstechnik sucht Lewy die Enzyklika „Mit brennender Sorge" von 1937 abzuwerten. Hier wie in anderen Fällen erteilt der Autor mit Vorliebe einem kritischen katholischen Kommentator für eine Satzlänge das Wort[4], um dann den Chor positiver Stimmen in den Wind zu schlagen, obwohl er für den Gesamtbefund mitnichten überhört werden dürfte.

So ist es kein Wunder, wenn die Dimensionen des Geleisteten zusammenschrumpfen, bis nur noch Inseln zurückbleiben in einem Meer von Blindheit, Furchtsamkeit und Opportunismus, trigonometrische Punkte also, und nur dafür geschont, die Unermeßlichkeit des Versäumten bildhaft zu verdeutlichen. Per-

[3] Instruktiv für Lewys Umgang mit Texten ist sein mit Zitaten durchsetztes Resümee des Fuldaer Pfingsthirtenbriefes von 1933. In einem eigenen Abschnitt, einem Kernstück der ganzen Verlautbarung, beschäftigten sich die Bischöfe mit der Achtung der Persönlichkeitsrechte im neuen Staat. Unverkürzt hat der Passus folgenden Wortlaut:
„Wir dürfen andererseits erwarten, daß die staatliche Autorität nach dem Vorbild der Autorität innerhalb der katholischen Kirche die menschliche Freiheit nicht mehr beschneide, als es das Gesamtwohl verlangt, sondern sich mit der Gerechtigkeit schmücke, und damit jedem Untertanen das Seine, sei es Eigentum, Ehre und Freiheit, gebe und lasse. Jeder Mißbrauch der Autorität führt zu ihrer eigenen Schwächung und Auflösung und jedes Unrecht, das die staatliche Autorität durch Überspannung oder durch Duldung von Übergriffen untergeordneter Organe oder unbefugter Eindringlinge am Volksganzen begeht, rächt sich sowohl an ihr als am Volksganzen."
Unter den Händen des Verfassers, der an der Bischofskundgebung bemängelt, daß sie wenig Betroffenheit über die Unterdrückung der bürgerlichen Freiheiten verrate, ist der Text auf folgende fast unkenntliche Reste zusammengeschmolzen:
„Andererseits, so betonten die Bischöfe, erwarteten sie, daß der Staat, dem Beispiel der Kirche folgend, ‚die menschliche Freiheit nicht mehr beschneide, als es das Gesamtwohl verlangt'. Jeder Autoritätsmißbrauch und jede Ungerechtigkeit schwächten und schädigten den Staat."

[4] Für den Hang Lewys, Sinnzusammenhänge zu zerreißen und katholische Zeugen nicht ausreden zu lassen, ist die Resektion einer Darlegung von P. Pribilla SJ charakteristisch, auf die R. Morsey aufmerksam macht. Vgl. Frankfurter Allgemeine Zeitung Nr. 283 vom 5. Dezember 1964.

spektive und Größenordnungen sind nun allerdings zunächst eine Frage des Standorts. Lewy hat sich für den des absoluten Moralisten entschieden. Darum kümmert den Ankläger der kompromißbereiten Kirche die alte Historikerfrage nach der konkreten Realisierbarkeit ethischer Forderungen im Grunde wenig. Das erklärt auch sein auffälliges Desinteresse an den schriftlichen Auseinandersetzungen zwischen Episkopat und Reichskirchenministerium. Im Schatten idealistischer Maximalforderungen sinken die Entgegnungen und Einsprüche der Bischöfe zu Belanglosigkeiten herab, die keinerlei Beachtung verdienen. Daher forscht Lewy höchst selten nach den Reaktionen, die bischöfliche Vorstellungen bei Staats- und Parteibehörden auslösen, durchschweift vielmehr die scheinbar unendliche Distanz, die den kirchlichen Protest von einer integralen Deklaration der Menschenrechte trennen. Daß etwa die Kanzelverlesung des Rundschreibens „Mit brennender Sorge" Kirchenminister Kerrl zu heftigen Vorwürfen gegen den Episkopat hinriß, die einen polemischen Briefwechsel zwischen ihm und Kardinal Bertram eröffneten, erfährt der Leser in Lewys Gesamtdarstellung nicht. Die pauschale und sich erwartungsgemäß wiederholende Enttäuschung über die kleinen Schritte der Amtskirche verbaut denn auch den Zugang zu der viel erwägenswerteren Frage, inwieweit der katholische Widerspruch inadäquate Schwerpunkte hatte, insofern das kirchliche Bewußtsein auf totalitäre Übergriffe nicht nur mit unterschiedlicher, sondern sogar mangelhafter Sensibilität reagierte.

Daß im Laufe der Schilderung der Saarpolitiker Johannes Hoffmann in den geistlichen Stand, Kaplan Hermann Wehrle in den Jesuitenorden versetzt werden, gehört zu den wohl unvermeidbaren Randunschärfen eines so personenreichen Berichts. Ein fataler Mißgriff ist es jedoch, wenn gegen den deutschen Katholizismus Ausführungen einer Zeitschrift aufgeboten werden, die sich im Titel als „Der romfreie Katholik" vorstellt.

Wie sehr die Unvoreingenommenheit der Darstellung gefährdet ist, wird an einigen Interpolationen deutlich, die von der Dokumentengrundlage nur dürftig oder gar nicht gedeckt werden. So zeiht Lewy die Fuldaer Bischofskonferenz 1931 der Unfähigkeit, der NSDAP gegenüber eine feste Position zu beziehen, weil die Majorität der Bischöfe nicht bereit gewesen sei, in die Seelsorgsanweisungen von 1921[5] einen ausdrücklich gegen die Hitlerpartei gerichteten Passus aufzunehmen. Tatsächlich wurde eben dieser Abschnitt, den der Verfasser anklagend wörtlich anführt, in die Neufassung der Seelsorgswinke aufgenommen, und zwar unter ausdrücklicher Berufung auf den Konferenzbeschluß vom 5. August 1931.

[5] Die bischöflichen „Winke betr. Aufgaben der Seelsorger gegenüber glaubensfeindlichen Vereinigungen" sollten dem Klerus Richtlinien in die Hand geben, um die Sakramentenpraxis für jene Katholiken zu regeln, die den abgelehnten Organisationen angehörten oder sympathisierten. Die erste Fassung von 1921 richtete sich hauptsächlich gegen die Linksparteien wegen des dort verbreiteten antichristlichen Ideenguts, in der Neuauflage von 1931, deren deutscher Inhalt die lateinische Überschrift „Cura impendenda asseclis societatum vetitarum" trug, war auch die NS-Bewegung berücksichtigt.

Krasser wirkt sich die Tendenz zur unbelegten Vervollständigung an einer anderen Stelle aus. Vom Dankgottesdienst zur Konkordatsratifizierung, den Nuntius Orsenigo in Berlin durchsetzte, folgert und behauptet Lewy, in allen katholischen Kirchen Deutschlands sei ebenso verfahren worden. Das läßt sich in den Amtsblättern, die hier hätten befragt werden müssen, nicht einmal für eine Handvoll Diözesen feststellen. Sowohl der Berliner Bischof Schreiber wie Kardinal Bertram haben die Feierlichkeiten in der Hedwigskathedrale nachweislich mißbilligt. In den acht bayerischen Bistümern verordnete allein das Bamberger Amtsblatt ein Te Deum nach dem gewohnten Sonntagsgottesdienst, und zwar noch ehe Kardinal Faulhaber das Urteil seiner Mitbischöfe eingeholt hatte, die sich in teilweise scharfen Ausdrücken gegen einen offiziellen Dankgottesdienst verwahrten.

Die Gunst des Kritikers verscherzen sich jedoch die katholischen Prälaten nicht erst durch ihre Stellungnahmen im Hitlerreich. Daß die Bischöfe von Trier und Speyer die Abtrennung des Saargebiets verurteilten, verwandelt sie in den Augen Lewys, der von der Einmütigkeit der Nachkriegsdeutschen in der Ablehnung von Versailles keine Notiz nimmt, zu „glühenden Nationalisten". Der 1923 von der französischen Besatzungsmacht exekutierte und in Deutschland als Symbolfigur des Ruhrwiderstands verehrte A. L. Schlageter bezieht das Etikett „Nazimartyrer". Vorwürfe treffen den Episkopat, weil er in seinen frühen Warnschreiben vor der Hitlerbewegung zwar den Extremismus zurückweisen, den patriotischen Bestrebungen der Nationalsozialisten jedoch ehrenhafte Motive nicht abstreiten wollte. So undifferenzierte und darum anfechtbare Zensuren sprechen nicht eben sehr für die Bereitschaft, sich in die Belastungen und Probleme des Staates von Weimar einzufühlen.

Nicht ohne Genugtuung ertappt Lewy kirchliche Würdenträger bei unvorsichtigen Anleihen aus dem Wörterbuch des Unmenschen und erzielt mit der Bloßstellung des Schlagworts „Lebensraum" in Hirtenbriefen wiederholt Kontrasteffekte von der Art, wie sie eine entzeitlichte Zeitgeschichte mühelos ermöglicht. Ein genealogischer Abriß ergäbe zwar, daß sich die Bedeutungsskala dieser schillernden Vokabel vom diffusen Anspruch auf die nationale Existenzgrundlage über die Verwirklichung des Selbstbestimmungsrechts für alle Deutschen oder die Rückforderung der Kolonien bis zur imperialistischen Expansion spannte. Es wäre deshalb sehr zu prüfen, in welchem Sinn und Zusammenhang in den bischöflichen Lehrschreiben vom ominösen Lebensraum die Rede war, bevor Hitler das Schlagwort durch seine Ausrottungs- und Umsiedlungspolitik zu gespenstischer Eindeutigkeit präzisierte. Das Überraschungsmoment samt Entrüstungserlebnis beruht jedoch wesentlich auf der sinngleichen Verwendung eines heute entlarvten Kernbegriffs nationalsozialistischer Ideologie. Nur unter dieser Voraussetzung kann die implizierte Verdächtigung bestehen, wer irgendwann einmal Lebensraum gesagt habe, müsse die Ukraine gemeint haben. Wenn eine Darstellung einerseits mit Akribie die Lebensraum-Zitate als Belastungszeugnisse für die Aufweichung kirchlichen Denkens hervorgeht, anderseits aber die sehr erhebliche

Geschichte einer Sinnverengung übergeht, so ist das nichts anderes als ein absichtsvolles Spiel mit der Ahnungslosigkeit zumal des ausländischen Lesers.
Was alle Kapitel von Lewys Studie wie ein roter Faden durchzieht, ist die abgründige Enttäuschung über die Reaktionen der Kirchenführung, den Vatikan inbegriffen, auf die immer unerträglicheren Provokationen des totalitären Staates. Sie wurzelt letztlich im Unvermögen zu begreifen, wie das in Hitler durchbrechende absolute, unvermischte Böse nur auf partielle und damit unzureichende Gegenwehr stoßen konnte. Auf den ethischen Dualismus von Gut und Böse reduziert, wird das vielschichtige Phänomen des Nationalsozialismus und seiner Überwindung auf eine moralisch-metaphysische Ebene verschoben und die Verantwortlichkeit der Kirche, primär, wenn nicht ausschließlich als moralische Anstalt verstanden, in eine pointierte Beleuchtung gerückt. Ohne unbedingt auf dem Erfolg kirchlicher Gegenaktionen zu bestehen, beharrt die Anklage auf dem Standpunkt, daß es ohne Rücksicht auf die Folgen zum radikalen Bruch mit dem NS-Regime hätte kommen müssen.
Dieser Schluß scheint unausweichlich, sobald Hitlers Wesen und Wirken, einmal aller Titel, Vollmachten und Hüllen entkleidet, auf die unhistorische Kurzformel des inkarnierten Bösen festgelegt ist. So wenig dem auf dem Hintergrund von Auschwitz widersprochen werden kann, so wenig ist diese Charakterisierung eine geschichtswissenschaftliche Kategorie. Sie war überdies erst möglich, als dieses unheilvolle Leben erloschen und auch die dunkelsten Seiten seiner Wirksamkeit geklärt waren. Nichtsdestoweniger herrscht im populären Umgang mit Zeitgeschichte das Bestreben, das Hitlerbild der Nürnberger Prozesse, von den Schlakken des Zeitlichen gereinigt, ohne entwicklungsbedingte Abwandlungen beliebig weit zurückzuprojizieren und die zum Widerstand Berufenen für Einsichten in die Schranken zu fordern, die sie eben nicht zu jedem Zeitpunkt haben konnten. Ohne Rücksicht auf die unvertauschbaren Markierungen des Früher und Später wird häufig aus den ersten Indizien der Rechtsverachtung und Rechtsbeugung eine hellsichtige Vorausschau auf mögliche Ungeheuerlichkeiten gefordert, wie sie dann zum Entsetzen der zivilisierten Welt Wirklichkeit wurden.
Einen Schein von Berechtigung gewinnen solche Ansprüche auf der Basis einer angeblichen inneren Gesetzmäßigkeit und Zwangsläufigkeit in der Entfaltung von Hitlers Antrieben und dem Verlauf seiner Herrschaft, die im Rückblick folgerichtig in Aggressionskrieg und Judenvernichtung gipfelte. Tatsächlich gibt es, wie wir heute wissen, in der Abfolge der Ereignisse zwischen 1933 und 1945 so etwas wie eine kontinuierliche Steigerung, insofern die Pläne Hitlers immer ausschweifender und die Mittel immer brutaler werden, eine Entwicklung also, die sich mit scheinbar zwingender Notwendigkeit vollzieht, da jeder Radikalisierung eine vergleichsweise mildere Regierungspraxis vorausgeht. Von dem stufenweisen Abstieg in die Barbarei fühlt sich der Volksglaube bestätigt, daß ja alles so kommen mußte, wie es tatsächlich kam, weshalb nur einem Blinden entgehen konnte, wohin die Dinge trieben. Ihrer weiten Verbreitung zum Trotz tut diese Denkweise der geschichtlichen Wirklichkeit Gewalt an. Weigert sie sich doch, die

jüngste Vergangenheit als gewesene Gegenwart zu begreifen, d. h. als eine Situation, die im Augenblick ihres Passierens für eine Vielzahl bewegender Kräfte offen war, so daß sie sich nach ganz anderen Richtungen hin fortsetzen konnte als der schließlich faktisch eingeschlagenen. Da für die Nachgeborenen nur die verwirklichte Möglichkeit zählt, weil sie allein mit spürbaren Folgen an die Gegenwart heranreicht und sie mitbestimmt, gewinnt sie ein so erdrückendes Übergewicht, daß sich im Zeitpunkt des Geschehenkönnens chancenreiche Alternativen zu Schattengebilden verflüchtigen, weil sie tatsächlich unrealisiert geblieben sind. Es ist nicht erstaunlich, wenn der historisch ungeschulte Beobachter der Verführung erliegt, die Geschichte gewordene Möglichkeit für die einzig realisierbare und damit notwendig eintretende zu halten. Aus der Unumstößlichkeit des Gewesenen und der Schemenhaftigkeit des Möglichen nährt sich ein leichtfertiges Selbstgefühl, das ohne Verständnis für Realisierungschancen auf die Leitvorstellungen der inneren Opposition mit Verachtung herabsieht. Bestenfalls freundlicher Skepsis begegnet heutzutage das Vertrauen des deutschen Episkopats und anderer Hitlergegner auf die innere Wandelbarkeit einer Tyrannis. Das ist zwar die am wenigsten auf aktive Selbsthilfe gerichtete Einstellung, nicht selten aber die einzig mögliche, wenn Ohnmacht die Hände bindet.

Gewiß hat die Fortdauer des Hitlerismus bis zur Zerschlagung von außen solche Kombinationen grausam enttäuscht. Ganz so abwegig und unrealistisch kann indes die Haltung hoffenden Zuwartens jedenfalls nicht sein, nachdem sie westliche Entspannungstheoretiker als Kardinaltugend für jede Außenpolitik mit den östlichen Totalitarismen entdeckten und zum Range einer Weltanschauung erhoben. Solche Weitherzigkeit verträgt sich schlecht mit der geradezu neurotischen Entrüstung über die Verständigungsbemühungen der Kirche in der NS-Zeit, enthüllt aber damit gerade die pharisäische Bewußtseinsspaltung, in der sich die Gegenwart beim Urteil über die jüngste Vergangenheit gefällt. Dem zweigeteilten Verstande gelingt es dann, die Bischöfe für das Jahr 1933 auf einen extremen Pessimismus zu verpflichten, während man sich selbst einer nur graduell gewandelten Realität gegenüber eines extremen Optimismus befleißigt.

In der Diskussion um Lewys Buch erhebt sich neuerdings die Frage, warum die katholische Hierarchie das Kirchenvolk nicht zum offenen Widerstand gegen den Nationalsozialismus aufgerufen habe. Enger gefaßt heißt das: Wie stand es mit dem Abwehrwillen des Episkopats? Allgemein gilt, daß der Entschluß zur Gegenwehr, soweit sie nicht zur bloßen Selbstverteidigung geübt wurde, abhängig war von der Einsicht in die Rechtswidrigkeit des Machtgebrauchs. Mochte auch die Erkenntnis von Jahr zu Jahr wachsen, so hatten alle Oppositionsabsichten mit mannigfachen Einwänden zu ringen und die Meinungen über die zu ziehenden Konsequenzen gingen weit auseinander. Das stärkste Hindernis, mit der bürokratischen Methode brieflicher Beschwerden zu brechen, war die Überzeugung von der Rechtmäßigkeit der nationalsozialistischen Regierungsgewalt und der daraus resultierenden Verpflichtung zum staatsbürgerlichen Gehorsam. Falls Bischöfe und Gläubige an der formalen Korrektheit des Vorgangs Zweifel gehegt haben sollten, so ist ihnen nach der Wahl vom 5. März 1933, als noch Gegenstimmen laut werden konnten, kein Staatsrechtslehrer mit seiner Autorität beigesprungen. Daß die neue Regierung nicht kirchenfreundlich war, bemerkte man noch im Jahr des Konkordatsabschlusses; daß Hitler auf die totale Alleinherrschaft hinarbeitete, die keine autonomen Bereiche mehr respektieren würde, mußte sich der Episkopat von 1934 an in wachsendem Maße eingestehen. Was das zu bedeuten haben könnte, ahnte kaum jemand. Nichts verrät erschreckender die völlige Unvertrautheit mit dem Wesen des Totalitarismus als die Unbefangenheit, mit der Publizisten verschiedenster Provenienz in der Werdestimmung des Sommers 1933 das Schlagwort „totalitär" aufgriffen und als zukunftsträchtiges Positivum feierten. Zwar lagen die schockierenden Auswirkungen des sowjetischen Experiments vor aller Augen. Aber zum Unglück versperrte der äußerliche Antagonismus den Blick auf die tiefsitzenden Gemeinsamkeiten der beiden Staatsauffassungen, insbesondere den bis zur Menschenverachtung getriebenen Verfügungsanspruch. Und niemand war zunächst da, der vom Links- zum Rechtstotalitarismus die entlarvende Verbindungslinie gezogen hätte. So blendete Hitler weite Teile des deutschen Wählervolkes und profitierte von seiner politischen Gegnerschaft zum Kommunismus, der ihn ideologisch hätte kompromittieren sollen.

Es fehlt nicht an Anläufen, die Kommunistenangst der dreißiger Jahre im allgemeinen und der katholischen Hierarchie im besonderen ins Lächerliche zu ziehen. Die damals erschraken, hätten vor einem Popanz gezittert. Nun war das Entsetzen über die Massenmorde bei der Zwangskollektivierung, die Stalin mit blutiger Gewalt durchdrückte, weder grundlos noch übertrieben. Daß nach 1928 Millionen nicht fügsamer russischer Bauern niedergemetzelt wurden, ist heute ohne Eindrucksmacht, weil sich Hitlers Verbrechen vor eine Rückerinnerung geschoben haben, die mit gleicher Intensität festzuhalten der Auflockerungspolitik wenig dienlich wäre. Die Nachsicht mit den kapitalen Jugendsünden des sowjetischen Kommunismus ist also durchaus interessenbedingt, was demonstriert, wie sich objektive Zeitgeschichtsbetrachtung tagespolitischer Nützlichkeitserwägungen und systematisch geförderter Vergeßlichkeit zu erwehren hat.

Religionsfeindschaft, Aufhebung der Meinungs- und Versammlungsfreiheit, Lagerhaft politisch Andersdenkender und Diskriminierung der jüdischen Minderheit waren die ersten Äußerungen totalitären Machtgebrauchs. Waren sie aber auch Grund genug, dem Regime die Loyalität aufzukündigen? Wer wie Lewy das Abwägen zwischen dem größeren und kleineren Übel verabscheut, hat für diese Überlegung kein Verständnis. Ihm entgehen darum weithin die Konflikte, mit denen sich die Bischöfe jedesmal herumquälten, wenn neue Übergriffe sie vor die Alternative „protestierende Hinnahme oder radikaler Bruch" stellten. Ein solcher Entschluß war gehemmt von dem Entsetzen, gegen die vermeintlich rechtmäßige Staatsgewalt die Hand erheben zu sollen. Überdies war die Stimmung im Kirchenvolk höchst zwiespältig. Zwar murrten die Gläubigen über Schikane und Beschränkungen auf kirchlichem Gebiet, waren aber wie die Deutschen in ihrer Gesamtheit nicht unempfänglich für die Segnungen von Hitlers Politik, Arbeitsbeschaffung und wirtschaftliche Erholung im Innern, sowie eine offenbar geschickte und kraftvolle Vertretung der nationalen Interessen nach außen. Bis zum gewissenlosen Spiel mit dem Kriegsrisiko und der Gewaltdrohung feierte die Masse des Volkes Hitler als den Überwinder der Versailler Nachkriegsordnung, die man als Unrecht oder Schmach empfand. Erst als klar wurde, daß seine ungezügelte Dynamik das Reich von der Revision, die alle wollten, fortreißen würde in das Abenteuer der Expansion, verbreitete sich das große Entsetzen. So kam es nicht von ungefähr, wenn sich die Militäropposition gegen Hitler trotz ihrer Einsichten und Handlungsmöglichkeiten erst 1938 im Schatten der Sudetenkrise zu konkreten Umsturzplänen verdichtete. Bis weit in den Krieg hinein stand Hitlers breite Gefolgschaft unerschüttert.

Wiederum übersieht oder vereinfacht Lewy die vielfältigen Interessenüberschneidungen und Konfliktsquellen, wenn er es den Bischöfen verübelt, in den erst in der Rückschau fragwürdigen Jubel ihrer Landsleute über den Zerfall von Versailles eingestimmt zu haben. Er verfehlt sowohl die zeitgenössische Bewußtseinslage wie die Reichweite des Hirtengehorsams, wenn er bei diesen und ähnlichen Anlässen konstatiert, anstatt zu führen hätten sich die Kirchenmänner von der allgemeinen Begeisterung anstecken und treiben lassen. Es überrascht dann nicht mehr, daß er von neuem die Fiktion von der Unbedingtheit des religiösen Gehorsams beschwört, wie sie in noch gröberer Fassung auch Hochhuth vorgetragen hatte. Diese Fehleinschätzung ist auf der andern Seite um so schwerer begreiflich, als ihn gerade die handgreifliche Unwirksamkeit der bischöflichen Warnungen vor dem anschwellenden Nationalsozialismus eines Besseren belehrt haben sollte. Der kirchlichen Leitungsgewalt des Episkopats wachsen so aus nachträglichem Wunschdenken imaginäre Qualitäten zu, die es der Bischofsautorität gestatten, politische Verirrungen durch ein geistliches Machtwort zu korrigieren. Wie selbstverständlich und notwendig wird vorausgesetzt, daß der Glaubensgehorsam unter Katholiken wenn nicht die einzige, so doch die primäre Determinante in allen sonst noch so weltlichen Geschäften sei, ein Instrument also, mit dem man den Einzelchristen, ungeachtet seiner Eingebundenheit in gruppenmäßig und individuell verschiedene soziale und politische Ordnungsvorstellungen beliebig steuern könne. Daß die Gehorsamsbereitschaft nur so weit reicht, wie die Überzeugungskraft der Argumente, daß sich eine Kirchengemeinschaft wie jeder Großverband nur schwerfällig voranbewegt und über ein vorbereitetes Gefälle, bleibt in dieser Konzeption weitgehend außer acht.

Das Fazit Lewys aus dem Kirchenkampf, wie er ihn sieht, findet seinen Niederschlag in der These, die Anpassungspolitik des deutschen Episkopats sei nur das jüngste schlagende Beispiel für das Unvermögen der römischen Kirche, ihre institutionellen Interessen zugunsten ihres moralischen Wächteramtes zu übersteigen. Damit ist die Brücke gebaut zu den grundsätzlichen Überlegungen des Schlußteils über Kirche und Totalitarismus. Er frappiert den Leser dadurch, daß sowohl das Phänomen der Kirche wie des Totalitarismus höchst unzulänglich erfaßt ist, ganz zu schweigen von den moraltheologischen Schiefheiten, mit denen der Verfasser operiert. Mit der Rolle des Historikers, zu zeigen, was gewesen ist, nicht mehr zufrieden, zielt der Ehrgeiz des Soziologen auf den Nachweis, daß es aus dem Wesen der Kirche heraus gar nicht anders sein konnte. Selbst die Richtigkeit seines Befundes über die NS-Zeit einmal vorausgesetzt, wären die Auslassungen dieses Kapitels doch wohl entschieden zu dürftig, um eine so gravierende Anschuldigung zu tragen. Den Einsichten Lewys zufolge korrumpiert die Verkoppelung des Naturrechts mit institutionellen Überlebenswünschen und Ausdehnungsinteressen die von der Kirche in Krisenzeiten ausgegebenen und befolgten Verhaltensvorschriften. Deshalb bestreitet er ihren Anspruch, allgemeinverbindliche, sittliche Normen aufzustellen, und propagiert auf den Spuren des Humanisten Pico della Mirandola den Rückzug auf die stolze Unbestechlichkeit des Einzelgewissens.

Weiterhin glaubt der Autor die Vertrauenswürdigkeit der katholischen Moraltheologie dadurch erschüttert, daß ihre Grundsätze, von verschiedenen Auslegern auf denselben Realfall angewendet, konträre Auskünfte erteilen können. Die Beobachtung ist richtig, spricht allerdings weniger gegen die Gültigkeit der Prinzipien als gegen Sachverstand und Urteilsfähigkeit des Kritikers.

Er übersieht nämlich, daß die Hemmnisse, einen sittlichen Imperativ auszuformen, nicht in einer angeblichen Unbestimmtheit der Prinzipien wurzeln, sondern in der Vorbedingung jeden moralischen Urteils, eine zu bestehende Situation so allseitig und vollständig zu erfassen, daß sie eindeutig unter diesen oder jenen Obersatz gehört. Das Dilemma der Uneindeutigkeit gibt es auch anderswo. Obzwar Totschlag und Mord juristisch klar definierte Begriffe sind, bleibt es nicht aus, daß ihre Anwendung im konkreten Fall auf Schwierigkeiten stößt. Nur ein Ahnungsloser kann staunen, wenn die hochkomplexe Materie des Widerstandsrechts zu abweichenden Schlußfolgerungen führt, so daß sich für das Handeln wie das Nichthandeln triftige Gründe vorbringen lassen. Nur blinder Eifer kann es den Kirchenführern verargen, wenn sie als eines der Momente, die bei einem gewaltsamen Umsturz aufs Spiel gesetzt werden, auch das Schicksal ihrer Herde in die Güterabwägung miteinbeziehen. Der Vorwurf, die kirchliche Staatslehre sei jeweils Funktion und Ausfluß eines institutionellen Selbsterhaltungstriebs, ist damit jedenfalls nicht erhärtet.

Wie wenig andere zählt der Entschluß zur Rebellion zu den eminent persönlichen Entscheidungen, die nur in der Vollmacht und Verantwortung des Einzelgewissens gefällt werden können. Eben deswegen ist die Kirche außerstande, bis ins letzte detaillierte Handlungsimpulse zu geben. Ihr Auftrag geht vielmehr dahin, das Einzelgewissen zu jener Mündigkeit zu erziehen und mit jenen sittlichen Grundüberzeugungen auszurüsten, die es befähigen, in seiner individuellen und nur ihm voll einsehbaren Weltsituation moralisch und christlich zu handeln. Überdies mutet das zornige Verlangen nach bischöflichen Imperativen einigermaßen anachronistisch an in einem Jahrhundert, das widerhallt von Beschwerden über die Gefahr der Klerikalisierung.

Fragmentarisch wie das Bild von der Kirche, ihrem Selbstverständnis und ihrer Moral, ist schließlich die Darstellung der modernen Totalitarismen. Nirgendwo durchstößt Lewys Bestandsaufnahme den Eisernen Vorhang, wie wenn es die kommunistische Variante mit ihren zahlreichen nationalen Ablegern nicht gäbe. Warum das so ist, bleibt eines der großen Rätsel, die dieses Buch aufgibt. Gewiß sind die „Volksdemokratien" nicht einfach der Schlußphase der Hitlerherrschaft gleichzusetzen mit ihrer mörderischen Dynamik und dem rasend um sich greifenden Flächenbrand der Judenvernichtung, doch nach wie vor sind sie totalitäre Staaten, eingespielte Systeme der Unfreiheit, ohne Achtung für die elementaren Rechte menschlicher Selbstbestimmung. Kein Personenwechsel, kein Tauwetter haben bisher diese Grundtatsache aufgehoben.
Im Unterschied zum schillernden Mischgebilde des Nationalsozialismus war die weltanschauliche Gegnerschaft zum Kommunismus autoritativ und unwiderruflich von höchster kirchlicher Seite längst geklärt, als die Zwangsherrschaft über die Kirchen des Ostens hereinbrach. Es ist unverantwortlich, auf die Betrachtung ihrer Initiativen und Bedrängnisse zu verzichten, wenn man zur Auseinandersetzung Kirche und Totalitarismus Stellung nehmen will. Freilich kann es sich nicht darum handeln, den deutschen Episkopat der NS-Zeit durch einen Vergleich mit dem Verhalten der Bischöfe hinter dem Eisernen Vorhang anzuklagen oder zu entlasten. Doch hätte die leidensvolle Existenz der östlichen Kirchen nicht wenig zur Klärung der Frage beizutragen, über welche Handlungsmöglichkeiten kirchliche Gemeinschaften in totalitären Systemen verfügen. Ein solcher Situationsvergleich hätte die Angemessenheit und Verbindlichkeit der von Lewy gebrauchten Maßstäbe erweisen können. Er ist diesem Test ausgewichen. Man kann das der Fehlurteile wegen nur bedauern.

HITLERS KIRCHENMINISTER

Zum Versuch einer Gesamtdarstellung des Kirchenkampfes im NS-Staat

Je mehr im letzten Jahrzehnt das Angebot an Einzeluntersuchungen zur nationalsozialistischen Kirchenbedrückung in die Breite ging, desto fühlbarer wurde auf dem Hintergrund dieser Entwicklung der Mangel an Gesamtdarstellungen. Angesichts dieser Bedarfslage ist es auf den ersten Blick verwunderlich, daß dem von J. S. Conway[1], einem in Kanada lehrenden englischen Historiker, vorgelegten Versuch einer überkonfessionellen Zusammenschau der NS-Kirchenpolitik kein stärkeres Echo beschieden war. Mit dem Hinweis, daß ein zeitweise leidenschaftliches Interesse an der Rolle der Kirchen im Dritten Reich, wie es vor allem Hochhuths „Stellvertreter" bühnendramatisch angefacht hatte, sich inzwischen als modisch ephemer erwiesen und in vielfach oberflächlicher Entrüstung erschöpft habe, wird die laue Resonanz nur zum Teil erklärt. Es bleibt darum die Frage, ob gewichtigere Gründe dafür nicht in Anlage und Durchführung des Werks selbst zu suchen sind.

Zentralfigur und Schwerpunkt des Buchs ist Hanns Kerrl, von 1935 bis 1941 erster und letzter Reichsminister für die kirchlichen Angelegenheiten, nominell ranghöchster Gestalter der nationalsozialistischen Kirchenpolitik, tatsächlich aber in einen Windmühlenkampf mit machtpolitisch überlegenen Rivalen verstrickt, die ihm das Leben sauer machten, ein Protagonist zwar, aber kein Held, viel eher ein Ritter von der traurigen Gestalt. Inwieweit Hitler selbst an eine Erfolgschance glaubte, als er Kerrl mit der Ministerwürde als Hauptaufgabe in die Hand drückte, die Zerrissenheit zu heilen, die die Fünfte Kolonne der „Deutschen Christen" in die Evangelische Kirche Deutschlands hineingetragen hatte, sei dahingestellt. Für Hitler bedeutete es schon eine Entlastung, wenn die bischöflichen Proteste nicht mehr in die Reichskanzlei vordrangen, sondern von einem dafür eingesetzten Kirchenminister aufgefangen und bearbeitet wurden. Als Paravent, Prellbock und Registrator kirchlicher Beschwerden wurde Hanns Kerrl von seinem Führer weidlich ausgenutzt, und das um so mehr, als Hitler dem von brutalen Konkurrenten Bedrängten vor allem nach 1937 jeden autoritativen Rückhalt versagte. Je unverhüllter sich der Ansehensschwund des Kirchenministers für die Eingeweihten abzeichnete, desto schonungsloser wurde Kerrl in Hitlers Hofstaat als Spintisierer verspottet. Und in der Tat hatte der Eifer, mit dem Kerrl für ein offizielles Bekenntnis zum „positiven Christentum" des Parteiprogramms focht, in diesem Kreis von Zynikern und Nihilisten unstreitig etwas Rührendes an sich.

[1] JOHN S. CONWAY, Die nationalsozialistische Kirchenpolitik. Ihre Ziele, Widersprüche und Fehlschläge. Aus dem Englischen von Carsten Nicolaisen. München: Kaiser 1969. 384 S. Lw. 35,–.

Ideologisch brachte ihn solches Amtsverständnis in Gegensatz zum Promotor antichristlicher Massenindoktrination, Alfred Rosenberg, auf dem Gebiet polizeilicher Exekutive jedoch mit der hauseigenen Kirchenpolitik der Gestapochefs Himmler und Heydrich. Aber erst mit Goebbels im Propagandaministerium, Schirach in der Reichsjugendführung sowie Heß und Bormann in der Parteikanzlei ist die Liste von Kerrls regierungs- und parteiinternen Widersachern einigermaßen vollständig. Aus ihren teils parallelen, teils disparaten, teils gegenläufigen, meist aber zumindest unzusammenhängenden Aktivitäten resultierte schließlich das, was sich dem historischen Beschauer als nationalsozialistische Kirchenpolitik darbietet. Da dieser Polyzentrismus durch die Errichtung eines verantwortlichen Kirchenministeriums keineswegs aufgehoben wurde, sondern sich erst jetzt in voller Schärfe herausbildete, ist Kerrl als schwächster Konkurrent an seinem Auftrag folgerichtig gescheitert. Der Tod setzte 1941 dem wohl frustrierendsten Ministerschicksal im Dritten Reich ein vorzeitiges Ende.

Mit der Absicht, den Kirchenkampf aus der Perspektive der Planer und Vollstrecker oder, wie es in der Einleitung heißt, „von der anderen Seite des Berges“ zu schildern, greift Conway eine bislang vernachlässigte Fragestellung auf und umreißt ein Forschungsvorhaben, das legitim, lohnend und reizvoll erscheint. Wenn das Projekt in der Folge nur fragmentarisch verwirklicht wird, so hat das, von der Quellenlage abgesehen, vor allem einen persönlichen Grund. Der Autor bringt es nämlich letztlich nicht über sich, dem selbstgewählten, aber dann strikt einzuhaltenden Ausgangspunkt treu zu bleiben, sondern brennt darauf, eben auch jenseits des Berges dabei zu sein, in die Arena zu steigen und seine Pfeile gegen die „versagenden“ Kirchenleitungen, evangelische wie katholische, abzuschießen. Der Geisteshaltung und Stoßrichtung nach bewegt sich dabei der Verfasser, ungeachtet verbaler Distanzierungen, durchaus in den Bahnen der Friedländer[2] und Lewy[3], wobei dann allzuoft der Historiker, vom Moralisten entmündigt, ins Rollenfach des öffentlichen Anklägers überwechselt. Obgleich Conway G. Lewys Bild der katholischen Kirche im Dritten Reich einleitend als einseitig qualifiziert, zitiert er ihn alsdann so eifrig und beifällig, daß man vergeblich danach forscht, was ihn denn nun eigentlich von seinem Kronzeugen trenne. Überzeugender versteht es der Autor, seine Position gegenüber Friedländer abzugrenzen, der, seinerzeit um eine dokumentarische Erhärtung der Hochhuth-Hypothesen bemüht, in der Auswahl der Aktenstücke des Auswärtigen Amtes recht eigenwillig zu Werk ging. Überhaupt ist Conway eher bereit, dem Hl. Stuhl Entlastungsmomente zuzubilligen als den deutschen Bischöfen.

Indem aber der Verfasser ein Doppelengagement eingeht, verläßt er auch schon wieder den thematischen Einstieg, der doch sein eigentlicher Trumpf wäre. Was in der englischen Originalausgabe mit „The Nazi Persecution of the Churches

[2] Vgl. Saul Friedländer, Pius XII. und das Dritte Reich (Hamburg 1965).

[3] Vgl. Guenter Lewy, Die katholische Kirche und das Dritte Reich (München 1965); vgl. dazu in dieser Zschr. 176 (1965) 29ff. [vgl. oben S. 335ff.].

1933–1945" überschrieben war, wird in deutscher Übersetzung zwar unter dem Titel „Die nationalsozialistische Kirchenpolitik" offeriert, ist aber tatsächlich ein und dasselbe Werk. Wenn sich jedoch der Inhalt eines Buchs in Titelgewänder so unterschiedlicher Weise stecken läßt, ist das ein sicheres Zeichen, daß keiner der beiden Anzüge wie angegossen sitzt.

Man geht wohl nicht fehl in der Annahme, daß die Initialzündung für diesen Band von den Kirchenakten der Reichskanzlei im Bundesarchiv Koblenz ausgelöst wurde. In der Tat bietet der Schriftwechsel zwischen Kerrl und Staatssekretär Lammers geradezu erregende Einblicke in das Verhältnis des glücklosen Kirchenministers zu seinem Führer und Reichskanzler, namentlich in der für Kerrl so deprimierenden Endphase seines Machtzerfalls. Ebenso informativ wie essentiell erfaßt jedoch dieser Bestand nur einen Ausschnitt des Gesamtphänomens nationalsozialistischer Kirchenpolitik, und solange die Amtsakten des Kirchenministeriums selbst, in der DDR verwahrt, der freien Forschung entzogen sind, bleibt jede Bearbeitung des Themas notgedrungen Stückwerk. Ähnlich unbefriedigend ist die Quellenlage für die Erfassung des Anteils von Kerrls Rivalen an der Kirchenbedrückung. Mit Beharrlichkeit und Spürsinn hat Conway zwar manches Dokument der gelichteten oder auseinandergerissenen Bestände ans Licht gezogen, damit aber das Vakuum natürlich nicht füllen können.

Immerhin ist die Religionspolitik des Dritten Reichs trotz oder gerade wegen der vielen Köche, die sie anrichteten, zumindest in groben Zügen rekonstruierbar. An Berichtsstoff fehlt es nicht, und wo sich dem Autor die Quellen versagen oder er die Mühe des Hinabsteigens scheut, vertraut er – und das für die erste Lektüre mit einem gewissen Erfolg – auf den epischen Schwung seiner Erzählweise. Spätestens eine kritische Nachlese bringt dann aber ein solches Quantum Unstimmigkeiten an den Tag, daß die einmal geweckte Skepsis auch auf andere Aspekte der Studie übergreift. Allzugern läßt Conway dort, wo Präzision erfordert und auch möglich wäre, sein Schilderungstalent spielen, um über Untiefen mit Elan hinwegzugleiten. So werden ohne besonderen Aufwand zu füllende Wissenslücken durch Klischees, Mutmaßungen oder Interpolationen auf fragwürdige Weise zugedeckt.

Was die katholische Komponente des Werks anlangt, die hier vorrangig zu analysieren ist, so seien nur einige Fehlangaben notiert. Von Prälat Kaas, seit 1928 (nicht 1932) Vorsitzender der Zentrumspartei, habe man laut Conway erwartet, „daß er für bischöfliche und besonders für päpstliche Direktiven empfänglich sei" (33). Ohne Beleg und aufs Geratewohl wird behauptet, die katholischen Politiker hätten 1932 „längst nicht mehr auf die volle Unterstützung seitens der bischöflichen Hierarchie zählen" können (32) und der Sturz Brünings sei von den Bischöfen nicht bedauert worden. Merkwürdige Auffassungen vom Hirtenamt schlagen in dem Tadel durch, daß keiner der Bischöfe Protest erhob, als „der preußische Landtag von dem katholischen Reichskanzler von Papen aufgelöst" wurde. Es handelt sich dabei um die Ersetzung der preußischen Regierung durch einen Reichskommissar am 20. Juli 1932. Unzutreffend ist, daß Brüning 1930–1932 an der Spitze einer Koalition von Zentrum und SPD gestanden habe. Einen Reichskonkordatsentwurf aus dem Jahr 1929 (48) gibt es nicht.

Für den Kompetenzenwirrwarr in Hitlers Staat, einem Proprium nationalsozialistischer Herrschaftspraxis, liefert die mehrgleisige Kirchenpolitik geradezu ein Paradebeispiel. Den Dschungel der Zuständigkeiten durch Entflechten oder Roden zu lichten, zählte darum zu den unabdingbaren Pflichten einer geschichtswissenschaftlichen Untersuchung. Conway dagegen scheint den umgekehrten Schluß gezogen und sich angesichts des schwer überschaubaren Durcheinanders von eigenen Ordnungsbemühungen weitgehend dispensiert zu haben, nicht zum Vorteil des Themas, das er zu erforschen versprochen hat. Daß Zuständigkeitsgrenzen zwischen den kirchenpolitisch ambitionierten Ressorts im Geschehensablauf schwer auszumachen sind, weil sie oft genug ignoriert wurden, heißt natürlich nicht, daß es keine gegeben hat. Gerade wenn man den realen machtpolitischen Stellenwert der unter Nominalkurs gehandelten Autorität von Kerrls Ministerialbehörde ermitteln will, ist eine Bestandsaufnahme der ihr theoretisch zukommenden Kompetenzen unumgänglich.

Indessen regen sich Zweifel, ob der Autor selbst mit elementaren Kompetenzaufteilungen hinreichend vertraut ist. So sollen Conway zufolge die katholischen Bischöfe kurz vor Errichtung des Kirchenministeriums als Alternative dazu die Zuweisung der kirchlichen Angelegenheiten an das Reichsinnenministerium befürchtet haben. Vor einer solchen Regelung zu erschrecken, wäre jedoch absurd gewesen, da sie genau der konkreten Ausgangssituation entsprach, über die die Einsetzung eines Kirchenministers hinausführen sollte, was allerdings der Verfasser nicht zu realisieren scheint.

Zu Lasten des Lesers geht die Flüchtigkeit, mit der Conway über die Konfessionsgrenze wechselt, mehrfach in den zu groß geratenen Kapiteln, ohne jeden Wink, von einem Abschnitt, ja nicht selten von einem Satz zum andern. Die Osmose der Bekenntnisse nimmt bisweilen Formen an, daß selbst der Faktenkundige ratlos wird, es sei denn, daß er durch Abhorchen des Kontextes klären kann, ob er es mit Vorgängen auf der katholischen oder evangelischen Seite zu tun hat. Wie hier der Autor, offenbar ohne es zu gewahren, ein völlig überflüssiges Verwirrspiel treibt, wird durch die eigenen Gesetze einer Gesamtdarstellung nicht gerechtfertigt und stellt Geduld und Orientierungssinn des Benutzers auf eine harte Probe.

Dem literarischen Genus ist ein gewisser Typisierungsdrang zweifellos immanent, bei Conway jedoch gerät er außer Kontrolle. Da ist dann über ganze Passagen hinweg nur noch die Rede von „den" Kirchenführern, wobei die Unterschiede der Konfession ebenso nivelliert werden wie die der Einzelpersönlichkeiten untereinander. Ebenso uniform bewegen sich „die" Nationalsozialisten als Widerpart der Kirchenmänner durch den Band. In ihrem Fall unterdrückt die Schematisierung noch ein Element, das für einen sachgerechten Beurteilungsmaßstab schlechterdings unentbehrlich ist. Denn im Alltag der NS-Diktatur traten den Bischöfen eben weder „der" Nationalsozialismus, noch „die" Nationalsozialisten als das inkarnierte Böse gegenüber, sondern zumindest im Ansatz legale staatliche Behörden, die von Nationalsozialisten beherrscht waren. Aus dieser Konstellation entsprang dann der lähmende Widerstreit der Pflichten, aus dem sich der Wille zum Widerstand, ebenfalls ein von Conway so bevorzugt wie undefiniert gebrauchter Allgemeinbegriff, nur vereinzelt befreien konnte.

Wo es ans Werten geht, ist der Verfasser nicht zimperlich. Daß Christentum unter den Herausforderungen von Hitlers totalitärem Gewaltregime oftmals christlicher hätte bezeugt werden müssen, steht außer Frage. Damit ist aber das Problem der Urteilskriterien noch nicht gelöst. Ja, wenn nicht alles täuscht, beginnt das forensische Pathos aus dem Mund von Zeitgeschichtlern, mit dem auch Conway wieder gegen den Episkopat vom Leder zieht, allmählich obsolet zu werden. Sind unsere Maßstäbe wirklich so unverrückbar oder könnte es nicht sein, daß eines Tages Bekennertum und Glaubensfestigkeit der Bischöfe in der NS-Zeit vielleicht schon ein Menschenalter später vergleichsweise imponierend erscheinen?

Aber wie kritisierbar das Verhalten der Kirchenmänner im einzelnen auch immer sein mag, keiner von ihnen hat das Recht verwirkt, unter Würdigung seiner Mentalität, seiner Motive, Gewissenskonflikte und Handlungsmöglichkeiten fair beurteilt zu werden. Solche Einfühlungsbereitschaft will in Conways Band nicht recht aufkommen. Wie engagierte Kirchenkritiker vor ihm gibt auch er der Versuchung nach, den Erwartungshorizont rigoristisch zu überspannen.

In immer neuen Variationen wird die in der Sache unrealistische Frage ventiliert, warum der Episkopat niemals dazu imstande gewesen sei, „die katholische Kirche in eine überzeugende Opposition gegen die Nationalsozialisten zu führen" (17). Nichts könnte die Grenze des Vermögens deutlicher markieren, sich die Wirklichkeit des totalitären Polizeistaats zu vergegenwärtigen und die dem Hirtenamt zugehörige Einflußsphäre abzuschätzen. Noch bizarrer wirkt die Klage, daß die Kirchenmänner nicht einmal im zweiten Stadium des Kriegs „den geringsten Versuch machten, eine Opposition gegen das Regime zu organisieren und das Ende der Feindseligkeiten zu beschleunigen" (290). Für solche Alternativen aus der Retorte hat der Miterlebende von damals allenfalls ein Kopfschütteln. Immerhin bringen sie den Irrealismus bestimmter Urteilskriterien zur Evidenz.

Zur Gesamtdarstellung wird ein Geschichtswerk im Maß seiner Integrationskraft. Nicht das Gewicht eigener Forschungsbeiträge gibt den Ausschlag, sondern die Fähigkeit und der Wille des Autors, die Mosaiksteine zerstreuter Einzeluntersuchungen aufzulesen, zu ordnen und zu einem überschaubaren Ganzen zu verdichten. In Conways Band bleibt dieses Desiderat leider weithin unerfüllt. Auch hier macht sich wieder der Mangel an Methode und Systematik geltend, der schon unter anderer Rücksicht hervortrat. Die einschlägige Fachliteratur wird auch nicht annähernd vollständig erfaßt, und dort, wo sie benutzt wird, nicht ausgeschöpft. Den Gang der Schilderung bestimmen infolgedessen mehr oder minder zufällig zusammengetragene Lesefrüchte, und da der Autor angesichts der

Ereignisfülle um Berichtsstoff nie verlegen ist, wird auch das Problem systematischer Materialerfassung nirgends ernsthaft akut.
Zieht man nach dem Gesagten Bilanz, so leuchtet ein, warum man Conways Bericht überfordert, wenn man ihn mit der langen Elle der Gesamtdarstellung mißt. Er ist das weder für die Kirchenverfolgung auf der einen noch für die Kirchenpolitik auf der anderen Seite. Was der Leser vor sich hat, ist eine lebendige, nie langweilige, engagierte, aber durch zu viele Unschärfen, Irrtümer und Verzeichnungen getrübte Schilderung einiger Aspekte der Auseinandersetzung des NS-Regimes mit den christlichen Kirchen. Dem Autor bleibt das Verdienst, das Forschungsinteresse auf die Gestalt von Hitlers Kirchenminister gelenkt zu haben.
Angesichts so schwerer Passiva fragt es sich, ob man dem Werk mit der Übersetzung ins Deutsche einen Dienst erwiesen hat. Daß es überseeisches Informationsbedürfnis an das Thema Kirchenkampf heranführt, mag hingehen. An den Schauplatz der Ereignisse übertragen, kollidiert es jedoch mit den Tatsachen. Gesamtdarstellungen bleiben also weiterhin gefragt.

21

ÖKUMENE DES VERSAGENS?

Die Auseinandersetzung um das Reichskonkordat – Klaus Scholders eigenwillige Deutung

Klaus Scholder hat es für angezeigt gehalten, dem Benutzer seiner auf zwei Bände veranschlagten Darstellung der Kirchen unter der Hitlerherrschaft (Klaus Scholder, Die Kirchen und das Dritte Reich. Bd. I: Vorgeschichte und Zeit der Illusionen 1918–1934. Propyläen Verlag, Frankfurt/Berlin/Wien [1977], 899 S., 94 Abb., 48 Mark) schon im Vorwort zu erläutern, warum die Ereignisse des Jahres 1933 fast zwei Drittel des eben erschienenen ersten Bandes beanspruchen und warum die Zeit bis 1945 wesentlich straffer behandelt werden kann. In der Tat ist das Jahr von Hitlers Machtergreifung nicht nur allgemeinpolitisch, sondern auch für die Geschichte der beiden christlichen Hauptkirchen in Deutschland das folgenreichste einer zwölf Jahre währenden Gewaltherrschaft. Leicht einzusehen ist weiterhin, daß für die über ein breites Spektrum verteilten 28 evangelischen Landeskirchen mehr Berichtsstoff zu verarbeiten war als für die zentral verfaßte katholische Kirche. Von insgesamt 25, bisweilen allerdings überlangen Kapiteln sind letzterer fünf gewidmet, drei befassen sich mit übergreifenden Vorgängen – darunter die ausgezeichnete Betrachtung zur Judenfrage –, die übrigen 17 mit dem evangelischen Sektor. Als zweiten Grund für dieses Übergewicht nennt Scholder die Tatsache, daß es in seiner Kirche „ungleich mehr an Chaos, Verwirrung und deshalb auch Neubesinnung" gegeben habe als auf katholischer Seite.

Die Schilderung setzt nicht erst am 30. Januar 1933 oder bei der seit 1930 akuten Staatskrise ein, sondern verfolgt die kirchenpolitische Entwicklung zurück bis zum Neubeginn nach 1918. Dabei wird die Haltung der NSDAP zu religiösen und kirchlichen Fragen in einer Weise durchleuchtet, wie das für die Frühzeit der Hitlerbewegung in solcher Breite und Detailliertheit bislang noch nicht geschehen ist. Während Scholder für den evangelischen Bereich eine Fülle unerschlossener Dokumente erstmals auswerten konnte, schöpft er für die katholischen Kapitel seiner Darstellung aus Quellen, die in den Akteneditionen der „Kommission für Zeitgeschichte" bereits gedruckt vorliegen. In diesem Fall beleben nicht neue Funde die Diskussion, sondern die Deutung, die der Autor bekannten Dokumenten zu geben sucht. Daß sie zu zentralen Themen eigenwillig ist, signalisierte inzwischen schon eine publizistische Kontroverse um die Vorgeschichte des Reichskonkordats.

Insofern ist es ein hilfreiches Zusammentreffen, daß gleichzeitig in Neubearbeitung einer Studie wieder greifbar wird, die 1960 bei ihrem ersten Erscheinen als bahnbrechend galt (Rudolf Morsey, Der Untergang des politischen Katholizismus 1932/33. Das Zentrum zwischen christlichem Selbstverständnis und „Nationaler Erhebung". Belser Verlag, Stuttgart, 256 S., 32 Mark). Morseys Untersuchung über das „Ende der Zentrumspartei“ wurde schon damals als vorbildhafter Beitrag zu einer noch in den Anfängen steckenden Parteiengeschichte gerühmt. Sie trug wesentlich zur Versachlichung einer Diskussion bei, die 1955 aufgebrochen war, als Karl-Dietrich Bracher zwischen dem Abschluß des Reichskonkordats und der Auflösung der Zentrumspartei einen Kausalzusammenhang herstellen wollte. An der Neuauflage unter dem Titel „Der Untergang des politischen Katholizismus 1932/33“ wird einmal der Erkenntnisfortschritt deutlich, den die Einzelforschungen der letzten eineinhalb Jahrzehnte erbracht haben. Sie bestätigt weiterhin, mit welcher Konsequenz der Autor sein Thema im Griff behalten und auch entlegenste Hinweise und Quellen zur weiteren Aufhellung herangezogen hat. Der Grundriß wurde gewahrt, manches Fragezeichen dagegen getilgt, Hypothetisches ausgeschieden und mancher Akzent verschoben.

Zu den bereinigten Punkten gehört auch der angebliche Konnex zwischen Zentrumsende und Reichskonkordat, eine These, die Morsey seinerzeit nicht einfach übernommen, aber doch als diskutierbar offengelassen hatte. Während sie ihm heute als widerlegt gilt, überrascht Scholder durch den Versuch, ihr zu einer Renaissance zu verhelfen. Den Antrieb dazu schöpft er weniger aus einigen neuen, in ihrer Tragfähigkeit allerdings überschätzten Argumenten als der Faszination des von ihm gewählten Deutungsschemas.

Ob gegen die unkritische Anhörung von Heinrich Brüning, unbeschadet der persönlichen Integrität des Altkanzlers, nicht erhebliche Bedenken bestehen, wenn er als Kronzeuge gegen seinen „Intimfeind“ (E. Deuerlein) Ludwig Kaas aufgeboten wird, ist nur eine der notwendigen Rückfragen. Es sollte auch zur Vorsicht mahnen, daß Brüning gelegentlich, wie bei Morsey nachzulesen, in seiner weitgestreuten Korrespondenz zu ein und demselben Sachverhalt mit gleich mehreren, teils miteinander unvereinbaren Versionen aufwartet.

Solcherlei Bedenken haben Scholder nicht davon abgehalten, die Vorgeschichte des Reichskonkordats schon unmittelbar nach der Reichstagswahl vom 5. März 1933 beginnen zu lassen und ein frühes Einvernehmen zwischen Hitler und dem Zentrumsvorsitzenden Kaas zu postulieren. Neben Indizien, die er dafür von Brüning bezieht, veranlassen ihn zu dieser Annahme vor allem zwei vorausliegende Grundentscheidungen: Hitlers Echo auf das italienische Konkordat von 1929 mit der Erklärung, einmal in der Regierungsverantwortung, kirchenpolitisch nach der Strategie Mussolinis zu verfahren, zum anderen ein Zeitschriftenartikel von Kaas, in dem der Zentrumsvorsitzende 1932 den „Konkordatstyp des faschistischen Italien“ in hohen Tönen gepriesen hatte.

Ob jedoch glaubhaft oder nicht, Spekulationen über eine Konkordatsallianz zwischen Hitler und Kaas sind müßig, solange Scholder den Nachweis schuldig bleibt, daß und wie eine angebliche Konkordatszusage des NS-Kanzlers auf die Stimmabgabe des Zentrums zum Ermächtigungsgesetz am 23. März 1933 eingewirkt haben soll. Weder die Protokolle der entscheidenden Sitzungen noch die Aussagen dazu befragter Fraktionsmitglieder liefern auch nur den kleinsten Hinweis auf ein derartiges Argument. Wie das Ja der Zentrumsfraktion zustande kam, ist aufgeklärt – man vergleiche die Schilderung bei Morsey – und in seinem Motivationszusammenhang schlüssig. Es ergab sich aus der traditionell kooperativen Haltung der Partei in nationalen Grundfragen, programmatisch ausgesprochen in der „Sammlungsparole" von 1932. Es wurde gefördert durch die Aufnahme von Zusicherungen staats- und kulturpolitischer Natur in die Regierungserklärung Hitlers, wie sie eine Verhandlungsdelegation des Zentrums durchgesetzt hatte. Freilich regten sich auch schwere Bedenken, vertreten von einer opponierenden Minderheit um Brüning. Aber selbst wenn Kaas, als Verfechter des Sammlungsgedankens eindeutig festgelegt, eine Kehrtwendung vollzogen und für ein Nein plädiert hätte, so besaß er doch auch als Parteivorsitzender nicht die Macht, das Steuer für die Gesamtfraktion herumzuwerfen, selbst wenn er es gewollt hätte.

Während Scholder sich über die mangelnde Beschäftigung katholischer Autoren mit dem genannten Konkordatsaufsatz von Kaas nicht genug wundern kann, zögert er seinerseits nicht, eine ungleich dezidiertere, relevantere und ereignisnähere Stellungnahme des Prälaten aus seinem Beweisgang auszublenden. Von Belang ist für die Vorgeschichte des Reichskonkordats nicht, wie Kaas den Entpolitisierungsartikel des italienischen Konkordats, d. h. das Verbot parteipolitischer Betätigung für den Klerus, im allgemeinen einschätzte, sondern wie er in der konkreten Entscheidungssituation auf Hitlers Forderung reagierte, die italienische Regelung in das geplante Reichskonkordat zu übernehmen. Als Kaas am 8. April 1933 von Hitlers Konkordatsbeauftragtem Papen auf eine Entpolitisierung der Geistlichkeit in Deutschland nach italienischem Muster angesprochen wurde, war die Antwort des Prälaten ein wortreich verbrämtes, aber in der Sache unmißverständliches „So nicht!". Mithin widersprach der Zentrumsvorsitzende, laut Scholder in Sachen Konkordat mit dem NS-Kanzler schon seit Wochen eines Sinnes, dem italienischen Modell gerade in dem Punkt, der allein es in den Augen Hitlers attraktiv und nachahmenswert machte.

Wenn irgend jemand blitzartig begriff, worauf der NS-Kanzler mit seinen Entpolitisierungsabsichten hinauswollte, nämlich auf die Entkirchlichung der katholischen Parteien, um sie dadurch liquidationsreif zu machen, dann war das der Zentrumsvorsitzende Ludwig Kaas. Der mündliche Widerspruch Papen gegenüber fand seinen schriftlichen Niederschlag in den von Kaas redigierten ersten Konkordatsentwürfen, er wurde fortgesetzt in einer Serie von hartnäckig wiederholten Ersatzformulierungen zum künftigen Artikel 32, alles mit dem Ziel, dem Entpolitisierungsartikel des Reichskonkordats die gegen das Zentrum gerichtete Spitze abzubrechen. Vom Beweisinteresse her ist es durchaus folgerichtig, wenn Scholder an der unleugbaren Tatsache fortdauernden Opponierens in dem für Hitler entscheidenden Punkt vorbeisieht, um statt dessen über die Vergeblichkeit solcher „kanonistischen Kunststückchen" zu spotten. Fairer und sachbezogener ist aber hier doch wohl die Feststellung, daß sich Kaas in diesem beharrlichen Ringen ganz unspektakulär als „sehr kluger und getreuer Anwalt" (K. Repgen) der katholischen Parteien erwiesen hat, auch wenn führende Zentrumsleute das am wenigsten verstehen wollten.

Dem Pochen Hitlers auf eine kategorische Entpolitisierungsvorschrift setzten die vatikanischen Unterhändler im Mai und Juni 1933 genauso lange Widerstand entgegen, wie noch irgendeine halbwegs realistische Aussicht für den Fortbestand des Zentrums vorhanden war. Infolgedessen ließ dieser Widerstand in eben dem Maße nach, wie die Existenzgrundlage des Parlamentarismus in Deutschland überhaupt dahinschwand und mit dem Zentrum Anfang Juli die letzte der demokratischen Parteien unterging. Von dem sehr späten Nachgeben des Vatikans in der Entpolitisierungsfrage und den Gründen dafür, von der Einbindung des Zentrums in das allgemeine Parteienschicksal, erfährt der Leser bei Scholder entschieden zu wenig oder gar nichts.

Für die Bewertung des Reichskonkordats insgesamt ist zu beachten, daß sie bis auf den heutigen Tag wesentlich von nationalsozialistischen Klischees geprägt wird. Obwohl alles andere als zweckfrei, stoßen Hitlers Selbstbeglückwünschungen zum Konkordatsabschluß auf weit weniger Mißtrauen als vatikanische Gegenäußerungen, die, wofür Scholder wieder ein Beleg ist, von vornherein unter Apologieverdacht stehen. Gewiß, Scholder bemüht sich zu differenzieren. So übernimmt er nicht unbesehen das nationalsozialistische Spitzenargument vom außenpolitischen Prestigegewinn, sondern hält am Primat des innenpolitischen Ziels, nämlich der Zerschlagung der katholischen Parteien, fest. Allerdings rührt er nicht an die dann naheliegende Frage, die Konkordatsgegner innerhalb der NSDAP sehr wohl beschäftigte, ob denn nach der konkordatsunabhängigen Zertrümmerung des deutschen Parlamentarismus und damit auch des Zentrums für Hitler ein Vertrag mit dem Vatikan überhaupt noch lohnend oder nicht vielmehr bedenklich war.

Nun wäre es unfair zu verschweigen, daß Scholder frühere Urteile über das Reichskonkordat erheblich modifiziert hat. Wenn er vor wenigen Jahren noch den Vertrag unter die „großen Fehlentscheidungen des Jahrhunderts" einreihte und ihn als „Pakt der Kirche mit Hitler" denunzierte, so zieht er diesmal mit der Formel „Kirchenpolitisch wohl kaum zu vermeiden, aber moralisch umstritten" ein wesentlich vorsichtigeres Fazit. Zumindest für die Zwänge, die während des Verhandlungsablaufs eintraten und den Weg zum Konkordat in eine Einbahnstraße verwandelten, bekundet er ein sonst nicht überall anzutreffendes Verständnis.

Um so mehr verlangt das schillernde Etikett „moralisch umstritten" nach einer Begründung, wonach man an Ort und Stelle leider vergeblich sucht. Wo also steckt das „Unmoralische" am Reichskonkordat? Daß die Bestimmungen des Vertragswerks mit Moral und Glaubenslehre Unvereinbares enthielten, hat noch niemand nachgewiesen. Im Grunde ist auch nicht der Vertragsinhalt, sondern der Kontrahent das eigentlich Anstoßerregende. Besteht die Gefahr – so die unausgesprochene Prämisse –, daß Regierungen faschistischer Couleur aus einem Kir-

chenvertrag staatspolitischen Nutzen ziehen könnten, soll der Heilige Stuhl nicht einmal mit ihnen verhandeln dürfen.
Unter den für Hitler positiven Konkordatswirkungen verbucht Scholder an hervorragender Stelle die innere Gewinnung der deutschen Katholiken und komplementär dazu die Schwächung ihres Widerstandswillens gegenüber dem NS-Staat. Was den ersten Punkt anlangt, so hatte das Reichskonkordat der allgemeinen Verpflichtung zur Loyalität der legalen Regierungsgewalt gegenüber keine neue Qualität hinzugefügt. Wenn vereinzelte Stimmen aus dem Vertragsabschluß anders zu folgern suchten, indem sie darüber hinaus eine inhaltliche Bejahung des nationalsozialistischen Staatsbegriffs forderten, so verstummten sie, je mehr das wahre Gesicht der Gewaltherrschaft offenbar wurde. Staatsbürgerliche Loyalität jedoch gebot den deutschen Katholiken nicht erst das Reichskonkordat, sondern schon die kirchliche Staatslehre. Im übrigen erschöpfte sich ihr Verhältnis zum Hitlerreich nicht in dem undifferenzierten Ja, wie es allen Deutschen in „Volksabstimmungen" nach nationalen Großereignissen erstmals am 12. November 1933 und dann immer wieder mit den Parolen einer suggestiven Propaganda abverlangt wurde. Nicht gefragt wurden sie dagegen nach ihrem Nein zur nationalsozialistischen Kirchenbedrückung, das zu begründen nichts so unentbehrlich war wie das Reichskonkordat.
Wer schließlich die katholische Widerstandsbereitschaft beschwört, muß prüfen, ob er nicht mit einer imaginären Größe operiert. War sie staatspolitisch ausgerichtet, so hatte sie im Einparteienstaat ohnehin keine Zukunft, abgesehen davon, daß sie nicht in die Kompetenz der Kirche fiel. Begrenzte man sie aufs Religiöse, so hatten ja die katholischen Verbandsführer noch kurz vor Konkordatsabschluß noch sehr real erfahren müssen, daß mit purem Widerstandswillen ohne Vertragsschutz gegen Gestapo-Aktionen und SA-Terror gar nichts auszurichten war.
Gegen das Konkordat als Verständigungsversuch, der die Fronten verunklärt habe, zitiert Scholder P. Friedrich Muckermann SJ. Die Absage an den Nationalsozialismus, den „Todfeind der Kirche", hat Muckermann für sich persönlich zur Lebensaufgabe gemacht und, vom Regime durch halb Europa gejagt, mit allen bitteren Konsequenzen durchgehalten. Solche Kompromißlosigkeit verdient höchsten Respekt, taugt aber nicht als moralische Norm für alle. Nachzutragen wäre hier im übrigen die andere Hälfte von Muckermanns Konkordatsbetrachtung, die erst vollständig ist, wenn man weiß, daß er die Enzyklika „Mit brennender Sorge" von Pius XI., die weltweit vernehmbare Abrechnung mit der Christenfeindlichkeit des Hitler-Regimes, im Hinblick auf das Konkordat dessen „letzten und abschließenden Paragraphen" nannte.
Scholder übertreibt nicht, wenn er im Vorwort aus der von ihm gewählten synoptischen Betrachtungsweise dem Leser neue Perspektiven und Erkenntnisse verspricht. Diese betreffen auch das Verhältnis der Konfessionen untereinander, mehr noch aber die Eigenart von Hitlers Kirchenverständnis und Religionspolitik. Dabei konnte natürlich niemandem weniger als dem Autor verborgen bleiben, wie scharf in den sich überstürzenden Ereignissen des Machtergreifungsjah-

res die Entwicklungslinien in der katholischen und der evangelischen Kirche in Deutschland auseinanderlaufen. Leider bricht Scholders Chronik zur Jahreswende 1933/34 mitten in den Vorgängen ab, ohne daß die nach den teilweise tumultuarischen Ereignissen dringend notwendige Zwischenbilanz gezogen würde. Sie könnte im Telegrammstil lauten: Katholische Kirche belagert, evangelische Kirche gespalten.

Daß der Ansturm der nationalsozialistischen Revolution, Heimsuchung und Herausforderung in einem, die christlichen Glaubensgemeinschaften in so unterschiedlicher Verfassung zurückließ, war ungleich mehr das Resultat historischer, struktureller und psychologischer Vorgegebenheiten als des individuellen Handelns der Hauptakteure in den Kirchenleitungen. Um so unbefangener kann dieser Unterschied als Tatsache hingenommen und diskutiert werden.

Während die Chronologie der kirchenpolitischen Daten im katholischen Bereich noch einigermaßen zu überschauen ist, bietet die evangelische Kirche hinsichtlich der Personen, Schauplätze und Themen ein Bild von verwirrender Vielfalt. So bewundernswert Scholder die Abfolge sich oftmals überkreuzender Vorgänge im Griff behält, so schwer fällt es zumindest dem katholischen Leser, die Ebenen des Geschehens auseinanderzuhalten, einander zuzuordnen und die Rückwirkungen auf die evangelische Kirche insgesamt zu realisieren.

Um das verschiedenartige Betroffensein der beiden Glaubensgemeinschaften zu verstehen, ist es notwendig, sich die Eindringtiefe des nationalsozialistischen Anpralls zu vergegenwärtigen. Während im katholischen Volksteil gegen Gestapo und NS-Organisationen um den Fortbestand der kirchlichen Verbände gerungen wurde und man überall Front nach außen machte, verlief die Hauptkampflinie bei den deutschen Protestanten mitten durch das Kirchenschiff, tobte die Auseinandersetzung in der Tat um die Kanzeln und den Sinn des Evangeliums.

Dem Autor kann man gewiß nicht vorwerfen, vor oftmals unerfreulichen Tatsachen in seiner Kirche den Blick zu verschließen. Andererseits ist es nicht unverständlich, wenn der deprimierende Überhang an Identifikation mit dem NS-Regime, den Scholder im evangelischen Lager zu konstatieren hat, auf dem Wege symbiotischen Drucks auch die dazwischengeschalteten katholischen Kapitel belastet, um diese stellenweise kontrastmindernd nachzudunkeln. Spürbar wird das etwa an der überzeichneten Rolle von Kaas, dem auf Kosten des Vizekanzlers von Papen auf der Konkordatsszene eine Bedeutung zuwächst, als gelte es, in ihm ein katholisches Pendant zu Reichsbischof Ludwig Müller zu schaffen.

Der Trend zu konfessioneller Symmetrie setzt sich fort in der pessimistischen Einstufung des Reichskonkordats, das zugestandenermaßen kaum vermeidbar, dennoch weiterhin als „Sündenfall" figuriert. In dem Bestreben, die Konfessionen am Ende des Machtergreifungsjahres zu einer Ökumene des Versagens zu vereinen, sprengt Scholder schließlich den Rahmen des Zumutbaren, wenn er in einer Kapitelüberschrift lapidar „Die Kapitulation des Katholizismus" proklamiert.

Ärgerlich ist das nicht einmal primär deswegen, weil Ankündigung und Inhalt des Kapitels nicht zusammenstimmen, was dem kritischen Leser ohnehin aufgeht,

sondern weil in der Nachbarschaft um vieles verhaltener intoniert wird, sei es wertungslos deskriptiv („Die Machtergreifung und der Protestantismus") oder betont schmeichelhaft („Die Selbstbehauptung der evangelischen Kirche").
Nach 1933 erwarten den zweiten Band von Scholders Chronik des Kirchenkampfs unter dem Nationalsozialismus immer noch bewegte, aber weniger klippenreiche Gewässer. Dann wird, wie zu hoffen ist, auch das schärfer hervortreten, was die christlichen Konfessionen positiv und wesentlich verbindet, die Ökumene des Glaubens.

PERSONEN-, ORTS- UND SACHREGISTER

I

J

K

L

Q

R

Veröffentlichungen der Kommission für Zeitgeschichte
In Verbindung mit Dieter Albrecht, Heinz Hürten, Rudolf Morsey
herausgegeben von Konrad Repgen

Reihe A: Quellen

Band 1: Dieter Albrecht, Der Notenwechsel zwischen dem Heiligen Stuhl und der deutschen Reichsregierung, I: Von der Ratifizierung des Reichskonkordats bis zur Enzyklika »Mit brennender Sorge«, Mainz 1965.

Band 2: Alfons Kupper, Staatliche Akten über die Reichskonkordatsverhandlungen 1933, Mainz 1969.

Band 3: Helmut Witetschek, Die kirchliche Lage in Bayern nach den Regierungspräsidentenberichten 1933–1943, I: Regierungsbezirk Oberbayern, Mainz 1966.

Band 4: Burkhart Schneider in Zusammenarbeit mit Pierre Blet und Angelo Martini, Die Briefe Pius' XII. an die deutschen Bischöfe 1939–1944, Mainz 1966.

Band 5: Bernhard Stasiewski, Akten deutscher Bischöfe über die Lage der Kirche 1933 bis 1945, I: 1933–1934, Mainz 1968.

Band 6: Heinz Hürten, Deutsche Briefe 1934–1938. Ein Blatt der katholischen Emigration, I: 1934–1935, Mainz 1969.

Band 7: Heinz Hürten, Deutsche Briefe 1934–1938. Ein Blatt der katholischen Emigration, II: 1936–1938, Mainz 1969.

Band 8: Helmut Witetschek, Die kirchliche Lage in Bayern nach den Regierungspräsidentenberichten 1933–1943, II: Regierungsbezirk Ober- und Mittelfranken, Mainz 1967.

Band 9: Rudolf Morsey, Die Protokolle der Reichstagsfraktion und des Fraktionsvorstands der Deutschen Zentrumspartei 1926–1933, Mainz 1969.

Band 10: Dieter Albrecht, Der Notenwechsel zwischen dem Heiligen Stuhl und der deutschen Reichsregierung, II: 1937–1945, Mainz 1969.

Band 11: Ludwig Volk, Kirchliche Akten über die Reichskonkordatsverhandlungen 1933, Mainz 1969.

Band 12: Heinz Boberach, Berichte des SD und der Gestapo über Kirchen und Kirchenvolk in Deutschland 1934–1944, Mainz 1971.

Band 13: Paul Kopf/Max Miller, Die Vertreibung von Bischof Joannes Baptista Sproll von Rottenburg 1938–1945. Dokumente zur Geschichte des kirchlichen Widerstands, Mainz 1971.

Band 14: Helmut Witetschek, Die kirchliche Lage in Bayern nach den Regierungspräsidentenberichten 1933–1943, III: Regierungsbezirk Schwaben, Mainz 1971.

Band 15: Friedrich Muckermann, Im Kampf zwischen zwei Epochen, Lebenserinnerungen, bearbeitet und eingeleitet von Nikolaus Junk, Mainz 1973.

Band 16: Walter Ziegler, Die kirchliche Lage in Bayern nach den Regierungspräsidentenberichten 1933–1943, IV: Regierungsbezirk Niederbayern und Oberpfalz 1933 bis 1945, Mainz 1973.

Band 17: LUDWIG VOLK, Akten Kardinal Michael von Faulhabers 1917–1945, I: 1917–1934, Mainz 1975.

Band 18: JOHANNES SCHAUFF, Das Wahlverhalten der deutschen Katholiken im Kaiserreich und in der Weimarer Republik, Mainz 1975.

Band 19: HUBERT MOCKENHAUPT, Grundlinien katholischer Sozialpolitik im 20. Jahrhundert. Ausgewählte Aufsätze und Reden von Heinrich Brauns, Mainz 1976.

Band 20: BERNHARD STASIEWSKI, Akten deutscher Bischöfe über die Lage der Kirche 1933 bis 1945, II: 1934–1935, Mainz 1976.

Band 21: ERWIN GATZ, Akten zur preußischen Kirchenpolitik in den Bistümern Gnesen-Posen, Kulm und Ermland aus dem Politischen Archiv des Auswärtigen Amtes Bonn (1885–1914), Mainz 1977.

Band 22: ERWIN GATZ, Akten der Fuldaer Bischofskonferenz, I: 1871–1887, Mainz 1977.

Band 23: JOSEF HOFMANN, Journalist in Republik, Diktatur und Besatzungszeit. Erinnerungen 1916–1947, bearbeitet und eingeleitet von RUDOLF MORSEY, Mainz 1977.

Band 24: HELMUT PRANTL, Die kirchliche Lage in Bayern nach den Regierungspräsidentenberichten 1933–1943, V: Regierungsbezirk Pfalz 1933–1940, Mainz 1978.

Band 25: BERNHARD STASIEWSKI, Akten deutscher Bischöfe über die Lage der Kirche 1933 bis 1945, III: 1935–1936, Mainz 1979.

Band 26: LUDWIG VOLK, Akten Kardinal Michael von Faulhabers 1917–1945, II: 1935–1945, Mainz 1978.

Band 27: ERWIN GATZ, Akten der Fuldaer Bischofskonferenz, II: 1888–1899, Mainz 1979.

Band 28: WALTER ADOLPH, Geheime Aufzeichnungen aus dem nationalsozialistischen Kirchenkampf 1935–1943, bearbeitet von ULRICH VON HEHL, Mainz 1979.

Band 29: DIETER ALBRECHT, Der Notenwechsel zwischen dem Heiligen Stuhl und der deutschen Reichsregierung, III: Der Notenwechsel und die Demarchen des Nuntius Orsenigo 1933–1945, Mainz 1980.

Band 30: LUDWIG VOLK, Akten deutscher Bischöfe über die Lage der Kirche 1933–1945, IV: 1936–1939, Mainz 1981.

Band 31: KLAUS WITTSTADT, Die kirchliche Lage in Bayern nach den Regierungspräsidentenberichten 1933–1943, VI: Regierungsbezirk Unterfranken 1933–1944, Mainz 1981.

Band 32: HELMUT WITETSCHEK, Die kirchliche Lage in Bayern nach den Regierungspräsidentenberichten 1933–1943, VII: Ergänzungsband: Regierungsbezirke Oberbayern, Ober- und Mittelfranken, Schwaben 1943–1945, Mainz 1981.

Band 33: RUDOLF MORSEY/KARSTEN RUPPERT, Die Protokolle der Reichstagsfraktion der Deutschen Zentrumspartei 1920–1925, Mainz 1981.

Band 34: LUDWIG VOLK, Akten deutscher Bischöfe über die Lage der Kirche 1933–1945, V: 1940–1942, Mainz 1983.

Band 35: HUBERT JEDIN, Lebensbericht. Mit einem Dokumentenanhang, herausgegeben von KONRAD REPGEN, Mainz 1984.

Band 36: HILARIUS BREITINGER, Als Deutschenseelsorger in Posen und im Warthegau 1934–1945. Erinnerungen, Mainz 1984.

Band 37: ULRICH VON HEHL, Priester unter Hitlers Terror. Eine biographische und statistische Erhebung. Im Auftrag der Deutschen Bischofskonferenz unter Mitwirkung der Diözesanarchive, Mainz 1984.

Band 38: LUDWIG VOLK, Akten deutscher Bischöfe über die Lage der Kirche 1933–1945, VI: 1943–1945, Mainz 1984.

Band 39: ERWIN GATZ, Akten der Fuldaer Bischofskonferenz, III: 1900–1919, Mainz 1985.

Band 40: HANS-JOSEF WOLLASCH, Militärseelsorge im Ersten Weltkrieg. Das Kriegstagebuch des katholischen Feldgeistlichen Benedict Kreutz, Mainz 1987.

Reihe B: Forschungen

Band 1: LUDWIG VOLK, Der Bayerische Episkopat und der Nationalsozialismus 1930–1934, Mainz 1965.

Band 2: RUDOLF PESCH, Die kirchlich-politische Presse der Katholiken in der Rheinprovinz vor 1848, Mainz 1966.

Band 3: MANFRED STADELHOFER, Der Abbau der Kulturkampfgesetzgebung im Großherzogtum Baden 1878–1918, Mainz 1969.

Band 4: DIETER GOLOMBEK, Die politische Vorgeschichte des Preußenkonkordats (1929), Mainz 1970.

Band 5: LUDWIG VOLK, Das Reichskonkordat vom 20. Juli 1933. Von den Ansätzen in der Weimarer Republik bis zur Ratifizierung am 10. September 1933, Mainz 1972.

Band 6: HANS GÜNTER HOCKERTS, Die Sittlichkeitsprozesse gegen katholische Ordensangehörige und Priester 1936/1937. Eine Studie zur nationalsozialistischen Herrschaftstechnik und zum Kirchenkampf, Mainz 1971.

Band 7: CHRISTOPH WEBER, Kirchliche Politik zwischen Rom, Berlin und Trier 1876–1888. Die Beilegung des preußischen Kulturkampfes, Mainz 1970.

Band 8: KLAUS GOTTO, Die Wochenzeitung Junge Front/Michael. Eine Studie zum katholischen Selbstverständnis und zum Verhalten der jungen Kirche gegenüber dem Nationalsozialismus, Mainz 1970.

Band 9: ADOLF M. BIRKE, Bischof Ketteler und der deutsche Liberalismus. Eine Untersuchung über das Verhältnis des liberalen Katholizismus zum bürgerlichen Liberalismus in der Reichsgründungszeit, Mainz 1971.

Band 10: ADENAUER-STUDIEN. Herausgegeben von RUDOLF MORSEY und KONRAD REPGEN, I: Mit Beiträgen von HANS MAIER, RUDOLF MORSEY, EBERHARD PIKART und HANS-PETER SCHWARZ, Mainz 1971.

Band 11: HEINZ HÜRTEN, Waldemar Gurian. Ein Zeuge der Krise unserer Welt in der ersten Hälfte des 20. Jahrhunderts, Mainz 1972.

Band 12: KLAUS STEUBER, Militärseelsorge in der Bundesrepublik Deutschland. Eine Untersuchung zum Verhältnis von Staat und Kirche, Mainz 1972.

Band 13: ADENAUER-STUDIEN. Herausgegeben von RUDOLF MORSEY und KONRAD REPGEN, II: WOLFGANG WAGNER, Die Bundespräsidentenwahl 1959, Mainz 1972.

Band 14: JOSEF BECKER, Liberaler Staat und Kirche in der Ära von Reichsgründung und Kulturkampf. Geschichte und Strukturen ihres Verhältnisses in Baden 1860–1876, Mainz 1973.

Band 15: ADENAUER-STUDIEN. Herausgegeben von RUDOLF MORSEY und KONRAD REPGEN, III: Untersuchungen und Dokumente zur Ostpolitik und Biographie. Mit Beiträgen von KLAUS GOTTO, HEINRICH KRONE, HANS GEORG LEHMANN, RUDOLF MORSEY, JÜRGEN SCHWARZ, WOLFGANG STUMP und WERNER WEIDENFELD, Mainz 1974.

Band 16: OSWALD WACHTLING, Joseph Joos – Journalist, Arbeiterführer, Zentrumspolitiker. Politische Biographie 1878–1933, Mainz 1974.

Band 17: Barbara Schellenberger, Katholische Jugend und Drittes Reich. Eine Geschichte des Katholischen Jungmännerverbandes 1933–1939 unter besonderer Berücksichtigung der Rheinprovinz, Mainz 1975.

Band 18: Heinrich Küppers, Der Katholische Lehrerverband in der Übergangszeit von der Weimarer Republik zur Hitlerdiktatur. Zugleich ein Beitrag zur Geschichte des Volksschullehrerstandes, Mainz 1975.

Band 19: Rudolf Ebneth, Die österreichische Wochenschrift »Der Christliche Ständestaat«. Deutsche Emigration in Österreich 1933–1938, Mainz 1976.

Band 20: Hans-Michael Körner, Staat und Kirche in Bayern 1886–1918, Mainz 1977.

Band 21: Adenauer-Studien. Herausgegeben von Rudolf Morsey und Konrad Repgen, IV: Hugo Stehkämper, Konrad Adenauer als Katholikentagspräsident 1922. Form und Grenze politischer Entscheidungsfreiheit im katholischen Raum, Mainz 1977.

Band 22: Raimund Baumgärtner, Weltanschauungskampf im Dritten Reich. Die Auseinandersetzung der Kirchen mit Alfred Rosenberg, Mainz 1977.

Band 23: Ulrich von Hehl, Katholische Kirche und Nationalsozialismus im Erzbistum Köln 1933–1945, Mainz 1977.

Band 24: Klaus J. Volkmann, Die Rechtsprechung staatlicher Gerichte in Kirchensachen 1933–1945, Mainz 1978.

Band 25: Jürgen Aretz, Katholische Arbeiterbewegung und Nationalsozialismus. Der Verband katholischer Arbeiter- und Knappenvereine Westdeutschlands 1923–1945, Mainz 1979.

Band 26: Horstwalter Heitzer, Der Volksverein für das katholische Deutschland im Kaiserreich 1890–1918, Mainz 1979.

Band 27: Heinz Mussinghoff, Theologische Fakultäten im Spannungsfeld von Staat und Kirche. Entstehung und Auslegung der Hochschulbestimmungen des Konkordats mit Preußen von 1929, dargelegt unter Berücksichtigung des Preußischen Statutenrechts und der Bestimmungen des Reichskonkordats, Mainz 1979.

Band 28: Herbert Hömig, Das preußische Zentrum in der Weimarer Republik. Demokratie und politischer Katholizismus in Preußen 1918–1933, Mainz 1979.

Band 29: Hans Dieter Denk, Die christliche Arbeiterbewegung in Bayern bis zum Ersten Weltkrieg, Mainz 1980.

Band 30: Burkhard van Schewick, Die katholische Kirche und die Entstehung der Verfassungen in Westdeutschland 1945–1950, Mainz 1980.

Band 31: Winfried Becker, Georg von Hertling 1843–1919, I: Jugend und Selbstfindung zwischen Romantik und Kulturkampf, Mainz 1981.

Band 32: Anselm Doering-Manteuffel, Katholizismus und Wiederbewaffnung. Die Haltung der deutschen Katholiken gegenüber der Wehrfrage 1948–1955, Mainz 1981.

Band 33: Martin Höllen, Heinrich Wienken, der »unpolitische« Kirchenpolitiker. Eine Biographie aus drei Epochen des deutschen Katholizismus, Mainz 1981.

Band 34: Heinz Blankenberg, Politischer Katholizismus in Frankfurt am Main 1918–1933, Mainz 1981.

Band 35: Heinz-Albert Raem, Katholischer Gesellenverein und Deutsche Kolpingsfamilie in der Ära des Nationalsozialismus, Mainz 1982.

Band 36: Georg Schoelen, Bibliographisch-historisches Handbuch des Volksvereins für das katholische Deutschland, Mainz 1982.

Band 37: Gabriele Clemens, Martin Spahn und der deutsche Rechtskatholizismus in der Weimarer Republik, Mainz 1983.

Band 38: Joachim Maier, Schulkampf in Baden 1933–1945. Die Reaktion der katholischen Kirche auf die nationalsozialistische Schulpolitik, dargestellt am Beispiel des Religionsunterrichts in den badischen Volksschulen, Mainz 1983.

Band 39: Gerhard Valerius, Deutscher Katholizismus und Lamennais. Die Auseinandersetzung in der katholischen Publizistik 1817–1854, Mainz 1983.

Band 40: Ulrich von Hehl/Heinz Hürten, Der Katholizismus in der Bundesrepublik Deutschland 1945–1980. Eine Bibliographie, Mainz 1983.

Band 41: Susanne Plück, Das Badische Konkordat vom 12. Oktober 1932, Mainz 1984.

Band 42: Klaus-Ulrich Benedikt, Emil Dovifat. Ein katholischer Hochschullehrer und Publizist, Mainz 1986.

Band 43: Wilhelm Damberg, Der Kampf um die Schulen in Westfalen 1933–1945, Mainz 1986.

Band 44: Adenauer-Studien. Herausgegeben von Rudolf Morsey und Konrad Repgen, V: Horst Osterheld, »Ich gehe nicht leichten Herzens ...«. Adenauers letzte Kanzlerjahre — ein dokumentarischer Bericht, Mainz 1986.

Band 45: Renate Hackel, Katholische Publizistik in der DDR 1945–1984, Mainz 1987.

Band 46: Ludwig Volk, Katholische Kirche und Nationalsozialismus. Ausgewählte Aufsätze, herausgegeben von Dieter Albrecht, Mainz 1987.

Band 47: Ulrich von Hehl, Wilhelm Marx 1863—1946. Eine politische Biographie, Mainz 1987.